UTB

UTB 2105

W0412244

Eine Arbeitsgemeinschaft der Verlage

Beltz Verlag Weinheim und Basel
Böhlau Verlag Köln · Weimar · Wien
Wilhelm Fink Verlag München
A. Francke Verlag Tübingen und Basel
Paul Haupt Verlag Bern · Stuttgart · Wien
Verlag Leske + Budrich Opladen
Lucius & Lucius Verlagsgesellschaft Stuttgart
Mohr Siebeck Tübingen
C. F. Müller Verlag Heidelberg
Ernst Reinhardt Verlag München und Basel
Ferdinand Schöningh Verlag Paderborn · München · Wien · Zürich
Eugen Ulmer Verlag Stuttgart
UVK Verlagsgesellschaft Konstanz
Vandenhoeck & Ruprecht Göttingen
WUV Facultas · Wien

Ulrich Knefelkamp

Das Mittelalter

Geschichte im Überblick

2., durchgesehene Auflage

Ferdinand Schöningh
Paderborn · München · Wien · Zürich

Ulrich Knefelkamp, Dr. phil. Dr. rer. nat., geb. 1951, Professor für mittelalterliche Geschichte Mitteleuropas und regionale Kulturgeschichte an der Europa-Universität Viadrina in Frankfurt/Oder

Umschlagabbildung: Übergabe Brescias an Heinrich VII. (Bilderchronik Heinrichs VII. und Kurfürst Balduins von Luxemburg)

Bibliografische Information der Deutschen Bibliothek

Die Deutsche Bibliothek verzeichnet diese Publikation in der Deutschen Nationalbibliografie; detaillierte bibliografische Daten sind im Internet über http://dnb.ddb.de abrufbar.

Gedruckt auf umweltfreundlichem, chlorfrei gebleichtem
und alterungsbeständigem Papier ♾ ISO 9706

2., durchgesehene Auflage 2003

(Verlag Ferdinand Schöningh GmbH, Jühenplatz 1, D-33098 Paderborn)
ISBN 3-506-97004-6

Internet: www.schoeningh.de

Printed in Germany.
Herstellung: Ferdinand Schöningh, Paderborn
Einbandgestaltung: Atelier Reichert, Stuttgart

UTB-Bestellnummer: ISBN 3-8252-2105-9

INHALTSVERZEICHNIS

ABKÜRZUNGEN

AfD	Archiv für Diplomatik
AKG	Archiv für Kulturgeschichte
BDLG	Blätter für deutsche Landesgeschichte
DA	Deutsches Archiv zur Erforschung des Mittelalters
DHI	Deutsches Historisches Institut
EDG	Enzyklopädie Deutscher Geschichte
FMST	Frühmittelalterliche Studien
GMR	Gestalten des Mittelalters und der Renaissance
got	gotisch
gr	griechisch
GWU	Geschichte in Wissenschaft und Unterricht
Hjb	Historisches Jahrbuch
HRG	Handwörterbuch zur Deutschen Rechtsgeschichte
HZ	Historische Zeitschrift
lat.	lateinisch
LMA	Lexikon des Mittellalters
MIÖG	Mitteilungen des Instituts für österreichische Geschichtsforschung
mlat	mittellateinisch
MPI	Max Planck Institut für Geschichte
NDB	Neue Deutsche Biographie
OGG	Oldenbourg Grundriß der Geschichte
QFIAB	Quellen und Forschungen aus italienischen Archiven und Bibliotheken
RGA	Reallexikon der Germanischen Altertumskunde
RGG	Religion in Geschichte und Gegenwart
RhVjbll	Rheinisches Vierteljahresblätter
SchwZG	Schweizerische Zeitschrift für Geschichte
TRE	Theologische Realenzyklopädie
VSWG	Vierteljahresschrift für Sozial- und Wirtschaftsgeschichte
VuF	Vorträge und Forschungen
WdF	Wege der Forschung
ZhF	Zeitschrift für historische Forschung
ZRG GA	Zeitschrift der Savigny-Stiftung für Rechtsgeschichte Germanistische Abteilung

VERZEICHNIS DER KARTEN

VERZEICHNIS DER STAMMTAFELN

VERZEICHNIS DER ABBILDUNGEN

I. EINLEITENDE BEMERKUNGEN

VORBEMERKUNG

Ist es zeitgemäß, zu Beginn des 3. Jahrtausends ein Buch über die Ereignisgeschichte bzw. politische Geschichte des Mittelalters zu schreiben? Verlag und Autor waren der Meinung, daß es gerade in dieser Zeit nötig sei! Denn es ist eine unbestrittene Tatsache, daß auf der einen Seite im Schulunterricht nur sehr wenig über das Mittelalter vermittelt wird, auf der anderen Seite im Geschichtsstudium nur einzelne Zeitabschnitte und Themen behandelt werden. Daher sind die Zielgruppen dieses Lehrbuches vor allem Studienanfänger und Examenskandidaten. Außerdem sollen Lernende und Lehrende in Schule, Universität und Erwachsenenbildung sowie historisch Interessierte angesprochen werden.

Otto III. (II. ?), von der Hand Gottes gekrönt. Der thronende, von einem Atlas gestützte Herrscher wird durch ein von den vier Evangelistensymbolen gehaltenes Band (Tabernakel?) gewissermaßen zum Teil der irdischen Sphäre entrückt - ein deutlicher Hinweis auf den sakralen Charakter des Königtums. Daneben illustrieren die Bischöfe (rechts) und die Krieger (links) die Grundlagen der weltlichen Herrschaft des Königs (Kirche und Gefolge).
Liuthar-Evangeliar, Aachen

Angesichts der großen Wissenslücken über die Gesamtzusammenhänge wird in dem Buch der Versuch unternommen, einen Überblick über die Geschichte des Mittelalters zu geben. Soweit es einem einzelnen Autor heute überhaupt noch möglich ist, die Forschungsliteratur über die einzelnen Spezialgebiete zu erfassen, wird die Übersicht auf der Basis der derzeitigen Forschungsergebnisse aufgebaut. Durch die Überblicksdarstellung muß zwangsläufig generalisiert werden, wodurch Sachverhalte nur verkürzt wiedergegeben werden können, die man dann in thematisch spezielleren Werken vertiefen kann.

Das Buch erhebt also nicht den Anspruch, für die Forschung neue Erkenntnisse zu gewinnen. Denn dies ist heute nur noch im Zusammenspiel der verschiedenen methodischen Bereiche einer Disziplin wie Geschichte und im Zusammenspiel mehrerer Disziplinen möglich, also z.B.: Politische oder Ereignis-Geschichte, Verfassungsgeschichte, Rechtsgeschichte, Kirchengeschichte,

Sozial- und Wirtschaftsgeschichte, Technikgeschichte, Stadtgeschichte, Alltagsgeschichte, Umwelt-und Klimageschichte, Geschlechtergeschichte, Mentalitätsgeschichte, Kulturgeschichte einerseits und Kunstgeschichte, Mittelalter-Archäologie, Sprachwissenschaft, Literaturwissenschaft, Theologie, Philosophie, Historische Anthropologie und Soziologie andererseits.

Das Buch ist auch nicht als Einführung ins Mittelalter und seine Erforschung gedacht, dafür sind vor allem die Werke von BOOCKMANN, FUHRMANN, GOETZ und HEIMANN (s.Allg. Lit.) zu empfehlen. Doch zu Beginn der Ausführungen muß eine Klärung des Begriffs „Mittelalter" und des zeitlichen und räumlichen Rahmens gegeben werden.

Zur Fertigstellung des Buches waren das Studium einer großen Zahl von Büchern und Aufsätzen vieler Autorinnen und Autoren sowie Gespräche mit Kolleginnen und Kollegen nötig. Hier ist vor allem Bernd Schneidmüller hervorzuheben, dem ich für Ratschläge und Korrekturen zu danken habe. Mein Dank gilt Ina Heller und Rebecca Moser sowie meinen Hilfskräften in Frankfurt (Oder) für bibliographische und technische Aktivitäten, ganz besonders aber Jörg Bremer für seine vielfältigen Tätigkeiten und die Erstellung des Layouts. Schließlich danke ich meinen Kindern und meiner Lebenspartnerin für ihre Geduld mit mir.

DAS MITTELALTER

Wer als Europäer den Begriff „Mittelalter" benutzt, sollte auf keinen Fall vergessen, daß es in anderen Regionen der Welt ganz andere Entwicklungen und demnach auch andere Bezeichnungen für den gemeinten Zeitraum gibt. Wenn man Geschichte als ein von Menschen bewirktes Geschehen im Raum verstehen will, dann meint „mittelalterliche Geschichte" das Geschehen im europäischen Raum zwischen ca. 500 und 1500 nach Christi Geburt. Das ist eine Übereinkunft unter Historikerinnen und Historikern, denn eine akzeptierbare Begründung dafür aus der Geschichte heraus gibt es nicht. Man hat erst im 17. Jahrhundert eine Einteilung der Geschichte geschaffen, die von den Menschen im Mittelalter selbst anders gesehen wurde.

Im Christentum wurde die Geschichte grundsätzlich als Heilsgeschichte angesehen, die allein von Gott gestaltet wurde. Der Ablauf der Geschichte war nach diesen Vorstellungen zielgerichtet (teleologisch) und endete mit dem Jüngsten Gericht. Aurelius Augustinus (354-430), Bischof von Hippo Regius in Nordafrika und bis heute nachwirkender Kirchenvater, entwickelte die Lehre von den sechs Zeitaltern (aetates), orientiert zum einen an der biblischen Geschichte und zum anderen an den Menschenaltern: I. von Adam bis zur Flut = infantia, II. von der Flut bis Abraham = pueritia, III. von Abraham bis David = adolescentia, IV. von David bis zur babylonischen Gefangenschaft = iuventus, V. vom babylonischen Exil bis zu Christi Geburt = gravitas, VI. von Christus bis zum Jüngsten Gericht = senectus.

Hieronymus (340-420), ebenfalls ein Kirchenvater, griff die Idee der vier Weltreiche auf, wie sie in der Prophezeiung des Daniel (Dan.2, 32ff. u. 7, 1ff.) als Allegorien von Metallen und Tieren auftauchen, und nannte folgende Reihenfolge: 1. Reich der Babylonier, 2. Reich der Meder und Perser, 3. Reich der Griechen-Makedonen, 4. Reich der Römer. Diese These dominierte die Vorstellungen vom Ablauf der Geschichte. Mit dem Reich der Römer endete also die Geschichte, das Jüngste Gericht sollte dann eine neue gerechte Welt im Himmel bewirken, das Himmlische Jerusalem. Wie man in der Bibel nachlesen konnte, in der Apokalypse (Offenbarung), kündigte sich das Jüngste Gericht durch bestimmte Vorzeichen an. Die Menschen des Mittelalters lebten also in Erwartung des Jüngsten Gerichts und dessen Vorzeichen.

Als das reale Römische Reich im Westen unterging, mußte eine Hilfskonstruktion eingesetzt werden, die eine weitere Entwicklung der Geschichte erklärte. Im Osten gab es dieses Problem nicht, denn dort bestand das Imperium im Reich von Byzanz mit der Hauptstadt Byzanz (Konstantinopel) weiter. Im Westen konstruierte man in der römischen Kurie nach der Mitte des 8. Jahrhunderts die Konstantinische Schenkung, die u.a. besagte, daß Konstantin bei seinem Wechsel von Rom nach Konstantinopel dem Bischof von Rom (Papst) das Kaiserreich, die Kaiserwürde und die kaiserlichen Insignien zur Verwahrung übergeben hatte. Der Papst übertrug dies alles an die Franken, die auf diese Weise als Nachfolger der Römer galten. Bei Widukind von Corvey (Mitte 10. Jahrhundert) ist nachzulesen, daß dieses Reich von den Franken an die Sachsen übertragen wurde. Dies ist eine zentrale politische Idee des Mittelalters, die man als „Translatio Imperii“ bezeichnet. So konnte der Glauben an ein Weiterbestehen des Römischen Reiches, des vierten Weltreiches, und somit der Weltgeschichte erhalten werden. Ein Bruch in der Geschichte wurde nicht angenommen.

Erst die Humanisten erfanden eine Bezeichnung für das minderwertigere Latein („media et infima latinitas“) zwischen ihrer Zeit und der Antike, aus der sich dann eine Bezeichnung für die Zeit zwischen ihnen und der Antike entwickelte: „medium aevum, media aetas“ = das Mittlere Zeitalter (ca. 1518). Eine Einteilung in drei Zeitalter wurde jedoch erst im 17. Jahrhundert vorgenommen. Georg Hornius (1620-70) wies erste Schritte, indem er in Leiden (1666) eine Weltgeschichte „Arca Noae“ verfaßte, die noch an den vier Weltreichen hing, aber unterteilt war in: „historia vetus“ (alte), und „historia nova“ (neue), dazwischen lag das „medium aevum“. Nach mehreren anderen europäischen Autoren brachte Christoph Cellarius (1638-1707) den Durchbruch, denn er schrieb in Halle von humanistischem und protestantischem Denken beeinflußt eine Universalgeschichte in drei Teilen: 1685 Historia antiqua, 1688 Historia medii aevi, 1696 Historia nova. Er hielt die neue Systematik für nötig, weil sie eine praktische und übersichtliche Gliederung ermöglichte, das gilt bis heute.

Dabei entsteht die Frage, wie und mit welcher Begründung wurde das Mittelalter zur Antike und zur Neuzeit hin abgegrenzt? Am weitesten reicht die Regierungszeit Konstantins in die Antike, insbesondere ist das Toleranzedikt von Mailand, wodurch 313 das Christentum erstmals als Religion toleriert wurde, ein wichtiges Datum. So sah es auch Cellarius. Weitere genannte Daten sind: 375 Einfall der Hunnen, 391 Christentum wird Staatsreligion unter Theodosius, 410

Eroberung Roms durch die Westgoten, 476 Absetzung des letzten weströmischen Kaisers durch Odoaker (Interpretation Hornius), 496 Taufe Chlodwigs, 568 Langobarden in Italien, 622 Hedschra, der Auszug Mohammeds aus Mekka nach Medina (Beginn der Ausbreitung des Islams), 711 Landung der Araber in Spanien, 800 Kaiserkrönung Karls des Großen.

Das Ende des Mittelalters fand auch mehrere Vorschläge: 1450 Einführung des Buchdrucks, 1453 Eroberung von Byzanz durch die Türken (Ende d. Imperiums/ Hornius u. Cellarius), 1492 Entdeckung Amerikas durch Kolumbus, 1495 Reichsreform in Worms, 1517 Beginn der Reformation, sogar 1648 Westfälischer Frieden und 1798 Französische Revolution wurden genannt.

Bei diesen Vorschlägen wird deutlich, daß sie austauschbar sind und immer nur ein Datum für einen speziellen Bereich der Geschichte, wie z.B. Kirchengeschichte, politische Geschichte, Sozialgeschichte, darstellen. Geschichte beginnt niemals in allen ihren Bereichen und in allen Gebieten Europas neu, man kann sie nicht anhalten und neu beginnen. So hat sich die künstliche Einteilung der Geschichte in drei Teile durchgesetzt und wird heute noch als zweckmäßig beibehalten, obwohl es weitere Versuche der Periodisierung von verschiedenen ideologischen Ausgangspunkten aus gegeben hat. Das gilt z. B. für Oswald Spengler, Arnold Toynbee, Karl Jaspers, Oskar Halecki, Max Weber wie für Karl Marx und die marxistische Geschichtswissenschaft.

Festzuhalten ist also: das Mittelalter ist ein Zeitraum, der nach Übereinkunft in der historischen Wissenschaft von ca. 500 – ca. 1500 reicht und auf den europäischen Raum begrenzt ist. Feste Eckdaten lassen sich nicht festlegen, man muß von fließenden Übergängen auf mehreren Ebenen der Geschichte ausgehen. Um diesen großen Zeitraum besser in der Wissenschaft handhaben zu können, wurden mehrere Phasen eingeführt: die Spätantike (ca. 250 – ca. 500), das Frühmittelalter (ca. 500-ca. 1000), das Hochmittelalter (ca. 1000 – ca. 1250) und das Spätmittelalter (ca. 1250-ca. 1500).

Der Epochenbegriff „Mittelalter“ hatte schon bei den Humanisten einen abwertenden Beigeschmack erhalten, weil sie aus ihrer Sicht die Zeit zwischen ihrem geistigen Neuaufbruch (Renaissance) und der Antike als minderwertig ansahen. So wurde das „finstere Mittelalter“ ein Begriff, der bis heute in den Köpfen vorhanden ist. Die Beschäftigung mit und das Studium der mittelalterlichen Geschichte sollen dazu dienen, dieses Bild zu verändern. Denn die Ursprünge unserer heutigen europäischen Welt und mancher vertrauten Einrichtung liegen im Mittelalter: die europäische Staatenwelt und die Nationenbildung, die christlich begründete Monarchie und der Föderalismus, die kirchlichen Institutionen, die Universitäten und vor allem die Stadt. In der Stadt bildete sich die moderne Stadtkultur aus, dazu gehören z.B. die Stadtgemeinde, das Rathaus, der Stadtrat als administrative Elemente, vor allem aber gehört dazu die städtische sozial gegliederte Gesellschaft. Noch deutlicher sichtbar sind die Überreste wie Kirchen und Klöster, Burgen, Stadtmauern, Stadtgrundrisse, Ortsnamen, Landschaftsprägung, Alltagsgegenstände und Feste und Feiern.

Das Mittelalter steht uns also mit Bekanntem und Fremdem gegenüber. Gerade das Fremdartige scheint für den „Boom“ der letzten Jahre verantwortlich zu sein. Aber nicht die Flucht in die romantisierte oder sinnliche Exotik, sondern die Auseinandersetzung mit dem Mittelalter ist erforderlich. Dazu soll die Hilfe der Experten dienen, die sich mit den alten Quellen beschäftigen und sie erschließen. Dies soll vor allen Dingen eine Entmythologisierung bewirken. Oft genug ist das Mittelalter von der Politik benutzt worden, um alte Traditionen neu zu schaffen, man denke an die Nationalsozialisten und die „Germanisierung“ oder die DDR-Machthaber und die positive Darstellung der Slawen. Kritisch ist zu vermerken, daß sich Wissenschaftler und Wissenschaftlerinnen von den Systemen zur Mythologisierung benutzen ließen.

Gerade deshalb erscheint es im Medienzeitalter, wo das Mittelalter teilweise als „Disneyland“ dargestellt wird, notwendig zu sein, als Historiker/in einzugreifen. Hier ist die Beteiligung unabhängiger Experten erforderlich und die (Aus)Bildung des Publikums nötig. Denn durch die Distanz zu dem Geschehen und durch den Einsatz wissenschaftlicher Methoden kann es gelingen, in die Tiefe des Geschehens im Mittelalter vorzudringen. Ein wirkliches Verstehen der Menschen ist aber nicht möglich, nur eine Annäherung an die Empfindungen und Motive der Menschen bei ihren Handlungen.

Wichtig ist der fundierte Vergleich mit den Ereignissen des Mittelalters, ihren Bedingungen, Strukturen und Hintergründen, die gerade in dieser Zeit teilweise neue Bewertungen erfahren. Hier lassen sich Antworten und Vorbilder finden für Fragen und Probleme, die jetzt zu lösen sind. Doch vor voreiligen Schlüssen sei gewarnt, mittelalterliche Geschichte zu interpretieren, bedeutet zwar auch das Erklären menschlichen Handelns im europäischen Raum, aber es herrschten zu dieser Zeit andere Rahmenbedingungen!

Aufbau und didaktischer Ansatz des Buches

Das Buch ist in drei thematische Abschnitte geteilt, die nicht den oben vorgestellten gängigen Einteilungen entsprechen: I. Die Entstehung des christlichen Europa, II. Die Herrschaft der Dynastien und III. Königtum und Fürsten im Kampf um die Macht im Spätmittelalter. Im ersten Abschnitt stehen die Wanderungsbewegungen und die Staatenbildungen der Germanen in Europa, einschließlich Nordafrika, im Mittelpunkt. Sie waren das dynamische Element, das die alten Strukturen auflöste und den Zerfall des Imperium Romanum im Westen beschleunigte. Ihr wichtigster Gegenspieler war das Kaisertum in Ostrom (Byzanz), das zwar versuchte, über den Balkan hinaus auch Teile des ehemaligen Westreiches zu kontrollieren, was ihm aber nur zeitweise in Italien und Nordafrika gelang.

Als die Franken, besonders unter der Führung Chlodwigs, ihr Reich auf Kosten der Römer in der Provinz Gallia aufbauten, wurde die Grundlage zur Entstehung der mittelalterlichen europäischen Kultur aus römischen, germanischen und christlichen Elementen gelegt. So stellt es sich aus heutiger Sicht dar, da die Folgen bekannt sind.

Der zweite Abschnitt schlägt einen großen Bogen vom 6.-13. Jahrhundert, beinhaltet also Früh- und Hochmittelalter. Als wichtigstes Faktum dieses Zeitraumes wird die Dominanz der Monarchie angesehen, die durch Vererbung gegen das Wahlrecht eine Herrschaft der Dynastien ausbilden konnte. Während die Merowinger und die Karolinger wenigstens zu Anfang noch in Gallien residierten, begann im 9. Jahrhundert die Entwicklung zu zwei Staaten, dem West- und Ostfrankenreich, die im 10. Jahrhundert endgültig in eine unterschiedliche eigenständige Richtung geführt wurden. Als wesentliches Staatsgebilde wird daher im vorliegenden Buch „das Reich", gemeint ist das Nachfolgereich des Imperium Romanum, in Mitteleuropa nach und nach in den Mittelpunkt gerückt. In diesem Reich mußte sich die jeweils herrschende Familie gegen das Wahlrecht und die Interessen der Fürsten durchsetzen, was in der Regel gelang, nur biologisch durchbrochen wurde. Die zweite Auseinandersetzung wurde zwischen dem Königtum/Kaisertum und dem Papsttum geführt, die beide spätestens im Investiturstreit jeweils für sich die Führung des Christentums beanspruchten.

Unter den späten Staufern kommt es im 13. Jahrhundert zum Bruch in der Dominanz der Monarchie im Reich, das sogenannte Interregnum bildet die Übergangsphase. Auch im dritten Abschnitt wird die Übersicht über die beiden Auseinandersetzungen weitergeführt. Allerdings ging die bedeutende Rolle des Papsttums in der europäischen Politik im 14. Jahrhundert allmählich zurück und wurde im 15. Jahrhundert durch die Konzilien noch einmal reduziert. Wichtiger war für den Zeitraum der Kampf verschiedener mächtiger Familien um die Königswürde und das gleichzeitige Erstarken der Fürsten, die ihr Wahlrecht nun meistens durchsetzten. Als Königsmacher und eigentliche Drahtzieher in der Politik des Reiches entwickelten sich die sieben Kurfürsten, deren Rechte und somit auch die Königswahl in der berühmten Goldenen Bulle von 1356 festgelegt wurden.

Angesichts des immensen Materials und der Fülle an Literatur zum Mittelalter entschied sich der Autor aus didaktischen Gründen dafür, eine möglichst klare Gliederung durchzuhalten. Als einzige Möglichkeit bot sich dafür schließlich die Orientierung an den Regierungszeiten der einzelnen Herrscher an. Dies ist auch aus der Geschichte heraus gedacht. Denn das Volk (die Untertanen) orientierte sich an den Regierungsjahren des jeweiligen Herrschers und die Herrscher selbst datierten die Zeugnisse ihrer Regierungstätigkeit, also die Urkunden, nach ihren Regierungsjahren. Außerdem hatte eine fehlende Orientierungsmöglichkeit an der Autorität verheerende Folgen im Alltag wie der Investiturstreit deutlich zeigt, als die Untertanen nicht wußten, ob die Aktivitäten und Erlasse des Königs und somit auch ihres Bischofs oder Priesters Gültigkeit besaßen, obwohl diese Personen alle vom Papst gebannt waren.

Dies soll demnach kein Rückfall in dunkle Zeiten der Geschichtsschreibung sein, denn die Herrscher werden nicht verherrlicht oder als einziges dynamisches Element der Geschichte angesehen – die Entwicklung in der modernen internationalen Geschichtswissenschaft ist dem Autor durchaus bewußt –, sondern es wird ein praktikables didaktisches Vorgehen bevorzugt, das wie ein roter Faden durch das Lehrbuch leitet.

Ebenfalls der besseren Vermittlung dienen die Unterbrechungen des laufenden Textes durch Stammtafeln, Abbildungen und vor allem Karten. Es muß immer wieder betont werden, daß sich Geschichte in Zeit und Raum abspielt, d.h. die Visualisierung des Raumes ist von entscheidender Bedeutung für die Erkenntnisse über den Ablauf und die Ergebnisse von historischem Handeln. Begriffe, die im Text nicht genau erklärt werden, sind im Glossar aufgeführt. Ein Register soll das Auffinden von Personen, Orten und Themen erleichtern. Die Jahreszahlen in der Marginalspalte sollen dem Leser helfen, sich schnell im Text zu orientieren, wenn nur Informationen zu einem bestimmten Zeitabschnitt gesucht werden. Denjenigen, die in diesem Lehrbuch auf Bereiche gestoßen sind, die sie gern vertiefen möchten, seien die Literaturhinweise empfohlen, die jeweils den einzelnen Themenabschnitten angefügt sind.

Allgemeine Literaturhinweise

1. Hilfsmittel

Andresen, Carl / Denzler, Georg: dtv-Wörterbuch der Kirchengeschichte, München 1982.

Baumgart, Winfried: Bücherverzeichnis zur deutschen Geschichte. Hilfsmittel-Handbücher-Quellen, 13. überarb. u. erw. Aufl. München 1999.

Die deutsche Literatur des Mittelalters. Verfasserlexikon, begr. v. Wolfgang Stammler, 2., völlig neu bearb. Aufl. hrsg. von Kurt Ruh, Bd. 1 ff., Berlin 1978 ff. [Abgek. Verfasserlexikon]

Handwörterbuch zur deutschen Rechtsgeschichte, hrsg. von A. Erler / E. Kaufmann, Berlin 1971 ff. [Abgek. HRG]

Heinzle, Joachim: Das Mittelalter in Daten, Stuttgart 2002

Heit, Alfed / Voltmer, Ernst: Bibliographie zur Geschichte des Mittelalters, München 1997.

Lexikon des Mittelalters, München / Zürich 1980-1999. [Abgek. LMA].

Lexikon für Theologie und Kirche, begr. v. M. Buchberger, hrsg. von i. Höfer u. K. Rahner, 3., neu bearb. Aufl., Freiburg im Br. 1993ff.

Matz, Klaus-Jürgen: Wer regierte wann? Regententabellen zur Weltgeschichte. Von den Anfängen bis zur Gegenwart, München 2001.

Mönchtum, Orden, Kloster. Von den Anfängen bis zur Gegenwart. Ein Lexikon, hrsg. von Georg Schwaiger, München 1998.

Neue Deutsche Biographie, hrsg. von der bayerischen Akademie der Wissenschaften, Berlin 1953ff. (z. Zeit Buchstabe M) [Abgek. NDB]

Reallexikon der germanischen Altertumskunde, 2. Aufl., Berlin / New York 1971-1999. [Abgk. RGA]

Religion in Geschichte und Gegenwart (RGG), 8 Bde. u. 1 Reg.-Bd., hrsg. von Hans D. Betz, Don S. Browning, Bernd Janowski u.a., 4., neubearb. Aufl., Tübingen 1998 ff.

Schuler, Peter Johannes: Grundbibliographie mittelalterlicher Geschichte, Stuttgart 1990.

Theologische Realenzyklopädie, hrsg. von G. Krause u. G. Müller, Berlin 1976 ff. [Abgek. TRE]

Theuerkauf, Gerhard: Einführung in die Interpretation historischer Quellen. Schwerpunkt: Mittelalter, 2. Aufl. Paderborn 1997.

2. Quellenkunden – Quellensammlungen

2.1 Quellenkunden

Bak, János M.: Mittelalterliche Geschichtsquellen in chronologischer Übersicht nebst einer Auswahl von Briefsammlungen in Zusammenarbeit mit H. Quirin und P. Hollingsworth, Stuttgart 1987.

Caenegem, R.C. von: Guide to the Sources of medieval History, Amsterdam/New York/Oxford 1978.

Dahlmann-Waitz, Quellenkunde der deutschen Geschichte. Bibliographie der Quellen und der Literatur zur deutschen Geschichte, hrsg. von Hermann Heimpel und Herbert Geuss, 10. Aufl., Stuttgart 1965 ff.

Genicot, Leopold (Hrsg.): Typologie des Sources du Moyen Age occidental, 1972 ff.

2.2 Quellensammlungen

Die maßgebliche Quellensammlung zur mittelalterlichen Geschichte sind die Veröffentlichungen der Monumenta Germaniae Historica [abgk. MGH]. Die Monumenta erscheinen in mehreren Reihen. An dieser Stelle ist eine Übersicht über diese Reihen angeführt. Einzelne Autoren oder Sammelbände werden in den Abschnittsbibliographien nach den hier angegebenen Siglen zitiert. Hier wird das Ersterscheinungsdatum der jeweiligen Bände angegeben. Über aktuelle Nachdrucke, Neuauflagen und Neuerscheinungen der MGH kann man sich im Jahresbericht der MGH (erscheint im DA) oder auf der Homepage des Instituts (http://www.mgh.de) informieren. Dort erhält man auch Auskunft über den Stand der elektronischen Publikationen (CD-ROM) der MGH.

MONUMENTA GERMANIAE HISTORICA (MGH)

a) SCIPTORES (MGH SS)

1) Scriptores rerum Germanicarum (30 Bde. in folio, z. T. durch 2) und 3) überholt, zit. MGH SS).
2) Scriptores rerum Germanicarum. Nova Series (12 Bde., 1922 ff., zit. MGH SS rer. Germ. N.S.).
3) Scriptores Germanicarum in usum scholarum (Sog. “Schulausgabe”, 1840 ff., zit. MGH SS rer. Germ. (in us. schol.) immer mit Herausgeber und Erscheinungsjahr).
4) Auctores antiquissimi (15 Bde., 1877 ff., zit. MGH AA).
5) Scriptores rerum Merovingicarum (7 Bde., 1884 ff., zit. MGH SS rer. Merov.).
6) Scriptores rerum Langobardicarum et Italicarum saec. VI-IX (1 Bd. in 4, 1878, zit. MGH SS rer. Langob.).
7) Deutsche Chroniken (6 Bde., 1876 ff., ohne besondere Zitierweise).
8) Libelli de lite imperatorum et pontificium saec. XI et XII conscripti (3 Bde., 1891 ff., Neudruck 1957, zit. LIBELLI (de lite) od. Ldl.).
9) Gesta pontificum Romanorum (1 Bd. in 4 = Liber Pontificalis, 1878), veraltet.
10) Staatsschriften des späteren Mittelalters

b) LEGES (MGH LL)

I) Leges der Folioserie in 5 Bden. (1835-89, Neudr. 1925), überholt.
II) Quartserie:

1) Legum sectio I: Leges nationum Germanicarum (5 Bde., 1888 ff., teils überholt, zit. MGH LL.
2) – sectio II: Capitularia regnum Francorum (2 Bde., 1883-97, zit. MGH Capit.).
3) – sectio III: Concilia (bis 843, 2 Bde., 1893 ff., zit. MGH Conc.).
4) – sectio IV: Constitutiones et acta publica imperatorum et regum (7 Bde., 1893 ff., zit. MGH Const.).
5) – sectio V: Formulae Merovingici et Karolini aevi (1 Bd., 1886, zit. MGH Form(ulae)).
6) Fontes iuris Germanici antiqui. Nova Series (3 Bde. in 8, 1933 ff., zit. MGH Font. iur. Germ., N.S.).
7) Fontes iuris Germanici antiqui in usum scholarum separatim editi (9 Bde., 1869 ff. in 8, zit. MGH Font. iur. Germ.).

c) DIPLOMATA (MGH DD)
I) 1872 eine unzureichende Edition der Merovingerurkunden in Folio.
II) Quartserie: (Neudrucke 1956 ff.)
1) Diplomata Karolinorum (1 Bd., 1906, Pippin, Karlmann, Karl der Große, zit. MGH DD Karol.).
2) Diplomata regum Germaniae ex stirpe Karolinorum (1/1-3, 1932-34, Ludwig der Deutsche, Karlmann, Ludwig der Jüngere; 2/1-2, 1936-37, Karl III. 876-887; 3, 1940, Arnulf 4, 1960, Zwentibold und Ludwig das Kind (zit. MGH DD Germ. Karol. oder nach dem DD Namen des Herrschers und Nummer der Urkunde).
3) Diplomata regum er imperatorum Germaniae (1, 1879-84,Konrad I., Heinrich I., Otto I.: 2/1, 1888, Otto II. 2/2, 1893, Otto III.; 3/1-2, 1900-13, Heinrich II., Nachträge zu Heinrich II.; 5, 1931, Heinrich III.; 6/1-3, 1941-78, Heinrich IV.; 8. 1927, Lothar III. und Richenza, 9, 1969, Konrad III.; Friedrich I. 10/1. 1975; 10/2, 1979.

d) EPISTOLAE (EE oder Epp.)
1) Epistolae in 4 (Register Gregors I., Briefe der Merovinger- u. Karolingerzeit, 8 Bde., 1883 ff.).
2) Die Briefe der deutschen Kaiserzeit (3 Bde., 1949 ff.).
3) Epistolae saec. XIII e regestis pontificum Romanorum selectae (3 Bde., 1883 ff.).
4) Epistolae selectae (5 Bde., 1916 ff., zit. EE sel. oder Epp. sel.).

e) ANTIQUITATES
1) Poetae latini medii aevi (6 Bde., 1880 ff.).
2) Necrologia Germaniae (5 Bde., 1886 ff.).
3) Libri confraternitatum Sancti Galli (1884).

f) Weitere Reihen und Publikationen der MGH:
1) Quellen zur Geistesgeschichte des Mittelalters (2 Bde., 1955 ff.).
2) Deutsches Mittelalter. Kritische Studientexte (mit Übersetzung, 4 Bde., 1937 ff.).
3) Schriften des Reichsinstituts für ältere deutsche Geschichte (1820 ff.); = seit 1876 Neues Archiv für Geschichte des MA [zit. NA, später Deutsches Archiv, zit. DA].
4) Schriftenreihe (Forschungsstudien)
5) Quellen zur Geistesgeschichte des Mittelalters
6) Indices
7) Studien und Texte

g) Zeitschriften
1) Archiv der Gesellschaft für ältere deutsche Geschichtskunde
2) Neues Archiv der Gesellschaft für ältere deutsche Geschichtskunde
3) Deutsches Archiv für Erforschung des Mittelalters [Abgek. DA]

Die maßgebliche (zweisprachige) Quellenedition ist die sog. Freiherr vom Stein-Gedächtnisausgabe „Ausgewählte Quellen zur Deutschen Geschichte, Reihe A: Mittelalter" [Abgek. FSGA]. *Die entsprechenden Textausgaben sind in den Literaturhinweisen zum jeweiligen Kapitel aufgeführt.*
Für Texte, die nicht in die FSGA aufgenommen sind bzw. noch nicht erschienen sind, kann man auf die Geschichtsschreiber der deutschen Vorzeit *zurückgreifen:* Die Geschichtsschreiber der deutschen Vorzeit. Nach den Texten der Monumenta Germaniae Historica in deutscher Bearbeitung, 3. Gesamtausgabe, Köln / Graz 1954-1959. [GDV]
In den Literaturhinweisen zu den Kapiteln sind entsprechend nur diejenigen Autoren erwähnt, die nicht in der FSGA oder als neuere Studienausgaben vorliegen.
Eine Auswahl aus den GDV liegt neu auf CD-ROM vor: Quellensammlung zur mittelalterlichen Geschichte – Fontes medii aevi, CD ROM, Berlin 1998 [wichtige Quellen zur mittelalterlichen Geschichte nach den GDV]

2.3 Quellen in Auswahl

Geschichte in Quellen, hrsg. von Wolfgang Lautemann / Manfred Schlenke, Bd. 2: Mittelalter – Reich und Kirche, bearb. von Wolfgang Lautemann, München o.J.
Das Mittelalter. Ein Lesebuch aus Texten und Zeugnissen vom 6. bis 16. Jahrhundert, hrsg. von Hartmut Boockmann, 3. Aufl. München 1997.

3. Literatur

Althoff, Gerd (Hrsg.): Die Deutschen und ihr Mittelalter. Themen und Funktionen moderner Geschichtsbilder vom Mittelalter, Darmstadt 1992.
Althoff, Gerd / Goetz, Hans-Werner / Schubert, Ernst (Hrsg.): Menschen im Schatten der Kathedrale. Neuigkeiten aus dem Mittelalter, Darmstadt 1998.
Althoff, Gerd: Spielregeln der Politik im Mittelalter. Kommunikation in Frieden und Fehde, Darmstadt 1997.
Althoff, Gerd (Hrsg.): Formen und Funktionen öffentlicher Kommunikation im Mittelalter, Stuttgart 2001 (VuF 51).
Angenendt, Arnold: Geschichte der Religiosität im Mittelalter, 2. überarb. Auflage Darmstadt 2000.
Battenberg, Friedrich: Herrschaft und Verfahren. Politische Prozesse im mittelalterlichen Römisch-Deutschen Reich, Darmstadt 1995.
Beumann, Helmut (Hrsg.): Kaisergestalten des Mittelalters, 2. Aufl. München 1985.
Binding, Günther: Deutsche Königspfalzen. Von Karl dem Großen bis Friedrich II. (765-1240), Darmstadt 1996.
Bloch, Marc: Die Feudalgesellschaft, Frankfurt am Main 1982.
Boockmann, Hartmut: Einführung in die Geschichte des Mittelalters, 5. Aufl. München 1992.
Borgolte, Michael: Die mittelalterliche Kirche, München 1992.
Bosl, Karl: Staat, Gesellschaft, Wirtschaft im deutschen Mittelalter, 6. Aufl. München 1982.

Büssem, Eberhard / Neher, Michael (Hrsg.): Arbeitsbuch Geschichte – Mittelalter, 11. Aufl., München 1998.
Canning, Joseph / Oexle, Otto Gerhard (Ed.): Political Thought and the Realities of Power in the Middle Ages – Politisches Denken und die Wirklichkeit der Macht im Mittelalter, Göttingen 1998 (Veröff. d. MPI f. Geschichte 147).
Cipolla, Carlo M. (Hrsg.): Europäische Wirtschaftsgeschichte, Bd.1: Mittelalter, Stuttgart / New York 1978.
Siedler Deutsche Geschichte, Bd. 1: Herwig Wolfram: Das Reich und die Germanen. Zwischen Antike und Mittelalter, Berlin 1990; Bd. 2: Hans Kurt Schulze: Vom Reich der Franken zum Land der Deutschen. Merowinger und Karolinger, Berlin 1987; Bd. 3: Hans Kurt Schulze: Hegemoniales Kaisertum. Ottonen und Salier; Bd. 4: Hartmut Boockmann: Stauferzeit und spätes Mittelalter. Deutschland 1125-1517, Berlin 1987.
Deutsche Geschichte, hrsg. von Joachim Leuschner (Kleine Vandenhoeck-Reihe): Bd. 1: Josef Fleckenstein: Grundlagen und Beginn der deutschen Geschichte, 3., durchges. u. erw. Aufl. Göttingen 1988; Bd. 2: Horst Fuhrmann: Deutsche Geschichte im hohen Mittelalter, 4. Aufl. Göttingen 1987; Bd. 3: Joachim Leuschner: Deutschland im späten Mittelalter, 2., durchges. u. erw. Aufl. Göttingen 2000.
Duby, Georges: Die drei Ordnungen. Das Weltbild des Feudalismus, 2. Aufl. Frankfurt am Main 1993.
Duby, Georges: Wirklichkeit und höfischer Traum. Zur Kultur des Mittelalters, Berlin 1986.
Ehlers, Joachim (Hrsg.): Deutschland und der Westen Europas im Mittelalter, Stuttgart 2002.
Ehlers, Joachim / Müller, Heribert / Schneidmüller, Bernd (Hrsg.): Die französischen Könige des Mittelalters. Von Odo bis Karl VIII., 888-1498, München 1996.
Eibach, Joachim / Lottes, Günther (Hrsg.): Kompass der Geschichtswissenschaft. Ein Handbuch, Stuttgart 2002.
Eickels, Klaus van: Vom inszenierten Konsens zum systematisierten Konflikt, Stuttgart 2002.
Engel, Evamaria / Holtz, Eberhard (Hrsg.): Deutsche Könige und Kaiser des Mittelalters, 2., korr. Aufl. Leipzig 1990.
Esymbyol, Andrea: Geliebte oder Ehefrau? Konkubinen im frühen Mittelalter, Wien 2002.
Fried, Johannes (Hrsg.): Träger und Instrumentarien des Friedens im hohen und späten Mittelalter, Sigmaringen 1996 (VuF 43).
Fuhrmann, Horst: Einladung ins Mittelalter, 2. Aufl. München 2002.
Fuhrmann, Horst: Überall ist Mittelalter. Von der Gegenwart einer vergangenen Zeit, 3. Aufl. München 1998 [Taschenbuchausgabe 2002].
Goetz, Hans-Werner: Proseminar Geschichte. Mittelalter, 2. Aufl., Stuttgart 2000.
Goetz, Hans-Werner: Das Problem der Epochengrenzen und die Epoche des Mittelalters, in: Segl, Peter (Hrsg.): Mittelalter und Moderne. Entdeckung und Rekonstruktion der mittelalterlichen Welt. Kongreßakten des 6. Symposiums des Mediävistenverbandes in Bayreuth 1995, Sigmaringen 1997, S. 163-172.
Goetz, Hans-Werner: Moderne Mediävistik. Stand und Perspektiven der Mittelalterforschung, Darmstadt 1999.
Goetz, Hans-Werner: Mediävistik als Kulturwissenschaft, Berlin 2000.
Goez, Werner: Translatio Imperii. Ein Beitrag zur Geschichte des Geschichtsdenkens und der politischen Theorien im Mittelalter und in der frühen Neuzeit, Tübingen 1958.

Haas, Wolfdieter: Welt im Wandel. Das Hochmittelalter, Stuttgart 2002.

Handbuch der deutschen Geschichte, hrsg. von Bruno Gebhardt, 10. völlig neu bearbeitete Auflage, Stuttgart 2001 ff.. Bde. 1-7.

Heimann, Heinz-Dieter: Einführung in die Geschichte des Mittelalters, Stuttgart 1997.

Heinzle, Joachim (Hrsg.): Modernes Mittelalter. Neue Bilder einer populären Epoche, Frankfurt am Main 1984.

Holmes, George (Hrsg.): Europa im Mittelalter, Stuttgart/Weimar 1993.

Kantorowicz, Ernst H.: The King's Two Bodies. A Study in Mediaeval Political Theology, Princeton / New York 1957 (deutsch: Die zwei Körper des Königs, München 1990).

Kerner, Max (Hrsg.): Ideologie und Herrschaft im Mittelalter, Darmstadt 1982 (WdF 530).

Knefelkamp, Ulrich (Hrsg.): Weltbild und Realität. Einführung in die mittelalterliche Geschichtsschreibung, Pfaffenweiler 1992.

Kolb, Werner: Herrscherbegegnungen im Mittelalter, Bern / Frankfurt am Main / New York / Paris 1988.

Le Goff, Jacques (Hrsg.): Der Mensch des Mittelalters, Frankfurt am Main / New York 1989.

Le Goff, Jacques: Kultur des europäischen Mittelalters, München / Zürich 1970.

Lindscheid-Burdich, Susanne / Binding, Günther: Planen und Bauen im frühen und hohen Mittelalter nach den Schriftquellen bis 1250, Darmstadt 2002.

Lohrmann, Klaus: Die Juden in der Gesellschaft des Mittelalters, Stuttgart 2003

Lüdtke, Alf (Hrsg.): Herrschaft als soziale Praxis, Göttingen 1991 (Veröff. MPI für Geschichte 91).

Melville, Gert (Hrsg.): Institutionen und Geschichte. Theoretische Aspekte und mittelalterliche Befunde, Köln / Weimar / Wien 1992.

Müller, Jan Dirk (Hrsg.): Mittelalter. Neue Wege durch einen alten Kontinent, Stuttgart u.a. 1999.

Neue Deutsche Geschichte, hrsg. von Peter Moraw / Volker Press / Wolfgang Schieder: Bd. 1: Friedrich Prinz: Grundlagen und Anfänge. Deutschland bis 1056, München 1993; Bd. 2: Alfred Haverkamp: Aufbruch und Gestaltung. Deutschland 1056-1273, München 1993; Bd. 3: Peter Moraw / Paul-Joachim Heinig: Wahlreich und Territorien. Deutschland 1273-1500, München, in Vorbereitung.

Nonn, Ulrich (Hrsg.): Quellen zum Alltag im Früh- und Hochmittelalter, Darmstadt 2002.

Ohler, Norbert: Krieg und Frieden im Mittelalter, München 1997.

Propyläen – Geschichte Deutschlands, hrsg. v. Dieter Groh: Bd. 1: Johannes Fried: Vom Beginn der deutschen Geschichte, Göttingen 1994; Bd. 2: Hagen Keller: Zwischen regionaler Begrenzung und universalem Horizont, Göttingen 1986; Bd. 3: Peter Moraw: Von offener Verfassung zu gestalteter Verdichtung, Göttingen 1985; Bd. 4: Heinrich Lutz: Das Ringen um deutsche Einheit und kirchliche Erneuerung, Göttingen 1991.

Quirin, Heinz: Einführung in das Studium der mittelalterlichen Geschichte, 5. Aufl. Stuttgart 1991.

Reclam – Kleine Geschichte: Maurer, Michael: Kleine Geschichte Englands, Stuttgart 1997; Haupt, Heinz-Gerhard: Kleine Geschichte Frankreichs, Stuttgart 1997; Maurer, Michael: Kleine Geschichte Irlands, Stuttgart 1998; Nolte, Hans-Heinrich: Kleine Geschichte Rußlands, Stuttgart 1998; Dirlmeier, Ulf: Kleine deutsche Geschichte, 1998.

Rohlfes, Joachim: Ein Herz für die Personengeschichte, in: GWU 50 (1999), S. 305-320.
Schneider, Reinhard / Zimmermann, Harald (Hrsg.): Wahlen und Wählen im Mittelalter, Sigmaringen 1990 (VuF 37).
Schnith, Karl Rudolf (Hrsg.): Mittelalterliche Herrscher in Lebensbildern, Graz 1990.
Schramm, Percy Ernst: Die deutschen Kaiser und Könige in Bildern ihrer Zeit 751-1190, 2. Aufl. hrsg. von Florentine Mütherich, München 1981.
Schreier, Klaus von / Müntz, Marc (Hrsg.): Frömmigkeit im Mittelalter, Stuttgart 2002.
Schulze, Hans K.: Grundstrukturen der Verfassung im Mittelalter, 3 Bde.: T1: Stammesverband, Gefolgschaft, Lehnswesen, Grundherrschaft. 3. Aufl. Stuttgart u.a. 1995; T2: Familie, Sippe und Geschlecht, Haus und Hof, Dorf und Mark, Burg, Pfalz und Königshof, Stadt. 2. Aufl. Stuttgart u.a. 1992; T3: Kaiser und Reich. Stuttgart u.a. 1998.
See, Klaus von: Königtum und Staat im skandinavischen Mittelalter, Heidelberg 2002.
Segl, Peter (Hrsg.): Mittelalter und Moderne. Entdeckung und Rekonstruktion der mittelalterlichen Welt. Kongreßakten des 6. Symposiums des Mediävistenverbandes in Bayreuth 1995, Sigmaringen 1997.
Sprandel, Rolf: Verfassung und Gesellschaft im Mittelalter, Paderborn 1975.
Thomas, Heinz: Das Identitätsproblem der Deutschen im Mittelalter, in: GWU 43 (1992), S. 135-156.
Vogtherr, Thomas: Kirche im Mittelalter, Stuttgart 2002.
Voss, Ingrid: Herrschertreffen im frühen und hohen Mittelalter, Köln / Wien 1987 (Beiheft zum AKG 26).
Zimmermann, Harald: Das Mittelalter, 2 Bde., Braunschweig 1975/79.
Zotz, Thomas: Adel, Rittertum und Ministerialität im Mittelalter, München 2002.

II. DIE ENTSTEHUNG DES CHRISTLICHEN EUROPA

EINLEITENDE BEMERKUNGEN

391 Mit der Anerkennung der christlichen Religion als Staatsreligion (391) und dem anschließenden Zerfall des Römischen Imperiums im 5. Jahrhundert begann die Phase der Entstehung eines christlichen Europa aus verschiedenen Wurzeln. Das Christentum basierte auf dem Alten und Neuen Testament und beinhaltete somit wesentliche Elemente des orientalischen Judentums, so daß beide als Pfeiler der neuen abendländischen Kultur angesehen werden müssen. Zu ihnen kamen die Kulturen des Nordens und des Ostens, d.h. das Germanentum mit allen seinen Ausprägungen und das Slawentum, als weitere Pfeiler hinzu. Die verschiedenen Elemente der spätantiken römischen Kultur, hervorgegangen aus der griechischen, verschmolzen in einer Jahrhunderte andauernden Phase mit diesen eben aufgezählten Elementen zur europäischen Kultur des Mittelalters.

In der heutigen Forschung herrscht Einigkeit darüber, daß neue Erkenntnisse über die Germanen im wesentlichen nur in der Zusammenarbeit mit der Archäologie erbracht werden können, die gerade in den letzten Jahren die Wissenschaft weitergebracht hat. Die wichtigsten Informationen in schriftlichen Quellen sind in den Werken von Caesar über den Gallischen Krieg und von Tacitus über die Germania enthalten. Darüber hinaus gibt die Stammestradition, die Origo gentis, Auskunft über die Welt der Götter und Menschen, vor allem über die Herkunft der Stämme.

Die Gallier und mit ihnen die Römer bezogen den Namen eines Stammes (Tungrer) am Niederrhein, der siegreich über den Rhein vorgestoßen war, auf die gesamte Bevölkerung jenseits des Rheins und nannten die Bewohner dieses Gebietes „Germanen“. Die Germanen selbst hatten keine Sammelbezeichnung für ihre Stämme, dementsprechend schwach war das Bewußtsein der Einheit entwickelt. Einheitlich waren bei ihnen z.B. in allen Sprachen die Bezeichnungen für die südlichen Nachbarn als Welschen/Walchen und die östlichen Nachbarn als Wenden/Winden.

Die Germanen lassen sich als historischer Faktor verschiedenen geographischen Regionen zuordnen: Skandinavien, dem Baltikum und den Ebenen Norddeutschlands. Sie werden in der Forschung auch als Nordseegermanen, Elbgermanen, Oder-Warthe-Germanen, Ostseegermanen und Rhein-Weser-Germanen bezeichnet. Vom Elberaum ausgehend dominierten die Germanen im 1. Jahrhundert den vorher von den Kelten geprägten Raum, erst ab dem 3. Jahrhundert bildeten sich die historisch bekannten Stämme aus. Die Stämme setzten sich aus verschiedenen Gruppen zusammen, die wiederum kleinere Stämme darstellten. Reinhard Wenskus hat in den 1960er Jahren das Standardwerk über diese Ethnogenese verfaßt. Die Größe dieser neuen Stämme wird auf maximal 100.000 Menschen mit ca. 15.000-20.000 Kriegern geschätzt (WOLFRAM), kleinere Stämme hatten nur ca. 3000 Krieger zur Verfügung.

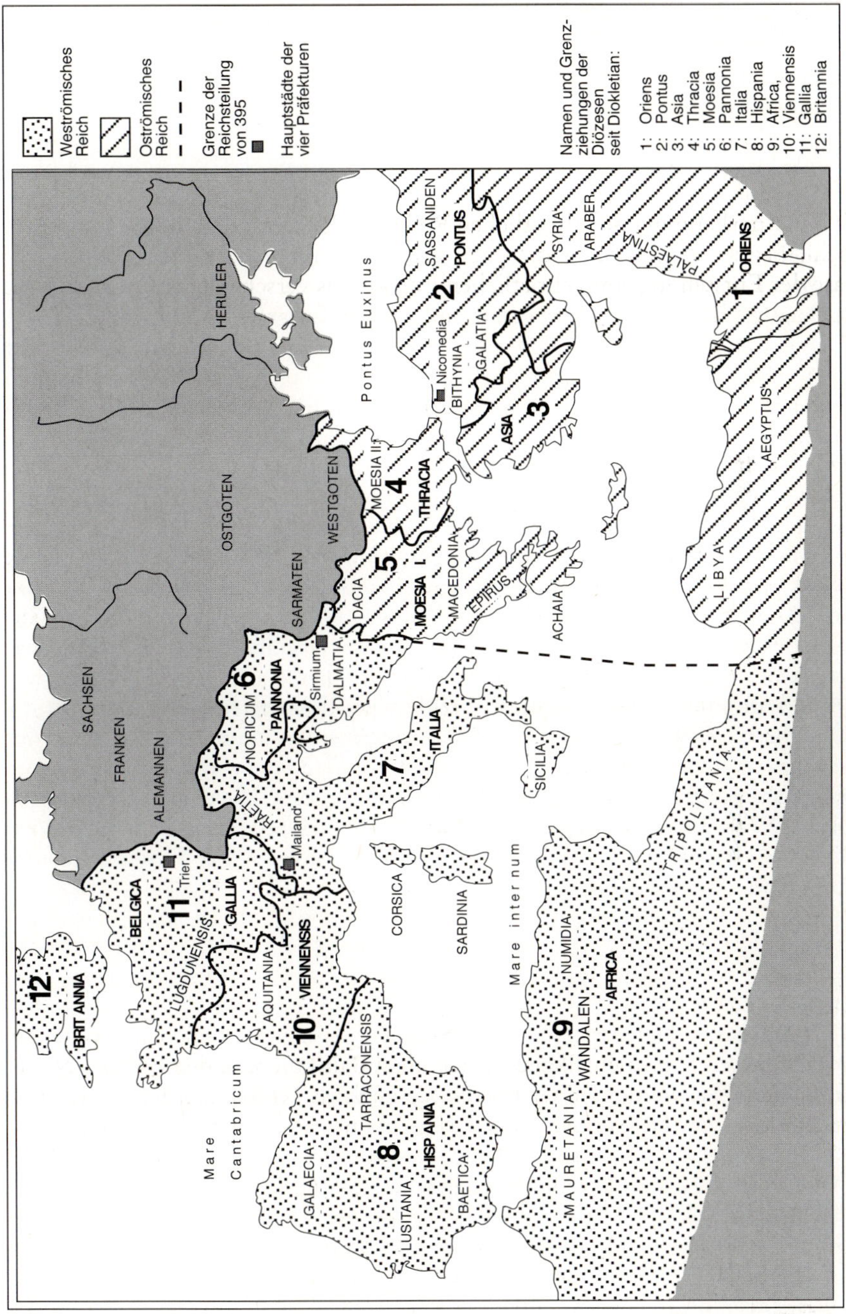

Römische Provinzialeinteilung am Ende des 4. Jahrhunderts.

Als neue Führer der Stämme tauchten in dieser Zeit der ersten Wanderungen die Heerkönige auf. Sie lösten die sogenannten Volkskönige ab, die Nachkommen von göttlich-königlichen Vorfahren (rex ex nobilitate), die die einheitlichen Stämme mit sakraler Verantwortung regiert hatten. Die neuen Heerführer stiegen aus Tüchtigkeit auf (dux ex virtute) und beherrschten ein Volk, das aus vielen Stämmen gemischt und zu einer neuen politisch-verfaßten Gemeinschaft zusammengewachsen war. Die neuen Könige übernahmen die Rechte und Pflichten des alten Königtums und bemühten sich, an die alte Königstradition anzuschließen. Dazu gehörte auch die Vererbbarkeit des Königstitels wie es z.B. die Amaler bei den Ostgoten einführten. Sie hatten die Herrschaft, die Gefolgsleute leisteten ihnen durch Eid gebunden die Gefolgschaft.

Den ersten Kontakt mit dem Christentum als ganzer Stamm hatten wohl die Goten an der Donau und auf der Krim. Für den Beginn einer weitreichenden
310 Christianisierung steht der Gotenbischof Wulfila, der ca. 310 als Gote geboren
350 wurde. Mit seinen Vertrauten erstellte Wulfila ca. 350 eine gotische Bibelübersetzung aus dem Griechischen, wodurch das Gotische als erste germanische Sprache die Schriftlichkeit erreichte. Gegen ihn und seine Anhänger kam es um 350 zur einzigen Christenverfolgung und Vertreibung unter den Germanen, die von König und Stammesrat beschlossen wurden. Daraufhin regierte Wulfila als Bischof und Stammesführer im heutigen Nordbulgarien bis zu seinem Tod im
383 Jahr 383. In seiner Lehre schloß sich Wulfila dem Presbyter Arius (260-336) aus Alexandria an, der lehrte, daß Jesus Christus nur gottähnlich sei. Der Arianismus fand in den Regierungskreisen des oströmischen Kaiserreichs viele Anhänger und wurde die beherrschende Lehre der christianisierten Germanen.

375 Üblicherweise wird das Jahr 375 als ein wichtiges Datum für die Endphase der sogenannten Völkerwanderung angesehen. In diesem Jahr wurde durch das Vordringen der Hunnen in die Ukraine und angrenzende Gebiete eine Kettenreaktion ausgelöst, die zu weitreichenden Transformationsprozessen und einem Verschieben germanischer Völkerschaften vom Norden in den Süden und vom Osten in den Westen führte.

Die Westgoten

Durch die Eroberungszüge der Hunnen blieben den Goten zwei Möglichkeiten, entweder sich in das Imperium Romanum zu begeben oder als Unterworfene der Hunnen zu leben. Die Westgoten zogen daraufhin in die römischen Balkan-
378 provinzen und zu den Donaugoten. Im Jahr 378 schlugen sie die kaiserliche
382 Hofarmee, so daß 382 ein einzigartiger Vertrag mit ihnen geschlossen wurde. Sie wurden in den Kernländern des Reiches als Föderaten anerkannt und erhielten quasi einen Staat im Staat mit eigener Verfassung.

391 Die bisher königlosen Donaugoten erhoben ca. 391 den Balthen Alarich zu ihrem König. Er war der erste Germanenkönig, der Heermeister, also Befehlshaber einer regulären römischen Armee, wurde. Unter seiner Führung brachen

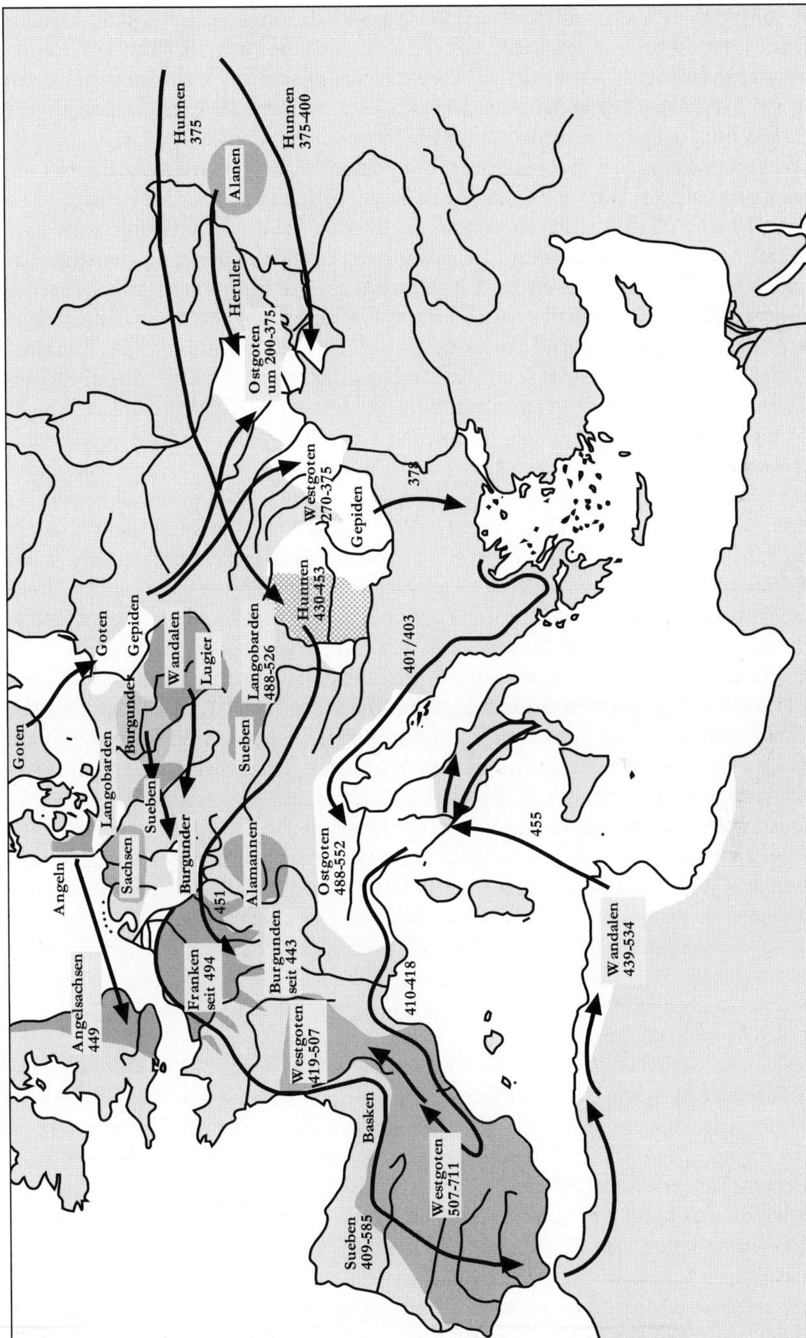

Die Völkerwanderung – Übersicht über die wichtigsten Germanenzüge, Ansiedlungen und Reichsgründungen.

401 die Westgoten nach Italien auf und belagerten 401 die kaiserliche Residenz Mai-
410 land. Erschütternd und spektakulär für die Zeitgenossen war im Jahr 410 die er-
ste Eroberung der Stadt Rom, die den Westgoten allerdings wenig nutzte, denn
ihr Weg nach Afrika endete im Süden Italiens. Dort starb Alarich, der nach der
Legende im Flußbett des Busento begraben worden sein soll.

Die Westgoten zogen nordwärts und ließen sich in den römischen Provinzen
im südlichen Gallien nieder. Dort bauten sie das wichtigste Nachfolgereich
Westroms mit der Hauptstadt Toulouse auf. Eurich schuf ein vorbildhaftes Kö-
nigreich, in dem mit dem Codex Euricianus ein epochales Gesetzeswerk erlas-
451 sen wurde. Bei der Schlacht auf den Katalaunischen Feldern kämpften 451 die
Westgoten unter dem römischen Feldherrn Aetius gegen Attilas Hunnenheer
zur Verteidigung Roms. Alarich II. wurde zuerst Bundesgenosse, dann Schwie-
gersohn des Ostgotenkönigs Theoderich. Aber auch dieser konnte ihn nicht vor
507 der expansiven Macht der Franken schützen. Im Jahr 507 verlor Alarich II.
Schlacht und Leben gegen den Frankenkönig Chlodwig, das Tolosanische Reich
der Westgoten war beendet, auch wenn die Nachfolger das Reich zu retten ver-
suchten.

Unter Leovigild und Reccared I. wurde das nächste große Reich der Westgo-
ten im 6. Jahrhundert um die Hauptstadt Toledo in Spanien errichtet. Dies wur-
de ein herausragendes Reich, in dem Gesetz und Schriftlichkeit gepflegt wurden,
römische und gotische Elemente miteinander verschmolzen. Allerdings war das
Reich politisch ziemlich isoliert, was aber durchaus Platz für eigenständige Ent-
589 wicklung schuf. Im Jahr 589 fand auf dem dritten Konzil von Toledo die Con-
versio der Westgoten zum katholischen Glauben statt, die Kirchenherrschaft lag
beim König. Einer der herausragenden Bischöfe der spanischen Kirche wurde
Isidorus von Sevilla (ca. 570-636), der neben zahlreichen Schriften die „Etymo-
logiae“ verfaßte, eine der einflußreichsten Enzyklopädien des Mittelalters.

Die drohende Gefahr durch die Araber ignorierten die Westgoten weitgehend,
stattdessen entbrannte sogar heftiger Streit der führenden Familien um die Kö-
711 nigskrone. Im Juli 711 wurde das westgotische Heer durch das arabische Invasi-
onsheer unter Tarik geschlagen. In den nächsten 14 Jahren wurde Spanien Zug
um Zug erobert. Das zweite Reich der Westgoten auf ehemals römischem Bo-
den war zerstört.

Die Ostgoten

375 Die Mehrheit der Ostgoten unterwarf sich 375 den Hunnen, daher nahmen sie
auf Seiten von Attila an der Schlacht auf den Katalaunischen Feldern teil. Nach
456/57 dem Zusammenbruch des Hunnenreiches (456/57) wurden auch die Ostgoten
als Föderaten im Imperium angesiedelt. Um 460 kam Theoderich als Geisel an
den Hof des Kaisers in Byzanz, wo er eine gute Ausbildung erhielt. Dadurch
hatte er ein enormes Prestige, als er 469 ins Gotenreich in Pannonien zurück-
470/74 kehrte. Etwa um 470/74 ist er zum König erhoben worden, mußte sich aber in

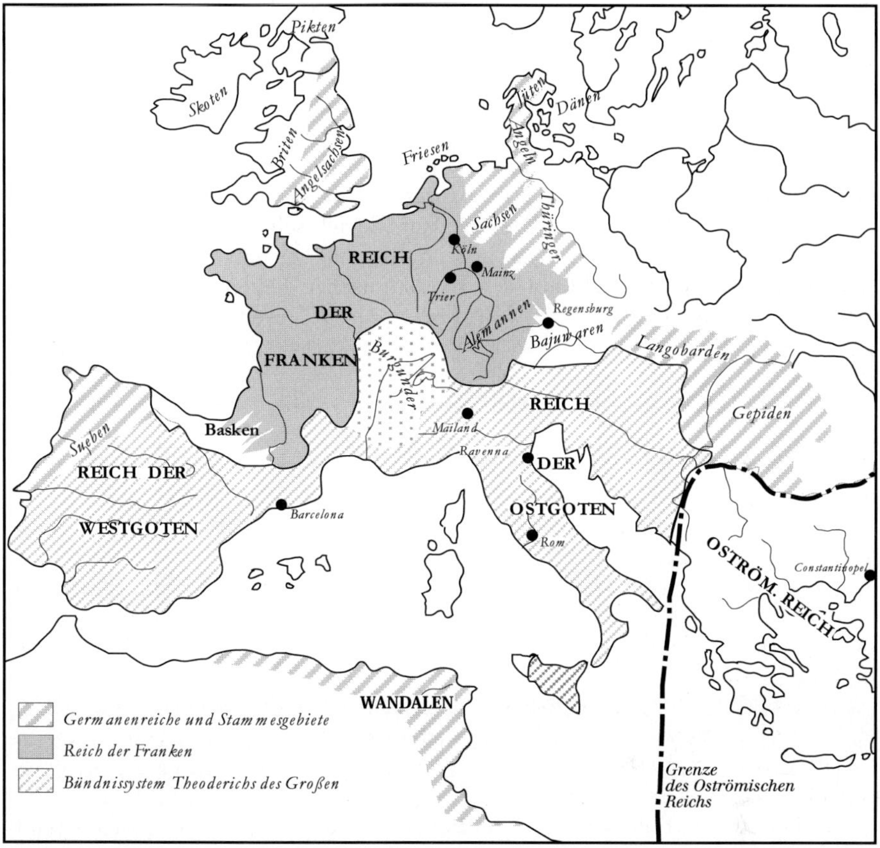

Gentile Reiche und das Bündnissystem Theoderichs d. Gr.

der Folgezeit mit anderen Gotengruppen auseinandersetzen. Für seine Hilfe dankte ihm Kaiser Zenon 476 mit dem Titel des Patrizius und der Beauftragung *476*
als oberster Heermeister und später sogar mit dem Konsulat. Spätestens seit 483 *483*
besaß Theoderich das römische Bürgerrecht.

Im Jahr 488 brach Theoderich mit seinen Ostgoten nach Italien auf, um *488*
Odoaker zu bekämpfen. Der Skire Odoaker war zum Offizier im weströmischen Heer am Hof von Ravenna und schließlich zum Heermeister aufgestiegen. Er wurde bei einer Rebellion 476 zum König erhoben und setzte den letzten *476*
Kaiser Romulus Augustulus in Ravenna ab. Er wurde aber in Konstantinopel niemals voll anerkannt. Als er das Rugierreich angriff, flohen der rugische Königssohn und sein Gefolge und suchten Schutz bei Theoderich. Dieser schloß mit Kaiser Zenon den Vertrag, daß er nach der Niederwerfung Odoakers an der Stelle des Kaisers in Italien regieren solle.

Theoderich benötigte fast vier Jahre, um Odoaker soweit zu besiegen, daß der Bischof von Ravenna im Februar 493 einen Vertrag aushandeln konnte, nach *493*
dem beide über Italien herrschen sollten. Zehn Tage nach seinem Einzug in Ra-

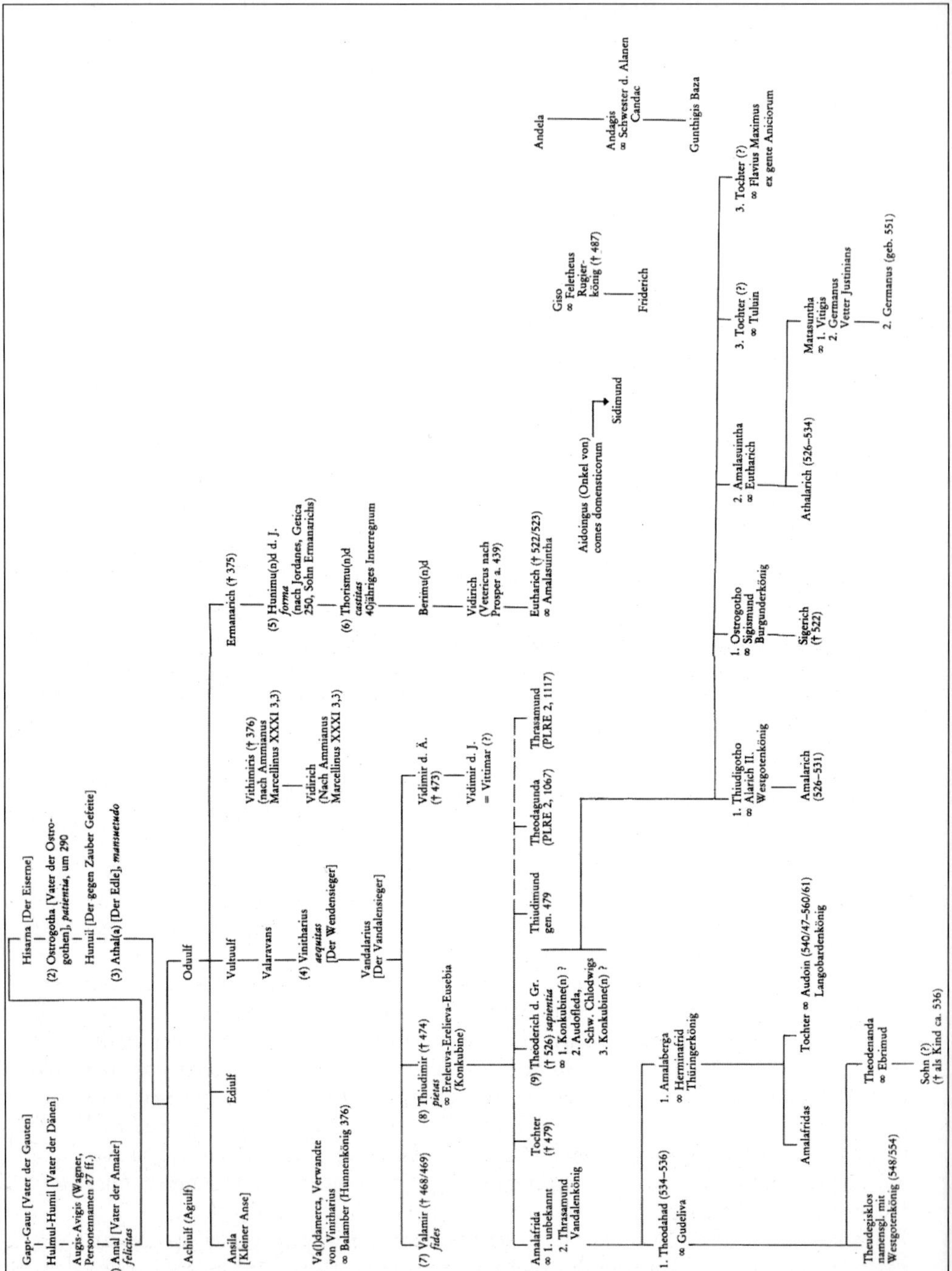
Gapt-Gaut [Vater der Gauten]
Hulmul-Humil [Vater der Dänen]
Augis-Avigis (Wagner, Personennamen 27 ff.)
(1) Amal [Vater der Amaler] *felicitas*
Hisarna [Der Eiserne]
(2) Ostrogotha [Vater der Ostrogothen], *patientia*, um 290
Hunuil [Der gegen Zauber Gefeite]
(3) Athal(a) [Der Edle], *mansuetudo*
Achiulf (Agiulf)
Oduulf
Ansila [Kleiner Anse]
Ediulf
Vultuulf
Ermanarich († 375)
Valaravans
Vithimiris († 376) (nach Ammianus Marcellinus XXXI 3,3)
(5) Hunimu(n)d d. J. *forma* (nach Jordanes, Getica 250, Sohn Ermanarichs)
Va(l)damerca, Verwandte von Vinitharius ∞ Balamber (Hunnenkönig 376)
(4) Vinitharius *aequitas* [Der Wendensieger]
Vidirich (Nach Ammianus Marcellinus XXXI 3,3)
(6) Thorismu(n)d *castitas* 40jähriges Interregnum
Vandalarius [Der Vandalensieger]
Berimu(n)d
(7) Valamir († 468/469) *fides*
(8) Thiudimir († 474) *pietas* ∞ Ereleuva-Erelieva-Eusebia (Konkubine)
Vidimir d. Ä. († 473)
Vidimir d. J. = Vittimar (?)
Vidirich (Vetericus nach Prosper a. 439)
Amalafrida ∞ 1. unbekannt 2. Thrasamund Vandalenkönig
Tochter († 479)
(9) Theoderich d. Gr. († 526) *sapientia* ∞ 1. Konkubine(n) ? 2. Audofleda, Schw. Chlodwigs 3. Konkubine(n) ?
Thiudimund gen. 479
Theodagunda (PLRE 2, 1067)
Thrasamund (PLRE 2, 1117)
Eutharich († 522/523) ∞ Amalasuintha
Aidoingus (Onkel von) comes domensticorum
Sidimund
Giso ∞ Feletheus Rugierkönig († 487)
Friderich
Andela
Andagis ∞ Schwester d. Alanen Candac
Gunthigis Baza
1. Theodahad (534–536) ∞ Gudeliva
1. Amalaberga ∞ Herminafrid Thüringerkönig
1. Thiudigotho ∞ Alarich II. Westgotenkönig
1. Ostrogotho ∞ Sigismund Burgunderkönig
2. Amalasuintha ∞ Eutharich
3. Tochter (?) ∞ Tuluin
3. Tochter (?) ∞ Flavius Maximus ex gente Aniciorum
Amalafridas
Tochter ∞ Audoin (540/47–560/61) Langobardenkönig
Amalarich (526–531)
Sigerich († 522)
Athalarich (526–534)
Matasuntha ∞ 1. Vitigis 2. Germanus Vetter Justinians
Theudegisklos namensgl. mit Westgotenkönig (548/554)
Theodenanda ∞ Ebrimud
Sohn (?) († als Kind ca. 536)
2. Germanus (geb. 551)

venna tötete Theoderich Odoaker bei einem Gastmahl und übernahm die Macht
in Italien. Erst im Jahr 497 wurde sein Königtum vom Kaiser anerkannt. *497*

Theoderich gelang es geschickt, die gotischen Besonderheiten im Heerwesen und die Vorteile der römischen Verwaltung einzusetzen, gleichzeitig bestand er auf Abgrenzung, denn es galt Heiratsverbot zwischen Goten und Römern. Er stärkte das Selbstbewußtsein der Goten durch die Abfassung einer Stammesgeschichte durch seinen römischen Gelehrten Cassiodor, wobei er die Bedeutung seines Geschlechts der Amaler herausstreichen ließ.

Durch Heiratspolitik konnte er weiten Einfluß ausüben. Er selbst heiratete die Fränkin Autofleda, die Schwester des Frankenkönigs Chlodwig. Eine Tochter heiratete den Westgotenkönig Alarich II., eine weitere Tochter den burgundischen Kronprinzen. Seine Schwester ging die Heirat mit dem Vandalenkönig Thrasamund ein, deren Tochter später mit dem Thüringerkönig. Diese Heiratsverbindungen bildeten die Grundlage für seine Politik der Einmischung in die Angelegenheiten der anderen Germanenreiche, die im wesentlichen zum Ausgleich führte, weil er respektiert wurde. Neben dieser Friedenswahrung lagen seine Verdienste auf dem Gebiet der Förderung von Kunst und Kultur, aber auch in dem Schutz der Kirche in Rom, die sich von der Ostkirche in Byzanz bedroht sah.

Als Theoderich der Große am 30. August 526 an der Ruhr starb, war die Si- *526*
tuation sehr gespannt, denn es war nicht gelungen, eine rechtliche Absicherung
der Amaler-Dynastie beim Kaiser zu erreichen. Die Folge war, daß Kaiser Justi-
nian I. (527-565) seine besten Feldherren Belisar und Narses gegen die Ostgoten
schickte. Diese wählten nach den schwachen Amaler-Königen im Jahr 536 Viti- *536*
gis zum König, nach ihm Totila und Teja. Königtum und Reich der Ostgoten er-
loschen nach der letzten Schlacht im Oktober 552. Theoderich wurde als Die- *552*
trich von Bern (Verona) Teil der Heldensagen.

Die Vandalen

Um 400 schloß sich ein Stammesbund zusammen, der sich aus den beiden Van- *400*
dalenstämmen der Silingen in Schlesien und der Hasdingen an der Theiß, aus
pannonischen Sueben und reiternomadischen Alanen zusammensetzte. Der
größte Teil von ihnen brach auf, überquerte den Rhein und drang im Jahr 409 *409*
bis Spanien vor. Die Sueben ließen sich im nordwestlichen Galizien nieder, die
Alanen und Vandalen im Zentrum der iberischen Halbinsel, wo sie auf kaiserli-
chen Befehl immer wieder von den Westgoten angegriffen wurden. Deshalb ent-
schloß sich König Geiserich im Jahr 429 mit ca. 80 000 Menschen nach Afrika *429*
überzusetzen. Durch einen Vertrag mit dem römischen Westreich in Hippo Re-
gius, der Bischofsstadt des hl. Augustinus (†430), wurden den Vandalen 435 drei *435*
Kleinprovinzen zugesprochen. Geiserich brach diesen Vertrag, als er 439 die *439*
Provinz des Prokonsuls mit der Hauptstadt Karthago eroberte. Alle Versuche
der kaiserlichen Truppen und der benachbarten Berberstämme, ihn zu vertrei-
ben, scheiterten. Schließlich schloß Geiserich mit Kaiser Leo 474 ein ewiges *474*

Bündnis. Zwei Jahre später wurde auch mit dem Machthaber in Ravenna, Odoaker, ein Vertrag abgeschlossen.

Als König der Vandalen und Alanen regierte Geiserich das neue Reich in Afrika. Einen Höhepunkt bildete nach dem Bau der Flotte die Eroberung Roms im
455/ Jahr 455, das umfassend geplündert wurde. Nach dem Tod Geiserichs (†477)
477 konnte sich das Reich aufgrund seiner militärischen Stärke noch eine Zeitlang
530/34 halten. Als aber Gelimer (530-34) gegen die Erbfolgeordnung Geiserichs verstieß, brach er damit gleichzeitig das ewige Bündnis und forderte eine Reaktion des Kaisers heraus. Der mächtige Justinian I. schickte seinen Feldherrn Belisar gegen das Vandalenreich, der alle Schlachten gewann, wie Prokopios beschrieb. Das Reich wurde aufgelöst.

Die Burgunder

413 Im Jahr 413 erlaubte der römische Usurpator Jovinus den Burgundern die Gründung eines linksrheinischen Reiches um den Mittelpunkt Worms herum. Als König der Burgunder wird Gundahar bezeichnet, der Gunther der Nibelungensage. Ihr Reich blieb jedoch nicht lange bestehen. Als sie nach Westen in die Belgica I. vordringen wollten, schlug sie der römische Heermeister Aetius
436 zurück. Seine hunnischen Söldner griffen 436 die Burgunder an und vernichteten sie. Aetius wurde zum Etzel in der Nibelungensage umgeformt.

Aus einer Nebenlinie Gundahars stammte König Gundiok, der mit dem Heer
456 der Westgoten 456 gegen die spanischen Sueben kämpfte. Aetius hatte die restlichen Burgunder zu einem großen Teil in die Maxima Sequana an der Rhone um-
451 gesiedelt. Sie nahmen bereits 451 an der Schlacht gegen Attila teil. In den unruhigen Folgezeiten gelang den Burgundern die Einnahme von Lyon und die Verlagerung der Hauptstadt von Genf nach Lyon. Gundioks Neffe Gundobad (480-516) unterstützte die römischen Statthalter gegen die Westgoten, war selbst Heerführer und mußte sich gegen seinen Bruder durchsetzen, der mit den Franken gegen ihn kämpfte. Gundobads Nichte Chrotehilde war katholischen Glaubens und führte ihren Mann, den Franken Chlodwig, auch zum katholischen Glauben, daher gelang das Bündnis gegen den Teil der Burgunder, der arianisch geblieben war.

Doch Gundobad schaffte es seinerseits, einen Vertrag mit den Franken zu schließen, der ihm allerdings viele Nachteile, einbrachte, denn Theoderich bekämpfte ihn mit seinen Ostgoten, so daß die Burgunder große Teile ihres Gebietes verloren. Gundobads Sohn Sigismund suchte im Unterkönigreich Burgund mit der Hauptstadt Genf die Anlehnung an Byzanz und wurde mit der Patrizier-Würde ausgezeichnet. Als Nachfolger seines Vaters verfolgte er eine Politik gegen seinen Schwiegervater Theoderich, tötete schließlich sogar seinen eigenen Sohn, Theoderichs Enkel, was zum Krieg führte. Nach verlorener Schlacht wurden Sigismund und seine Familie den Franken ausgeliefert, bei denen sie nach zwei Jahren getötet wurden.

Im Jahr 524 war es Godomar, dem anderen Sohn Gundobads, gelungen, sich 524
nach dem Abzug der Franken als König der Burgunder durchzusetzen. Es kam
zwar zu einem Beistandsvertrag mit den Ostgoten, aber diese Partner ließen die
Burgunder im Stich. Weder beim Angriff der Franken von 532 noch bei dem von 532
534 griffen sie auf Seiten der Burgunder ein. Die siegreichen Merowingerkönige 534
teilten das Reich der Burgunder auf.

Die Alamannen

Das früheste schriftliche Zeugnis über die „Alamanni“ stammt aus einer Lobre-
de auf den Kaiser Maximinian in Trier aus dem Jahr 289. Heute wird der Name 289
als „Mensch oder Männer insgesamt“ gedeutet, also als Sammelbezeichnung für
Männer verschiedener Stämme, die in einem Verbund kämpften. Zu dieser Zeit
siedelten die Alamannen im Südwesten auf ihrem neuen Siedlungsgebiet zwi-
schen Rhein und Limes. Die Alamannen wurden von mehreren Königen ge-
führt, wie es z.B. in der Schlacht bei Straßburg 357 gegen die Römer bei Ammi- 357
anus Marcellinus überliefert ist.

Nach der Schlacht auf den Katalaunischen Feldern dehnten sich die Alamannen nach Westen aus, setzten sich über Langres hinaus in Richtung Troyes in Bewegung, doch blieben die Gebiete nicht auf Dauer in ihrem Besitz. Auch in den Osten zogen sie, wurden aber zurückgeworfen. Hier taucht auch der Begriff „Sueben“ für sie auf, eventuell sind Sueben teilweise in den Stammesverbund aufgenommen worden. Andere Teile der Sueben zogen mit den Vandalen nach Spanien.

Im Westen gerieten die Alamannen mit den Franken in schwere Konflikte, die
im späten 5. Jahrhundert ihre Expansion gegen die germanischen Nachbarn fort-
setzten. Im Jahr 497 fand die Schlacht gegen den Frankenkönig Chlodwig statt, 497
die der Frankenkönig gewonnen haben soll, weil er vorher versprochen hatte,
zum katholischen Glauben überzutreten, so heißt es in der Legende. Diese
Schlacht führte noch nicht zum Untergang des Alamannenreiches, denn noch
507 ist in einem Schreiben Theoderichs, der bis dahin eine Art Schutzmacht für 507
die Alamannen bildete, eine Schlacht von 505/506 gegen die Franken überliefert. 505/06
Dies ist auch der Zeitpunkt, als das Reich der Alamannen zwischen Franken und
Ostgoten zerrieben wurde. Als Siedlungsvolk blieben sie in der südlichen Regi-
on ihrer Herrschaft am Oberrhein erhalten.

Die Langobarden

Nach ihrer Herkunftssage kommen auch die Langobarden aus Skandinavien,
faßbar werden sie an der nördlichen Elbe, dann in Böhmen und Pannonien. Um 505
505 haben sie wohl erstmals die mittlere Donau überschritten, Teile blieben aber

weiterhin im thüringisch-böhmischen Raum. Sie füllten das Vakuum, das Sueben, Skiren, Sarmaten, pannonische Goten und Rugier hinterlassen hatten und
508 gerieten damit unter die Oberherrschaft der (H)eruler, von der sie sich 508 nach siegreicher Schlacht befreien konnten. In den nächsten Jahrzehnten wechselten die Langobarden häufig ihre Politik zwischen den mächtigen Nachbarn. Der wichtigste Partner oder potentielle Gegner war das byzantinische Kaiserreich, das durch den Exarchen in Ravenna in dem Raum vertreten wurde. Durch Heiraten verband man sich mit Gepiden, Thüringern und Franken.

547/48 Die Langobarden stellten sich ca. 547/48 auf die Seite des Kaiserreichs. Der Kaiser benutzte die Langobarden als Föderaten gegen die immer stärker werdenden Franken. Aber auch gegen die Ostgoten in Italien standen die Langobarden im kaiserlichen Heer. Mit dem Untergang der Goten wandten sich die
552 Langobarden bereits gegen die Gepiden, denen sie 552 eine schwere Niederlage
567 zufügten, aber erst 567 gelang ihnen unter König Alboin der entscheidende Sieg. Bei dieser Schlacht hatten sie die Unterstützung der Awaren, die als „neues" Volk aus der östlichen Steppe in mitteleuropäische Politik eingriffen und gleichzeitig die Nachfolge der Gepiden antraten. So fühlten sich die Langobarden von ihren wilden Verbündeten und neuen Nachbarn bedroht, obwohl sie einen Ver-
568 trag mit ihnen geschlossen hatten, und brachen 568 nach Italien auf.

Zu diesem Zeitpunkt war die Ethnogenese der Langobarden weitgehend beendet. Sie setzten sich aus vielen Völkern zusammen, die sie während ihrer Wanderungen aufgesogen bzw. besiegt hatten, d.h. unter ihrer Führung zogen Sueben, Sarmaten, Hunnen, Sachsen, Gepiden und sogar Provinzialrömer mit nach Italien. Das verbindende Element in diesem polyethnischen Haufen war das Königtum, das eine größere Rolle spielte als bei den anderen Germanen. Dabei handelte es sich weniger um ein sakrales Königtum als viel mehr um ein ständiges Heerkönigtum. Anfangs hatte die Dynastie der Lethingen etwa 150 Jahre regiert,
546 bevor mit Audoin 546 ein Gause die Königsherrschaft antrat, dessen Nachfolger sein Sohn Alboin wurde.

In Italien, das unter Krieg, Pest und Hungersnot gelitten hatte, gewannen die Langobarden relativ schnell an Boden und konnten die byzantinische Herrschaft
568 in Norditalien nach und nach zurückdrängen. Im Mai 568 eroberten sie Venetien. Dort errichtete Alboin einen Dukat Friaul, weder Dux noch Ducatus waren bei den Langobarden bis dahin verbreitet, was darauf hinweist, daß er dieses Element als stabilisierenden Bestandteil der römischen Staatsgewalt erkannt hatte. Gegen die herrschende Oberschicht ging er brutal vor, indem er den meisten ihr Leben oder zumindestens ihren Besitz nahm. Die Langobarden hatten keinen Respekt gegenüber der bestehenden Kirchenorganisation, die Erzbischöfe von Aquileja und Mailand ergriffen vor ihnen die Flucht. Mailand wurde erobert, Pavia erst nach fast dreijähriger Belagerung.

572 Jetzt (572) erfüllte sich das Schicksal von Alboin, so wie es der langobardische Geschichtsschreiber Paulus Diakonus in legendenhaften Zügen schildert. Demnach trank Alboin bei einem Gelage aus dem Schädel seines Schwiegervaters, des von ihm erschlagenen Gepidenkönigs, und zwang dessen Tochter, seine Gattin Rosamunde, auch daraus zu trinken. Diese ließ ihn daraufhin von einem Getreuen ermorden.

Das folgende Jahrzehnt war gekennzeichnet von einer politischen Schwäche
des Königtums und von der Herrschaft der verschiedenen Duces (574-84). Es 574/84
sollen ca. 35 Heerführer die verschiedenen Truppen von städtischen Herr-
schaftszentren aus angeführt haben. In dieser Zeit wurde die Bevölkerung Itali-
ens durch Raub und Mord gequält, weitere Gebiete wurden hinzugewonnen.
Ein Teil der Herzöge stellte sich unter fränkische Oberherrschaft, ein Teil stand
in byzantinischen Diensten. Gegen diese Tendenz wählten einsichtige Führer
584 Authari zum König und stellten ihm eine entsprechende ökonomische Basis 584
zur Verfügung. Der neue König knüpfte an die Zeit von Theoderich an und er-
richtete einen langobardisch geprägten Staat in Norditalien, immer in Auseinan-
dersetzungen mit den Franken und Byzantinern verwickelt. Durch seine Heirat
mit Theodelinde, der Tochter des Bayernherzogs, die mütterlicherseits eine
Lethingin war, konnte der König seine Macht legitimieren und gleichzeitig ein
stabiles Bündnis mit Bayern aufbauen. Bei seinem plötzlichen Tod im Jahr 590 590
war Italien in einen langobardischen Norden und einen byzantinischen
Süden geteilt, zusätzlich noch in die südlich gelegenen langobardischen Herzog-
tümer Spoleto und Benevent, wodurch die Kämpfe ihre Fortsetzungen fanden.

Seine Witwe heiratete den Thüringer Agilulf, den die Volksversammlung (der
Krieger) zum König wählte. Beide ließen 603 ihren Sohn Adaloald katholisch 603
taufen, um so ihren guten Willen zu zeigen, vermieden aber selbst die Taufe.
Außerdem unterstützten sie den irischen Missionar Columban, der 612 das 612
berühmte Kloster Bobbio errichten konnte, und die Bischöfe, die in ihre Diöze-
sen zurückkehren wollten. Neben dem Staat hatte nun auch die Kirche wieder
ein stabiles Gefüge aufzuweisen. Theodelinde, zum zweiten Mal Witwe, führte
für ihren Sohn die Regentschaft und förderte die katholische Kirche.

Eine ähnliche Haltung nahm ab 636 der neue König Rothari, vorher Herzog 636
von Brescia, ein, der als erster Ligurien mit der Hauptstadt Genua eroberte und
so das Reich komplettierte. Als seine wichtigste Leistung muß die Kodifizierung
des langobardischen Rechts im „Edictus Rotharis" von 643 angesehen werden. 643
Sein Sohn wurde sofort nach Thronbesteigung ermordet, dessen Nachfolger
Aripert (653-61) schaffte den Arianismus ab, der aber noch lange unter den
Langobarden fortlebte. Unter seinen Söhnen kam es zum Bruderkrieg, den Gri-
moald, Herzog von Benevent, zu seinen Gunsten nutzte und sich zum König er-
hob. In den weiteren von Kämpfen bestimmten Jahren griffen Byzantiner, Fran-
ken und Bayern in die Auseinandersetzungen um die Macht ein.

Eine Stabilisierung gelang erst wieder König Liutprand (712-44), der als
Hauptziel die innere Festigung des Langobardenreiches im Auge hatte. Als
zweiter Herrscher konzentrierte er seine Bemühungen auf die Gesetzgebung,
um eine größere Rechtssicherheit zu erreichen. Seine Hauptstadt Pavia baute er
zu einem wirklichen Zentrum aus, die Verwaltung erlebte durch Verbesserung
und Erweiterung der Kanzlei einen neuen Höhepunkt, auch die große Volks-
versammlung fand dort einmal im Jahr statt. Gegen Byzanz verließ er seine an-
fängliche Friedenspolitik und zog gegen Ravenna, wo er den Vorort Classe plün-
derte. Als Byzantiner 724 in Rom den Papst absetzen wollten, schützten lango- 724
bardische Truppen den Papst. Als Kaiser Leo 726 ein strenges Verbot erließ, 726
Gott und die Heiligen in Bildern zu verehren, stellten sich der Papst und

die Langobarden dagegen. In Italien kam es zum Aufruhr gegen byzantinische Herrschaft, Liutprand ließ Sutri im Norden des Dukats Rom besetzen, schenkte es dann den Aposteln Petrus und Paulus. Dies war eine erste Unterstellung von ehemals kaiserlichem Gebiet unter die Herrschaft des Papstes.

Die letzten Jahre der Heerschaft Liutprands sind durch schwere Kämpfe um die Vorherrschaft in Italien gekennzeichnet. Der Papst ging enge Verbindungen mit den südlichen langobardischen Herzogtümern ein, so daß es sogar zur Belagerung Roms durch Liutprand kam, gegen die der Papst den Franken Karl Martell um Hilfe anging. Doch dieser war dem Langobarden eng verbunden, hatte jener
737 doch seinen Sohn Pippin im Jahr 737 nach langobardischer Sitte zu seinem Adoptivsohn angenommen. Außenpolitisch hatte Liutprand vor allem viel Wert auf Friedenspolitik gegenüber seinen beiden wichtigsten Nachbarn, den Franken und den Awaren, gelegt und somit den nötigen Freiraum für die Italienpolitik gehabt.

Diese Politik wurde auch den Nachfolgern aufgezwungen, die sich mit Byzanz, dem Papsttum und den südlichen langobardischen Herzogtümern auseinanderset-
751 zen mußten. König Aistulf eroberte 751 Ravenna, unterwarf sich die südlichen Herzogtümer und verlangte vom Papst, für jeden Bewohner des römischen Dukats einen Goldsolidus als Tribut zu zahlen. Der Papst Stephan II. (752-57) rief gegen die Übermacht des Langobardenkönigs wieder den fränkischen Herrscher zur Hilfe. Diesmal folgte Pippin dem Ruf gegen den Willen eines großen Teils des fränki-
754 schen Adels, nachdem er mit dem Papst in Ponthion am 6.1. 754 ein Bündnis geschlossen hatte. Pippin konnte dem langobardischen Heer eine schwere Niederlage zufügen und wiederholte dies im Jahr 756, als Aistulf wiederum Rom belagerte.

Den Kampf um die Nachfolge Aistulfs gewann Desiderius, Statthalter der Toscana, der sich gleich mit dem Papst und den Franken arrangierte, um dann eine Politik der Verschleppung von Versprechungen zu praktizieren. Nach dem
759 Tod des Papstes eroberte er 759 Spoleto und Benevent und nahm Beziehungen zu Byzanz auf. Den Höhepunkt seiner Politik bildete die Verheiratung seiner Tochter Liutperga mit dem Bayernherzog Tassilo, dem Feind Pippins.

771 Eine Veränderung der politischen Lage trat ein, als 771 Karlmann starb und Karl (der Große) die Alleinherrschaft antrat und außerdem Papst Stephan III. im Jahr 772 starb. Desiderius bedrohte den neuen Papst Hadrian (772-95), der Karl zur Hilfe rief. Dieser rückte 773 mit einem fränkischen Heer in Norditalien ein.
774 Erst im Juni 774 gelang die Eroberung Pavias, Desiderius und seine Frau wurden ins Frankenreich gebracht und Karl löste den selbständigen Staat auf. Er nannte sich nun „König der Franken und Langobarden", was verdeutlichte, daß zwar der Staat aufgelöst war, aber die Langobarden weiterhin unter fränkischer Herrschaft im neuen Reich lebten.

Die Angelsachsen

400 Um 400 war das Imperium Romanum, dessen westliche Hauptstadt nun in Ravenna lag, nicht mehr in der Lage, seine Provinzen zu beherrschen. Dies galt

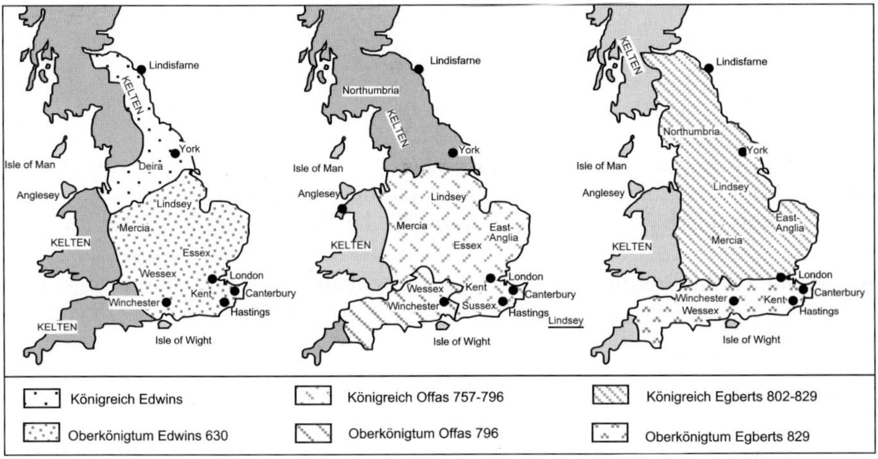

Die Anfänge der angelsächsischen Kleinkönigreiche.

auch für die Provinz Britannia. Im Jahr 410 forderte der Westkaiser Honorius 410
die britischen Städte auf, sich selbst gegen innere und äußere Feinde zu verteidigen, d.h. die römisch geprägte Führungsschicht der Briten übernahm die Verantwortung. Schon 429 erfolgte der erste Angriff einer Gruppe von verbünde- 429
ten Pikten und Sachsen, die zurückgeschlagen werden konnten. Dabei ließen die keltischen Briten wie die Römer ihre stärksten Gegner für sich kämpfen, indem sie Sachsen als Söldner einsetzten, die auch vorher schon in Britannia gekämpft hatten. In diesem Zusammenhang tauchten die beiden sagenhaften Führer Hengist (Hengst) und Horsa (Pferd) auf, die sich gegen ihre Auftraggeber erhoben und eine eigene Herrschaft in Kent begründeten. Dies war die erste Phase germanischer Besiedlung auf der Insel, während es vorher nur Raubzüge gegeben hatte.

Im wesentlichen waren es Sachsen und Angeln aus der Nordseeregion zwischen Weser und Niederelbe, Sachsen und Franken von der gegenüberliegenden Küste und dazu Jüten aus Dänemark und Friesen, die nun in großen Gruppen auf die Insel kamen. Gegen ihre Festsetzung setzten sich die Briten energisch zur
Wehr. Um 500 muß es zu einer großen Schlacht gekommen sein, bei der die 500
Sachsen eine deftige Niederlage erlitten haben müssen. Diese Zeit bildete den historischen Hintergrund für die Sage von König Artus. Die Sachsen nutzten die folgende Friedensphase, um ihre Herrschaft im Osten des Landes zu konsolidieren. Im Verlauf des 6. Jahrhunderts und zu Beginn des 7. Jahrhunderts drängten die Sachsen die Briten immer weiter zurück, nur der äußerste Südwesten, Wales und Schottland blieben in keltischem Besitz. Das restliche Gebiet beherrschten nun die Angelsachsen, wobei die keltische Bevölkerung sich teilweise mit ihnen vermischte, teilweise als Sklaven unter ihnen lebte.

Die römische Tradition wurde zumeist aufgegeben, allerdings prägte weiterhin das römische Straßennetz die Landschaft. Es verband die wichtigsten Zentren, ehemalige römische Militärstützpunkte, römische Städte, Stammeszentren, wobei sich London wieder als überragender Ort entwickelte, was vor allem durch die besondere Lage an der Themsemündung bedingt war.

Mit dem Römertum verschwand auch beinahe das Christentum bis auf den
597 Bereich des westlichen Randgebietes der Insel. Erst im Jahr 597 landeten 40 Mönche unter der Führung des Priors Augustinus aus Rom, um im Auftrag Papst Gregors des Großen die Insel erneut zu missionieren und eine Kirchenorganisation nach römischem Vorbild aufzubauen. Dadurch, daß König Aethelbert von Kent (560-616) mit einer fränkischen, also katholischen Königstochter verheiratet war, fand Augustinus beste Bedingungen vor und konnte nach wenigen Wochen den König und zahlreiches Gefolge taufen. Das Land wurde in zwei Kirchenprovinzen um die Erzbistümer London und York organisiert. Nach dem Tod der beiden Protagonisten Augustinus und Aethelbert gab es Rückschläge, aber die Missionare aus den irischen Klöstern sorgten für eine Stabilisierung des Christentums, von der man seit der Mitte 7. Jahrhunderts ausgehen kann. Von Irland und England kamen dann die Wandermönche, die im fränkischen Reich die Kirchenorganisation neu auf- und ausbauten.

Wie man der „Kirchengeschichte der Angelsachsen" des Mönches Beda Venerabilis (672-735) entnehmen kann, waren ebenfalls bis zur Mitte des 7. Jahrhunderts neben kleineren Königreichen drei angelsächsische Machtschwerpunkte entstanden: Northumbria im Nordosten, Mercia in Mittelengland und Wessex im Süden. Dies war auch die chronologische Reihenfolge der Führungsposition des jeweiligen Königreichs über die anderen. Bis zum Ende des 8. Jahrhunderts folgte auf Northumbria Mercia, auf Mercia Wessex. Dies war die Situation, als die Normannen mit ihren Attacken begannen, das Land zu beunruhigen. Auch diesmal reihte sich an die ersten kleinen Schritte die Landnahme in manchen Gebieten an der Ostküste und schließlich die Eroberung des angelsächsischen
1066 England von 1066 durch den Normannen Wilhelm den Eroberer.

Die Franken

Der Name der Franken taucht zum ersten Mal in der Mitte des 3. Jahrhunderts in römischen Quellen auf. Es war die Bezeichnung für eine Gruppe von Stämmen, die im Rhein-Weser-Raum als Nachbarn der römischen Provinz siedelten, darunter: Chamaven, Chattuarier, Brukterer, Amsivarier, Salier sowie wahrscheinlich Usipeter, Tubanten, Hasier und Chasuarier. Der Name „Sigambrer", den Gregor von Tours verwendet, ist eventuell eine Wiederverwendung eines antiken Stammesbegriffs. Eine direkte Herleitung von diesem Stamm ist nicht nachvollziehbar, andererseits gab es im Verlauf der ersten Jahrhunderte immer wieder germanische Gruppen, die sich im Norden der römischen Provinz niederließen und Verwandte auf der anderen Rheinseite zurückließen bzw. später nachzogen. Gregor, Bischof von Tours, verfaßte im 6. Jahrhundert die „Zehn Bücher der Geschichte der Franken", in denen er die Franken aus Pannonien kommen ließ. Von dort aus sollten sie an und über den Rhein und dann nach „Thoringien" gezogen sein. Der spätere Geschichtsschreiber Fredegar schrieb im 7. Jahrhundert, die Franken seien aus Troja an die Ufer des Rheins gezogen. Während Gregor ihnen eine ähnliche Geschichte wie den Goten zuschreibt, vergleicht Fredegar sie also mit der uralten Herkunft der Römer.

Klar ist, daß die Franken ein Zusammenschluß mehrerer Stammesgruppen mit unterschiedlicher Identität, aber gemeinsamer Tradition waren. Sie identifizierten sich am Ende der Ethnogenese selbst mit dem Namen „Franken", den man als „die Kühnen, die Tapferen" übersetzte, sie selbst aber bevorzugten die Bedeutung „die Freien". Dabei waren sie kaum frei gewesen, sondern zumeist in römischen Diensten als Truppenteile und Heerführer tätig, wobei sie zu hohen Positionen aufsteigen konnten. Gegen die Vandalen, Alanen und Sueben erwiesen sie sich als treue Verbündete. Während dieser Zeit wurden die Franken durch die politischen und militärischen Strukturen der Römer stark beeinflußt (Akkulturation). Andererseits rückten sie in größeren Gruppen nach und nach in die Gebiete des heutigen Belgien und nördlichen Frankreich ein und ließen sich dort nieder oder wurden angesiedelt. Dies verlief meistens friedlich, allerdings schlug Aetius Aufstände, die von dem salischen Führer Chlodio 428 und *428*
450 angeführt wurden, nieder. Nur ein Jahr danach kämpften die Franken mit *450*
Aetius zusammen gegen die Hunnen.

Chlodio gehörte der Führungsgruppe der Salier an, die inzwischen an der Spitze der Franken standen. Zu ihnen zählt man auch Merovech, den legendären Begründer der Merowingerdynastie in Tournai. Ihr besonderes Kennzeichen war das lang gewachsene Haar, das später die Merowinger als „reges criniti", langhaarige Könige, auszeichnete. Im Gegensatz dazu verhielten sich die Rheinfranken eher zurückhaltend den Römern gegenüber. Historisch faßbar ist der Salfranke Childerich, der als fränkischer Heerführer unter dem gallorömischen Heermeister Aegidius im römischen Heer diente, wo er z.B. 463 in Orléans ge- *463*
gen die Westgoten in die Schlacht zog. Er wurde einer der vier von Rom anerkannten fränkischen Könige (rex foederatus), dessen Residenz in Tournai in der Belgica II lag. Ragnachar saß in Cambrai, Sigibert in Köln und Chararich in einer nicht bekannten Hauptresidenz. Da sie gleichzeitig den Rang eines römischen Generals besaßen, waren sie auch die Oberbefehlshaber der jeweiligen Militärdistrikte. Sie standen in Konkurrenz zueinander und zu anderen Oberbefehlshabern um Machtzuwachs durch territoriale Zugewinne.

Childerich wurde eine der geachtetsten Persönlichkeiten seiner Zeit, er unterstützte die Statthalter Aegidius, Paulus und Syagrius mit seinen kampferprobten Truppen und baute seine Residenz zu einem militärischen und administrativen Zentrum aus. Als er 482 starb, wurde er pompös in einer Form bestattet wie sie in Gallien und bei den Franken bis dahin nicht üblich war. Basian, die Frau Childerichs, ließ ihn nach der Sitte ihrer Heimat Thüringen in Tournai beisetzen. So wurde Childerich als erster Franke unter einem Hügel begraben, um den herum Pferde bestattet waren. Bei Ausschachtungsarbeiten für ein Armenhaus im Jahr 1653 fand man die wertvollen Grabbeigaben, das goldene Rüstzeug des Pferdes und Waffen und Schmuck Childerichs. Darunter befand sich auch der Siegelring mit der Inschrift „Childerici Regis".

482 Sein Sohn Chlodwig (Chlodowech) wurde 482 mit 16 Jahren sein Nachfolger als König und Oberbefehlshaber der römischen Provinz Belgica II und erwies sich als skupelloser und machtgieriger Herrscher, so Gregor von Tours. Sein Ziel
486 war es, die Macht in möglichst vielen Territorien an sich zu reißen. Im Jahr 486 besiegte er den römischen Heermeister Syagrius, der in Soissons wie ein König residierte. Dieser floh zu den Westgoten, wurde später ausgeliefert und auf Chlodwigs Befehl umgebracht. Nach dem Machtbereich des gallorömischen Konkurrenten Syagrius übernahm Chlodwig als nächstes auch das Gebiet des Arbogast, der in Trier saß und dafür mit dem Bischofssitz von Chartres belohnt
491 wurde. Um 491 annektierte er das thüringische Kleinreich in der Belgica. Somit hatte er um seine neue Hauptstadt Soissons eine „Francia" errichtet, die vom Kohlenwald bis zur Loire reichte.

Dies bedeutete, daß die Westgoten mit dem Hauptort Toulouse und die Burgunder mit dem Hauptort Lyon seine direkten Nachbarn wurden. Zu den Westgoten hatte er ein traditionell gespanntes Verhältnis, während er den Burgundern ohne Vorbehalte gegenüberstand. So orientierte er sich zu ihnen, was durch die Hochzeit mit Gundechilde, der katholischen Nichte des Königs Gundobad, besiegelt wurde. Durch eine weitere Hochzeit seiner Schwester mit dem mächtigen Ostgoten-König Theoderich geriet Chlodwig in ein neues System von Beziehungen, das Theoderich aufbaute, um das Gleichgewicht zwischen den Königen zu gewährleisten.

Trotzdem brach ein Krieg zwischen Franken und Alamannen aus, ausgelöst durch Einfälle der Alamannen in die rheinische Francia. Chlodwig zog von Reims aus den Rheinfranken zu Hilfe und schlug die Alamannen in einer ent-
498 scheidenden Schlacht bei Zülpich im Jahr 498. So wie Gregor von Tours es schildert, stand Chlodwig vor einer verheerenden Niederlage, als er Gott um Hilfe bat und für den Fall des Sieges seine Taufe versprach. Daraufhin wendete sich das Blatt zu seinen Gunsten. Nach dem Sieg ließ Chlodwig heimlich Bischof Remigius von Reims kommen, um sich unterweisen zu lassen und die Taufe vorzubereiten. Gemeinsam mit 3000 Gefolgsleuten empfing der König dann die
496/98 Taufe. Das Datum ist umstritten, es wurde zumeist 496/98, neuerdings wird 508 (Ian Wood) angenommen

Dies gilt allgemein als ein Wendepunkt in der Geschichte der Entstehung Europas. Im Gegensatz zu den anderen germanischen Königen übernahm Chlodwig anstatt des arianischen nun den katholischen Glauben, der von den Zentren Rom und Byzanz aus seinen Siegeszug antrat. Seine katholische Frau hat dabei sicher eine wichtige Rolle gespielt. Er wurde damit in den Kreis der katholischen Herrscher aufgenommen, vom Kaiser akzeptiert. Die Religion setzte sich durch und die Franken konnten das System dieser Kirche mit ihren gallo-romanischen Bischöfen zur Stabilisierung ihres Staates benutzen. Chlodwig erkannte, daß die Zusammenarbeit mit ihnen wichtig war und begünstigte die Kirche durch viele Schenkungen, vor allem dem hl. Martin in Tours und dem hl. Hilarius in Poitiers brachte er besondere Verehrung entgegen.

Außenpolitisch griff er in die inneren Verhältnisse Burgunds ein, als er mit dem Bruder des amtierenden Herrschers gegen seinen Schwiegervater Gundobad zog und siegte. Aber mit westgotischer Hilfe gelang Gundobad die Rückkehr. Theoderich vermittelte einen Friedensschluß. Nachdem Gundobads Nachfolger Sigismund zum Katholizismus übergetreten war, verbündete sich Chlodwig mit ihm gegen die Westgoten. In diesem Moment erhoben sich die Alamannen gegen ihn, die er 506 niederwarf, wobei er sich die Gebiete um Worms und Speyer einver- *506*
leibte.

Trotz der Schlichtungsbemühungen von Theoderich eröffnete Chlodwig 507 *507*
mit seinen Verbündeten den Krieg gegen die Westgoten, der laut Gregor von Tours als Religionskrieg gegen die Arianer propagiert wurde. Sogar der Kaiser war beteiligt, dessen Flotte Theoderich in Italien beschäftigen sollte. Bei Vouillé

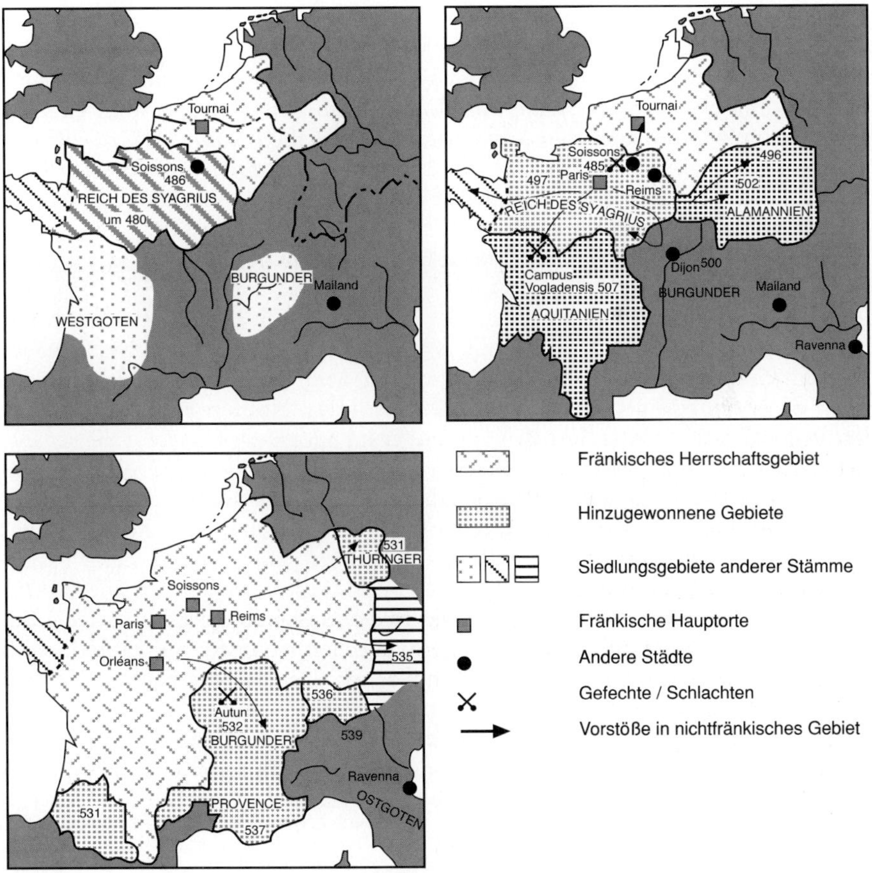

Die Expansion des fränkischen Herrschaftsbereichs bis zur Regierungszeit Chlodwigs.

nordwestlich von Poitiers vernichtete Chlodwig das westgotische Heer, König Alarich II. wurde getötet und die gotische Hauptstadt Toulouse eingenommen.
508 Anschließend wurde der Frankenkönig auf seiner Rückreise 508 in Tours von byzantinischen Gesandten im Namen des Kaisers zum Ehrenkonsul erhoben, was die kaiserliche Anerkennung seines Königtums bedeutete.

Danach verlegte Chlodwig seine Hauptstadt nach Paris und gab seinem Reich
511 Stabilität durch Aufzeichnung des Rechts. Die „Lex salica" (511) enthielt Merkmale römischen Rechts, aber im wesentlichen germanisches Volksrecht, das teils auf Weistümern von Rechtskundigen und teils auf königlichen Gesetzen beruhte. Es sind nur einige ausgesuchte Bereiche des Rechtslebens wiedergegeben, so vor allem der Bereich der Bußen für die jeweiligen Rechtsvergehen. Man kann aber auch bestimmte Strukturen der Gerichtsordnung und der Gesellschaft der Franken erkennen. Deutlich wird auf der anderen Seite, daß es die Aufzeichnung zurückliegender Rechtsverhältnisse war und nicht mehr den neuen Gegebenheiten angepaßt. Daher wurde es in der Praxis zwar als Richtschnur genommen, aber nicht wörtlich angewandt.

In seinen letzten Lebensjahren versuchte Chlodwig, die Herrschaft in Gallien endgültig an sich zu reißen, Kleinkönige und Verwandte, die noch lebten, wurden von ihm beseitigt. Es gelang ihm, König Sigibert und seinen Sohn Chloderich auszuschalten, woraufhin er von deren Untertanen zum König der Rheinfranken erhoben wurde. Er ließ seinen Rivalen Chararich und dessen Sohn hinrichten und veranlaßte die Ermordung Ragnachars von Cambrai. Anschließend nahm er nicht nur ihren Besitz, sondern zog auch deren engste Vertraute an seinen Hof, damit sie ihm dienten und sich nicht gegen ihn erheben konnten.

Sein neu gebildetes Reich regierte er im Süden durch Übernahme der römischen Verwaltungsformen, des Comitats auf der civitas mit Umland beruhend, in dem ein Comes residierte, und des Dukats, den Militärbezirk aus mehreren civitates, den ein dux führte. Diese Struktur baute er im Norden aus, wobei er stärker auf die Bischöfe zurückgriff. Während er im Süden vor allem auf die senatores des römischen Adels angewiesen war, betraute er sie im Norden mit Bistümern und die Franken mit den anderen wichtigen Funktionen. Sie stammten meistens aus seinem Gefolge, den antrustiones, das vom maior domus (Hausmeier), dem Seneschall und dem Kämmerer geführt wurde. Die Kirche
511 ordnete er durch die erste Landessynode von 511, die er in Orléans zusammenrief. Hier konstituierte sich die neue Reichskirche. Der König bestätigte die Beschlüsse der Synode, zu denen es auch gehörte, daß der König die Erlaubnis zum Eintritt in den Klerus erteilen und daher der Bischofswahl zustimmen mußte.

Vier Monate später starb der König am 27. November 511 im Alter von 45 Jahren. Auf seinen Wunsch hin wurde er in der von ihm errichteten Apostelbasilika beigesetzt, die in der Folgezeit nach der Pariser Patronin, der hl. Genovefa, benannt wurde.

Einordnung

Chlodwigs Herrschaft kennzeichnet das Ende einer Epoche und den Anfang einer neuen Epoche. Mit ihm endet die Zeit der Wanderungen und Neuansiedlungen in Gallien, mit den von ihm geschaffenen Grundlagen beginnt eine kontinuierliche Entwicklung zu einem mittelalterlichen Staatswesen der Francia. Seinen schnellen Aufstieg verdankt Chlodwig zum einen seinem Vater, der die Voraussetzungen für den Erfolg geschaffen hatte, zum anderen seinem eigenen Ehrgeiz und wohl auch seiner Skrupellosigkeit, mit der er sein Ziel verfolgte. Dies wird zumindest aus der Schilderung Gregors von Tours deutlich, der, obwohl selbst Bischof von senatorischem Adel, sich bereits als Teil der Francia fühlt und entsprechend seine Darstellung zugunsten der Franken einfärbt.

Mit Hilfe solcher Bischöfe und seiner engsten Vertrauten, die er für ihre Verdienste mit wichtigen Funktionen, wie z.B. comes, zur Kontrolle von Verwaltung und Militär belohnte, versuchte Chlodwig, ein stabiles Regiment aufzubauen. Als Endpunkte dieses Versuches stehen die Lex salica für die Rechtsstabilität und die Synode von Orléans für die Stabilität der Reichskirche als tragendem Element. Die Übertragung der entscheidenden Positionen wie Bischof und comes an Personen verschiedener Herkunft zwang diese dazu, bei der Herrschaftsausübung zusammenzuarbeiten. Auf diese Weise wurde der Akkulturation der Weg geebnet. Durch Heiraten verbanden sich die führenden Familien beider Kulturen miteinander und bildeten so die Grundlage für das Überleben des neuen Staates. Daran wird noch einmal deutlich, welch hohe Bedeutung die Taufe Chlodwigs für diese Entwicklung besaß.

In Frankreich wird diesem Geschehen eine ganz andere Bedeutung zugemessen als in Deutschland. Denn dort wird in der Schule gelehrt, daß Clovis der erste König Frankreichs und mit seiner Taufe die barbarische Zeit beendet war. Er gilt als Begründer der französischen Nation. Diese Interpretation genau wie diejenige, die besagt, daß Gallien bis zum Süden germanisiert wurde und daher die Grundlagen der Deutschen Nation dort liegen, basieren auf den Vorstellungen des 19. Jahrhunderts. Auf der Basis der heutigen Forschung kann man sagen, daß durch das Verschmelzen von römischen, germanischen und christlich-katholischen Elementen in der Herrschaftszeit Chlodwigs die Basis für die weitere Entwicklung in West-, Mittel- und Ostmitteleuropa gelegt wurde.

Literaturhinweise zum Kap. „Die Entstehung des christlichen Europa“

1. Quellen

1.1 Veröffentlichungen der MGH

1.1.1 Geschichtsschreiber und Chroniken

Cassiodori Senatoris Variae, hrsg. von Theodor Mommsen (Anhang I: Epistulae Theodericianae variae (MGH AA, 12).
Chronica minora saec. IV. V. VI. VII. (I-III), hrsg. von Theodor Mommsen (MGH AA, 9, 11 u. 13).
Iordanis Romana et Getica, hrsg. von Theodor Mommsen (MGH AA 5,1).
Scriptores rerum Langobardicarum et Italicarum saec. VI-IX., hrsg. von Georg Waitz.

1.1.2 Rechtsquellen

MGH LL in Folio 3: Leges Alamannorum, hrsg. von Johannes Merkel / Leges Baiuwariorum, hrsg. von Johannes Merkel / Leges Burgundionum, hrsg. von Friedrich Bluhme / Lex Frisionum, hrsg. von Karl von Richthofen.
MGH LL in Folio 4: Leges Langobardorum, hrsg. von Friedrich Bluhme und Alfred Boretius.
MGH LL in Folio 5: Leges Saxonum, hrsg. von Karl von Richthofen und Karl Friedrich von Richthofen / Lex Thuringorum, hrsg. von Karl Friedrich von Richthofen / Edictum Theoderici regis, hrsg. von Friedrich Bluhme / Remedii Curiensis episcopi capitula, hrsg. von Gustav Hänel / Lex Ribuaria, hrsg. von Rudolf Sohm / Lex Francorum Chamavorum, hrsg. von Rudolf Sohm / Lex Romana Raetica Curiensis, hrsg. von Karl Zeumer.
Leges Visigothorum, hrsg. von Karl Zeumer (MGH LL I, 1).
Leges Burgundionum, hrsg. von Ludwig Rudolf von Salis (MGH LL I, 2,1).
Lex Ribvaria, hrsg. von Franz Beyerle und Rudolf Buchner (MGH LL I, 3,1).
Pactus legis Salicae, hrsg. von Karl August Eckhardt (MGH LL I, 4,1).
Lex Salica, hrsg. von Karl August Eckhardt (MGH LL I, 4,2).
Leges Alamannorum, hrsg. von Karl Lehmann (MGH LL I, 5,1).
Lex Baiwariorum, hrsg. von Ernst von Schwind (MGH LL I, 5,2).
Edictus ceteraeque Langobardorum leges. Cum constitutionibus et pactis principum Beneventanorum, hrsg. von Friedrich Bluhme (MGH Fontes iuris Germanici antiqui in usum scholarum separatim editi, 2).
Leges Saxonum und Lex Thuringorum, hrsg. von Claudius von Schwerin (MGH Fontes iuris Germanici antiqui in usum scholarum separatim editi, 4).
Leges Visigothorum antiquiores, hrsg. von Karl Zeumer (MGH Fontes iuris Germanici antiqui in usum scholarum separatim editi, 5).
Lex Ribuaria et Lex Francorum Chamavorum, hrsg. von Rudolf Sohm (MGH Fontes iuris Germanici antiqui in usum scholarum separatim editi, 6).
Lex Frisionum, hrsg. und übers. von Karl August Eckhardt / Albrecht Eckhardt (MGH Fontes iuris Germanici antiqui in usum scholarum separatim editi, 12).

1.2 Weitere Quelleneditionen

Auszüge aus Ammianus Marcellinus, übers. von Wilhelm Reeb. – 2. Aufl., Repr. der Ausg. Leipzig 1923, New York 1970 (GDV 2, 3).
Beda der Ehrwürdige: Kirchengeschichte des englischen Volkes. Lateinisch und deutsch. Nach der Edition von B. Colgrave und R.A.B. Mynors ins Deutsche übers., hrsg. von Günter Spitzbart, Darmstadt 1997.
Der Vandalenkrieg: Kriegsgeschichten, Buch 3 und 4, Prokop von Caesarea. Übers. von D. Coste, 3., neubearb. Aufl., Repr. der Ausg. Leipzig 1913, New York 1970 (GDV 2, 6).
Goetz, Hans-Werner / Welwei, Karl-Wilhelm (Hrsg.): Altes Germanien und die Germanen in der Völkerwanderung, 2 Bde., Darmstadt 1995 (FSGA A, 1 a und b).
Gothenkrieg: nebst Auszügen aus Agathias sowie Fragmenten des Anonymus Valesianus und des Johannes von Antiochia, Prokop. Übers. von D. Coste, 3., unveränd. Aufl. Leipzig 1922 (GDV 2,7).
Isidors Geschichte der Gothen, Vandalen, Sueven, 3. veränd. Aufl. Leipzig 1909 (GDV 2,10).
Jordanes Gothengeschichte: nebst Auszügen aus seiner römischen Geschichte, übers. von Wilhelm Martens, 3., neubearb. Aufl., Repr. d. Ausg. 1913, New York 1970 (GDV 2, 5).
Keller, Albrecht: Der Untergang der Ostgoten. Ausgewählte Abschnitte aus Prokops Gotenkrieg, Leipzig 1914.
Leges Langobardorum, bearb. von Franz Beyerle, 2. Aufl. Göttingen 1962.
Paulus Diaconus. Geschichte der Langobarden. Nach der Übersetzung von Otto Abel neu hrsg. v. Alexander Heine, 2. Aufl. Kettwig 1992.
Paulus Diakonus und die übrigen Geschichtsschreiber der Langobarden, übers. von Otto Abel, 3., unveränd. Aufl. Leipzig 1939 (GDV 2, 15).
Quellen zur Geschichte der Alamannen – Inschriften und Münzen. Mit einer Zeittafel von 213 bis etwa 530, zusammgest., übers. u. erl. von Wolfgang Kuhoff, Sigmaringen 1984 (Heidelberger Akademie der Wissenschaften / Kommission für Alamannische Altertumskunde: Schriften / Quellen zur Geschichte der Alamannen; 6).

2. Forschungsliteratur

Die Alamannen. Begleitband zur Ausstellung "Die Alamannen" 14. Juni 1997 bis 14. September 1997 in Stuttgart, hrsg. vom Archäologischen Landesmuseum Baden-Württemberg, Red. Karlheinz Fuchs, Stuttgart 1997.
Die Bajuwaren. Von Severin bis Tassilo 488-788, hrsg. von H. Dannheimer / H. Dopsch, Ausstellungskatalog München 1988.
Basset, Steven (Ed.): The Origins of Anglo-Saxon Kingdoms, London 1989 (Studies in the early history of Britain).
Beumann, Helmut (Hrsg.): Aspekte der Nationenbildung im Mittelalter. Ergebnisse der Marburger Rundgespräche 1972-1975, Sigmaringen 1978 (Nationes 1).
Beumann, Helmut (Hrsg.): Frühmittelalterliche Ethnogenese im Alpenraum, Sigmaringen 1985 (Nationes 5).
Bierbrauer, Volker: Archäologie und Geschichte der Goten vom 1.-7. Jahrhundert. Versuch einer Bilanz, in: FMST 28 (1994), S. 51-171.
Brown, Peter: Die Entstehung des christlichen Europa, München 1996.

Brücker, Christel: Frühe Alamannen im Breisgau. Untersuchungen zu den Anfängen der germanischen Besiedlung im Breisgau während des 4. und 5. Jahrhunderts n. Chr., Sigmaringen 1999.
Busch, Ralf (Hrsg.): Die Langobarden. Von der Unterelbe nach Italien, Neumünster 1988.
Capelle, Torsten: Archäologie der Angelsachsen. Eigenständigkeit und kontinentale Bindung vom 5. bis 9. Jahrhundert, Darmstadt 1990.
Capelle, Torsten: Die Sachsen des frühen Mittelalters, Darmstadt 1998.
Christlein, Rainer: Alamannen. Archäologie eines lebendigen Volkes, Stuttgart 1991.
Clarke, Sue: Forschungen zur Thidrekssaga 1. Ein Niflungenreich in der Voreifel?, Norderstedt 2002.
Claude, Dietrich: Die diplomatischen Beziehungen zwischen dem Westgotenreich und Ostrom (475-615), in: MIÖG 104 (1996), S. 13-25.
Claude, Dietrich: Geschichte der Westgoten, Stuttgart 1970.
Clover, Frank M.: The late Roman West and the Vandals, London 1993.
Dankwarth, Gerhard: Flavius Claudius Julianus. Der Untergang des antiken Heidentums. Norderstedt 2000.
Diesner, Hans-Joachim: Vandalen, Stuttgart 1965.
Ebel-Zepezauer, Wolfgang: Studien zur Archäologie der Westgoten (5.-7.Jh. n. Chr.), Mainz 1998.
Die Franken – Wegbereiter Europas. Vor 1500 Jahren: König Chlodwig und seine Erben, Katalog der Ausstellung Mannheim, Mainz 1996.
Ferreiro, Alberto (Ed.): The Visigoths. Studies in Culture and Society, Leiden / Boston / Köln 1999 (The medieval Mediterranean 20).
Geuenich, Dieter (Hrsg.): Die Franken und die Alemannen bis zur „Schlacht bei Zulpich" (496/97), Berlin / New York 1998 (Ergänzungsband zum RGA 19).
Geuenich, Dieter: Geschichte der Alemannen, Stuttgart 1997.
Guennewig, Beatrix: Das Bild der Germanen und Britannier. Untersuchungen zur Sichtweise fremder Völker in antiker Literatur und moderner wissenschaftlicher Forschung, Hannover 1996.
Haendler, Gert / Gäbler, Ulrich / Schilling, Johannes: Kirchengeschichte in Einzeldarstellungen, 36 Bde., Bd 1/5, Die abendländische Kirche im Zeitalter der Völkerwanderung, Leipzig 1995.
Hartung, Wolfgang: Süddeutschland in der frühen Merowingerzeit. Studien zu Gesellschaft, Herrschaft, Stammesbildung bei den Alamannen und Bajuwaren, Wiesbaden 1983.
Hodgkin, Thomas: Huns, Vandals and the fall of the Roman empire, London 1996.
Hoffmann, Erich: Die heiligen Könige bei den Angelsachsen und den skandinavischen Völkern. Königsheiliger und Königshaus, Neumünster 1975 (Quellen und Forschungen zur Geschichte Schleswig Holsteins 69).
Jarnut, Jörg: Geschichte der Langobarden, Stuttgart 1982.
Jones, Michael E.: The end of Roman Britain, Ithaca 1998.
Junghans, Siegfried: Sweben, Alamannen und Rom. Die Anfänge der schwäbisch-alemannischen Geschichte, Stuttgart 1986.
Koller, Erwin / Laitenberger, Hugo (Hrsg.): Suevos, Schwaben. Das Königreich der Sueben auf der Iberischen Halbinsel (411-585). Interdisziplinäres Kolloquium Braga 1996, Tübingen 1998.
Krieger, Rommel: Untersuchungen und Hypothesen zur Ansiedlung der Westgoten, Burgunder und Ostgoten, Bern u.a. 1991 (Europäische Hochschulschriften 516).

Maczynska, Magdalena: Die Völkerwanderung. Geschichte einer ruhelosen Epoche im 4. und 5. Jahrhundert, Düsseldorf 1998.
Menghin, Wilfried: Die Langobarden. Archäologie und Geschichte, Stuttgart 1985.
Müller-Wille, Michael: Opferkulte der Germanen und Slawen, Stuttgart 1999 (Archäologie in Deutschland, Sonderband).
Padberg, Lutz von: Mission und Christianisierung. Formen und Folgen bei Angelsachsen und Franken im 7. und 8. Jahrhundert, Stuttgart 1995.
Rosen, Klaus: Die Völkerwanderung, München 2002.
Rosenthal, Joel T.: Anglo-Saxon history, New York 1985.
Roth, Helmut: Kunst der Völkerwanderungszeit, Frankfurt am Main u.a. 1979.
Schäferdiek, Knut: Die Kirche in den Reichen der Westgoten und Suewen bis zur Errichtung der westgotischen katholischen Staatskirche, Berlin 1967 (Arbeiten zur Kirchengeschichte 39).
Scheibelreiter, Georg: Die barbarische Gesellschaft. Mentalitätsgeschichte der europäischen Achsenzeit (5.-8. Jahrhundert), Darmstadt 1999.
Schwarz, Otto: Arianismus und Verfassung bei den Vandalen. Zum Legitimationsanspruch im christlichen Herrschertum, Wien 1995.
Steuer, Heiko: Die Alamannen. Neue Herren im Südwesten, Stuttgart 1997.
Störmer, Wilhelm, Die Baiuwaren. Von der Völkerwanderung bis Tassilo III., München 2002.
Tönnies, Bernhard: Die Amalertradition in den Quellen zur Geschichte der Ostgoten. Untersuchungen zu Cassiodor, Jordanes, Ennodius und den Exerpta Valesiana, Hildesheim 1989 (Beiträge zur Altertumswissenschaften 8).
Ulrich, Jens: Barbarische Gesellschaftsstruktur und römische Außenpolitik zu Beginn der Völkerwanderung: ein Versuch zu den Westgoten 365-377, Bonn 1995.
Várady, Lázló: Epochenwechsel um 476. Odoaker, Theoderich d. Große und die Umwandlungen, Budapest 1984.
Wenskus, Rainer: Stammesbildung und Verfassung. Das Werden der frühmittelalterlichen gentes, Köln / Graz 1961.
Wolfram, Herwig: Das Reich und die Germanen, Berlin 1990 (Das Reich und die Deutschen 1).
Wolfram, Herwig: Die Geburt Mitteleuropas. Geschichte Österreichs vor seiner Entstehung, 378-907, Berlin 1987.
Wolfram, Herwig: Die Germanen, 4. Aufl. München 1999.
Wolfram, Herwig: Geschichte der Goten. Von den Anfängen bis zur Mitte des sechsten Jahrhunderts, 3. Aufl. München 1983.

III. DIE HERRSCHAFT DER DYNASTIEN

DIE MEROWINGER

Die Darstellung zeigt einen Reiterkrieger, der seinen Gegner niederreitet, ein seit der Antike bekanntes Triumphmotiv. Hier erhält der siegreiche Reiter noch göttlichen Beistand durch einen Sieghelfer (hinten links auf dem Pferd). Die beiden brüllenden Löwen im oberen Teil der Scheibe symbolisieren den Kampf als immerwährendes Geschehen. Umzeichnung einer Preßblech-Zierscheibe (sog. Brakteat) aus Pliezhausen/Tübingen, 7. Jh.

Während es den Franken also gelang, durch Symbiose von Führungsschichten, von Verwaltung, Militär und vor allem Kirche ein neues entwicklungsfähiges Staatsgebilde zu schaffen, scheiterten die anderen germanischen Staatenbildungen frühzeitig oder doch im Verlauf der nächsten Jahrhunderte. Bei den Franken wurde die zukünftige Stabilität des Staates vor allem durch die permanente Machtausübung einer Herrscherdynastie erreicht. Die Merowinger bezogen ihre Legitimität aus der Geblütsheiligkeit, indem sie sich von Merowech ableiteten, einem mythischen Ahnen, gezeugt mit einem Meerungeheuer, der von Fredegar (III,9) zum Namengeber erklärt wurde. Dieser Ahne wurde wohl mit einer historischen Persönlichkeit zusammengeführt, dies war nach Gregor von Tours (II,9) Merowech, Sohn Chlodios und Großvater Chlodwigs, der die Linie von Tournai begründete und bis ca. 457/58 gelebt haben soll.

Die Dynamik der Geschichte der Franken wurde in den kommenden Jahrhunderten einerseits erzeugt durch die Reichsteilungen und die Konkurrenz dieser Teilreiche, die zur Expansion führte, und andererseits durch den Gegensatz zwischen der herrschenden Familie und den Familien, die ebenfalls die Macht anstrebten, also die Spannung zwischen Zentralmacht und Partikularkräften.

511 Nach dem Tod Chlodwigs (511) wurde das Reich an seine vier Söhne verteilt, die von zwei Frauen und von unterschiedlichem Alter waren: Theuderich (*ca. 485), Chlodomer (*ca. 495), Childebert (*ca. 497) und Chlothar (ca. 11 Jahre alt). Unklar bleibt, ob es sich bei dieser Art der Teilung um eine Tradition der Salfranken handelte oder um einen politischen Kompromiß, da sonst die Gefahr bestanden hätte, daß die jüngeren Brüder schnell beseitigt worden wären. Die Umsetzung der Teilung berücksichtigte die Tradition der gallorömischen Aristokratie durch Orientierung an den ursprünglichen civitates. Theuderich erhielt

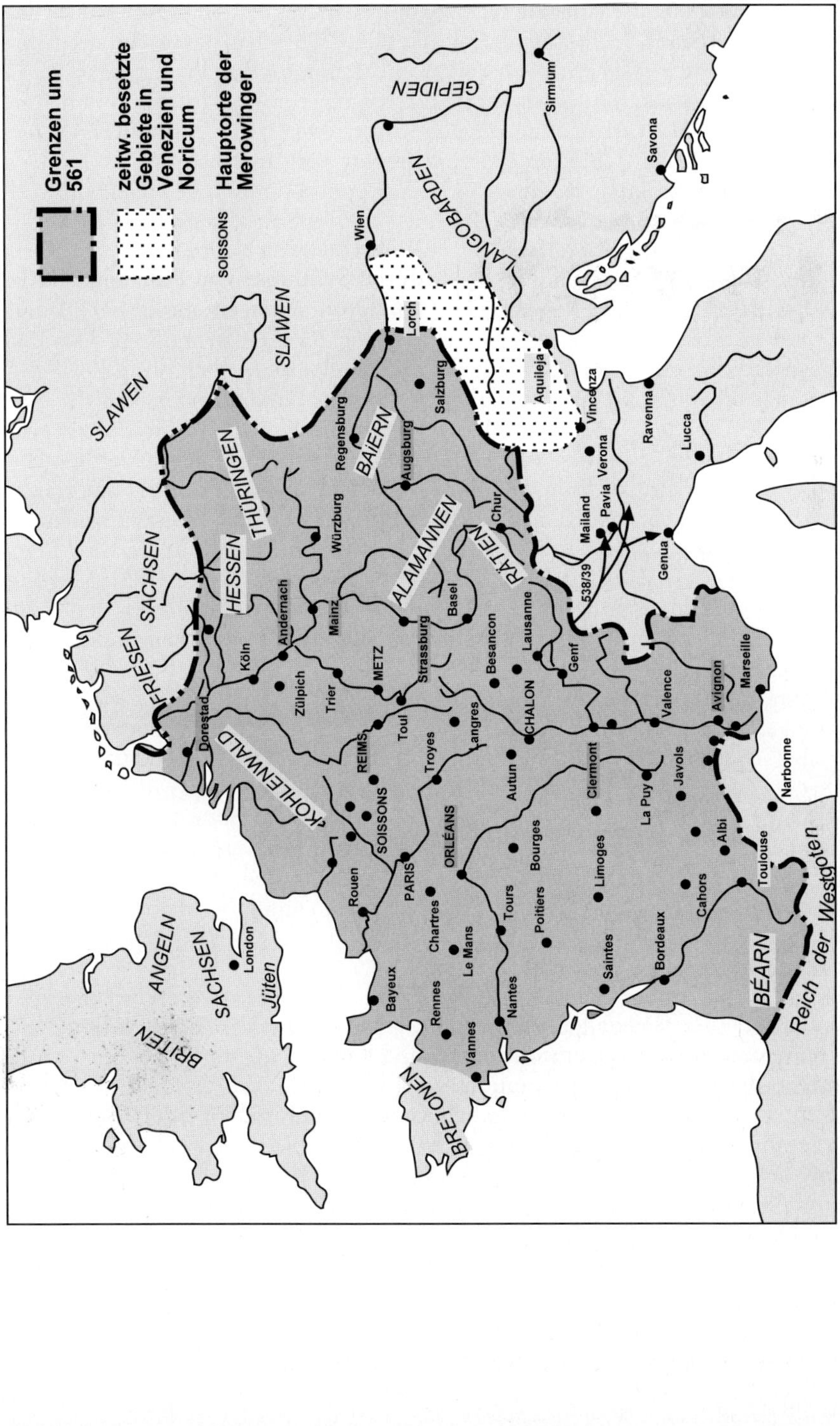

Die Ausdehnung des Merowingerreichs bis 561.

mit seiner Hauptstadt Reims die Gebiete um Trier, Mainz, Köln, Basel und Chalon sowie die neuen rechtsrheinischen Gebiete. Chlothar besaß die alten salischen Kernlande zwischen Kohlenwald und Somme, Noyon, Laon sowie die Hauptstadt Soissons. Childebert hatte die Küstenregion zwischen Somme und Bretagne, wohl auch Amiens, Beauvais, Rouen, Meaux, Le Mans, Rennes und die Hauptstadt Paris. Chlodomer herrschte von Orléans aus über Tours, Sens, vermutlich Troyes, Auxerre, Chartres, Angers und Nantes. Die vier Hauptresidenzen, bezeichnenderweise alles Bischofssitze, lagen alle dicht beieinander in der Mitte, im ehemaligen Herrschaftsgebiet des Syagrius. Jeder besaß also Kernland und erobertes Gebiet südlich der Loire. Der älteste Sohn Theuderich, wohl
508 508 in Rheinfranken als Regent von Chlodwig eingesetzt, hatte ein Drittel, während sich die Söhne von Chrotechilde den Rest teilen mußten. Das Teilungsprinzip hat von da an die weitere Entwicklung wesentlich beeinflußt.

Anfangs respektierten die fränkischen Könige das Bündnissystem, das der Ostgotenkönig Theoderich aufgebaut hatte. Als durch die Ermordung des burgundischen Königssohnes Zwietracht zwischen den Burgundern und Ostgoten entstand, eröffneten die drei Frankenkönige unter Führung Chlodomers den Kampf gegen die Burgunder, schlugen König Sigismund und töteten ihn samt seiner Familie. Allerdings schlug sein Nachfolger Godomar ein Jahr später die Frankenkönige, wobei Chlodomer fiel. Theuderich hatte sich aus dem Krieg heraus-
531 gehalten und richtete sein Augenmerk auf das Thüringerreich. Im Sommer 531 begann er mit seinem Halbbruder Chlothar und sächsischen Verbündeten den Krieg gegen die Thüringer, den er mit einem Sieg an der Unstrut beendete. Chlothar heiratete eine Thüringerin und erhielt seine Anteile an der Beute, die Sachsen bekamen das Land nördlich der Unstrut gegen Tributzahlung, Theuderich selbst zog die Gebiete an der Saale, der mittleren Elbe und am Main an sich.

In der Zwischenzeit führte Childebert einen Feldzug gegen die Westgoten und schlug König Amalarich bei Narbonne. Dadurch konnte er seine Grenzen bis zu den Pyrenäen ausdehnen. Anschließend nahm er Kontakt zu seinem Bruder Chlothar auf, um das Erbe Chlodomers zu teilen, denn dieser hatte nur drei unmündige Söhne. Zwei erschlug Chlothar eigenhändig, der dritte entkam ins Kloster. Danach zogen beide Brüder 532 wieder in den Krieg gegen die Burgunder und schlugen sie vernichtend bei Autun.

Theuderich hatte sich wieder herausgehalten. Stattdessen beauftragte er seinen Sohn Theudebert, die civitates im südlichen Aquitanien zurückzugewinnen, die die Westgoten den Franken abgenommen hatten. Theudebert hatte dabei große Erfolge, gewann sogar Gebiete dazu. Seine Tatkraft bewies er auch nach dem
533 Tod des Vaters gegen Ende des Jahres 533, als dessen Brüder wieder das Erbe für sich wollten. Mit Hilfe der Gefolgsleute seines Vaters behauptete er sich von Reims aus, so daß Childebert auf die Seite seines Neffen trat und ihn sogar als seinen Erben adoptierte und an der Aufteilung Burgunds beteiligte. Danach griff Theudebert zu Gunsten von Byzanz gegen die Ostgoten in Italien ein und konnte Landgewinne erzielen, die er später durch Bündnisse mit den Langobar-
547 den absicherte. Nach seinem Tod 547, dem Tod seines Sohnes und dem Tod
558 Childeberts wurde Chlothar 558 Alleinherrscher mit Sitz in Paris und verlor den
561 größten Teil der Besitzungen in Norditalien wieder an Byzanz. Er starb 561.

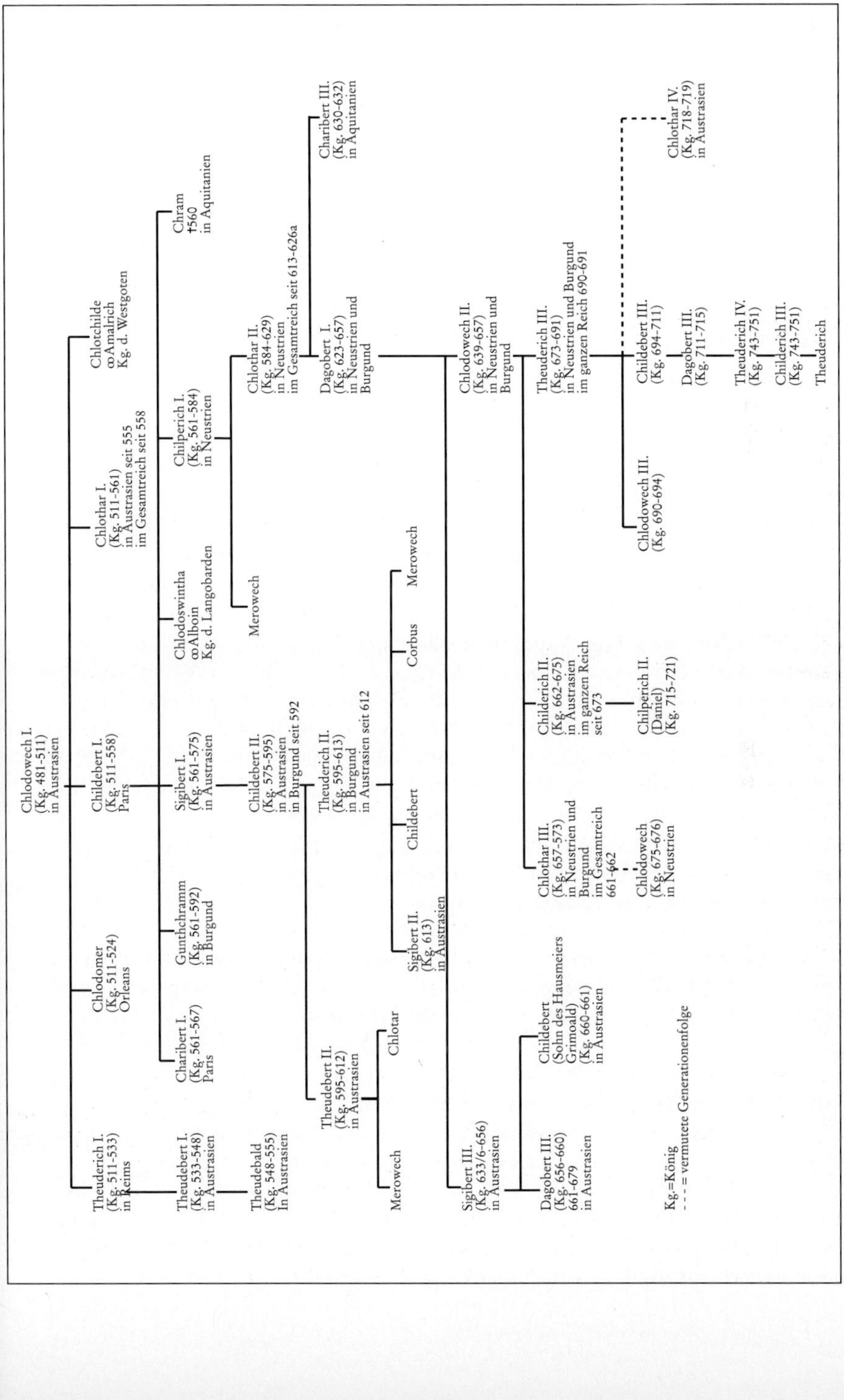

Stammtafel der Merowinger.

Beim Tod Chlothars war ganz Gallien, außer der Provinz Narbonne, in seinem Besitz und die neuen dazugewonnenen Gebiete östlich des Rheins, das Land der Alamannen, Burgund, die Raetia prima (Chur) und Raetia secunda (Augsburg), dazu der Westen Noricums (Salzburg), schließlich Gebiete Germaniens, Hessens und Thüringens. Überall setzten die Merowinger Duces ein, die für die Franken regieren sollten, wobei die Bevölkerung durchaus nach einheimischem Recht leben konnte.

Das Erbe Chlothars traten wieder vier Söhne an: Charibert erhielt den Hauptort Paris, Gunthram Orléans, Sigibert Reims und Chilperich Soissons, al-
567 le vier erhielten Gebiete im Süden. Da Charibert bereits 567 starb, wurde sein Reich in die Erbmasse genommen und dann fand eine Dreiteilung statt, die zu Bürgerkrieg und Familientragödien führte, wie Gregor von Tours ausführlich beschreibt. Sigibert hatte die Westgotin Brunichilde geheiratet, Chilperich eine Schwester von ihr, die er dann zu Gunsten seiner Geliebten/Frau Fredegunde verstieß, die ihre Nebenbuhlerin umbringen ließ. Daraus resultierte die Todfeindschaft zwischen Brunichilde und Fredegunde, die als Vorlage für die Feindschaft im Nibelungenlied von Brunhild und Kriemhild diente. Fredegunde ließ
575 Sigibert 575 ermorden, daher übernahm Brunichilde für ihren Sohn Childebert II. die Regentschaft, wobei der Hausmeier Gogo die eigentlichen Regierungsgeschäfte führte. Childeberts Onkel Gunthram, der gegen seinen Bruder Chilpe-
587 rich mit allen Mitteln um die Macht kämpfte, verpflichtete 587 im Vertrag von Andelot sich und die fränkische Aristokratie der beiden Teilreiche, den Neffen
584 anzuerkennen und adoptierte ihn als seinen Nachfolger. Vorher war (584) Chilperich ermordet worden und auch hier hatte sich Gunthram als Schutzherr für den unmündigen Sohn Chlothar II. erwiesen, nachdem ihn Fredegunde darum gebeten hatte. So konnte das reduzierte Reich um Paris aufrecht erhalten werden.

Vor allem in diesem Zusammenhang tauchen die Begriffe für die drei Teilreiche auf: Austrien/Austrasien, das „Ostreich" mit den Gebieten an Rhein und Maas, auch östlich des Rheins, der Champagne, den Hauptorten Reims, dann Metz; Neustrien, „neues Land im Westen", mit dem Hauptort Soissons und Paris, Tours, Rouen; Burgund mit dem Hauptort Orléans, später Chalon, dem Rhonebecken und Lyon. Aquitanien und Provence blieben Sonderbereiche, an denen jeder Anteil hatte.

Gunthram versuchte, seinen Hof in Burgund zu einem kulturellen Zentrum auszubauen. Besondere Unterstützung ließ er dem bedeutenden irischen Mis-
590 sionar Columban zuteil, der um 590 bei ihm eintraf. Ihm und seinen Gefährten wurde die Festungsruine Annegray als Domizil zugewiesen, in einer weiteren Ruine gründete Columban das Kloster Luxeuil, dann das Kloster Fontaines. Er ließ die Klöster nach seiner Regel und seinen Vorstellungen führen, eine Unterstellung unter burgundische Bischöfe lehnte er ab. Zwanzig Jahre blieb er in Burgund, dann mußte er das Reich wegen Streitigkeiten mit Brunichilde und Theuderich verlassen. In Neustrien und Austrien wurde er freundlich aufgenommen. Er wanderte nach Alamannien weiter, hielt sich in Bregenz am Bodensee auf und zog dann ins Langobardenreich, wo ihm König Agilulf ein Stück
615 Land schenkte, auf dem er das Kloster Bobbio gründete, in dem er 615 starb.

Durch seine vorbildliche Lebensweise eines strengen, durchaus weltzugewandten Christentums und durch enge Beziehungen zur fränkischen Oberschicht, besonders in Neustrien, hatte Columban großen Einfluß. Er konnte sie veranlassen, selbst Klöster zu gründen oder sogar ins Kloster einzutreten. Diese Klöster bildeten nicht nur allgemein Zentren von Frömmigkeit, sondern auch Mittelpunkte der politischen Gebiete, die von den führenden Familien kontrolliert wurden.

Childebert II. wurde im Osten von Awaren bedroht, wirkte sehr tatkräftig gegen sie und ließ auch Bayern diese Tatkraft durch stärkere Kontrolle spüren. Gemeinsam mit Brunichilde stellte er die königliche Autorität in Austrien wieder her. Als Gunthram 592 starb, übernahm Childebert II. sein Erbe (Austro-Burg- *592*
und). Er hatte allerdings nicht genügend Zeit, um gegen Neustrien zurückzuschlagen, denn er mußte sich mit Aufständen von Bretonen und Thüringern befassen. Er starb 596, eventuell an einem Attentat, und hinterließ zwei unmündige *596*
Söhne Theuderich und Theudebert, für die wiederum Brunichilde die Regentschaft übernahm.

Der Familienkampf ging weiter. Die beiden Enkel Brunichildes besiegten den Sohn Fredegundes (†597) Chlothar II. im Jahr 600 und nahmen ihm weitere Ge- *600*
biete. Danach bekämpften sich die Brüder erbittert, Theudebert II. unterlag und wurde mit seinen Söhnen getötet. Theuderich konnte den Sieg nicht lange genießen und starb ebenfalls 612. Brunichilde ließ sofort ihren Urenkel Sigibert II. *612*
zum König erheben. Doch während der langen Phase der Familienstreitigkeiten war das Prestige tief gesunken, die oppositionellen Führungskräfte hatten die Oberhand und Selbstbewußtsein gewonnen. Die austrasischen Großen liefen zu Chlothar II. über und die frankoburgundischen Großen verweigerten die Heerfolge, so daß Brunichilde schutzlos war. Sie wurde vom frankoburgundischen Heermeister gefangen und an Chlothar II. ausgeliefert, der sie 613 für alle ihre *613*
Vergehen vierteilen ließ.

Chlothar II. konnte nun von Paris aus das ganze Frankenreich regieren. Zum Dank für die geleisteten Dienste erließ er 614 ein Edikt mit 24 Artikeln, in dem *614*
er der Kirche, der Führungsschicht und dem Volk Eigentums-, Freiheits- und Persönlichkeitsrechte bestätigte und einräumte. Wesentlich war, daß er versprach, keine fremden Funktionsträger in die jeweiligen Städte und Regionen zu schicken, womit die eigenständige Entwicklung dort gestärkt wurde. Seinen Sohn Dagobert I. sandte er als Regenten nach Metz, um in Austrien eine eigene Regierung aufzubauen, die vom Maiordomus Pippin dem Älteren geleitet wurde. Nach dem Tod Chlothars (629) verlegte Dagobert seine Residenz nach Paris *629*
und überließ anfangs Pippin die Regierung in Austrien, wohin er dann seinen jungen Sohn Sigibert III. (633) schickte. Dagobert wurde der wichtigste Herr- *633*
scher der letzten Phase der Merowingerherrschaft. Er ließ Kirchen und Klöster errichten, darunter St. Denis, die Grablege der Könige, sein Hof war nicht nur ein Zentrum für die Herausbildung einer politischen und geistlichen Elite, sondern auch ein Zentrum für bedeutende Theologen, Missionare und Künstler. Politisch hatte Dagobert einige Niederlagen zu verkraften, so konnte er nicht die Kontrolle über Austrien erreichen, in Thüringen und bei Feldzügen gegen die Slawen (Wogastiburc=Kaaden/Eger) wurde er geschlagen. Die Bayern konnten

sich teilweise selbständig machen und schlossen Heiratsverbindungen mit
Langobarden ab, die ihnen mehr Selbständigkeit ermöglichten. Sein Tod im Jahr
639 639 löste den Niedergang der Merowinger aus, da er schwache Söhne, Sigibert
III. und Chlodwig II., hinterließ.

In Austrien regierte Pippin für den unmündigen Sigibert III. bis zu seinem
Tod 640, gegen Pippins Sohn Grimoald trat Sigiberts Erzieher Otto als Gegner
642 auf, um dessen Nachfolge im Hausmeieramt zu verhindern. Erst 642 konnte
Grimoald das Amt übernehmen. Sein „Staatsstreich", wenn es denn einer gewe-
sen ist, scheiterte, nämlich die Einsetzung seines Sohnes nach dem Tod Sigiberts
656 III. 656 als König Childebert (adoptivus), der auch von den Großen des Reichs
anerkannt wurde und ein paar Jahre regierte. Chlodwig II. (†657) oder Chlothar
III. ließen dafür Grimoald hinrichten, die Quellen sind nicht eindeutig.

Auch für den vierjährigen Chlodwig II. hatte ein Hausmeier gemeinsam mit
der Königin die Regierung in Neustroburgund übernommen, zuerst Aega, dann
Erchinoald. Dann allerdings wurde für Burgund ein separates Hausmeieramt er-
648 richtet und mit dem Franken Flaochad besetzt. Etwa 648 heiratete Chlodwig die
angelsächsische Sklavin (?) Balthilde, die ihm drei Söhne gebar: Chlothar, Theu-
657 derich und Childerich. Chlodwig II. starb 657 im Alter von 23 Jahren.

Nach dem Tod Erchinoalds wurde Ebroin Hausmeier in Neustrien, der eng
mit der Königin Balthilde zusammenarbeitete. Childerich II. wurde mit Sigiberts
III. Tochter verheiratet und auf den Thron in Austrien gesetzt, die Vormund-
schaft über das unmündige Königspaar führte Sigiberts Witwe. Der älteste Sohn
Chlothar III. wurde als König in Neustrien erhoben. Die Königin Balthilde war
aber nicht nur politisch tätig, sondern auch im kirchlichen Bereich. Als erste
gründete sie Königsklöster nach dem Vorbild von Luxeuil, nämlich Chelles und
664 Corbie. Nach Chelles zog sie sich zurück, als Chlothar III. ca. 664 mündig wur-
673 de. Über ihn ist wenig bekannt, er starb bereits 673. Im Streit um seine Nach-
folge siegten die Anhänger Childerichs II., die ihn auch auf diesen Thron setz-
ten, dem Bruder Theuderich wurden die Haare geschnitten und das Kloster St.
Denis als Aufenthaltsort zugewiesen, Ebroin wurde ins Kloster Luxeuil ge-
schickt.

Childerich II., der letzte König, der noch selbständig regierte, eröffnete seine
verheißungsvolle Regierung mit der Einberufung einer Synode, auf der die
Bischöfe die alte Gesetzgebung erneuerten und dem Klerus das Tragen von Waf-
675 fen verboten. Im Jahr 675 fiel Childerich II. mitsamt Frau und Sohn einem An-
schlag von Verschworenen aus Neustrien zum Opfer. Nun brach ein Kampf je-
der gegen jeden aus. Dabei wurde der aus Irland zurückgerufene Dagobert II.
679 679 ermordet, sein Feind Ebroin 680. Inzwischen war Theuderich III. auf die
politische Bühne getreten, der einzige überlebende Sohn Balthildes, der mit
Dagobert im Krieg gelegen hatte. In diesem Krieg hatte sich der dux Pippin der
Mittlere, der Enkel Grimoalds, zuerst auf die Seite Ebroins, dann auf die Seite
Theuderichs gestellt. Er konnte seine Anerkennung als Hausmeier in der austri-
schen Francia erreichen und residierte eine Zeit lang in Köln. Seinen Durch-
bruch zur Macht erlangte er durch den Sieg über den Hausmeier Neustriens
687 (687) bei Tertry, womit er das Hausmeieramt über das ganze Frankenreich über-
nehmen konnte. Theuderich III. saß als sogenannter Scheinkönig bis zu seinem

Tod (690) in Neustrien, wobei er von einem Vertreter Pippins des Mittleren kontrolliert wurde. Pippin wurde in den Quellen als „princeps" bezeichnet und konnte die Basis für den Aufstieg seiner Familie der Pippiniden/Karolinger zur dauerhaften Machtposition legen. *690*

Von den Merowingern folgten noch mehr als 12 weitere Scheinkönige auf den Thron, über die nur wenig bekannt ist, da die Geschichtschreibung darüber von den Karolingern verfaßt wurde. Pippin setzte den älteren Chlodwig III. als König ein, nach dessen Tod 694 den jüngeren Childebert (III.), als seinen *694*
Nachfolger seinen Sohn Grimoald II. (701). Da Grimoald starb, mußte er auf *701*
seinen sechsjährigen Enkel zurückgreifen, um das Hausmeieramt besetzen zu können. Daraufhin erhoben sich die oppositionellen Neustrier und erhoben Chilperich II. zum König. Als dann die Austrier unter Führung Karls, des Sohnes Pippins mit einer Konkubine, erfolgreich über die Neustrier triumphierten, begann der ununterbrochene Aufstieg der Karolinger endgültig. Sie setzten weitere Scheinkönige ein wie Chlothar IV., Theuderich IV. und Childerich III., bevor sie sich selbst als Könige legitimieren ließen.

Einordnung

Auf der von Chlodwig gelegten Basis entwickelte sich das Reich der Franken nur unter großen Schwierigkeiten weiter. Dafür waren weniger äußere Kräfte als vielmehr innere Kräfte verantwortlich. Das entscheidende Prinzip war das Teilungsprinzip, dessen rechtliche Tradition unklar geblieben ist. Aus der Vorstellung, das Reich gehöre der mit Königsheil versehenen Familie der Merowinger, resultierten die Reichsteilungen, gemeinsame Herrschaft von Brüdern und das Kinderkönigtum. Die Teilungen förderten aber gleichzeitig das Konkurrenzverhalten der Merowinger untereinander. Immer wieder gab es Tendenzen, die Macht über alle anderen an sich zu reißen und das Reich zu vereinen.

Viele Historiker haben auf Grund der Quellenaussagen Chlodwig als brutal und selbstherrlich und seine Nachfolger als zu passiv und inkompetent eingeschätzt. Nun hat aber z.B. Gregor von Tours die frühen Merowingerkönige sehr subjektiv, je nachdem, ob sie ihm sympathisch oder seiner Kirche großzügig gegenüber waren, beschrieben. Die späte Merowingerzeit wurde von karolingischen Geschichtsschreibern geschildert, die Herausstellung der negativen Merkmale für die Merowinger und der positiven Merkmale für die frühen Pippiniden /Karolinger ist typisch für sie. Das so geformte Bild von den Merowingern blieb über Jahrhunderte erhalten.

Abgesehen von dem machthungrigen Verhalten der Merowinger, das man in derselben Zeit auch in Byzanz findet und sonst in vielen anderen Staatsgebilden, ist die Merowingerzeit vor allem durch einen Prozeß der Kulturverschmelzung zu einer neuartigen Kultur gekennzeichnet. Die Gallorömer und die Franken suchten und fanden eine neue Identität in einem gemeinsamen Staat, sie bildeten eine neue Führungsschicht (Adel). Die Verfassung basierte auf römischer und germanischer Tradition, die Verwaltung war römisch geprägt, Schriftlichkeit war das Mittel der Kommunikation in der frühen Phase. In der späten Phase zogen sich mächtige Familien zum Teil aus den Römerstädten auf die Güter auf dem Land zurück. Die letzten Merowingerkönige residierten in Compiègne. Auf dem Land lagen auch die neuen kulturellen Zentren, die Klöster, die zur Konkurrenz der Bischofskirchen wurden. Insgesamt wurde die Kirche das stabilisierende Element des Reiches, ihre Amtsträger verfolgten allerdings oft eigene Machtinteressen.

Das geblütsheilige Königtum, vom Heerkönigtum zu einer unantastbaren Institution geworden, verlor durch die vielen Teilungen und Kämpfe an Prestige. Dies nutzten die anderen bedeutenden Familien, unter denen sich oppositionelle Gruppen bildeten. In den Wirren bauten sie sich ihre Herrschaftszentren auf und profitierten von den Schwächen der Zentralmacht. Die einzelnen Regionen gewannen auf diese Weise an Identität und Gewicht. Dies waren auch die Grundlagen für die Ausbildung der sogenannten Stammesherzogtümer, die sich zum Teil auf ehemalige Stämme der Wanderphase bezogen. Die Merowingerkönige wurden Spielbälle der führenden Familien in den Teilreichen. Erst die Konzentration der Macht in der Position der Hausmeier schuf eine neue Einheit und Stabilität des Reiches, sobald dieses Amt in einer Familie auf Dauer vererbt werden konnte.

Literaturhinweise zum Kapitel „Die Merowinger"

1. Quellen

1.1 Veröffentlichungen der MGH

MGH Scriptores rerum Merovingicarum:
Gregorii Turonensis Opera. Herausgegeben von Bruno Krusch und Wilhelm Levison (MGH SS rer. mer. 1,1).
Gregorii Turonensis Opera. Miracula et opera minora. Herausgegeben von Bruno Krusch (MGH SS rer. mer. 1,2).
Fredegarii et aliorum Chronica. Vitae sanctorum. Herausgegeben von Bruno Krusch (MGH SS rer. mer. 2).

1.2 Sonstige Quelleneditionen

Buchner, Rudolf (Hrsg.): Gregor von Tours. Historiarum Libri decem / Zehn Bücher Geschichten, 2. Aufl. Darmstadt 1969 (FSGA A, 1,2).
Fuhrmann, Horst (Hrsg.): Quellen zur Entstehung des Kirchenstaates, Göttingen 1968 (Historische Texte Mittelalter 7).
Leben des hl. Bonifazius von Willibald bis Otloh, der hl. Leoba von Rudolf von Fulda, des Abtes Sturmi von Eigil. Übers. von Michael Tangl, 3. Aufl. Leipzig 1920 (GDV 13).
Wolfram, Herwig (Hrsg.): Quellen zur Geschichte des 7. und 8. Jahrhunderts. Die vier Bücher der Chroniken des sogenannten Fredegar. Die Fortsetzung der Chroniken des sogenannten Fredegar; Das Buch von der Geschichte der Franken; Das alte Leben Lebuins; Jonas' erstes Buch vom Leben Columbans, 2. Aufl. Darmstadt 1994 (FSGA A, 4 a.).

2. *Forschungsliteratur*

Angenendt, Arnold: Das Frühmittelalter. Die abendländische Christenheit von 400 bis 900, 3., durchges. Aufl. Stuttgart 2001.
Bleiber, Waltraut: Das Frankenreich der Merowinger, Berlin 1988.
Brühl, Carlrichard: Studien zu den merowingischen Königsurkunden, Köln 1998.
Butzen, Reiner: Die Merowinger östlich des mittleren Rheins. Studien zur militärischen, politischen, rechtlichen, religiösen, kirchlichen und kulturellen Erfassung durch Königtum und Adel im 6. sowie im 7. Jahrhundert, Schweinfurt 1987 (Mainfränkische Studien 38).
Die Franken. Wegbereiter Europas. Vor 1500 Jahren: König Chlodwig und seine Erben, Ausstellungskatalog, Mainz 1996.
Esders, Stefan: Römische Rechtstradition und merowingisches Königtum. Zum Rechtscharakter politischer Herrschaft in Burgund im 6. und 7. Jahrhundert, Göttingen 1997 (Veröff. d. MPI f. Geschichte 134).
Ewig, Eugen: Die Merowinger und das Frankenreich, 4. erg. Aufl. Stuttgart 2001.
Ewig, Eugen: Die Merowinger und das Imperium, Opladen 1983.
Ewig, Eugen: Spätantikes und Fränkisches Gallien, 2 Bde., München 1979.
Geary, Patrick J.: Die Merowinger. Europa vor Karl dem Großen, München 1996.
Geuenich, Dieter (Hrsg.): Die Franken und die Alemannen bis zur „Schlacht bei Zülpich“ (496/97), Berlin / New York 1998 (Ergänzungsband zum Reallexikon der Germanischen Altertumskunde 19).
Graus, Frantisek: Volk, Herrscher und Heiliger im Reich der Merowinger. Studien zur Hagiographie der Merowingerzeit, Prag 1965.
Hartung, Wolfgang: Süddeutschland in der Merowingerzeit. Studien zu Gesellschaft, Herrschaft, Stammesbildung bei Alamannen und Bajuwaren, Wiesbaden 1983 (VSWG Beiheft 73).
Heinzelmann, Matthias: Gregor von Tours (538 – 594). „Zehn Bücher Geschichte“, Historiographie und Gesellschaftskonzept im 6. Jahrhundert, Darmstadt 1994.
Kasten, Brigitte: Königsnähe und Königsherrschaft. Untersuchungen zur Teilhabe am Reich in der Merowinger- und Karolingerzeit, Hannover 1997 (MGH Schriften 44).
Lohaus, Annethe: Die Merowinger und England, München 1974 (Münchener Beiträge zur Mediävistik und Renaissance-Forschung 19).
Prinz, Friedrich: Frühes Mönchtum im Frankenreich, Darmstadt 1973 (WdF 312).
Schmidt-Wiegand, Ruth: Franken und Alemannen. Zum Gebrauch der Stammesbezeichnungen in den Leges barbarorum, in: Althoff, Gerd u.a. (Hrsg.): Person und Gemeinschaft im Mittelalter. Karl Schmid zum fünfundsechzigsten Geburtstag, Sigmaringen 1988, S. 61-72.
Wallace-Hadrill, John M.: The Frankish church, Oxford 1985 (Oxford history of the Christian church).
Wallace-Hadrill, John M.: The Longhaired Kings, London 1962.
Wood, Ian (Ed.): Franks and Alamanni in the Merovingian period. An ethnographic perspective, Woodbridge 1998 (Studies in historical archaeoethnology 3).
Wood, Ian: The Merovingian kingdoms 450 – 751, London 1994.
Zöllner, Erich: Geschichte der Franken bis zur Mitte des sechsten Jahrhunderts auf der Grundlage des Werkes von Ludwig Schmidt neu bearb. von Erich Zöllner, München 1970.

Die Karolinger

Die Reiterfigur stellt wahrscheinlich Karl den Großen dar, aber auch andere karolingische Herrscher werden von der Forschung diskutiert. Sicher läßt sich aber sagen, daß sie eines der herausragendsten Werke imperialer karolingischer Kunst darstellt, indem sie – wenn auch in erheblich verkleinerter Form – das antike Reiterstandbild als Medium der Herrscher-Memoria wiederbelebt. Karolingische Reiterstatuette, 9. Jh.

Herkunft und Aufstieg der Familie

Die Vorfahren der Karolinger (Arnulfinger/Pippiniden) betreten die Bühne der Geschichte im Zusammenhang mit dem Sturz der Königin Brunichilde. Arnulf stammte aus einer Familie, die große Besitzungen in Lothringen, im Gebiet zwischen Metz und Verdun sowie Worms besaß. Demgegenüber lag der Besitz der Familie Pippins des Älteren in Brabant, im Haspengau und um Namur. Diese beiden Adeligen gehörten zur Opposition gegen Brunichilde, die sich mit König Chlothar II. verband und so deren Ablösung und Verurteilung erreichte. Zur Belohnung gab Chlothar II. das freige-
614 wordende Bistum Metz 614 an Arnulf.
Darüberhinaus wurde Arnulf an diesem Hauptsitz des austrischen Königs zum Prinzenerzieher und Regenten des Teilreiches ernannt. Parallel dazu übertrug Chlothar II. Pippin dem Älteren das Hausmeieramt in Austrien. Als Arnulfs Sohn Ansegisel mit Pippins Tochter Begga verheiratet wurde, waren die Grundlagen für den Aufstieg der späteren Karolinger geschaffen.

629 Nachdem Arnulf sich 629 als Mönch aus dem politischen Leben zurückgezogen und der Leprosenpflege gewidmet hatte, daher wurde er sehr zum Ruhm seiner Familie früh als Heiliger verehrt, übte Pippin als Hausmeier die Alleinherrschaft über Austrien aus. Sein ehemaliger Zögling, Dagobert I., holte ihn jedoch nach Neustrien, wohin er den Schwerpunkt seiner Macht verlegt hatte. In der Folgezeit waren die eng miteinander verbundenen Familien der Arnulfinger und Pippiniden im wesentlichen in Kämpfe um Vormachtstellung mit anderen rivalisierenden Familien verwickelt. Erst nach dem Tod Dagoberts konnte Pippin nach Metz zurückkehren und seine Position wieder festigen, er starb al-
640 lerdings schon ein Jahr später (640).

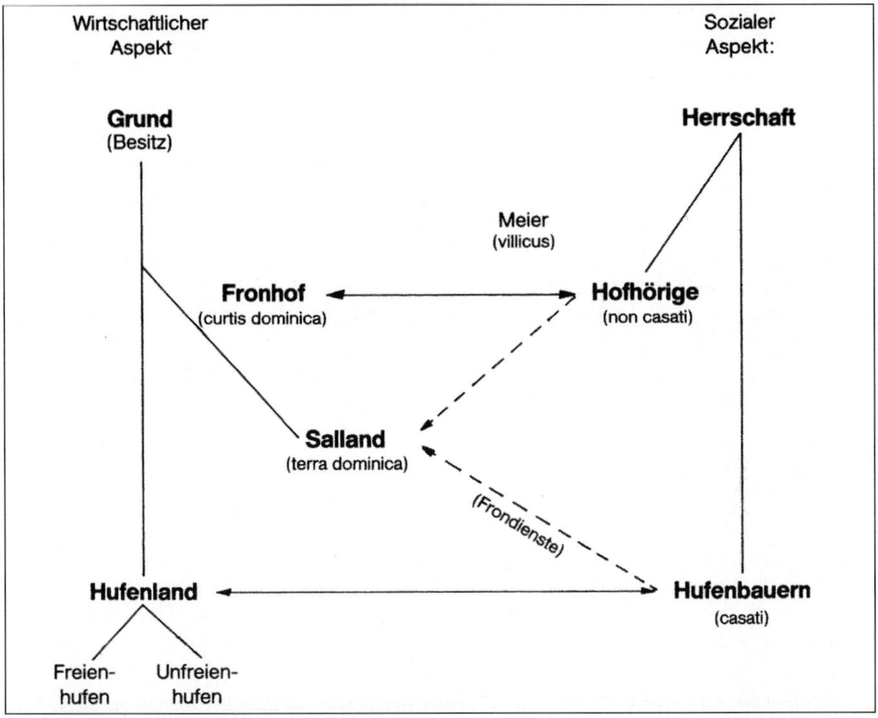

Schematische Darstellung des Feudalsystems.

Wie bereits erwähnt setzte sein Sohn Grimoald seine Politik fort und erwarb das Hausmeieramt. Allerdings scheiterte er mit seinem Usurpationsversuch von 656, als er seinen Sohn, den er nun Childebert nannte, als König einsetzen ließ. Er begründete seinen Anspruch darauf, daß der kinderlose Sigibert III. seinen Sohn adoptiert und ihm den königlichen Namen Childebert (adoptivus) gegeben hatte. Überraschenderweise wurde dann Sigibert noch ein Sohn Dagobert geboren, den er in die Obhut Grimoalds gab. Doch nach der Aussage des anonymen „Liber Historiae Francorum", das diesen „Staatsstreich" beschreibt, ließ Grimoald nach dem Tod Sigiberts den königlichen Knaben zum Mönch scheren und nach Irland bringen. Die kurze Regierungszeit seines Sohnes endete abrupt mit seinem Tod 662, danach lockten neustrische Gegenspieler Grimoald in einen *662*
Hinterhalt und übergaben ihn ihrem König Chlodwig II. bzw Chlothar III., der ihn hinrichten ließ.

Somit waren die Arnulfinger/Pippiniden erst einmal im Kampf um die Macht zurückgeworfen. Doch gelang Pippin dem Mittleren, Sohn Beggas und Ansegisels, durch kluge Heirat und nach zähem Ringen der Aufstieg zur Macht als Hausmeier, nachdem er 687 bei Tertry das neustrische Heer endgültig besiegt hatte. Nun regierte er im Namen des Merowingerkönigs Theuderichs III. das gesamte Regnum Francorum, bestehend aus Austrien, Neustrien und Burgund. Die weiteren Könige, die er einsetzen ließ, residierten alle in neustrischen Pfalzen. Er selbst baute seine Machtposition geschickt von Austrien aus auf, indem er politische Heiraten seiner Kinder betrieb und seine Gefolgsleute in wichtige Stellungen brachte.

Außenpolitisch hatte er es vor allem mit den Sachsen, Friesen, Alamannen, Bayern, Aquitaniern, Basken und Bretonen zu tun. Erfolgreich war dabei die Zusammenarbeit mit dem Angelsachsen Willibrord aus dem Kloster Ripon bei York, der vom Papst zum Erzbischof der Friesen ernannt wurde. Während die Beziehung zu den Friesen auf diese Weise stabilisiert werden konnte, gelang dies den Schülern von Willibrord bei den Sachsen nicht, einige erlitten bei Missionsversuchen das Martyrium. In Bayern versuchten die Agilolfinger, selbständige Politik zu betreiben, das galt auch für den Kirchenaufbau. Pippin begnügte sich hier mit guten Beziehungen, die auch in Heiratsverbindungen bestanden.

Es gelang ihm, als Princeps Francorum den Frieden in Mitteleuropa weitge-
714 hend herzustellen. Als Pippin am 16. Dezember 714 starb, hatte er unter dem Einfluß seiner Gattin Plektrud den sechsjährigen Enkel Theudoald bei den Großen des Reiches als Hausmeier durchgesetzt. Diese unsichere Situation nutzten die Neustrier aus, besiegten die Austrier und setzten Chilperich II. zum König ein. Gegen die Vorherrschaft der Neustrier erhob sich Karl, Pippins Sohn aus der Verbindung mit seiner Friedelfrau (Konkubine) Chalpaida, und schlug
717 im März 717 das neustrische Heer vernichtend. Dann übernahm er das Hausmeieramt in Austrien und setzte Chlothar IV. ein, nach dessen Tod Theuderich IV. über Neustrien und Austrien, so daß Karl auch Hausmeier über beide Teilreiche wurde.

Innenpolitisch mußte Karl sich mit einflußreichen Gegnern wie dem selbständig agierenden Bischof Godinus von Lyon auseinandersetzen, außenpolitisch bereiteten die Friesen neue Angriffe vor und die Herzogtümer in Randlage, Alamannien und Bayern, entglitten weitgehend seiner Kontrolle. Karl reagierte nach innen, indem er Anhänger und Verwandte in wichtige Positionen brachte. Da er den Eigenbesitz nicht über die Maßen verringern wollte, übergab er Kirchenbesitz an seine Getreuen. Dies hat ihm schon bei Zeitgenossen und zum Teil in der Literatur über ihn den Vorwurf der Säkularisation von Kirchenbesitz eingebracht. Eigentlich hat er aber nichts anderes getan, als gegebene Umstände für den Ausbau der Macht zu nutzen wie andere Herrscher auch.

Denn dieser Ausbau der Grundherrschaft führte zu einer Heeresreform, weil nun die Vasallen, die sich dem Hausmeier und den Großen als Gefolgsleute kommendiert (ergeben) hatten, durch ihren vermehrten Grundbesitz zum Reiterdienst herangezogen werden konnten. Sie bekamen ihr Land als beneficium (Wohltat) oder feudum (Lehen) erst einmal widerruflich gegen Ableistung der Heeresfolge. Sie bildeten die Kerngruppe persönlich treu ergebener Krieger. Das Feudalwesen war nun ausgeprägt.

Als wesentliche Basis seines Erfolges ist also der Ausbau eines berittenen Heeres, schwere Panzerreiter, anzusehen, das bis dahin bei den Franken nicht üblich war. Die Franken waren in der Regel Kämpfer zu Fuß mit Wurfaxt, Lanze, zweischneidigem Langschwert oder Kurzschwert. Durch die Einführung des Steigbügels seit dem 7. Jahrhundert wurde die Wirkung dieser neuen Kampfesweise immer wichtiger, wie die folgenden Siege Karls zeigten. Diese Erfolge

brachten ihm gegen Ende des 9. Jahrhunderts in der Geschichtsschreibung den
Beinamen „Martellus“ (der Hammer) ein.

Karl leitete eine Phase von Kriegen gegen die Nachbargebiete ein, die das
Herrschaftsgebiet der Merowinger vergrößerte. Im Sommer 718 begann er mit *718*
Strafexpeditionen gegen die Sachsen, die nun über viele Jahrzehnte hin hart-
näckige Gegner der Franken wurden. In den Jahren 725 und 728 konnte er den
Herzog in Bayern und 730 den Herzog in Alamannien besiegen, um dadurch die
fränkische Oberhoheit über diese Gebiete wiederherzustellen. In Friesland wur-
de das von Willibrord errichtete Bistum Utrecht wieder begründet und genau
wie das Land den Franken unterstellt. Berühmt wurde Karl Martell durch sei-
nen Sieg bei Tours und Poitiers im Jahr 732 über das islamische Heer, das bis in *732*
diese Region vorgedrungen war. Als Retter des Abendlandes wird er bis heute
in Büchern gefeiert. Dazu muß angemerkt werden, daß es sich hier nur um klei-
ne islamische Truppenkontingente handelte, die auf Beutesuche waren. Die
Hauptmacht des Islams war auf die Eroberung des byzantinischen Reiches ge-
richtet.

Karl Martell nutzte allerdings die Gelegenheit und stieß weiter in den Süden
vor. Die einheimischen Großen verbündeten sich mit den Arabern, um ihre Un-
abhängigkeit gegenüber dem Hausmeier zu wahren. Mit Hilfe der Langobarden
gelang es ihm aber (739), die Verbündeten zu besiegen und seinen Einfluß in den *739*
Süden auszudehnen.

Es ist bezeichnend, daß gerade zu dieser Zeit Papst Gregor III., der von den
Langobarden unter König Liutprand in Rom bedroht wurde, zwei Gesandt-
schaften an Karl schickte, die ihm Geschenke und vor allem den Schlüssel des
Petrusgrabes überbrachten. Dabei deuteten sie an, daß der Papst bereit sei, sich
von Ostrom (Byzanz) zu trennen und sich der fränkischen Oberhoheit zu un-
terstellen, wenn der Hausmeier ihm Hilfe brächte. Der Papst nannte Karl Mar-
tell in seinen Briefen „subregulus“ (Vizekönig), womit er darauf anspielte, daß
der Hausmeier der eigentliche Herrscher war, zumal er seit dem Tod Theude-
richs IV. (737) ohne König regierte. Karl Martell verhielt sich sehr höflich ge- *737*
genüber den Gesandtschaften, unternahm aber mit Rücksicht auf die verbünde-
ten Langobarden nichts.

Auf der anderen Seite benutzte er kirchliche Aktivitäten durchaus für die po-
litische Stabilisierung seiner unterworfenen Gebiete. Genau wie Willibrord
(†739) wurde sein angelsächsischer Landsmann Winfrid (Bonifatius) zu einer *739*
Stütze der fränkischen Zentralgewalt. Die angelsächsische Kirche war romorien-
tiert. Daher empfing er 722 in Rom die Weihe zum Missionsbischof, 732 die *722/*
Weihe zum Erzbischof und erhielt von Karl Martell einen Schutzbrief, in dem *732*
dieser alle Herrschaftsträger zur Unterstützung aufforderte. Zu seinen spekta-
kulären Taten zählte die Fällung der Donar-Eiche von Geismar. Erfolgreich war
er auch in Bayern, wo ihm Herzog Odilo die Möglichkeit einräumte, die Kir-
chenprovinzen Salzburg, Freising, Regensburg und Passau neu zu ordnen und
Diözesanbischöfe einzusetzen. Parallel zu ihm wirkte Pirmin (ev. Gallier) in
Alamannien, gründete das Kloster Reichenau (ca. 724), wurde aber dort vom *um*
Bruder des Herzogs vertrieben und war dann im Elsaß tätig. Also ging auch dort *724*
die kirchliche und politische Integration Hand in Hand.

Zur Stabilisierung seiner Macht trug vor allem bei, daß Karl Martell seinen treu ergebenen Gefolgsleuten aus Austrien immer wieder Dankbarkeit zeigte und sie mit an seinem Gewinn teilhaben ließ, dafür zog er Kirchengut heran. Er setzte sie in weltliche und geistliche Ämter ein, besonders in den neu gewonnenen Gebieten im Süden des Frankenreiches. Er formierte auch eine neue Kanzlei. In ihr ließ er die Teilung des Reiches für den Todesfall festlegen. Sein ältester Sohn Karlmann sollte Austrien, Alamannien und Thüringen (ohne Bayern), der zweite Sohn Pippin Neustrien, Burgund und Provence (ohne Aquitanien) beherrschen. Während diese Regelung die Kinder seiner ersten Frau Chrodtrud begünstigte, gewannen die Personen um seine zweite Frau Swanahild immer mehr Einfluß, so daß ein Kernstück des Reiches ihrem Sohn Grifo übertragen
741 werden sollte. Als Karl Martell im Oktober 741 starb, war die Erbteilung zwar in Frage gestellt, aber die Herrschaft der Familie an sich war gesichert. Bezeichnend für sein Selbstverständnis war es, daß er sich nicht im Familienbesitz, sondern demonstrativ im Königskloster St. Denis bei Paris begraben ließ.

Pippin der Jüngere (741-768)

Als erstes klärten die Brüder Karlmann und Pippin die Aufteilung der Macht, indem sie die Ansprüche von Grifo durch seine Gefangennahme beseitigten. Sie folgten dann in etwa der Verfügung des Vaters, waren aber politisch so klug, jeweils Teile von Neustrien und Austrien an den anderen weiterzugeben, um den Graben zwischen den Reichsteilen aufzufüllen. Genauso klug war es, Anfang
743 743 einen weiteren merowingischen Scheinkönig, Childerich III., auf den Thron zu setzen, um jeder Opposition gegen sie vorbeugend dieses Argument zu nehmen.

In dieselbe Richtung zielten ihre Vorstöße gegen den dux (Herzog) Hunoald in Aquitanien und ebenso in Alamannien. Nach der Demonstration der Macht in der „Francia" richteten die Brüder 743 ihre Kräfte gegen ihren Schwager, Herzog Odilo in Bayern. Er mußte sich der fränkischen Oberhoheit unterwerfen. Gegen dessen Verbündeten Theudebald, Bruder des alamannischen Herzogs, zog Pippin im Elsaß siegreich ins Feld. Karlmann stieß unterdessen ins östliche Sachsen vor, wo er auch 744 noch einmal die Waffen abschreckend klir-
745 ren ließ. Gemeinsam zwangen sie den Herzog von Aquitanien 745 in die Kniee und schickten ihn ins Kloster, während sie seinem Sohn die Nachfolge übertru-
746 gen. Schließlich brach Karlmann 746 mit harter Hand den Widerstand in Alamannien, das nun für fränkische Adelige ein offenes Betätigungsfeld wurde.

Zur Durchsetzung ihrer Macht setzten die Söhne Karl Martells besonders auf die einende Wirkung des Christentums und seiner Institutionen. Sie förderten den Ausbau der Kirche und die Tätigkeit von Bischof Bonifatius in stärkerem Maße als ihr Vater, das gilt vor allem für Karlmann. So konnte Bonifatius schon
741/ 741 die Bistümer Büraburg, Würzburg und Erfurt und 744 das Kloster Fulda
744 gründen. Die Kirche erhielt einen Teil des von Karl Martell entzogenen Kirchenguts zurück, dazu den vom Ertrag der Felder und Herden zu entrichtenden
746 Kirchenzehnt. Bonifatius selbst wurde 746 nicht zum Erzbischof von Köln, son-

dern nur zum Bischof von Mainz ernannt. Eine Gesamterneuerung der fränkischen Kirche unter seiner Führung gelang jedoch nicht, da besonders Pippin zu verhalten agierte. Bonifatius brach 753 noch einmal zu einer Missionsreise zu *753*
den Friesen auf, von denen er 754 erschlagen wurde, seine Leiche wurde in sei- *754*
ne Lieblingsgründung Fulda überführt.

Als Karlmann im Herbst 747 ins Kloster ging – es ist bis heute kein anderer *747*
Grund als politische Enttäuschung und große Frömmigkeit bekannt – kam die Zeit für Pippin, sein höchstes Ziel, die Königsherrschaft, anzustreben. Davor lag erst einmal die Auseinandersetzung mit dem Halbbruder Grifo, der nacheinander die Sachsen, die Bayern und Aquitanien als Verbündete gewinnen konnte, was die unsichere Machtsituation im Reich verdeutlicht. Sein Leben endete auf dem Weg zu den Langobarden bei einer Schlacht in den Alpen im Jahr 753. *753*

Schon im Jahr 750 hatte Pippin mit Zustimmung eines großen Teils des Adels *750*
Bischof Burkhardt von Würzburg, einen romorientierten Angelsachsen, und seinen Vertrauten, Abt Fulrad von St.Denis, zum Papst nach Rom geschickt. Sie sollten wegen der Könige von Francien fragen, „die damals keine Macht hatten, ob dies gut sei oder nicht“ (Reichsannalen). Papst Zacharias soll ihnen die Antwort mitgegeben haben, daß es besser sei, denjenigen als König zu bezeichnen, der auch die Macht habe, als denjenigen, der ohne Macht sei. So berichten es die Reichsannalen (Annales Regni Francorum).

Das Jahr 751 brachte den wichtigsten Schritt in der mittelalterlichen Auffas- *751*
sung vom Königtum. Childerich III. wurde abgesetzt, am Haupthaar geschoren und samt seinem Sohn Theuderich ins Kloster geschickt. Pippin wurde im November von den Großen des Reiches durch akklamatische Huldigung („Wahl aller Franken“) und förmliche Thronsetzung zum König erhoben. Dies war ein durchaus traditioneller Akt. Neu war allerdings die christliche Legitimierung: Die anschließende bischöfliche Salbung mit geweihtem Öl, die von Bonifatius vorgenommen worden sein soll, wie die Reichsannalen angeben. Dies sollte die Legitimation des Herrschers durch die göttliche Erwählung und Gnade ausdrücken. Damit löste das in der Forschung sogenannte Gottesgnadentum die Geblütsheiligkeit der merowingischen Königsfamilie ab. Die christliche Auslegung beseitigte einen Teil der Überlieferung aus germanischer Wurzel, wie der Titel „gratia Dei rex Francorum“ (durch Gottes Gnade König der Franken) zeigt.

Der geschickte Schachzug Pippins, sich die Legitimation durch die universale Autorität des Papsttums zu verschaffen, vollendete den Aufstieg der Pippiniden (Karolinger). Allerdings brachte ihm das auch neue Verpflichtungen ein. Die Langobarden hatten ihre Macht immer weiter ausgedehnt, König Aistulf hatte das Herzogtum Spoleto und 751 Ravenna erobert. Ein Jahr später zog er gegen Rom, das immer noch nominell byzantinischer Dukat war und von dem Patricius Stephan verwaltet wurde. Als Aistulf von dem neuen Papst Stephan II. Tribut verlangte, schickte dieser einen Boten an Pippin, der um eine Einladung ins Frankenreich bat. Bischof Chrodegang von Metz geleitete zum ersten Mal einen Papst über die Alpen. Pippin sandte seinen siebenjährigen Sohn Karl entgegen.

Als der Papst seine Bitte um bewaffnete Hilfe gegen Aistulf ausgesprochen und Pippin mit einem Eid die Hilfe versprochen hatte, gab es für ihn schwer-

wiegende Probleme bei seinen Gefolgsleuten. Nur ein Teil von ihnen wollte die alte Freundschaft mit den Langobarden brechen und ihm folgen. Erweitert wurde die Opposition durch Pippins Bruder Karlmann, der aus seinem Kloster Montecassino herausgeholt worden war. Ihn, den Mönch, schickte ein Befehl
754 des Papstes wieder zurück, er starb aber noch im Frankenreich am 17.08.754.

Pippin verstärkte nun seine Aktivitäten. Nachdem in Quierzy der Beschluß für einen Heereszug nach Italien im April 754 gefallen war, machte Pippin dem Papst in einer Urkunde für den Fall eines Sieges weitreichende Gebietsversprechungen in Mittelitalien, die spätere sogenannte Pippinsche Schenkung. Darüberhinaus schloß er mit ihm noch einen „Bund gegenseitiger Liebe“, dies entsprach dem fränkischen Brauch der Schwurfreundschaft unter Gleichrangigen. Dafür nahm der Papst eine erneute Salbung vor. Diesmal nicht nur bei Pippin selbst, sondern auch bei beiden Söhnen Karl und Karlmann. Zusätzlich verlieh er in Vertretung des byzantinischen Kaisers den Titel „Patricius der Römer“, um zu verdeutlichen, daß Pippin in seinen Augen die Verantwortung für Stadt und Kirche von Rom übernommen hatte.

Nachdem letzte Verhandlungen mit Aistulf gescheitert waren, zog Pippin im Spätsommer 754 mit einem kleinen Heer über die Alpen, schlug die Langobarden und schloß Aistulf in seiner Residenz Pavia ein. In einem Friedensvertrag mußte der Langobardenkönig die Oberhoheit der Franken anerkennen und seine letzten Eroberungen herausgeben. Papst Stephan zog in Begleitung des Stiefbruders Pippins weiter nach Rom, während Pippin mit seinem Heer zurück-
755/56 kehrte. Aistulf brach die Zusagen und zog 755/756 wieder gegen Rom. Pippin belagerte erneut Pavia und erzwang diesmal einen härteren Vertrag. Darin mußte Aistulf ein Drittel seines Königsschatzes abgeben, einen jährlichen Tribut zahlen und die Rückgabe des Exarchats Ravenna unter fränkische Kontrolle stellen. Nutznießer dieses Vertrages war der Papst, der nun 756 die wesentlichen Grundlagen für den Ausbau eines Kirchenstaates auf einer Linie von Ravenna bis Rom erhielt, wie Pippin sie ihm in Quierzy versprochen hatte.

Pippin wandte sich nun wieder verstärkt der Politik oberhalb der Alpen zu. In Burgund, im Elsaß, dem rechtsrheinischen Alamannien, Mainfranken und Hessen konnte er seine Herrschaft stabilisieren. Er benutzte dabei seine Vertrauten, die er in diesen Gebieten in wichtige Positionen brachte, wo sie u.a. das Fiskalgut neu organisierten. Einige wie Fulrad von St. Denis betrieben extensive Politik durch z.B. Kirchengründungen und Klosterverbrüderungen, die seinen Einfluß vom Elsaß bis nach Bayern erheblich vermehrten.

Ein besonderes Problem stellte Bayern dar. Der Aigilolfinger Tassilo III. war Pippins Neffe, der Sohn seiner Schwester Hiltrud, die anfangs die Vormund-
754 schaft über den unmündigen Sohn führte. Nach ihrem Tod (754) wurde Pippin der Vormund. Ihm und seinen Söhnen Karl und Karlmann leistete Tassilo als
757 16jähriger 757 einen Treueid, der später als Lehensbindung angesehen wurde. Nachdem er den Onkel auf mehreren Feldzügen begleitet hatte, floh Tassilo III.
763 763 aus seiner Nähe und heiratete demonstrativ die Tochter des Langobardenkönigs Desiderius.

Pippin nahm seine Verfolgung nicht auf, sondern konzentrierte sich auf den Süden des ehemaligen Gallien. Es gelang ihm, Septimanien dem Islam zu ent-

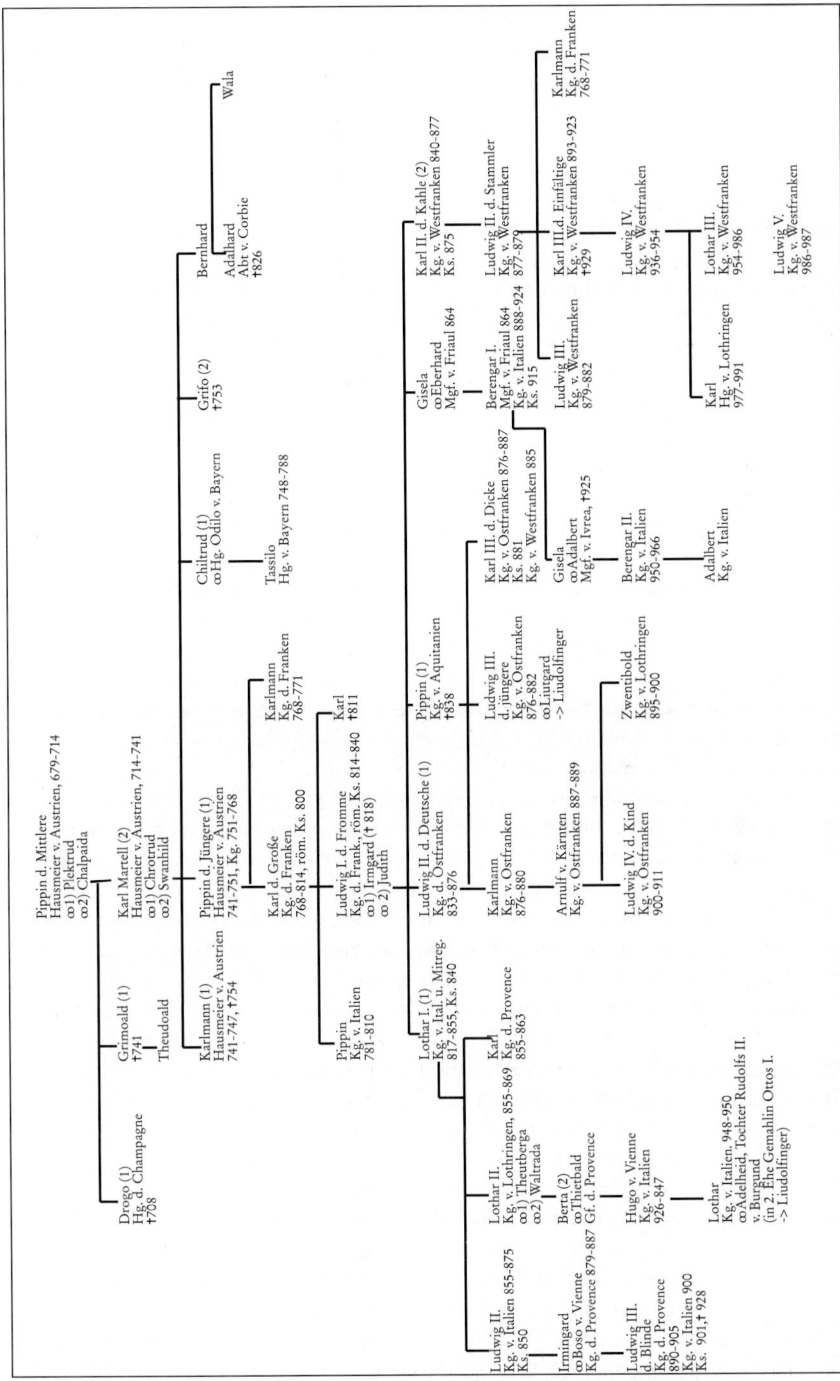

Vereinfachte Stammtafel der Karolinger

reißen und das Herzogtum Aquitanien in harten Kämpfen ganz unter seine Herrschaft zu bringen. Zum Schluß, im Jahr 768, fiel der Herzog von Aquitanien einem Mordanschlag aus der eigenen Umgebung zum Opfer, der Pippin schon von Zeitgenossen angelastet wurde. Auf jeden Fall hat Pippin mit dem romanisch geprägten Aquitanien einen wesentlichen Baustein für den späteren Aufstieg Frankreichs eingefügt.

Zur politischen Konsolidierung kam die rechtliche und ideologische. In den
763/64 Jahren 763/764 soll das fränkische Volksrecht, die Lex Salica, neu aufgezeichnet worden sein. In seinem Prolog wird das Volk (gens) der Franken als von Gott gegründet und von Christus geliebt bezeichnet, der ihr Reich schützen und ihre Herrscher mit seiner Gnade erleuchten solle. Solche und andere Formulierungen wurden abgefaßt von Klerikern aus der engsten Umgebung Pippins. Diese capellani, die ursprünglich die Aufgabe hatten, die cappa (Mantel) des hl. Martin zu verwahren, widmeten sich dem herrschaftlichen Gottesdienst und der schriftlichen Verwaltungstätigkeit für den Herrscher. Als oberster Kapellan stand der bewährte Fulrad von St. Denis an der Spitze der sogenannten Hofkapelle des Königs, die nun zu einem neuen Herrschaftsinstrument wurde. Genauso wie die Synoden, die beinahe jährlich stattfanden und die die Regulierung der kirchlichen Organisation, Durchsetzung des Kirchenzehnten und vor allem des permanenten öffentlichen Gebets für das Wohlergehen von Volk und Herrscher vorantrieben.

766/67 Auf der Höhe seiner Macht erhielt Pippin 766/767 das Angebot aus Byzanz, seine Tochter Gisela mit dem Kaisersohn Leon zu verheiraten. Wahrscheinlich verzichtete Pippin mit Rücksicht auf den Papst auf diese Verbindung. Darüber-
765 hinaus hatte Pippin durch Boten im Jahr 765 Kontakte mit dem Kalifen von Bagdad. Diese weite Anerkennung konnte der König nicht lange genießen.
768 Denn er starb am 23.09.768 in Paris.

Er hatte noch Zeit, sein Haus zu bestellen. Hiermit wird bereits der neue Anspruch der Vererbbarkeit deutlich, da die Königsfamilie wiederum die Geblütsheiligkeit, allerdings christlicher Prägung, angenommen hat. Von den sechs Kindern mit Bertrada waren nur noch drei übrig: Karl, Karlmann und Gisela. Pippin verfügte mit Zustimmung des Adels erneut eine Reichsteilung. Karl erhielt das nördliche Teilreich bis zur Loire und nach Thüringen, Karlmann das südliche Teilreich von Septimanien bis Alamannien, Aquitanien wurde auf beide aufgeteilt. Für sein Seelenheil hatte er den Kirchen des hl. Martin in Tours und des hl. Hilarius in Poitiers, vor allem aber dem Kloster St. Denis umfangreiche Rechte und Schenkungen zukommen lassen. Dort, im Königskloster St. Denis, ließ er sich auch wie schon sein Vater begraben.

Höhepunkt der Macht unter Karl dem Großen

Pippins Söhne Karl und Karlmann traten am Dionysostag (9.10.) 768 in Noyon und Soissons mit einer Huldigung der Großen ihres jeweiligen Reiches die Nachfolge an. Trotz dieser offenkundigen Gemeinsamkeit war ihr Verhältnis von Anfang an durch große Spannungen gekennzeichnet. So bemühte sich jeder, möglichst bald einen Nachfolger mit dem Vaternamen Pippin zur Welt zu bringen. Typisch ist auch, daß Karlmann auf Drängen seiner Ratgeber Karl die Hilfe gegen aquitanische Oppositionelle verweigerte. Bevor die Situation weiter eskalierte, schaltete sich die Mutter Bertrada ein. Sie vermittelte zwischen den Brüdern, suchte Tassilo III. auf, dann seinen Schwiegervater Desiderius und schießlich Papst Stephan III. in Rom. Überraschenderweise leitete Bertrada eine langobardenfreundliche Politik ein. Denn sie schloß einen Vertrag mit Desiderius, der vorsah, daß Karl eine Tochter des Königs heiratete und ein Sohn des Langobardenkönigs Karls 13jährige Schwester Gisela. Darüberhinaus wurde Bayern eine weitgehende eigenständige Politik erlaubt.

Karl spielte das Spiel nur eine kurze Zeit mit. Die Hochzeit seiner Schwester fand nicht statt. Er selbst heiratete zwar, aber er verstieß seine Frau nach einem Jahr. Dies war die Reaktion auf einen Umsturz in Rom und massive Einschüchterung des Papstes durch die Langobarden. Auch der Vermittlungsversuch zwischen den Brüdern scheiterte. Bevor es jedoch zu blutigen Auseinandersetzun-
gen kam, starb Karlmann nach kurzer Krankheit am 4. 12. 771. *771*

Karl ließ sich schnell von den Großen des anderen Teilreiches huldigen und brachte die wichtigen Männer Erzbischof Wilchar von Sens und Abt Fulrad von St. Denis auf seine Seite. Einige Große verließen zusammen mit Gerberga, der Frau Karlmans, und ihren Kindern das Frankenreich Richtung Langobardenreich. Desiderius nahm die Familie auf und bedrängte nach einiger Zeit den neuen Papst Hadrian I., die Söhne Karlmanns zu fränkischen Königen zu salben.

Doch Karl wandte sich nicht zuerst gegen die Langobarden, was angesichts
gewisser fränkischer Sympathien gut vorbereitet werden mußte, sondern gegen
die Sachsen. Der Kriegszug von 772 wurde zur Demonstration der Macht. Er er- *772*
oberte die Eresburg, die den Zugang nach Engern absicherte, und zerstörte die
berühmte Irminsul, eine kultisch verehrte Baumsäule.

Schon im März 773 erschienen Boten von Papst Hadrian I. bei Karl, die ihn *773*
um Hilfe gegen die Langobarden baten. Karl rückte nach Italien vor und belagerte Pavia. Während der langwierigen Belagerung zog er weiter nach Rom, wo er von Papst Hadrian I. als Patricius empfangen wurde. Karl besuchte das Grab des hl. Petrus und bestätigte dem Papst die Pippinsche Schenkung. Dann er-
oberte er Ende Mai 774 Pavia und ließ Desiderius in ein fränkisches Kloster *774*
bringen. Er selbst übernahm den Königschatz und vor allem – ohne einen formalen Wahlakt – die langobardische Königswürde.

Sein neu angenommener Titel „König der Franken und Langobarden“, kurze Zeit später erweitert um „Patricius der Römer“, verdeutlichte den Anspruch, als fränkischer Herrscher anstelle der Langobarden in Italien zu herrschen und auch das nominell noch Byzanz unterstellte Rom unter seinen Schutz und seine Oberhoheit zu nehmen.

Karl fand keine Zeit, sich von den Strapazen auszuruhen. Die Sachsen hatten seine Abwesenheit zu Überfällen auf fränkische Siedler und Kirchen genutzt. Dies betrachtete Karl als Herausforderung, der er mit größerem Aufwand als
vorher begegnete. Im Sommer 775 führte er seine Truppen zur Eroberung der *775*
Hohensyburg und der wieder verloren gegangenen Eresburg. Er konnte den Übergang über die Weser erzwingen und bis zur Oker vordringen. Da ihm über-

all Treueide geleistet und Geiseln gestellt wurden, hielt er die Situation für stabil
776 genug, um in Italien im Frühjahr 776 den Aufstand des Herzogs von Friaul
schleunigst niederzuschlagen. Weil aber die Sachsen sich wieder erhoben, war er
genauso schnell wieder bei ihnen, um ihnen seine Macht zu zeigen. Daraufhin
soll es zu einer ersten wirklichen Unterwerfung und Massentaufen bei den Sach-
sen gekommen sein. Zur Erinnerung an diesen Sieg sollte ein fränkischer Stütz-
punkt „Karlsburg" genannt werden, Vorläufer von Paderborn.

777 Genau dort fand im Jahr 777 die erste fränkische Reichsversammlung auf
sächsischem Boden statt. Neben weiteren Taufen wurde vor allem eine
Kirchweihe vollzogen. Paderborn sollte nun als Ausgangspunkt für eine weit-
reichende Mission dienen. So stellte sich die Lage in Sachsen als beruhigt und für
die Ausbreitung des Christentums zukunftsorientiert dar.

Doch sogleich tat sich ein neuer Kriegsschauplatz auf. In Paderborn hatte
Karl eine Gesandtschaft aus dem islamischen Spanien empfangen, die als Oppo-
sition ihn zum Kampf gegen den Emir von Cordoba aufforderte, der über gut
zwei Drittel der iberischen Halbinsel herrschte. Der Feldzug, der als Zug gegen
die ungläubigen Sarazenen deklariert wurde, wurde mit einem großen Hee-
778 reskontingent im Sommer 778 über die Pyrenäen geführt. Da man sich nicht
genügend über die wahren Kräfteverhältnisse in Spanien informiert hatte, muß-
te Karl aber bald den Rückzug antreten, auf dem er schwere Verluste erlitt.
Berühmt ist die Schlacht von Roncesvalles, bei der Roland (Rolandsage), der Be-
fehlshaber an der bretonischen Grenze, den Heldentod starb. Die Reichsan-
nalen haben in ihrer späteren Überlieferung diese Niederlage schamhaft ver-
schwiegen.

Schon auf dem Rückweg erreichten Karl Nachrichten von einem Aufstand
der Sachsen unter dem westfälischen Führer Widukind, die bis an den Rhein
779-85 vorgestoßen waren. Dies führte zu den bisher blutigsten Kämpfen von 779-785.
Die Sachsen waren ein zersplitterter Stammesverband, während Teile von ihnen
Frieden schlossen, waren andere Teile weiterhin feindlich gesinnt. Gerade sie
waren besonders erbittert über die Schändung ihres Kultes durch die Franken
und fanden sich daher unter der Führung von Widukind zusammen. Die Fran-
ken waren in Wut über die in ihren Augen ständigen Treuebrüche der Sachsen.

Karl trieb seine Truppen bis zur Elbe, auf Heeresversammlungen in Lipp-
780 springe verkündete er 780 eine neue Einteilung der Missionsgebiete und 782 die
Einsetzung von Grafen, auch sächsischer Herkunft, als seine Vertreter. Im Herbst
782 782 erzwang Karl die Auslieferung der Anführer und ließ sie samt Gefolgsleuten
hinrichten. Die Reichsannalen sprechen in Übertreibung von 4500 Toten, was
man anzweifeln muß. In der harten „Capitulatio de partibus Saxonibus" wurde
festgesetzt, daß selbst geringfügige Verstöße gegen die neue politisch-religiöse
Ordnung, wie z.B. die heidnische Feuerbestattung mit der Todesstrafe geahndet
werden sollten. Ob dies wirklich in die Tat umgesetzt wurde, läßt sich nicht er-
mitteln, fest steht aber, daß hier der politische Wille vom König der Franken ge-
zeigt wurde, eine neue christliche Ordnung in diesem Gebiet durchzusetzen.

Der Hauptfeind Widukind gab sich geschlagen und soll demonstrativ Weih-
785 nachten 785 die Taufe in der Pfalz Attigny empfangen haben. Die Sachsen waren
damit vorläufig beruhigt, aber nicht für immer besiegt.

Zwischen den Sachsenfeldzügen hatte Karl noch Zeit gefunden, Papst Hadri-
an in Rom aufzusuchen, um dessen Position zu festigen. Gleichzeitig ließ Karl
am 14.4.781 (Karsamstag) seinen vierjährigen Sohn Karlmann mit dem Taufna- *781*
men Pippin versehen. Zwei Tage später wurden Pippin und sein jüngerer Bru-
der Ludwig vom Papst zu Königen gesalbt und wohl auch gekrönt, um in
Zukunft in Italien bzw Aquitanien zu residieren. Ihnen wurden verantwor-
tungsbewußte Erzieher und Berater zur Seite gestellt. Auf diese Weise konnte
Karl wiederum den Adel als Stütze seiner Politik mit in die Verantwortung ein-
beziehen wie schon im Kerngebiet des Reiches und anderen neu hinzugewonne-
nen Gebieten.

Auf der anderen Seite unterdrückte Karl sehr schnell Opposition von Adeli-
gen und zog gezielt gegen unbequeme Herzöge. Das erste Unternehmen richte-
te sich gegen den Langobarden Herzog Arichis II. von Benevent. Karl rückte
787 von Rom aus nach Capua und zwang Arichis II. zur Unterwerfung bei Stel- *787*
lung von Geiseln, Treueid und Zahlung von Tributen. Den zweiten Kriegszug
führte Karl gegen den Bayernherzog. Tassilo III. weigerte sich, die Hoheit der
Franken anzuerkennen, er reagierte auch nicht auf Aufforderungen durch den
Papst, der von Karl dazu gebeten worden war. Als er einer Vorladung nach
Worms nicht Folge leistete, nahm Karl dies zum Anlaß, im Spätsommer 787 von
drei Seiten nach Bayern zu marschieren. Tassilo unterwarf sich auf dem Lechfeld
bei Augsburg, leistete seinen Vasalleneid und stellte Geiseln, darunter seinen
Sohn.

Doch damit war diese Angelegenheit noch nicht vom Tisch. Aufgewiegelt von
seiner langobardischen Frau versuchte Tassilo, die Awaren als Verbündete zu ge-
winnen. Daraufhin wurde er im Juni 788 in Ingelheim durch ein Gericht aus *788*
Franken, Bayern, Langobarden und Sachsen zum Tod verurteilt. Zur Begrün-
dung des Urteils griff man auf ein Vergehen vor 25 Jahren zurück, als er ge-
genüber König Pippin als Deserteur gehandelt hatte. Karl wandelte die Todes-
strafe in Klosterhaft um. Dies dehnte er auf die Herzogin und ihre zwei Töchter
und Söhne aus. Sechs Jahre später wurde Tassilo noch einmal vor eine Reichs-
versammlung in Frankfurt am Main zitiert, wo er den endgültigen Herrschafts-
verzicht seiner Familie erklärte.

Somit war das letzte der alten Herzogtümer besiegt. Karl nahm die Residenz
Regensburg noch 788 in seinen Besitz. Seinen Schwager Gerold, aus dem ala-
mannischen Herzogshaus und versippt mit den Agilolfingern, setzte er ein, um
Bayern ins Frankenreich zu integrieren. Allerdings kam Karl weder in dieser
Region noch in anderen zur Ruhe. Denn im Südosten mußte er sich in den näch-
sten Jahren massiv mit den Awaren auseinandersetzen. Er übertrug diese Aufga-
be schließlich Herzog Erich von Friaul, der 795 in das Zentrum des Awarenrei- *795*
ches vordrang, und König Pippin von Italien, der 796 die Unterwerfung des
awarischen Oberherrschers erreichte. Damit war zwar die Hauptgefahr besei-
tigt, aber die Awaren blieben ein Unruheherd bis 822. *822*

Pippin von Italien hatte es aber auch mit Grimoald von Benevent zu tun,
während sein Bruder Ludwig von Aquitanien aus jenseits der Pyrenäen ein Ge-
biet unter fränkische Herrschaft brachte. Dabei konnte er 801 Barcelona er- *801*
obern.

789 Karl selbst widmete sich wiederum den Sachsen. Schon 789 war er über die
mittlere Elbe gegen die slawischen Wilzen vorgestoßen. Dies war als Grenzsi-
cherung des fränkisch besetzten Sachsen gedacht. Gegen die ständig aufsässigen
794-99 Sachsen führte Karl von 794-799 jedes Jahr einen Kriegszug durch, die ihn in das
Gebiet nördlich der Elbe brachten, wo er ganze Bevölkerungsgruppen ins
802 Reichsinnere deportieren ließ. 802 ließ er das sächsische Stammesrecht aufzeich-
804 nen, 804 unternahm er den letzten Zug nach Norden. Durch die Gründung von
Klöstern und Bischofssitzen in Paderborn, Münster, Minden, Osnabrück und
Verden wurden diese Erfolge auf dem Kriegsschauplatz politisch und kirchlich
abgesichert.

Sachsen wurde nun auch zum Schauplatz für ein großes Spektakel. Ende 795
war Leo III. auf den verstorbenen Hadrian gefolgt, der sich näher an Karl ori-
799 entierte, weil er wenig Rückhalt in Rom hatte. Die Situation eskalierte 799, als
der Papst von den Anhängern Hadrians überfallen wurde, mit der Absicht, ihn
zu blenden und zu verstümmeln. Der Papst konnte in letzter Minute entkom-
men und sandte sofort ein Hilfegesuch an Karl. Dieser ließ ihn durch Erzbischof
Hildebald von Köln ins Reich einladen und zwar nach Paderborn. Hier konnte
799 er dem Papst bei seinem feierlichen Empfang im Juli 799 seine ganze Durch-
schlagskaft und den Erfolg seiner Christianisierung Sachsens vorführen, wie die
Zeitgenossen rühmen. Angesichts der Beschuldigungen, die der Papst und seine
Gegner erhoben, ließ Karl den Papst nach Rom zurückbringen, um dort den Fall
von hochrangigen Franken untersuchen zu lassen. Die Gegner wurden festge-
nommen und ins Frankenreich ins Exil geschickt.

800 Karl selbst nahm erst im Herbst 800 den Weg nach Italien. Nach der Dar-
stellung der Quellen sowohl von fränkischer wie auch von römischer Seite
wurde Karl in Rom nicht mehr wie ein Patricius, sondern wie ein Kaiser emp-
fangen. Unter Karls Vorsitz fanden weitere Untersuchungen zu den Anklagen
gegen den Papst statt, die damit endeten, daß der Papst am 23.12. einen Eid
über seine Unschuld ablegte. Am 25.12.800 setzte Leo III. dem fränkischen
König während der Messe eine kostbare Krone auf und das versammelte Volk
in der Kirche huldigte dem Kaiser Karl, so berichten die Reichsannalen und die
römische Geschichte der Päpste (Liber pontificalis). Anschließend wird der
Kniefall des Papstes und die Salbung des jungen Sohnes Karl zum König be-
schrieben.

Einhard, der Biograph Karls des Großen äußert, daß Karl die Kirche nicht be-
treten hätte, wenn er gewußt hätte, was der Papst vorhatte. Diese Äußerung ist
immer wieder anders interpretiert worden. Man nimmt jetzt an, daß Karl über
die dominante Rolle der Römer bei diesem Geschehen verärgert war, weil er sich
als Frankenkönig den Römern weit überlegen sah. Dazu kam die Rolle des Pap-
stes, der hier ein sakrales Kaisertum von Papstes Gnaden schuf. Um diese Vor-
gaben im fränkischen Sinn zu ändern, gab sich die Umgebung Karls große Mühe
801 mit dem neuen Titel. Seit Mai 801 ist folgende Erweiterung in Urkunden be-
zeugt „das Römische Reich regierend und zugleich durch Gottes Erbarmen Kö-
nig der Franken und Langobarden“. Auf diese Weise wurde das römische Kai-
sertum mit universalem Anspruch dem fränkischen König zugesprochen, er war
der aktiv Handelnde, der das Römische Imperium regierte.

Basierend auf der gelasianischen Zweischwerterlehre deutete die Kirche die Kaiserkrönung Karls im Sinne einer „Arbeitsteilung" von geistlicher und weltlicher Macht. Auf einem Mosaik, das sich vor seiner Zerstörung im Triclinium des Lateranpalastes befand, überreicht Petrus Papst Leo – als Zeichen der geistlichen Macht – das Pallium, Karl aber eine Fahne – als Ausdruck der weltlichen Macht. Nachzeichnung.

Dieser Anspruch traf wie erwartet auf große Empörung bei den Byzantinern, die sich als einzige Erben des Imperium Romanum ansahen, was sie mit ihrer Eigenbezeichnung „Rhomäer" verdeutlichten. Kaiserin Irene schickte sofort eine Gesandtschaft, um Näheres über Karls Ansprüche zu erfahren. Aus den Antworten der Gegengesandtschaft wurde sie nicht schlauer. Deutlich wurde nur, daß Karl, der in den Augen der Byzantiner den Titel usurpiert hatte, ihr Reich
nicht erobern wollte. Nachdem Irene 802 gestürzt und somit die Vakanz der *802*
Männerherrschaft in Byzanz beendet war, änderte sich die Situation unter Nikephoros I. nicht, die Kontakte brachen ab. Erst 810 wurden Verhandlungen über
das Gebiet um Venedig aufgenommen. Michael I. schloß 812 einen Vertrag, in *812*
dem die Franken auf Venetien verzichteten und Byzanz den neuen „imperator" akzeptierte. Allerdings mußte Karl gegenüber dem byzantinischen Kaiser den römischen Bezug aus seinem Titel nehmen. Die Interpretation der päpstlichen Seite spielte bei dieser Übereinkunft keine Rolle.

Angesichts der oben angeführten Vorgeschichte um die Kaiserkrönung war dieses Zugeständnis gegenüber Byzanz wohl für Karl in seinem Selbstverständnis kein großes Problem. Dies zeigte er auch in den Jahren danach, als er als „imperator christianissimus" einen neuen allgemeinen Treueid für alle Untertanen einführte. Darüberhinaus verstärkte er seine Kapitulariengesetzgebung und bau-
te Aachen als Zentrum der Herrschaft aus. Dort empfing er 805 Papst Leo III., *805*
mit dem er in Quierzy das Weihnachtsfest feierte.

In Diedenhofen ließ Karl im Jahr 806 von den Großen des Reiches seine *806*
Nachfolgeregelung beschwören. Pippin sollte außer Italien, Bayern und das südliche Alamannien, Ludwig neben Aquitanien, Septimanien, die Provence und Teile Burgunds und Karl das fränkische Kernland zwischen Loire und Rhein, sowie die Gebiete bis Donau und Elbe erhalten. Somit war Karl, der als einziger unverheiratet war, zum Haupterben bestimmt.

Doch vorerst mußte das zu erbende Reich noch verteidigt werden. Pippin war immer noch mit den Langobarden im Herzogtum Benevent und mit den Byzantinern in Venetien beschäftigt. Ludwig versuchte, seine Herrschaft über Bar-
celona hinaus auszudehnen. Der dritte Sohn Karl stieß 805/806 gegen die Slawen *805/06*

Das Reich unter Karl dem Großen.

in Böhmen und Sorbien vor. Er führte auch 808 ein fränkisch-sächsisches Heer
gegen die Dänen, das aber den Gegner nicht stellen konnte. Als 810 Wikinger *810*
die friesische Küstengegend heimsuchten, hielt man sie für die besagten Dänen.
Dies rief Karl den Großen selbst bis zur Aller, worauf er mit den Dänen im Jahr
811 Frieden schloß. *811*

Die Pläne Karls für seine Nachfolge wurden allerdings vom Schicksal vereitelt. Denn 810 starb neben anderen Personen der Familie wie Schwester und *810*
Tochter sein Sohn Pippin, 811 sein vorgesehener Nachfolger Karl. Diese Schicksalsschläge beeinflußten den Kaiser so sehr, daß er ein dreitägiges Fasten für das
ganze Reich anordnete, um Gott zu besänftigen. Im Jahr 813 ließ er fünf Syn- *813*
oden nach Reims, Tours, Arles, Chalons und Mainz einberufen, um die Reformen zu verstärken. In demselben Jahr regelte Karl seine Nachfolge erneut, nachdem er lange gezögert und Italien 812 in die Herrschaft von Pippins Sohn *812*
Bernhard als König und Adalhards Halbbruder Wala, einem illegitimen Karolinger, als Berater gegeben hatte. Auf einer Reichsversammlung im September
813 in Aachen wurde Ludwig nach intensiven Beratungen als Kaiser anerkannt! *813*
In der Pfalzkapelle setzte sich Ludwig auf Befehl des Vaters am 11.9.813 eine goldene Krone auf. Somit war zum ersten Mal das westliche Kaisertum vom Vater an den Sohn noch zu Lebzeiten weitergegeben und dies ohne den Papst nach byzantinischer Art. Aber Ludwig erhielt deshalb keine Mitsprache, sondern mußte wieder in sein Unterkönigtum nach Aquitanien zurückkehren.

Sein Vater verbrachte die letzten Monate seines Lebens in Aachen. Mehrere
Fieberanfälle schwächten seinen Körper und führten am 28.1.814 zum Tod. *814*
Nach dem Bericht Einhards soll er noch an demselben Tag im Atrium der Pfalzkapelle beigesetzt worden sein. Daß er nicht in St. Denis, sondern als einziger Karolinger in Aachen beigesetzt wurde, unterstreicht seine besondere Beziehung zu Aachen und seine einzigartige Stellung in der Geschichte der Karolinger.

Einordnung

Betrachtet man die Regierungszeit Karls des Großen, so treten als die wichtigsten Aspekte seine Expansionspolitik, seine Politik zur Sicherung der Herrschaft in dem riesigen Reich und seine Rompolitik hervor. Die Expansionspolitik konnte er dank einer Heeresreform sehr erfolgreich abschließen. Alle eroberten Gebiete wurden in das Reich einbezogen und ihre Grenzen gegen die Feinde durch Grenzmarken gesichert, die von Grenzgrafen, später Markgrafen, geführt wurden. Auf der Karte kann man die Dänische, die Bretonische, die Spanische, die Ost- und die Sorbische Mark gut erkennen,

In engem Zusammenhang mit der Eroberungspolitik stand die Missions- und Kirchenpolitik. In noch stärkerem Maße als seine Vorgänger benutzte Karl die Christianisierung und Neustrukturierung von Kirchenprovinzen für die Stabilisierung der Macht. Das gilt für die erwähnten Bistumsgründungen in Sachsen wie auch z.B. für die Errichtung der Kirchenprovinz Salzburg im Jahr 798. Er verfügte über alle wichtigen Bischofssitze und setzte reiche Abteien zur Ausstattung seiner Getreuen ein. Er stellte die Metropolitanverfassung her, setzte den Kirchenzehnten nun real durch und ließ im Jahr 802 die Benediktregel zur allgemeingültigen Regel für das fränkische Mönchtum erklären. Schon Papst Hadrian nannte ihn deshalb den zweiten Konstantin den Großen.

Zur Gewinnung neuer Untertanen war ihm jedes Mittel recht. Gerade hier setzte er auf Christianisierung, in dem er z.B. Massentaufen bei den Sachsen vollziehen ließ. Um den christlichen Glauben und christliches Gedankengut im Volk zu verbreiten, betrieb Karl energisch Reformen und Vereinheitlichung auf mehreren Ebenen. Als wichtigstes ist die Einführung einer einheitlichen Schrift, der karolingischen Minuskel, zu nennen. Denn Lesen und Schreiben waren nach seiner Ansicht die elementaren Voraussetzungen, um die christliche Lehre zu verstehen. Diese den lateinunkundigen Laien nahezubringen, war auch der Grund für volkssprachliche Niederschriften wie das altsächsische Taufgelöbnis,
813 das althochdeutsche Vaterunser und erste Ansätze zur Bibelübersetzung. 813 beschloß eine Synode, daß die Homilien (ausgewählte Predigten) zuerst in Latein und dann in der bäurischen römischen oder deutschen Sprache verlesen werden sollten. Um das Volk überhaupt ansprechen zu können, benötigte er aber gute Kleriker. Daher achtete er persönlich darauf, daß an der Hofschule, den Königsklöstern und an allen Schulen in Abteien und an Domen die Ausbildung der Kleriker verbessert wurde. Dazu gehörte die Verbesserung der lateinischen Grammatik.

Um diese „renovatio" oder „correctio", die auch als Karolingische Renaissance bezeichnet wird, durchführen zu können, war er auf entsprechende gelehrte Personen angewiesen. Er zog nach und nach solche Personen aus verschiedenen europäischen Gebieten in seine Umgebung. Dazu gehörten der Angelsachse Alkuin von York (ca. 730-804) und sein Landsmann Beornrad, die Langobarden Petrus und Paulinus, vor allem aber Paulus Diaconus, die Iren Jonas und Dungal und der Westgote Theodulf. Sie übernahmen neue Aufgaben innerhalb der sogenannten Karolingischen Renaissance. Als wichtigstes Element muß der Aufbau der Hofschule angesehen werden, die Alkuin als erster leitete, der großen Einfluß ausübte. Die Gelehrten wanderten wie der ganze Hof mit dem Kaiser mit zu den verschiedenen Pfalzorten, dienten ihm als Berater in Bereichen von Kirche, Bildung und Kultur. Sie fertigten in Verfolgung des Vereinheitlichungsgedankens vorbildliche theologische, liturgische und grammatische Texte, Lehrbücher und Gutachten an. Dazu gehörte ein Gutachten über den Bilderstreit in Byzanz und die Ergebnisse des Konzils von Nikaia (787). Außerdem förderten sie im Auftrag Karls von wichtigen Klöstern wie Tours aus das Abschreiben und die Verbreitung von klassischen Texten.

Die Nachfolger dieser ersten Generation von Gelehrten waren bereits in die Hofkapelle integriert, die man als eine Hauptstütze von Karls Regierung ansehen kann. Dem oft erwähnten Fulrad von St. Denis folgten Angilram von Metz (784-791) und Hildebald von Köln (791-818) als Leiter der Hofkapelle. Von der kaiserlichen Kanzlei gingen die Erlasse aus, die mit umfassender Begründung versehen waren, in denen Karl seinen moralischen Anspruch als christlicher Herrscher (David) verdeutlichte. Sie fertigte die Kapitularien aus, die zwar zu einem Teil auf Beratungen mit den Großen des Landes zurückgingen, aber doch im wesentlichen die Meinung des Kaisers wiedergaben und vor allem die Gültigkeit wie Gesetze beanspruchten. Diese Kapitularien ergänzten häufig die Rechtssammlungen der Stämme, gingen also auf deren Eigenbewußtsein ein, und schrieben königliches Recht fest. Überbringer dieser Anweisungen waren die Missi dominici, Boten des Königs, meist ein Laie und ein Geistlicher gemeinsam, die einen bestimmten Bezirk bereisten und im Namen des Königs für Recht und Ordnung sorgten. Um Wirkung zu erzielen, waren sie den höchsten Kreisen des Reiches entnommen, was dazu führte, daß die Ämter in einigen Familien hängen blieben.

Die eigentlichen Vertreter des Königs waren die Grafen, die in ihren Amtsgebieten die fiskalischen, militärischen und gerichtlichen Funktionen ausübten. Diese Grafschaftsverfassung wurde unter Karl dem Großen über die Francia hinaus auf die neuen Gebiete ausgedehnt. Auf diese Weise wollte Karl die Kontrolle über alle ihm untergeordneten Gebiete. Allerdings war dies in der Praxis nicht so einfach umzusetzen. Die Grafen „funktionierten" nicht alle perfekt. Bei der Besetzung der Ämter mußte er auf angestammte Rechte und örtliche Gegebenheiten Rücksicht nehmen, um überhaupt Einfluß nehmen zu können. Dadurch wurde das System verwässert. Der zunehmenden Zentralisierung stand ein Machtzuwachs regionaler Amtsträger gegenüber.

Die wirklich einflußreichen Personen gehörten zu Karls Hof (Palatium), zugleich Forum und Instrument seines politischen Handelns. Er beruhte auf den Hofämtern: Pfalzgraf, Kämmerer, Seneschalk, Mundschenk und Marschalk. Dazu kamen weitere Amtsträger, die oben erwähnten Gelehrten und die Hofkapelle. Nach außen wurde die besondere Stellung des Hofes erst richtig deutlich, als
Karl etwa seit 794 Aachen zur Hauptpfalz seines Reiches, an der er sich beinahe *794*
ständig aufhielt, ausgestaltete. Ein Grund für die Auswahl von Aachen mag Karls labile Gesundheit in zunehmendem Alter gewesen sein, denn die warmen Quellen dort boten Linderung. Für Aachen sprachen aber im wesentlichen seine Nähe zum Familienbesitz und vor allem seine günstige Verkehrslage innerhalb des Reiches, besonders im Hinblick auf Sachsen.

Die Oberaufsicht über die Errichtung der Bauten in der „Hauptstadt" Aachen führte Einhard (ca. 770-840). Im Maingau geboren war er im Kloster Fulda erzogen und Nachfolger Alkuins als Leiter der Hofschule geworden. Er stieg zum wichtigsten Vertrauten des Kaisers auf. Nach dessen Tod blieb er noch 15 Jahre
am Hof, zog sich dann zurück und verfaßte um 830 die Vita Caroli Magni. Sie gilt *830*
als beste Kaiserbiographie des Mittelalters und ist an dem Vorbild Suetons orientiert. Nach seinem Muster entwirft er ein literarisch gefärbtes Porträt von einem idealen Herrscher, in dem er sich aber auch über Karls ansprechende äußere Erscheinung und fränkische Keidung genauso ausläßt wie über Lebens- und Speisegewohnheiten, seine Vorliebe für das Jagen und Schwimmen, besonders hervorgehoben werden seine Frömmigkeit, aber auch seine geistigen Interessen und seine Sprachkenntnisse. Obwohl er in seiner Jugend weder Lesen noch Schreiben gelernt hatte, beherrschte er im Alter neben den Volkssprachen auch Latein und Griechisch, was für einen Laien und erst recht einen König außergewöhnlich war.

Durch Einhards detaillierte Darstellung wird auch die Familienpolitik und dazu der auffällige Familiensinn Karls deutlich, deren Senior er als ca. 40jähriger wurde. Seine Schwester Gisela war seit 788 Äbtissin vom Kloster Chelles, berühmt für ihre Bildung und immer im Kontakt mit ihrem Bruder. Sein ebenso gelehrter Vetter Adalhard, Abt von Kloster Corbie, kehrte von seiner Tätigkeit bei Pippin 790 zurück und blieb als wichtiger Berater in Karls Nähe.

Karl selbst hatte vier Frauen, nach dem Tod der letzten im Jahr 800 ging er keine Ehe mehr ein. Von seinen vielen Konkubinen sind nur vier mit Namen bekannt. Bis in sein spätes Alter hinein wurden ihm mindestens 18 Kinder geboren. Das politische Erbe konnten nur eheliche Söhne antreten, andere wurden in den geistlichen Stand versetzt. Ein Kuriosum bilden seine sieben überlebenden Töchter. Obwohl sie Verbindungen eingingen, die auch Kinder hervorbrachten, wurde keine von ihnen verheiratet. Einhard äußert die Meinung, Karl habe alle so sehr geliebt, daß er keine aus seinem Haus habe ziehen lassen. Vielleicht wollte er aber auch nicht Teile seiner Macht an einen Schwiegersohn weiterreichen.

Will man ein abschließendes Urteil abgeben, so muß man vorausschicken, daß Karl schon von den Zeitgenossen als Karl der Große bezeichnet wurde. Er hatte sicher gute Voraussetzungen, die von Großvater und Vater geschaffen worden waren. Doch er war derjenige, der mit seinen herausragenden Fähigkeiten die strukturellen Bedingungen nutzte und weit über sie hinausging. Dies gilt zuerst für die Grenzen des Reiches, die er in alle Himmelsrichtungen verschob und mit Grenzmarken stabilisierte. Über die Grenzen Europas hinaus reichten die Kontakte mit dem Kalifen Harun ar-Raschid, der ihm den berühmten weißen Elefanten schenkte.

Innerhalb des Reiches baute er vor allem das Feudalsystem aus. Noch intensiver als seine Vorgänger nutzte er per Heeresreform die Schlagkraft des aufstrebenden Adels für seine ständigen Kriegszüge. Das System der Abhängigkeiten wurde zunehmend differenzierter, weil immer mehr Land und Ämter an immer mehr Personen mit unterschiedlicheren Verdiensten vergeben wurde. Die Reichsversammlung der Großen des Reiches bildete die Grundlage für königliche Politik und Rechtsgebung. Noch stärker als seine Vorgänger benutzte er die kirchlichen Strukturen, um seine Herrschaft abzusichern. Die Vereinheitlichung in Liturgie, Schrift und Sprache war ein weiteres Element des Herrschaftsausbaus. Die Zentralisierung wird verdeutlicht durch die dauerhafte Residenz in Aachen.

Den Höhepunkt seines Lebens bildete die Kaiserkrönung im Jahr 800. Karl sah sich als der christliche Herrscher, der die Schutzherrschaft über die christliche Kirche und damit auch das Papsttum übernommen hatte. Daß er sich von Gott gekrönt über dem Papst einordnete, verdeutlichte die Krönung seines Sohnes Ludwig zum Mitkaiser, ohne den Papst zu fragen. Gegen seinen Universalanspruch stand das byzantinische Kaisertum, das sich selbst als Nachfolger des Römischen Kaisertums ansah. Eine erst einmal erzielte Toleranz konnte nur von vorübergehender Dauer sein.

Aus dem bisher Dargestellten ist deutlich geworden, daß es nicht nur seine besonders lange Regierungszeit und seine ausgezeichnete Biographie war, die ihn als Karl den Großen der Nachwelt überliefert haben. Er war vielmehr ein Mann mit außergewöhnlichen Fähigkeiten, der, nachdem der Zufall (Karlmanns Tod) ihn zum Alleinherrscher werden ließ, auf allen Gebieten seines Wirken außerordentlich erfolgreich war. Aus heutiger Sicht legte er die stabile Grundlage zu einem christlichen Europa, in dem einzelne Regionen eigene Entwicklungen vollziehen konnten.

Die Bildgedichte des Fuldaer Abtes und Bischofs Hrabanus Maurus behandeln verschiedene Themen, die Texte werden jeweils in abgewandelter Form als Kreuz dargestellt. Das Widmungsblatt an den Kaiser stellt diesen als miles christianus dar. Der Nimbus besteht aus den Worten „Du, Christus, kröne Ludwig", der Kreuzstab – gedeutet als das Kreuz Christi – und der Schild des Glaubens, der alle feindlichen Geschosse abwehren soll, weisen Ludwig als Triumphator im Dienste Gottes aus. Ein Motiv, das bereits in spätantiker Zeit zur Typologie der Kaiserdarstellungen gehörte und als Ausdruck der sog. karolingischen Renaissance gedeutet werden kann.
Hrabanus Maurus: De laudibus sanctae crucis. Widmungsgedicht an Ludwig d. Fr.

Ludwig der Fromme (814-840)

Ludwig ließ sich mit der Machtübernahme Zeit. Er zog mit seinen Getreuen über Orléans und Paris, um sich wichtige Stützpunkte zu sichern, weil er glaubte, daß es eine Opposition gegen ihn geben werde. Aber niemand stellte sich ihm in den Weg. Daher konnte er dann doch recht schnell die Verfügungen aus dem Testament seines Vaters und danach seine eigenen Vorstellungen umsetzen. Die Schwestern, die zum Teil in informellen Verbindungen lebten, verwies er alle vom Hof. Das gleiche Schicksal hatten enge Berater von Karl, z.B. Adalhard und Wala, die in Klöstern ihr Exil fanden. Dafür übernahm Ludwigs Kanzler aus Aquitanien, Hadalrich, die kaiserliche Kanzlei. Seinem engen Vertrauten, dem Westgoten Witiza, der nun als Stifter und Abt von Aniane den Namen Benedikt trug, übertrug er zuerst Maursmünster, dann Cornelimünster.

Diese beiden Männer bestimmten mit Erzbischof Ebo von Reims und Ludwigs Schwiegersohn Graf Bego von Paris im wesentlichen die Politik Ludwigs des Frommen, wie er in nachkarolingischer Zeit von den Chronisten genannt wurde. Als Leitmotiv wurde die „Renovatio Regni Francorum" (die Erneuerung des Königreichs der Franken) aufgestellt. Unter der kaiserlichen Führung regierten Unterkönige. Bernhard wurde noch 814 in Italien bestätigt, in demsel- *814*
ben Jahr wurden dem ältesten Sohn Lothar Bayern und dem zweiten Sohn Pippin Aquitanien zugeteilt. So konnte sich der Kaiser auf das Zentrum des Reiches konzentrieren.

Er führte seine Politik von seiner Hauptresidenz Aachen aus, wohin er die
816 Reichsversammlungen einberief. Im August 816 fand unter dem Einfluß von Benedikt von Aniane das wegweisende Konzil in Aachen statt. Hier wurde das Leben der klösterlichen Gemeinschaften in einem Kapitular geregelt, Mönche und Nonnen mußten nach der Regel des hl. Benedikt leben, alle anderen Konvente durften sich von nun an als Kanoniker bezeichnen. Die Gemeinschaften sollten aus wirtschaftlichen Gründen nur eine bestimmte Zahl von Personen aufnehmen, die Gebäude wurden nach den neuen Vorschriften umgebaut. Einen Eindruck von einem solchen Kloster gibt der Idealplan des Klosters St.Gallen (um 830). Diese Vereinheitlichung des kirchlichen Lebens und der Struktur aller religiösen Gemeinschaften bildete die Grundlage der Renovatio und war prägend für die folgenden Jahrhunderte.

Ein wichtiges Element war für Ludwig der Aufbau einer Königskirche. Er dehnte den bisherigen Schutz und die Herrschaft über die Klöster auch auf die Bischofskirchen aus, die so in eigenkirchliche Verhältnisse einbezogen wurden. Der Kaiser war Schutzherr, dafür übernahm die Kirche die Mitverantwortung
818/19 im Reich. In dem Capitulare ecclesiasticum von 818/819, herausgegeben nach der nächsten bedeutenden Reichsversammlung in Aachen, wird allgemein ein Höhepunkt der kirchlichen Gesetzgebung gesehen. Hier wird den Kirchen und Klöstern vor allem zugesichert, daß ihnen künftig keine Kirchengüter für weltliche Herrschaft entzogen werden.

Zu dieser Sicherung im kirchlichen Bereich trat die Rechtssicherheit. Auf derselben Reichsversammlung von 818/819 wurde eine verbesserte Rechtssprechung, eine rationalere Rechtspflege, z. B. Reduzierung der Gottesurteile, und auch der Schutz jener Bevölkerungsgruppen angestrebt, die als pauperes oder minus potentes (arme oder weniger mächtige Personen) in den Quellen charakterisiert werden. Angesichts der komplizierten Gesellschaftsstruktur von Sklaven über Hörige, Minderfreie, Freigelassene, Freie bis hin zum Adel sind damit ganz allgemein sowohl die wirtschaftlich Schwachen angesprochen als auch diejenigen, die der Macht der Mächtigeren ausgeliefert sind. Speziell herausgehoben werden Geistliche, Witwen und Waisen.

Parallel zu diesen innenpolitischen Bemühungen war vor allem das Verhältnis
815 zum Papsttum zu klären. Als 815 Nachrichten zu Ludwig kamen, daß Leo III. (795-816) gegen Oppositionelle mit Todesurteilen vorgehe, übertrug er Bernhard die Klärung der Ereignisse. Der Papst konnte sich zwar rechtfertigen, mußte sich aber kurz darauf wieder gegen Aufstände wehren. Das Problem wurde durch seinen Tod erst einmal beseitigt. Der neue Papst Stephan IV. (816-817) wurde im Juni 816 innerhalb von zehn Tagen aus einer römischen Familie erwählt, ohne den Kaiser als Schutzherrn zu beteiligen. Da dies die erste Wahl nach Karls Kaiserkrönung war, war unklar, ob dem karolingischen Kaiser das Recht der Bestätigung zustand, wie es der byzantinische Kaiser bis ins 7. Jahrhundert ausgeübt hatte. Allerdings ließ der Papst die Römer gleich einen Treueid auf den Kaiser schwören und reiste
816 selbst nach Reims. Dort wurde er im Oktober 816 feierlich empfangen, salbte den Kaiser und seine Gattin Irmingard und setzte dem Kaiser eine eigens mitgebrachte, angeblich Konstantins, Krone auf. Dies war aber als Rechtsakt bedeutungslos. Doch zeigte er mit der Salbung und Krönung die Ansprüche des Papstes an.

Von großer Bedeutung wurde der Vertrag über ein freundschaftliches Treuebündnis (pax et amicitia), in dem dem Papst im wesentlichen der Schutz über seine Besitzungen in Italien garantiert wurde. Dieser Vertrag ist nicht erhalten, wohl aber die Bestätigung durch Ludwig aus dem Jahr 817, genannt pactum *817*
Hludovicianum. Sie ging bereits an den Nachfolger Paschalis I., denn er hatte seine Erhebung angezeigt und um Bestätigung der Besitzungsrechte gebeten. Der kaiserliche Hof interpretierte dies als Zusicherung nur der Gebiete, die südlich der Linie Parma-La Spezia lagen.

Es wurde auch grundlegend die Wahl des Papstes geregelt. Sie sollte in Rom ohne fremde Beteiligung stattfinden und dem Kaiser angezeigt werden, wobei der Treuebund bestätigt werden sollte. Damit war den Autonomiebestrebungen der Römer Rechnung getragen, gleichzeitig wurde aber der Anspruch der Oberherrschaft des Kaisers deutlich. Er wies dem Papst den Platz in dem System zu, in dem er die von Gott übertragene Sorge für Kirche und Reich übernommen hatte.

Um die Herrschaft für seine Familie frühzeitig ans feste Ufer zu bringen, regelte er sehr früh die Thronnachfolge, nachdem er durch einen Unfall schockiert wurde. Mit seiner Frau Irmingard aus der Familie Chrodegangs von Metz hatte er drei Söhne: Lothar (*795), Pippin (*797) und Ludwig (*um 806) und die Töchter Rotrud und Hildegard. In der berühmten Ordinatio Imperii, dem Thronfolgegesetz von 817, zeigt sich das Bemühen um einen Ausgleich zwischen universalem, unteilbarem Kaisertum und dem gleichen Erbrecht aller legitimen Söhne. Daher wurden in Aachen den beiden jüngeren Söhnen ihre Teilreiche Aquitanien und Bayern zugewiesen, in denen sie die Kirchenhoheit wahrnehmen und alle Ämter und Würden vergeben sollten. Dem ältesten Sohn Lothar I. wurde die Kaiserwürde zugesprochen. Die Krönung vollzog Ludwig selbst, die Großen des Reiches akklamierten. Dies war wiederum eine Kaisererhebung ohne den Papst.

Bei der Vergabe war Bernhard von Italien unberücksichtigt geblieben, denn Italien gehörte zur Erbmasse des zukünftigen Kaisers, also Lothars. Um Bernhard sammelten sich andere Oppositionelle, die mit der Machtübernahme durch die „Aquitanier“ nicht einverstanden waren und zogen gegen Ludwig. Allerdings gab Bernhard nach einiger Zeit auf und unterwarf sich dem Kaiser in Chalon-sur-Saone. Ludwig ließ seinem Ärger und seinem Mißtrauen gegen unliebsame Personen, die vielleicht gar nicht selber beteiligt waren, freien Lauf. Auf der Reichsversammlung im Frühjahr 818 wurden unbequeme Bischöfe abgesetzt *818*
und über die beteiligten Laien die Todesstrafe verhängt. Diese Urteile wandelte Ludwig in Blendung um. Bernhard starb an den Folgen dieser Bestrafung, was einen Schatten auf Ludwigs Regierung warf.

Aus dieser Situation zog Ludwig zumindest die Erkenntnis, daß Heiratsverbindungen mit den wichtigsten Adelsfamilien zu guter Politik gehörten. Er selbst heiratete nach dem Tod seiner ersten Frau 819 die Welfin Judith, eine Frau *819*
mit großem Ehrgeiz. Im Jahr 821 wurde sein Sohn Lothar mit Irmingard, Tochter der Etichonen-Familie aus dem Elsaß, vermählt. Den Höhepunkt des zunehmenden Einflusses der Welfenfamilie bildete schließlich im Jahr 827 die Hoch- *827*
zeit des jüngeren Kaisersohnes Ludwig mit Judiths Schwester Hemma. Hier

deutet sich bereits an, welche mächtigen Gegenkräfte sich im Reich gegen die herrschende Dynastie entwickeln konnten. Dies war durch die vom Kaiser selbst hervorgerufene Politik der Beteiligung an der Reichspolitik per Heirat möglich geworden.

Die Folgen zeigten sich besonders in den harten Auseinandersetzungen mit seiner eigenen Familie. Doch zuvor schwächte der Kaiser seine politische Position der Stärke durch eine öffentliche Buße und Rücknahme der alten Maßnah-
822 men. Auf der Reichsversammlung von Attigny im Jahr 822 bekannte Ludwig seine Verfehlungen gegen Halbbrüder und Vettern sowie die Mitschuld am Tod Bernhards von Italien und unterwarf sich der Kirchenbuße. Dies beeindruckte zwar die Zeitgenossen in ihren Vorstellungen von einem frommen christlichen Herrscher, dokumentiert aber auch den Versuch des Kaisers, eine breitere Basis der Anerkennung zu finden, weil er mit seinem Kurs allein nicht ans Ziel kam. Als neue Berater standen ihm nach dem Tod Benedikts von Aniane (†821) nun u.a. die Erzbischöfe Jonas von Orléans, Agobard von Lyon und Ebo von Reims zur Verfügung.

Sein Sohn Lothar übernahm in demselben Jahr die Regentschaft über Italien
823 und wurde zu Ostern 823 von Paschalis II. zum Kaiser gesalbt und gekrönt. Somit war die Verbindung von Rom und Kaisertum wie bei Karl dem Großen wiederhergestellt. Lothar nahm aber energischer als seine Vorgänger seine Rechte in Rom wahr. Dies mündete in die Constitutio Romana, mit der vor allem festgelegt wurde, daß die Verwaltung des Kirchenstaates von je einem missus des Kaisers und des Papstes kontrolliert wurde, außerdem sollte der gewählte Papst die Weihe hinausschieben bis er vor einem Gesandten des Kaisers den Treueid abgelegt hatte.

In der Zwischenzeit hatte sich die Situation in der Familie Ludwigs geändert. Judith hatte zuerst Gisela und dann im Juni 823 den Sohn Karl zur Welt ge-
825 bracht. Im Dezember 825 kehrte Lothar aus Italien zurück, um sich als Mitregent an den Regierungsgeschäften zu beteiligen. Gleichzeitig wurde Ludwig für alt genug befunden, um die Herrschaft in Bayern anzutreten. Der Kaiser selbst zog sich von der energischen Politik der Reformen zurück. Als er aufgrund von Mißerfolgen wichtige Markgrafen und Grafen entmachtete, wurden massive Klagen und entsprechend formulierte Schriften den beiden Kaisern vorgetragen.
828 Daher betrieben sie für 828 eine Untersuchung der Mißstände, die dezentral auf Synoden in Mainz, Paris, Lyon und Toulouse stattfinden sollte. Ludwig der
829 Fromme ging über diese Versuche einer Neuformierung hinweg, als er 829 auf einer Aachener Reichsversammlung verkündete, sein Sohn Karl werde als Erbe ein Gebiet erhalten, das sich aus Alemannien, Elsaß, Rätien und Teilen von Burgund zusammensetzte. Da er nicht zum Unterkönig bestimmt wurde, war die Ordinatio Imperii formal nicht außer Kraft gesetzt.

Allerdings waren alle älteren Brüder und deren Anhang brüskiert. Am Hof übernahmen Judith und ihre Anhänger die Macht. Daraufhin kam es zum offenen Widerstand der um ihren Einfluß gebrachten Adeligen. Als Führer ihrer Rebellion holten sie Lothar aus Italien, der von der Gebietsveränderung der Ordinatio Imperii am meisten betroffen war. Gegenüber der aufgebotenen Heeresmacht flohen die meisten Anhänger, die Kaiserin wurde in Klosterhaft nach Poi-

tiers gebracht. Ludwig und sein kleiner Sohn wurden unter Aufsicht gehalten,
aber vor der völligen Absetzung schreckte Lothar zurück. Auf der Reichsver-
sammlung von Compiègne im Mai 830 bestand Lothar nur darauf, daß die Ver- *830*
fügungen aus dem Vorjahr zurückgenommen wurden. Diese und andere Maß-
nahmen enttäuschten die radikaleren Anhänger, die Stimmung gegen Lothar
wuchs und der alte Kaiser gewann wieder die Oberhand. Der Sohn leistete den
Treueid und wurde nach Italien abgeschoben, dafür kehrte die Kaiserin an den
Hof zurück. Die Anführer der Rebellion wurden bestraft.

Der Verlierer dieser ersten Auseinandersetzung war Lothar, der auf Italien be-
grenzt wurde, während Pippin und Ludwig ihre Macht nach Norden ausdehnen
durften. Doch die Bevorzugung Karls ließ auch bei den beiden Brüdern Unwillen
aufkommen. Deshalb suchte der Kaiserhof wieder die Annäherung an Lothar, die
zum Teil 831 bereits vollzogen wurde. Dagegen spitzte sich das Verhältnis mit
den beiden anderen zu. Der alte Kaiser unterwarf 832 erst Ludwig und dann Pip- *832*
pin, der hart bestraft wurde, indem sein Aquitanien an Karl vergeben wurde.

Dieses endgültige Zerstören der Ordinatio Imperii brachte nun alle Gegner
zusammen. Die drei Brüder konnten den Papst auf ihre Seite ziehen. Gregor IV.
(827-844) rief die Bischöfe zum Widerstand gegen Ludwig den Frommen auf,
die diesem Aufruf zum großen Teil folgten. Auf dem Rotfeld bei Colmar stan-
den sich die Heere Ende Juni 833 gegenüber. Der alte Kaiser verlor nach tage- *833*
langen Verhandlungen seine Anhänger und mußte sich ergeben. Wegen des viel-
fachen Eidbruchs wurde das Feld „Lügenfeld" genannt.

Ludwig der Fromme mußte in seinem Gefängnis im Kloster nahe Soissons
nach massivem Druck der Bischöfe zugeben, daß er das Herrscheramt un-
zulänglich verwaltet habe. Lothar konnte nicht die Verfügungen der Ordinato
Imperii umsetzen, sondern mußte den beiden Brüdern mehr Gebiete zugeste-
hen. Dies war noch nicht das Ende des Familienkampfes. Pippin und der jünge-
re Ludwig schlossen sich gegen den älteren Bruder zusammen und setzten den
alten Kaiser 834 wieder in seine Rechte ein. Nach einigen Kämpfen unterwarf *834*
sich Lothar und rettete seine Herrschaft über Italien.

In der nächsten Phase versuchte Ludwig der Fromme wieder eine Annähe-
rung an Lothar, wobei es aber nicht zu einem Treffen der beiden kam. Unter
dem Einfluß von Judith verfügte Ludwig 837 eine neue Ausstattung Karls mit *837*
zentralen Bereichen der Francia. Dies führte zu einer engeren Beziehung von
Lothar und Ludwig dem Jüngeren. Das Jahr 838 brachte mit der Erhebung Karls
zum Unterkönig und dem plötzlichen Tod Pippins einschneidende Veränderun-
gen. Der Kaiser traf mit Lothar und Karl 839 auf einer Reichsversammlung in *839*
Worms zusammen und stellte eine neue Hausordnung auf. Der jüngere Ludwig
erhielt nur seinen Pflichtteil Bayern. Lothar und Karl teilten den Rest in eine
östliche Hälfte mit Italien und eine westliche Hälfte mit Aquitanien. Dort stieß
Karl auf die Interessen der Söhne Pippins, vor allem des mündigen Pippins II..
Ludwig der Fromme übernahm selbst die kriegerische Durchsetzung dieser Re-
gelung gegen Pippin II. und wollte sich dann mit Ludwig dem Jüngeren befas-
sen. Er starb aber am 20.6.840 auf einer Rheininsel bei Ingelheim. Bei seiner Be- *840*
stattung in der Metzer Kirche des Ahnen Arnulf neben seiner Mutter war keiner
seiner Söhne anwesend.

Einordnung

Jeder Herrscher nach Karl dem Großen mußte gegenüber ihm blaß wirken, so haben es schon die Zeitgenossen gesehen und so ist Ludwig der Fromme in die Geschichtsschreibung eingegangen. In der derzeitigen Forschung wird versucht, zumindest eine teilweise Aufwertung seiner Regierungszeit vorzunehmen.

Im Gegensatz zu Karl spielte die Außenpolitik kaum eine Rolle. Ludwig konnte sich weitgehend darauf beschränken, die Grenzen des Karlsreiches zu
seit halten. Unruhen gingen besonders seit ca. 820ff. von den Normannen aus, die an
820 der flandrischen Küste, der Loire-Mündung und schließlich an der Seine immer
827 wieder Überfälle inszenierten. Die Dänen vertrieben 827 ihren getauften Herrscher, einen Schützling Ludwigs. An der Südgrenze kam es zu Übergriffen von islamischen Truppen, die bis Marseille vordrangen. Auch die Basken erhoben sich zu einem Aufstand. Im Südosten stießen Slawen meistens ungestraft immer öfter nach Istrien vor. Die großen kriegerischen Auseinandersetzungen fanden aber eher in der Familie statt.

Ludwigs Idee von der Einheit des Reichs unter einem starken Kaiser und seinen Brüdern als Unterkönigen war zukunftsweisend, unterlag aber der traditionellen Ansicht von der Erbberechtigung aller. Die Tradition und seine zweite Frau Judith mit ihrer einflußreichen Familie, zerstörten die Ordinatio imperii. Daran beteiligt waren einige wichtige Adelsfamilien, die sich jeweils einer Person aus der kaiserlichen Familie anschlossen, um daraus Vorteile ziehen zu können. Das ständige Schwanken zwischen Sieg und Niederlage schwächte die Position der Zentralmacht entscheidend. Dies führte zum Erstarken der Adelsfamilien, die von da an die Reichspolitik immer stärker in eigenem Interesse mitgestalteten.

Zur Mitgestaltung waren unter Ludwig dem Frommen vor allem Bischöfe als Ratgeber aufgerufen. Gemeinsam mit ihm arbeiteten sie an der Renovatio Regni Francorum. Die Erfolge ihrer ersten Maßnahmen der Vereinheitlichung von Kirche und Recht waren tiefgreifend und hatten Langzeitwirkung. Danach allerdings schaffte es Ludwig nicht mehr, in den Wirren der Familienkämpfe genügend Energien für eine Weiterführung der Renovatio aufzubringen. Einige Bischöfe zogen sich enttäuscht zurück und unterstützten seine Söhne.

Sie handelten damit gegen die Grundidee der Einheit von Staat und Kirche, die Ludwig angestrebt hatte. Besonders deutlich ist dies in seinem Verhältnis zum Papsttum zu sehen. Er krönte sich selbst zum Kaiser und krönte auch seinen Sohn Lothar ohne Papst. Zu einem perfekten christlichen Herrscher gehörte aber auch die Salbung des Papstes, die jeweils später erfolgte. Bei der Erhebung des Papstes brachte erst der Treueid gegenüber einem Abgesandten des Kaisers die entscheidende Anerkennung. Dieser Akt ordnete den Papst als römischen Bischof in das System der fränkischen Reichskirche ein und stellte somit die Einheit her.

Ludwig hat in Thegan einen Biographen gefunden, der vor allem seine Frömmigkeit und seine umfangreiche Tätigkeit für kirchliche Belange lobt. Noch deutlicher wird er in einem Lobgedicht von Hrabanus Maurus, dem Lehrmeister der Franken, bildlich dargestellt (s. S. 77). Als miles Christi, Krieger Christi, mit Nimbus, Brustpanzer und Schild hält er anstelle einer Lanze einen Kreuzstab in der Rechten. So sahen ihn also die Zeitgenossen. Dieser Kampf für eine christlich und moralisch aufgewertete Welt war sicher das wichtigste Anliegen Ludwigs. Er scheiterte mit seinen Idealvorstellungen von Kaisertum, Staat und Kirche an den materiellen Wünschen seiner Söhne und den individuellen Ansprüchen auf Macht der erstarkenden Adelsfamilien.

Lothar I., Ludwig der Deutsche und Karl der Kahle

Im Gegensatz zu Karl dem Großen hatte Ludwig der Fromme eine ungeordnete Erbfolge hinterlassen. Der bereits als Kaiser amtierende Lothar I. ließ sich nicht auf die zuletzt geschlossene Vereinbarung der Reichsteilung mit seinem Bruder Karl ein, sondern berief sich auf die Ordinatio Imperii von 817. Zu seiner Un- *817*
terstützung traten nicht nur die Großen des Kernlandes, sondern auch die ehemaligen Anhänger seines Vaters an. Lothar ließ seinen Sohn Ludwig II. in Italien zurück und zog in die Francia, wo ihm der Erzkapellan Drogo von Metz Krone, Schwert und Szepter Ludwigs überreichte. Gegen ihn schlossen sich die beiden Brüder Karl und Ludwig zusammen, woraufhin er Pippin II. von Aquitanien als Bundesgenossen gewann. Die Brüder schlugen ihre Gegner in einer verlustreichen Schlacht bei Fontenoy im Juni 841. *841*

Lothar floh nach Aachen, unterstützte den sogenannten Stellinga-Aufstand der Freien und Halbfreien gegen den sächsischen Adel und gegen Ludwig und versuchte dazu, normannische Anführer an der friesischen Küste in seine Dienste zu ziehen. Doch die Initiative hatten seine beiden Brüder, die sich 842 in *842*
Straßburg trafen und dort vor ihren versammelten Heeren die berühmten Straßburger Eide der gegenseitigen Treue schworen. Von Nithard wurden die Texte überliefert, die sowohl in althochdeutscher als auch in altfranzösischer Sprache gefaßt waren. Dem gemeinsamen Bedrängen mußte Lothar nachgeben und sich auf Verhandlungen einlassen. Zur Regelung der „Familienangelegenheiten“ wurde eine Kommission eingesetzt, die schließlich einen Vertrag ausarbeitete, der 843 in Verdun geschlossen wurde, aber nicht erhalten ist. *843*

Dieser Teilungsvertrag von Verdun sah vor, daß drei neue Reichsteile entstehen sollten. Karl erhielt das Land westlich der Linie Schelde, Maas, Saone und Rhone, Ludwig das Gebiet östlich von Rhein und Aare, aber auch Mainz, Worms und Speyer mit Umland. Dazwischen wurde ein neues Mittelreich von Italien über die Provence bis nach Friesland gestaltet, das der Kaiser Lothar mit den Mittelpunkten Aachen und Rom regieren sollte. Es sollte auf diese Weise der Interessensausgleich geschaffen werden. Auf keinen Fall wurde dabei davon ausgegangen, daß das Mittelreich sowieso wegfallen werde, woraus später Frankreich und Deutschland entstehen sollten.

Lothar versuchte, seine gescheiterte Politik der Oberherrschaft über das Gesamtreich zu kompensieren, indem er zumindest auf der kirchlichen Ebene die Oberhoheit einführte. Er erreichte bei Papst Sergius II. (844-847), daß sein Erzkapellan Drogo von Metz zum apostolischen Vikar für ganz Gallien und Germanien ernannt wurde. Allerdings gab es im Reich Karls Proteste der Bischöfe

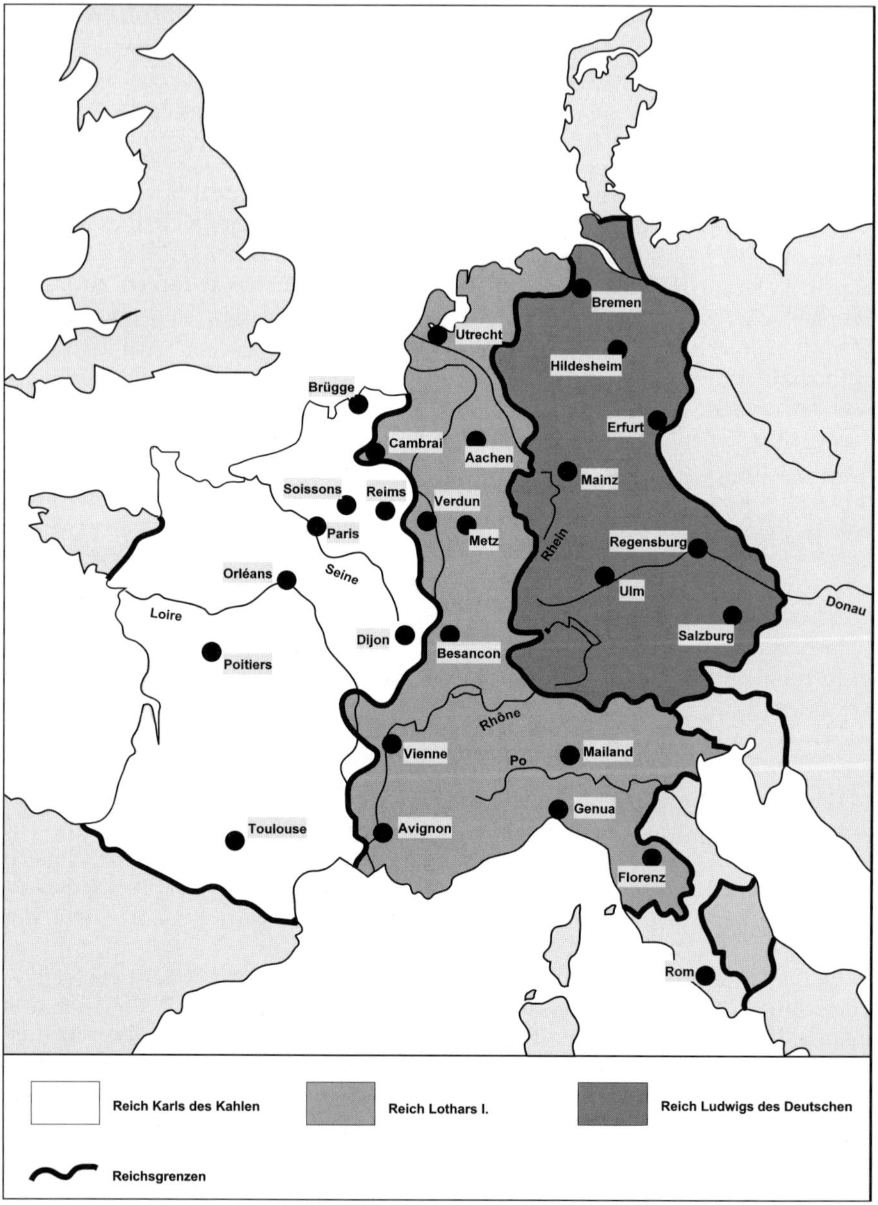

Die Reichsteilung nach dem Vertrag von Verdun.

und im Reich Ludwigs wurde Drogos Amt ignoriert. Lothar fand sich damit ab und versuchte, durch regelmäßige Treffen mit seinen Brüdern aufkommende Differenzen aus dem Weg zu räumen. Er war immer noch dem Gedanken der Einheit verbunden, der in seinem Kaisertum zumindest ideell vorhanden war.

Allerdings fanden die Brüder trotzdem nicht zu koordiniertem Handeln, wie es gegen die Normannen deutlich wurde. Lothar hatte einem dänischen Anführer Rorik Land an der Rheinmündung zugewiesen und ihn dann wieder vertrieben. Der Däne fand Unterschlupf im Norden von Ludwigs Reich, dies hinderte
andere Dänen nicht, 845 Hamburg niederzubrennen. Lothar siedelte denselben 845
Rorik wieder in Friesland an, um durch ihn die Küsten schützen zu lassen. Wenn dies schon eine sehr labile Angelegenheit war, so litt Karls Reich noch stärker unter den Normannen. Der westfränkische König zeigte kein Interesse an Kämpfen und suchte sein Glück eher in Tributzahlungen, was die Normannen noch mehr anstachelte. Auch in Aquitanien und gegen die Bretonen war Karl wenig erfolgreich. Gegen Pippin II. erlitt er 844 eine empfindliche Niederlage, 848 wählte ihn dann ein großer Teil der aquitanischen Großen zum König,
erst 852 fiel Pippin II. in seine Hände, aber das Gebiet blieb ein Unruhefaktor. 852
Schlimmer erging es ihm gegen die Bretonen, deren Herrscher sich 850 zum Kö- 850
nig salben ließ. Dessen Sohn schlug die Westfranken im August 851 und erreichte einen Friedensschluß, bei dem ihm die bretonische Mark um Nantes und Rennes übertragen wurde. Karl hatte also große Teile seines Gebietes nicht unter Kontrolle, auch wenn er sich der Hilfe einflußreicher Familien versichern und hervorragende Persönlichkeiten wie Erzbischof Hinkmar von Reims auf wichtige Positionen bringen konnte.

Wesentlich bessere Voraussetzungen hatte Ludwig, dem das 19. Jahrhundert den Beinamen „der Deutsche“ gab, weil er in westfränkischen Quellen als „rex Germaniae“, König Germaniens, bezeichnet wurde. Er konnte seit vielen Jahren sein Herrschaftsgebiet von der Hauptstadt Regensburg aus regieren, häufig hielt er sich auch in Frankfurt am Main auf, von wo aus er das Rhein/Main-Gebiet kontrollieren konnte. Seine Hauptstütze war die Kirche, den gelehrten und sehr aktiven Hrabanus Maurus setzte er als Erzbischof von Mainz ein. Mit den Dänen im Norden schloß er Frieden, Bremen wurde für das zerstörte Hamburg neuer Bischofssitz. Die Slaven im Osten hielt er durch einzelne Vorstöße auf Distanz. Größeres Engagement entwickelte er gegenüber Mähren. Nach der Taufe einiger Führer der Böhmen zog er mit einem Heer nach Mähren und setzte einen christlichen Herrscher ein. Diese Erfolgsbilanz veranlaßte einige Adelige in Aquitanien, Ludwig die Krone für sich oder einen seiner Söhne anzubieten.
Ludwig zog 854 selbst bis Limoges, Karl wich einer Konfrontation aus und bat 854
Lothar und den Papst um Vermittlung. Aber Ludwig kehrte um, nachdem Pippin II. aus seinem Kerker geflohen war und seine Anhänger ihn gegenüber Ludwig bevorzugten.

Das Jahr 855 sollte eine Wende bringen. Lothar I. hatte seinem Sohn Ludwig 855
II. Italien überlassen. Dieser war 844 nach Rom gezogen, um die fränkische 844
Oberhoheit ins Bewußtsein zu rufen. Der Papst salbte ihn zum König der Langobarden, der Fürst von Benevent huldigte ihm. Die Hauptgefahr drohte von den islamischen Gegnern (Saraceni) im Süden. Nach einem Treffen mit sei-

847 nem Vater im Frühjahr 847 in Pavia zog Ludwig mit einem gut gerüsteten Heer
gegen den Gegner, der nach einer Niederlage für einen gewissen Zeitraum
zurückgedrängt war. Den vorläufigen Höhepunkt bildete die Salbung zum Mit-
850 kaiser durch Papst Leo IV. (847-855) im Jahr 850, die Kaiser Lothar veranlaßt
hatte. Hier war also der Akt allein in die Hände des Papstes gelegt, allerdings auf
Anordnung des Kaisers. So hatte Lothar zumindest für seine Nachfolge gesorgt,
855 als er im September 855 als Mönch im Kloster Prüm nach schwerer Krankheit
starb.

Allerdings war er über den Vertrag von Verdun hinausgegangen, als er die Dreiteilung seines Gebietes an seine Söhne verfügt hatte. Ludwig II. erbte den Kaisertitel und die Herrschaft über Italien, Lothar II. erhielt die Gebiete von den Westalpen bis zur Nordsee, Karl bekam ein Unterkönigtum (regnum) im Rhonegebiet mit dem Schwerpunkt in der Provence. Somit war das Kaisertum von der bisherigen Hauptstadt Aachen abgeschnitten.

Die folgenden Jahren sind gekennzeichnet durch die Reibereien und Auseinandersetzungen der herrschenden Karolinger. Die beiden überlebenden Brüder wurden in die Querelen ihrer Neffen einbezogen, Aquitanien blieb weiterhin ein Unruheherd im Westfrankenreich, dazu kamen die Bretonen und Normannen. Deshalb bot eine westfränkische Adelsgruppe um Robert den Tapferen von An-
858 jou und Tourraine im Jahr 858 Ludwig dem Deutschen die Herrschaft an. Sein
Bruder Karl der Kahle verlor seinen Anhang und floh nach Burgund. In dieser Situation kam es zu einem überraschenden Stimmungswandel im Westfrankenreich. Nicht aus nationalistischen Gründen, wie manche national gefärbte Darstellungen verlauten lassen, sondern wohl aus traditionellem Rechtsempfinden, weil gegen den Verduner Vertrag verstoßen wurde, mit dessen Vereinbarungen man ganz gut gelebt hatte, stellten sich wichtige Adelige unter Führung Hinkmars von Reims gegen Ludwig den Deutschen. Wieder mußte sich dieser aus dem westlichen Herrschaftsgebiet zurückziehen.

Die gefährliche Situation wurde unter der Vermittlung König Lothars II. bereinigt, indem die beiden konkurrierenden Brüder sich auf einer Rheininsel bei Andernach trafen und z.B. aushandelten, daß Ludwigs Parteigänger straflos blei-
860 ben sollten. Im Vertrag von Koblenz wurde 860 die gegenseitige Respektierung
der Grenzen in der jeweiligen Volkssprache festgelegt.

Im folgenden Jahrzehnt hatten die beiden Brüder meistens damit zu tun, daß sie ihre Söhne zufriedenstellen oder zurechtweisen mußten, die ihre Ansprüche an der Herrschaft anmeldeten. Gleichzeitig behielten sie aber die Entwicklung im Mittelreich (Lotharingien genannt) im Auge. Dort wollte Lothar II. seine kinderlose Ehe mit Theutberga annullieren und seine Verbindung mit Waldrada, mit der er vier Kinder hatte, legalisieren lassen. Doch Papst Nikolaus I. (858-867) verwarf nach sechsjährigem Ringen dieses Ansinnen, Lothar war ohne
869 Nachkommen, als er 869 auf der Rückreise von Papst Hadrian II. (867-872) in
Piacenza starb.

Karl der Kahle nahm sofort Besitz von Reich und Titel, mußte aber dann doch zurückstecken und sich mit Ludwig dem Deutschen einigen. Der Vertrag
870 von Meersen 870 beinhaltet, daß Ludwig zu seinem Reich die östlichen Gebiete
des Lothar-Reiches erhielt, somit zeichnete sich die kommende Staatenbildung

in zwei Hälften ab. Für das verlorengegangene Aachen baute sich Karl der Kahle die Pfalz Compiègne aus.

Das nächste Objekt, auf das die beiden Brüder warteten, war der Kaisertitel, denn Ludwig II. war ebenfalls ohne männliche Nachkommen. Er starb im August 875 in der Nähe von Brescia. Wiederum war Karl der Kahle als erster zur *875*
Stelle. Er zog bis Rom, wo er am 25.12.875 vom Papst zum Kaiser gekrönt wurde. In diesem Fall entschied der Papst, welcher der beiden Kandidaten gekrönt wurde. So waren die Weichen für die nächsten Jahrhunderte gestellt, weil sich seine Nachfolger genau darauf beriefen und dadurch eine Tradition entstand.

Karl berief eine Reichsversammlung nach Pavia, wo er als Verteidiger des Königreichs Italien seinen Schwager Boso von Vienne als bevollmächtigten Herzog einsetzte. Hier trat er vor den Augen seiner Untertanen auch in prunkvoller fremder Kleidung als neuer Kaiser auf, der Höhepunkt seiner Regierungszeit.

Seine Macht steigerte sich noch, als sein Bruder Ludwig der Deutsche im August 876 in Frankfurt am Main starb. Er wurde im Kloster Lorsch beigesetzt. Seine drei Söhne Karlmann, Ludwig der Jüngere und Karl III. hatten ihre Gebiete bereits in den Verfügungen des Vaters von 843 erhalten. Demnach hatten *843*
Karlmann Bayern, Ludwig Franken, Sachsen und Thüringen und Karl Alamannien und Kurrätien als Kerngebiete in Besitz. Über die Teilung des östlichen Lotharingien war zu verhandeln. Dies aber hatte inzwischen schon Karl der Kahle besetzt, den allerdings Ludwig der Jüngere im Oktober 876 so beeindruckend besiegte, daß Karl alle Pläne aufgab. Stattdessen mußte er sich den Normannen stellen, die er aber nicht bekämpfte, sondern einen hohen Tribut in seinem Reich sammeln ließ. Gleichzeitig kamen Hilferufe des Papstes aus Italien, die ihn gegen den Willen seiner Ratgeber zum Zug nach Italien aufforderten. Vorher wurde jedoch zur Absicherung auf einer Reichsversammlung in Quierzy im Juni 877 sein *877*
Sohn Ludwig der Stammler als Regent eingesetzt.

Der Italienzug wurde ein Fiasko, weil Karlmann mit einem weitaus größeren Heer versuchte, ihm den Weg abzuschneiden. Der Kaiser mußte über die Alpen fliehen und starb im Oktober 877 in einem Dorf in Savoyen. Nach vorläufiger Bestattung im Kloster Nantua wurde er später ins Königskloster St. Denis überführt.

Mit Karl dem Kahlen starb der letzte der herrschenden Enkel Karls des Großen. Die folgenden Generationen wurden von Unfällen und Krankheiten derartig heimgesucht, daß sich der Niedergang der Dynastie beschleunigte. Dies zeigte sich schon bei Karlmann, der nun das Vakuum in Italien nach seiner Königskrönung in Pavia füllen wollte. Er mußte sich wegen eines schweren lähmenden Leidens, das für seine Familie typisch werden sollte, in die Pfalz Ötting am Inn schaffen lassen und dem politischen Geschehen von dort aus folgen. Im Westfrankenreich gelang es Ludwig dem Stammler erst nach vielen Verhandlungen, im Dezember 877 gekrönt und geweiht zu werden. Der nun schon traditionelle Königskröner, der Erzbischof Hinkmar von Reims, nahm die Weihe nach einem Krönungsritual vor, das er bereits in großen Teilen unter Karl dem Kahlen entwickelt hatte und nun für die Zukunft festlegte.

In Italien wurde die Gefahr durch die Sarazenen so groß, daß Papst Johannes
VIII. (872-882) im Mai 878 ins Westfrankenreich floh. Er wurde von Boso von *878*

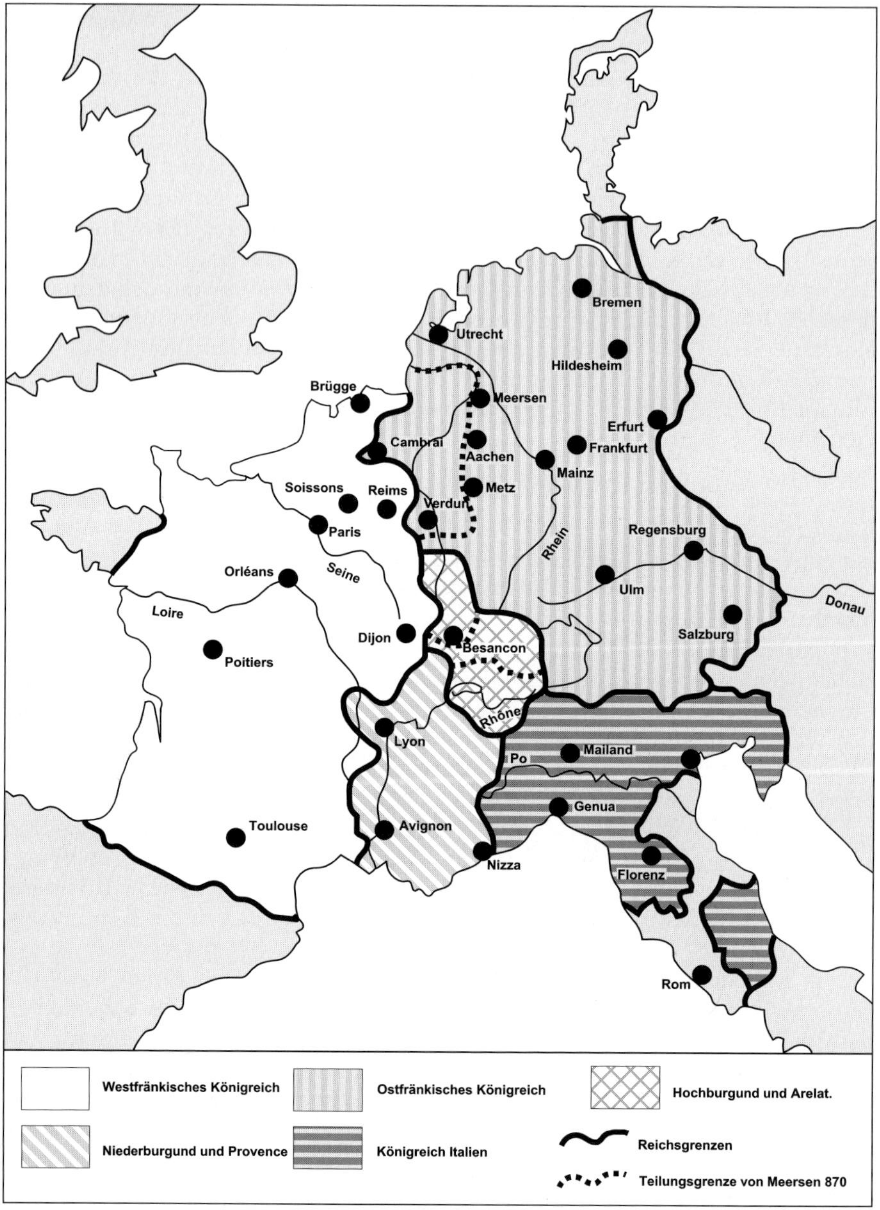

Die Reichsteilung nach den Verträgen von Meersen (870) und Ribémont (880).

Vienne in der Provence empfangen, der ihn zur Reichsversammlung nach Troyes begleitete. Ludwig der Stammler erhielt eine Krönung durch den Papst, war aber selbst wegen der prekären Situation in seinem Reich nicht bereit, nach Italien zu ziehen. Johannes VIII. adoptierte Boso, der ihn nach Italien begleitete. Ludwig überlebte den Besuch nicht lange, er starb im April 879 in Compiègne, *879*
wo er auch begraben wurde.

Dies führte zu einer tiefen Krise im Westfrankenreich. Eine Adelsgruppe mit dem Welfen Hugo dem Abt und Boso von Vienne bevorzugte den 16jährigen Sohn Ludwig III, eine andere Gruppe mit dem Erzkanzler Guzlin von St. Denis und dem welfischen Grafen Konrad von Paris rief wieder einmal nach dem Ostfrankenkönig, jetzt Ludwig dem Jüngeren. Beide handelten aus eigenen Machtinteressen. Dies wurde deutlich, als Hugo der Abt Ludwig krönen ließ und selbst regierte, nachdem er Ludwig den Jüngeren vorläufig mit der Abtretung der Westhälfte Lotharingiens beruhigt hatte. Dies führte dazu, daß Boso von Vienne sich selbst zum König der Rhonelande ernannte und Ludwig der Jüngere doch noch einmarschierte. Im Jahr 880 wurden die Verhältnisse im Ver- *880*
trag von Ribémont (Oise) geklärt. Er besagte, daß ganz Lotharingien an das Ostfrankenreich fallen und die Gegner Hugos an der Macht im Westen beteiligt sein sollten. Das hatte eine Reichsteilung im Westen zur Folge, bei der Ludwig III. mit seinem Erzkanzler Gauzlin die Francia und Neustrien erhielt und sein Bruder Karlmann mit Hugo dem Abt Burgund, Aquitanien und Gothien. Die Situation erinnert an die letzten Merowinger und die Hausmeier.

Einigkeit erzielten die herrschenden Karolinger in der Folgezeit nur selten noch gegen Usurpatoren und äußere Eindringlinge. Als erster bekam dies Boso von Vienne zu spüren, der sich angemaßt hatte, einen Königstitel zu führen. Er wurde von einem vereinigten Heer im Sommer 882 geschlagen und blieb bis zu *882*
seinem Tod (887) auf die Herrschaft in der Provence begrenzt. Größeren Scha- *887*
den richteten angesichts der inneren Schwächen der Karolinger-Reiche die Normannen an, die nun in größeren Scharen ins Landesinnere vordrangen und sich in Gent festsetzten. Nach einer ersten gemeinsamen Aktion gingen die Könige einzeln gegen die Feinde vor, wobei sich 881 besonders König Ludwig III. her- *881*
vortat (Ludwigslied).

Nun begann die Reihe der erwähnten Schicksalsschläge. Als erster starb Karlmann in Ötting im September 880. Sein Anspruch auf Italien war schon auf *880*
seinen jüngeren Bruder Karl III. übergegangen. Dieser zog über Pavia nach Ravenna, wo ihn Papst Johannes VIII. zum König von Italien salbte. Vor der Kaiserkrönung zögerte er noch zurück, bevor er nicht mit der Restfamilie verhandelt hatte. Dies holte er nach, als er sich am 12.2.881 in Rom vom Papst zum *881*
Kaiser krönen ließ.

Dadurch, daß sich bei Ludwig dem Jüngeren die heimtückische Familienkrankheit meldete, war die Verteidigung entblößt. Die Normannen konnten über Lüttich, Köln, Bonn nach Aachen einfallen und Karls des Großen Pfalz plündern. Ludwig mußte tatenlos zusehen und starb im Januar 882 in Frankfurt *882*
am Main. Er wurde in Lorsch an der Seite des Vaters begraben.

Kaiser Karl III. der Dicke empfing nun die Huldigung der Großen in Italien, im Ostfrankenreich und in Lotharingien. Es gelang ihm, mit vereinten Kräften

Asselt, den Hauptstützpunkt der Normannen einzuschließen. Er vernichtete den Feind nicht, sondern gewährte freien Abzug. Dafür muße der Anführer die Taufe versprechen und Lothars II. Tochter Gisela heiraten. Diese Politik ist von Zeitgenossen scharf kritisiert worden.

Parallel zu diesem Ereignis erlitt Ludwig III. einen tödlichen Unfall. Die Herrschaft im Westfrankenreich fiel dadurch an Karlmann, der gleich einen erheblichen Tribut an Normannen zahlen mußte, die bis Reims vorgedrungen waren. Um ein Ausbluten der Familie zu verhindern, adoptierte der kinderlose
883/84 Karl III. 883/84 den Westfrankenkönig Karlmann. Doch das Schicksal konnten
884 sie nicht aufhalten. Karlmann starb durch einen Jagdunfall im Dezember 884 und wurde neben Ludwig III. im Kloster St. Denis begraben. In seiner Familie war noch der postum geborene Halbbruder Karl übrig, der allerdings als Fünfjähriger nicht ernsthaft in Erwägung gezogen wurde. Die Großen des Landes boten wieder einmal dem Ostfrankenkönig die Herrschaft an. Karl der Dicke
885 nahm die Huldigung im Juni 885 entgegen und war auf diese Weise Alleinherrscher des Reiches geworden.

Der Kaiser sah sich großen Aufgaben an allen Ecken des Reiches gegenüber. Die Normannen hielten Paris seit November 885 fast ein Jahr lang umzingelt.
886 Karl war wieder einmal in Italien unterwegs und konnte im Oktober 886 nur durch Tributzahlung und Freigabe Burgunds zur Plünderung den Abzug der Feinde erreichen. Eine Omnipräsenz in allen Reichsteilen war nicht möglich, männliche Helfer in der Familie waren nicht vorhanden, daher setzte der Kaiser immer mehr Vertrauen auf starke Adelige. Berengar von Friaul kümmerte sich um Italien, der Robertiner Graf Odo von Paris erhielt zusätzlich Neustrien und Gebiete an der Loire, Otto der Erlauchte wurde in Sachsen gefördert, der Babenberger Poppo konnte ungehindert seine Machtposition in der thüringischen Mark gegen die Sorben ausbauen. Andere Gebiete waren der karolingischen Macht schon längst entzogen. Das trifft für die Mark jenseits der Elbe im Norden zu, ebenso für Friesland im Nordwesten, Aquitanien und die Bretagne, während in Italien zumindest Einfluß im Norden vorhanden war. In der bayerischen Ostmark hatte der Mährenfürst Swatopluk durch ständige Einfälle einen für ihn günstigen Vertrag erzwingen können.

Karls größte Sorge aber war seine Nachfolge. Nachdem die Bischöfe gegen den unehelichen Sohn Bernhard Einspruch erhoben, suchte sich Karl den kleinen Ludwig, Sohn des verstorbenen Boso von Vienne, zur Adoption aus. Dies wurde als Brüskierung des Neffen Arnolf von Kärnten, des illegitimen Sohnes Karlmanns von Bayern, angesehen. Noch mehr erschütterte Karls Position, daß er seinen vertrauten Erzkanzler Liutward von Vercelli unter dem Vorwand entließ, er habe ein Verhältnis mit der Kaiserin Richgard. Sie beteuerte ihre Unschuld und ging in das von ihr gegründete Kloster Andlau. Karl III. hörte auf der Reichsversammlung von Tribur
887 im November 887 Nachrichten über ein großes Heer unter Arnolfs Führung und floh nach Frankfurt am Main. Seine Anhänger strömten dem neuen starken Mann zu. Karl mußte abdanken und zog sich auf einen Königshof nach Schwaben zurück,
888 wo er im Januar 888 starb. Sein Grab fand er auf der Reichenau im Bodensee.

Mit seinem Tod war der bis auf Karl Martell zurückgehende Mannesstamm der Karolinger abgebrochen. Die Herrschaft des Geschlechts wurde über die

Zeit gerettet durch den illegitimen Markgrafen von Kärnten, der sich selbst um
die Herrschaft bemüht hatte. Seinen Anhängern hatte er zugesagt, sich auf das
Ostfrankenreich zu beschränken, dadurch gab er den Weg frei für die endgülti-
ge Auflösung des Karlsreiches. Denn jedes der Teilreiche (regna) wollte die Ei-
genständigkeit. Das bedeutet, daß jede mächtige Adelsgruppe in den einzelnen
Reichen sich einen Herrscher suchte. Dazu gehörten Berengar von Friaul, der
sich zum König von Italien krönen ließ, der Welfe Rudolf als König von Hoch-
burgund, der Robertiner Odo in Westfranken, in demselben Gebiet Markgraf
Wido II. von Spoleto, der allerdings wieder nach Italien ging, und Graf Ramnulf
von Poitiers in Aquitanien, der sich aber Odo unterwarf.

Arnolf hatte zwar die Macht auf seiner Seite und führte eine Art Oberhoheit
über die diversen Könige, setzte z.B. weiterhin auf Odo gegen den entfernten
Verwandten Karl den Einfältigen, den Sohn Ludwigs des Stammlers, aber er
hielt sich auch weitgehend aus den Querelen heraus. Wido schaffte es, sich in
Rom 891 von Papst Stephan V. (885-891) zum Kaiser krönen zu lassen und sei- *891*
nen Sohn zum Mitkaiser 892 von Papst Formosus (891-895). Gegen ihn ging Ar-
nolf mit seinem Sohn Zwentibold 894 dann doch, wenn auch mit wenig Erfolg,
vor, genau wie gegen Rudolf, der am Rand seines Einzugsgebietes für Störungen
sorgte.

Das wichtigste Problem war für Arnolf aber die Sorge um die Nachfolge.
Zwentibold und Ratold waren aus einer illegitimen Verbindung, ihr Erban-
spruch wurde aber von den Bischöfen anerkannt. Doch wurde ihm ein legitimer
Sohn Ludwig geboren. Nun erreichte Arnolf im Mai 895 die Krönung Zwenti- *895*
bolds als König von Burgund und Lotharingien. Er selbst zog nach Widos Tod
nach Italien und wurde im Februar 896 von Papst Formosus zum Kaiser ge- *896*
krönt. Da schlug das Schicksal erneut zu. Er erlitt Lähmungserscheinungen wie
sein Vater Karlmann und wurde nach Bayern zurücktransportiert. Schleunigst
ließ er die ostfränkischen Großen einen Treueid auf seinen vierjährigen Sohn
Ludwig das Kind leisten. Dieser wurde zu seinem Nachfolger im Februar 900 in *900*
Forchheim (bei Bamberg) gekrönt, nachdem Arnolf im Dezember 899 in Re- *899*
gensburg gestorben war. Auch die Großen Lotharingiens huldigten Ludwig.
Zwentibold zog sich von allen verlassen zurück und starb bei einem Gefecht im
August 900. Nun waren noch zwei Karolingerherrscher übrig. Karl der Einfälti- *900*
ge war Odo 898 als einziger König des Westfrankenreiches gefolgt, Ludwig das *898*
Kind, sechs Jahre alt, war anerkannter Herrscher in Lotharingien und dem Ost-
frankenreich. In Italien regierte Berengar, der 900 von Ludwig von der Proven-
ce verdrängt wurde, dem 901 die Kaiserkrönung zuteil wurde. Aber 905 wurde *905*
er von Berengar geschlagen und durch Blendung ausgeschaltet, Berengar selbst
wurde 915 Kaiser und 924 ermordet. *915/*

Im Westfrankenreich stand Karl der Einfältige in Konkurrenz mit mächtigen *924*
Adeligen, die mit dem Titel marchio gekennzeichnet waren. Robert, der Bruder
des verstorbenen Königs Odo, behielt die Hoheitsrechte in Neustrien und im
Pariser Becken und die dortigen Pfalzen, Fiskalgüter und Reichsabteien. In
Aquitanien saß Wilhelm der Fromme, der Stifter von der Abtei Cluny, im Nor-
den hatte Graf Balduin von Flandern die Macht an sich gerissen. Karl blieb als
Kernbereich der Raum um Reims und Laon. Die Normannen waren ein weite-

911 rer Faktor der Politik. Erst 911 gelang eine Wende im Verhältnis zu den Nor-
mannen, die unter ihrem Anführer Rollo getauft wurden und sich an der unte-
ren Seine in der Grafschaft Rouen niederließen. Im September desselben Jahres
starb Ludwig das Kind und wurde in Regensburg begraben. Seine Untertanen in
Lothringen hatten sich vorher von ihm abgewendet und führten Karl den Ein-
fältigen am 1. November 911 zur Krönung.

Trotzdem hatte dieser weiterhin eine geringe Machtbasis, vor allem seine kin-
derlose Ehe enttäuschte die Anhänger. Nach dem Tod seiner sächsischen Ge-
mahlin heiratete er Eadgifu, Tochter des angelsächsischen Königs Eduard d.Ä.
921 von Wessex. Sie gebar ihm ca. 921 einen Sohn Ludwig. Dies war auch das Jahr, in
dem es auf einem Schiff auf dem Rhein bei Bonn zu der Begegnung mit Heinrich
I. kam, dem starken König des Ostfrankenreiches. Sie schlossen den Bonner
Vertrag, der besagte, daß Lotharingien zu Karls Reich gehören sollte und Hein-
rich I. mit dem Karolinger gleichrangig war.

Damit war die Glückssträhne Karls beendet. Von seinen Gegnern wurde
922 Robert I. im Juni 922 als Gegenkönig erhoben, Karl nach Lotharingien abge-
drängt. Robert sicherte sich ebenfalls durch einen Freundschaftsvertrag mit
923 Heinrich I. Anfang 923 ab. In der entscheidenden Schlacht verlor Robert sein
Leben, aber sein Sohn Hugo besiegte Karl den Einfältigen. Zum König ge-
wählt wurde jedoch in Soissons Rudolf von Burgund, der Schwiegersohn
Roberts.

Karl der Einfältige wurde von Heribert von Vermandois gefangen, dem er als
Unterpfand und Spielball in dem Konkurrenzkampf mit König Rudolf und an-
deren Adeligen diente. Er fand also ein unrühmliches Ende und starb in Péron-
929 ne, dem Ort seiner Gefangenschaft, im Oktober 929. Dort wurde er auch be-
stattet.

Im Ostfrankenreich hatten sich ebenfalls einflußreiche Männer und Familien
an die Spitze gestellt. Zu ihnen gehörten Erzbischof Hatto von Mainz, Erzbi-
schof Theotmar von Salzburg, Bischof Adalbero von Augsburg und Bischof
Salomon III. von Konstanz, Markgraf Burchard von Thüringen, Markgraf
Burchard von Rätien sowie die Liudolfinger in Sachsen, die Konradiner in Hes-
sen und Mainfranken, wo sie die Babenberger vernichteten, und die Luitpoldin-
ger in Bayern. Gerade sie spielten eine wichtige Rolle im Abwehrkampf gegen
die nun von Osten immer wieder nach Mitteleuropa hereinbrechenden Ungarn.
907 Sie brachten dem bayerischen Heer eine empfindliche Niederlage im Jahr 907
vor Preßburg bei, wodurch Bayern den Ungarn offenstand. Ludwig das Kind
verlegte seinen Hof nach Franken und manchmal nach Schwaben. Nachdem die
910 Ungarn auch Thüringen überfallen hatten, trat ihnen Ludwig selbst erst 910 am
Lech gegenüber und verlor die Schlacht, dazu den Konradiner Gebhard, Herzog
von Lotharingien. Der glücklose Ludwig starb im Alter von 18 Jahren ohne Er-
911 ben im September 911 und wurde in Regensburg begraben.

Mit ihm erlosch die Macht der Karolinger im Ostfrankenreich. Die Männer
aus seiner engsten Umgebung wollten mit der karolingischen Tradition brechen,
aber die Einheit des Ostfrankenreiches erhalten und die Macht in ihren Händen
behalten, daher suchten sie einen Kandidaten aus ihrer Mitte. Im November 911
wurde Konrad der Jüngere, der bedeutendste Konradiner, zum ersten König der

Francia orientalis in Forchheim, wo wichtige Entscheidungen in den Jahrzehnten vorher schon getroffen wurden, gewählt. Nachdem sich die Lothringer Karl dem Einfältigen zugewandt hatten, traten als Wähler vor allem die Adeligen aus Franken, Sachsen, Schwaben und Bayern auf. Erzbischof Hatto von Mainz nahm die Salbung seines Kandidaten vor, die im Ostfrankenreich zum ersten Mal in Quellen bezeugt ist. Dem Einfluß Hattos und dem Besitz wichtiger Reichsgüter im Kerngebiet am Mittelrhein ist es zu verdanken, daß Konrad gewählt wurde. Der mächtige, aber alt gewordene Liudolfinger Otto der Erlauchte hatte ebenfalls zugestimmt, Arnulf von Bayern als bayerischer Anwärter wird in dem Zusammenhang nicht erwähnt.

Konrad I. mußte aber bald erkennen, daß seine Macht sehr beschränkt war, die starken Partikularherrscher immer mehr Autonomie anstrebten. Der von seinen Großen gewählte Herzog Heinrich von Sachsen, der seinem toten Vater Otto 912 nachfolgte, entriß Konrad seine Besitzungen an Leine und Weser. Kon- *912*
rad unternahm einen Gegenzug und traf sich 915 zu Verhandlungen mit *915*
Heinrich in der Pfalz Grona (bei Göttingen). Heinrichs Eroberungen wurden anerkannt, seine Stellung im Reich wurde praktisch autonom. Konrad hoffte, auf diese Weise den Rücken frei zu haben, wenn er sich mit dem Süden des Reiches befaßte.

Arnulf von Bayern hatte dort gemeinsam mit Erchanger und Berthold von Schwaben die Ungarn besiegt, zu denen er sich sogar zurückzog, als er mit Konrad in Konflikt geriet, weil er sich in Urkunden als dux (Herzog) bezeichnete. Erchanger wurde 915 von den Schwaben zum dux erhoben, somit meldeten beide ihre Machtansprüche an. Gegen Arnulf führte Konrad gemeinsam mit seinem Bruder Eberhard und dem sächsischen Bischof Adalward von Verden im Jahr
916 einen Kriegszug und eroberte die Hauptstadt Regensburg. Eberhard wurde *916*
als Statthalter bestimmt. Auf einer Synode von Bischöfen wurde die Reichseinheit beschworen, die Königstreue betont, der Bruch des Treueids mit Kirchenstrafen belegt und dies auf Arnulf und Erchanger angewendet.

Im Jahr 917 wurde der Hunfridinger Buchard II. anstelle des hingerichteten *917*
Erchanger zum Herzog von den Schwaben erhoben. Somit war der Einfluß Konrads I. wieder zurückgedrängt. Eberhard wurde in Bayern vertrieben und Konrad selbst starb auf seinem letzten vergeblichen Bayernfeldzug im Dezem-
ber 918. Er wurde im Kloster Fulda beigesetzt. *918*

Mit seiner Politik war er gescheitert. Er hatte den Sachsenherzog weitgehend in eine Autonomie entlassen müssen. Die Schwaben und Bayern hatten eigene Herzöge, die sich seinem Einfluß entzogen hatten. Die Reichseinheit war nur von der Kirche als Ziel angenommen worden. Angesichts dieser Misere scheint Konrad auf seinem Sterbebett eine zukunftssichernde Entscheidung getroffen zu haben. Widukind von Corvey überliefert, daß er seine Verwandten und Vertrauten beschworen hat, nicht Eberhard zu seinem Nachfolger zu wählen, sondern den stärksten Herzog, Heinrich den Sachsen. Angesichts der realen Machtverhältnisse war dies die einzige Möglichkeit, um die Reichseinheit zu bewahren, auf das positive Gelingen konnte Konrad I. nur hoffen.

Einordnung

Zu Beginn des 10. Jahrhunderts wurde das Reich Karls des Großen, seit dem Vertrag von Verdun 843 in Auflösung begriffen, endgültig zerschlagen. Dabei wirkten nicht hauptsächlich die äußeren Feinde zerstörerisch wie die Normannen und die Ungarn, die ständig ins Reich vordrangen, sondern die familiären Zerwürfnisse auf der einen Seite und die aufstrebenden Partikularkräfte auf der anderen Seite. So hatten sich Italien und Aquitanien schon früh aus der Reichseinheit verabschiedet. Je mehr das Reich auf die einzelnen Karolinger aufgeteilt war, also je mehr sich die Zentralmacht schwächte, desto stärker wurden die partikularen Kräfte. Zeitweise waren im Westfrankenreich die karolingischen Könige ein Spielball in den Händen einflußreicher Adeliger. Am Ende dieser Entwicklung wurden sie abgesetzt, allerdings konnten sie später noch einmal zum Königtum aufsteigen und gaben erst 987 die Herrschaft endgültig ab. Im Ostfrankenreich versuchten die Karolinger lange Zeit, ihre Position zu wahren und die Reichseinheit zu erhalten, starben aus und wurden schon 911 durch eine bedeutende Familie aus dem Kerngebiet des Reiches abgelöst. Die Kirche, deren Ratgeber meistens die königliche Politik beeinflußten, bemühte sich weiterhin um die Reichseinheit. Dieser Übergangsphase folgte ab 919 eine andere Entwicklung zu einer Reichseinheit neuer Identität.

Literaturhinweise zum Kapitel „Die Karolinger"

1. Quellen

1.1 Veröffentlichungen der MGH

Annales et chronica aevi Carolini. Herausgegeben von Georg Heinrich Pertz u. a. (MGH SS in Fol. 1).

Scriptores rerum Sangallensium. Annales, chronica et historiae aevi Carolini. Herausgegeben von Georg Heinrich Pertz u. a. (MGH SS in Fol. 2).

Capitularia regum Francorum. Herausgegeben von Alfred Boretius (MGH LL II, 1 – Capitularia regum Francorum).

Capitularia regum Francorum. Herausgegeben von Alfred Boretius und Viktor Krause (MGH LL II,2 – Capitularia regum Francorum).

Die Kapitulariensammlung des Ansegis (Collectio capitularium Ansegisi). Herausgegeben von Gerhard Schmitz (Capitularia regum Francorum, Nova series 1).

1.2 Andere Quelleneditionen

Rau, Reinhold (Hrsg.): Briefe des Bonifatius; Willibalds Leben des Bonifatius. Nebst einigen zeitgenössischen Dokumenten, 3. Aufl. Darmstadt 1994 (FSGA A, 4b).

Rau, Reinhold (Hrsg.): Quellen zur karolingischen Reichsgeschichte, 3 Bde.: T 1: Die Reichsannalen; Einhard, Leben Karls des Großen; Zwei „Leben" Ludwigs; Nithard, Geschichten / T 2: Jahrbücher von St. Bertin; Jahrbücher von St. Vaast; Xantener Jahrbücher / T 3: Jahrbücher von Fulda; Regino, Chronik; Notker, Taten Karls, Ndr. Darmstadt 1992-1993 (FSGA A, 5-7).

2. Forschungsliteratur

799 – Kunst und Kultur der Karolingerzeit: Karl der Große und Papst Leo III. in Paderborn; Katalog der Ausstellung, Paderborn 1999, hrsg. von Christoph Stiegemann / Matthias Wemhoff, 3 Bde., Paderborn 1999

Althoff, Gerd: Verwandte, Freunde und Getreue. Zum politischen Stellenwert der Gruppenbindungen im früheren Mittelalter, Darmstadt 1990.

Angenendt, Arnold: Kaiserherrschaft und Königstaufe. Kaiser, Könige und Päpste als geistliche Patrone in der abendländischen Missionsgeschichte, Berlin / New York 1984 (Arbeiten zur Frühmittelalterforschung 15).

Angenendt, Arnold: Monachi Peregrini. Studien zu Pirmin und den monastischen Vorstellungen des frühen Mittelalters, München 1972 (Münstersche Mittelalter-Schriften 6).

Becher, Matthias: Karl der Große, 2. durchges. Aufl. München 2000.

Beumann, Helmut: Unitas Ecclesiae – Unitas Imperii – Unitas Regni. Von der imperialen Reichseinheitsidee zur Einheit der Regna, in: Nascità dell'Europa ed Europa carolingia: un'equazione da verificare, Spoleto 1981 (Settimane di studio del centro Italiano di studi sull'alto medioevo 27), S. 531-571.

Böhmer, Johann F.: Regesta Imperii, Bd.1/3, Die Regesten des Kaiserreichs unter den Karolingern 751-918 (926 / 962), Wien 1998.

Borgolte, Michael: Der Gesandtenaustausch der Karolinger mit den Abbasiden und mit dem Patriarchen von Jerusalem, München 1976 (Münchener Beiträge zur Mediävistik und Renaissanceforschung 25).

Borst, Arno: Die karolingische Kalenderreform. Hannover 1998.

Boshof, Egon: Ludwig der Fromme, Darmstadt 1996 (GMR).

Braunfels, Wolfgang (Hrsg.): Karl der Große. Lebenswerk und Nachleben, 4 Bde., Düsseldorf 1965-1967.

Brühl, Carlrichard / Schneidmüller, Bernd (Hrsg.): Beiträge zur mittelalterlichen Reichs- und Nationsbildung in Deutschland und Frankreich, München 1997 (HZ Beihefte, 24).

Brühl, Carlrichard: Deutschland – Frankreich : die Geburt zweier Völker, 2., verb. Aufl. Köln / Weimar 1995.

Die Karolinger. Kunst, Architektur und Geschichte. Petersberg 2003

Fritze, Wolfgang H.: Papst und Frankenkönig. Studien zu den päpstlich-fränkischen Rechtsbeziehungen von 754 bis 824, Sigmaringen 1973 (VuF Sonderband 10).

Godman, Peter / Collins, Roger (Hrsg.): Charlemagne's Heir. New Perspectives on the Reign of Louis the Pius (814-840), Oxford 1990.

Godman, Peter / Jarnut, Jörg / Johanek, Peter (Hrsg.): Am Vorabend der Kaiserkrönung, Berlin 2002.

Hannig, Jürgen: Consensus fidelium. Frühfeudale Interpretationen des Verhältnisses von Königtum und Adel am Beispiel des Frankenreiches, Stuttgart 1982.

Jansen Michael / Pohle, Frank: Die Künste am Hofe Karls des Großen, Mainz 2000.

Jarnut, Jörg (Hrsg.): Karl Martell in seiner Zeit, Sigmaringen 1994 (Francia Beih. 37).

Karl der Große und die Wissenschaft. Ausstellung karolingischer Handschriften der Österreichischen Nationalbibliothek zum Europa-Jahr 1993, Wien 1994.

Karl der Große und sein Nachwirken: 1200 Jahre Kultur und Wissenschaft in Europa. Colloquium Carolus Magnus, das vom 19. bis 26. März 1995 in Aachen gehalten wurde, Turnhout 1997-98.

Kramp, Mario (Hrsg.): Krönungen. Könige in Aachen – Geschichte und Mythos, Zabern 2000.
Lammers, Walther: Die Eingliederung der Sachsen in das Frankenreich, Darmstadt 1961 (WdF 185).
McKitterick, Rosamund: The Frankish Church and the Carolingian Reforms 789-895, London 1977.
Mohr, Walter: Die karolingische Reichsidee, Münster 1962.
Ochsenbein, Peter (Hrsg.): Das Kloster St. Gallen im Mittelalter. Die kulturelle Blüte vom 8. bis zum 12. Jahrhundert, Darmstadt 1999.
Pirenne, Henri: Mohammed und Karl der Große. Die Geburt des Abendlandes, Neudr. München 1987.
Richè, Pierre: Die Karolinger. Eine Familie formt Europa, Stuttgart 1987 (Taschenbuchausg. München 1995).
Scharff, Thomas: Die Kämpfe der Herrscher und Heiligen. Krieg und historische Erinnerung in der Karolingerzeit, Darmstadt 2002.
Schieffer, Rudolf: Die Karolinger, 3. überarb. Aufl. Stuttgart 2000.
Schieffer, Rudolf: Handbuch der deutschen Geschichte, 24 Bde., Bd.2, Die Zeit der Karolinger (720-888), Stuttgart 2003.
Schneider, Reinhard: Das Frankenreich, 2. Aufl. München/Wien 1990 (OGG 5).
Schneidmüller, Bernd: Nomen patriae. Die Entstehung Frankreichs in der politisch-geographischen Terminologie (10.-13. Jahrhundert), Sigmaringen 1987 (Nationes 7).
Schrimpf, Gangolf (Hrsg.): Kloster Fulda in der Welt der Karolinger und Ottonen, Frankfurt/M. 1996.
Schulze, Hans K.: Vom Reich der Franken zum Land der Deutschen. Merowinger und Karolinger.München 1998.
Sierck, Michael: Festtag und Politik. Studien zur Tagewahl karolingischer Herrscher, Wien 1995.
Stiegemann, Christoph / Wemhoff, Matthias (Hrsg.): Handbuch zur Geschichte der Karolinger, Zabern 1999.
Tischler, Matthias M.: Einharts Vita Karoli. Studien zur Entstehung, Überlieferung und Rezeption, Hannover 2001.
Ullmann, Walther: The Carolingian Renaissance and the idea of kingship, London 1969.
Wendling, W.: Die Erhebung Ludwigs des Frommen zum Mitkaiser im Jahre 813 und ihre Bedeutung für die Verfassungsgeschichte des Frankenreiches, in: FMST 19 (1985), S. 212-238.
Werner, Karl Ferdinand: Vom Frankenreich zur Entfaltung Deutschlands und Frankreichs. Ursprünge, Strukturen, Beziehungen, Sigmaringen 1984.
Wolf, Günther: Die Königssöhne Karl und Karlmann und ihr Thronfolgerecht nach Pippins Königserhebung 750/51, in: ZRG GA 108 (1991), S. 282-295.
Wolfram, Herwig: Die Karolingerzeit in Niederösterreich, St. Pölten 1980 (Wissenschaftliche Schriftenreihe Niederösterreich 46).

Die Ottonen

Herkunft und Aufstieg der Familie

Etwa seit der Mitte des 9. Jahrhunderts waren die Liudolfinger, wie man die Familie nach ihrem Stammvater auch nannte, in eine führende Position unter den Sachsen aufgestiegen. Liudolf (†866), Graf im Harzvorland, ist derjenige, der am frühesten bezeugt ist. Dieser Teil des Reiches war nach der Hausordnung Ludwigs des Deutschen zusammen mit dem fränkisch-thüringischen Raum seinem Sohn Ludwig dem Jüngeren unterstellt. Dieser heiratete Liutgard, eine Tochter Liudolfs. So waren Karolinger und Liudolfinger verbunden, eine besondere Nähe zum Königshaus war erreicht, dazu folgten auch andere Verbindungen mit den Karolingern. Zu besonderer Bedeutung kam ihr Kanonissenkonvent, den Liudolf um 850 mit seiner Gemahlin Oda gegründet hatte. Berühmt wurde dieses Kloster, nachdem es 881 nach Gandersheim verlegt wurde.

Liudolfs Sohn, Otto der Erlauchte, befand sich wohl im Heer Arnulfs, als dieser 894 nach Italien zog. Seine Tochter Oda verheiratete er mit Arnulfs Sohn Zwentibold. Nach dessen Tod heiratete sie Graf Gerhard von Lothringen. Die Ehe seines Sohnes Heinrich ließ Otto 909 lösen und verheiratete ihn mit Mathilde aus der Familie der Immedinger, dem auch der berühmte Widukind, Widersacher Karls des Großen, entstammte. Sie war im Kloster ihrer Großmutter in Herford erzogen und gründete selbst das Stift Enger. Durch diese Heirat konnten die Liudolfinger ihre Machtbasis nach Westen ausdehnen und so erheblich vergrößern.

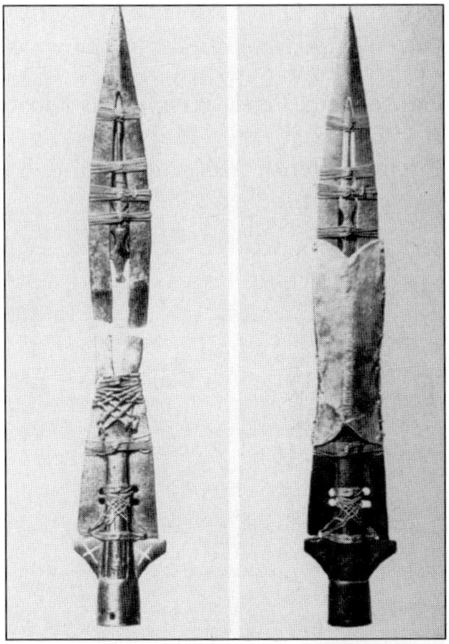

Die heilige Lanze, auch Longinus-
Lanze genannt (nach dem röm. Solda- 850
ten, der Jesus am Kreuz die Lanze in
die Seite stieß). Die Reliquie, die ein 881
fester Bestandteil der Reichsinsignien
wurde, besitzt eine vielschichtige Sym-
bolik. In die Klinge ist als Reliquie ei-
ner der Nägel der Kreuzigung einge- 894
arbeitet. Ursprünglich handelt es sich
wohl um eine Passionslanze, die schon
im 9. Jahrhundert in Modena bezeugt
ist. Die Bezeichnung als „Mauritius-
lanze“ verbindet die Reichsinsignie 909
mit einem der wichtigsten Heiligen der Liudolfinger/Ottonen. Die Lanze spielte bei der Schlacht von Riade a. d. Unstrut eine wichtige Rolle. Da der Sieg bei Riade am Tag des hl. Longinus (15.03.) stattfand, läßt sie sich aber auch wiederum symbolisch mit der Lanze der Kreuzigung in Beziehung setzen.

Es ist daher nicht erstaunlich, wenn Otto der Erlauchte als Königskandidat
911 gehandelt wurde, als König Ludwig das Kind 911 gestorben war. Der sächsische Mönch Widukind von Corvey, der wohl ebenfalls aus der Familie der Immedinger stammte, ist die bekannteste Quelle für diese Zeit. Er schreibt aus der Sicht der führenden sächsischen Familie. Widukind berichtet über die Königskandidatur Ottos, daß dieser mit Hinweis auf sein Alter abgelehnt habe. Da Otto im nächsten Jahr gestorben ist, erscheint dies plausibel. Von dem stattdessen gewählten Konrad hat Widukind keine hohe Meinung.

Ottos Sohn Heinrich erlangte gegenüber dem neuen König eine unabhängige Position und konnte sein Herzogtum stabilisieren. Folgerichtig schildert Widukind als Berichterstatter, daß Konrad I. auf dem Sterbebett seine beste Entscheidung getroffen hat, als er den erfolgreichen Sachsen Heinrich zu seinem Nachfolger bestimmte. Der König soll dabei gesagt haben, daß das Heil und die Tugend nicht mehr mit dem Frankenkönig sei, sondern bei Heinrich dem Sachsen liege (Widukind I, 25). Dies wird als Translatio Imperii angesehen, d.h. Widukind vertritt rückblickend die Ansicht, daß das Reich der Römer auf die Franken und nun von ihnen auf die Sachsen übertragen worden sei, die das neue staatstragende Volk seien.

Heinrich I. (919-936)

Vier Monate nach Konrads Tod wurde Heinrich I. von den Großen der Franken und Sachsen in Fritzlar zum König gewählt, dabei sollen die Franken ihn quasi als „amtierendes" Reichsvolk vorab separat zum König erhoben und die Sachsen später zugestimmt haben. Nach der Wahl hat Heinrich nach Widukinds Bericht die Salbung durch Erzbischof Heriger von Mainz abgelehnt. Über sein Motiv ist viel nachgedacht worden. Heute wird die Ansicht vertreten (BEUMANN), daß Heinrich zwar für würdig erklärt werden wollte, die Salbung aber aus taktischen Gründen ablehnte. Denn er glaubte, als primus inter pares leichter mit den übrigen Herzögen ins Reine zu kommen. Eine Königssalbung hätte ihn legitimiert, im ganzen Reich Bischöfe und Reichsäbte einzusetzen. Genau der Verzicht auf dieses Recht ermöglichte später u.a. die Anerkennung Heinrichs durch Herzog Arnulf von Bayern, der sich gegen Heinrich zum König „im Reich der Deutschen" (in regno Teutonico) hatte erheben lassen. So heißt es in den Salzburger Annalen aus dem 12. Jahrhundert. Es ist die erste erhaltene Quelle, die dem Reich diese Bezeichnung hinzufügt, die sich aber nicht durchsetzt.

Nach der Wahl bedrohte Heinrich zuerst den schwächeren Schwabenherzog. Burchard II. erkannte ihn an und wurde selbst als Herzog der Alamannen be-
921 stätigt. Danach wandte sich Heinrich gegen Arnulf, den er erst 921 zum Einlenken in einen Freundschaftsvertrag bewegen konnte. Darin wurde ihm weitgehende Autonomie und auch die Kirchenhoheit eingeräumt. Im Westen hatte sich
920 Karl der Einfältige in Lothringen und im Elsaß durchgesetzt, bis es 920 zu einem Streit um die Besetzung des Bistums Lüttich kam. Nun wurde Giselbert vom Adel zum Herzog erhoben, mußte sich später aber wieder beugen. Hein-

rich I. unterstützte ihn anfangs, schloß aber doch 920 einen Waffenstillstand und
921 nach dem Ausgleich mit Arnulf auf dem Rhein bei Bonn einen Freund- *921*
schaftsvertrag (amicitia) mit Karl dem Einfältigen. Die beiden Könige erkannten
sich wechselseitig an und damit auch ihren Besitzstand. Karl erinnerte Heinrich
an die Schwurfreundschaft, als er 922 im Kampf mit dem westfränkischen Adel *922*
lag. Dazu schickte er ihm eine Handreliquie des hl. Dionysius (St. Denis), die
Heinrich nach Quedlinburg bringen ließ, aber weiterhin in seiner Neutralität
verharrte.

Lothringen blieb ein Unruheherd für lange Zeit. Giselbert wechselte die
Fronten zwischen Heinrich I. und Herzog Rudolf von Burgund, der zum König
im Westfrankenreich erhoben worden war. Schließlich schloß Heinrich I. auch
mit Giselbert eine Schwurfreundschaft und verheiratete seine Tochter Gerberga
mit ihm (928). Lothringen war vorläufig ins Reich eingegliedert. *928*

Im Osten hatte sich Heinrich mit den Ungarn auseinanderzusetzen, im Jahr
926 ereichte er einen neunjährigen Waffenstillstand gegen Tributzahlungen. Die *926*
gewonnene Zeit nutzte Heinrich zum systematischen Ausbau der Ostgrenze mit
Burgen, dies sollte, wie die aufgestellte Burgenordnung besagte, für das ganze
Reich gelten. Dazu gehörte auch die Einbindung der Bevölkerung und die Versorgung mit genügend Proviant. Seine ganze Autorität setzte Heinrich bei der
Nachfolge des toten Schwabenherzogs ein. Es gelang ihm, den stammesfremden
Konradiner Hermann zum Herzog zu bestimmen. Somit wurde das Herzogsamt zu einem vom König verliehenen Amt.

Einen Teil Schwabens vergab Heinrich I. allerdings an Rudolf II. von Hochburgund, dazu gehörte z.B. Basel mit Umland. Dafür erhielt er von Rudolf die
berühmte Hl. Lanze, eventuell eine bereits im 9. Jahrhundert in Modena bezeugte Passionslanze, die sogenannte Mauritiuslanze. Sie sollte Heinrich I. als
siegbringendes Symbol dienen, wie es sich am Tag des hl. Longinus (15.03.) 933 *933*
erwies, als er mit einem Heer der vereinten Kräfte des Reiches die Ungarn bei
Riade an der Unstrut besiegte. Er hatte seine Gegner zum Kampf herausgefordert, indem er auf dem Hoftag in Erfurt 932 mit Zustimmung der Großen die *932*
Tributzahlungen einstellte. Dabei hatte er in der Zwischenzeit zum ersten Mal
Reitertruppen aufgestellt (Heeresreform) und vorher gegen slawische Stämme
im Krieg geübt. Gegen Brandenburg, die Hauptfestung der Heveller, war er
928/929 erfolgreich, die Obodriten in Mecklenburg machte er tributpflichtig, die *928/29*
Redarier (später Teil der Liutizen) besiegte er vernichtend, die Daleminzier
schlug er zurück und errichtete die Burg Meißen. In Prag traf er mit dem christlichen Böhmenherzog Wenzel zusammen, der ihm seine Huldigung entgegenbrachte. Hier war keine Missionspolitik als Teil der Integrationspolitik mehr
nötig, die bei den Slawen im Vordergrund stand und auch bei Dänen und
Schweden angewandt wurde. So gelang es Heinrich 934, deren König zur Tri- *934*
butzahlung und Taufe zu bewegen.

Diese erfolgreiche Politik, verbunden mit dem beeindruckenden Sieg über die
Ungarn, hatte das Ansehen Heinrichs im Reich und in Europa erheblich gestärkt. Dadurch hatte er keine Probleme, als er schwer erkrankt auf dem Hoftag
in Erfurt im Herbst 935 die Zustimmung der Großen für die Designation seines *935*
ältesten Sohnes Otto als Nachfolger erhielt. Er entschied sich damit für die

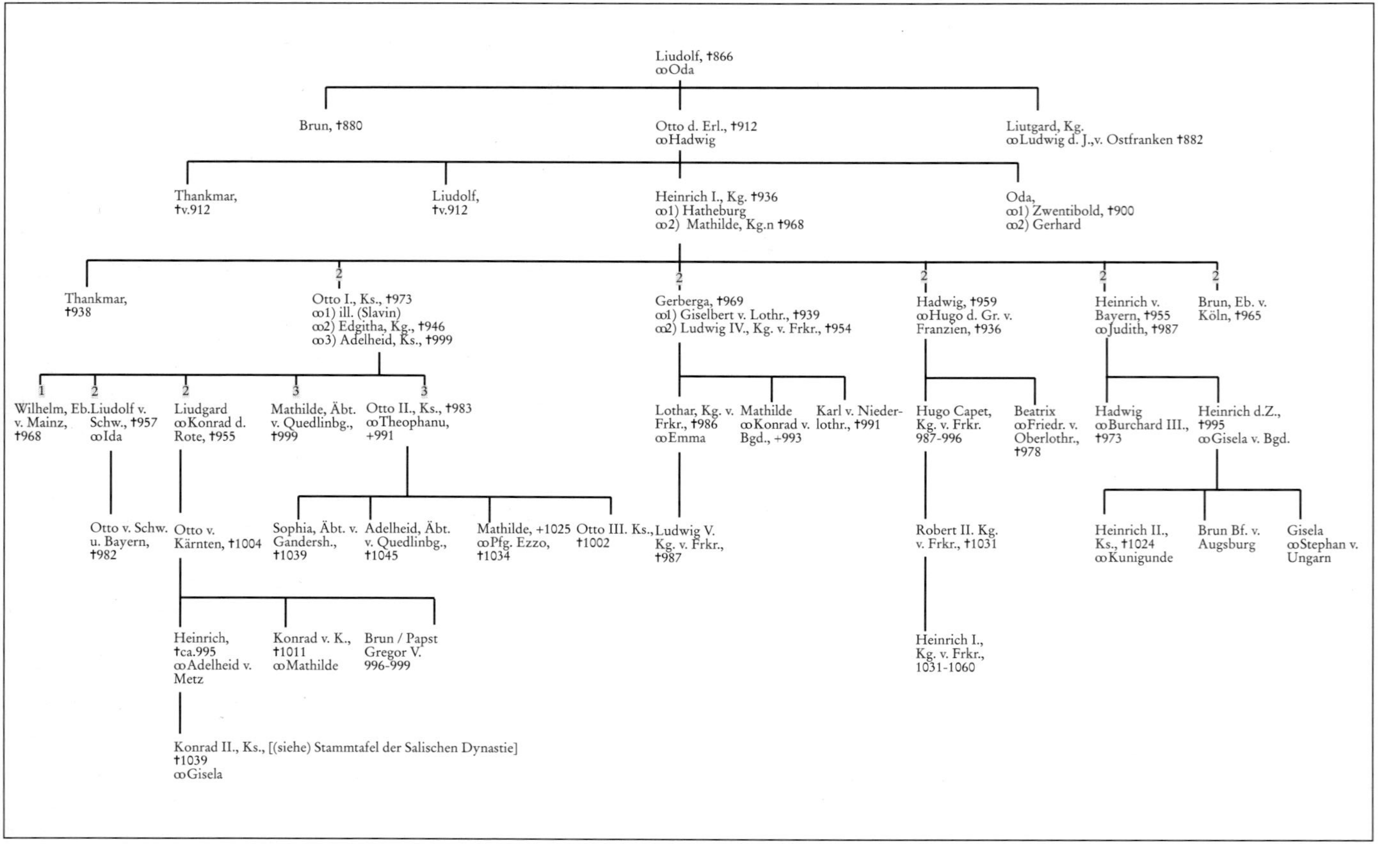

Stammtafel der Liudolfinger/Ottonen.

Nachfolge nur eines Sohnes (Individualsukzession), dies wurde anerkannt. Schwieriger sollte sich die Wahl des ältesten Sohnes erweisen, denn seine Frau Mathilde bevorzugte den jüngeren Sohn Heinrich. König Heinrich I. starb am 2. Juli 936 in der Pfalz Memleben und wurde in der Pfalzkapelle in Quedlinburg *936*
beigesetzt.

Einordnung

Mit Konrad I. war das ostfränkische Königtum erstmalig nicht von Karolingern wahrgenommen worden, aber weiterhin bei den Franken und in der Mitte des Reiches angesiedelt. Mit der Wahl Heinrichs I. änderte sich dies, ein neues „staatstragendes" Volk trat mit den Sachsen in den Mittelpunkt, mit dem Harzraum wurde ein neuer Raum wichtig. Heinrich schaffte es, durch diplomatisches, aber auch bedrohliches Auftreten, alle Herzöge zur Anerkennung seiner Herrschaft zu bringen. Dazu gehörte auch eine weitgehende Eingliederung Lothringens in das Reich. Nach der Sicherung der Reichseinheit gelangen Heinrich aufsehenerregende Erfolge gegen die Normannen und Ungarn, dazu kam die Zurückdrängung und teilweise Unterwerfung von slawischen Völkern, insgesamt also eine Stabilisierung der Grenzen.

Aufgrund dieser beeindruckenden Erfolge schaffte es Heinrich, noch zu seinen Lebzeiten seinen Sohn als Nachfolger anerkennen zu lassen und damit eine neue Königsdynastie zu begründen. Eine Reise nach Rom zur Kaiserkrönung als Höhepunkt hat er nach einer Bemerkung Widukinds geplant, aber die Erkrankung kam dazwischen.

Otto I., der Große (936-973)

Anläßlich der Beisetzungsfeierlichkeiten für seinen Vater wurde Ottos Nachfolge von den anwesenden Großen durch Huldigung bestätigt, die offizielle Wahl
erfolgte am 7. August 936 in Aachen, womit Otto an die fränkische Tradition *936*
Karls des Großen anküpfte. Widukind von Corvey hat aus seiner Sicht die Vorgänge in Aachen ausführlich beschrieben, auf diese Weise ist erstmals eine Beschreibung des Wahl- und Weiheaktes erhalten. Demnach wurde Otto nach fränkischer Art gekleidet im Atrium der Pfalzkapelle auf den Thron gehoben, wo ihm die Großen des Reiches Handgang und Treueid leisteten. Als „Königsmacher" trat Erzbischof Hildebert von Mainz auf. Er stellte Otto in die Mitte des Oktogons und forderte die dort versammelten Untertanen auf, der Wahl des Königs durch Akklamation zuzustimmen. Danach nahm er die Weihe mit Schwert, Wehrgehenk, Mantel, Armspangen, Zepter und Stab vor. Gegen dieses Vorrecht hatten sich der Erzbischof von Trier gewendet, weil er das älteste Erzbistum repräsentierte, und der Erzbischof von Köln, weil Aachen in seiner Diözese lag. Der Kölner durfte sich immerhin an Salbung und Krönung beteiligen und den geweihten König gemeinsam mit dem Mainzer zum Thron Karls des Großen geleiten.

Berühmt ist die Schilderung Widukinds von dem anschließenden Krönungsmahl in der Palastaula. Hier werden zum ersten Mal die Herzöge in ihren symbolischen „Erzämtern" erwähnt. Der Lothringer Giselbert war als Kämmerer für die ganze Feier zuständig, der Franke Eberhard als Truchseß für die Speisen, der Schwabe Hermann als Mundschenk für die Getränke, der Bayer Arnulf fungierte als Marschall. Im Gegensatz zu der Königserhebung des Vaters waren also alle Stämme vertreten, somit war ein gemeinsamer König nach fränkischer Tradition (rex Francorum) akzeptiert.

Otto kehrte nach Quedlinburg zurück und bestätigte dort den von Mathilde ins Leben gerufenen Frauenkonvent mitsamt reicher Ausstattung, ohne Mathilde in der Urkunde zu erwähnen. Noch wichtiger wurde die Begründung des
937 Mauritiusklosters an seinem Lieblingsort Magdeburg am 21. September 937. Nördlich der Klosterkirche befand sich bereits eine Pfalz, so daß Otto auf Grundlagen zurückgreifen konnte, als er Magdeburg zum bedeutendsten Ort des Nordostens ausbaute und wie eine Hauptstadt nutzte.

Wie stark seine innenpolitische Position wirklich war, mußte sich in Auseinandersetzungen mit Herzögen und seiner eigenen Familie erweisen. Denn er war wie erwähnt als Erbe des Königtums seines Vaters in der Familie umstritten, das Verhältnis zu seiner Mutter Mathilde und seinem jüngsten Bruder war getrübt. Sie meldeten Ansprüche an, weil Heinrich geboren wurde, als der Vater König war (im Purpur geboren). Außerdem gab es noch den Stiefbruder Thankmar aus der ersten Ehe seines Vaters mit Hatheburg. Dieser schloß sich mit Mathildes Schwager Wichmann und Herzog Eberhard von Franken zusammen und zog auch Heinrich auf ihre Seite. Nach dem Tod Thankmars auf der Eresburg versöhnten sie sich mit dem König. Der nächste Unruheherd entstand in Bayern nach dem Tod Arnulfs. Otto mußte die zwei Söhne unterwerfen und übertrug das Herzogtum nun als Amtsherzogtum an Arnulfs Bruder. Das Recht der Bischofseinsetzung zog er an sich, somit war die weitgehende Unabhängigkeit beseitigt.

939 Schon ein Jahr später (939) organisierte sich wieder eine Adelsopposition. Diesmal schloß sich sein Bruder Heinrich zu einem Schwurbündnis (amicitia) mit den Herzögen Giselbert von Lothringen und Eberhard von Franken zusammen. Während Otto selbst, durch den Strom gehindert, vor der Hl. Lanze um den Sieg betete, schlug sein Heer auf der anderen Rheinseite bei Xanten die Aufständischen. Wiederum am Rhein belagerte Otto Eberhards Truppen bei Breisach, wobei er in eine schwierige Lage geriet, weil ihm der Rückweg abgeschnitten werden sollte. Dem Eingreifen Hermanns von Schwaben verdankte er dann doch den Sieg bei Andernach. Eberhard fiel im Kampf und Giselbert ertrank im Rhein. Dessen Witwe Gerberga heiratete den Westfrankenkönig Ludwig IV., der dadurch zum unerwünschten Schwager Ottos wurde. Um sein Übergreifen auf Lothringen zu verhindern, setzte Otto seinen wieder aufgenommenen Bruder Heinrich als Herzog von Lothringen ein, der sich aber nicht halten konn-
940 te. Otto selbst mußte 940 einen Waffenstillstand mit Ludwig IV. schließen. Eberhard erhielt keinen Nachfolger, Franken wurde dem König unterstellt.

941 Pfingsten 941 wurde bereits die nächste Verschwörung Heinrichs mit sächsischen Adeligen aufgedeckt. Weihnachten unterwarf sich der Bruder in Frankfurt am Main. Um ihn endgültig zufriedenzustellen, übergab Otto ihm 947 das Herzogtum Bayern, auf das dieser gewisse Anrechte durch seine Heirat mit der Luitpoldingerin Judith hatte. Durch eine weitere Heirat, nämlich die seiner Tochter Liudgard mit dem „Salier" Konrad dem Roten, verband sich Otto mit dem Herzogtum Lothringens. Das noch übriggebliebene Herzogtum Schwaben übernahm 949 sein zum Nachfolger bestimmter Sohn Liudolf nach dem Tod seines Schwiegervaters Hermann. So waren alle Herzogtümer in der Hand der königlichen Familie.

947

949

Bei den innenpolitischen Ereignissen hatte Otto auch außenpolitisch eingreifen müssen. Im Westfrankenreich hatte er sich gegenüber den konkurrierenden Gruppen und Kandidaten meistens neutral verhalten, wobei er die Sicherung Lothringens im Auge hatte. Wie weit seine Befugnisse gehen konnten, zeigte sich im Juni 948 auf einer Generalsynode in der Pfalz Ingelheim, bei der unter Anwesenheit der Könige Otto und Ludwig die Besetzung des Reimser Erzbistums im Westfrankenreich entschieden wurde. Teilnehmer waren u.a. die Bischöfe von Arhus, Ripen und Schleswig, die ersten Bischöfe der neuen dänischen Bistümer. Im Jahr 948 wurden auch die Bistümer Brandenburg und Havelberg im ostelbischen Slawenland unter Mitwirkung des päpstlichen Legaten eingerichtet.

948

Die Herrschaft über Burgund war mit der Italienpolitik verbunden. Nach Rudolfs II. Tod heiratete König Hugo von Italien dessen Witwe und verheiratete seinen Sohn Lothar mit deren Tochter Adelheid. Gegen diese übergreifenden Pläne Hugos nahm Otto Konrad, den unmündigen Sohn Rudolfs II., in seine Obhut. Dieser konnte mit Ottos Unterstützung seine Herrschaft über Burgund bis 942 durchsetzen. Otto selbst zog 951 nach Italien, weil ihn die Anhänger von Adelheid um Hilfe gerufen hatten. Sie war Witwe geworden, nachdem Lothar, der seinen Vater Hugo beerbt hatte, 950 gestorben war. Sie wurde daraufhin von Berengar von Ivrea auf der Burg Garda gefangengehalten, der auf diese Weise das Königtum an sich bringen wollte. Er ließ sich 950 in Pavia krönen. Widerstandslos öffnete sich Otto und seinem Heer die Hauptstadt Pavia des alten Langobardenreiches, wo er das Königtum übernahm. Da er selbst durch den Tod seiner angelsächsischen Frau Edgith Witwer geworden war, konnte er anschließend Adelheid heiraten. Aus dem geplanten Romzug wurde nichts, denn seine Gesandten, Erzbischof Friedrich von Mainz und Bischof Hartbert von Chur, kehrten erfolglos zurück. Alberich, der Statthalter Roms, hatte den Papst unter Kontrolle und die Pläne verhindert.

942

950

Otto beschuldigte Friedrich von Mainz als unfähig, woraufhin sich dieser mit dem von der geringen Ausbeute enttäuschten Liudolf vorzeitig ins Reich zurückzog, wo sie in Saalfeld, dem Ort der letzten Verschwörung, gemeinsam mit anderen Adeligen das Weihnachtsfest feierten. Otto ließ Konrad den Roten den Kampf in Italien zuende führen und den besiegten Berengar 952 beim Magdeburger Hoftag vorführen. Dieser unterwarf sich und durfte ein reduziertes Königtum Italien behalten. Inzwischen brach 953 der Aufstand Liudolfs los, dem sich Konrad der Rote und Friedrich von Mainz, die Billunger Wichmann d. J. und Ekbert der Einäugige sowie andere Adelige in einem Schwurbündnis angeschlossen hatten. Es ging um eine ausgewogene Beteiligung an der Königs-

952

953

herrschaft, denn Ottos Bruder Heinrich war zur Besänftigung seiner Machtgelüste in der Zwischenzeit zu einer einflußreichen Stellung aufgestiegen. Er hatte nach Bayern Teile Italiens erhalten und war ein Anhänger der neuen Königin. Liudolf sah dies als Einschränkung seines Erbes, zumal Adelheid im Winter
952/53 952/53 ihren ersten Sohn geboren hatte.

Friedrich von Mainz konnte zwar noch einen Friedensvertrag zwischen den Parteien in Mainz vermitteln, wurde dann aber selbst von Heinrich auf dem Hof- und Gerichtstag von Fritzlar angeklagt und seines Amtes enthoben, genauso wie Konrad der Rote seines Herzogtums. Dieser war wie sein Mitverschworener Liudolf nicht in Fritzlar erschienen. Otto verstärkte nun seine Herrschaft durch Einsetzung seines jüngsten Bruders Brun als Erzbischof von Köln
953 (Sept.953) und quasi archidux (Erzherzog) des Westens und Hermann Billung als seinen Stellvertreter in Sachsen. Danach belagerte er Konrad und Liudolf vergeblich in Mainz, dasselbe spielte sich anschließend vor Regensburg ab, das Liudolf als Triumphator über seinen Onkel Heinrich eingenommen hatte. Ganz Süddeutschland stellte sich gegen Otto, Sachsen blieb ihm ergeben und Lothringen wurde von Brun gegen Konrad den Roten verteidigt.

In dieser brenzligen Situation überfielen die Ungarn das Reich und zogen plündernd durch Bayern, Schwaben, Franken, Lothringen, Westfrankenreich, Burgund und Norditalien. Liudolf und Konrad benutzten sie teilweise als Bundesgenossen. Dies führte zu einem Stimmungsumschwung, Waffenstillstand und Unterwerfung Konrads des Roten und Friedrichs von Mainz. Liudolf floh nach Regensburg, wo er nach Belagerung durch Markgraf Gero schließlich aufgab und sich dem Vater im Büßergewand zu Füßen warf. Er und Konrad mußten ihre Herzogtümer aufgeben. Schwaben wurde wieder an einen Einheimischen, den Hunfridinger Burchard III., vergeben, der mit Königin Adelheid verwandt war und mit Hadwig, Tochter Heinrichs von Bayern, verheiratet wurde. Ottos Sohn Wilhelm wurde nach dem Tod Friedrichs Erzbischof von Mainz, der vom Papst zum Vikar in Gallien und Germanien ernannt wurde und mit Brun das Amt des
965 Erzkapellans teilte. Nach dessen Tod (965) ging das Amt des Erzkapellans endgültig an Mainz über. Heinrich eroberte sein Herzogtum Bayern zurück und ließ Erzbischof Herold von Salzburg blenden und nach Säben verbannen. Dies wurde von Papst und König sanktioniert, aber von Wilhelm von Mainz verur-
955 teilt. Heinrich starb im November 955, sein gleichnamiger Sohn folgte ihm im Amt.

Im Osten mußten die beiden Billunger und ihre verbündeten Wendenfürsten besiegt werden. Auch andere Slawen wurden mit Hilfe des Netzes deutscher Burgwarde im Zaum gehalten. Gegen den Liutizenbund ging Otto mit aller
955 Schärfe vor, um ihn zu zerschlagen. Mit den Obodriten schloß er 955 einen Vertrag auf Tributzahlung und Erhaltung der Eigenstaatlichkeit. Das Verhältnis zu
935 Böhmen verschlechterte sich massiv, als 935 Boleslav seinen Bruder Wenzel ermordet hatte. Nach 14 Jahren Kampf zwang Otto ihn zur Anerkennung seiner Oberherrschaft und entsprechender Tributzahlung.

Während dieser unruhigen Zeiten hatten sich die Ungarn zu einem weiteren großen Beutezug entschlossen. Otto konnte nur auf die Truppen aus Franken, Schwaben und Bayern zurückgreifen, dem sich gerade noch rechtzeitig ein

böhmisches Kontingent anschloß. So wurde die Schlacht am Tag des hl. Laurentius (10.08.) 955 auf dem Lechfeld bei Augsburg geschlagen. Otto konnte den *955*
beinahe verlorenen Kampf mit der Hl. Lanze in der Hand herumreißen und die Feinde an diesem Tag und zwei Tage später vernichtend besiegen. Dies bedeutete das Ende der ungarischen Raubzüge, denn die Ungarn wurden nun seßhaft und noch in demselben Jahrhundert missioniert.

Der König mußte sich gleich wieder den Slawen in Mecklenburg zuwenden. Mit der Hilfe Markgraf Geros schlug er die Obodriten an der Recknitz entscheidend. Um die positiven Ergebnisse seiner Bemühungen abzusichern, wollte Otto sein vor der Lechfeldschlacht abgelegtes Gelübde erfüllen und ein Bistum bei seiner Pfalz Merseburg errichten. Er sandte Abt Hadamar von Fulda nach Rom, um Papst Agapet II. (946-955) um die Erhebung Magdeburgs zum Erzbistum als Missionszentrale für die slawischen Völker zu bitten. Der Papst ließ ein Dekret ausstellen, das Otto erlaubte, nach eigenen Vorstellungen Bistümer zu begründen. Inbegriffen war die Verlegung des Bischofssitzes von Halberstadt nach Magdeburg und die gleichzeitige Erhöhung zum Erzbistum sowie die Gründung des Bistums Merseburg. Dagegen protestierte Wilhelm von Mainz in einem berühmten Brief an den Papst, wobei er, da er sich übergangen fühlte, gegen die Magdeburger Pläne, die Absetzung Herolds von Salzburg und die Befugnisse Bruns als Erzbischof und archidux opponierte. Wenn alles dies nicht noch einmal in Mainz beraten werde, werde er von seinem Amt zurücktreten. Der Bischof von Halberstadt, der ebenfalls betroffen war, schloß sich dem Protest an. Otto sah, daß er diesen gewichtigen Einsprüchen nur gemeinsam mit dem Papst begegnen konnte und bereitete daher einen Italienzug vor.

Nach Italien war Ottos Sohn Liudolf mit einem Heer gezogen, als Berengar II. seine Verträge brach und seine Macht ausdehnte. Seiner Schreckensherrschaft
entfloh Liutprand an den Hof Ottos, der als Gesandter 949 in Byzanz gewesen *949*
war, berichtete von den Zuständen in Italien und schrieb sogar darüber ein
„Buch der Vergeltung“ (Antapodosis). Liudolf konnte 956 Pavia einnehmen und *956*
innerhalb eines Jahres das italienische Königreich zum großen Teil von Berengar II. und seinem Sohn Adalbert zurückerobern. Auf dem Rückweg starb Liudolf
im September 957 und wurde im Kloster St. Alban in Mainz neben seiner *957*
Schwester Liudgard begraben.

Durch diesen Todesfall gewannen Berengar II. und sein Sohn wieder die Überhand in Italien und bedrängten sogar Rom. Papst Johannes XII. (955-964) bat Otto um Hilfe und bot die Kaiserkrönung an. Vor dem Beginn der Romfahrt
ließ Otto im Mai 961 seinen fünfjährigen Sohn Otto II. zum Mitkönig krönen, *961*
außerdem konnte er Wilhelm dazu bringen, sein Magdeburg-Projekt zu unterstützen. Die Krönung in Aachen nahmen alle drei Erzbischöfe vor, der Mainzer erhielt allerdings die Regentschaft während der Abwesenheit.

Otto wurde in Pavia empfangen, aus dem sich Berengar zurückgezogen hatte. Der zu Otto geflohene Liutprand wurde als Bischof von Cremona eingesetzt. Abt Hatto von Fulda wurde zur Vorbereitung nach Rom geschickt. Dort war
der mächtige Stadtherr Alberich gestorben (954), sein Sohn Octavian war zum *954*
Papst erhoben worden, hatte als erster Papst den Namen geändert und sich Johannes XII. genannt. Noch vor der Ankunft in Rom hatte Otto dem Papst den

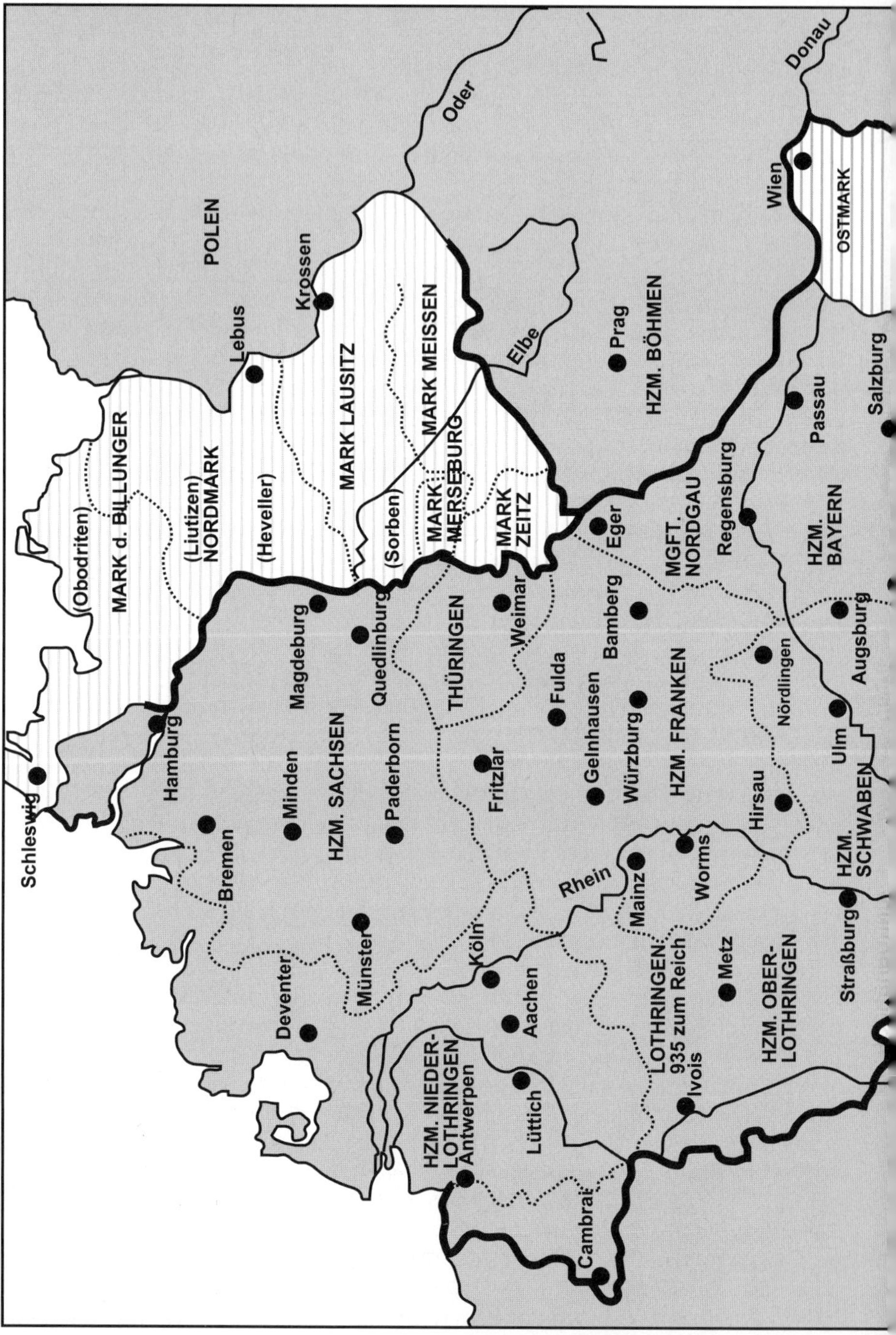
Oder
Donau
Wien
OSTMARK
POLEN
Krossen
Lebus
MARK LAUSITZ
MARK MEISSEN
Elbe
Prag
HZM. BÖHMEN
Passau
Salzburg
MARK d. BILLUNGER
(Liutizen)
NORDMARK
(Heveller)
(Sorben)
MARK MERSEBURG
MARK ZEITZ
(Obodriten)
Eger
Regensburg
MGFT. NORDGAU
HZM. BAYERN
Magdeburg
Quedlinburg
THÜRINGEN
Weimar
Bamberg
Augsburg
Nördlingen
Fulda
Gelnhausen
Würzburg
HZM. FRANKEN
Ulm
Hamburg
Schleswig
Minden
HZM. SACHSEN
Paderborn
Fritzlar
Hirsau
Bremen
Rhein
Mainz
Worms
HZM. SCHWABEN
Münster
Köln
Aachen
LOTHRINGEN: 935 zum Reich
Metz
HZM. OBER-LOTHRINGEN
Straßburg
Deventer
HZM. NIEDER-LOTHRINGEN
Antwerpen
Lüttich
Ivois
Cambrai

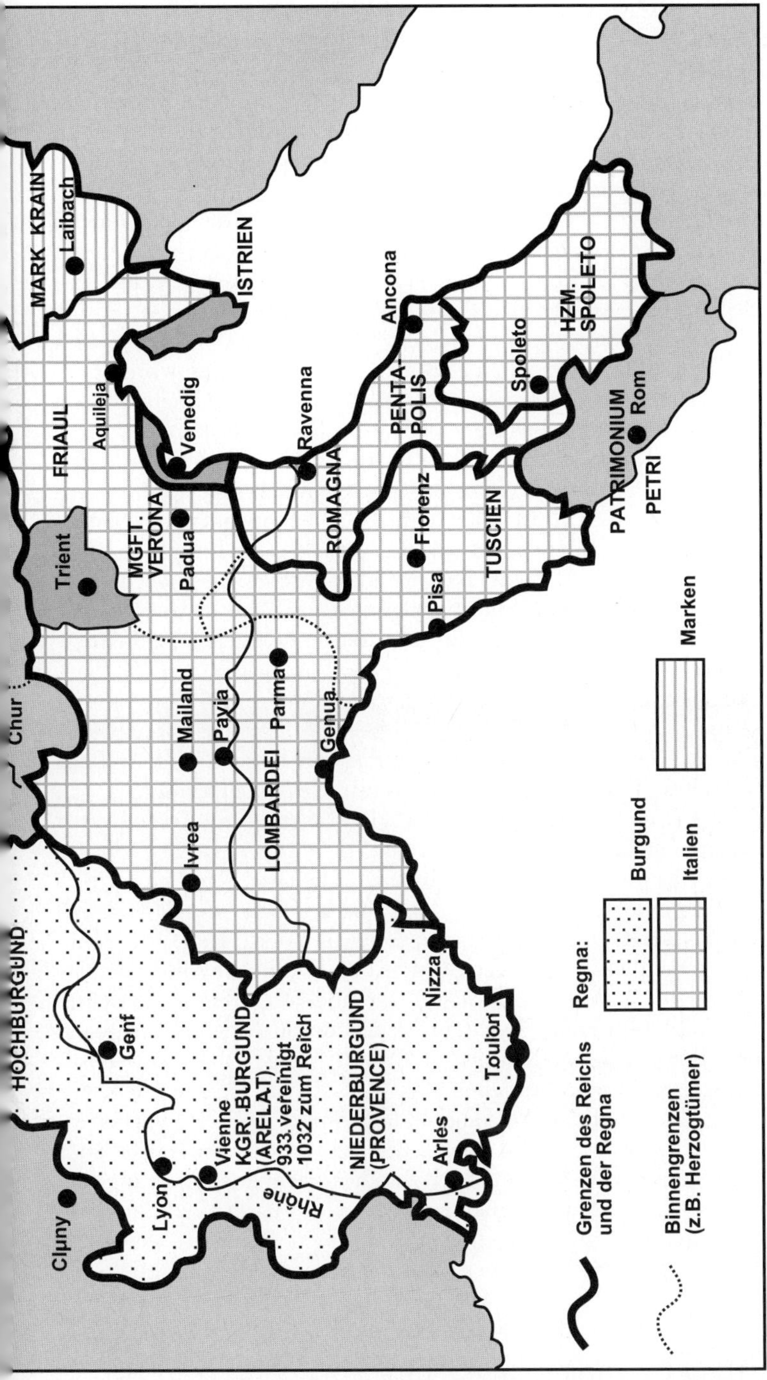

Das Reich unter den Ottonen und Saliern.

Sicherheitseid leisten lassen, der den Schutz des Papstes und seines Besitzes garantierte. Diese schon traditionelle Schutz- und Oberherrschaft des „fränkischen" Königs stand im Gegensatz zu den Rechten wie sie der Papst durch die Konstantinische Schenkung beanspruchte, z.B. die Einsetzung des Kaisers. Das angebliche Original der Konstantinischen Schenkung wurde Otto überreicht, denn es ist Bestandteil eines Textes über die Kaiserkrönung, der noch heute zusammmen mit dem Sicherheitseid in Bamberg erhalten ist.

962 Die Kaiserkrönung wurde am 2. Februar 962 vom Papst in der Peterskirche vorgenommen. Adelheid wurde ebenfalls gekrönt und in den Kaiserurkunden seit dieser Zeit „consors imperii" (Mitregentin) genannt. Widukind erwähnt die Kaiserkrönung nicht. Er lehnte die von Rom übertragene Würde ab und berief sich auf das genuin sächsische Element. Nach seiner Vorstellung war Otto auf dem Lechfeld nach dem glorreichen Sieg zu einer Art Heerkaiser erhoben worden.

Am 12. Februar erließ der Papst eine Enzyklika, in der die Erhebung von Magdeburg zum Erzbistum und von Merseburg zum Bistum bestimmt wurde, von der Auflösung des Bistums Halberstadt ist nicht die Rede. Der Kaiser konnte im Gebiet der bekehrten Slawen weitere Bistümer gründen. Dies war nur ein erster Schritt. Denn der Bischof von Halberstadt wollte Magdeburg und Merseburg nicht verlieren und blockierte daher die Ausführung der Enzyklika. Das kanonische Recht gab ihm dieses Recht. Dies ist ein typisches Beispiel für mittelalterliche Politik. Ein Gesetz oder eine Verfügung sagte noch nichts über die erfolgreiche Durchführung. Dazu gehörte die entsprechende Rechts- und vor allem Machtgrundlage.

Als Gegenleistung bestätigte Otto einen Tag später im Pactum Ottonianum die Privilegien seiner karolingischen Vorgänger über den Kirchenstaat, der sich utopischerweise auch nach Süditalien erstreckte, das von Byzanz und Arabern besetzt war. Im zweiten Teil des Pactum wurde festgelegt, daß der Papst von Klerus und Volk von Rom gewählt, aber erst nach Ablegung des Treueids vor kaiserlichen Gesandten geweiht werden sollte.

Dieses gute Verhältnis hielt nicht lange. Berengar versuchte, seine Herrschaft zurückzugewinnen, ihm schloß sich sogar der Papst an. Otto wurde von den Gegnern des Papstes nach Rom hineingelassen, daher floh der Papst. Otto nahm
963 den Römern am 3. November 963 das Versprechen ab, in Zukunft vor der Papstwahl die Zustimmung des Kaisers einzuholen. Liutprand von Cremona berichtet als Ottos Begleiter und Dolmetscher von dem Prozeß, der in Abwesenheit gegen den Papst durchgeführt wurde. Neben dem Treuebruch gegenüber dem Kaiser wurde ihm eine ganze Reihe von Vergehen gegen die Kirche vorgeworfen, vor allem sein gottloser Lebenswandel. An seiner Stelle wurde Leo VIII., vorher erster Notar der päpstlichen Kanzlei, gewählt. Kaum hatte jedoch der Kaiser Rom den Rücken gekehrt, um in Mittelitalien gegen Berengars Anhänger zu kämpfen, da eroberte Johannes XII. die Stadt zurück und ließ seine Gegner verstümmeln. Leo konnte entkommen und wurde von einer einberufenen Synode abgesetzt.
964 Der plötzliche Tod von Johannes XII. am 4. Mai 964 beendete die gefährliche Situation.

Eine mächtige Adelspartei in Rom präsentierte nun den Kardinaldiakon Benedikt als Kandidaten, den der Kaiser, da dieser zu reformfreundlichen Kreisen

gehörte und er Leo VIII. bereits unterstützte, ablehnte. Den trotzdem gewählten
Benedikt V. schickte Otto ins Exil nach Hamburg. Leo VIII. starb im März 965. *965*
Die Römer wählten mit Zustimmung des Kaisers, der wieder in Sachsen war,
den Bischof von Narni zu Papst Johannes XIII. (965-972). Dieser wurde bald
wieder ein Opfer römischer Adelsgruppen und floh an den Hof des kaisertreuen
Fürsten von Capua, von wo aus er den Kaiser um Hilfe rief. Zusätzliche Probleme
bereiteten Anhänger Berengars, der seit 963 im Exil in Bamberg saß und *963*
im August 966 starb, und sein Sohn Adalbert, der sich nach Süditalien auf byzantinisches
Gebiet zurückgezogen hatte. Otto feierte Weihnachten 966 in Rom, *966*
wohin der Papst mit Unterstützung des Fürsten von Capua zurückgekehrt war.
Die Opposition wurde hart bestraft.

Auf einer gemeinsamen Synode in Ravenna wurde im April 967 noch einmal *967*
die Errichtung Magdeburgs zum Erzbistum und die Gleichstellung mit den anderen
beschlossen, darüberhinaus die Unterstellung der Bistümer Havelberg und
Brandenburg sowie der neuen Bistümer Merseburg, Zeitz und Meißen. Als Kaiser
beanspruchte Otto hier mit dem Papst die Entscheidungsgewalt über die hohen
Kirchen im Reich, wie es auch in dem Mandat von 968 deutlich wird, in *968*
dem Adalbert, Missionsbischof bei den Russen und Abt von Weißenburg, zum
ersten Erzbischof bestimmt wird.

Hiermit hatte Otto endlich den wichtigsten Schritt in der Ostpolitik hinter
sich gebracht. Auf der anderen Seite der Oder war in der Zwischenzeit der slawische
Fürst Mieszko I. zu großer Macht aufgestiegen. Nach ersten Kampfberührungen
mit den Markgrafen hatte er sich zu einem Freundschaftsvertrag
mit Tributverpflichtung bereit erklärt. Um 965/66 heiratete er Dubrava, die *965/66*
Tochter Herzog Boleslavs von Böhmen, die ihn zum christlichen Glauben
brachte. Nach polnischer Überlieferung soll 968 vor der Erhebung Magdeburgs *968*
das Bistum Posen entstanden sein, dessen erster Bischof Jordan vorher bereits
dort missioniert hatte. Unter dessen Nachfolger Unger (982-1012) gehörte Posen
zum Erzbistum Magdeburg.

Magdeburg war aber nicht nur ein wichtiges Element der Ostpolitik, sondern
auch der Kirchenpolitik im Reich. Im Jahr 967 hat Otto mit der Vergrößerung *967*
der Hofkapelle seine Kirchenpolitik charakteristisch umgestaltet. Aus der Hofkapelle wurden die Reichsbischöfe genommen, damit erhielt sie eine zentrale Funktion im Reich. Sein Bruder Brun von Köln war ihm ein gutes Beispiel gewesen, wie man Bischöfe einsetzen konnte. Der lange Kampf um die Verwirklichung seiner Magdeburg-Pläne hatte ihm gezeigt, wie wichtig es war, einen königsnahen verläßlichen Episkopat zu haben. Die konsequente Umsetzung dieses Besetzungssystems der Bistümer führte in der Forschung zu dem Begriff des ottonisch-salischen Reichskirchensystems. Ein wesentlicher Vorteil bei der Vergabe der Bistümer als zentrale Positionen war, daß die Ämter nicht erblich werden konnten. Der König zog sie nach dem Tod des Inhabers ein und teilte sie neu aus.

Während seines Aufenthaltes in Ravenna hatte Otto im April 967 eine Gesandtschaft des byzantinischen Kaisers Nikephoros Phokas empfangen. Dieser war beunruhigt über Ottos Vorstoß nach Capua und Benevent. Otto erneuerte den Wunsch nach einer Heiratsverbindung mit Otto II., der Weihnachten 967

nach den Vorbildern von Ludwig dem Frommen, Lothar I. und Ludwig II. zum Mitkaiser gekrönt wurde. Der Kampf um Süditalien wurde trotz der Verhandlungen eröffnet. Auch Liutprand von Cremona konnte am Hof in Byzanz nichts ausrichten, schrieb aber einen bissigen Bericht über seinen Aufenthalt. Durch eine Palastrevolte wurde Nikephoros beseitigt, der Nachfolger Johannes Tzimiskes mußte wegen der Bedrohung durch eine russisch-bulgarische Koalition eine diplomatische Lösung suchen. So konnte Erzbischof Gero von Köln mit Theo-
972 phanu, der Nichte des Kaisers, erfolgreich zurückkehren. Im April 972 wurde Theophanu mit Otto II. durch den Papst in der Peterskirche vermählt und zur Mitkaiserin gekrönt.

Nun war Otto I. auf dem Höhepunkt seiner Macht angekommen. Nachdem er endlich in sein Reich zurückgekehrt war, hielt er eine Synode mit allen sechs Erzbischöfen und vielen Bischöfen in der Pfalz Ingelheim ab. Dort wurde das neue Missionsbistum Oldenburg dem Erzbistum Hamburg unterstellt. In Frankfurt am Main beging er das Weihnachtsfest und feierte den Palmsonntag in Magdeburg, das er zum ersten Mal nach der Erhebung zum Erzbistum aufsuch-
973 te. Prunkvoll wurde das Osterfest 973 in Quedlinburg gestaltet. Er hatte die Herzöge Boleslav und Mieszko zum Erscheinen aufgefordert. Mit Boleslav konnte er über Gründung eines Bistums Prag verhandeln, Mieszko sandte seinen Sohn Boleslaw als Geisel. Griechen, Bulgaren, Russen, Ungarn, Beneventer, Dänen und Slawen schickten Gesandte. Mit Verspätung trafen Gesandte der islamischen Fatimiden aus Afrika und Sizilien erst um Christi Himmelfahrt am Hof in Merseburg ein. Dies alles verdeutlicht das Ansehen des bedeutenden Kaisers, wie es die Zeitgenossen bereits gesehen haben.

Plötzlich erkrankte der Kaiser an einem schweren Fieber, wie es in den Quellen heißt, und starb wie sein Vater in der Pfalz Memleben am 7. Mai 973. Seinem Wunsch gemäß wurde er im Magdeburger Dom bei seiner ersten Frau Edgith begraben.

Einordnung

Im Gegensatz zu seinem Vater hatte Otto eine stabile Machtgrundlage, als er seine Herrschaft antrat. Deshalb konnte er auch ganz anders mit den Partikularkräften des Reiches umgehen. Er wollte nicht primus inter pares sein, sondern der König über alle, betrieb daher aktiv die Integration aller Stämme. Um die wichtigsten Positionen unter Kontrolle zu haben, vergab er sie an seine Familienmitglieder. Nachdem diese sich mehr mit den regionalen Interessen verbanden als mit ihm, setzte er auf das Reichskirchensystem, das sich als effektiv erwies. Diese innenpolitisch am Ende erfolgreiche Politik der Integration wurde bestärkt durch die endgültige Zerschlagung der Ungarn und die weitere Ostpolitik. Dazu gehörten die Zurückdrängung slawischer Versuche zur Staatenbildung, Kontrolle und Teilbesiedlung der Räume bis zur Oder, Tributpflichtigkeit der Herzöge von Böhmen und Polen, sowie vor allem die Bistümer Brandenburg und Havelberg und die Erhebung seines Lieblingsortes Magdeburg zum zentralen Erzbistum für die Missionierung des Ostens.

Ganz bewußt schloß Otto zur Aufwertung der eigenen sächsischen Dynastie an die Tradition Karls des Großen und somit die fränkische an. Dies verdeutlicht Aachen, Ort der Wahl und Krönung. Dies verdeutlicht als Programm auch die Kaiserkrönung in Rom. Sie stellte die alte Kaisermacht wieder her, das Heilige Römische Reich (renovatio sacri imperii Romani), und erneuerte die Ober- und Schutzherrschaft über Rom, diesmal allerdings des sächsischen Herrschers. Damit verbunden war auch eine Einmischung in italienische Politik, die dem Kaiser wesentliche Zeit und Kräfte für sein Reich oberhalb der Alpen entzog. Gleichzeitig erhielt er dadurch die mächtigste Position in Europa, hielt gemeinsam mit dem Papst Synoden ab und erreichte sogar, daß kein Papst mehr von den Römern ohne seine Zustimmung nominiert werden durfte.

Schon das Mittelalter verglich ihn wegen seiner außerordentlichen Leistung und Größe mit Karl dem Großen, spätestens bei Otto von Freising in seiner Weltchronik (1143-1146) ist der Beiname „der Große" bezeugt. Otto von Freising schreibt auch, Otto der Große sei der erste König der Deutschen gewesen und nicht Heinrich I., wie manche behaupteten. Bis heute ist das Thema der Entstehung des Deutschen Reiches ein umstrittenes Problem. Man muß aber von einer allmählichen Entwicklung ausgehen, von einer Phase, die 843 mit der Reichsteilung von Verdun begann und in der Regierungszeit Heinrichs I. den entscheidenden Impuls erhielt. Heinrich übernahm das Königsheil der Franken und schuf eine neue Reichsidentität durch den Kriegszug gegen die Ungarn. Vollendet wurde die Phase durch Otto I.. Er richtete ein neues Königreich ein, in dem er als König von allen Stämmen die wichtigsten Positionen (auch Herzöge) als Ämter vergab, und errichtete zusätzlich ein neues Kaisertum, das für Jahrhunderte in Europa dominierte.

Otto II. (973-983)

Seit Konrad I. war im Ostfrankenreich, das man aus heutiger Sicht unter der Prämisse, daß dies so nicht in den Quellen steht, 973 als „deutsches Reich" bezeich- *973*
nen kann, der König gewählt worden. So war es auch bei Otto II., der zu Lebzeiten seines Vaters gewählt wurde. Allerdings bedeutete dies realpolitisch die Erbfolge in der Familie in der dritten Generation. Daher war die Übernahme der Herrschaft nach dem Tod des Vaters nur eine Formsache und vollzog sich nur einen Tag später noch in Memleben durch Huldigung der anwesenden Großen des Reiches. Die reale Macht seines Vaters hatte er aber nicht in den Händen. Mit 18 Jahren war Otto II. noch relativ jung und hatte sich gleich mit dem nur wenig älteren Vetter Herzog Heinrich dem Zänker auseinanderzusetzen, der sich mit Mieszko und Boleslav wegen der Besetzung des Augsburger Bistums gegen ihn erhob. Otto wurde frühzeitig gewarnt und konnte Heinrich in Haft nehmen.

Nach dieser ersten Krise hatte Otto Zeit für Bistumsgründungen. Sein Erzkapellan Willigis von Mainz weihte mit Einverständnis des Papstes Anfang 976 den *976*
Sachsen Thietmar zum Bischof von Prag und Wracen zum Missionsbischof von Mähren. Beide wurden der Erzdiözese Mainz unterstellt, somit dem Einfluß von Regensburg und Passau entzogen.

In demselben Jahr entfachte Heinrich der Zänker nach der Flucht aus der Haft eine weit gefährlichere Revolte, da er sogar im sächsischen Adel Unterstützung fand. Otto II. entzog ihm das Herzogtum Bayern und übergab auch dieses an den Herzog von Schwaben, Liudolfs Sohn Otto. Das abgetrennte Kärnten wurde zum Herzogtum erhoben und dem Luitpoldinger Heinrich zugesprochen, die bayerische Ostmark erhielt der Babenberger Liudpold, Bruder Bertholds von Schweinfurt. Dieser Aktion erfolgte der sogenannte Aufstand der drei Heinriche: Heinrich der Zänker, Heinrich von Kärnten und Bischof Heinrich von Augsburg. Die Situation wurde erst beim Magdeburger Hoftag zu
978 Ostern 978 bereinigt. Die deutschen Aufständischen wurden verbannt, Boleslav von Böhmen huldigte dem Kaiser und das Herzogtum Kärnten wurde an Otto, den Sohn Konrads des Roten, vergeben. Durch die Aufteilung Bayerns hatte Otto eine Schwächung dieses mächtigen Herzogtums erreicht.

Parallel zu den Schwierigkeiten im Südosten waren wieder in Lothringen Probleme aufgetreten. Otto setzte den Karolinger Karl, Bruder des Königs Lothar, als Herzog von Niederlothringen in der neuen Residenz Brüssel ein. Dies führte zu einer plötzlichen Invasion durch Lothar, der sogar Aachen einnehmen konnte, aus dem Otto nur knapp entkam. Erst nachdem Karl und Otto gemein-
980 sam Lothar bedrohten, wurde 980 ein Friedensvertrag geschlossen, in dem Lothringen als Besitz des ottonischen Reiches anerkannt wurde.

Nach der Grenzsicherung im Norden, wo er den dänischen König Harald Blauzahn in seiner Expansion bremsen konnte, hatte Otto endlich Zeit, seine kaiserliche Herrschaft in Italien wieder zur Geltung zu bringen. Das Reich wurde Willigis von Mainz anvertraut, Theophanu und der kleine Sohn Otto begleiteten den Kaiser. In Rom war es zu einer Krise um die Päpste gekommen. Benedikt VI. (973-974) konnte sich gegen die mächtige Familie der Crescentier nicht behaupten und wurde von deren Kandidaten Bonifaz VII. (974-985) nicht nur abgelöst, sondern sogar ermordet. Der Mörder floh in den byzantinischen Süden. Nun wurde Benedikt VII. (974-983) mit kaiserlicher Zustimmung gewählt. Dieser wurde jedoch von Bonifaz vertrieben und rief den Kaiser um Hilfe. Otto II. war in Ravenna unter anderem mit dem Gelehrten Gerbert von Aurillac zusammengetroffen und kehrte mit Papst Benedikt VII. nach Rom zurück, wo
981 sie gemeinsam Ostern feierten. Auf einer Synode im September 981 wurde das Bistum Merseburg aufgelöst, um Halberstadt zufriedenzustellen und Zeitz und Meißen zu stärken.

Bisher hatte Otto nur mit diplomatischen Mitteln in Italien gewirkt, nun aber zog er ein starkes Heer zusammen, um in Süditalien gegen die Araber (saraceni) zu kämpfen. Zu dieser Zeit war Byzanz durch Thronwirren gelähmt, Otto konnte also im Süden auf byzantinischem Gebiet frei operieren. In Tarent nahm er den traditionellen römischen Kaisertitel an und nannte sich „Romanorum imperator augustus“, was bisher den Byzantinern vorbehalten war. Dieser Titel setzte sich durch für den Herrscher und das Imperium und schließlich für den deutschen König als Anwärter auf den Kaisertitel.

Nach anfänglichen Erfolgen erlitt der Kaiser bei einem plötzlichen Überfall eine vollständige Niederlage und konnte sich gerade noch retten. Diese erste Niederlage eines Ottonen erregte großes Aufsehen und brachte eine Einbuße im

Ansehen. Der Gegner war allerdings auch nicht mehr fähig, den Krieg weiterzuführen. Betroffen war der Kaiser über den Tod Herzog Ottos von Schwaben und Bayern, der auf dem Rückweg in Lucca starb. Auf einer Reichsversammlung italischer und deutscher Großer in Verona sollte zu Pfingsten 983 die Si- *983*
tuation auf Bitten sächsischer Adeliger geklärt werden. Dort scheint Otto seine Politik der Gewinnung Süditaliens mit italischen Kräften weiterhin vertreten zu haben. Zum Nachfolger Herzog Ottos wurden der vertriebene Luitpoldinger Heinrich in Bayern und der Konradiner Konrad in Schwaben eingesetzt. Der Sohn des Kaisers wurde als Otto III. von italischen und deutschen Großen zum Mitkönig gewählt. Erzbischof Willigis brachte ihn nach Aachen, wo er ihn gemeinsam mit dem Erzbischof von Ravenna krönte. Dies zeigte den engen Bezug zwischen dem deutschen und italischen Regnum.

Der neue Erzbischof Giselher von Magdeburg zog von Verona schleunigst nach Sachsen, wo inzwischen große Gefahr herrschte. Mieszko von Polen hatte nach dem Tod seiner böhmischen Frau Differenzen wegen Schlesien mit Boleslav und heiratete eine Tochter des Markgrafen von der Nordmark, der die Elbslawen rigoros unterdrückte. Gegen den sächsisch-polnischen Druck hatte sich der Liutizenbund mit den Obodriten und anderen Slawen erhoben und Havelberg und Brandenburg zerstört. Es folgten die Einäscherung von Hamburg und Verwüstungen im Bistum Oldenburg und in der Altmark. Die Slawen konnten zwar an Tanger und Elbe zurückgeschlagen werden, aber das Missionswerk Ottos des Großen jenseits der Elbe war zerstört.

Der Kaiser zog von Verona wieder nach Süden bis nach Bari und von dort nach Rom, wo Benedikt VII. am 10.
Juli 983 gestorben war. Er ließ seinen *983*
italischen Erzkanzler Bischof Petrus von Pavia zu Papst Johannes XIII. erheben, mit dem er sich eine erfolgrei-

Christus segnet Kaiser Otto II. und Kaiserin Theophanu. Neben der Aussage über die Sakralität des Königtums veranschaulicht die Darstellung auch den Kulturaustausch zwischen dem Ottonischen und dem Byzantinischen Reich. Erkennbar v.a. an der Verwendung lateinischer und griechischer Schriftzeichen sowie an der Kleidung des Herrscherpaares (Otto II. trägt ein Gemisch aus westlicher Tracht und byzantinischem Kaiserornat, Theophanu hingegen den Ornat einer byzantinischen Kaiserin) und an dem in der Proskynese-Haltung dargestellten bärtigen Mönch Johannes (Philagathos?). Elfenbeinrelief, Italien, Ende d. 10. Jh.

che Zusammenarbeit versprach. Da starb der Kaiser plötzlich an einem Fieber (Malaria?). Er wurde als einziger Kaiser in St. Peter in Rom begraben.

Einordnung

Otto II. mußte in die übergroßen Fußstapfen seines Vaters treten. So wurde er in den ersten 10 Jahren seiner Herrschaft in ständige Auseinandersetzungen mit süddeutschem Adel, Lothringen und dem westfränkischen König verwickelt, die alle seine Macht herausforderten. Er hat diese Gegner mit viel Geschick und Kriegsglück besiegt, vor allem Bayern geschwächt und auch noch Zeit gefunden, das Bistum Prag zu gründen.

Dann wurde ihm die Italienpolitik zum Verhängnis. Für viele Historiker des 19. und 20. Jahrhunderts ist die Italienpolitik der entscheidende Grund für die Schwäche des Reiches bzw. die partikularistische Entwicklung. Gerade bei Otto II. wird als Beweis angeführt, daß durch die Niederlage in Süditalien und durch den langen Italienaufenhalt die Ost- und Missionspolitik seines Vorgängers zerstört wurde.

Es ist richtig, daß die Balance zwischen den verschiedenen Brennpunkten der Politik in dem riesigen Herrschaftsgebiet von der dänischen Grenze bis nach Süditalien nur von wenigen Herrschern, die die entsprechenden Fähigkeiten und Strukturen und die entsprechende Zeit zur Verfügung hatten, bewältigt werden konnte. Otto II. besaß wohl die Fähigkeiten, aber nicht die gefestigten Herrschaftsstrukturen und ihm blieb nicht die Zeit, seine Fähigkeiten zu beweisen.

Festzuhalten ist aber, daß seine kaiserliche Politik als Ober- und Schutzherr der Römischen Kirche erfolgreich war. Seine Beziehung zum Papsttum wurde auf dem Niveau seines Vaters weitergeführt, kein Papst konnte ohne seine Zustimmung gewählt werden, kein Papst konnte sich ohne kaiserliche Unterstützung in Rom halten und gemeinsam mit dem Papst hat er Synoden abgehalten und Beschlüsse gefaßt. Aufgewertet hat er sein Kaisertum gegenüber Byzanz, indem er den alten römischen Kaisertitel einführte.

Otto III. (983-1002)

Die Nachricht vom Tod des Kaisers traf in Aachen nur kurze Zeit nach den Krönungsfeierlichkeiten für Otto III. ein und stellte die Verantwortlichen vor eine große Aufgabe. Es gab keine festen Rechtsgrundsätze für den Fall von Vormundschaft und Regentschaft. Der dreieinhalbjährige Otto III. galt formell als regierungsfähig und unterschrieb Urkunden mit dem Vollziehungsstrich, hielt Gericht und zog in den Krieg. Um die Vormundschaft für ihn entbrannte ein Kampf. Gleich nach dem Tod Ottos II. war Heinrich der Zänker aus der Verbannung in Utrecht gekommen und hatte von Erzbischof Warin von Köln die Herausgabe Ottos mitsamt den Insignien erreicht, da sich Mutter und Großmutter noch in Italien aufhielten. Er fand Unterstützung bei den Sachsen. Auf der anderen Seite machte sich König Lothar stark, den der Erzbischof von Reims und Herzog Karl von Niederlothringen unterstützten. Zu Ostern 984 forderte Heinrich der Zänker seine Anhänger, darunter Mieszko und Boleslav, auf einer Versammlung in Quedlinburg auf, ihn zum König zu erheben. Sie akklamierten ihm, wie die Quellen berichten. Allerdings begann seine Anhängerschaft zu schrumpfen, denn jetzt ging es um einen Thronstreit, da hatten einige einen Loyalitätskonflikt. *984*

Gegen den Gegenkönig setzte sich Willigis von Mainz in Bewegung und zog viele Adelige, auch einige der Quedlinburger Anhänger, an sich. Heinrich flüchtete nach Bayern, wo er schließlich aufgab und sich verpflichtete, den jungen König am 29. Mai 984 in Rohr bei Meiningen an die beiden Kaiserinnen auszuliefern. Erst nach weiterem Hinhalten und schwierigen Verhandlungen fand die Übergabe statt. Aber erst im Juni 985 kam es nach dem Versuch einer Allianz Heinrichs mit Lothar, der Lothringen überfiel, zu einem endgültigen Vertrag mit Heinrich, dem das bayerische Herzogtum wieder übertragen wurde. Der bisherige Inhaber, der Luitpoldinger Heinrich, erhielt zum Ausgleich Kärnten und die italischen Marken.

Quasi zur Auslöschung der Königserhebung Heinrichs fand 986 zu Ostern auf einem Hoftag in Quedlinburg eine Festkrönung Ottos III. statt, die durch ein Krönungsmahl bekräftigt wurde, bei dem die Herzöge die Hofämter versahen. Boleslav und Mieszko kamen ihrer Tributpflicht nach, Mieszko huldigte darüberhinaus dem König, so daß sich hier ein engeres Verhältnis als zu Böhmen ergab. Die Regentschaft übernahm die Mutter Theophanu, die von Erzbischof Willigis von Mainz und Bischof Hildebald von Worms unterstützt wurde. Kaiserin Adelheid zog sich nach Italien zurück, wo sie von Pavia aus ihre Interessen wahrnahm. *986*

Im Norden und Osten des Reiches befanden sich der Liutizenbund und die Obodriten weiterhin im Kriegszustand, Giselher von Magdeburg und Markgraf Ekkehard von Meißen führten die Truppen gegen sie, Mieszko hatte sich ihnen 985 angeschlossen. Im Westen hatte Lothar Verdun erobert und erhob wieder *985* Ansprüche auf Lothringen. Erzbischof Adalbero von Reims und sein Berater Gerbert von Aurillac unterstützten die Interessen der Ottonen. Da starb Lothars Sohn und Nachfolger Ludwig V. im Jahr 987. Erzbischof Adalbero gelang die *987* Erhebung des Gegenspielers Hugo Capet, die Macht der Karolinger war damit auch im Westen beendet, die neue Dynastie der Capetinger regierte. Der neue Herrscher gab Verdun frei, ließ seinen Sohn zum Mitkönig krönen und verhandelte mit Byzanz um eine Prinzessin für seinen Sohn. Dies verärgerte Theophanu, so daß sie dem Karolinger Karl freie Hand zur Durchsetzung seiner Ansprüche ließ. Karl starb schließlich in Hugos Gefangenschaft und Gerbert wurde nach vielen Querelen Erzbischof von Reims.

Im Herbst 989 setzte Theophanu ihren Plan von der Romfahrt um, ohne *989* ihren Sohn mitzunehmen. In Rom hatte wieder Bonifaz VII. mit Unterstützung von Byzanz die Macht ergriffen, der eigenlich amtierende und abgesetzte Papst Johannes XIV. starb in seiner Haft in der Engelsburg. Bonifaz folgte ihm bald darauf im Juli 985 in den Tod. Neuer Papst wurde Johannes XV. (985-996), der *985* Theophanu empfing, die die Kaiserrechte in Rom und den südlichen Fürstentümern erneuerte. Sie trat als Kaiserin, Theophanu imperatrix augusta, auf, in den

Urkunden taucht sogar der männliche Titel auf: Theophanius imperator augustus. Ihre Politik war geschickt und erfolgreich, sie führte in Rom auch Gespräche mit dem aus Prag geflohenen Bischof Adalbert, dessen frühere Mission in Rußland gescheitert war. Dies führte trotz mehrerer Delegationen aus Rom unter Fürst Wladimir von Kiew zum Anschluß der russischen Kirche an die griechische (orthodoxe) Kirche.

992 Adalbert konnte 992 zurückkehren, nachdem es zu einem Friedensschluß im polnisch-böhmischen Konflikt um Schlesien gekommen war. Dabei war Böhmen mit den Liutizen und Polen mit den deutschen Heerführern Giselher und Markgraf Ekkehard verbündet gewesen. Hierbei soll Mieszko sein Reich gegen einen Jahreszins der Römischen Kirche als Schutzmacht überstellt haben, einschließlich Pommern östlich der Oder und Schlesien und Krakowien. Erhalten ist diese Nachricht nur in römischer Überlieferung, direkte Folgen sind nicht bekannt. Dies wird von BEUMANN in erster Linie als kirchenpolitische Maßnahme gegen den Magdeburger Anspruch auf das Bistum Posen und gegen den böhmischen Anspruch auf das Missions-Gebiet an der oberen Oder gesehen. Einige polnische Autoren deuteten dies als letzten Ausweg vor den deutschen Expansionsgelüsten.

991 Inzwischen war am 15. Juni 991 Theophanu in Nimwegen gestorben und in St. Pantaleon in Köln begraben worden. Nur für kurze Zeit übernahmen Willigis und Hildebald die Regentschaft, dann nahm die 60jährige Großmutter Adelheid sie in ihre Hände, die u.a. ihr Eigenkloster Selz im Unterelsaß reichlich ausstattete.

994 Im September 994 wurde Otto III. mit 14 Jahren mündig und auf einem Hoftag in Solingen mit dem Schwert wehrhaft und somit regierungsfähig gemacht. Unter dem Einfluß seiner Mutter hatte der König eine außerordentlich gute Ausbildung genossen, die weit über der bei Herrschern üblichen lag. Der Grieche Johannes Philagathos hatte ihn in der griechischen Kultur unterrichtet, Bischof Bernward von Hildesheim war sein Erzieher. Dem Einfluß seiner
999 Großmutter konnte er sich nun entziehen, sie starb 999 in ihrem Kloster Selz.

Als erste nahm er die Ostpolitik in Angriff. Mieszko war 992 gestorben, sein Sohn Boleslaw Chrobry verdrängte seine Brüder und setzte sich an die Spitze Polens. Die Kämpfe um die Brandenburg gingen weiter, der König selbst griff
995 995 gegen die Obodriten und Liutizen und die Mecklenburg ein, konnte aber keinen entscheidenden Sieg erringen. Im Dezember 995 erteilte Otto III. dem Bistum Meißen ein Privileg, in dem der Bistumssprengel auf Schlesien westlich der Oder und östlich der Elbe ausgedehnt wurde, um das konfliktreiche Gebiet zwischen Polen und Böhmen wenigstens kirchenpolitisch zu neutralisieren.

Nachdem er sich gegen Heinrich den Zänker bei der Besetzung des Bistums Regensburg und auch beim Bistum Cambrai durchgesetzt hatte, brach Otto III.
996 im März 996 mit Heer und viel Gefolge von Regensburg aus nach Italien auf. In Verona wurde ein enger Vertrag (Kompaternitätsbündnis) mit Venedig geschlossen, Ostern feierte er in Pavia, wo er die Huldigung italischer Fürsten entgegennahm. Dort erreichte ihn die Nachricht vom Tod des Papstes. Otto schlug Brun von Kärnten, Urenkel Ottos des Großen, vor, der von Willigis und Hildebald nach Rom begleitet und als erster Deutscher zu Papst Gregor V. erhoben wurde.

Auf diese Weise war der Papst in das ottonische Reichskirchensystem einbezogen, was Otto III. gleich nutzte. Denn am 21. Mai 996 ließ er sich von seinem Papst in der Peterskirche zum Kaiser krönen. Er führte den Titel „Kaiser der Römer", berief sich in zwei Urkunden auf die Zustimmung des Papstes, der Römer, der Franken, Bayern, Sachsen, Elsässer, Schwaben und Lothringer, womit die wesentlichen Kräfte seines Reiches in einer ganz bestimmten Reihenfolge genannt waren. Er unterzeichnete sogar neben dem Papst Privilegien und ging damit über Otto den Großen hinaus, der solche Privilegien zusätzlich mit der Signumzeile hatte versehen lassen.

Beide beriefen eine Synode ein, auf der erste Unstimmigkeiten zwischen ihnen auftauchten, da sich der Papst dem energischen jungen Kaiser nicht beugen wollte, speziell, was die Herrschaftsrechte in der Pentapolis, dem Gebiet oberhalb von Rom, betraf. Otto III. erklärte die Konstantinische Schenkung für eine Fälschung und bestätigte das Ottonianum nicht. Auf der Synode wurde auch der Streit um das Reimser Erzbistum und die Vakanz des Prager Bistums behandelt. So lernte Otto III. Gerbert von Aurillac und Adalbert kennen. Der erste beeindruckte ihn durch Intelligenz und Bildung, der zweite durch sein besonderes Charisma. Wegen des Streits mit dem Papst zog Otto bald ab. Ohne ihn konnte sich Gregor nicht halten, der Patricius Crescentius vertrieb ihn und setzte als Gegenpapst ausgerechnet Johannes Philagathos als Johannes XVI. (997-998) ein. Gregor rief den Kaiser um Hilfe.

Otto übertrug seiner Tante Mathilde, Äbtissin von Quedlinburg, seine Stellvertretung und verlieh ihr den Titel „matricia", Inhaberin des Patriciusamtes.
Dann zog er im Dezember 997 über den Brenner. Ihn begleiteten nicht Willigis *997*
oder Giselher, deren Einfluß zurückging, dafür aber immer noch Ekkehard von Meißen und sein neuer enger Berater Gerbert von Aurillac. In Pavia feierten sie
Weihnachten und am 20. Februar 998 tauchten sie vor Rom auf. Der Gegenpapst *998*
wurde ergriffen, geblendet, im Gesicht verstümmelt und eingesperrt. Ekkehard von Meißen belagerte und stürmte die Engelsburg, der Patricius Crescentius wurde enthauptet und seine Leiche auf dem Monte Mario vor der Stadt an den Füßen aufgehängt. Gregor war in sein Amt zurückgekehrt und hatte Härte gefordert. Er überreichte seinem einstigen Gegner Gerbert von Aurillac das Pallium als Erzbischof von Ravenna.

Otto ließ den Bau einer Pfalz am Palatin beginnen und wollte Rom zur Hauptstadt seines Reiches ausbauen. Er führte Hof- und Verwaltungsämter nach antikem römischem und byzantinischem Vorbild ein. Er begann mit dem ausschließlichen Gebrauch von Metallsiegeln, wie sie die Karolinger seit Karl dem Großen und Otto der Große genutzt hatten. Auf der Rückseite seiner ersten Bulle wird die Frauenbüste der Roma dargestellt und von der Umschrift „Renovatio imperii Romanorum" (Erneuerung des Imperiums der Römer) umgeben. Er wandelte Karls des Großen Formulierung „romani" (römisch) ab und legte besonderen Wert auf den Begriff „der Römer".

Nach vier Monaten Aufenthalt in Rom hielt er in Pavia am 20. September 998 eine Synode ab, auf der ein Gesetz verabschiedet wurde, daß Pachtverträge mit dem Tod des jeweiligen Bischofs oder Abtes ungültig wurden und von dem Nachfolger neu definiert werden konnten. Das war ein Einschreiten zugunsten

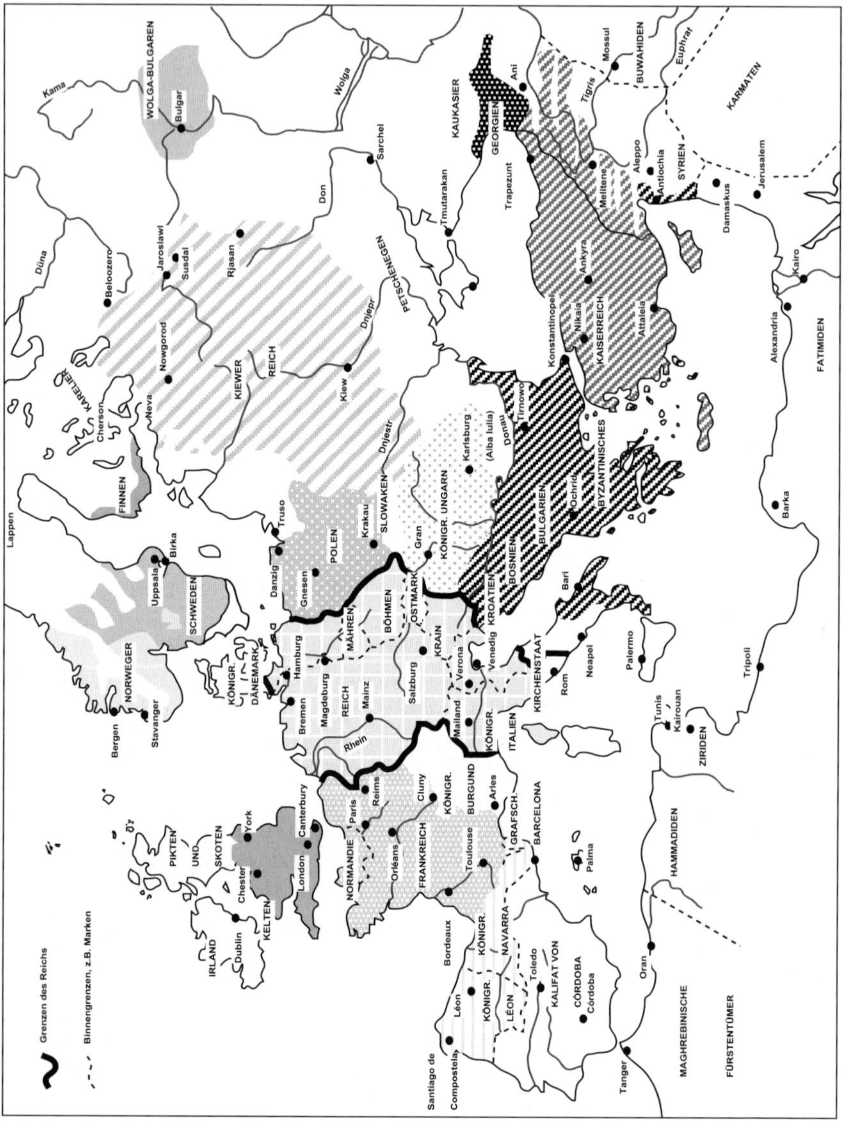

Das Reich und die europäische Staatenwelt um das Jahr 1000.

des höheren Adels Norditaliens gegen den niederen Adels unter Führung von Arduin von Ivrea.

Im März 999 starb Papst Gregor V., daher konnte Otto III. nun Gerbert als 999
Papst Silvester II. auf den Papstthron bringen. Der Name war Programm. Denn an Silvester sollte Konstantin der Große bekanntlich das imperium übergeben haben. Das enge Zusammengehen des Philosophenpapstes und des Kaisers an der Spitze der Christenheit war in dieser Form einmalig.

Nachdem er Weihnachten in Ravenna gefeiert hatte, brach der Kaiser zu Beginn des Jahres 1000 nach Norden auf. Inzwischen war Adalbert gestorben. Ihm 1000
hatte der Böhmenherzog die Rückkehr nach Prag verboten, daraufhin ließ er sich von Boleslaw Chrobry mit der Mission der Prußen beauftragen. Dort erlitt er im April 997 das Martyrium. Boleslaw holte den Leichnam und ließ ihn in 997
seiner Hauptstadt Gnesen beisetzen. Otto III., der Adalbert hoch verehrte, betrieb seine Heiligsprechung und ließ in Aachen ein Kloster zu seinen Ehren gründen. Von Italien aus zog er direkt nach Polen. Er besuchte barfuß als Pilger das Grab Adalberts und gründete in Gnesen ein Erzbistum, dem er die Bistümer 1000
Kolberg, Krakau und Breslau unterstellte. Posen blieb zu Lebzeiten Bischof Ungers noch bei Magdeburg. Der Kaiser übertrug seine Kirchenrechte dem Herrscher in Polen, womit Polen seine eigene Kirchenorganisation erhielt. Darüberhinaus schloß Otto III. mit Boleslaw einen sehr engen Freundschaftspakt, setzte

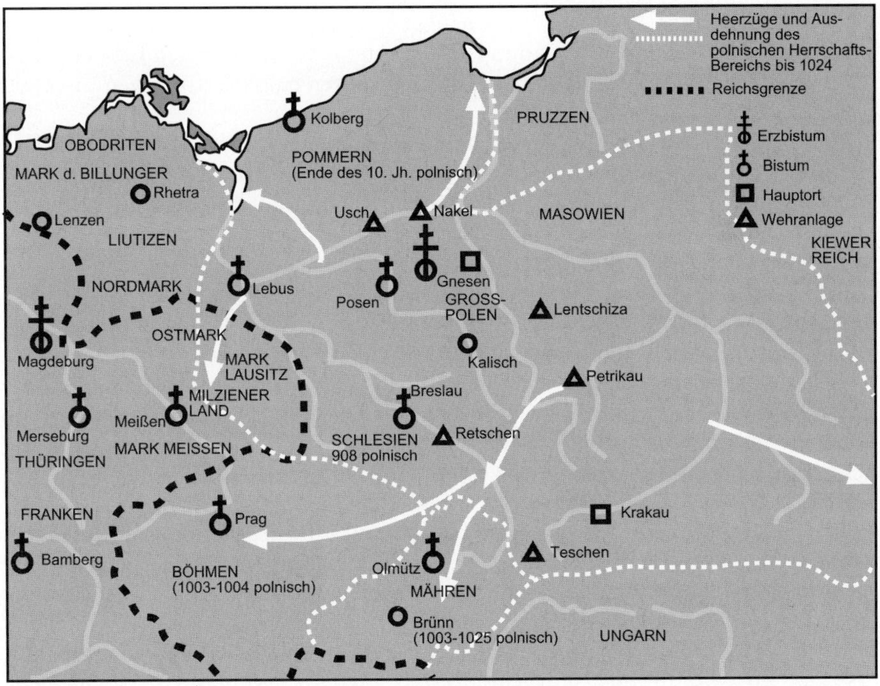

Die östlichen Grenzmarken des ottonischen Reichs und die Ausdehnung der polnischen Herrschaftsgebiete im 10. und 11. Jahrhundert.

ihm die eigene Krone auf den Kopf und schenkte ihm eine mit Kreuznagelreliquie versehene Nachbildung der Mauritius-Lanze. Als Gegengeschenk erhielt er dafür einen Arm Adalberts.

Dieser Akt ist verschieden gedeutet worden. BEUMANN ist der Ansicht, daß Otto an Boleslaw in der Manier der römischen Kaiser das Patriziat verliehen hat, das die Tributpflicht aufhob und Boleslaw zu einem Amtsträger des Kaisers, somit Polen zu einem Teil des römischen Imperiums werden ließ. ALTHOFF vertritt dagegen die Meinung, daß die Quellen (Thietmar v. Merseburg und der Gallus Anonymus) eine so weitgehende Interpretation nicht zulassen. Er plädiert nur für einen Freundschaftsvertrag (amicitia), der die Position und das Ansehen Boleslaws mit Sicherheit erheblich steigerte.

Unter der Begleitung von Boleslaw und 300 polnischen Lanzenreitern zog der Kaiser nach Magdeburg, wo es zum Zerwürfnis mit Erzbischof Gieselher kam, der den Eingriff des Kaisers in die Kirchenprovinzen nicht akzeptieren wollte. In Aachen wurde die Angelegenheit vor der Pfingstsynode verhandelt und an ein Generalkonzil vertagt. In Aachen kam es zu der denkwürdigen Begegnung Ottos III. mit dem toten Karl dem Großen. Er ließ das Grab öffnen, nahm ein goldenes Brustkreuz und ein Stück unverwesten Gewandes und ließ das Grab wieder schließen. Schon der Zeitgenosse Thietmar von Merseburg, der die Vorgänge beschreibt, deutete dies als Erneuerung der Gewohnheiten der alten Römer. In gleicher Weise hatten Caesar und Augustus das Grab Alexanders des Großen in Alexandria besucht. Als unangenehm bezeichnet Thietmar die Angewohnheit Ottos III., die er schon in Rom praktiziert hatte, nämlich bei den Festmahlen getrennt von den anderen an einem erhöhten halbkreisförmigen Tisch zu speisen.

Nach diesem kurzen ereignisreichen Aufenthalt im Reich kehrte Otto III. nach Rom zurück. Dort erließ er das berühmte Privileg für die Römische Kirche, in dem die acht Grafschaften der Pentapolis nun doch dem heiligen Petrus übergeben werden. In diesem Schriftstück hat er seine Auffassung vom Kaiseramt verdeutlicht. Er bezeichnet sich in Anlehnung an den Papst (servus servorum Dei) als servus apostolorum (Diener der Apostel), nämlich von Petrus und Paulus. Er sieht Rom als das Haupt der Welt an und die Römische Kirche als die Mutter aller. Alle bisherigen Kaiserprivilegien einschießlich der Konstantinischen Schenkung wurden verworfen. Otto schenkte nach seiner Darstellung also allein aus besonderer Zuneigung zu Silvester die Grafschaften, was dem Kirchenstaat und dem Imperium von Nutzen sein sollte. Der Text war von seinem Ratgeber Bischof Leo von Vercelli und Silvester gemeinsam entworfen worden.

Seine großen Ideen wurden plötzlich von der Wirklichkeit eingeholt, als die Römer sich gegen ihn erhoben und ihn aus Rom verjagten. Der tief enttäuschte Otto und der Papst Silvester residierten in Ravenna. Dort empfingen sie eine Gesandtschaft Boleslaw Chrobrys, der um Missionare bat, und eine Gesandtschaft des Königs Stephan von Ungarn. Dieser unterstellte sein Reich ebenfalls dem hl. Petrus und erhielt von Kaiser und Papst die Bestätigung einer eigenen Kirchenprovinz für Ungarn, deren Metropole Gran sein sollte, das als Erzbistum eingerichtet wurde. Stephan sollte von dem neuen Erzbischof mit einer dafür gedachten Krone zum König geweiht werden. Hier wurde die Angelegenheit also eindeutiger geregelt als in Polen.

Von Ravenna aus knüpfte der Kaiser auch geheime Kontakte zu Venedig, das er enger an sich zog, womit er sich gegen die byzantinische Politik stellte. Im Reich hatte sich Ekkehard von Meißen inzwischen zum Herzog der Thüringer wählen lassen, dem der Böhmenherzog als Vasall untertan sein sollte und somit ein Aftervasalle des Reiches wurde. Aus dem Reich kamen nur wenig der Aufforderung des Kaisers nach, ihm bei der Rückeroberung Roms zu helfen. Weihnachten 1001 hiel- *1001*
ten Kaiser und Papst eine Synode in Todi ab, auf der Brun von Querfurt zum Missionserzbischof ernannt wurde. Dann zog der Kaiser weiter, um das deutsche Heer zu erwarten. Dabei ergriff ihn wie den Vater die Malaria (?), er starb noch im Januar 1002. Seinem Wunsch gemäß wurde er, da sich die Römer verweigerten, in *1002*
Aachen bei Karl dem Großen beigesetzt. Ironie des Schicksals war es, daß zu dieser Zeit eine Delegation unter Erzbischof Arnulf von Mailand mit einer byzantinischen Braut in Bari eintraf und nach der Todesnachricht gleich wieder zurückfuhr.

Einordnung

Otto III. hatte eine wesentlich ungünstigere Ausgangsposition als sein Vater und Großvater, denn er war zu Beginn seines Königtums ein Spielball der Mächtigen. Seine Mutter Theophanu sorgte dann aber für eine exzellente Ausbildung, um die Voraussetzungen für einen guten Herrscher zu schaffen. Theophanu war es auch, die in ihrer Herrschaftsphase das Reichskirchensystem vollendete und in Italien die Kaiserherrschaft aufrecht erhielt. Otto selbst hatte eine ganz besondere Vorstellung vom Kaisertum, die er als Devise auf sein Siegel setzte. Er konnte Männer seiner Wahl zu Päpsten erheben lassen, so daß es zu einer besonders intensiven Zusammenarbeit kam. Auf dieser Grundlage konnte Otto III. seine Eckpfeiler in der Kirchenpolitik und zugleich Ostpolitik errichten mit den Erzbistümern Gnesen und Gran. Damit entstand auch jeweils eine eigenständige Kirchenprovinz in Polen und Ungarn.

Otto III. war sehr empfänglich für Ideen und Neuerungen, da unterlag er sowohl gewissen Einflüssen von vertrauten Männern seiner Umgebung, als auch eigenen Eingebungen. Die Idee von der Wiedererrichtung eines römischen Imperiums mit der Hauptstadt Rom hat ihn schließlich den Bezug zur Realität verlieren lassen. Die Römer haben ihn abgelehnt und die Fürsten des Reiches haben sich gegen diese Politik aufgelehnt. Keiner kann sagen, ob ein so individueller Herrscher mit seinen besonderen Qualitäten bei längerer Regierungszeit erfolgreicher mit seinen Ideen hätte sein können. Er starb bereits nach sieben Jahren, viel zu jung mit 22 Jahren.

Heinrich II. (1002-1024)

Im Gegensatz zu seinem Vater, der bei seinem plötzlichen Tod einen gewählten und gekrönten Nachfolger hinterlassen hatte, war dies bei dem kinderlosen Ot-

to III. nicht der Fall. Die Lage war völlig unklar und forderte einen Überra-
973 schungscoup geradezu heraus. Ihn führte der Bayernherzog Heinrich IV. (*973), Sohn Heinrich des Zänkers, durch. Als der Trauerzug unter Führung des Kanzlers Erzbischof Heribert von Köln ins Reich kam, forderte der Bayernherzog in Polling die Königsherrschaft und die Insignien vom Kanzler, der sie ihm auslieferte. Er nahm Heribert als Geisel und verlangte von ihm auch die Hl. Lanze, die Heribert vorausgeschickt hatte.

Vor dieser Aktion soll Heinrich wegen einer Thronkandidatur Herzog Otto von Kärnten, den Sohn Liutgards, der Tochter Ottos des Großen, befragt haben. Dieser hatte wohl zugunsten Heinrichs verzichtet, der zwar als Enkel von Ottos des Großen Bruder Heinrich eine Generation weiter vom verstorbenen Kaiser entfernt war, aber im Mannesstamm. Die Verwandtschaft mit der Königsfamilie genügte keinesfalls für die Nachfolge, sie bildete nur ein zusätzliches Element. Obwohl bereits dreimal der Sohn auf den Vater folgte, war im „deutschen" Reich (Regnum Francorum) die Wahl durch die Fürsten das entscheidende Element, damit die Königsherrschaft rechtswirksam wurde.

Heinrich mußte also den Wahlvorgang erfolgreich bestehen, zumal mit dem Schwabenherzog Hermann II., der von den Fürsten bei der Beisetzung in Aachen anerkannt wurde, und Ekkehard von Meißen weitere Kandidaten von unterschiedlichen Adelsgruppen gestützt wurden. Der Bayernherzog verfolgte seinen Weg zum Königtum sehr zäh und zielstrebig. Auf einem Tag der sächsischen Großen in Werla wurde der abwesende Bayernherzog in Gegenwart der Schwestern Ottos III. Sophie, der künftigen Äbtissin von Gandersheim, und Adelheid, der Äbtissin von Quedlinburg, zum König „kraft Erbrecht" proklamiert. Dies reichte wie betont zur Anerkennung nicht aus. Ekkehard von Meißen gab nicht auf, wurde aber in der Pfalz Pöhlde von Graf Siegfried dem Jüngeren von Northeim getötet. Ohne Wissen der Sachsen ließ sich Heinrich im Beisein von bayerischen und fränkischen Anhängern von Erzbischof Willigis in Mainz krönen und mit der Hl. Lanze in die Herrschaft einsetzen. Der Anspruch als Königsmacher hatte in Mainz Tradition, allerdings war es der falsche Krönungsort. In Aachen war Hermann unter der Leitung Erzbischofs Heribert anerkannt worden. Selbst die echten Insignien und die Hl. Lanze reichten für Heinrich nicht aus, um die volle Anerkennung zu finden. Die holte er sich sukzessiv auf einem Königsumritt.

Am wichtigsten waren die staatstragenden Sachsen, die nur zu einem Teil in
1002 Werla gewesen und ihm positiv gesonnen waren. Am 24. Juli 1002 erschienen seine Gegner, der Billunger Herzog Bernhard, die Bischöfe Bernward von Hildesheim und Arnulf von Halberstadt, dazu kamen die Markgrafen Liuthar von der Nordmark und Gero von der Ostmark, der sächsische Pfalzgraf Friedrich und der Polenherrscher Boleslaw Chrobry zu einer Versammlung in Merseburg. Der König mußte seinen in Mainz bereits erlangten Status nicht zurücknehmen, anerkannte aber, daß dies für die Sachsen nicht verbindlich war. So wurde das Krönungsritual mit Bernward von Hildesheim noch einmal wiederholt, die Weihe aber nicht. Huldigung und weltliche Krönung schlossen sich an. Am 10. August wurde Kunigunde, eine Tochter des Grafen Siegmund von Lützelburg (Lu-
998/99 xemburg) – seit 998/99 mit Heinrich verheiratet – in Paderborn zur Königin

gekrönt. Am 8. September fand nach der Versöhnung mit Erzbischof Heribert *1002*
die Huldigung der Niederlothringer mit anschließender Thronsetzung auf Karls Thron statt. Die letzte Station bildete Bruchsal, wo Hermann II. von Schwaben die Lehenshuldigung leistete.

Erst jetzt konnte Heinrich II. seine Königsherrschaft antreten, für die er gar nicht vorgesehen war. Er hatte aber eine Ausbildung auf hohem Niveau genossen und war an der Hildesheimer Domschule und dann unter der Aufsicht von Bischof Wolfgang in Regensburg beinahe wie ein Geistlicher erzogen worden. Im Vergleich zu seinen beiden Vorgängern war er mit 29 Jahren relativ alt. Wie schon in der Art der Übernahme der Königsherrschaft deutlich wurde, war Heinrich ein Pragmatiker, erinnerte also eher an Otto den Großen. Er führte besonders die Kirchenpolitik der Ottonen weiter. Im Gegensatz zu seinen Vorgängern konzentrierte er sich mehr auf das Reich oberhalb der Alpen, ohne allerdings Italien zu vernachlässigen.

Zuerst war Heinrich II. zum Handeln gegen Boleslaw Chrobry gezwungen, der das Machtvakuum, das Ekkehard von Meißen hinterlassen hatte, ausnutzte. Er hatte die Mark Lausitz (Niederlausitz), die Mark Meißen und die Burgen Bautzen und Strehla besetzt. Beim Merseburger Tag hatte Boleslaw die Mark Meißen zurückgeben müssen, aber er wurde mit der Mark Lausitz und dem Milzener Land (Oberlausitz) belehnt. Doch dann eroberte er 1003 Böhmen, für das *1003*
er den Lehnseid dem König verweigerte, und unterstützte den Markgrafen Heinrich von Schweinfurt gegen den König. Dieser ergriff nun die Initiative, allerdings schockierte er die Zeitgenossen, weil er sich auf dem Quedlinburger Osterhoftag 1003 mit den berüchtigten heidnischen Liutizen gegen die christlichen Polen verbündete. Der Missionsbischof Brun von Querfurt schrieb vom polnischen Hof aus gegen diesen antipolnischen Pakt mit heidnischen Völkern.

Die krasse Verschlechterung des deutsch-polnischen Verhältnisses für die nächsten 15 Jahre hing nicht mit nationalen Empfindungen zusammen, wie manche moderne Historiker behaupteten, sondern damit, daß sich bestimmte Partikularkräfte des Reiches mit dem polnischen Herrscher gegen die Zentralmacht verbündeten. Heinrich II. mußte sich gegen diese Kräfte in seinem Reich behaupten, deshalb suchte er auch ein auswärtiges Gegengewicht in Form der Liutizen, die wiederum gegnerische Heere auf sich ziehen konnten.

Die Gefahr zeigte sich sofort bei dem Aufstand Heinrichs von Schweinfurt und dessen Vetters Ernst, die ein Bündnis mit Heinrichs Bruder, Bischof Brun von Augsburg, und Boleslaw geschlossen hatten. Nach Niederlagen mußten sie alle an den Hof Boleslaws fliehen. Heinrich setzte nicht nach, sondern entschloß sich zu einem kurzen Eingreifen in Italien, wo nach Ottos III. Tod die Kaiserherrschaft zusammengebrochen war. In Rom hatten die Crescentier wieder die Macht und in Pavia hatte sich schon im Februar 1002 Arduin von Ivrea *1002*
zum König krönen lassen. Diese Tatsache beseitigte Heinrich, indem er sich in Pavia von Erzbischof Arnulf von Mailand zum König krönen ließ.

Allerdings zog er gleich wieder in den Norden, um Boleslaw aus Böhmen zu vertreiben. Dies gelang und der Premyslide Jaromir wurde wieder in sein Herzogtum eingesetzt. Im Juli 1005 versammelte der König in Dortmund 15 Erz- *1005*
bischöfe und Bischöfe, dazu Herzog Bernhard und schloß einen Gebetsbund,

wie er es auch vor dem Italienzug in Trient getan hatte, um gemeinsam gegen
den Polenherrscher zu ziehen. Viele andere Fürsten standen dieser neuen Ost-
politik skeptisch gegenüber, aber es war ein großes Heer, das aus mehreren Rich-
tungen zur Oder zog. Vor Posen führte Heinrich auf Drängen vieler Fürsten
Friedensverhandlungen. Boleslaw verzichtete auf Böhmen und Ober- und Nie-
1007 derlausitz. Er holte sie sich aber bereits 1007 wieder zurück. Damit waren die
1012 Kriegswirren nicht beendet. In den Jahren 1010 und 1012 gab es wenig erfolg-
reiche sächsische Gegenoffensiven. Mieszko II., Sohn Boleslaws, führte Frie-
1013 densverhandlungen und 1013 leistete Boleslaw auf dem Pfingsthoftag von Mer-
seburg dem König den Lehenseid und wurde mit der Lausitz belehnt.
Außerdem wurde die Ehe Mieszkos mit Ottos III. Nichte Richeza geschlossen.

Während dieser Auseinandersetzungen im Osten mußte sich Heinrich II.
auch im Westen mit Aufständen beschäftigen. Eine Adelsopposition in Nieder-
lothringen verband sich mit Graf Balduin IV. von Flandern, gegen die sich Hein-
1007 rich mit König Robert von Frankreich zusammenschloß. Im Jahr 1007 unter-
warf sich Balduin in Aachen und besaß als Lehensmann beider Könige nun ein
„Kronflandern „und ein „Reichsflandern". In Oberlothringen mußte sich Hein-
rich gegen die Brüder seiner Frau Kunigunde wehren, unter denen auch der
1008 Herzog von Bayern war, die 1008 auch noch das Trierer Erzbistum an sich zie-
1012 hen wollten. Erst 1012 konnte er sich nach langen Kämpfen im wesentlichen
durchsetzen. Bei seinem Treffen mit dem König von Frankreich hatte Heinrich
auch das Problem Burgunds einvernehmlich lösen können. Rudolf III. hatte Ba-
sel 1006 an seinen Neffen Heinrich II. zurückgegeben und ihm die Anwartschaft
1016 auf seine Nachfolge eingeräumt, da er kinderlos war. Dies wurde 1016 erneuert.

Trotz dieser permanenten Beanspruchung durch Unruheherde im Reich fand
Heinrich doch Zeit für Kirchenpolitik und damit die Stabilisierung seines Rei-
ches mit Hilfe von Kirchenfürsten. Dabei nahm er meist als Bischöfe Kandida-
ten aus anderen Regionen bzw. aus seiner Hofkapelle. In Magdeburg, das wei-
terhin ein wichtiger Ort in seinem politischen Denken blieb, setzte Heinrich
1004 1004 gegen Widerstände seinen vertrauten Regensburger Kapellan Tagino auf
den Erzbischofsstuhl. Auf einem Hoftag in Merseburg wurde das Bistum wieder
hergestellt und Heinrichs Kapellan Wigbert als Bischof investiert. Auch Gode-
hard von Hildesheim und Durand von Lüttich waren seine Kandidaten.

Sehr früh entwickelte Heinrich den Plan, ähnlich wie Otto I. seinen Lieb-
lingsort zu einem zentralen Ort des Reiches zu gestalten. Dieser Ort war Bam-
berg, das er seiner Frau Kunigunde als Morgengabe geschenkt hatte. Hier hatte
er dieselben Probleme wie Otto I. bei Magdeburg, denn der größte Teil des Ge-
bietes gehörte zur Würzburger Diözese, ein kleinerer Teil zum Bistum Eichstätt.
Heinrich führte geheime Verhandlungen mit dem Würzburger Bischof Heinrich
und versprach ihm nicht nur Entschädigung im Regnitzgebiet und im Volkfeld,
sondern als List auch die Erhebung Würzburgs zum Erzbistum. Bei der ent-
1007 scheidenden Synode in Frankfurt im Jahr 1007 fehlte Bischof Heinrich. Sein
Vertreter versuchte, die anwesenden Bischöfe gegen den König einzustellen, der
auch einem von ihnen später Gebiete entreißen könnte. König Heinrich begrün-
dete die Errichtung des Bistums besonders mit dem Machtvakuum durch die
Unterwerfung Heinrichs von Schweinfurt und mit der dringend benötigten

Funktion eines Missionsbistums in dieser weit vorgeschobenen Region im Osten. Er konnte seinen Willen mit der Hilfe Erzbischofs Willigis von Mainz durchsetzen, das Bistum Bamberg überaus reich ausstatten und Bamberg zu dem Ort des Reiches aufbauen, an dem er sich am meisten aufhielt. Das Bistum wurde vorläufig dem Erzbistum Mainz unterstellt, später Rom direkt. Von einer Erhebung des Würzburger Bistums war nicht mehr die Rede, der König erklärte sich für nicht zuständig.

In Bamberg, aber auch in Paderborn, Magdeburg und Straßburg wurde Heinrich Domkanoniker. Durch das Königskanonat hatte er Einkünfte, die er an einen Stellvertreter weitergab. In die Klöster mischte er sich auch ein. Teilweise gegen den Willen der Mönche wollte er Mißstände beseitigen und führte die Reform nach dem Vorbild des lothringischen Klosters Gorze z. B. in den Reichsklöstern Fulda, Hersfeld, Corvey, Prüm und Reichenau durch. Dies bedeutete die Durchsetzung einer strengen Disziplin, die Vertiefung der Religiösität und die Verbesserung der Klosterverwaltung. Zu dieser Art Kirchenpolitik gehörte auch, daß Heinrich II. wie kein anderer vor ihm die Bischöfe und Reichsäbte für den Dienst in seinem Reich benutzte.

Seine politischen Erfolge im Jahr 1013 verschafften ihm genügend Luft, um *1013*
nun endlich den Zug nach Rom antreten zu können. Er hatte schon vorher 1008/009 den ersten Bamberger Bischof Eberhard zum Kanzler Italiens ernannt, was wiederum seine besondere Beziehung zu Bamberg verdeutlicht. In Rom war
im Mai 1012 Papst Sergius IV. gestorben, gegen den nächsten Crescentier Gregor *1012*
(VI.) setzte sich Benedikt VIII. (1012-1024) aus der konkurrierenden Familie der Tusculaner durch. Gregor fand bei Heinrich in der Pfalz Pöhlde kein Gehör, dafür unterstützte ihn Boleslaw Chrobry, der gegen Heinrich in Italien intrigierte und die Heeresfolge verweigerte.

Im Herbst 1013 brach Heinrich II. von Regensburg auf, in Pavia schloß sich ihm Abt Odilo von Cluny an, in Ravenna setzte er Erzbischof Arnulf wieder ein
und am 14. Februar 1014 wurde von Benedikt VIII. in der Peterskirche die Kai- *1014*
serkrönung des Königspaares vollzogen. Der Papst schenkte eine kostbare goldene Weltkugel mit aufgesetztem Kreuz, Symbol der Universalherrschaft des Kaisers. Heinrich stiftete sie dem Kloster Cluny. Ein bewaffneter Aufstand von Sympathisanten der Crescentier und Arduins von Ivrea wurde niedergeschlagen. Ostern feierte Heinrich in Pavia und Pfingsten bereits wieder in Bamberg.

Inzwischen hatte der Böhmenherzog Udalrich Boleslaws Sohn Mieszko II. gefangen und lieferte ihn an den Kaiser aus, der ihn als Geisel gegen Boleslaw
benutzen konnte, aber dann doch freiließ. Im Juli 1015 begann er den nächsten *1015*
Kriegszug mit den Liutizen gegen Polen. Da Boleslaw bei den Machtkämpfen in Kiew zugunsten seines Schwiegersohnes eingreifen mußte, zeigte er Friedensbe-
reitschaft. Aber es dauerte noch bis zum 30. Januar 1018, bis in Bautzen der *1018*
Friedensvertrag geschlossen wurde, der diese Ära der Auseinandersetzungen beendete. Die beiden Lausitzen konnte Boleslaw weiterhin als Lehen behalten.

Papst Benedikt VIII. hatte kriegerische Ambitionen. Er hatte mit Pisa und Genua einen Seekrieg gegen die Araber geführt und 1016 Sardinien von ihnen zurückerobert. Ein Vorstoß nach Apulien ins byzantinisch dominierte Gebiet
endete im Oktober 1018 mit einer schweren Niederlage. Daraufhin entschloß *1018*

sich der Papst, den Kaiser um Hilfe zu bitten. Sie trafen sich bezeichnenderwei-
1020 se zu Ostern 1020 in Bamberg. Heinrich II. bestätigte dem Papst das Pactum
Ottonianum und unterstellte das Bistum Bamberg dem Schutz der Päpste,
außerdem besuchten sie die Reichsabtei Fulda. Von dort trat Benedikt VIII. die
Rückkehr an.

Heinrich brach zu seinem dritten Italienzug auf, erreichte Verona im Dezem-
1021 ber 1021 und beging das Weihnachtsfest in Ravenna. In drei Truppenkontingen-
ten marschierten die Heere nach Süden. Salerno konnte erobert werden, aber auf
eine Eroberung Apuliens verzichtete Heinrich. Eine gemeinsame Synode mit
1022 dem Papst in Pavia bildete am 1. August 1022 den Abschluß des Unternehmens.
Dann entließ der Kaiser sein Heer und könnte eine ihm unterstellte Wallfahrt
1023 nach Cluny angetreten haben. Zumindest erneuerte er im August 1023 den
Freundschaftsvertrag mit König Robert von Frankreich und schlichtete einen
Konflikt zwischen dem König und dem mächtigen Graf Odo von der Champa-
gne.

Auf dem Höhepunkt seiner Macht angekommen erkrankte Heinrich schwer
1024 und starb am 13. Juli 1024 in der Pfalz Grona (Göttingen) im Alter von 52 Jah-
ren. Wunschgemäß wurde er im Bamberger Dom begraben.

Einordnung

Heinrich konnte nicht wie seine drei Vorgänger ein Erbe des Vaters antreten. Dabei hatten sie schon Schwierigkeiten, weil z. B. Otto I. gegen seine Brüder das neue Prinzip der Unteilbarkeit des Thrones und die Nachfolge des ältesten Sohne durchsetzen mußte. Da Otto III. ohne Nachkommen starb, war für die Zeitgenossen völlig klar, daß der Nachfolger gewählt werden mußte. Angesichts mehrerer Kandidaten konnte Heinrich zwar seine Verwandtschaft mit ins Feld führen, mußte sich seine Königsherrschaft jedoch quasi in einem Umritt zu den wichtigsten Gruppen und Stämmen des Reiches erreiten. Dies war die längste Prozedur in der Geschichte des deutschen Mittelalters.

Nach der ungewöhnlichen Art der Machtübernahme hat Heinrich im wesentlichen die Politik seiner Vorgänger übernommen. Dies ist in der Forschung lange Zeit anders gesehen worden. Gerade im Gegensatz zu Otto III. soll er nicht die Romidee verfolgt haben, sondern stattdessen die renovatio regni Francorum. Zur Begründung wird die Umschrift seines Siegels angeführt, was aber nur wenig zur Anwendung kam. Zur Zeit wird als erwiesen angesehen, daß es mehr Gemeinsamkeiten als Gegensätze gab. Denn auch die Italienpolitik hat Heinrich erfolgreich betrieben, seine Aufenthalte waren dabei aber kürzer. Als Kaiser und König hat er sich vor allem als christlicher Herrscher gesehen. Daher lag sein Hauptaugenmerk auf der Kirchenpolitik, die aber immer ein Teil der Reichspolitik gewesen ist. Er brachte seine Vertrauten aus der Hofkapelle auf die wichtigsten Erzbischofs- und Bischofsstühle im Reich und richtete das Bistum Merseburg wieder ein. Sein größtes Werk war jedoch die Gründung des Bistums Bamberg, womit er seinen Lieblingssitz zu einem Zentrum des Reiches und der Missionspolitik machen konnte.

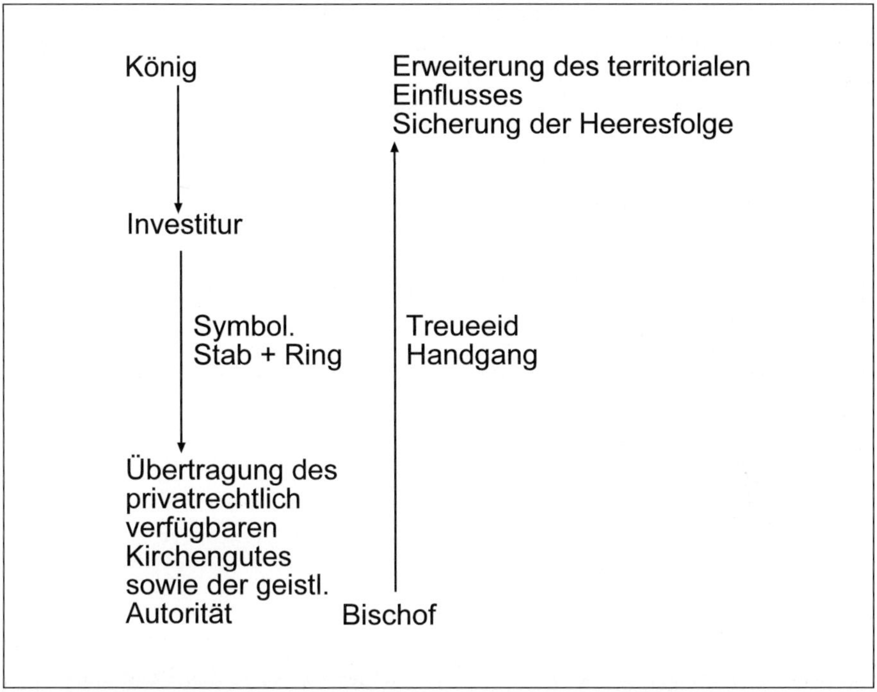

Schematische Darstellung des sog. Ottonisch-Salischen Reichskirchensystems.

Ein Wendepunkt wurde in der Polenpolitik gesehen. Diese Veränderung ist zwar offensichtlich, aber sie ist nicht als von ihm planmäßig angelegte Politik zu verstehen. Heinrich mußte reagieren, als sich Adelsgruppen mit dem Polenherrscher gegen ihn verbanden.

Im Westen war Heinrich um Ausgleich bemüht, was ihm auch sehr gut gelang. Am wichtigsten wurde für die Zukunft, daß ihn Rudolf III. von Burgund als Erben einsetzte. Da er vor Rudolf starb, konnte er das Erbe selber nicht mehr antreten.

Heinrich gehörte zu den Kaisern, die in der Literatur am wenigsten Berücksichtigung fanden. Dies ist erstaunlich, wenn man bedenkt, daß Heinrich der erste Kaiser ist, der heiliggesprochen wurde. Papst Eugen III. begründete die Heiligsprechung von 1146 mit Keuschheit in der Ehe, Gründung des Bistums Bamberg und anderer Kirchen, Bekehrung des ungarischen Königs Stephan und seines Landes und die Wunder, die sich an seinem Grab ereigneten. Auswirkungen hatte die Heiligsprechung wohl auf die Verehrung in der Bamberger Region, aber nicht auf die Akzeptanz des Kaisers bei mittelalterlichen und neuzeitlichen Autoren.

Festzuhalten ist, daß Heinrich II. sehr fromm und gebildet war, die Kirchenreform förderte und die Bischöfe und Reichsäbte für seine Politik benutzte, die man als pragmatisch bezeichnen kann.

Die Miniatur veranschaulicht recht gut die enge Beziehung von Herrscher und (Reichs-) Kirche, hier versinnbildlicht durch die Bischöfe, die die Arme des Herrschers stützen.
Pontificale Heinrichs II., Bamberg, Kloster Seeon um 1012.

Literaturhinweise zum Kapitel „Die Ottonen"

1. Quellen

1.1 Veröffentlichungen der MGH

Annales, chronica et historiae aevi Saxonici. Herausgegeben von Georg Heinrich Pertz u. a., 2 Bde. (MGH SS in Fol. 3 und 4).

1.2 Sonstige Quelleneditionen

Bauer, Albert / Rau, Reinhold (Hrsg.): Quellen zur Geschichte der sächsischen Kaiserzeit. Widukinds Sachsengeschichte; Adalberts Fortsetzung der Chronik Reginos; Liutprands Werke, 4. Aufl. Darmstadt 1992 (FSGA A, 8).

Haefele, Hans F. (Hrsg.): Ekkehard IV: St. Galler Klostergeschichten, 3. Aufl. Darmstadt 1991 (FSGA A, 10).

Johannes Canaparius: Das Leben des Bischofs Adalbert von Prag, übers. von Hermann Hüffer. Bearb. von Wilhelm Wattenbach. – 2. Aufl. Repr. der Ausg. Leipzig 1891, New York 1970 (GDV 2,34).

Trillmich, Werner (Hrsg.): Thietmar von Merseburg: Chronik, 7. Aufl. Darmstadt 1992 (FSGA A, 9).

Trillmich, Werner / Buchner, Rudolf (Hrsg.): Quellen des 9. und 11. Jahrhunderts zur Geschichte der hamburgischen Kirche und des Reiches. Rimbert, Leben Ansgars; Adam von Bremen, Bischofsgeschichte der Hamburger Kirche; Wipo, Taten Kaiser Konrads II., 7. aktual. Aufl. Darmstadt 2000 (FSGA A, 11).

2. Forschungsliteratur

Althoff, Gerd (Hrsg.): Herrschaftsrepräsentation im ottonischen Sachsen, Sigmaringen 1998 (VuF. 46).

Althoff, Gerd: Die Ottonen, Stuttgart 2000 (Urban Tb 473).

Althoff, Gerd: Adels- und Königsfamilien im Spiegel ihrer Memorialüberlieferung. Studien zum Totengedenken der Billunger und Ottonen (Bestandteil des Quellenwerkes Societas et Fraternitas, München 1984 (Münstersche Mittelalter-Schriften 47).
Althoff, Gerd: Heinrich und Otto der Große. Neubeginn auf karolingischem Erbe, 2 Bde. Göttingen 1985 (Persönlichkeit und Geschichte, o.Nr.).
Althoff, Gerd: Otto III., Darmstadt 1997 (GMR).
Becher, Matthias: Rex, Dux und Gens. Untersuchungen zur Entstehung des sächsischen Herzogtums im 9. und 10. Jahrhundert, Husum 1996 (Historische Studien 444).
Beumann, Helmut: Die Ottonen, 4. Aufl. Stuttgart / Berlin / Köln 1997 (Urban Taschenbücher 384).
Beuckers, Karl Gereon / Cramer, Johannes / Imhof, Michael (Hrsg.): Die Ottonen. Kunst, Architektur, Geschichte, Petersberg 2002.
Bezzola, Gian Andri: Das Ottonische Kaisertum in der französischen Geschichtsschreibung des 10. und beginnenden 11. Jahrhunderts, Graz / Köln 1956.
Brand, Michael / Eggebrecht, Arne (Hrsg.): Bernward von Hildesheim und das Zeitalter der Ottonen. Katalog der Ausstellung Hildesheim 1993, 2 Bde., Hildesheim / Mainz 1993.
Brühl, Carlrichard: Deutschland-Frankreich. Die Geburt zweier Völker, 2., verb. Aufl. Köln 1995.
Davies, Wendy (Hrsg.): Theophanu and her Times, Cambridge 1994.
Eggert, Wolfgang: „Regna, partes regni, provinciae, ducatus". Bemerkungen zu Reichsbenennungen und -auffassungen in „deutschen" Geschichtswerken des 10. und 11. Jahrhunderts, in: MIÖG 104 (1996), S. 237-251.
Eickhoff, Ekkehard: Theophanu und der König. Otto III. und seine Welt, 2. Aufl. Stuttgart 1997.
Engels, Odilo / Schreiner, Klaus (Hrsg.): Die Begegnung des Westens mit dem Osten. Kongreßakten des 4. Symposions des Mediävistenverbandes in Köln 1991 aus Anlaß des 1000. Todesjahres der Kaiserin Theophanu, Sigmaringen 1993.
Falkenstein, Ludwig: Otto III. und Aachen, Hannover 1998.
Fichtenau, Heinrich: Lebensordnungen des 10. Jahrhunderts. Studien über Denkart und Existenz im einstigen Karolingerreich, Stuttgart 1984.
Frase, Michael: Friede und Königsherrschaft. Quellenkritik und Interpretation der Continuatio Reginonis (Studien zur ottonischen Geschichtsschreibung), Frankfurt am Main 1990 (Studia irenica 35).
Fried, Johannes: Otto III. Das Widmungsbild des Aachener Evangeliars, der „Akt von Gnesen" und das frühe polnische und ungarische Königtum. Eine Bildanalyse und ihre historischen Folgen, Wiesbaden 1989 (Frankfurter historische Abhandlungen 30).
Giese, Wolfgang: Der Stamm der Sachsen und das Reich in ottonischer und salischer Zeit. Studien zum Einfluß des Sachsenstammes auf die politische Geschichte des deutschen Reichs im 10. und 11. Jahrhundert, Wiesbaden 1979.
Glocker, Winfrid: Die Verwandten der Ottonen und ihre Bedeutung in der Politik. Studien zur Familienpolitik und zur Genealogie des sächsischen Kaiserhauses, Köln / Wien / Weimar 1989 (Dissertationen zur mittelalterlichen Geschichte 5).
Goez, Werner: Lebensbilder aus dem Mittelalter. Die Zeit der Ottonen, Salier und Staufer, 2., überarb. und erw. Aufl. Darmstadt 1998.
Görich, Knut / Kortüm, Hans Hennig: Otto III., Thangmar und die Vita Bernwardi, in: MIÖG 98 (1990), S. 1-57.

Görich, Knut: Otto II. Romanus Saxonicus et Italicus. Kaiserliche Rompolitik und sächsische Historiographie, Sigmaringen 1993.
Guth, Klaus: Die Heiligen Heinrich und Kunigunde. Leben, Legende, Kult und Kunst, Bamberg 1986.
Hlawitschka, Eduard: Vom Frankenreich zur Formierung der europäischen Staaten- und Völkergemeinschaft 840-1046, Darmstadt 1986.
Hoffmann, Hartmut: Buchkunst und Königtum im ottonischen und frühsalischen Reich, 2 Bde., Stuttgart 1986 (Schriften der MGH 30).
Hoffmann, Hartmut: Mönchskönig und „rex idiota". Studien zur Kirchenpolitik Heinrichs II. und Konrads II., Hannover 1993.
Karpf, Ernst: Herrscherlegitimation und Reichsbegriff in der ottonischen Geschichtsschreibung des 10. Jahrhunderts, Wiesbaden / Stuttgart 1985 (Historische Forschungen 40).
Keller, Hagen: Ottonische Königsherrschaft. Organisation und Legitimation königlicher Macht, Darmstadt 2002.
Laudage, Johannes: Hausrecht und Thronfolge. Überlegungen zur Königserhebung Ottos des Großen und zu den Aufständen Thankmars, Heinrichs und Liudolfs, in: HJb 112 (1992), S. 23-71.
Leyser, Karl J.: König und Adel im ottonischen Sachsen, Göttingen 1984 (Veröff. d. MPI für Geschichte 76).
Leyser, Karl J.: Rule and conflict in early medieval society. Ottonian Saxony, Oxford 1989.
Pauler, Roland: Das Regnum Italiae in ottonischer Zeit. Markgrafen, Grafen und Bischöfe als politische Kräfte, Tübingen 1982 (Bibliothek des DHI in Rom 54).
Reddig, F. Wolfgang: Kaiser Heinrich II., Leben, Zeit und Welt, Bamberg 2002.
Schieffer, Rudolf: Der geschichtliche Ort der ottonisch-salischen Reichskirchenpolitik, Opladen 1989 (Nordrhein-Westfälisch Akademie der Wissenschaften – Vorträge 352).
Schieffer, Theodor: Heinrich II. und Konrad II. Die Umprägung des Geschichtsbildes durch die Kirchenreform des 11. Jahrhunderts, in: DA 8 (1950), S. 384-437.
Schneidmüller, Bernd / Weinfurter, Stefan (Hrsg.): Otto III. – Heinrich II. – Eine Wende?, Sigmaringen 1997 (Mittelalter-Forschungen 1).
Schneidmüller, Bernd: Neues über einen alten Kaiser? Heinrich II. in der Perspektive der modernen Forschung, in: Bericht d. Historischen Vereins Bamberg 133 (1997), S. 13 – 41.
Schubert, Ernst: Stätten sächsischer Kaiser, Leipzig 1990.
Schulze, Hans K.: Hegemoniales Kaisertum: Ottonen und Salier, Berlin 1991 (Das Reich und die Deutschen 3, zugl. Siedler deutsche Geschichte 3).
Tellenbach, Gerd: Die westliche Kirche vom 10. bis zum frühen 12. Jahrhundert, Göttingen 1988 (Die Kirche in ihrer Geschichte, Bd. 2).
Weinfurter, Stefan: Heinrich II. (1002 – 1024). Herrscher am Ende der Zeiten, Regensburg 1999.
Wolf, Gunther (Hrsg.): Kaiserin Theophanu. Prinzessin aus der Fremde, des Westreichs große Kaiserin, Köln / Weimar / Wien 1991.
Zimmermann, Harald (Hrsg.): Otto der Große, Darmstadt 1976 (WdF 450).

Die Salier

Der Aufstieg der Familie

Wie bei vielen Familien, die in das Licht der Geschichte traten, liegt auch bei den Saliern der Ursprung im Dunkeln, es besteht aber kein Zweifel, daß man sie auf eine Familie zurückführen kann, die zur Zeit Karl Martells zur Führungsschicht gehörte. Diese Widonen-Lambertiner waren im Moselraum zuhause. Der Name „Salier“ findet vereinzelt in Quellen des 12. Jahrhunderts Verwendung, ist im Spätmittelalter dann üblich. Der berühmte Geschichtsschreiber Otto von Freising gibt ihnen den Namen „Heinriche von Waiblingen“, indem er sie nach der alten karolingischen Königspfalz benennt, die 1080 aus ihrem Besitz dem Bischof von Speyer übertragen wurde. Die Zeitgenossen nannten die Familie nach ihrem Machtzentrum Worms fränkische Herzöge von Worms (Wormatiensis dux Francorum) oder Wormser Herzöge (dux Wormatiensis).

Stammbaum der salischen Familie. Konrad II. begründet hier thronend die Dynastie. Die Medaillons zeigen Heinrich III. und Heinrich IV. Der Kopist hat Heinrichs IV. Ehefrau (Bertha) fälschlicherweise mit ‚Adelheid‘ bezeichnet.
Ekkehard von Aura, Chronik.

Erwähnt wurde bereits Konrad der Rote, der ab 941 als Graf des Worms-, Nahe- und Speyergaus im Gefolge Ottos I. auftauchte und 947 dessen Tochter Liudgard heiratete. Als Herzog von Lo-
thringen spielte er seit 944 eine Schlüs- 944
selrolle in der Reichspolitik. Konrads Sohn Otto erweiterte den Familien-Besitz
am Rhein und wurde 978 Herzog in Kärnten, mußte sich nach seinem innenpo- 978
litisch notwendigen Verzicht 985 wieder an den Rhein zurückziehen und erhielt 985
Kärnten mit der Markgrafschaft Verona 995 wieder zurück. Als Missus führte er
unter Otto III. oft den Vorsitz im kaiserlichen Hofgericht in Italien. Den vor-
läufigen Höhepunkt im Aufstieg der Familie erlebte Ottos Sohn Brun, der 996 996
von Otto III. zu Papst Gregor V. erhoben wurde. Als nach dem plötzlichen Tod Ottos III. der Bayernherzog Heinrich Otto von Kärnten zum Nachfolger vorschlug, hat dieser die große Bürde aus Bescheidenheit und Einsicht abgeschlagen, so lautet die Version des Geschichtsschreibers Thietmar von Merseburg.

Ottos Sohn Konrad dagegen hatte sich dem Gegenkandidaten Hermann II. von Schwaben angeschlossen, mit dessen Tochter Mathilde er verheiratet war.

1000 Trotzdem konnte er nach dem Tod seines Vaters im Jahr 1000 mit Zustimmung
1011 Heinrichs II. die Nachfolge in Kärnten antreten. Bei seinem Tod im Jahr 1011
wurde allerdings sein Sohn Konrad der Jüngere übergangen, der noch ein Kind
war. Somit verlor die Familie die Herzogswürde.

In der weiteren Regierungszeit Heinrichs II. wurde die Wormser Linie der
Familie durch Konrad den Jüngeren und die Speyerer Linie durch Konrad den
Älteren repräsentiert. Beide stritten sich um das Erbe des Schwabenherzogs mit
dem Herzog von Kärnten. Heinrich war darüber verärgert und schickte Konrad
den Älteren ins Exil, aus dem er aber bald zurückkehren durfte. Mit dem Tod
1024 des Kaisers im Juli 1024 trat die Familie in den Mittelpunkt der Debatte um die
Nachfolge.

Konrad II. (1024-1039)

Da Heinrich II. keine Kinder hatte, war das Haus der regierungsfähigen Liudolfinger mit seinem Tod im Mannesstamm erloschen. Wenn man das Erbrecht in Betracht zog, dann gab es einige Verwandte der Liudolfinger, die als potentielle Kandidaten in Frage kamen. Dazu gehörten der ungarische Königssohn Emmerich-Heinrich, der französische König Robert II. und sein Sohn Heinrich, Kasimir, der Sohn von Mieszko II. und Richeza, ebenso Dietrich von Oberlothringen und sein Sohn Friedrich, sowie besonders Liudolf und Otto, Söhne des Pfalzgrafen Ezzo, Urenkel Ottos des Großen. Als Favoriten schälten sich im Vorfeld aber die beiden Salier Konrad der Ältere und Konrad der Jüngere, Ururenkel Ottos des Großen, heraus.

In den Wochen bis zur Wahl führte die Kaiserin Kunigunde mit ihren Beratern Aribo von Mainz und ihren Brüdern Bischof Dietrich II. von Metz und Herzog Heinrich von Bayern die Regierungsgeschäfte, zu denen auch Vorgespräche mit den Kandidaten gehörten. Am 4. September 1024 versammelten sich die weltlichen und geistlichen Fürsten zur Wahl in Kamba, gegenüber von Oppenheim am Rhein. Erzbischof Pilgrim von Köln setzte sich mit den weltlichen und geistlichen Fürsten Lothringens für Konrad den Jüngeren ein, Erzbischof Aribo von Mainz und Herzog Heinrich von Bayern für Konrad den Älteren. In einem Gespräch soll Konrad der Ältere seinen Vetter zum Nachgeben gebracht haben, eventuell mit dem Hinweis auf eine bereits bei ihm vorhandene Nachkommenschaft (Heinrich III.). Als der Wahlleiter Aribo die Kur vollzog, die Zustimmung bei den meisten Anwesenden und bei Konrad dem Jüngeren fand, verließen Pilgrim und seine Anhänger den Wahlort, dadurch konnte Einmütigkeit erzielt werden. Dies war die Umsetzung eines eingeschränkten Wahlrechtes. Die Weihe nahm Aribo vier Tage später in Mainz vor. Dieses Vorrecht war umstritten, denn auch hier war der Kölner Erzbischof sein Konkurrent. Die Position des Mainzers wurde noch mehr gefestigt, als Konrad II. ihm auch das Amt des Kanzlers von Italien übergab, das bisher Eberhard von Bamberg gehabt hatte.

Allerdings fiel ein Schatten auf die Beziehung zum König, weil sich Aribo weigerte, Königin Gisela zu krönen. Der Grund ist nicht eindeutig zu benennen,

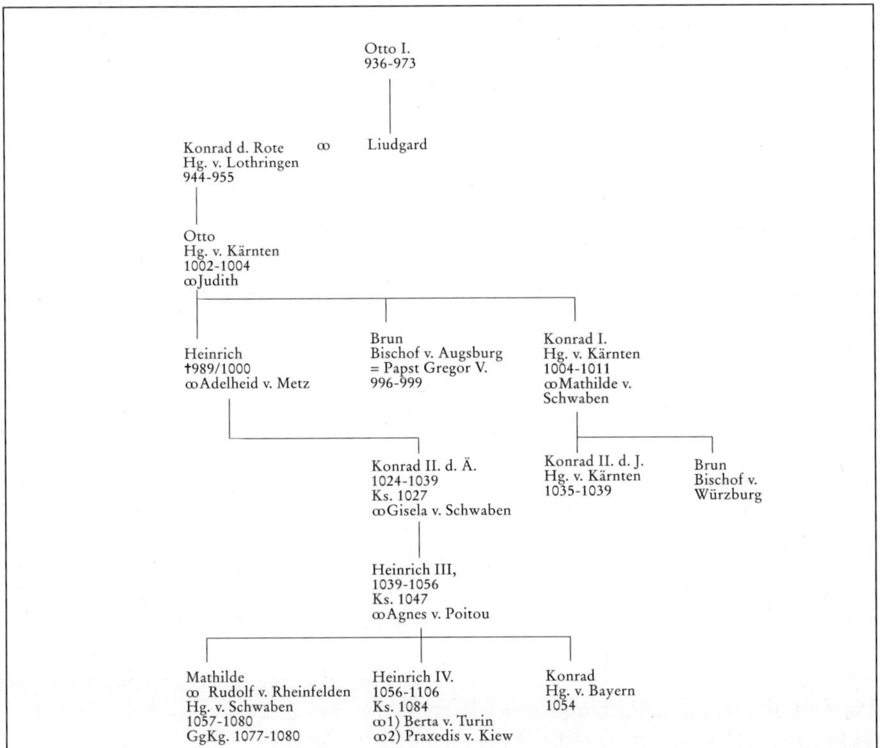

Vereinfachte Stammtafel der Salier.

eventuell hängt es mit dem Verwandtschaftsgrad der Eheleute zusammen. Der König ließ dies auf seinem nun folgenden Königsumritt nachholen. Ausgerechnet vom Kölner Erzbischof, der damit wohl sein frühzeitiges Verlassen des Wahlortes sühnen wollte, ist Gisela am 21. September in Köln gekrönt worden. Von Köln aus zogen König und Königin mit dem Hof nach Aachen, wo nun schon traditionell als konstitutiver Teil der Machtergreifung die Thronsetzung Konrads auf dem Thron Karls des Großen erfolgte. Von Niederlothringen führte sie der Weg nach Sachsen. Im Kloster Vreden fand ein symbolträchtiges Treffen mit den Äbtissinen Adelheid von Quedlinburg und Sophie von Gandersheim statt, die als Repräsentantinnen der alten Dynastie das neue Herrscherpaar anerkannten. Zum Abschluß huldigten die Sachsen unter Herzog Bernhard auf
1024 einem Hoftag in Minden zu Weihnachten 1024 dem König, der ihr Stammes-
1025 recht bestätigte. Im März 1025 reiste er nach Thüringen und Ostfranken weiter, von dort über Schwaben nach Regensburg und zurück über Bamberg, Würzburg nach Rheinfranken.

Konrad II. war ca. 35 Jahre alt, als er sein Amt antrat, brachte also schon eine
1016 gewisse Lebenserfahrung mit und war seit 1016 mit Gisela, der Witwe Herzogs Ernst I. von Schwaben, Enkelin König Konrads von Burgund, verheiratet. Wie vor ihm Otto der Große und Heinrich II. baute er eine Stadt zum Zentrum aus. In diesem Fall war es der zentrale Ort in seinem Besitz, die Stadt Speyer. Dort
1025 ließ er wohl 1025 den Grundstein zum berühmten Dom legen, den er als Grablege für seine Dynastie gedacht hatte.

Zu Pfingsten 1025 erschien in Konstanz eine Delegation aus Italien unter der Führung Erzbischof Ariberts von Mailand, die ihm über die politische Lage in Italien berichtete. Dort waren die meisten geistlichen Fürsten dem Reich treu geblieben, aber die weltlichen Fürsten strebten die Autonomie an. In dem Zentrum der königlichen Verwaltung, in Pavia, hatten sich die Bürger erhoben und die Pfalz zerstört. Konrad II. verschob dieses Problem und rückte in Basel ein, wo er den Bischofssitz neu besetzte und damit seinen Anspruch auf burgundisches Gebiet gegen die Ansprüche des burgundischen Adels verdeutlichte.

In dieses erste Regierungsjahr fiel eine große Zahl von Aktivitäten wie ein Aufstandsversuch Herzogs Ernst II. von Schwaben, der gewisse Unterstützung bei dem unzufriedenen Konrad dem Jüngeren und Graf Welf II. fand, aber ohne Auswirkungen blieb. Im Westen konnte Konrad II. die Lothringer erst Weihnachten 1025 in die Knie zwingen. Im Osten hatte sich Boleslaw I. Chrobry zum König von Polen krönen lassen, starb jedoch am 17. Juni 1025. Sein Nachfolger Mieszko II. ließ sich mit Richeza ebenfalls krönen, ohne Konrad II. hinzuzuziehen. Gegen diese bedrohliche Entwicklung sicherte sich Konrad im Norden durch ein Bündnis mit Knut von Dänemark und England ab.

1026 Nun konnte er sich Zeit für Italien nehmen. Bevor er im Frühjahr 1026 von Augsburg nach Italien aufbrach, konnte er durch seine starke Stellung mit Zustimmung der Fürsten seinen neunjährigen Sohn Heinrich zum Nachfolger bestimmen. Ihn ließ er unter Aufsicht des Bischofs Brun von Augsburg, Bruder Heinrichs II., zurück, der damit zum Reichsverweser wurde. In Oberitalien mußte er einige Gefechte führen, bis sich Pavia und die Fürsten unterwarfen. Wertvolle Stützen der Politik Konrads II. wurden Erzbischof Aribert von Mailand und Markgraf Bonifaz von Canossa-Tuszien. Erst im März 1027 erreichte er Rom und dort nahm Papst Johannes XIX. (1024-32) in der Peterskirche am Ostersonntag die Kaiserkrönung an Konrad und Gisela vor. Als herausragende Zeugen dieses Ereignisses waren z.B. anwesend die Könige Knut der Große und Rudolf III. von Burgund, Abt Odilo von Cluny und dazu viele andere geistliche und weltliche Fürsten. Von Rom aus stieß Konrad II. nach Süditalien vor, begnügte sich aber mit der Entgegennahme der Huldigung durch die Fürsten von Capua, Benevent und Salerno und setzte Normannen zur Grenzsicherung gegen Byzanz ein. Als Konrad Ende Juni 1027 Regensburg erreichte, ließ er dank seines energischen, aber maßvollen Eingreifens ein geordnetes Italien zurück, seine Autorität war gestiegen. *1027*

Auf einem Hoftag in Regensburg am 24. Juni 1027 verlieh Konrad das Herzogtum Bayern, das durch den Tod Heinrichs freigeworden war, an seinen Sohn Heinrich und zog damit das wichtigste Herzogtum an die Zentralgewalt. Er konnte dabei die Wahl so geschickt lenken, daß sie auf seinen Sohn fallen mußte. Neu war, daß er durch die versammelten Grafen und Schöffen, das Königsgut, die Städte und die Königsabteien in Bayern feststellen ließ, also eine Bestandaufnahme des Reichsgutes vornahm.

Nach seiner Rückkehr schickte Konrad eine Gesandtschaft unter Bischof Werner von Straßburg nach Byzanz, um die Anerkennung seines Kaisertums zu erreichen und eventuell auch für seinen Sohn Heinrich eine Tochter des Kaisers zu erbitten. Den zukünftigen Status seines Sohnes, er war Ostern 1028 in Aachen zum König gekrönt und diesmal von Erzbischof Pilgrim von Köln geweiht worden, verdeutlicht in dieser Zeit die erste Kaiserbulle (Siegel), die sich als einziges Exemplar auf einem Diplom für Gernrode vom 23. August 1028 befindet. Dort heißt die Umschrift „Heinrich, die Hoffnung des Imperiums" (Henricus spes imperii). Die Gesandtschaft hatte Erfolg im Hinblick auf die freundschaftlichen Beziehungen und scheiterte, weil der Kaiser seine Töchter anders verheiratete, selber starb und Konrad die Schwester des Nachfolgers als Braut abgelehnt haben soll. *1028*

Das neue Herrschaftsverständnis der Salier zeigte die zweite Kaiserbulle (s. Abb. auf S. 136), seit 1033 im Gebrauch, die auf der Rückseite die Ansicht von Rom (Aurea Roma) wiedergibt und auf der Vorderseite die Bilder Konrads und Heinrichs. Die Umschrift formuliert gleichzeitig das Programm „Rom, das Haupt der Welt, führt die Zügel des Erdkreises" (Roma caput mundi regit orbis frena rotundi). Mit Konrad II. setzte sich fort und fand seine Ausprägung, was von den Ottonen begonnen wurde: die Betonung des römischen Charakters des Kaisertums. Damit setzte sich auch gleichzeitig die Bezeichnung „Imperium Romanum" für das Reich durch, dessen Herrscher der Kaiser war. Dieser Anspruch zeigte sich auch in der Reichskrone, die von Konrad II. in Auftrag gegeben sein könnte und entsprechend seinen Vorstellungen gestaltet wurde, Kronbügel und Stirnkreuz wurden später noch unter ihm hinzugefügt. *1033*

Innenpolitisch wurde Konrad wieder durch einen Aufstand seines Stiefsohnes Herzog Ernst II., Konrads des Jüngeren und Welfs II. gefordert, aber vor Ulm verließen die Vasallen Herzog Ernst, weil sie durch einen Eid ihrem obersten Herrn Konrad verpflichtet waren und an ihm kein Unrecht begehen wollten.

Bulle Konrads II.

Ernst wurde abgesetzt und auf der Burg Giebichenstein bei Halle/Saale inhaftiert. *1028/1030* Schon 1028 wurde er begnadigt, aber endgültig wegen Hochverrat 1030 verurteilt. Er starb im selben Jahr im Kampf, sein Herzogtum ging an Hermann IV., seinen jüngeren Bruder. Herzog Ernst wurde Titelfigur eines Epos, das in der Regierungszeit Barbarossas geschrieben wurde.

Politische Prozesse als Mittel der Machtdemonstration der Zentralgewalt wurden vom König auch gegen Welf II., dem die Grafschaft im Eisack- und Inntal abgesprochen wurde, und gegen Herzog Adalbero von Kärnten geführt. Der alte Konflikt der Eppensteiner und Salier mag dabei eine Rolle gespielt haben, der genauere Hintergrund bleibt unklar. Konrad ließ die Gerichtsverhandlung wohl wegen Hochverrat unter großen Schwierigkeiten nicht in Kärnten selbst, wie es Brauch war, sondern bei einer Reichsversammlung in Bamberg ablaufen, holte sich also ein Fürstenurteil. Das freie Herzogtum wurde ein Jahr später an Konrad den Jüngeren übertragen. Das Herzogtum Lothringen schließlich übergab Konrad Gozelo aus der Linie Verdun des regierenden Ardennengrafenhauses. Damit waren die beiden Lothringen in einer Hand vereint, was anfangs zwar Vorteile hatte, später zu einigen Schwierigkeiten führte.

1027 Größere Probleme bereitete Burgund. Im August 1027 hatte sich Konrad mit Rudolf III. von Burgund in Basel getroffen. Dort schlossen sie einen Vertrag, der vorsah, daß Konrad die Nachfolge in Burgund antreten werde. Als der Kaiser *1032* Anfang September 1032 vom Tod Rudolfs hörte, stellte er die Vorbereitungen für einen Polenfeldzug ein und sammelte in Straßburg Truppen für einen Zug nach Burgund. In Straßburg wurden ihm die Herrschafts-Insignien übergeben. Die Herrschaft machte ihm Graf Odo von der Champagne streitig, der große Teile des Reiches in seine Gewalt brachte. Im Februar ließ sich Konrad in Peterlingen von den erschienenen Anhängern zum König von Burgund wählen und krönen. Mit König Heinrich von Frankreich ging er ein Schutz- und Freundschaftsbündnis ein. Außerdem verlobte sich Heinrich mit Konrads zweiter Tochter Mathilde. Danach konnte Konrad im September Odo durch einen Einmarsch in die Champagne zur Kapitulation zwingen, aber erst im nächsten Jahr

folgte die endgültige Unterwerfung. Die burgundischen Großen huldigten erst
jetzt Konrad im Genfer Petersdom am 1. August 1034. *1034*

Mit der Angliederung Burgunds an das Reich in der Personalunion wurde die Trias der drei Königreiche „deutsches Reich“, Italien und Burgund erreicht, die das Imperium des Kaisers ausmachten. Der wesentliche Wert Burgunds lag nicht im Machtzuwachs, da der Adel sehr mächtig war, und nicht in seinem Reichtum, da das Krongut zum großen Teil verschleudert worden war, sondern in den zentralen Alpenpässen Mont Cenis und Großer St. Bernhard, die auf seinem Gebiet lagen. So konnte man Frankreich vom Zugang nach Italien abschneiden. Die Hegemonialstellung des „deutschen“ Königs als Kaiser in Mitteleuropa hatte sich verbessert.

Auf der anderen Seite hatten sich große Schwierigkeiten im Osten ergeben.
Der polnische König Mieszko II. war 1028 in Sachsen eingefallen. Als erste *1028*
Maßnahme wurde das Bistum Zeitz zum Schutz nach Naumburg verlegt. Viele
Feldzüge schlossen sich an, da Mieszko den Vorteil des unwegsamen Geländes
nutzte und sich nicht zu offener Schlacht stellte. Gegen ihn bildete sich eine Koalition aus dem Großfürsten Jaroslaw von Kiew, dem Herzog Udalrich von
Böhmen und Konrad II., die ihm weit überlegen war. Nach verschiedenen Friedensverhandlungen kam es dazu, daß Mieszko 1033 in Merseburg auf seine Kö- *1033*
nigswürde und auf die Lausitz und das Milzener Land verzichtete. Konrad teilte das Land in drei Teile, deren Oberherrschaft Mieszko behielt. Er starb im Mai
1034. In Polen brach das politische Chaos aus. Seine Frau Richeza mußte das *1034*
Land verlassen, der Sohn Kasimir wurde 1037 vertrieben und ging ebenfalls ins
Reich.

Gegen Böhmen ließ der Kaiser 1033 seinen Sohn wegen kleiner Streitigkeiten *1033*
mit Herzog Udalrich einen Kriegszug führen. Herzog Udalrich mußte sich unterwerfen, sein Bruder Jaromir wurde sein Nachfolger in Böhmen, Mähren wurde dem Sohn Bretislaw übergeben. Nach dem Tod der Brüder wurde Bretislaw
(1034-55) vom Adel zum Herzog erhoben, er huldigte dem Kaiser auf dem
Bamberger Hoftag von 1035 und stellte Geiseln. *1035*

Wegen ständiger Übergriffe in den Grenzgebieten zu den Elbslawen führte
Konrad 1035 und 1036 durchschlagende Feldzüge gegen die Liutizen. Im Au- *1035/*
gust 1036 unterwarfen sie sich und verpflichteten sich zur Zahlung eines erhöh- *36*
ten Tributs. In dem Bericht seines Biographen, des Kaplans Wipo, wird Konrad dabei als Rächer des Glaubens gekennzeichnet, der gegen die heidnischen Völker kämpfte.

Die guten Beziehungen zu Ungarn verschlechterten sich, als Konrad in Italien Politik gegen Venedig betrieb, denn der Doge war mit der Schwester König Stephans verheiratet. Auch Konrads Annäherung an Byzanz, den direkten Nachbarn Ungarns, verhieß nichts Gutes. Wegen bayerisch-ungarischer Grenz-
streitigkeiten rückte der Kaiser 1030 in Ungarn ohne Erfolg ein. Sein Sohn *1030*
Heinrich schloß ohne sein Wissen 1031 Frieden mit Stephan, den Konrad aner- *1031*
kannte.

Im Norden wurde die Beziehung zu Knut dem Großen noch enger geknüpft.
Auf dem Bamberger Hoftag von 1035 fand die Verlobung Heinrichs mit Gun- *1035*
hilde, der Tochter Knuts, statt, die Hochzeit wurde am Pfingstfest 1036 in Nim- *1036*

wegen gefeiert, wo Gunhild zur Königin gesalbt und gekrönt wurde. Als Preis für diese Verbindung trat der Kaiser Schleswig an Knut ab. Alles dies wurde
1035 aber schnell hinfällig, denn Knut starb bereits im November 1035, so daß sein
1038 Großreich zerfiel, und Gunhild starb 1038, nachdem sie vorher eine Tochter Beatrix geboren hatte.

In Italien bildete wie im ganzen Reich die Kirche die Hauptstütze seiner Politik. Daher versuchte Konrad, die strategisch wichtigen Bistümer mit Männern seines Vertrauens zu besetzen. Die Bischöfe waren Inhaber der Regalien (königl. Rechte) und übten in Vertretung des Königs die Stadtherrschaft aus. Teile ihrer Herrschaftsrechte übertrugen sie an die Capitane (capitanei), die führende Gruppe des Lehensadels, die in der Stadt und im umliegenden Territorium Besitz hatten. Unter den Capitanen standen als Untervasallen die Valvassoren. Sie stellten im wesentlichen das Aufgebot des bischöflichen Heeres, demgegenüber hatten sie aber eine geringe soziale Geltung und einen geringen Rechtsstatus. Dieser Gegensatz trieb sie zur Erhebung gegen die Bischöfe und die Capitane.

1035/ Mailand bildete das Zentrum dieser Unruhen in den Jahren 1035/36. Die
36 Mailänder erhielten Unterstützung aus den Nachbarregionen. Bei Campo Malo kam es zu einer kriegerischen Auseinandersetzung zwischen dem Bischof und seinen verbündeten Adeligen und den Valvassoren, die mit einem Sieg der Valvassoren endete. Nun wandten sich beide Parteien an den Kaiser, mit der Aufforderung zur Klärung der Situation. Da parallel dazu die Cremonesen die befestigte bischöfliche Stadt zerstört, den Bischof vertrieben und die Altstadt niedergerissen hatten, war der Kaiser auch hier gefordert.

1036 Im Dezember 1036 trat Konrad II. seinen zweiten Italienzug an und wurde in Mailand glanzvoll empfangen. Als es am nächsten Tag zu Tumulten kam, machte der Kaiser seinen bisherigen Vertrauten Erzbischof Aribert dafür verantwortlich, der eigentlich das Ziel der Aufstände war, und setzte ihn auf einem Hoftag in Pavia ab. Aribert entkam und stellte sich an die Spitze der Mailander Stadtbürger gegen den Kaiser. Da sich Aribert zudem noch mit Odo von der Champagne verbunden hatte, verfügte der Kaiser die Acht über ihn und setzte auch die Bischöfe von Vercelli, Piacenza und Cremona ab. Im Kampf mit Aribert er-
1037 ließ Konrad II. am 28. Mai 1037 ein wichtiges Gesetz, die Constitutio de feudis, das erste Gesetz, in dem lehnsrechtliche Fragen auf Reichsebene geregelt wurden. Darin wurde vor allem bestimmt, daß keinem Vasallen sein Lehen ohne Urteilsspruch der eigenen Standesgenossen (pares) entzogen werden kann. Auch den Untervasallen wird die Erblichkeit des Lehens im Mannesstamm garantiert. Dieses Gesetz bezog sich aktuell auf Italien, zeigte aber deutlich die Politik des Kaisers im Gesamtreich auf, die die Heranziehung dieser Schicht der Untervasallen an die Zentralmacht durch die Sicherung und den Ausbau ihres Rechtsstatus zum Ziel hatte.

Obwohl er Mailand nicht in die Knie zwingen konnte, zog der Kaiser im
1038 Frühjahr 1038 nach Süden und traf Papst Benedikt IX. in Spello, der die Exkommunikation über Aribert verhängte. Während sich die Kaiserin mit ihrem Hof nach Rom begab, drang Konrad nach Süditalien vor. Dort ordnete er die Verhältnisse. Er übertrug das Fürstentum Capua an Waimar IV. von Salerno und setzte den Normannenführer Rainulf als dessen Vasallen ein. Damit hatte zum

ersten Mal ein Normanne ein Herrschaftsamt, wenn auch nur untergeordnet, in dem Gebiet inne. In Monte Cassino hinterließ er einen Mönch aus Niederaltaich als Abt, womit eine Reform in diesem Kloster begann. Auf dem Rückweg wurde das Heer von einer Seuche ergriffen, der u.a. die Königin Gunhild und Herzog Hermann von Schwaben zum Opfer fielen.

Nach seiner Rückkehr übertrug Konrad als erstes das Herzogtum Schwaben
ebenfalls an seinen Sohn Heinrich, im Herbst 1038 wurde Heinrich auf einer *1038*
Versammlung mit burgundischen Fürsten in Solothurn die Herrschaft über Burgund übergeben. Das Pfingstfest beging die Familie in Utrecht. Dort wurde Konrad von einem schweren Gichtanfall betroffen, vom dem er sich nicht mehr erholte. Er starb am 4. Juni 1039. Seine Eingeweide wurden traditionsgemäß entnommen und in Utrecht beigesetzt, der übrige Leichnam wurde über Köln,
Mainz, Worms nach Speyer überführt und am 3. Juli 1039 im Dom vor der Ab- *1039*
schlußwand der Vorkrypta in die Erde gelassen.

Einordnung

Die Regierungszeit Konrads II. ist durch große Rastlosigkeit gekennzeichnet. Der erste Salier, der sich schon bei der Wahl gegen ein umfangreiches Feld von Kandidaten behaupten mußte, war ständig unterwegs, um jeden kleinen Brand im Reich selbst zu löschen. Energisches Vorgehen und hartes Durchgreifen zeichnen ihn dabei aus. Konrad wußte anscheinend die Zeichen der Zeit richtig zu deuten und hatte seine Ziele fest im Auge. So brach er einen Feldzug gegen Polen ab und marschierte Richtung Burgund, als die Situation es plötzlich erforderte. Auf der anderen Seite hatte er aber auch das nötige Geschick, um z.B. in Italien die Situation zu klären, ohne ständig Krieg zu führen.

Bahnbrechendes leistete er mit seinem Gesetz über das Lehnswesen. Er erkannte früh, daß die Untervasallen für die Basis der Königsherrschaft bedeutend werden konnten, wenn die Fürsten gegen diese arbeiteten. Unter ihm wurde die Entwicklung zum Status der Ministerialen vorangetrieben, die als Dienstmannen quasi wie treue Beamte in seinem Dienst waren.

Hinsichtlich seiner Kirchenpolitik wurde ihm von vielen Historikern der Vorwurf gemacht, er habe mit der Kirchenpolitik der Ottonen gebrochen und die Kirchen mißbraucht oder sogar Amtsinhaber ungerecht behandelt. In letzter Zeit konnte herausgearbeitet werden, daß sich Konrad auf den Spuren Heinrichs II. bewegte. Denn schon dieser hatte die Reichskirche stärker dominiert als seine Vorgänger. Konrad II. stand der Kirchenreform durchaus positiv gegenüber und hat nur diejenigen, die ihr Amt mißbrauchten, hart bestraft.

In Italien war Konrad II. nur zweimal und hat dort effektiv gewirkt, auch wenn das italienische Stadtbürgertum für ihn noch ein fremder Faktor blieb. In Unteritalien ging er neue Wege durch Einsetzung eines normannischen Führers gegen Byzanz. Die salische Kaiser- und Reichsidee dokumentierte er durch die Kaiserbulle: Rom als Haupt der Welt und des kaiserlichen Imperiums, an dessen Spitze der Salier stand. Als Äquivalent zu Rom gründete er das Kultzentrum der Salier, den Speyerer Dom, in dem später die Dynastie ruhen und verehrt werden sollte. Anfangs war der Dom wohl nur als monumentale Ruhestätte für ihn und seine Frau gedacht, wo die memoria (Gedächtnis) stattfinden sollte. Das Gebiet am Rhein wurde das neue Machtzentrum des Reiches, nachdem die sächsisch-bayerische Königsfamilie ihre Macht abgegeben hatte.

Insgesamt war Konrad ein starker Herrscher. Die äußeren Bedingungen und inneren Strukturen waren ein relativ stabiler Rahmen für seine Handlungen. Er stärkte vor allem die Autorität der Zentralmacht im Reich und hob das Reich, das nun Imperium Romanum hieß, durch die Verbindung mit Burgund in Mitteleuropa heraus und festigte seine Grenzen vor allem im Osten.

Heinrich III. (1039-1056)

1017 Heinrich wurde 1017 am Tag der Heiligen Simon und Judas Thaddäus geboren,
er war sechs Jahre alt, als sein Vater König wurde. Er wurde von da an als Nachfolger des Königs angesehen, entsprechend sorgfältig war seine Ausbildung. Durch seine Mutter geriet er mit dem Kloster St. Gallen in Berührung, einem geistigen Zentrum im Süden des Reiches. Ebenfalls aus dem Süden waren Bischof Brun von Augsburg und Bischof Egilbert aus Freising, die ihn stark beeinflußten. Mit italienischer Kultur und italienischem Wissen brachte ihn ein Mönch aus dem Peterskloster in Pavia in Kontakt. Schließlich kümmerte sich in der engen Umgebung des Königs noch der Kaplan Wipo um die Bildung des jungen Prinzen. Er widmete Heinrich die idealisierende Biographie seines Vaters die „Gestae Chuonradi II. imperatoris“ (Die Taten des Kaisers Konrad II.).

Zu der Theorie kam die Praxis hinzu, denn sein Vater ließ ihn aktiv an der Politik teilnehmen. Als Konrad zur Kaiserkrönung nach Italien zog, wurde Hein-
1026 rich im Frühjahr 1026 formell mit neun Jahren als Nachfolger anerkannt. Nach
seiner Rückkehr verlieh Konrad seinem Sohn im Jahr 1027 das frei gewordene
1028 Herzogtum Bayern und ließ ihn im Jahr 1028 in Aachen zum König wählen.
Erzbischof Pilgrim von Köln nahm Krönung und Weihe vor. In dieser Zeit schickte Konrad eine Gesandtschaft nach Byzanz, um u.a. wegen einer Prinzessin als Braut für seinen Sohn nachfragen zu lassen. Als dieses Projekt scheiterte, konnte mit dem mächtigen dänischen König ein Heiratsabkommen geschlossen
1035 werden. Seine Tochter Gunhild wurde zu Pfingsten 1035 mit Heinrich in Bam-
berg verlobt, die Heirat fand ein Jahr später in Nimwegen statt. Heiratspolitik war immer eine beliebte Form, um Einfluß zu gewinnen. Die Dänin gebar ihm die Tochter Beatrix, die spätere Äbtissin von Quedlinburg, starb aber auf dem
1038 Italienzug im Jahr 1038. In diesem Jahr erhielt Heinrich noch mehr Macht. Zu-
erst wurde ihm das freigewordene Herzogtum Schwaben übertragen und im Herbst in Solothurn die Herrschaft über Burgund.

1039 Als sein Vater 1039 starb, war Heinrich bestens auf die Herrschaft vorbereitet.
Die Situation wird oft mit der nach dem Tod Ottos des Großen verglichen, weil Otto II. in ähnlicher Weise vorbereitet die Herrschaft übernahm. Heinrich war aber in einer noch besseren Position, wenn man bedenkt, daß er bereits in allen drei Königreichen anerkannt war und drei Herzogtümer besaß, denn auch Kärnten zog er noch 1039 an sich.

Das Reich unter den Saliern und Staufern.

1028 Als „Spes imperii", als „Hoffnung des Reiches", war er schon 1028 auf der
kaiserlichen Bulle bezeichnet worden. Der junge König hatte bereits in seinen
1031 Amtshandlungen als Mitkönig, z. B. 1031 beim selbständigen Friedensschluß
mit Ungarn, gezeigt, daß er von der sakralen Würde des Königtums durchdrungen war und in besonderer Verantwortung für Kirche und Reich als Friedenswahrer handelte. Eine formelle Inbesitznahme der Herrschaft wurde doch noch
1039 einmal vollzogen, als er im Juli 1039 auf den Thron Karls des Großen in Aachen
gesetzt wurde. Anschließend unternahm er seinen zweiten Umritt, den ersten
1028 hatte er schon bei seiner Krönung im Jahr 1028 hinter sich gebracht. Allerdings
dienten beide mehr dem Vorhaben, sich im Land zu zeigen bzw. seine Gegenwart zur Geltung zu bringen und Amtshandlungen vorzunehmen. Er mußte nicht die Macht ergreifen, wie es bei Heinrich II. der Fall gewesen war.

Es war klar, daß Heinrich III. nach seinem Regierungsantritt nicht alle drei Herzogtümer für sich behalten wollte, ebenso klar war, daß die Herzogtümer nach seiner Ansicht nicht erblich waren. Er besaß die alleinige Verfügungsgewalt über die Ämter. So suchte er in den nächsten Jahren nach geeigneten Kandida-
1042 ten. Im Jahr 1042 verlieh er als erstes das Herzogtum Bayern an den Lützelbur-
ger Heinrich (VII.), wobei er die bayerischen Großen nicht heranzog. Das Herzogtum Schwaben ging 1045 an den lothringischen Pfalzgrafen Otto aus dem Haus der Ezzonen, das Pfalzgrafenamt an dessen Vetter Heinrich. Ottos Bruder war Erzbischof Hermann von Köln (1036-1056), demnach hatte die Familie
1047 großen Einfluß und war eine wichtige Stütze der Zentralgewalt. Im Jahr 1047
wurde das Herzogtum Kärnten an den Grafen Welf III. vergeben. Alle drei neuen Herzöge hatten eines gemeinsam, sie waren Landfremde, d.h sie waren auf enge Zusammenarbeit mit dem König angewiesen, um eine starke Position in ihren Gebieten aufbauen zu können.

Demgegenüber standen die beiden Herzogtümer Sachsen und Lothringen. In Sachsen waren die Billunger in die Fußstapfen der Liudolfinger getreten, das Herzogsamt galt als erblich. Das Verhältnis des sächsischen Adels zum König hatte sich mit dem Aufstieg der Salier verschlechtert. Ein bedrohlicher Vorfall ereignete sich 1047 im Königshof Lesum, wo ein Anschlag sächsischer Adeliger auf Heinrich III. geplant war, der aber durch Adalbert von Bremen vereitelt wurde. Für Mißstimmung sorgte bei den Sachsen, daß auf ihrem Boden das Reichsgut auf ihre Kosten vermehrt wurde. Der König hatte seine sächsische Hauptpfalz von Werla nach Goslar verlegt. Dort förderte er den Ausbau der Silbergruben, die ihm großen Gewinn einbrachten und gründete neben der Pfalz ein Stift seiner Lieblingsheiligen Simon und Judas als Ausbildungsstätte für Reichsbischöfe wie Burchard II. von Halberstadt und Gunther von Bamberg. Zum Ausbau seiner Machtposition im Harzraum unterstützte er besonders die Bistümer Hildesheim und Halberstadt mit Schenkungen.

1043 Diese enge Verbindung wurde noch deutlicher, als Heinrich im Jahr 1043
Adalbert, einen Dompropst von Halberstadt, zum Erzbischof von Hamburg-Bremen erheben ließ. Adalbert war ein Gegner der Billunger und galt daher als jemand, der für den König Sachsen überwachen sollte. Adalbert hatte aber auch, wie sein Biograph Adam von Bremen schreibt, eigene hochfliegende Pläne von einem Patriarchat des gesamten europäischen Nordens.

Während es in Sachsen nicht zum offenen Ausbruch der Spannungen kam,
war dies in Lothringen anders. Dort war 1040 Herzog Gozelo gestorben, sein *1040*
Sohn Gottfried der Bärtige war noch zu dessen Lebzeiten als Mitherzog aufgetreten.
Gozelo hatte aber eine Teilung vorgesehen und Niederlothringen dem
jüngeren Sohn Gozelo (II.) gegeben. Heinrich III. unterstützte die Entscheidung,
um die Macht des Herzogtums zu schwächen. Er ließ den aufbegehrenden
Herzog Gottfried von einem Hofgericht im September 1044 absetzen. Gott- *1044*
fried suchte sein Heil in der Fehde, fand aber wenig Unterstützung. Heinrich
übertrug einen Teil des Gebietes, das Gottfried beanspruchte, zwischen Schelde
und Dender und um Valenciennes an Balduin von Flandern. Erst im Juli 1045 *1045*
unterwarf sich Gottfried und wurde auf dem Giebichenstein in Verwahrung genommen.
Gegen Stellung seines Sohnes als Geisel konnte Gottfried im nächsten Jahr das Herzogtum Oberlothringen zurückerhalten, Niederlothringen wurde nun an den Lützelburger Friedrich übergeben.

Damit war das Problem nicht geklärt. Nach einer Niederlage Heinrichs gegen Graf Dietrich von Holland schlossen sich Dietrich, Gottfried, Balduin V. von Flandern und Graf Hermann vom Hennegau zu einem Bündnis zusammen. Die Kaiserpfalz Nimwegen wurde zerstört. Lüttich wurde belagert. Heinrich reagierte vorerst mit der Absetzung Gottfrieds, stattdessen wurde erst Adalbert, nach dessen Tod sein Bruder Gerhard von der Burg Chatenois mit dem Herzogtum Oberlothringen belehnt, was eine Entscheidung für Jahrhunderte sein sollte. Heinrich setzte sein ganzes diplomatisches Geschick ein, konnte König Heinrich I. von Frankreich an seine Seite ziehen, gewann englische und dänische Flottenunterstützung gegen Balduin von Flandern, schließlich den Papst, der über Gottfried und Balduin den Bann verhängte. Gottfried unterwarf sich wieder und wurde in die Obhut Erzbischofs Eberhard von Trier (1047-1066) übergeben. Heinrich III. hatte eine gefährliche Situation überstanden und seinen Willen durchgesetzt. Das starke Herzogtum war geschwächt, die Zentralmacht gestärkt. Dies konnte aber auch negative Folgen haben, denn das geteilte Herzogtum bedeutete weniger Schutz an der Westgrenze des Reiches.

Innenpolitisch von großer Bedeutung war auch die Kirchenpolitik. Heinrich III. stattete die Reichskirche mit Privilegien und Schenkungen aus, damit sie für ihn ein erfolgreicher Partner sein und das servitium regis (Königsdienst) leisten konnte. Noch häufiger als seine Vorgänger bestimmte er die Bischofswahlen und verteilte an Mitglieder seiner Hofkapelle die Pfründen in Domkapiteln. Um die Hofkapelle besser kontrollieren zu können, wurde sie neu organisiert. Das Amt des Erzkapellans wurde vom Mainzer Erzkanzler getrennt, dann verschwand es ganz. Die faktische Leitung hatte von da an der oberste Kaplan, der als Kanzler auch politischen Einfluß gewann. Auch in Burgund hatte Heinrich gleich nach seinem Regierungsantritt eine Kanzlei geschaffen, um die Amtsführung in dem Königreich den beiden anderen anzugleichen.

Bei der Investitur (Einsetzung) der Bischöfe verwandte Heinrich III. als erster Herrscher neben dem Stab auch den Ring. Der Ring war ein christliches Symbol, das die geistliche Verbindung des Bischofs mit der Kirche darstellte. Damit wurde Heinrichs III. theokratisches Denken umgesetzt und diese Investitur nun als selbstverständlicher Akt durchgeführt.

Als Anhänger des Reformgedankens unterstützte der König die Mönchsbewegung, die sich aus Cluny entwickelt hatte. Im Zusammenhang damit kam aus Frankreich auch im 11. Jahrhundert die Gottesfriedensbewegung oder Treuga Dei, verbunden mit Schwureinungen zum Frieden. Mit der Treuga Dei war ein völliges Fehdeverbot von Mittwochabend bis Montagmorgen und für bestimmte Feiertage vorgesehen. Angesichts der Macht des Adels, zu dessen Lebensgewohnheiten die Fehde gehörte, war es schwierig, die Treuga Dei durchzusetzen. Die ersten Maßnahmen waren Kirchenstrafen. Falls sie nicht griffen, wurden unter geistlicher Führung der Bischöfe militärische Verbände zusammengesetzt, die unter Kirchenfahnen gegen die Friedensbrecher zogen. So griff die Kirche selbst zu den Waffen und führte im Namen Gottes Krieg, was den Geist späterer Unternehmungen gegen den Islam in Spanien und im Heiligen Land vorbereitete.

Heinrich III. selbst sah sich als Vertreter Christi (vicarius Christi) und trat als Friedenswahrer auf. Hermann von Reichenau berichtet in seiner Chronik über
1043 ein Beispiel. Auf der Konstanzer Synode im Oktober 1043 trat der König zum Altar und ermahnte zum Frieden, verzieh allen seinen Gegnern und forderte alle Anwesenden auf, seinem Beispiel zu folgen. Lampert von Hersfeld erzählt in seinen Annalen u.a., daß Heinrich in demselben Jahr zu Weihnachten in Trier alle Verbrechen gegen sich verzieh und anordnete, daß alle im Reich sich vergeben sollten. Im Vordergrund stehen also Gebet und moralischer Appell, aber es ist mehr, denn hier zeigt sich der Herrscherwille, der die Befriedung des Reiches mit seiner theokratischen Autorität bewirken will. Die Quellen sind der Meinung, daß Heinrich eine Befriedung des Reiches mit seiner ganzen potestas (Macht) durchgeführt hat. Es sollte sich zeigen, daß diese Wirkung allein von seiner Persönlichkeit erzielt wurde.

Als Teil seiner Außenpolitik muß die nächste Heirat gesehen werden. Ende
1042 1042 lehnte er ein Angebot, die Tochter des Großfürsten Jaroslaw von Kiew zu heiraten, ab. Stattdessen heiratete er Agnes von Poitou, die Hochzeit fand Ende
1043 November 1043 in Ingelheim statt, schon vorher war Agnes in Mainz gekrönt worden. Sie war eine Enkelin des Grafen Otto-Wilhelm von Burgund, der am heftigsten gegen die Unterstellung Burgunds unter das Reich gekämpft hatte. Heinrich holte sich vorher die Zustimmung des französischen Königs, dessen mächtiger Vasall der Stiefvater seiner Frau, Graf Gottfried Martell von Anjou, war. Heinrich näherte sich damit einerseits dem Geschlecht, das Cluny gegründet hatte, und andererseits eben der Familie, die gegen den Einfluß des Reiches in Burgund harten Widerstand geleistet hatte.

Agnes hat fünf Kinder geboren, die überlebten, zunächst drei Töchter Mathilde (1045), später Gattin Rudolfs von Schwaben, Judith/Sophie (1047) Königin von Ungarn, Herzogin von Polen, Adelheid (1048), Äbtissin von Ganders-
1055 heim, dann zwei Söhne Heinrich (1050), König, und Konrad (1052), der 1055 starb.

Nicht nur das Verhältnis zum westlichen Nachbarn Frankreich war schwierig, im Osten gab es größere Probleme. Als Agressor zeigte sich Bretislaw I. von
1039 Böhmen, der 1039 in Polen einfiel und die Reliquien des hl. Adalbert aus Gnesen nach Prag entführte, um seinen Anspruch auf Polen religiös zu untermauern. Gleichzeitig bemühte sich der Bischof von Prag um die Erhebung zum Erz-

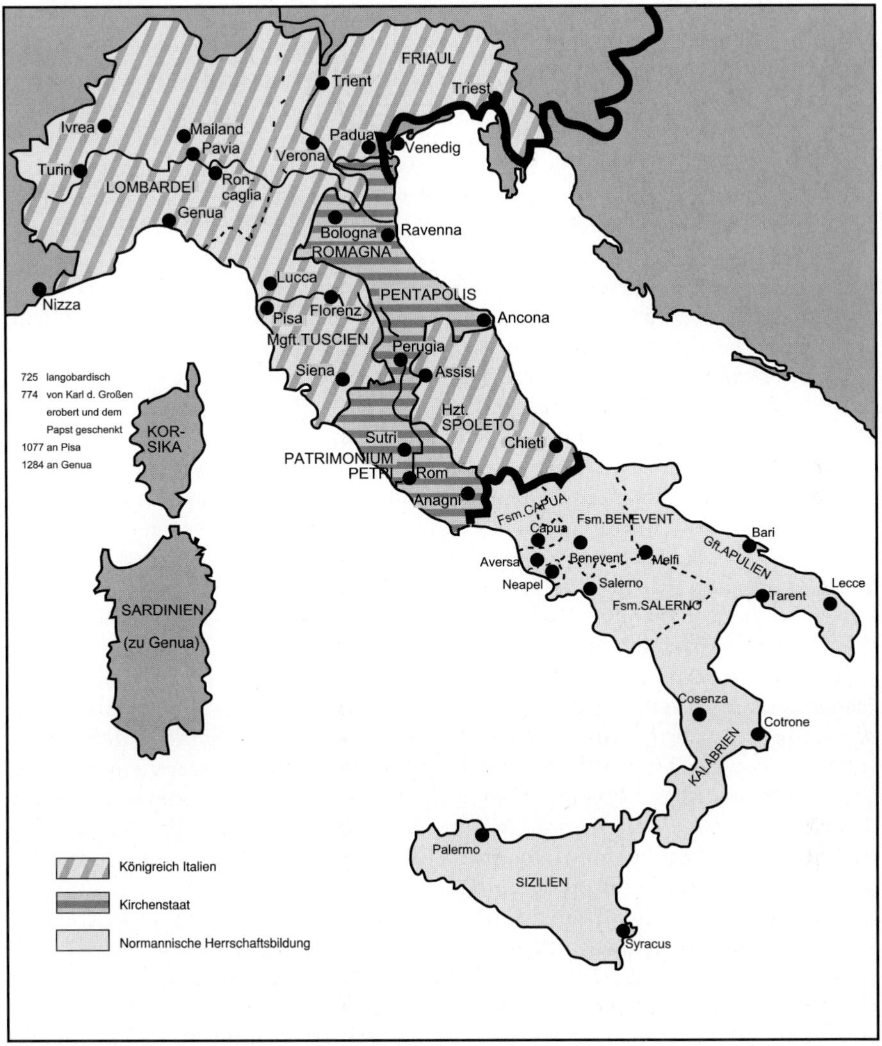

Italien im Hochmittelalter.

bistum, konnte aber den Papst nicht gewinnen. Heinrich III. sah den Angriff als
Affront gegen die Oberhoheit des Reiches über Polen und führte Krieg, erlitt
1040/ 1040 eine schmähliche Niederlage, gewann aber 1041, so daß sich Bretislaw un-
1041 terwarf. Bretislaw mußte auf seine Eroberungen verzichten, behielt aber Schlesi-
en, zahlte Tribut und erkannte den König als obersten Lehnsherren an.

Heinrich III. ließ die Ostgrenzen durch neue Marken stabilisieren. Die Mar-
ken Cham und Nabburg sowie die böhmische Mark wurden ergänzt durch die
Neumark oder Ungarnmark gegenüber Ungarn. König Peter von Ungarn hatte
Bretislaw anfangs unterstützt, war dann aber selbst aus Ungarn von Samuel-Aba
vertrieben worden. Dieser fand keine Anerkennung bei Heinrich, sondern pro-
vozierte durch Einfälle in die Ostmark. In der berühmten Schlacht bei Menfö
1044 am 5. Juli 1044 wurde Samuel-Aba besiegt, anschließend Peter wieder inthroni-
siert. Er erkannte ebenfalls die Lehenshoheit des Reiches an.

In Polen hatten Jaroslaw von Kiew und Heinrich III. den vertriebenen Thronfolger Kasimir I. (1039-1058) wieder in sein Reich eingesetzt. Kasimir, mit dem Beinamen „Erneuerer“, schaffte es, Polen wieder zu einem geachteten Staat aufzubauen, konnte aber die alte Machtposition nicht wiederherstellen, da Pommern und Schlesien verloren waren.

Ingesamt hatte Heinrich in diesen Jahren viel Erfolg im Osten aufzuweisen. Die Machtgelüste Premislaws hatte er zurückgewiesen, Kasimir von Polen und Peter von Ungarn waren auf seine Hilfe angewiesen. Alle drei ostmitteleuropäischen Staaten waren lehensrechtlich an das Reich gebunden.

Dies war die Situation, als Heinrich III. das große Ziel der Kaiserkrönung in
Angriff nahm. In Italien hatte er sich mit Erzbischof Aribert von Mailand ver-
söhnt und einen Friedensschluß 1044 in den Mailänder Aufständen der Valvas-
soren mitherbeigeführt. Nach dem Tod Ariberts hatte Heinrich einen neuen
Erzbischof aus einer Capitanenfamilie der Mailänder Region eingesetzt. Durch
diese Kontakte war dem König bekannt, daß es in den italienischen Städten eine
neue politische Entwicklung gab. Dasselbe gilt für die Kirchen und Klöster, wo
sich ebenfalls Veränderungen durch Reformen vollzogen, so wurde vor allem ge-
gen Simonie gepredigt, wurde die Seelsorge betont und die vorbildliche Lebens-
weise gefordert. Ein berühmt gewordener Vertreter der Reformen war Petrus
Damiani, Prior des Klosters Fonte Avellana. Er begrüßte es sehr, daß Heinrich
III. den von ihm selbst ernannten Erzbischof Widger von Ravenna auf einer Aa-
1046 chener Synode im Mai 1046 wegen Unfähigkeit wieder absetzte und sah in ihm
den vicarius Christi, der völlig zu Recht in die Belange der Kirche eingriff.

So setzte man nun große Hoffnung darauf, daß Heinrich die Situation um die
1032 Päpste klären würde. In Rom war 1032 wieder ein Tusculaner zu Benedikt IX.
1044 gewählt worden. Er wurde im Sommer 1044 von den Römern vertrieben und
aus der Familie der Creszentier Silvester III. erhoben. Benedikt kehrte zurück,
Silvester zog sich in sein Bistum Sabina zurück. Benedikt sah aber selbst, daß
1045 seine Position nur schwer zu halten war, daher trat er am 1. Mai 1045 seine Wür-
de an seinen Taufpaten Johannes Gratianus ab. Genaueres läßt sich bei der ein-
seitigen Darstellung der Quellen über die Hintergründe nicht klären. Sicher ist,
daß Benedikt freiwillig zurücktrat und Geld im Spiel war, als Gregor VI. von
den Römern gewählt wurde.

Heinrich konnte die Situation vom Reich aus nicht genau durchschauen, aber er hatte sich doch vorgenommen, neben der Kaiserkrönung auch die Lage in Rom zu klären. Er konnte ohne Widerstand nach Pavia ziehen und dort am 25. Oktober 1046 eine Synode abhalten. In Piacenza kam es zu einer Begegnung mit 1046
dem neuen Papst Gregor VI., dem Heinrich durchaus ehrfurchtsvoll begegnete. Am 20. Dezember trat man in Sutri zu der berühmten Synode zusammen, zu der Heinrich eingeladen hatte, um die Fragen um die drei Päpste zu klären. Dies war von besonderer Bedeutung für ihn, weil er sich nur von einem rechtmäßigen Papst krönen lassen wollte.

Die Päpste Gregor VI. und Silvester III. waren anwesend, Benedikt IX. entzog sich durch Flucht. Silvester verlor sein Amt und Gregor wurde wegen Simonie abgesetzt und dem Erzbischof von Köln in die Verbannung übergeben. Auch über Benedikt erging das Absetzungsurteil, aber erst in Rom, wo am 23. Dezember die nächste Synode stattfand. Dort fand auch die Neuwahl statt. Um die Macht der römischen Familien zu brechen, wollte Heinrich Reichsbischöfe einsetzen. Heinrichs Wunschkandidat Adalbert von Hamburg-Bremen weigerte sich, daher wurde der Bamberger Bischof Suidger als Clemens II. am Weihnachtsfest inthronisiert. Mit dem Namen sollte ein Programm beschrieben werden: Rückkehr zu der bescheidenen Form der frühen Kirche. An demselben Tag noch wurde die Kaiserkrönung an Heinrich und Agnes vollzogen. Gleichzeitig wurde Heinrich die Patricius-Würde Roms übertragen, also Schutzherrschaft und Stadtherrschaft gleichermaßen.

Im Januar 1047 fand ihre erste gemeinsame Synode statt, auf der jede Form 1047
des simonistischen Handels mit kirchlichen Ämtern und Besitz verboten wurde. Begleitet von seinem Papst zog Heinrich nach Monte Cassino und dann weiter nach Süditalien, wo der Normanne Waimar inzwischen den Titel eines Herzogs von Apulien und Kalabrien führte. Er belehnte weitere Normannen mit apulischen Besitzungen und Gebieten des Fürstentums Benevent, um einen Ausgleich zu schaffen. Nach seinem Abzug hatte Waimar wieder die Oberherrschaft.

Schon im Mai 1047 waren Heinrich und Agnes zurück im Reich. Papst Clemens starb bereits im Oktober, eventuell durch einen Giftanschlag. Sofort setzten die Tusculaner Benedikt IX. wieder auf den Papstthron. Bischof Wazo von Lüttich, von Heinrich dazu aufgefordert, plädierte für Wiedereinsetzung von Gregor VI., dessen Absetzung – und dies war Kritik an Heinrich – er nicht für legitim hielt, genauso hatte er sich zur Absetzung des Erzbischofs von Ravenna geäußert. Der Kaiser nominierte an Weihnachten Bischof Poppo von Brixen, der zwar akzeptiert wurde, aber nur unter großen Schwierigkeiten überhaupt bis Rom gelangte. Dort bestieg er am 17. Juli 1048 als Damasus II. den Papstthron, 1048
wiederum ein Name aus der frühen Kirche. Aber schon am 9. August war er tot.

Der Kaiser forderte im Dezember 1048 Bischof Bruno von Toul im reform- 1048
freudigen Lothringen auf, der unter der Bedingung einwilligte, daß Klerus und Volk von Rom ihn akzeptierten. Dies war traditionsgemäß und für ihn wichtig, um in Rom Fuß fassen zu können. Am 12. Februar 1049 wurde der Bischof von 1049
Toul als Leo IX. zum Papst erhoben. Er war der erste bedeutende Reformpapst und hat in seiner Amtszeit der Reform zum Durchbruch verholfen. Für die rastlose Arbeit holte er sich Mitarbeiter aus Lothringen. Humbert von Silva Candi-

da, Hugo Candidus, den Lütticher Archidiakon Friedrich sowie seinen Kanzler Udo und den Reformer Hildebrand.

Leo IX. hielt noch 1049 eine Synode mit dem Kaiser in Mainz ab. Im gemeinsamen Kampf gegen Mißstände im Klerus dokumentierte sich das Miteinander von regnum und sacerdotium. Es ging bei den Synoden besonders um die Simonie und die damit verbundene Frage, ob ein Kleriker, der auf diese Weise ins Amt kam, die Sakramente spenden konnte. Leo neigte erst der radikalen Ansicht von Humbert von Silva Candida zu, schloß sich dann der gemäßigten von Petrus Damiani an, der das Sakrament in der richtigen Form verabreicht unabhängig von der Würdigkeit der Priester sah. Auf weiteren Synoden in Reims und Worms kämpfte der Papst für die Reform. Die enge Anbindung ans Reich wurde deutlich, als Erzbischof Hermann, Erzkanzler für Italien, zum Erzkanzler der römischen Kirche ernannt wurde.

In Süditalien versuchte Leo IX., Einfluß zu gewinnen und setzte Humbert als
Erzbischof von Sizilien ein. Die Beneventaner unterstellten sich seiner Lehns-
1052 herrschaft. Der Kaiser übertrug ihm 1052 in Worms das Fürstentum Benevent
und Reichsbesitz in Süditalien, wo der Papst das Reich vertreten sollte. Dadurch
geriet der Papst in gefährliche Nachbarschaft der Normannen. Nur mit Freiwil-
ligen aus dem Reich zog der Papst in einer Art Kreuzzug gegen die Normannen,
unterstützt auch von byzantinischen Truppen. Bei Civitate erlitt dieses Heer ei-
1053 ne vernichtende Niederlage am 18. Juni 1053, wobei Leo selbst gefangen wurde
und in Benevent residieren mußte.

Byzanz zeigte sich zu weiteren Verhandlungen bereit, vor allem über die Kir-
cheneinheit. Eine Delegation unter Humbert von Silva Candida fuhr im Januar
1054 1054 nach Byzanz. Humbert traf mit radikalen Ansichten auf einen radikal ge-
stimmten Patriarchen, so daß eine Verständigung nicht möglich war. Am 16. Ju-
li 1054 legten die westlichen Gesandten am Altar der Hagia Sophia die Vorwür-
fe nieder. Man bannte sich gegenseitig, das Schisma zwischen der West- und der
Ostkirche war besiegelt. Leo erlebte dieses nicht mehr, denn er war am 19. April
gestorben.

Heinrich hatte den Papst nicht mehr persönlich so intensiv unterstützen kön-
1050 nen, weil er im Reich Probleme hatte. Schon 1050 war es im Westen wieder zu
Schwierigkeiten in Lothringen und mit Balduin V. von Flandern gekommen.
1051 Dieser Unruheherd blieb bestehen, weil Balduin 1051 seinen Sohn mit der Wit-
we Hermanns vom Hennegau verheiratete und dadurch in Zukunft mehr Macht
1054 bilden konnte. Erst 1054 hatte Heinrich genügend Freiraum, um sich mit dem
Westen zu beschäftigen. Aber er hatte wenig Erfolge, brachte sogar Mißstim-
mung in das Verhältnis zum Bischof von Cambrai, weil er das Burggrafenamt
von Cambrai gegen dessen Willen an einen Verbündeten vergab. Bei seinem
Feldzug hatte Heinrich Gottfried den Bärtigen als Partner, den er begnadigt hat-
te.

Dieses gute Verhältnis hielt nicht an. Gottfried heiratete etwa im Juli 1054 Beatrix, die Witwe des Markgrafen Bonifaz von Canossa-Tuszien. Er wollte den Kaiser von der Friedfertigkeit seiner Absichten überzeugen, aber Heinrich war von dem heimlichen Vorgehen erzürnt. Strategisch gesehen war dieses Herrschaftsgebiet in Italien sehr wichtig, weil man dort die Wege nach Rom kontrol-

lieren konnte. Daher reagierte der Kaiser sehr massiv. Bei der Rückkehr von seinem zweiten Italienzug nahm er 1055 Beatrix und ihre Tochter Mathilde als Ge- *1055*
fangene mit ins Reich. Gottfrieds Bruder Friedrich, Kardinal in Rom, entzog sich dem Zugriff durch Flucht ins Kloster Monte Cassino.

In Sachsen verfolgte die Herzogsfamilie der Billunger weiterhin mit großem Mißtrauen die Aktivitäten des Kaisers zur Förderung der Reichskirche und zum Ausbau des Reichslandes auf Kosten des sächsischen Adels um Werla/Goslar herum. Ansonsten kümmerte sich Heinrich nämlich wenig um Sachsen. Die alten Missionszentren Magdeburg, Brandenburg und Havelberg wurden völlig vernachlässigt, die Grenzprobleme der Sachsen ignoriert. So kam es zu einer schweren Niederlage der Sachsen an der Havelmündung im September 1056. *1056*

Bayern wurde 1052 völlig überraschend zu einem Unruhefaktor. Herzog *1052*
Konrad lag in offener Fehde mit Bischof Gebhard von Regensburg, dem Onkel des Kaisers, und hatte auch mit Heinrich Dissonanzen wegen der Ungarnpolitik. Im April 1053 wurde Konrad auf dem Hoftag von Merseburg abgesetzt. Konrad *1053*
weigerte sich, stützte sich auf Ungarn und gewann immer mehr Anhänger nicht nur in Bayern, sondern auch Herzog Welf III. von Kärnten. Ohne Rücksicht auf das Wahlrecht des bayerischen Adels übergab der Kaiser das Herzogsamt nacheinander seinem Sohn Heinrich, seinem Sohn Konrad und seiner Frau Agnes. Im Jahr 1055 wendete sich auch sein Onkel gegen ihn, wohl u. a. weil der Kaiser *1055*
nicht ihm, sondern seinem Berater Bischof Gebhard von Eichstätt seinen Sohn Heinrich in die Obhut gegeben hatte, als er nach Italien zog.

Die Aufrührer hatten die Beseitigung des Kaisers als Ziel und den abgesetzten Herzog Konrad, als Ezzone weitläufig mit den Ottonen verwandt, als seinen Nachfolger vorgesehen. Nur der plötzliche Tod der Hauptverbündeten verhinderte den offenen Ausbruch der Revolte. Welf III. starb im November 1055, ihm folgte der Sohn Welf IV. im Amt. Konrad starb etwa vier Wochen später. Gebhard von Regensburg wurde verurteilt und in Gewahrsam genommen.

Die Opposition gegen Heinrich kam nicht nur aus Kreisen des weltlichen Adels, sondern auch aus Kirchenkreisen, obwohl die Reichskirche die zuverlässige Stütze der Herrschaft war. Der erwähnte Bischof Wazo von Lüttich war einer der wichtigsten Oppositionellen, der schon die Heirat mit Agnes für nicht legitim hielt. Auch andere Kleriker haben das Eingreifen Heinrichs in Sutri kritisiert. Der kirchliche Bereich sollte ihrer Meinung nach dem Papst vorbehalten bleiben. Der Streit um das Verhältnis von regnum und sacerdotium deutete sich an.

Die zunehmenden Spannungen im Reich konnten zwar durch Heinrichs Persönlichkeit und auch durch Zufall niedrig gehalten werden, gleichzeitig wurde es aber außenpolitisch brisant. Zu Frankreich war das Verhältnis seit dem Vertrag von 1048 weitgehend entspannt, allerdings sorgte das enge Zusammengehen *1048*
von Papst und Kaiser für Irritationen. Dazu kam ein hochpolitischer Streit zwischen dem Königskloster St. Denis und dem Kloster St. Emmeram in Regensburg um die Reliquien des französischen Nationalheiligen Dionysius. Am gefährlichsten aber wurde die Eskalation, nachdem der Kronvasall Graf Theobald III. von Blois und Chartres 1054 dem Kaiser huldigte. Ein Treffen der beiden *1054*
Herrscher im Jahr 1056 in Ivois, bei dem der französische König wohl dem Kai- *1056*

ser vorwarf, er habe den Grafen auf seine Seite gezogen, endete mit einem Eklat. Der König floh, nachdem der Kaiser einen Zweikampf als Gottesurteil vorgeschlagen hatte. Dies war der Bruch des guten Verhältnisses.

Der französische König hatte gute Kontakte nach Ungarn, denn eine Schwester seiner russischen Frau Anna war mit König Andreas von Ungarn verheiratet. Dieser lag im Krieg mit dem Kaiser, weil der immer noch seinen Schützling Peter, inzwischen geblendet, unterstützte. Allerdings dauerte es lange, bis der Kaiser losschlug. Das kaiserliche Heer war zu unbeweglich, um der ungarischen Taktik begegnen zu können, es verlor die Schlachten. Nachdem sich der neue böhmische Herzog Spitignew II. (1055) auch den Ungarn angeschlossen hatte, stand die Hegemonialstellung des Reiches im Osten auf der Kippe.

Während dieser ganzen bewegten 50er Jahre fand der Kaiser noch Zeit für ei-
1055 nen Italienzug. Im Frühjahr 1055 zog er los, um die italienischen Verhältnisse, die Probleme mit Gottfried dem Bärtigen in Canossa-Tuszien und mit den Normannen, mit Hilfe des neuen Papstes Viktor II., vorher sein Vertrauter Bischof Gebhard von Eichstätt, zu klären. Gottfried floh in seine Heimat. Der Kaiser hielt zu Pfingsten eine Reformsynode mit dem Papst in Florenz ab. Er übertrug dem Papst das Herzogtum Spoleto und die Markgrafschaft Fermo, der somit die Kontrolle des Reiches über Mittelitalien übernehmen sollte. Dann nahm er Kontakt zu den langobardischen Fürsten und zu den Byzantinern auf, um die Normannen in Schach zu halten. Im November kehrte er schon ins Reich zurück; mit den Normannen selbst hatte er sich nicht befaßt.

In diesen unsicheren Zeiten war es wichtig, die Nachfolge rechtzeitig zu re-
1050 geln. Am 11. November 1050 war endlich der Thronfolger Heinrich geboren. Als am 31 März 1051 die Taufe vollzogen wurde, war der berühmte Abt Hugo von Cluny der Taufpate, der auch für den Namen Heinrich anstatt Konrad plä-
1053 diert hatte. Es gelang dem Kaiser, Heinrich im November 1053 auf einer Reichsversammlung in Tribur zum König wählen zu lassen. Die Weihe und Krönung
1054 wurde am 17. Juli 1054 in Aachen von Erzbischof Hermann von Köln durchgeführt. Die Ansprüche des Mainzers wies der Kaiser vor allem mit dem Hinweis
1055 auf die Lage Aachens im Kölner Sprengel zurück. Zu Weihnachten 1055 wurde der Sohn Heinrich in Zürich mit Bertha, der Tochter des Markgrafen Otto von Turin und Savoyen, verlobt. Dieses Haus kontrollierte die wichtigsten Alpenpässe.

Die Fürsten hatten in Tribur die Bedingung gestellt, daß man dem Sohn gehorchen werde, wenn er sich als gerechter Herrscher erweise. Dies war ein bis dahin einmaliger Vorgang, daß die Wähler sich eine Tür offen ließen. Sie kündigten Widerstand und Aufheben ihrer Wahl an, wenn der neue Herrscher sich nicht würdig des Amtes zeigen werde. Damit drückten sie handfest die Mißstimmung aus, die inzwischen im Reich herrschte, wo die Zentralmacht oft ohne oder sogar gegen die weltlichen Partikularkräfte Entscheidungen getroffen hatte.

Angesichts der zunehmenden Spannungen hatte sich der Kaiser mit Gottfried dem Bärtigen ausgesöhnt. Er übergab ihm Beatrix und ihre Tochter Mathilde und bat um Unterstützung für seinen Sohn. Ob er ihm auch die Wiedereinsetzung in sein Herzogtum versprochen hat, ist nicht nachweisbar. In der Pfalz

Bodfeld im Harz wurde er sterbenskrank und ließ die versammelten Fürsten die Wahl seines Sohnes erneuern. Den anwesenden Papst forderte er zum Schutz für seinen Sohn auf. Im Alter von 39 Jahren starb Heinrich III. am 5. Oktober 1056, *1056*
nachdem er um Verzeihung gebeten und entfremdetes Gut zurückgegeben hatte. Seine Leiche wurde nach Speyer transportiert und dort im Dom am Tag Simon und Judas an der Seite seines Vaters beigesetzt. Sein Herz und die Eingeweide wurden in seinem Stift Simon und Judas in Goslar bestattet. Somit ruhte er in den beiden Kirchen, die er zu seinen Lebzeiten am meisten gefördert hatte.

Einordnung

Als Hoffnung des Reiches wurde Heinrich noch zu Lebzeiten seines Vaters bezeichnet. Aufgrund seiner Herkunft und Ausbildung erwarteten die Menschen den idealen Herrscher, den der Kaplan Wipo in seiner Biographie Konrads II. beschrieben hatte. Er selbst verstand sich als den Stellvertreter Christi auf Erden, der als Aufgabe hatte, Staat und Kirche zu lenken und zu bewahren. Die Bedingungen dafür waren bei seinem Regierungsantritt geradezu optimal.

Daher sah er als völlig normal an, die Bischöfe mit Stab und Ring zu investieren und in Rom für einen anerkannten und legitimen Papst zu sorgen. Das folgenreichste an seinem Eingreifen war, daß der Einfluß und fortwährende Konkurrenzkampf der römischen Adelsfamilien unterbrochen wurde. Mit dem Bischof von Bamberg begann eine ganze Reihe von Päpsten aus dem Reich, die Reformen betrieben und eng mit dem Kaiser zusammenarbeiteten.

Die Kirchenpolitik war von der profanen Politik nicht zu trennen. Auf die Reichskirche gestützt konnte er alle politischen Probleme lösen. Seine engsten Berater stammten aus diesem Kreis, besonders Adalbert von Hamburg-Bremen wurde von ihm gefördert. Aber diese Politik ging zu Lasten der weltlichen Fürsten. Eng mit den Reformbewegungen war die Gottesfriedensbewegung verbunden. Heinrich schloß sich nicht selbst an, sah aber die Friedenswahrung als seine oberste Aufgabe, was er bei vielen Gelegenheiten unter Beweis stellte.

Dies hinderte ihn jedoch nicht, die notwendigen Kriege zu führen. Im Westen war Frankreich ein Partner, der immer mehr an Gewicht gewann. Die große Unruhe ging aber wie schon oft von Lothringen aus, dessen komplexe Verhältnisse er nicht durchschaute. Sein Hauptgegner blieb während vieler Jahre Herzog Gottfried der Bärtige, mit dem er sich aber noch vor seinem Tod versöhnte. Auf Versöhnung und Verzeihung legte er großen Wert wie noch die Geste auf dem Totenbett beweist. In Burgund baute er eine separate Kanzlei auf, um das Königreich neben die beiden anderen zu stellen.

Im Osten trat er anfangs als Ordnungsmacht auf, indem er die legitimen Herrscher wieder in ihr Amt einsetzte, später führte er Krieg, um die Hegemonialstellung des Reiches gegenüber Böhmen und Ungarn zu behaupten. In Italien konnte er die Verhältnisse stabilisieren, in Mittelitalien übernahm der Papst eine ordnende Funktion. In Süditalien blieben die Verhältnisse ungelöst, den Reichsinteressen standen die Interessen von Byzanz und der Normannen gegenüber.

In seinem Selbstverständnis als theokratischer Herrscher ging Heinrich in den letzten Jahren so weit, daß er die Partikularkräfte oft brüskierte oder ignorierte. Das gilt besonders für Bayern und Sachsen. Er stützte sich ähnlich wie sein Vater zum Teil auf Ministeriale, während die Bedeutung der Städte noch gering war. Die politischen Gegenkräfte kamen aus der Fürstenschaft. Viele Historiker sahen in Heinrich III. den Höhepunkt mittelalterlicher Königsherrschaft in Europa. Den Gipfel des Ansehens fand er sicher nach der Synode von Sutri. Gleichzeitig setzte aber auch von der Seite der Kirche Kritik ein. Das Verhältnis regnum zu sacerdotium wurde diskutiert. Diese Opposition von weltlichen und geistlichen Fürsten brachte viel Unruhe in die letzten Regierungsjahre. Heinrich versuchte alles, um seinem Sohn eine stabile Machtgrundlage zu hinterlassen. Er konnte aber nicht mehr genug für ihn tun, der Tod riß ihn mitten aus dieser Tätigkeit heraus.

Heinrich III. war für das Herrschaftsamt bestens vorbereitet, sowohl durch die Voraussetzungen, die sein Vater schuf, als auch durch seine eigenen Fähigkeiten und seine Ausbildung. Bis zu seinem Tod war das theokratische Königtum des Reiches noch ohne große Niederlagen. Er hatte sein Leben lang für seine Herrscheridee, für seine Auffassung des christlichen Herrscheramtes, unermüdlich gekämpft. Vielleicht hätte er es bei langer Regierungszeit schaffen können, aber die Reformbewegung, die sich auch gegen seine Ansprüche richtete, war nicht völlig kontrollierbar, genausowenig wie die vielen starken Partikularkräfte und die Staaten des Ostens. Innerhalb dieser Strukturen hat er seine Handlungsmöglichkeiten genutzt. Aber er hinterließ seinem Sohn das Reich als labile Konstruktion, die sehr empfindlich war und jeden Moment einstürzen konnte.

Heinrich IV. (1056-1104)

Heinrich IV., gerade sechs Jahre alt, trat sein Amt unter denkbar schlechten Voraussetzungen an, nachdem sich in den letzten Jahren seines Vaters überall im Reich und bei den Nachbarn Unruhen bemerkbar machten. Er war drei Jahre alt, als er zum König gewählt wurde und fünf Jahre alt, als er verlobt wurde. Mit sieben Jahren führte er den ersten Bischof in seiner Amtszeit ein, denn nach den Vorstellungen seiner Zeit konnte er regieren, die Herrschaft mußte aber real von anderen ausgeübt werden. Dies war in der Anfangszeit seine Mutter, die Kaiserin Agnes.

Papst Viktor II., der immer noch als Bischof von Eichstätt Reichsfürst war, ergriff nach dem Tod des Kaisers die Initiative, und Gottfried der Bärtige kümmerte sich um den Ausgleich mit Flandern. Dies führte dazu, daß die beiden Grafen Balduin IV. und Balduin V. von Flandern dem König auf einem Kölner Hoftag noch im Dezember 1056 huldigten. Anschließend setzte ihn der Papst mit feierlicher Erhebung auf den Karlsthron in Aachen. Danach zog der Hof nach Bayern, wo die bis dahin sich zurückhaltenden bayerischen Großen in Regensburg dem König ihre Huldigung entgegenbrachten. Hier bestätigte der König der Kaiserin den Besitz des Herzogtums Bayern und übertrug Kärnten an

Kuno, den Bruder des Pfalzgrafen Heinrich. Darüberhinaus erreichte der Papst,
daß die Fürsten der Kaiserin das Recht einräumten, bei einer Thronvakanz, im
Fall des Todes ihres Sohnes, den Nachfolger designieren zu dürfen. Dies bedeu-
tete gleichzeitig, daß man der Kaiserin die Regierungsfähigkeit zuerkannte.

Agnes wußte, daß sie, vor allem nachdem der Papst im Februar 1057 nach Ita- *1057*
lien gezogen war, das Reich nicht allein führen konnte. Als auswärtigen Ratge-
ber konnte sie auf Abt Hugo von Cluny, den Taufpaten ihres Sohnes, zählen. Im
Reich war ihr engster Berater Bischof Heinrich von Augsburg, außerdem spiel-
te Erzbischof Anno von Köln (1056-1075) eine zentrale Rolle. Später (1060)
wurde auch Erzbischof Siegfried von Mainz, vorher Abt von Fulda, ein enger
Berater. Als zuverlässig erwiesen sich besonders die Ministerialen, die nun ver-
mehrt in Diensten von Kaiserin und König standen. So hat Kuno, Ahnherr der
Familie Hagen-Münzenberger, als Erzieher gewirkt. Für die Verwaltung des Kö-
nigsgutes war z.B. in Franken Otnand schon von Heinrich III. eingesetzt wor-
den, der bei den Klerikern der Bamberger Kirche, wie die Quellen berichten,
wegen seiner radikalen Vertretung königlicher Interessen sehr unbeliebt war.
Diese servientes (Dienstmannen) konnten durch Königsdienst sozial aufsteigen,
waren daher unbedingt loyal.

Während diese Personen aus der Reichskirche oder dem Nichtadel waren,
blieb das Verhältnis zu weltlichen Fürsten schwierig. Daher war es um so wich-
tiger, die Herzogtümer mit vertrauenswürdigen Männern zu besetzen. Im
Herbst 1057 verlieh Agnes das Herzogtum Schwaben an Rudolf von Rheinfel-
den, der mit ihrer Tochter Mathilde verheiratet wurde. Seinen Konkurrenten um
das Amt, Graf Berthold von Zähringen, den bereits Heinrich III. vorgesehen
hatte, konnte sie auch zufriedenstellen, indem sie ihn 1061 mit dem Herzogtum *1061*
Kärnten belehnte. Als Herzog von Bayern wurde 1061 der tatkräftige Sachse
Graf Otto von Northeim eingesetzt. Auf diese Weise hatte sie sich drei Herzö-
ge verpflichtet, was allerdings später die Folgen hatte, daß alle Herzogtümer sehr
selbständig wurden und die Amtsinhaber Führer der Opposition. Drei neue Fa-
milien wurden in das Spiel mit der Macht im Reich aufgenommen. Rudolf verlor
seine Frau bereits nach einem halben Jahr durch Tod, heiratete Adelheid, die
Schwester von Bertha von Turin, der Verlobten des Königs, und wurde so wie-
der königsnah.

Im Gegensatz zu den vorher regierenden Königen überließen Agnes und ihre
Berater Lothringen dem ansässigen Adel, dem ehemaligen Herzog Gottfried
dem Bärtigen ließen sie in Mittelitalien freie Hand. In Sachsen hatten die Billun-
ger ihr Erbrecht weiterhin geltend gemacht und standen der Zentralmacht
mißtrauisch gegenüber. Auf dem Hoftag in Merseburg im Juni 1057 fanden sich *1057*
die sächsischen Adeligen mit der neuen Regierung ab. Es gab allerdings Span-
nungen, als Äbtissin Beatrix, die erste Tochter Heinrichs III., Stiftsgüter an Mi-
nisteriale verlieh, was Papst Viktor II. unterstützt hatte. Ihre eigenen Stiftsda-
men, die aus dem sächsischen Adel stammten, protestierten. Ende des Jahres
1057 mußte die Äbtissin in Gegenwart des Legaten des Papstes nachgeben. Sie
mußte die Güter zurücknehmen. Dies war ein Prestigeverlust für die Zentralge-
walt, denn die Prinzessin hatte versucht, im Sinn ihres Vaters einen Rückhalt im
Land auf Kosten des Adels zu bilden. Auch Adalbert von Hamburg-Bremen,

enger Vertrauter Heinrichs III., wurde vom sächsischen Herzog in jeder Form an Entfaltung gehindert.

In den Jahren der Regentschaft der Kaiserin Agnes mußte man sich notgedrungen mit den ungarischen Problemen beschäftigen. König Andreas hatte seinen Sohn Salomon 1057 zum König erheben lassen. Dagegen protestierte der Onkel Bela, der selbst die Nachfolge seines Bruders antreten wollte. Im Reich unterstützte man Salomon, was besonders durch die Vereinbarungen über eine Verlobung Salomons mit Heinrichs IV. Schwester Judith deutlich wurde. In diesem Vertrag wurde der ungarische König als gleichwertiger Partner behandelt.
1060 Andreas starb 1060 im Kampf gegen seinen Bruder, der zum König erhoben wurde. Agnes erkannte ihn nicht an, denn die ungarische Königin war mit Sohn und Schwiegertochter nach Bayern geflohen. Dies war der Moment, in dem Agnes den energischen Otto von Northeim in Bayern einsetzte. Dieser betrieb
1063 den Krieg gegen Bela, an dessen Ende Salomon 1063 als König auf den Thron gesetzt werden konnte.

Während im Süden des Reiches Otto von Northeim erstarkte, hatte am Rhein Erzbischof Anno seinen Machtbereich ausgedehnt. Dies verwickelte ihn
1060 zwangsläufig in Konflikte mit den Ezzonen. Etwa um 1060 ist es ihm gelungen, den Pfalzgrafen Heinrich aus dessen wichtigen rheinischen Gebieten zu verdrängen. Nun hatte er mehr Zeit, sich mit den Vorgängen im Reich zu beschäftigen. Dies war gerade in der Zeit, als die Kaiserin sich, von der Machtpolitik müde geworden, zurückgezogen hatte. Nun war die Frage, wer unter den Ratgebern den meisten Einfluß auf den jungen König gewann.

Durch einen Handstreich brachte sich Anno von Köln in die beste Position.
1062 Lampert von Hersfeld beschreibt die Szenerie in seinen Annalen. Im April 1062 hielt sich der Hof auf der Rheininsel Kaiserswerth auf. Anno lud den jungen König zur Besichtigung eines Schiffes ein. Annos Leute umzingelten ihn und das Schiff legte ab. Heinrich sprang in seiner Panik in den Rhein, Graf Ekbert rettete den Untergehenden, der daraufhin nach Köln gebracht wurde. Durch den Raub von Reichsinsignien machte Anno deutlich, daß er die Macht übernehmen wollte. Er wurde bei seinem Vorgehen unterstützt von Ekbert von Braunschweig und Otto von Bayern, außerdem waren wahrscheinlich eingeweiht: Bischof Gunther von Bamberg, Siegfried von Mainz und Gottfried der Bärtige.

Schon die Zeitgenossen warfen Anno Herrschsucht und machtpolitischen Ehrgeiz vor. Als entschuldigende Gründe für sein Handeln werden u.a. mangelnde Führungsqualität der Kaiserin, Habsucht der Höflinge, falsche Erziehung des Königs und Sorge um das Reich angeführt. Die Kaiserin unternahm nichts, für Heinrich scheint dies ein traumatisches Erlebnis gewesen zu sein, wie man aus seinen Reaktionen in späterer Zeit entnehmen kann. Die Situation hatte ihm auch verdeutlicht, daß ein schwacher Herrscher leicht zum Spielball der Großen des Reiches werden konnte. Anno übernahm nach diesem Schachzug die Führung der Reichsregierung.

Die Fürsten sorgten nach diesem Übergriff dafür, daß einige Maßnahmen der Kaiserin, die sich gegen ihre Interessen richteten, wieder zurückgenommen wurden. Außerdem wollten sie auf Kosten des Königsgutes ihre Macht erweitern und ignorierten den König. Zu einem bezeichnenden Zwischenfall kam es Pfingsten 1063 in Goslar, als sich Untergebene des Bischofs von Hildesheim mit denen des Abtes von Fulda um die Rangfolge der Sitze ihrer Herren in der Kirche prügelten. Die Schreie der Verwundeten übertönten den Psalmgesang und das Blut spritzte auf den Altar. Der 13 jährige König, der Ruhe stiften wollte, wurde beiseite geschoben und entkam mit knapper Not den Kämpfenden. *1063*

Als engen Berater hatte der König inzwischen Erzbischof Adalbert an seinen Hof gezogen. Dieser wurde zu einem mächtigen Konkurrenten für Erzbischof Anno von Köln, den Heinrich verachtete. Adalbert war ein lebenslustiger Adeliger, der dem König großzügig begegnete und ihn in seinen Bann zog. Diese Lebensfreude, dazu ein anmaßendes Wesen und sein Machthunger waren Punkte, die im Reich unangenehm auffielen und für Mißstimmung bei den Fürsten sorgten. Sich selbst verschaffte Adalbert die Reichsabteien Corvey und Lorsch, dazu den Königshof Duisburg, aber auch sein Rivale Anno war beteiligt. Er erhielt aus Königsbesitz die Klöster Vilich, Kornelimünster und Malmedy. Die Klöster waren nicht einverstanden, besonders Lorsch protestierte gegen die Übernahme durch Adalbert.

Gegen die aufkommende Mißstimmung konnte auch der mündig gewordene König Adalbert nicht schützen. Am 29. März 1065 fand in Worms die Schwert- *1065*
leite statt, Erzbischof Eberhard von Trier erteilte den Segen und Gottfried der Bärtige war Heinrichs Schildträger, die Regierung übernahm Heinrich IV. erst
1066. In diesem Jahr zog sich Agnes zur Buße nach Rom zurück. *1066*

Dies war das Jahr, in dem Adalbert gestürzt wurde, was erhebliche Folgen im Nordosten hatte, wo die Kirchenorganisation in den slawischen Gebieten teilweise zusammenbrach. Auf einer Reichsversammlung in Tribur forderten die Fürsten den König auf, Adalbert zu entlassen oder selbst abzudanken. Heinrich mußte nachgeben und war nun weitgehend auf sich selbst gestellt. In seiner Umgebung waren hauptsächlich Höflinge und Dienstmannen, die auf seine Gunst angewiesen waren. Die Fürsten betrieben weiter ihre Intrigen und ihre eigene Politik, sie schöpften sogar Hoffnung auf Heinrichs Tod, als er 1066 schwer erkrankte. Doch er erholte sich wieder und versuchte dann, Reichsgut zurückzugewinnen, das während der Zeit seiner Unmündigkeit verloren gegangen war.

Zentren des Königsguts lagen am Mittelrhein, am Untermain, im östlichen Sachsen und in Thüringen. Besonders im Gebiet zwischen Werra und Elbe mit dem Schwerpunkt im Harzraum lagen große Waldgebiete, die durch Rodungen erschlossen und nutzbar gemacht werden konnten. Dort gab es schon wichtige Stützpunkte der Königsherrschaft wie die Pfalzen und Reichsabteien Quedlinburg, Werla, Bodfeld, Sangerhausen und vor allem seine Geburtsstadt Goslar mit dem Silberbergbau und der großen neuen Pfalz. Diese Position wurde durch Neubau oder Erweiterung von Burgen gestärkt. Dazu gehörten die Harzburg, die Heimburg, die Steinbergburg, die Hasenburg und der Sachsenstein. Zu dem Ausbau kam die Rückforderungspolitik des Königs, der aufgrund von Zeugenaussagen und Befragung das Königsgut rekonstruieren ließ. Heinrich beauftragte seine Ministerialen mit der Rekonstruktion des Königsguts. Er setzte zu diesem Zweck landfremde schwäbische Ministerialen ein, die er als loyale Gruppe in Sachsen quasi einpflanzen wollte, denn er unterstützte ihre Verheiratung mit Einheimischen.

In der Zwischenzeit wurde das Reich durch zwei Affären erschüttert. Die er-
1069 ste führte der König selbst herbei, als er im Juni 1069 vor die Reichsversammlung in Worms trat und den Fürsten abverlangte, daß sie der Auflösung seiner
1066 Ehe mit Bertha von Savoyen zustimmen sollten, die 1066 geschlossen worden war. Einen Grund gab der König nicht an, daher wird ihm in den Quellen ein zügelloses Leben vorgeworfen. Erzbischof Siegfried von Mainz vertagte die Entscheidung und bat den Papst um Hilfe. Alexander II. (1061-73) schickte als Legaten den ehrwürdigen Petrus Damiani, der auf der Frankfurter Synode im Oktober erschien. Der Kardinal erinnerte den Salierkönig an seine Verpflichtung als christlicher Herrscher und bedrohte ihn mit kirchlichen Strafen. Der König mußte nachgeben, was in diesem Fall einen ersten Prestigeverlust bedeutete, denn er mußte sich der moralischen Autorität des Papstes beugen.

Nur kurze Zeit später wurde Herzog Otto von Northeim von einem gewissen Egino öffentlich beschuldigt, daß dieser ihn zur Ermordung des Königs gedungen habe. Die Quellen sind nicht so klar, daß der Hintergrund erhellt werden könnte. Vielleicht war der König selbst an dieser Intrige gegen Otto beteiligt, vielleicht waren es fürstliche Konkurrenten oder Höflinge. Otto ließ sich auf ein Verfahren ein, stellte sich aber nicht zum Zweikampf in Goslar. Daraufhin sorgte der König dafür, daß er von einem sächsischen Gericht verurteilt wurde. Otto wurde das Herzogtum Bayern entzogen, aber auch der Allodialbesitz. Bayern wurde sofort an Welf IV. gegeben, der seine Ehe mit der Tochter Ottos auflöste und sich von seinem Schwiegervater lossagte.

Otto von Northeim ging zur Gegenwehr über, wurde von Teilen des sächsischen Adels unterstützt und nahm sogar mit den feindlichen Liutizen Kontakt
1071 auf. Doch angesichts seiner Unterlegenheit unterwarf er sich Mitte 1071 dem König. Er blieb ein Jahr in Haft und wurde dann begnadigt. Seine Güter erhielt er zurück, trat aber einen Teil an den König und seine Helfer ab.

1072 Im Jahr 1072 gab es auch einen Konflikt mit den Herzögen im Süden. Denn Rudolf von Rheinfelden wurde ebenfalls beschuldigt, einen Anschlag gegen König und Reich zu planen. Er ließ sich nicht auf ein Verfahren ein, sondern entzog sich vorerst, um sich dann doch dem Wormser Hoftag zu stellen. Er hatte vorher aber Anno von Köln, Siegfried von Mainz und die Kaiserin um Unterstützung gebeten. Kaiserin Agnes erschien wirklich auch in Worms, begleitet von Hugo von Cluny und einigen Äbten und Mönchen. Es ging nämlich auch um Kirchenangelegenheiten. Anno von Köln hatte Mönche aus dem italienischen Kloster Fruttuaria in sein Kloster Siegburg und in andere Klöster wie Saalfeld geholt. Rudolf wollte die neuen Lebensformen auch in sein Hauskloster St. Blasien im Schwarzwald einführen. Dies bedeutete eine Abkehr von dem Mönchtum, wie es sonst in den Reichsklöstern üblich war. Das konnte als eine Abweichung von der Reichsnorm und eine Art Rebellion gedeutet werden. In Worms fand man aber zu einem Ausgleich und ein Jahr später zu einer wirklichenVersöhnung.

1073 In diesem Jahr 1073 kam es zu einem offenen Aufruhr, der in Sachsen ausbrach. Die schwäbischen Ministerialen Heinrichs IV. hatten von den Burgen aus versucht, unter großem Zwang die Steuern einzutreiben und Dienstleistungen einzufordern. Hatten die Sachsen anfangs den Burgenbau begrüßt, weil sie dachten, sie seien für die Verteidigung gegen die Slawen wichtig, so sahen sie die Burgen nun als Zwingburgen des Königs an und erhoben sich deshalb. Es war kein Bauernaufstand, denn die adeligen Führer hatten bereits wochenlang geheime Absprachen getroffen. An der Spitze standen der Bischof Burchard II. von Halberstadt, Erzbischof Werner von Magdeburg, Hermann Billung, zeitweise Bischof Hezilo von Hildesheim und schließlich nach einigem Zögern auch Otto von Northeim.

In den „Annalen" Lamperts von Hersfeld und im „de bello Saxonico" (Sachsenkrieg) des Klerikers Bruno werden die Vorgänge geschildert. Die Klagen gipfelten in dem Vorwurf, der König habe gegen die Gerechtigkeit verstoßen, das alte Recht des Stammes der Sachsen mißachtet und die Freiheit der Sachsen eingeschränkt. Hinter diesen Vorwürfen konnte man die Sachsen sammeln. Heinrich IV. hoffte, daß er das Heer, das er gerade für einen Polenfeldzug gesammelt hatte, gegen die Sachsen führen konnte; dies zerschlug sich schnell. Noch bedrohlicher wurde seine Lage, als Erzbischof Siegfried von Mainz und andere Reichsfürsten direkt mit den Sachsen verhandelten, die sich nun noch mit den Thüringern verbunden hatten. Außerdem erschütterte wieder eine Verleumdung das Reich. Ein Mann namens Regenger erhob die Beschuldigung, daß er im Auftrag des Königs die Herzöge Rudolf und Berthold habe ermorden sollen. Da der Verleumder selbst starb, ging die Affäre nicht weiter, aber die Reaktionen zeigten doch deutlich das völlig gestörte Vertrauensverhältnis zwischen König und Fürsten. Heinrich mußte verkleidet aus Sachsen fliehen.

In dieser schwierigen Situation bekam er unerwartet Hilfe von einer politischen Kraft, die sich im Reich neu etablieren sollte, von den Bürgern, in diesem Fall den Bürgern von Worms. Sie hatten ihren Bischof vertrieben und dem König die Mauern geöffnet. Dafür erhielten sie, wie dies auch in der Zukunft sein sollte, ein weitreichendes Zollprivileg. In Worms konnte Heinrich wieder einige Anhänger, darunter Bischöfe, sammeln und mit einem Heer nach Sachsen zurückkehren.

In dem Frieden von Gerstungen im Februar 1074 wurde vereinbart, daß die *1074* neuen Burgen geschleift werden und alle Aufständischen straffrei ausgehen sollten. So hatte es Otto von Northeim gegen den Willen eines großen Teils der Aufrührer ausgehandelt. Bei der Zerstörung der Harzburg gingen die Bauern in ihrem Zorn soweit, daß sie Gräber der königlichen Familien schändeten. Die Fürsten distanzierten sich zwar sofort von diesen Übergriffen, aber Heinrich wollte dieses Sakrileg nutzen. Es kam zur allmählichen Auflösung der Opposition gegen ihn. Ein beträchtlicher Teil der sächsischen Verbündeten, vor allem die Bischöfe, liefen zum König über. Eventuell wurde ein Ausgleich zwischen dem König und Otto von Northeim auch von Rudolf von Rheinfelden hintertrieben, weil er den Sachsen schwächen wollte.

Eine endgültige Lösung des Problems war nicht möglich, weil der König plötzlich durch die ungarische Politik abgelenkt wurde. Im Frühjahr 1074 entlud sich der lange schwelende Streit zwischen König Salomon und seinem Vetter Geza, wodurch der König vom Thron gestoßen wurde und zu seinem Schwager Heinrich IV. floh. Er bat um Hilfe und versprach dafür die Anerkennung der deutschen Oberhoheit, eine Tributzahlung und die Übergabe von sechs befestigten Orten. Der geplante umfangreiche Feldzug wurde gestoppt, als Nachrichten von einer Bedrohung der Westgrenze eintrafen. Dies erwies sich als falsch, damit war aber der günstige Zeitpunkt verpaßt. Mit einem kleinen Heer konnte nur wenig erreicht werden, so daß sich Salomon mit der Herrschaft im westlichen Ungarn zufrieden geben mußte.

Erst danach konnte die sächsische Frage einer Lösung zugeführt werden. Heinrich trat sehr massiv auf und forderte die bedingungslose Kapitulation. Nach der Ablehnung durch die sächsischen Fürsten versammelte sich ein beeindruckendes Heer, die Quellen sprechen von dem größten eines Königs, im Juni
1075 1075 in der Nähe von Hersfeld. Bei Homburg an der Unstrut wurde in demselben Monat das gegnerische, vorwiegend aus Bauern bestehende Heer unter der Führung Ottos von Northeim vernichtend geschlagen. Aber erst Ende Oktober folgte die völlige Unterwerfung. Heinrich ließ keine Gnade walten, sondern veranstaltete ein demütigendes Schauspiel, ließ die Führer inhaftieren und konfiszierte ihre Güter. Danach wurde der Wiederaufbau der zerstörten Burgen begonnen.

Nach dem erfolgreichen Bestehen dieser bisher härtesten Herausforderung seiner Macht wollte der König den Höhepunkt nutzen. Er schaffte es, daß die versammelten Großen zu Weihnachten 1075 in Goslar seinen 1074 geborenen Sohn Konrad zu seinem Nachfolger zu wählen versprachen. Außer diesem Sohn hatte Bertha vorher schon Adelheid, Agnes und Heinrich geboren, Adelheid und Heinrich waren bald nach der Geburt gestorben, Konrad hatte überlebt. Auf dieser Reichsversammlung in Goslar fand auch die endgültige Aussöhnung mit Otto von Northeim statt, dem er die Verwaltung der sächsischen Angelegenheiten anvertraute, denn Herzog Magnus war immer noch in Haft. Die Sachsen allerdings konnte Heinrich damit nicht auf seine Seite ziehen, der Gegensatz zu ihnen hatte sich eher verschärft.

Dies sollte besonders in den kommenden Auseinandersetzungen mit dem Papsttum deutlich werden, das gerade in dieser Phase durch eine starke Persönlichkeit wahrgenommen wurde, während es in den vergangenen Jahren viele
1057 Probleme gegeben hatte. Nach dem Tod Viktors II. im Juli 1057 mußte die Lage schnell geklärt werden, weil der stadtrömische Adel seinen Einfluß wieder geltend machen wollte. Da im Reich durch die Regentschaft der Kaiserin keine energische Reaktion kam, Gottfried der Bärtige aber eine einflußreiche Position in Mittelitalien einnahm, setzten die Reformer in Rom dessen Bruder Friedrich, Abt von Monte Cassino, als Stephan IX. auf den Papstthron. Die Zustimmung der Regentin wurde nachträglich durch eine Gesandtschaft unter Hildebrand und Bischof Anselm von Lucca eingeholt. Der lothringische Papst regierte nur kurz, kämpfte gegen die Priesterehe energisch und zog vor allen Dingen den gemäßigten Petrus Damiani nach der Erhebung zum Kardinalbischof von Ostia näher an die Kurie heran.

Als Stephan IX. bereits vor Rückkehr der Gesandtschaft im März 1058 starb, reagierte der stadtrömische Adel diesmal schnell und ließ den Kardinalbischof Johann von Velletri zu Papst Benedikt X. wählen. Die Reformer unter Petrus Damiani setzten sich zur Wehr. In Florenz, der Metropole von Gottfried dem Bärtigen, einigte man sich auf Gerhard, den Bischof von Florenz, der als Nikolaus II. im Januar 1059 in der Peterskirche geweiht wurde. Benedikt X. wurde exkommuniziert und abgesetzt. *1059* Die Reformer hatten gesiegt und dokumentierten dies auf einer großen Lateransynode im Jahr 1059, die sich mit Simonie, Klerikerehe und Kanonikerreform befaßte. Das Hauptergebnis der Synode war aber das Papstwahldekret, das die unsichere Lage bei der Papstwahl beseitigen sollte. Hiermit wurde festgelegt, daß ein Kollegium der Kardinäle den Papst wählen, Volk und Klerus von Rom nur noch akklamieren sollten. Der Gewählte mußte nicht aus der römischen Kirche kommen, die Wahl konnte auch an einem anderen Ort stattfinden. Das Recht des Königs, also ein Mitspracherecht, sollte gewahrt bleiben. In Zukunft kam es darauf an, was der König daraus machte. Ebenso brisant war der sechste Kanon der Synode, der besagte, daß kein Kleriker oder Priester von einem Laien eine Kirche erhalten dürfe. Dies ist noch sehr vage formuliert und verbietet nicht, daß der König die Bischöfe einsetzte, zumal es im Reich gar nicht verbreitet wurde.

Mit der Synode wurde nicht dem theokratischen Königtum der Krieg erklärt, denn man benötigte diese Schutzmacht noch, aber das Selbstbewußtsein der Reformkirche war erheblich gestiegen. Aus Furcht vor der römischen Adelspartei vollzog man eine totale Wende in der Normannenpolitik. Nikolaus II. nahm sich das Recht, die Normannenführer Richard und Robert Guiscard auf ihre Anfrage hin mit den eroberten Gebieten Capua, Kalabrien, Apulien und Sizilien zu belehnen. Auf diese Weise wurden die Normannen legalisiert und anerkannt, auf der anderen Seite hatte das Reformpapsttum die Lehenshoheit über Süditalien gewonnen und eine schlagkräftige Truppe zur Verfügung, die noch 1059 den Widerstand des Gegenpapstes Benedikt X. brach.

Zwischen den Ratgebern Heinrichs IV. und den radikaleren Ratgebern des Papstes kam es zu Unstimmigkeiten, die zu dem Eklat führten, daß eine Reichssynode alle Verfügungen des Papstes für ungültig erklärte und ihn selbst für abgesetzt. Konsequenzen hatte dies nicht, weil der Papst am 20. Juli 1061 *1061* starb. Wieder ergriffen die römischen Adeligen die Initiative. Diesmal suchten sie aber die offzielle Anbindung, indem sie dem König eine Gesandtschaft schickten und um die Nominierung eines neuen Papstes ersuchten. Unterstützt wurden sie von lombardischen Bischöfen, die den Zentralismus der Reformer mißtrauisch beobachteten. Dies brachte die Reformer in Zugzwang, die am 30. September Bischof Anselm von Lucca als Alexander II. wählten. Dieser war ein Mann des Ausgleichs mit guten Beziehungen zu Gottfried dem Bärtigen und dem Hof. Aber am 28.10. nominierte Heinrich IV. in Basel Bischof Cadalus von Parma zum Papst, der sich den Namen Honorius II. zulegte. Damit hatte sich die Reichsregierung vor den Karren der Personen spannen lassen, mit denen Heinrich III. in Rom abgerechnet hatte. Die Kaiserin zog die Konsequenzen aus der verfahrenen Situation und nahm den Nonnenschleier. Cadalus versuchte, Rom mit Waffengewalt zu nehmen, aber den Lateran schaffte er nicht, weil ihn der Adel nur halbherzig unterstützte. Gottfried der Bärtige bereinigte die Situation, indem er beide in ihre Bistümer beorderte, um die Entscheidung des Königs und der Reichsversammlung abzuwarten. Dies bedeutete einen Prestigeverlust für die Reformer, die wieder vom Königtum abhängig waren.

Im Reich hatte Anno die Macht an sich gerissen, der den Reformern zuneig-
1062 te. Auf der Synode in Augsburg im Oktober 1062 wurde beschlossen, daß Alex-
ander II. vorläufig die Amtsführung übernehmen sollte. Nach weiteren Kämp-
1064 fen wurde für die Synode von Mantua zu Pfingsten 1064 die Entscheidung
vorweggenommen, weil nicht Anno, sondern Alexander II. den Vorsitz führte.
Alexander leistete einen Reinigungseid wegen Simonie, bestritt aber der Synode
überhaupt das Recht, über ihn zu urteilen. Er wollte die Normannenproblema-
tik mit dem König in einem persönlichen Gespräch klären, wenn dieser zur Kai-
serkrönung kommen sollte. Die Entscheidung für den Reformpapst wurde aber
nicht von allen im Reich gern gesehen, denn die Reichsregierung mußte ihren ei-
genen Kandidaten aufgeben. Auf der anderen Seite war die Reformpartei in Rom
von dem Verhalten des Königs und seiner Umgebung enttäuscht.

Zum Italienzug des Königs kam es vorläufig nicht, obwohl sowohl ein An-
hänger von Cadulus/Honorius II. als auch ein Legat Alexanders II. den König
um Hilfe baten. Die Romfahrt wurde beschlossen, aber der geplante Aufbruch
wieder verschoben. Auch ein beschwörender Appell Petrus Damianis, sich als
Schutzherr der römischen Kirche zu bewähren, blieb ohne Antwort. Im Spät-
1065 sommer 1065 wurde aber doch eine Delegation unter Herzog Otto von Bayern
nach Rom geschickt, um den Kontakt zu Alexander II. aufrecht zuerhalten. Der
Papst wiederum war an dem Kontakt notwendigerweise interessiert, weil man
die Normannen nicht ausrechnen konnte und Mailand ein Unruheherd war, wo
die Pataria, der Gottesbund zum Frieden zwischen niederem Adel und unteren
Schichten, gegen den Erzbischof und die Aristokratie stand. Petrus Damiani
konnte die Lage beruhigen, indem er die Priester, die fast alle mit Simonie ins
Amt gekommen waren, abschwören ließ. Dies war ein Sieg für das Papsttum,
denn hier wurde von der Zentrale aus die Mailänder Kirche, die sich eigenstän-
dig entwickelt hatte, zurechtgewiesen.

1070 Eine Zeit lang war es ruhiger, dann eskalierte die Lage in Mailand, als 1070
Erzbischof Wido vor dem ständigen Kampf resignierte und Ring und Stab an
den König schickte. Heinrich IV. investierte sofort den Kleriker Gottfried. In
Mailand traf dieser auf den Widerstand der Pataria, auch Papst Alexander II.
stellte sich auf ihre Seite und exkommunizierte den neuen Erzbischof. Nach Wi-
dos Tod ließ die Pataria Atto zum Erzbischof wählen. Dieser konnte aber sein
Amt niemals antreten, der Papst verschaffte ihm ein Amt als Kardinalpriester
von S. Marco in Rom. Heinrich ließ Gottfried weihen. Der Papst bannte dar-
aufhin fünf Ratgeber Heinrichs unter der Anklage der Simonie, eine deutliche
Warnung an Heinrich von dem Papst, der mit seiner Mutter Agnes in Rom eng
1073 zusammenarbeitete. Nur durch den Tod Alexanders am 21. April 1073 wurde
weiteres verhindert.

Nur einen Tag später wurde der neue Papst unter merkwürdigen Umständen
gewählt. Der Archidiakon Hildebrand, der die Begräbnisfeierlichkeiten leitete,
wurde in der Salvatorkirche des Laterans vom anwesenden Volk zum Papst ausge-
rufen. Die Kardinäle und anderen Geistlichen stimmten in einem förmlichen Akt
bei der Inthronisation in S. Pietro in Vincoli zu. Als Name wurde Gregor VII.
ausgewählt. Ohne Zweifel war diese Form der Wahl völlig gegen das Papstwahl-
dekret gerichtet, das wie so oft bei mittelalterlichen Gesetzen keine Anwendung

finden konnte. Realpolitisch gesehen war es aber ein großer Vorteil für Gregor VII., daß er so spontan und einmütig zum Papst erhoben wurde. Die Wähler und der Gewählte haben in diesem Akt das unmittelbare Wirken Gottes gesehen. Gregor selbst hat betont, daß er gegen seinen Willen durch die Macht Gottes in sein Amt eingesetzt worden ist und gehorcht hat.

Gregor VII. war ca. 1020/25 in der Toskana geboren, wurde Mönch in Rom, begleitete den abgesetzten Gregor VI. in die Verbannung nach Köln und kam
1049 mit Leo IX. zurück. Er stieg an der Kurie allmählich in wichtige Positionen *1049*
auf und wurde zum Gegenspieler von Petrus Damiani. Dabei war er kein geschliffen formulierender Theoretiker oder besonders gut ausgebildeter Theologe, sondern ein politisch denkender Pragmatiker, der umsetzte, was andere nur
dachten. Im „Dictatus Papae", einem Eintrag ins Briefregister vom März 1075, *1075*
hat er im Sinn der radikalen Reformer seine Vorstellungen von der Autorität des Papsttums in allen kirchlichen und weltlichen Entscheidungen verdeutlicht. In den 27 Leitsätzen stellt Gregor VII. zusammengefaßt fest: Der Papst steht allein an der Spitze der Universalkirche und ist allein berechtigt, kaiserliche Insignien zu tragen. Die geistliche Macht ist der weltlichen übergeordnet. Der Papst kann Untertanen in bestimmten Fällen, z. B. wenn der Fürst nicht mit der römischen Kirche übereinstimmt, von ihrem Eid gegenüber einem Fürsten entbinden. Dies bedeutete die Durchsetzung des päpstlichen Primats gegenüber der gesamten Kirche und vor allem gegenüber der weltlichen Macht.

Heinrich IV. war im Reich im Kampf mit den Sachsen, hatte also keine Zeit für die Probleme in Rom. Er unternahm deshalb nichts gegen den Papst, der ohne seine Mitwirkung in sein Amt gekommen war. Im Gegenteil, da er selbst in seiner Umgebung fünf Gebannte hatte, war die Lage auch hier schwierig. Daher schickte er dem Papst gleich zu Anfang ein Schreiben, in dem er um gute Zusammenarbeit bat. Er entschuldigte sich sogar für seine Vergehen und die seiner Ratgeber und hoffte auf Vergebung. In seiner Situation war es wichtig, daß der Papst nicht die Aufständischen, sondern ihn unterstützte. Dies gelang ihm auch. Papst Gregor, in dessen Nähe immer noch die Kaiserin Agnes agierte, setzte sich für Heinrich IV. ein. Zu Agnes kam noch eine weitere bedeutende Frau hinzu, als Mathilde von Tuscien, die mit Gottfried dem Buckligen verheiratet war, dem Sohn Gottfrieds des Bärtigen, sich von ihrem Mann trennte und sich dem Dienst des hl. Petrus in Rom widmete.

Nach dem Frieden mit den Sachsen kam eine Delegation aus Rom mit Kaiserin Agnes zu einem Hoftag in Nürnberg und nahm den König wieder in die kirchliche Gemeinschaft auf. Allerdings scheiterte die Delegation mit ihrer Aufgabe, eine Reformsynode einzuberufen an dem Widerstand der Bischöfe im Reich, angeführt von Erzbischof Liemar von Hamburg-Bremen. Dies war nicht gegen die Bestrebungen der Reform gerichtet, sondern gegen den Zentralismus, der von Rom verstärkt ausging. Der König hielt sich zurück. Die Kurie hatte schon unter Alexander II. versucht, im Reich wirksam Einfluß auszuüben. Bischöfe waren wegen Simonieverdacht vorgeladen worden, dazu gehörten Karl von Konstanz, Hermann von Bamberg, Werner von Straßburg, Pibo von Toul.
Hermann von Bamberg wurde 1075 als Simonist abgesetzt. Auch die Bischöfe *1075*
von Straßburg und Speyer suspendierte Gregor von ihrem Amt, als sie seiner

Einladung zu einer Fastensynode nicht Folge leisteten. Dies richtete sich auch gegen die Besetzungspolitik Heinrichs IV., der vermehrt Bischöfe nach ihrem Nutzen für die Reichspolitik einsetzte.

Trotzdem war die Beziehung zwischen König und Papst im Sommer 1075 noch gut, wie man den Briefen entnehmen kann, in denen Heinrich eher unterwürfig ist, der Papst ihn als „lieben Sohn" anredet.

Wieder sollten die Mailänder Probleme den Auslöser bilden. In Mailand hatte die Pataria durch Tod ihren Führer verloren, daher suchten die Mailänder wieder Kontakt zum König als Schutzherrn und schickten eine Delegation. Heinrich IV. fühlte sich nach seinem Sieg über die Sachsen stark und bestimmte den Subdiakon Tedald aus seiner Hofkapelle zum Erzbischof, womit er Gottfried fallen ließ und den vom Papst und der Pataria erhobenen Atto ignorierte. Außerdem ernannte er Bischöfe für Fermo und Spoleto. Gregor VII. reagierte sofort in aller Schärfe. Er verbot Tedald, die Würde anzunehmen und den Mailändern, ihn zu weihen. Dann verfaßte er im Dezember 1075 einen harten Brief an den König, in dem er ihn an seine Gehorsamspflicht als christlicher König und sein Versprechen erinnerte. Da der König sich auch nicht von seinen gebannten Ratgebern getrennt hatte, ließ der Papst ihn noch mündlich mit der Exkommunikation bedrohen.

Der Brief war zwar eine Kampfansage, zeigte aber auch Wege der Verständigung an. Doch dies widersprach Heinrichs Herrscherbewußtsein und wohl auch
1076 Charakter. Am 24. Januar 1076 fand die entscheidende Reichsversammlung in Worms statt. Die kirchlichen Fürsten wurden von Siegfried von Mainz angeführt, von den weltlichen Fürsten war nur Gottfried der Bucklige anwesend. Dabei war Kardinal Hugo Candidus, der von Gregor abgefallen und exkommuniziert war. Dort trafen die königlichen und bischöflichen Absichten zusammen, die ein Schreiben an den Papst hervorbrachten, das von 26 Bischöfen unterzeichnet war. Darin wurde der Papst als Bruder Hildebrand angesprochen und die Vorwürfe erhoben, daß er illegal in sein Amt gekommen sei und seine Macht mißbraucht habe, indem er das Volk aufgewiegelt und Zwietracht in den Kirchen Italiens, Germaniens, Galliens und Spaniens gesät habe. Deshalb kündigten ihm die Bischöfe den Gehorsam.

Heinrich IV. ließ zwei weitere Schreiben abfassen. In dem kürzeren Schreiben an die Römer klagt der König den Papst an, daß er ihm sein Mitspracherecht streitig gemacht und seine Stellung in Italien in Frage gestellt habe. Als Patricius der Römer spricht er Gregor das Recht auf die Papstwürde ab und verlangt, daß er vom Papstthron steigt. Außerdem sei er mit seinem Lebenswandel und dem „Weibersenat" (Agnes u. Mathilde) eine Schande für die Kirche. Dies war ein Aufruf an die Römer, gegen den Papst vorzugehen. In dem längeren Schreiben, das als Manifest zur Verbreitung im Reich bestimmt war, ist der Ton härter. Schon in der Anrede heißt es ... „an Hildebrand, nicht mehr den Papst, sondern den falschen Mönch". Der Papst verkörpere das Gegenteil der Reform, mit Simonie und Gewalt sei er zum Amt gekommen. Der König als Gesalbter des Herrn könne von niemand anderem gerichtet werden. Der Papst wird aufgefordert, von seinem Thron herabzusteigen.

Die Briefe gehen nicht auf das Problem der Investitur von Bischöfen ein. Es ging ums Wesentliche, den Anspruch der beiden Gewalten und um die Ordnung in der christlichen Welt. In den Punkten der Anklage war jeweils ein Quentchen Wahrheit, die Attacke kam allerdings ein paar Jahre zu spät, denn die Wahl hätte man gleich anfechten müssen.

Auf der Fastensynode, die am 14. Februar im Lateran begann, wurden die Schreiben der Bischöfe, die auch von lombardischen Amtsbrüdern unterstützt wurden, und des Königs vorgelesen. Dies erregte großen Tumult. Am nächsten Morgen erhob Gregor VII. den Anspruch auf alleinige Führung der Christenheit und verhängte den Bann über Heinrich, der sich in unerhörtem Übermut gegen die Kirche erhoben habe. Seine Untertanen entband er von allen Eiden. Die genaue Reihenfolge war Absetzung, Eidentbindung und Bann. Der Papst hatte den Anspruch umgesetzt, daß er als Stellvertreter Christi die Herrschaft über die weltliche Gewalt ausüben und somit den König absetzen könne.

Dies war noch nicht dagewesen. Päpste waren vom König/Kaiser abgesetzt worden, aber nicht umgekehrt. Gregor selbst hat dies in einem späteren Schreiben vom September 1076 relativiert, indem er schrieb, daß Heinrich zunächst gebannt und dann abgesetzt worden sei. Er baute auch hier noch als Brücke für den König, daß er sich gehorsam zeigen und sich von seinen Räten trennen solle.

Der Bann zeigte nicht sofort Wirkung. Heinrich versuchte, seine Herrschaft weiterzuführen, aber er verlor mit dem Tod Gottfrieds des Buckligen seine wichtigste Stütze. Von den geistlichen Fürsten waren einige Bischöfe sowieso nicht überzeugt gewesen, daß man so gegen den Papst vorgehen könne. Beim Osterfest wollte Heinrich in Utrecht seine Macht demonstrieren. Heinrich ließ die Exkommunikation des Papstes von Bischof Wilhelm von Utrecht verkündigen, aber einige Bischöfe verließen bei den Nachrichten aus Rom das Fest. Bischof Wilhelm starb einige Wochen später plötzlich, was von der Propaganda genutzt wurde. Die lombardischen Bischöfe sprachen in Pavia die Exkommunikation über den Papst aus. Es gelang dem König nicht, auf einer Versammlung zu Pfingsten in Worms den Papst verurteilen zu lassen und eine Neuwahl anzusetzen. In Mainz wurde kurz danach der Bann des Papstes für ungültig erklärt, aber eine erfolgreiche Politik Heinrichs war nicht erkennbar.

In den nächsten Wochen spalteten sich die Bischöfe in drei Gruppen auf. Der Gruppe der Anhänger des Königs mit Erzbischof Siegfried von Mainz standen die Anhänger des Papstes gegenüber, die größte Gruppe bildeten die Gemäßigten, die unter Führung Erzbischof Udos von Trier vermitteln wollten. Zu den Papstanhängern stieß ein großer Teil der weltlichen Fürsten, die mit Heinrich abrechnen wollten. Dazu gehörte vor allem Otto von Northeim, der die alte Lage in Sachsen wiederherstellte. Auch die süddeutschen Herzöge stellten sich auf diese Seite und trafen sich mit einigen Bischöfen im September 1076 in Ulm, um *1076*
die Lage zu reflektieren. Im Oktober fand eine Versammlung aller Gegner, zu denen nun auch Siegfried von Mainz kam, in Tribur statt, auf der eine Entscheidung über die Zukunft fallen sollte. Da die Opposition sehr unterschiedlich war, zudem der päpstliche Legat nicht unbedingt einen anderen König wollte, fand man keine Einigung. Die Neuwahl, die die radikale Seite wollte, war verhindert.

Heinrich IV. hatte sich auf der anderen Seite des Rheins mit seinen Truppen gelagert, aber dann doch von einer militärischen Auseinandersetzung abgesehen. Er verlegte sich auf Verhandlungen mit dem Legaten des Papstes, die am 1. No-

vember erfolgreich beendet waren. Heinrich versprach als wichtigstes, dem Papst gehorsam zu sein. Allerdings fügte er bei der Veröffentlichung im Reich die Ermahnung an den Papst an, sich zu den aufgeworfenen Anklagen zu äußern. Über dieses Versprechen hinaus verpflichtete sich Heinrich, seine gebannten Räte zu entlassen und die Unterstützung seiner Stadt Worms aufzugeben, in die der Bischof zurückkehren durfte. Den Fürsten reichte dies noch nicht. Sie schworen sich gegenseitig, Heinrich nicht mehr als König anzuerkennen, wenn er bis zum Jahrestag seiner Exkommunikation sich nicht vom Bann gelöst habe. Sie luden den Papst ins Reich ein, um den Streit endgültig zu
1077 schlichten. Als Termin wurde der 2. Februar 1077 in Augsburg festgesetzt. Der Papst nahm die Einladung an, weil die Funktion als Schiedsrichter seine Stellung in der christlichen Welt bestärken würde. Gleichzeitig lehnte es der Papst ab, daß der König sich in Rom selbst verantworten konnte.

Heinrich sah die drohende Absetzung auf sich zu kommen und griff deshalb zu einem verzweifelten Mittel. Er zog dem Papst nach Italien entgegen. Dieser Aufbruch kam sehr plötzlich, damit er nicht verhindert werden konnte. Da die meisten Pässe durch Gegner gesperrt waren, reiste er durch das Gebiet seiner Schwiegermutter, Mathilde von Turin. In der Lombardei strömten ihm Anhänger zu, in der Meinung, daß er nun den Papst in seine Schranken verweisen werde. Dies glaubte auch der Papst, der auf dem Weg ins Reich war, und zog sich deshalb auf die Burg Canossa seiner Ratgeberin Mathilde von Tuscien zurück. Heinrich, in dessen Begleitung sich Liemar von Hamburg-Bremen, Benno von Osnabrück und Gregor von Vercelli befanden, nahm auf einer anderen Burg der Markgräfin Quartier. Dem Papst standen Mathilde von Tuscien und Mathilde von Turin sowie vor allem Hugo von Cluny zur Seite, die sich alle für Heinrich einsetzten. Mit Mathilde von Tuscien führte der König Vorgespräche, bis er am 25. Januar, dem Tag, an dem nach dem Kirchenkalender Saulus zum Paulus wurde, barfüßig im Büßergewand vor der Burg bei eiskaltem Wetter auftauchte. Der Papst berichtete später selbst in einem Schreiben an die Fürsten, daß Heinrich dort drei Tage ausharrte, bevor er ihn zu sich kommen ließ. Gregor VII. löste Heinrich von seinem Bann (Anathem) und nahm ihn mit seinen Begleitern wieder in die Kirchengemeinschaft auf.

Dieser Bußgang nach Canossa fand bei den Zeitgenossen und späteren Wissenschaftlern immer wieder große Aufmerksamkeit, ist sogar sprichwörtlich geworden. Die Einordnung war sehr unterschiedlich. Klar ist heute, daß Heinrich in dieser Situation ohne Zweifel einen taktischen Erfolg verbuchen konnte. Er verhinderte, daß der Papst ins Reich kam und seine Gegner unterstützte, denen er die religiös-moralischen Argumente nahm, ihn abzusetzen. Der großen Gruppe der gemäßigten Bischöfe gab er die Möglichkeit, ihn wieder als König zu akzeptieren, nachdem er vom Bann gelöst war. Die Absetzung durch den Papst war ja nach gängiger Ansicht in der Reichsspitze nicht möglich, aber einen Exkommunizierten als König anzuerkennen, war sehr schwierig gewesen.

Auf der anderen Seite ist es aber im Hinblick auf die spätere Geschichte klar, daß die Buße in dieser einmaligen Form ein demütigender Akt war, der das Prestige des Königs entscheidend beeinflußte. Hatte sein Vater in Sutri als Höhepunkt drei Päpste abgesetzt, so war hier das Gegenteil geschehen, die Führung der Christenheit war an den Papst übergegangen und der Herrscher entsakralisiert. Gregor VII. deutete diese Sicht in den Kampfschriften gegen den König an. Seine Kanzlei benutzte nicht den Begriff rex Romanorum, sondern rex Teutonicorum, um das Reich auf die Stufe der anderen Staaten zu ziehen und die Hegemonialstellung zu negieren.

Der Papst versuchte, die Position in der Lombardei zu festigen, in Mailand gelang ihm das, in anderen Städten wurden seine Legaten sogar eingekerkert. Heinrich wollte seine Stellung in Italien verdeutlichen und bat den Papst um Anerkennung als König von Italien, was Gregor VII. verweigerte. Dabei konnte er auf die Gefangennahme seiner Legaten durch Bischöfe verweisen. Heinrich hielt sich nicht länger auf, sondern zog ins Reich zurück. Dort hatten sich seine Gegner geeinigt, sich bei einer Versammlung am 13. März in Forchheim zu treffen. Dort versammelten sich außer Otto von Northeim und den süddeutschen Herzögen die Erzbischöfe Siegfried von Mainz, Gebhard von Salzburg und Werner von Magdeburg, die Bischöfe von Worms, Würzburg, Passau und Halberstadt. Die beiden Legaten des Papstes sollten bis zum Eintreffen des Papstes auf jeden Fall eine Neuwahl verhindern.

Der Druck der Fürsten wurde jedoch so stark, daß sich eine Neuwahl nicht verhindern ließ. Es wurde ein regelrechtes Absetzungsverfahren eingeleitet, weil es unklar war, ob Heinrich noch abgesetzt war. Nach schwierigen getrennten
Beratungen wurde am 15. März 1077 Herzog Rudolf von Rheinfelden in der *1077*
Pfalz Forchheim, in der bereits 911 eine Königswahl stattgefunden hatte, zum König erhoben. Der Erzbischof von Mainz gab bei der Kur die erste Stimme ab, die anderen folgten und huldigten dem Gewählten, der sich verpflichten mußte, die Bischöfe ohne Simonie einzusetzen und für die Thronfolge das Prinzip der freien Wahl anzuerkennen. Als wesentliches Auswahlkriterium wurde dabei nach den Erfahrungen mit Heinrich IV. die Idoneität des Kandidaten, also seine Eignung für das Amt, genannt. Dies war ein Schlag der Partikularkräfte gegen die Designationspolitik der herrschenden Familien, die zur Erbfolge im Amt geführt hatte. Man wollte zurück zum alten Recht der freien Wahl.

Von Forchheim zog Rudolf nach Mainz, wo er sich weihen und krönen ließ. Dies war die Gelegenheit für Siegfried von Mainz, das Vorrecht des Königsmachers und Königskröners wahrzunehmen und seine Spitzenstellung im Reich zu dokumentieren. Doch die Bewohner der Stadt waren mit dieser Politik nicht einverstanden und vertrieben Erzbischof und Gegenkönig aus ihrer Stadt. Rudolf, nun ohne große Machtgrundlage, suchte Sachsen auf, um von dort aus zu operieren.

Heinrich IV. hatte aus Erfahrung gelernt und die Alpenpässe gesichert. Dem Patriarchen von Aquileja, der zu ihm übergetreten war, übertrug er Friaul, Istrien und Krain, der Kirche von Brixen stellte er neue Privilegien aus und den Eppensteiner Liutold setzte er zum Herzog von Kärnten ein. Dessen Bruder Ulrich ernannte er zum Abt von St. Gallen, das an der Grenze zu seinen süddeutschen Feinden lag. In Ulm, wo der Kampf der Fürsten gegen ihn begonnen hatte, hielt der König Gericht über die süddeutschen Empörer, die geächtet und zum Tod verurteilt wurden. Er zog die Herzogtümer Bayern und Schwaben an
sich. Als die Anhänger Rudolfs aber 1079 dessen Sohn zum Herzog wählten, *1079*

setzte Heinrich Friedrich, den Sohn Friedrichs von Büren, ein, dem er seine Tochter Agnes zur Frau gab. Damit war die Verbindung von Saliern und Staufern geschlossen, der Aufstieg der Staufer begann. Doch sie waren nicht die einzige Stütze Heinrichs bei seinem Plan, die Macht wiederzuerlangen. Der niedere Adel, die Ministerialen, die Bürger und Bauern unterstützten Heinrich, weil er als der rechtmäßige Garant des Friedens und der Sicherheit erschien.

Gregor VII. hielt an seinem Plan fest, das Reich aufzusuchen und die Voraussetzungen für die Verwirklichung seiner Reformen zu schaffen, aber die Wahl zum Gegenkönig paßte nicht in sein Konzept, er unterstützte Rudolf nicht. Sein Legat Bernhard ging wesentlich weiter, als er Heinrich und seine Anhänger am
1077 12. November 1077 in Goslar erneut bannte und Rudolf bestätigte. Gregor
1078 wirkte aus der Ferne, indem er 1078 auf der Lateransynode erstmalig deutlich und mit umfassender Geltung verkündete, daß die Laieninvestitur, die Amtseinsetzung durch Laien, verboten sei. Dies war der Beginn des eigentlichen Investiturstreites, auch in Frankreich.

Im Reich begannen die kriegerischen Auseinandersetzungen der beiden Parteien. Im August 1078 siegte Otto von Northeim, gleichzeitig besiegten Welf und Berthold ein Heer aus fränkischen Freiwilligen und Bauern, im Januar erlitt Heinrich eine Niederlage bei Flarchheim an der Unstrut. Trotz dieser Ergebnisse bröckelte die Anhängerschaft Rudolfs auch unter den Sachsen. Wiederum
1080 sollte der Papst entscheiden, auf der Fastensynode von 1080 waren beide Parteien durch Gesandte vertreten. Heinrich ließ selbstbewußt verkünden, er werde den schuldigen Gehorsam leisten, wenn der Papst Rudolf absetze und exkommuniziere. Im anderen Fall werde er sich selbst einen anderen Papst verschaffen. So überlieferte es der Gregoranhänger Bonizo von Sutri.

Gregor VII. mußte nach dieser Herausforderung reagieren und verhängte den zweiten Bann über den König. Diesmal war der Bannspruch in ein Gebet nicht an Petrus wie beim ersten Mal, sondern an Paulus gerichtet. Begründet wurde der Bann mit dem Ungehorsam des Königs. Gregor VII. verwies hier zum ersten Mal darauf, daß er Heinrich in Canossa zwar die Absolution erteilt, ihn aber nicht wieder in sein Amt eingesetzt habe. Deshalb konnte er jetzt Rudolf von Rheinfelden als rechtmäßigen Herrscher über das Reich, nicht über Italien, anerkennen. Gregor VII. ließ sich in seiner Überheblichkeit nun so weit hinreißen, daß er prophezeite, daß Heinrich bis zum Feste Petri Kettenfeier (1. August) den Untergang finden werde. Falls dies nicht zuträfe, solle man ihn von der Cathedra Petri vertreiben.

Der zweite Bann verfehlte seinen Zweck, denn nur der erste war wie ein Blitz eingefahren, in der Zwischenzeit hatte man sich in zahllosen Kämpfen, Beschuldigungen und Propaganda schon daran gewöhnt. Außerdem hatte der Episkopat im Reich die Auswirkungen der Zentralismusvorstellungen des Papstes zu spüren bekommen und suchte eher wieder die Nähe des Königs. In Brixen trafen sich daher lombardische und Reichsbischöfe am 25. Juni 1080, um mit Heinrich gemeinsam das Vorgehen zu beraten. Diesmal war der Synodalbeschluß noch radikaler und überspitzter formuliert als in Worms. Auch jetzt wurde der Papst zum Herabstieg von seinem Thron aufgefordert, den er sich mit Lug und Betrug verschafft habe. Darüber hinaus wurde aber beschlossen, einen neuen

Kandidaten für das Amt zu nominieren, wie es hauptsächlich die Lombarden verlangten. Die Wahl fiel bezeichnenderweise auf Erzbischof Wibert von Ravenna, den ehemaligen italischen Kanzler, den Gregor VII. gebannt und abgesetzt hatte. Bischof Dionysius von Piacenza forderte von Heinrich den Eid, daß er sich nur von Wibert zum Kaiser krönen lassen werde.

Die Entscheidungen von Brixen bedeuteten den totalen Bruch mit Gregor VII. und der römischen Kirche. Auf der anderen Seite fühlte sich Heinrich IV. dadurch stark genug, die Entscheidung im Reich zu suchen. Am 15. Oktober 1080 trafen sich die Heere an der Elster. Wieder gewann das gegnerische Heer unter Otto von Northeim, aber Rudolf verlor seine Schwurhand und starb wenige Zeit später. Er wurde im Dom von Merseburg ehrenvoll bestattet. Der König und seine Anhänger deuteten den Tod durch Verlust der Schwurhand als Gottesurteil. Heinrich nahm aus Dankbarkeit für die Rettung durch Gotteshand die Arbeiten am Speyerer Dom wieder auf und baute das Gotteshaus prächtiger aus als jede andere Kirche.

Der Papst stellte Heinrichs Gegnern in Sachsen, Bayern und Schwaben die Bedingung, daß ein neuer Gegenkönig der Kirche demütig und gehorsam sein und der römischen Kirche einen Gehorsamseid leisten müsse. Daher benötigten
sie eine längere Zeit, um einen passenden Kandidaten zu finden. Im August 1081 *1081*
wurde auf einer Versammlung in Ochsenfurt am Main Graf Hermann von Salm aus der Familie der Lützelburger zum König gewählt. Otto von Northeim und die Sachsen schlossen sich bei einer Nachwahl unter Zögern an. Die Weihe nahm wieder Erzbischof Siegfried von Mainz am 26. Dezember in Goslar vor. Die alte salische Königspfalz war ein Hauptort des Widerstandes, das unumschränkte Herrschaftsgebiet des neuen Gegenkönigs war allein Sachsen.

Heinrich IV. wollte nach dem ersten Gegner nun auch den zweiten schlagen. Im April 1081 überschritt er mit einem kleinen Heer die Alpenpässe. Nur die Markgräfin Mathilde von Tuscien, die kurz vorher ihren gesamten Besitz der römischen Kirche vermacht hatte, konnte den König noch stoppen, aber ihre Truppen wurden besiegt, sie selbst von Heinrich und einem Fürstengericht geächtet. Der König

Heinrich IV. und Gregor VII. Links oben: Heinrich IV. und Wibert, rechts: Gregor VII. wird aus Rom vertrieben. Untere Bildhälfte links: Bannung Heinrichs durch Gregor, rechts: Tod des Papstes. Darstellung der Ereignisse aus der Weltchronik Ottos von Freising.

belagerte gemeinsam mit den Lombarden Rom anfangs ergebnislos. Als man die Leostadt eroberte, glaubte man sich am Ziel, aber eine Seuche dezimierte die Truppen. Heinrich zog mit seinem Heer nach Süden, wo der Normanne Jordan von Capua zu ihm überlief. Als der König entnervt ins Reich zurückkehren wollte, öffneten ihm die Römer völlig überraschend die Tore. Es soll Geld aus Byzanz für den Kampf gegen die Normannen im Spiel gewesen sein, aber wichtiger war wohl die Unnachgiebigkeit Gregors VII., dessen Ansichten die Römer nicht mehr folgten. Auch der größte Teil der Kardinäle trat zum König über.

1084 Am 21. März 1084 berief Heinrich eine Synode ein, auf der er den Papst anklagte, der sich in der Engelsburg verschanzt hatte. Er wurde als Majestätsverbrecher verurteilt, abgesetzt und exkommuniziert. Wibert wurde als nominierter Kandidat zum Papst gewählt und nannte sich Clemens III., womit er bewußt an Sutri anknüpfte. Am Ostersonntag 1084 nahm der neue Papst die Kaiserkrönung an Heinrich IV. und seiner Frau Bertha vor. Der Salier war auf dem Höhepunkt seiner Macht.

Nur zwei Monate später, Heinrich hatte gerade die Stadt verlassen, wurde Rom stark zerstört. Die Normannen waren endlich dem Hilferuf Gregors gefolgt, da ihnen ein starker Kaiser gefährlich werden konnte, und hatten Rom mit überlegenen Streikräften erobert. Als die Bürger einen Aufstand unternahmen, wurde dieser so grausam niedergeschlagen, daß Gregor VII. mit den Normannen Rom verlassen mußte, weil er sich nicht mehr sehen lassen durfte. Von Salerno aus setzte er den Kampf fort und exkommunizierte Heinrich und Wibert und schickte die Nachricht davon ins Reich. Aber niemand hörte mehr auf ihn.
1085 Am 25. Mai 1085 ist er gestorben.

Damit war der Kampf der zwei Gewalten noch nicht beendet. Im Reich hatte die gregorianische Partei immer noch Schwerpunkte in Ostsachsen und im Südwesten, wo sie von Welf und Berthold von Zähringen gestützt wurde, der seinen Bruder Gebhard auf den Konstanzer Bischofsstuhl bringen konnte. Die Zeit war aber reif für eine Einigung, denn die Menschen konnten das hin und her nicht länger ertragen, weil ihr Alltag völlig durcheinander war. Denn niemand wußte, ob die Sakramente, die ein Priester spendete, wirklich ihre Gültigkeit hatten. Heinrich wollte die Reichskirche wieder ganz an sich binden und begann mit dem Mainzer Erzbistum, das er an Wezilo übertrug. Als die Gregorianer sich unnachgiebig zeigten, berief der Kaiser Anfang Mai eine folgenreiche Synode in Mainz ein, auf der in Anwesenheit der Legaten von Clemens III. 15 Bischöfe abgesetzt und exkommuniziert wurden. Eine weitere wichtige Entscheidung war die Erhebung Wratislaws von Böhmen zum König, wobei der Titel nicht erblich sein sollte, aber das Prestige des Herrschers erheblich aufgebessert und Böhmen näher an das Reich gezogen wurde.

Von eminenter Wichtigkeit war aber der Gottesfrieden, der in Mainz verkündet wurde. Hiermit griffen die Bischöfe mit dem Kaiser die Friedenspolitik der
1082/ Salier wieder auf, die sie schon 1082 mit dem Lütticher und 1083 mit dem Köl-
83 ner Frieden angeschoben hatten. Dieser neue Frieden sollte für das ganze Königreich gelten und stellte Frauen, Kleriker, Kaufleute und Bauern unter seinen Schutz. Übergriffe wurden nicht nur mit kirchlichen Strafen, sondern auch mit weltlichen Strafen an Vermögen, Leib und Leben geahndet.

Der König selbst verhielt sich nicht friedlich, sondern versuchte, seine Gegner auszuschalten. Mit einem Sommerfeldzug zwang er den Gegenkönig und seine Anhänger zur Flucht über die Elbe zu den Dänen. Als Heinrich jedoch über den Besitz der Adeligen verfügte, stellten sie sich unter Führung Markgraf Ekbert von Meißen gegen ihn und drängten ihn erfolgreich zurück. In weiteren Kämpfen bei Pleichfeld/Würzburg und bei der Burg Gleichen in Thüringen verlor der Kaiser zwar, aber der Gegenkönig blieb ohne jede Bedeutung, so daß man sogar überlegte, ihn durch den Brunonen Ekbert zu ersetzen. Hermann verzichtete auf sein Königtum und zog sich im Sommer 1088 in seine Heimat zurück, wo er am 28. September 1088 starb. Das Gegenkönigtum war erloschen. *1088*

Schon ein Jahr vorher hatte es Heinrich geschafft, seinen Sohn Konrad in Aachen zum König krönen zu lassen und somit die Herrschaft der Dynastie gesichert. Allerdings starb seine Frau Bertha im Dezember 1087, die er in Speyer be- *1087*
statten ließ. Schon kurze Zeit später verlobte er sich mit Praxedis, der Witwe des Grafen Heinrich von der Nordmark und Tochter des Großfürsten Wsewolod von Kiew; die Hochzeit fand 1089 statt. *1089*

Immer noch leisteten die süddeutschen Fürsten und Bischöfe Widerstand, eine Aussöhnung mit ihnen erschien durch Fallenlassen des Papstes Clemens III. möglich, aber damit würde Heinrich seine Kaiserkrönung in Frage stellen. Die Entscheidung dieser Angelegenheit mußte in Rom gesucht werden, daher beschloß Heinrich einen neuen Italienzug. In Rom war es bei der Nachfolge Gregors VII. zu Schwierigkeiten gekommen. Der von ihm empfohlene Kandidat Anselm von Lucca starb bereits im März 1086. Die Normannen favorisierten Abt Desiderius von Monte Cassino, waren aber untereinander zerstritten. Doch die Kardinäle griffen den Vorschlag auf und wählten zu Pfingsten 1086 in tu- *1086*
multarischer Form, wie es heißt, Desiderius zum Papst, der sich Viktor III. nannte. Mit normannischer Hilfe gelang die Eroberung von Rom und die Inthronisation in St. Peter ein Jahr später. Die Anhänger von Clemens III. vertrieben ihn wieder, so daß er sich nach Monte Cassino zurückzog, wo er schon im September starb. Als Nachfolger wurde ein halbes Jahr später Odo von Ostia gewählt, der den Namen Urban II. erhielt, um den Anschluß an Gregor VII. zu dokumentieren, der am Tag des hl. Urban I. gestorben war.

Urban II. war in Frankreich geboren, wurde Prior in Cluny und 1089 von *1089*
Gregor VII. zum Kardinalbischof von Ostia ernannt. Mit ihm kam das Gedankengut von Cluny auf dem Papstthron zur Entfaltung. Aber Rom hat er niemals ganz in Besitz nehmen können, denn ein Teil der Kardinäle hielt weiterhin zum Gegenpapst, der im Reich, in Italien, zeitweise in England, Ungarn, Serbien, Kroatien, Polen und eventuell in Teilen Skandinaviens anerkannt war. Clemens III. hoffte nun auf den Italienzug Heinrichs, der ihm wieder mehr Geltung verschaffen sollte. Doch der neue Papst hatte alle Energie aufgebracht, um dies zu verhindern. Am wichtigsten wurde die Hochzeit der 43jährigen Mathilde von Tuscien mit dem 18jährigen Welf V., die zwar von den Welfen betrieben, aber vom Papst durch Überredung Mathildes erfolgreich abgeschlossen wurde.

Der Kaiser hatte anfangs Erfolg und konnte mit den Welfen und der Markgräfin verhandeln, Clemens konnte sogar eine Reformsynode 1091 abhalten. *1091*
Aber 1092 gelang es Heinrich nicht, das symbolträchtige Canossa zu erobern,

Mathilde gewann im Gegenzug wichtige Positionen zurück. Das Jahr 1093
brachte die Wende und ein böses Erwachen für Heinrich. Sein Sohn Konrad
ging in das Lager der Gegner über und ließ sich in Mailand vom Erzbischof zum
König von Italien krönen. Dazu ließ sich Konrad hinreißen, weil er glaubte, auf
diese Weise, indem er mit dem legitimen Papst zusammenarbeitete, die Macht
für die Dynastie zu erhalten. Dasselbe wollte Heinrich, wenn er gegen den
Machtanspruch des Papstes kämpfte.

1095 Im April 1095 trafen sich Papst und König Konrad in Cremona, wobei der
König den Marschalldienst und einen Eid leistete, der den Papst als legitimen In-
haber der cathedra Petri anerkannte. Dafür nahm Urban II. ihn als „Sohn der
Kirche“ auf und versprach ihm sogar die Kaiserkrönung. Zur Stärkung seiner
Stellung in Italien sorgte der Papst für eine Hochzeit mit Maximilla, der Tochter
des Grafen Roger von Sizilien. Allerdings erfüllten sich die in ihn gesetzten
Hoffnungen nicht, denn im Reich fand er keine Anerkennung. In Italien blieb
er nur ein Werkzeug des Papstes und der Markgräfin, die das Interesse an ihm
1101 verloren. Er starb 1101 in Florenz weitgehend unbeachtet.

1093 Im Jahr 1093 hatte der Verrat des Sohnes katastrophale Folgen für Heinrich
gehabt, nachdem sich auch noch ein lombardischer Städtebund aus Mailand,
Cremona, Lodi und Piacenza mit seinen Gegnern vereinigte. Dadurch waren die
Alpenpässe gesperrt und der Kaiser in Oberitalien eingeschnürt. Nur Aquileja
und Venedig unterstützten ihn. Im Reich traten seine alten Gegner wieder in
Aktion. Der Tiefpunkt war erreicht, als seine Frau Praxedis sich im Sommer
1094 1094 von ihm lossagte, nachdem er sie aus Mißtrauen wie eine Gefangene in
Verona gehalten hatte. Mit Hilfe Welfs konnte sie zu Mathilde entkommen und
trat mit wilden Anschuldigungen gegen ihren Mann an die Öffentlichkeit. Ur-
ban II. nutzte diese Familienzwiste für seine Politik und ließ auf der Synode von
1095 Piacenza im März 1095 den Kaiser moralisch verdammen. Praxedis verschwand
nach dieser peinlichen Szene wieder nach Kiew.

Exkurs: Kreuzzugsgedanke und Kreuzzüge im Hochmittelalter

Papst Urban II. zog zum Ende dieses Jahres 1095 nach Frankreich, wo er in Clermont die berühmte Rede hielt, die die Kreuzfahrer ins Heilige Land bringen sollte. Solche Aktivitäten des Papsttums waren nicht neu. Bereits 1055 hatten die Päpste vor allem in Südfrankreich zum Kreuzzug gegen den Islam in Spanien aufgerufen, die Reconquista (Rückeroberung) des ehemals christlichen Gebietes setzte ein. Dafür erhielten die christlichen Kämpfer den Kreuzzugsablaß, einen Nachlaß ihrer Sünden. Schon Gregor VII. hatte den Plan gehabt, an der Spitze eines Heeres nach Palästina zu ziehen und die Heiligen Stätten des Christentums zu befreien. Urban II. konnte im November 1095 die Menschen begeistern. Enthusiastische Kreuzfahrer, gezeichnet von Hungerkrisen in Frankreich, zogen überstürzt los, um das „Land voll Milch und Honig“ zu erreichen. Niemand kam dort an, alle wurden bereits vorher vernichtet. Großen Erfolg hatte dagegen das Ritterheer, das sich im wesentlichen aus den französischen Heerführern und Kämpfern sowie normannischen Heerführern und Kämpfern

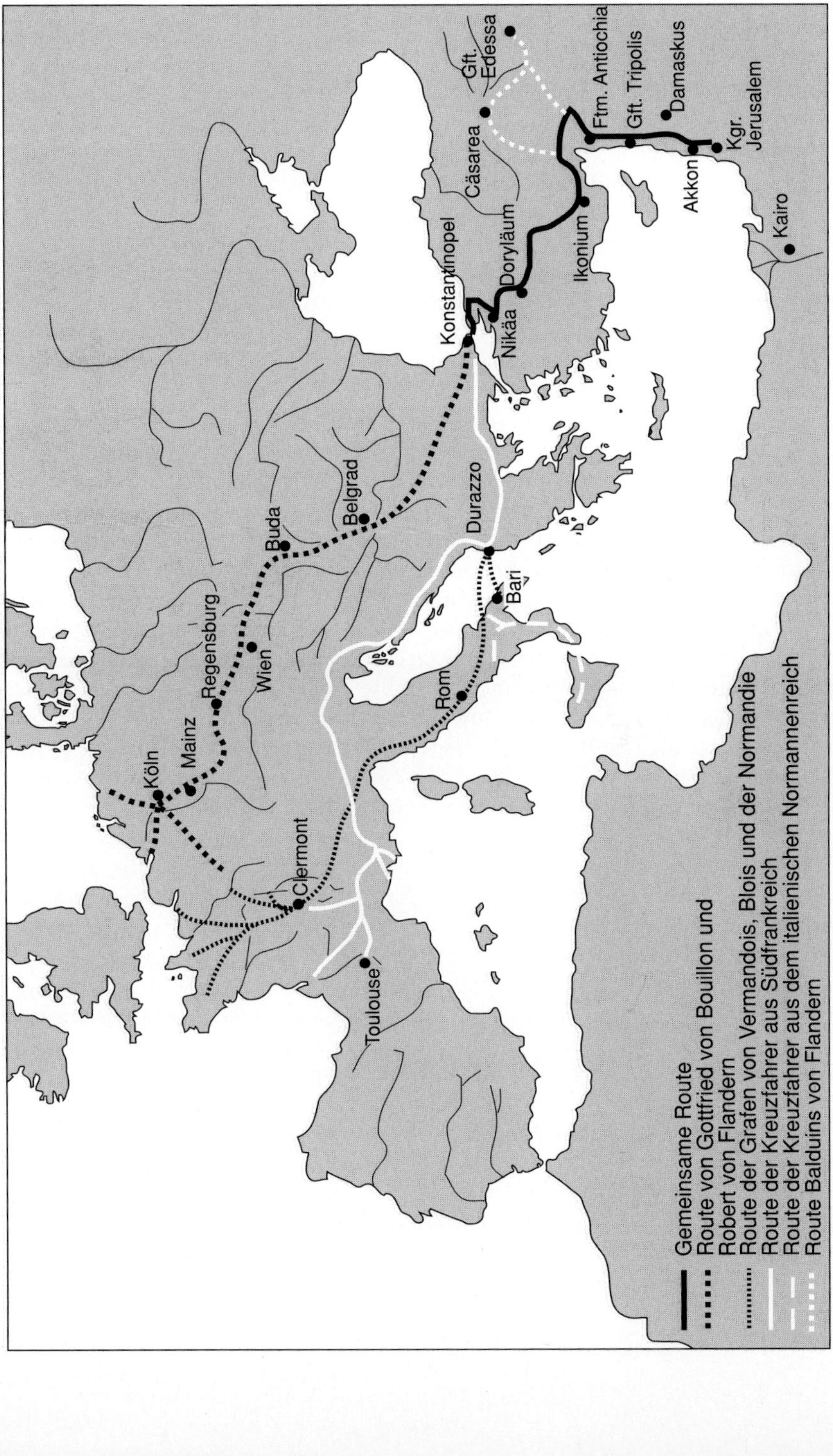

Der erste Kreuzzug und die europäischen Herrschaftsgebiete in Palästina.

zusammensetzte. Wegen des Investiturstreites war niemand aus dem Reich dabei. Die französischen und normannischen Ritter nahmen teilweise aus durchaus christlicher Motivation, teilweise, um Territorien für sich zu gewinnen, an dem Kreuzzug teil. Sie eroberten 1099 in einem Blutbad ohnegleichen Jerusalem, so schildern es auch christliche Autoren, und errichteten dort das Königreich von Jerusalem mit weiteren Fürstentümern, die erste europäische „Kolonie“, die eine Verfassung nach südfranzösischem Vorbild erhielt.

In den folgenden ca. 200 Jahren versuchten die Europäer, ihre Position gegen eine übermächtige und zahlreichere islamische Umgebung zu halten. Dazu benötigten sie vor allem ständigen Nachschub an Kämpfern aus Europa, der zumeist über Schiffe italienischer Hafenstädte transportiert wurde. Dafür ließen sich diese Städte Handelsprivilegien ausstellen, die ihnen viel Profit einbrachten. Als islamische Truppen unter Zengi 1144 die Grafschaft Edessa eroberten, kam es zum zweiten Kreuzzug, der ziemlich erfolglos war. Der dritte Kreuzzug wurde durch die siegreichen Aktivitäten Saladins hervorgerufen, der den Islam erstmals einte und den Heiligen Krieg ausrief. Gegen ihn entschlossen sich die Könige des Reiches, Englands und Frankreichs zu gemeinsamem Vorgehen, was 1190 dank guter Vorbereitung durch Barbarossa einen Erfolg hätte bringen müssen. Sein Tod ließ das Unternehmen scheitern.

Danach hatten die Kreuzzüge andere Ziele. Die schlimmste Verirrung stellte der vierte Kreuzzug dar, der unter dem Einfluß von Venedig zur Eroberung und Plünderung von Byzanz (Konstantinopel) führte, der größten und reichsten Stadt der Christenheit. Dort wurde für ca. 60 Jahre ein Lateinisches Kaiserreich installiert. Dies war die Zerstörung des Bollwerks, das Europa vor den Osmanen schützen konnte. Die letzten Züge richteten sich gegen Ägypten, wo inzwischen das Zentrum des Islam lag. Weitere Verirrungen waren der sogenannte Wendenkreuzzug von 1147, den Heinrich der Löwe wegen Landgewinn führte, der Kinderkreuzzug von 1212, bei dem Kinder aus Frankreich und dem Rheinland zum großen Teil in die Sklaverei gebracht wurden, der Kreuzzug von 1209 gegen die Ketzer (Katharer) von Albi, bei dem der französische König die Territorien in Südfrankreich für sich gewann. Für alle regulären Kreuzzüge galt, der Papst rief dazu auf und versprach den Kreuzzugsablaß.

Im Jahr 1291 wurde Akkon als letzte Bastion der Christen erobert. Zu den Folgen der Kreuzzüge gehörten die erwähnte Schwächung des byzantinischen Reiches, der Aufstieg von Genua und Venedig zu bedeutenden und reichen Seemächten, die Entstehung der einflußreichen Ritterorden der Templer, Johanniter und des Deutschen Ordens, die Verbesserung der Angriffs- und Abwehrtechnik z. B. beim Burgenbau, und vor allem der Kulturtransfer verschiedener Elemente vom Orient in den Okzident, die allmählich den europäischen Alltag beeinflußten.

Diese Entwicklung hatte der Papst 1095 in Gang gesetzt, ohne ihre Folgen einschätzen zu können. Außerdem wollte der Papst in Clermont die Reform in Frankreich verwirklichen und die Eheaffäre des französischen Königs klären.

Literaturhinweise zum Exkurs „Kreuzzugsgedanke und Kreuzzüge“

1. Quellensammlungen

Gabrieli, Francesco (Hrsg.): Die Kreuzzüge aus arabischer Sicht, Zürich / München 1973.
Pernoud, Reginé (Hrsg.): Die Kreuzzüge in Augenzeugenberichten, München 1971.
Recueil des historiens des croisades, hrsg. von der Académie des Inscriptiones et Belles-Lettres Paris 1844 ff.; R 1: Historiens occidentaux; R 2: Historiens grecs; R 3: Historiens orientaux; R 4: Documents arméniens; R 5: Assises des Jérusalem [maßgebliche Quellensammlung zur Kreuzzugsgeschichte].

2. Forschungsliteratur

Elm, Kaspar: Die Kreuzzüge. Kriege im Namen Gottes?, Köln 1996.
Enay, Marc-Edouard (Hrsg.): Die Kreuzzüge. Ihre Zeit und Folgen, Hamburg 1998.
Erbstößer, Martin: Die Kreuzzüge – eine Kulturgeschichte, Neudr. Bergisch Gladbach 1998.
Grousset, Robert: Les croisades, Paris 1994.
Haverkamp, Alfred (Hrsg.): Juden und Christen zur Zeit der Kreuzzüge, Sigmaringen 1998 (VuF 47).
Les Croisades. L'Orient et l'Occident d'Urbain II à Saint Louis, 1096-1270, Mailand 1997 (Austellungskatalog, Toulouse, Macobins, 16. Mai-1. August 1997).
Lobrichon, Guy: Die Eroberung Jerusalems im Jahr 1099, Sigmaringen 1998.
Mayer, Hans Eberhard: Geschichte der Kreuzzüge, 9. Aufl. Stuttgart 2000 (Urban-Tb. 86).
Oslo, Allan: Der Kreuzzug, der keiner war. Die wahren Hintergründe des ersten Kreuzzugs 1096-1099, Düsseldorf 1999.
Richard, Jean: Histoire des croisades, Paris 1996.
Riley-Smith, Jonathan (Hrsg.): Die Kreuzzüge. Kriege im Namen Gottes, Freiburg im Breisgau, 1999.
Riley-Smith, Jonathan (Hrsg.): Illustrierte Geschichte der Kreuzzüge, Frankfurt am Main / New York 1999.
Runciman, Steven: Geschichte der Kreuzzüge, 3 Bde., München 1957-1960 (1996 auch als Studienausgabe ohne Literatur und Anmerkungen bei dtv).
Setton, Kenneth M. (Hg.): A History of the Crusades, 6 Bde., 2. Aufl., Wisconsin 1969-1989.

In der Zwischenzeit war die ungleiche Ehe zwischen Welf und Mathilde gescheitert. Dadurch gelang dem Kaiser die Rückkehr ins Reich, während Clemens III. in Italien weiterkämpfte. Mit den Welfen suchte der Kaiser die Aussöhnung,
indem er Welf IV. schon 1096 als Herzog von Bayern anerkannte, die dann 1098 *1096*
endgültig stattfand. Genauso schaffte er es auch mit Berthold von Zähringen, der zwar nicht sein schwäbisches Herzogtum, aber dafür seinen Titel als Herzog behalten und in seinem Territorium im Schwarzwald anwenden konnte. Darüber hinaus erhielt Berthold die Reichsvogtei Zürich.

Im Jahr 1098 ließ der Kaiser die Thronfolge regeln. In Mainz wurde sein Sohn *1098*
Konrad durch Fürstenspruch abgesetzt und Heinrich (1086 geboren) zu seinem

Nachfolger designiert. Die versammelten Fürsten stimmten zögernd zu, so
konnten Salbung und Krönung stattfinden. Dabei ließ sich der Kaiser von sei-
nem Sohn schwören, niemals etwas gegen sein Leben und seine Sicherheit zu
unternehmen und sich nicht in die Regierung einzumischen.

1099 Am 29. Juli 1099 starb Urban II., am 13. August wählten die Kardinäle den
Kardinalpriester Rainer von S. Clemente, der erfolgreich als Legat in Spanien für
die Reformer gewirkt hatte. Er wurde ohne Störung gewählt und nannte sich
Paschalis II.. Noch ein Jahr mußte er mit Clemens III. kämpfen, denn der starb
1100 im September 1100. Nun konnte Heinrich IV. die Aussöhnung mit dem legiti-
men Papst suchen. Bei der Einladung zu einer Reichsversammlung nach Mainz
verkündete der Kaiser, daß die Einheit der Kirche wiederhergestellt werden
1102 müsse. Der Papst reagierte jedoch nicht, sondern erneuerte im März 1102 den
Bann über den Kaiser, nach seiner Ansicht den Führer der Häretiker. In seinem
Eifer für die Sache Gottes rief der Papst sogar zum Kreuzzug gegen den Kaiser
auf und versuchte, die süddeutschen Fürsten gegen ihn anzustacheln, was aber
1104 mißlang. Der Reichskirche versetzte er einen Schlag, als er 1104 Lund zum Me-
tropolitansitz der skandinavischen Kirche erhob, somit dem Erzbistum Ham-
burg-Bremen einen Teil der Untertanen entzog.

Heinrich IV. wollte ein deutliches Zeichen setzen, daß es ihm mit der Aus-
söhnung ernst war, daher verkündete er auf einer Reichsversammlung in Mainz
1103 im Januar 1103, er werde zur Buße eine Pilgerfahrt ins Heilige Land unterneh-
men. Noch wichtiger war aber, daß in Mainz der erste Reichslandfrieden erlas-
sen wurde. Im Unterschied zu den vorhergehenden Verkündigungen des Gott-
esfriedens erstreckte sich dieser Frieden übers ganze Reich und auf vier Jahre
und nicht nur auf bestimmte Tage. Ohne Unterscheidung von Freien und Un-
freien wurden schwere Verbrechen mit harten Strafen wie Verstümmelung be-
droht. Damit wurde für die Armen und Schwachen der Gesellschaft mehr Ge-
rechtigkeit geschaffen, denn bis dahin konnte man sich mit Geld von vielen
Strafen freikaufen. Von Wichtigkeit war ebenso, daß die weltliche Zentralgewalt
den Reichslandfrieden betrieben hatte und über seine Einhaltung wachte. Aller-
dings haben auch die Fürsten ihre Landfrieden verkündet, wie Herzog Friedrich
1104 und seine Fürsten 1104 in Schwaben.

Dies war der letzte Erfolg, den Heinrich IV. erzielen konnte. Wieder führte ein Sohn den entscheidenden Schlag gegen ihn, denn sein Nachfolger Heinrich V. sagte sich von ihm los und stellte sich an die Spitze der Opposition. Wieder war das Motiv die falsche Politik des Vaters und die Hoffnung, die Herrschaft für die Familie auf diese Weise retten zu können. Der Hochadel war schon lange unzufrieden über den Kaiser, der sich mit unteren Schichten umgab und Städte unterstützte.

Kaiser und König wandten sich jeweils an den Papst, der hier seine Chance
sah, als Schiedsrichter in die Reichspolitik eingreifen zu können. Er setzte ein-
deutig auf den Sohn, den er durch Bischof Gebhard von Konstanz vom Gehor-
1105 samseid gegenüber dem Vater lösen ließ. Heinrich IV. suchte 1105 die Entschei-
dung in einer großen Schlacht, wurde aber kurz zuvor von dem Babenberger
Leopold und dem Böhmenherzog Boriwori verlassen, so daß er chancenlos wur-
de. Auf dem Reichstag von Mainz wollte der Kaiser ein Ergebnis herbeiführen.

Der Sohn übte jedoch Verrat, setzte den Vater auf Burg Böckelheim an der Nahe fest und zwang ihn Anfang 1106 auf einer Versammlung in Ingelheim zur *1106*
Abdankung. Der Kaiser versuchte, vom päpstlichen Legaten die Absolution zu erlangen, weigerte sich aber, sich selbst öffentlich wegen seines Vorgehens gegen Gregor VII. und wegen des Gegenpapstes anzuklagen. Er appellierte noch einmal an die Öffentlichkeit und schrieb sogar an den König von Frankreich, um ihn als Partner zu gewinnen. Es gelang ihm die Flucht aus Ingelheim nach Lothringen, wo er von Bischof Otbert von Lüttich und Herzog Heinrich von Niederlothringen unterstützt wurde. Ohne noch einmal machtvoll auftreten zu können, starb Heinrich IV. am 7. August 1106. Seinem Sohn ließ er Schwert und Ring überbringen und bat um Gnade für seine Anhänger und um ein Begräbnis in seinem Dom in Speyer. Der Sohn aber folgte aus politischen Gründen dieser Bitte nicht, sondern ließ den Vater aus der Erde in der Domkirche in Lüttich holen und als Verbannten vor den Toren der Stadt begraben.

Einordnung

Im Gegensatz zu seinem Vater war Heinrich IV. mit sechs Jahren unter denkbar schlechten Voraussetzungen in sein Königsamt gekommen. Er erlebte bis zur Übernahme der Amtsgeschäfte, wie die Fürsten ihn als Spielball benutzten und nur auf ihren eigenen Vorteil bedacht waren. Aufgrund dieser Erfahrungen handelte er später häufig gegen die Interessen des Hochadels. Er suchte sich loyale Untertanen in der Schicht der Ministerialen und bei den Einwohnern von Städten. Diese Menschen wiederum bevorzugten seine Nähe, weil sie in ihm die Person sahen, die sie vor den Übergriffen der hohen Herren schützen konnte. Sie blieben ihm treu und verehrten ihn auch nach seinem Tod.

Das Königsgut, das in den Jahren seiner Unmündigkeit verloren gegangen war, wollte er zurückgewinnen und erheblich erweitern, um dem Königtum eine solide Basis zu geben. Damit forderte er die Fürsten heraus, die vor allem aus Sachsen und Bayern und Schwaben während der meisten Zeit seines Königtums gegen ihn agierten. Es half ihnen dabei sehr, daß der König, der eigentlich der Kirchenreform positiv gegenüberstand, sich mit dem Papsttum in einen erbitterten Kampf einließ. Es ist schwer zu entscheiden, wie hoch der Anteil Heinrichs IV. an der Verhärtung und wie hoch der Anteil seiner Ratgeber ist, die immer wieder gebannt wurden. Im Verlauf der Auseinandersetzungen wurde jedenfalls auch die königliche Propaganda immer besser in ihrer Argumentation, wobei sicher Überläufer wie Hugo Candidus eine wesentliche Rolle spielten.

In dem Kampf mit dem Papsttum um die Vorherrschaft im christlichen Europa verhielt sich Heinrich in Canossa taktisch klug und konnte so sein Ziel der Kaiserkrönung erreichen. Doch alle taktische Klugheit konnte nicht verhindern, daß Heinrich unter dem Einfluß seiner Ratgeber oder als Charakterschwäche den Bogen überspannte und seine Erfolge daher keine Beständigkeit aufwiesen. Zweimal haben seine Söhne ihm die entscheidende Niederlage beigebracht, weil sie glaubten, nur auf diese Weise die Herrschaft für die Familie retten zu können.

Die ständige Auseinandersetzung mit starken Fürsten und starken Päpsten hat Heinrich während seiner ganzen Amtszeit voll in Anspruch genommen. Eine geordnete Politik war nicht möglich. Die Krise im Reich stärkte die östlichen Nachbarn. Ungarn hatte sich weitgehend dem Einfluß des Reiches entzogen, auch der Schwager Heinrichs konnte dies nicht verhindern. Eine ähnliche Entscheidung vollzog sich mit Polen. Herzog Boleslaw II. nahm 1076 den Königstitel an und trieb eine eigenständige Politik. Genau diese Politik trieb den Herzog von Böhmen in die Arme Heinrichs IV., um bei ihm Schutz zu suchen.

In Italien hatte Heinrich sich notgedrungen lange aufhalten müssen und zaghafte Versuche unternommen, um in Süditalien die Verhältnisse zu ordnen. In Rom konnte er seinen Gegenpapst etablieren, der lange von römischen Adeligen unterstützt wurde. In Oberitalien hatte er in Aquileja und Venedig feste Stützen und arbeitete lange mit verschiedenen Bischöfen zusammen, die ihn gegen den Zentralismus Roms als Schutzherrn ansahen.

Heinrichs Bild wird in den Quellen von königlicher und päpstlicher Seite immer extrem dargestellt. Es ist daher schwer, ein Urteil über ihn abzugeben. Heinrich hat sich schon von Anfang an in seiner Umwelt behaupten müssen, konnte aber keine eigenen Entscheidungen treffen. Das Trauma seiner Entführung hat ihn lange verfolgt. Das strahlende Vorbild Adalberts von Bremen hat ihn in seinen Bann gezogen. Als die Fürsten ihm auch dieses Vorbild nahmen, mußte er seinen Weg allein gehen. Seine Fähigkeiten und seine Ausbildung waren die Basis für das Bestehen des fortwährenden Kampfes. Er führte mit traditionellen Mitteln und aus tiefster Überzeugung den Kampf für ein starkes Königtum gegen die Partikularkräfte und gegen das erstarkende Papsttum. Dabei förderte er die zukünftigen wichtigen Kräfte wie Ministeriale und Stadtbewohner und stärkte damit die unteren Strukturen im Reich. Er gab niemals auf, leistete mit wenigen Kräften Erstaunliches und kämpfte bis zuletzt für seine Überzeugung. Bei seinem Tod war zwar das Prestige des Königtums durch Canossa erschüttert, die Reichskirche als Stütze des Königtums war aber wieder intakt und bildete für den Nachfolger eine wichtige Stütze.

Heinrich V. (1106-1125)

Wie andere vor ihm (z. B. Heinrich II.) war auch Heinrich V. (geb. 1086) nicht von Beginn seines Lebens an als Nachfolger seines Vaters für das Königsamt vorgesehen. Erst nach dem Aufstand und der Absetzung seines Bruders Konrad
1099 wurde er im Mai 1098 in Mainz zum König gewählt und im folgenden Januar 1099 in Aachen gekrönt. Danach wurde er von seinem Erzieher, Bischof Konrad von Utrecht, auf seine neue Aufgabe vorbereitet, während er im Gefolge Heinrichs IV. das deutsche Reisekönigtum kennenlernte. Dabei hielt sich der
1101 Kaiser jetzt mehr in Bischofsstädten auf als in Pfalzen, daher wurde auch Heinrich V. im April 1101 auf einem Hoftag in Lüttich für mündig und waffenfähig
1103 erklärt. Auf einem weiteren Hoftag in Mainz unterzeichnete er an der Spitze des weltlichen Adels 1103 den Reichslandfrieden.

Damit war aber der gemeinsame Weg mit seinem Vater weitgehend beendet. Nach der Meinung von Heinrich V. betrieb der Vater eine Politik, die Reich und

Dynastie gefährdete. Denn Heinrich IV. stützte sich stärker auf die Städte und versuchte, die wichtige Hochgerichtsbarkeit unter königliche Kontrolle zu bringen. Dies führte zu steigender Opposition durch den Adel. Um einer weiteren Eskalation und der erneuten Wahl eines Gegenkönigs zuvorzukommen, schloß sich Heinrich V. einer bayerischen Adelsopposition an, was zu einer weitreichenden Bewegung, vor allem auch in Sachsen, führte.

In dieser Situation nutzte Heinrich V. seine erlernten Fähigkeiten und Kenntnisse. Er förderte die Verbindung von Adel und Reformmönchtum in ihrem Streben nach Unabhängigkeit und Selbständigkeit und nahm gleichzeitig Verhandlungen mit Papst Paschalis II. (1099-1118) auf, der auf Machtgewinn hoffte und die harte Politik Heinrichs V. gegen seinen Vater voll unterstützte. Nach-
dem es Heinrich V. 1105 gelungen war, seinen Vater gefangenzunehmen, zwang *1105*
er ihn, die Reichskleinodien herauszugeben. Heinrich IV. konnte zwar aus der
Gefangenschaft entkommen, starb aber wie erwähnt am 7. August 1106 in Lüt- *1106*
tich, so daß der Weg zur alleinigen Machtausübung für seinen Sohn nun endgültig frei war.

Zuerst setzte er Heinrich von Niederlothringen als Verräter ab und Gottfried von Löwen als Herzog ein. Dies brachte Ärger mit Graf Robert von Flandern, der sich bedroht fühlte. Erst nach einem Kriegszug Heinrichs kam es zu einem Ausgleich, nachdem der Graf einen Treueid leistete und dafür die Burggrafschaft in Cambrai und weitere feste Plätze vom König erhielt. Im Osten des Reiches starben mit Magnus (August 1106) die Billunger im Mannesstamm aus. Der König setzte den bisher unbekannten Grafen Lothar von Supplinburg ein, der mit Richeza von Northeim, der Enkelin Ottos, verheiratet war. Heinrich V. konnte damit den Machtkomplex der Billunger zerschlagen und sich gleichzeitig einen Herzog verpflichten.

Kurz darauf begann die Zeit der Streitigkeiten in der in Böhmen regierenden Familie der Przemysliden. Herzog Boriwori wurde von seinem Vetter Swatop-
luk 1107 vertrieben. Heinrich verdeutlichte die Oberherrschaft des Reiches, in- *1107*
dem er zuerst Swatopluk und nach dessen Ermordung 1109 Wladislaw I. mit *1109*
dem Herzogtum belehnte. Die Integration ins Reich wurde klar dokumentiert,
als der Herzog bei Heinrichs Hochzeit das Hofamt des Mundschenks wahr-
nahm. In Polen waren Erbstreitigkeiten nach dem Tode Wladyslaws Hermann
1102 ausgebrochen, die Heinrich 1109 benutzen wollte, um Polen wieder in das *1102/*
Lehensverhältnis zum Reich, das in der Theorie noch bestand, zurückzuholen. *1109*
Dies gelang in einem Feldzug nicht, aber in Polen setzte sich Boleslaw III.
Schiefmund (1107-1138) als Herzog durch, der auf friedliche Beziehungen zum
Reich bedacht war. Er holte Bischof Otto von Bamberg als Missionar in das er-
oberte Pommern. Auch in Ungarn fand dasselbe statt. Einen Thronstreit nutzte
Heinrich zum Eingreifen im Jahr 1108. Aber die Zeit für die direkte Einfluß- *1108*
nahme des Reiches war längst abgelaufen, denn die ungarischen Herrscher beschäftigten sich mit der Eroberung Kroatiens und orientierten sich Richtung Byzanz, was man an der Heirat der Tochter Königs Ladislaus mit dem byzantinischen Thronfolger erkennen kann.

Diese innen- und außenpolitischen Probleme banden seine Kräfte in den ersten Jahren der Alleinherrschaft. Jetzt zeigte sich, daß Heinrich nur taktische

Verbindungen eingegangen war, um an die Macht zu kommen. Er verfolgte in Zukunft im Reich die Politik seines Vaters, die ihm entschiedene Gegner einbrachte und erwies sich auch dem Papst gegenüber nicht so nachgiebig, wie von jenem erhofft. Er bezeichnete sich als rex Romanorum, während die Gegner in Rom ihn als rex Teutonicorum einstuften.

seit In Frankreich wurde der Investiturstreit 1104-1107 beigelegt. Der Papst über-
1104 nahm die kanonische Weihe und überließ dem König die Temporalia. In England wurde 1107 ein Konkordat geschlossen. Der König hatte den wesentlichen Einfluß auf die Bischofswahl, verlangte vor der Weihe die Huldigung und verzichtete auf die Investitur mit den geistlichen Symbolen. Heinrich V. hatte durch Delegationen die ganze Zeit über mit dem Papst verhandelt, beide Positionen
1109 waren unverändert. Ende 1109 wollte er die Verhandlungen mit dem Papst intensivieren und schickte eine Gesandtschaft unter den Erzbischöfen Friedrich von Köln und Bruno von Trier. Sie sollte auch einen Romzug für die Kaiserkrönung vorbereiten. Vorher verlobte sich Heinrich am Osterfest in Utrecht mit der achtjährigen englischen Prinzessin Mathilde, die er im Juli in Mainz zur Königin krönen ließ, vier Jahre vor der Hochzeit!

Im August 1110 brach er zum Romzug auf. Mit Mathilde von Tuscien schloß
1111 er ein Neutralitätsabkommen und Anfang Februar 1111 stand er vor Rom. Völlig überraschend verzichtete Heinrich V. im Vorvertrag von Turri und Sutri auf das Recht der Investitur, während sich Paschalis II. verpflichtete, die Bischöfe und andere kirchliche Würdenträger aufzufordern, alle königlichen Rechte und Güter (regalia) zurückzugeben. Dies bedeutete die völlige Auflösung der Rechtsordnung im Reich, war also ein utopischer Vorschlag. Heinrich V. erkannte, daß er nicht verlieren konnte und ließ sich deshalb darauf ein.

Am 12. Februar zog Heinrich in Rom ein und begrüßte den Papst mit Fußkuß und Schutzeidleistung. Dann wurde die päpstliche Urkunde über die Vereinbarung verlesen. Ein Tumult brach los, die deutschen Bischöfe waren entsetzt über die Vereinbarungen und versuchten, eine andere Lösung zu finden. Heinrich forderte den Vollzug der Kaiserkrönung. Als der Papst sich weigerte, ließ er den Papst festnehmen und erpreßte von ihm nach sechzigtägiger Haft im Vertrag von Ponte Mammolo die Zustimmung zur Investitur durch den König, den Vollzug der Kaiserkrönung und die Zusicherung, daß er nicht exkommuniziert werde. Am 13. April wurde die Kaiserkrönung von Paschalis vollzogen. Auf dem Rückweg schloß Heinrich mit Mathilde von Tuscien einen Vertrag, durch den er zu ihrem Erben eingesetzt wurde. Dies widersprach der Schenkung, die
1102 sie 1102 an die römische Kirche vorgenommen hatte. Nach seiner Rückkehr ließ er den Vater mit päpstlicher Genehmigung am 7. August 1111 nun endlich im Dom zu Speyer begraben.

Doch der vermeintliche Sieg über das Papsttum wirkte sich negativ aus, denn die öffentliche Reaktion wandte sich wegen des gewaltsamen Vorgehens gegen den Kaiser. Das erpreßte Privileg wurde von der Kurie auf einer Lateransynode
1112 im März 1112 für hinfällig als Pravileg erklärt und der Bann ausgesprochen. Nicht der Papst selbst stand im Vordergrund dieser Handlungen, sondern die Kardinäle handelten. In den folgenden Jahren wurde die Exkommunikation des Kaisers auf Synoden mehrfach wiederholt.

Ins Reich zurückgekehrt ging der Kaiser nun daran, die Politik der Reorganisation von Reichsrechten und Zugewinn von Reichsgut seines Vaters fortzusetzen. Wieder begann der Widerstand in Sachsen, seit 1112 entstand die neue Fürstenopposition unter seinem ehemaligen Vertrauten Erzbischof Adalbert von Mainz und dem Sachsenherzog Lothar von Supplinburg, dem sich u.a. auch der
niederrheinische Adel und die Stadt Köln anschlossen. Im Jahr 1114 konnte er *1114*
trotzdem eine glänzende Reichsversammlung in Mainz abhalten, die durch die Heirat mit Mathilde ihren Glanzpunkt erhielt. Dort unterwarf sich Lothar, ihm wurde Vergebung gewährt, nicht aber Ludwig von Thüringen, den Heinrich in Haft nehmen ließ. Diese und ähnliche Taten führten zu einer Verschärfung der
Situation, weil immer mehr Fürsten rebellierten. Im Februar 1115 erlitt das Heer *1115*
des Kaisers in der Schlacht am Welfesholze bei Eisleben eine schwere Niederlage, der Norden des Reiches ging verloren. Wie schlecht seine Lage war, verdeutlichte das Vorgehen der Mainzer Stadtbewohner und Ministerialen, die ihn zwangen, ihren inhaftierten Erzbischof Adalbert freizugeben. Auch im Episkopat begann nun der Abfall vom Kaiser, sie holten Legaten des Papstes, die den Bann im Reich verkündeten.

Im Prinzip war Heinrich V. nun in derselben Lage wie sein Vater, aber der Süden des Reiches hielt zu ihm. In dieser Situation starb die Markgräfin Mathilde
im Juli 1115. Da der Süden des Reiches ruhig blieb, konnte er es wagen, 1116 *1116*
nach Italien zu ziehen, um dort das versprochene Erbe der Markgräfin Mathilde von Tuscien anzutreten. Zu Reichsverwesern ernannte er seinen Neffen Friedrich II. von Schwaben und den Pfalzgrafen Gottfried, seinem Neffen Konrad, Friedrichs II. Bruder, übertrug er die Herzogsgewalt in Ostfranken, die er Bischof Erlung von Würzburg entzogen hatte.

Heinrich gelang es, die mathildischen Güter in Besitz zu nehmen und als Lehen neu zu vergeben. Er schickte den Abt Pontius von Cluny als Vermittler voraus nach Rom. Dort mußte Paschalis aber fliehen, weil er die falsche Familie bei der Wahl zum Stadtpräfekten unterstützt hatte. In der turbulenten Verhand-
lungssituation in Rom mischte sich der Kaiser Anfang 1117 in die Streitigkeiten *1117*
der Patrizierfamilien ein. Die Kardinäle verweigerten eine Kaiserkrönung in St. Peter, aber ein von auswärts gekommener Prälat, Mauritius von Braga, krönte ihn dann doch, woraufhin er von Paschalis exkommuniziert wurde. Die Situati-
on änderte sich, als Paschalis im Januar 1118 starb. Sofort wurde sein Kanzler *1118*
Johannes zum Nachfolger gewählt, der den Namen Gelasius II. annahm. Der Kaiser erschien unerwartet in Rom, was den noch nicht geweihten Papst aus Unsicherheit über die Absichten des Saliers zur Flucht nach Gaeta veranlaßte. Der Kaiser setzte nun sogar Mauritius von Braga als Gegenpapst Gregor VIII. ein. Diese unüberlegte Maßnahme brachte eine Verhärtung der Fronten zu Papst Gelasius II., der durchaus kompromißbereit war, und eine erneute Bannung. Der Gegenpapst fand wenig Anhänger, seine Rolle war ausgespielt, als der Kaiser im Juni 1118 Rom verließ. Das Volk hatte ihn „Burdinus" (spanischer Esel) getauft.

Die Opposition im Reich nutzte die Bannung, eine Reichsversammlung in Würzburg zu planen, auf der sich der Kaiser verantworten sollte. Bei seinem Fernbleiben sollte er abgesetzt werden. Heinrich handelte schnell und war im

August 1118 wieder im Reich, womit er den Tag von Würzburg verhinderte. Gelasius konnte sich nicht in Rom halten und ging nach Frankreich, wo er in
1119 Cluny im Januar 1119 starb. Vor Ort wurde als Nachfolger Erzbischof Guido von Vienne gewählt, den auch die Kardinäle in Rom anerkannten. Calixt II. wurde er genannt. Im Reich und bei der Kurie deutete sich Friedensbereitschaft an, so daß es wieder zu entsprechenden Verhandlungen kam, bei denen der Abt von Cluny vermittelte. Der Papst berief für Oktober 1119 ein Konzil nach Reims. Kaiser und Papst trafen sich während des Konzils in Mouzon, aber der Ausgleichsversuch scheiterte vorläufig. Schließlich kam es zum Friedensschluß
1121 mit dem Reich (Fürsten) in Würzburg vom September 1121, der die Voraussetzung für die Aussöhnung mit dem Papst werden sollte. Denn der König mußte den geschlossen auftretenden Füsten nachgeben, indem er einem Vergleich zustimmte. Königsrecht und Königsgut sollten dem König, kirchliches Gut den Kirchen zustehen. Die Fürsten sahen sich als regnum (Reich), das dem imperator (Kaiser) gegenüberstand, aber auch Interesse hatte, den honor regni (Ehre des Reiches) zu bewahren. Kaiser und Reich waren sich danach dem Papst gegenüber einig, dies beschleunigte die Verhandlungen.

Die römische Gesandtschaft setzte eine Versammlung in Mainz fest, in der Stadt des ärgsten Gegners Heinrichs. Der Kaiser weigerte sich und man einigte
1122 sich auf Worms. Im Wormser Konkordat von 1122 zwischen Heinrich V. und Papst Calixt II., das in zwei getrennten Urkunden festgehalten wurde, verzichtete der Kaiser auf die Investitur mit Ring und Stab, erlaubte freie Wahlen und freie Weihe und versprach die Rückerstattung von Kirchenbesitz, der von seinem Vater und ihm entzogen worden war. Der Papst gestattete, die Wahlen in Gegenwart des deutschen Königs abzuhalten. Im Reich (regnum Teutonicum) sollte der Gewählte vor der Weihe, in Italien und Burgund innerhalb von sechs Monaten nach der Weihe, die Regalieninvestitur mit dem Szepter vom König erhalten. Der Investierte hatte die entsprechenden Leistungen dem König zu erbringen (servitium regis), aber auch nach Interpretation des Kaisers den Treueid zu leisten. Nach der Verkündigung der Vereinbarungen vor den Toren der Stadt erhielt der Kaiser bei der hl. Messe das Abendmahl gereicht und war wieder in die kirchliche Gemeinschaft aufgenommen.

Dieser Vertrag stellte also keine totale Niederlage für das Königtum dar und keinen totalen Zusammenbruch des Reichskirchensystems. Im Deutschen Reich – der Name breitete sich durch diese Urkunde aus – war damit nach wie vor der König derjenige, der durch seine Anwesenheit großen Einfluß auf die Besetzung der Bischofssitze hatte, wenn er die entsprechende Macht besaß. In Italien und Burgund dagegen war seine Kirchenhoheit erheblich eingeschränkt. Da das Vertragswerk einen Kompromiß darstellte, der zwischen zwei Personen ausgehandelt war, hing dessen Haltbarkeit davon ab, wie stark die nachfolgenden Amtsinhaber waren.

Die Bischöfe und Äbte hatten eine neue Position, sie waren Vasallen des Königs geworden. Die hohen Geistlichen wurden Reichsfürsten und betrieben als solche eine eigenständige Politik, glichen sich den weltlichen Fürsten an und bildeten mit ihnen eine Fürstengruppe. Ihr neues Selbstverständnis wurde deutlich durch Führung von Thronsiegeln nach dem Vorbild des Königs.

Trotz dieser Beendigung der Streitigkeiten mit dem Papsttum gewann Heinrich V. die alte Machtposition des Königtums im Reich nicht zurück. Ihm fehlte nun die wichtige Basis eines gefestigten Reichskirchensystems und ihm war in Sachsen jede Einflußmöglichkeit genommen. Der Sachsenherzog Lothar schaffte es sogar, bei der Wiederbesetzung der Markgrafschaften Meißen mit Konrad von Wettin und Niederlausitz mit Albrecht von Ballenstedt seine Kandidaten gegen Heinrichs Interessen durchzusetzen. Auch der Versuch, durch außenpolitische Maßnahmen, z.B. Hinwendung zu England, Boden zu gewinnen, mißlang.

Sogar die bisher treuen Städte standen nicht mehr zu ihm, so kam es 1124 zum *1124*
Aufstand der Stadt Worms, den er nach längerer Belagerung niederwerfen konnte. Ostern 1125 verbrachte er in Lüttich, von dort zog er nach Utrecht, wo er am *1125*
23. Mai, eventuell an einem Krebsleiden, starb. Wie der Anonymus schreibt, vertraute er seine Gemahlin und sein Eigentum auf dem Totenbett seinem Neffen, dem Staufer Friedrich von Schwaben an, den er zu seinem Nachfolger ausersehen hatte. Die Reichsinsignien sollten bis zur Fürstenversammlung auf der Burg Trifels aufbewahrt werden. Mathilde ließ seine Eingeweide in St. Martin in Utrecht beisetzen, wo auch die Eingeweide seines Urgroßvaters Konrad lagen. Der restliche Leichnam wurde im Kaiserdom in Speyer bestattet. Mathilde selbst kehrte nach England zurück und heiratete Graf Gottfried von Anjou, ihr Sohn wurde als Heinrich II. König von England.

Einordnung

Heinrich V. war der erste Herrscher der Reichsgeschichte, der seinen Vater abgesetzt und sich selbst mit Hilfe von Fürsten und Papst zum Herrscher erhoben hatte. In den Quellen und in der Sekundärliteratur wird Heinrich V. daher als zwiespältiger Charakter geschildert, der auf der einen Seite klug und weitblickend, auf der anderen Seite brutal und hinterlistig war. Dies drückte sich in seiner Politik aus. So handelte er z.B. am Anfang rücksichtslos gegen seinen Vater und bei der Festnahme des Papstes, gleichzeitig aber auch taktisch und weitblickend in seiner Zusammenarbeit mit der Fürstenopposition und den Kirchenreformern. Besonders unterstützte er dabei den Aufstieg der Staufer.

Schließlich folgte er aber doch den Spuren seines Vaters, kämpfte um den Anspruch der Vorherrschaft des Königtums, wollte das Königsgut zurückgewinnen, förderte die Städte und vor allem die Ministerialen, die er zur Verwaltung des Reiches einsetzen wollte. Dies sah der Adel als Schwächung seiner Position und setzte sich gegen den König zur Wehr. Mit Glück und zähem Verhandlungsgeschick gelang der Friedensschluß mit den Fürsten, wobei der König sich aber dem Druck der Fürsten fügen und das Kirchengut zurückgeben mußte. Dies bildete die Voraussetzung für das Wormser Konkordat. Am Ende seiner Regierung war Heinrich zwar mit dem Papsttum ausgesöhnt, die königliche Machtposition gegenüber der Kurie aber doch geschwächt. Im Reich war die zentrale Stellung des Königs nicht nur umstritten, sondern kaum noch vorhanden, wenn man an den östlichen Reichsteil denkt, die Opposition der geistlichen und weltlichen Fürsten war dagegen noch stärker geworden.

Lothar III. von Supplinburg (1125-1137)

Nachdem Heinrich V. kinderlos gestorben war, schlugen seine Gegner zu, denn der von ihm vorgesehene Nachfolger Herzog Friedrich von Schwaben war nur einer von vier Kandidaten. Dazu kamen noch Markgraf Leopold von Österreich, Graf Karl von Flandern und Herzog Lothar von Sachsen. Der Graf von Flandern, als Kandidat des Erzbischofs von Köln, hatte sich bis zur Mainzer Wahlversammlung zurückgezogen, so daß die Fürsten die Auswahl unter drei Kandidaten hatten. Ein gewählter Ausschuß von 40 Fürsten nahm die Wahl vor. Hier soll nun der schärfste Gegner Heinrichs V., sein ehemaliger Vertrauter Erzbischof Adalbert von Mainz, die Entwicklung so geschickt gelenkt haben, daß es im entscheidenden Moment zu einer spontanen Erhebung Lothars gekommen sein soll, dem die beiden anderen sich unterwerfen mußten. So lautet der Bericht Ottos von Freising. An dieser Version ist sicher wahr, daß die Fürsten einen Verwandten und Parteigänger der salischen Kaiser nicht zulassen wollten, während die Gegnerschaft des Sachsenherzogs ein gewichtiges Argument war. Die genauen Abläufe der Wahl sind wohl schwer zu entschlüsseln. Auf jeden Fall hat Lothar die Wahl selbst betrieben, indem er den Bayernherzog auf seine Seite zog. Das Prinzip der freien Wahl durch die Fürsten hatte über Designation und Erbanspruch gesiegt. Bezeichnend war, daß der päpstliche Legat von Mainz aus mit einer Wahlanzeige und sogar einer Bitte um Bestätigung der Königswahl an Papst Honorius II. (1124-30) gesandt wurde, um sich seiner Unterstützung zu versichern. Im September wurde Lothar von Erzbischof Friedrich von Köln in Aachen gekrönt.

1075 Lothar von Supplinburg, geboren 1075, verheiratet mit Richeza von Northeim, hatte sich nach seiner Erhebung zum Herzog (1106) in Sachsen für viele unerwartet mit großer Tatkraft eine starke Machtposition aufgebaut und wie er-
1115 wähnt ins Reichsgeschehen eingegriffen, ja sogar 1115 den Kaiser geschlagen. Er hatte die sächsische Kirche wie der König die Reichskirche behandelt und die Bischöfe eingesetzt oder die Wahl beeinflußt. Um 1117 hatte er durch Erbschaft den größten Machtkomplex in Sachsen unter sich. Mit 50 Jahren war er ein erfahrener Mann, der geeignet schien, das Reich vor den Salier- und Stauferanhängern zu schützen. Seine Beziehungen waren über seine Verwandtschaft weitverzweigt, so war sein Halbbruder Simon Herzog in Oberlothringen und seine Halbschwester Petronilla führte die Regentschaft in Holland, bei den Mainzer Wahlverhandlungen hatte er die Eheschließung seiner Tochter Gertrud mit Heinrich dem Stolzen, Sohn des bayerischen Herzogs, vereinbart.

Herzog Friedrich von Schwaben hatte den Wahlort erzürnt verlassen, leistete aber dann Lothar III. den Huldigungseid. Er hatte das salische Königsgut in Süddeuschland in seinem Besitz, wobei der Unterschied zwischen Hausgut und Reichsgut gerade in Franken völlig verwischt war. Eine radikale Rückgewinnung des Reichsgutes hätte den Staufer empfindlich getroffen. Dieses Problem wurde beim Königsumritt im November 1125 in Regensburg auf einem Hoftag auf die 1125 Tagesordnung gesetzt. Man entschied sich nicht für den harten Weg, aber verlangte von Friedrich Kompromißbereitschaft. Gegen den Staufer ging Lothar bei seinem Umritt Ende Dezember in Straßburg vor, indem er mit dem von den Fürsten beratenen Regensburger Weistum die konfiszierten Güter Geächteter von den Staufern (Saliern) als Krongut zurückforderte und die Acht über Friedrich, der nicht erschienen war, verhängte. Dies führte zum Konflikt, denn die Fürsten beschlossen in Goslar die Vollstreckung der Acht mit Waffengewalt. Die Auseinandersetzungen brachten dem König Niederlagen, trotzdem konnte sich Lothar in Rheinfranken, Oberlothringen und Elsaß festsetzen, nach Schwaben wagte er sich nicht, denn dort waren schon die Welfen gescheitert. Auch die Belagerung Nürnbergs mußte 1127 ergebnislos abgebrochen werden 1127

Diese Taktik des Zurückweichens und Konzentrierens auf wichtige Positionen brachte den Staufern viel Sympathiepunkte im Reich. Die Großen in Franken und Niederlothringen, unter ihnen die Bischöfe, zogen sich vom König zurück. Nun tauchte plötzlich Friedrichs Bruder Konrad auf der politischen Bühne auf, der aus dem Heiligen Land zurückgekommen war und sich an der Verteidigung Nürnbergs beteiligt hatte. Von fränkischen und schwäbischen Anhängern wurde er am 18. Dezember 1127 in Rothenburg zum Gegenkönig gewählt. Woraufhin die Erzbischöfe Adalbert von Mainz, Norbert von Magdeburg und Konrad von Salzburg den Kirchenbann über ihn verhängten, seine herzoglichen Rechte in Franken wurden dem Würzburger Bischof übertragen. Friedrich erhielt den Beinamem „der Einäugige“, was ein Hinweis darauf sein könnte, warum er nicht selbst König werden konnte.

Nach der Erhebung als Gegenkönig hatten die Staufer keinen großen Zulauf an Anhängern, aber anfangs Kriegsglück. Friedrich besetzte Speyer und vertrieb den Bischof, Konrad unternahm einen Italienzug, um die Mathildischen Güter als Rechtsnachfolger der Salier in Besitz zu nehmen. Ihm gelang die Krönung mit der lombardischen Krone in Monza, weil die Mailänder immer noch gegen den päpstlichen Zentralismus opponierten, ansonsten mußte er unverrichteter Dinge im Frühjahr 1130 heimkehren. In diesem Jahr fiel mit Nürnberg ein wichtiger 1130 staufischer Stützpunkt, das Elsaß mußte 1131 Lothar überlassen werden, 1131 nur das staufische Kernland blieb übrig.

In dieser Zeit bemühte sich Lothar um die Konsolidierung des Reichsgutes und auch seiner Beziehungen zu den Reichsfürsten. Es begann mit der Heirat seiner 12jährigen Tochter Gertrud mit Heinrich dem Stolzen am 27. Mai 1127, 1127 womit Lothar die Welfen an sich ziehen konnte. Als Graf Wilhelm von Burgund 1127 einem Mord zum Opfer fiel, setzte Lothar in Wahrung der Reichsrechte Konrad von Zähringen in die Grafschaft ein und verlieh ihm das Rektorat über ganz Burgund. Um 1130/31 entstand die Landgrafschaft Thüringen, die er den 1130/ Ludowingern übertrug, um die königlichen Befugnisse in diesem Raum vor allem 1131 gegenüber Mainz zu vertreten. Landgrafen im Oberelsaß wurden die Habsburger und im Unterelsaß die mit den Habsburgern verschwägerten Grafen von Huneburg, die wiederum mit Herzog Simon von Oberlothringen verwandt waren. Diese Maßnahmen sorgten für die Einengung von Staufern und dem Mainzer Erzbischof. Die Staufer suchten Verbündete, wobei Friedrich die Grafen-

tochter Agnes von Saarbrücken heiratete. Lothar unterstützte aber nicht nur den hohen Adel, sondern auch die Ministerialen, die er vor allem ökonomisch stärk-
1128 te. In einer Urkunde vom 27. Dezember 1128 taucht zum ersten Mal der Begriff „ministeriales regni" auf.

1130 Am 14. Februar 1130 starb Papst Honorius II., der Konrad 1128 exkommunizert hatte. Rivalisierende Adelsgeschlechter ließen in Rom zwei Päpste wählen, mit Mehrheit Anaklet II., der in Rom, Mittel- und Norditalien Anerkennung fand und mit Minderheit Innozenz II., der in Frankreich und England anerkannt wurde. Der deutsche Episkopat sprach sich mehrheitlich für Innozenz II. aus,
1131 der den Bann über die Stauferbrüder wiederholte. Im März 1131 trafen sich der Papst und Lothar III. in Lüttich. Hier leistete der König erstmalig als Ehrerbietung gegenüber dem rechtmäßigen Papst den Stratordienst im Sinn der Konstan-
1095 tinischen Schenkung, nur Konrad, Sohn Heinrichs IV. hatte ihn 1095 geleistet, und versprach ihm Unterstützung bei seiner Rückkehr nach Rom. Er verlangte aber auch, daß der Papst das Investiturverbot für ihn zurücknehmen sollte, weil er dadurch großen Schaden erlitten habe. Der Papst konnte ihm nicht nachgeben.

Mit einem kleinen Heer brach Lothar im Spätsommer 1132 nach Italien auf
1133 und schlug sich nach Rom durch, wo er am 4. Juni 1133 in der Lateranbasilika – die Peterskirche hatte Anaklet II. – von Innozenz II. zum Kaiser gekrönt wurde. In Wiederaufnahme des Wormser Konkordats wurde vom Papst zugestanden, daß jeder geistliche Würdenträger des Reiches vor der Einführung ins geistliche Amt die königliche Investitur mit den Regalien erhalten müsse. Außerdem erhielt Lothar die mathildischen Güter gegen eine Zinszahlung an die römische Kirche durch den Empfang eines Ringes übertragen. Er übergab sie weiter an seinen Schwiegersohn Heinrich den Stolzen. Somit hatte er die Eigentumsrechte Roms anerkannt, konnte aber die jährlichen Zinszahlungen nutzen. Die päpstliche Propaganda hat dies benutzt. In einem Wandgemälde des Lateranpalastes wurde Lothar III. als Lehensmann des Papstes gezeigt, denn der Stratordienst von Lüttich wurde als Lehensdienst und die Investitur in die mathildischen Güter als Lehensübergabe gesehen.

Nach seiner Rückkehr ging Lothar wieder gegen die Staufer vor, indem er von Norden und der Welfenherzog von Süden in Schwaben einfielen. Als Ulm fiel, unterwarf sich Friedrich von Schwaben dem Kaiser im Frühjahr 1135 in Bam-
1135 berg und sein Bruder Konrad im Herbst 1135 in Mühlhausen. Beide mußten das Versprechen ablegen, am nächsten Italienzug teilzunehmen. Zur Besiegelung des Friedens heiratete Konrad Gertrud, die Tochter des Grafen von Sulzbach und Schwägerin des Welfenherzogs. Bei diesem Vorgang hatte Lothar III. die Schwäche der Staufer nicht benutzt, um sie zu vernichten, sondern er hatte den Ausgleich gesucht und seine Anerkennung durchgesetzt. Ein Grund scheint in der Bedrohung Italiens durch die Normannen zu liegen. Papst Innozenz II., der venezianische Doge und der byzantinische Kaiser hatten den Kaiser dringend gebeten, gegen die Normannen zu helfen. Wichtiger ist aber, daß Lothar nicht strikt die harte Linie verfolgte, sondern sein Herrschaftsinstrument der Reichsacht geschickt einsetzte.

Der Hoftag in Merseburg zeigt den Kaiser auf der Höhe seiner Macht. Dort erschien auch Boleslaw III. von Polen, der sich unterwarf, nachdem er über Jah-

re den Tribut nicht entrichtet hatte. Die Ostpolitik war ein Schwerpunkt in Lo-
thars Politik, was zum großen Teil seiner Herkunft als Adeliger und Herzog von
Sachsen zuzuschreiben war. Denn dort wurde man in den Kampf mit den Sla-
wen hineingeboren. Lothar persönlich hatte gegen die Obodriten und die Liuti-
zen gekämpft. Dann belehnte er 1110 Graf Adolf von Schauenburg mit Hol- *1110*
stein, wo später die große kolonisatorische Arbeit begann. Als König übertrug
er 1134 die Nordmark endlich an den Askanier Albrecht den Bären wegen seiner *1134*
Verdienste im Italienzug und 1136 die Lausitz an den Wettiner Konrad. Um die *1136*
Slawen abhängig zu machen, ernannte er Knut, den Sohn des Dänenkönigs, 1129 *1129*
zum König der Obodriten und den Hevellerfürsten Heinrich Pribislaw von
Brandenburg zum König seines Volkes im Jahr 1128/29. Beide leisteten den Le-
henseid.

Auch von polnischer Seite wurde die Region beansprucht. Herzog Boleslaw
III. unterwarf die Pommern und holte Bischof Otto von Bamberg zur Missio-
nierung. Etwa zu derselben Zeit (1124) wurde das Bistum Lebus am linken Oder- *1124*
ufer gegründet. Als Boleslaws Tochter 1129 mit dem Königssohn Magnus von
Dänemark verheiratet wurde, ergab sich für das Reich eine schwierige Situation.
Lothar ging 1131 gegen das Danewerk vor, wo sich König Niels von Dänemark *1131*
unterwarf. Auf Lothars Bitte hob Papst Innozenz II. das Erzbistum Lund auf
und unterstellte es dem Erzbistum Hamburg-Bremen. Zu Ostern 1134 wurde *1134*
Magnus von Lothar mit einer Krone und Insignien investiert, Dänemark war da-
durch ein Lehen des Reiches geworden. Auch der Nachfolger Erich bat 1135 um *1135*
die Bestätigung seiner Herrschaft. Eine unmittelbare Konfrontation mit Boles-
law III. von Polen vermied Lothar, versuchte aber wieder, mit dem Mittel der
Diözesanorganisation wie in Skandinavien Einfluß zu gewinnen. Innozenz II.
erließ 1133 ein Privileg für Erzbischof Norbert von Magdeburg, das sämtliche *1133*
polnische Bistümer dem Erzbistum Magdeburg zusprach.

Den eigentlichen Kampf mit Boleslaw führte Herzog Sobeslaw von Böhmen.
Dies kam durch die Verbindung mit den ungarischen Machtkämpfen. Dort stand
Boris mit seinem Vetter Bela in Konkurrenz um die Nachfolge König Stephans
(†1131). Boleslaw schloß sich mit Boris zusammen und Sobeslaw mit seinem
Schwager Bela. Der Böhme bedrängte Schlesien, in offener Schlacht verlor der
polnische Herzog. Kaiser Lothar wurde als Schiedsrichter auf dem Magdebur-
ger Hoftag zu Pfingsten 1135 angerufen. Lothar erkannte Bela II. als König von *1135*
Ungarn an und berief Boleslaw auf den erwähnten Hoftag von Merseburg, wo
auch ein polnisch-böhmischer Waffenstillstand vereinbart wurde, der schließlich
zum Frieden von Glatz im Mai 1137 führte. Boleslaw durfte nach seiner Le- *1137*
henshuldigung als Ehrenamt dem Kaiser auf dem Weg zum Dom das Reichs-
schwert vorantragen.

Auf dem Höhepunkt seiner Macht konnte sich Lothar III. nun den Proble-
men in Italien zuwenden. Innozenz II. hatte sich nicht in Rom halten können
und befand sich seit Herbst 1133 in Pisa. Der normannische König Roger II. *1133*
von Sizilien war ein Bundesgenosse Anaklets II. und dehnte seinen Machtbe-
reich nach Norden aus, wobei er Capua und Benevent unterwarf. Der berühm-
te Zisterzienser Bernhard von Clairvaux und die päpstlichen Legaten erinnerten
den Kaiser auf dem Bamberger Hoftag im März 1135 an die Schutzpflicht ge- *1135*

genüber der römischen Kirche und daran, daß sich der Normanne Roger II. den Königstitel anmaßte.

Diesmal sammelte der Kaiser ein größeres Heer, in dem sich die Erzbischöfe von Köln, Trier und Magdeburg, dazu die Herzöge Heinrich von Bayern und
1136 Konrad von Staufen befanden. Sie brachen im August 1136 von Würzburg aus auf und erreichten im November die Ronkalischen Felder bei Piacenza. Hier erließ Lothar eine Konstitution, in der es den Vasallen verboten wurde, ihre Lehen ohne Erlaubnis des Lehensherren wegzugeben und zu veräußern. Dann ging es im nächsten Frühjahr Richtung Süden. Heinrich der Stolze bewegte sich über die Toskana, wo Innozenz II. zu ihm stieß, an Rom vorbei nach Benevent. Lothar zog mit dem anderen Heeresteil an der Adria entlang bis an die Grenze Apuliens. Gemeinsam begingen Lothar III. und Innozenz II. das Pfingstfest in Bari. Roger II. sah seine Unterlegenheit und bot Friedensverhandlungen an, wobei er einen Sohn als Geisel stellen wollte. Lothar lehnte ab, überschätzte aber seine Möglichkeiten. Als bekannt wurde, daß der Kaiser sogar bis nach Sizilien vordringen wollte, widersetzten sich Soldaten und Heerführer und beschuldigten den Papst, daß er Lothar so weit treibe. Deshalb setzte sich Lothar wieder Richtung Norden in Bewegung. Dabei entzündete sich ein Streit mit dem Papst um die Oberherrschaft in Apulien, der nicht gelöst werden konnte. Beide nahmen die Belehnung Rainulfs von Alife für Apulien vor, der mit Unterstützung von Kämpfern aus dem Reich die Herrschaft verteidigen sollte.

Dieses Konzept ging aber nicht auf. Als der Kaiser im Norden durch die Lombardei zog, rückte Roger II. in Süditalien vor. Er eroberte Salerno, Benevent und Capua, Rainulf konnte nur das östliche Apulien halten. Der Papst fiel den Nor-
1139 mannen im Juli 1139 in die Hände. Er wurde erst freigelassen, nachdem er Rogers Königtum anerkannte und seine Familie mit Sizilien, Capua und Apulien belehnte.

Die Strapazen dieses langen Kriegszuges forderte ihren Tribut. Als das Heer
1137 Tirol erreicht hatte, wurde Lothar schwer krank. Er starb am 4. Dezember 1137 im Dorf Breitenwang bei Reutte in der Hütte eines Bauern. Auf dem Sterbelager übergab er die Reichsinsignien seinem Schwiegersohn Heinrich dem Stolzen, dem er auch Sachsen anvertraute und den er als Nachfolger wünschte. Der Leichnam des Kaisers wurde schon am 31. Dezember in seinem Hauskloster Königslutter beigesetzt.

Einordnung

So wie an seinem Ende lagen Sieg und Niederlage im Leben Lothars III. immer dicht beieinander. Er stieg zu großer Macht in Sachsen auf, war ein erfolgreicher Führer der Fürstenopposition gegen den König und wurde schließlich selbst König. In dieser Position wurde er selber zum Ziel der staufischen Opposition, auch die Verbindung zu den Welfen und Zähringern konnte Niederlagen nicht verhindern. Geschickt benutzte er die Reichsacht als Mittel, die Staufer in die Kniee zu zwingen, sie aber nicht zu vernichten. Er suchte die Beziehung zum Papsttum, entschied sich für die Seite Innozenz II. und konnte die Kaiserkrönung erreichen. Sein Stratordienst wurde von der Papstpropaganda gegen ihn und in der Folgezeit gegen die Stellung des Königs überhaupt angewendet. Er wird in den Quellen auch als „Pfaffenkönig" bezeichnet. Dabei hat er in der Investiturpolitik durchaus keinen Rückzieher gemacht und war an der Wahl vieler Bischöfe beteiligt.

Seine Italienpolitik insgesamt war ungeschickt, er unterschätzte die Lage und überschätzte seine Kräfte. Als erfolgreich wird seine Politik im Nordosten und Osten des Reiches gegenüber Dänen und slawischen Völkern gesehen, wodurch die Besiedlung des rechtselbischen Raumes, die Missionsarbeit und der Osthandel gefördert wurden. Polen, Böhmen waren lehnsabhängig geworden und auch in Ungarn hatte Lothar eingegriffen.

Mit Lothars Wahl war noch einmal der Schwerpunkt des Reiches in Sachsen angesiedelt worden, Goslar war seine Lieblingspfalz. Durch die Verheiratung seiner Tochter mit dem mächtigen Welfen hatte Lothar die Weichen für die Zukunft gestellt. Heinrich der Stolze verwaltete die strategisch wichtigen mathildischen Güter und war von Lothar als Nachfolger in Sachsen und im Reich vorgesehen. Lothar III. hatte also wohl schon seit seiner Wahl vorgehabt, durch seinen Schwiegersohn eine neue Herrscherdynastie zu begründen.

Literaturhinweise zum Kapitel „Die Salier"

1. Quellen

1.1 Veröffentlichungen der MGH

Adam von Bremen, Hamburgische Kirchengeschichte (Magistri Adam Bremensis Gesta Hammaburgensis ecclesiae pontificum), hrsg. von Bernhard Schmeidler (MGH SS rer. germ. in usum schol. 2).

Annales et chronica aevi Salici. Vitae aevi Carolini et Saxonici, hrsg. von Georg Heinrich Pertz u. a. (MGH SS in Fol. 10).

Carmen de bello Saxonico. Anhang: Conquestio Heinrici IV. imperatoris, hrsg. von Oswald Holder-Egger (MGH SS rer. germ. in usum schol. 17).

Chronica et annales aevi Salici, hrsg. von Georg Heinrich Pertz u. a., 4 Bde (MGH SS in Fol. 6-9).

Die Chronik des Bischofs Thietmar von Merseburg und ihre Korveier Überarbeitung (Thietmari Merseburgensis episcopi Chronicon), hrsg. von Robert Holtzmann (MGH SS rer. germ. nov. ser. 9).

Die Chronik des Frutolf von Michelsberg und ihre Fortsetzungen, hrsg. von Franz Josef Schmale / Christian Lohmer (MGH SS 33).

Die Chronik von Montecassino (Chronica monasterii Casinensis), hrsg. von Hartmut Hoffmann (MGH SS 34).

Die Chroniken Bertholds von Reichenau und Bernolds von St. Blasien 1054-1100 (Bertholdi et Bernoldi Chronica MLIV – MC), hrsg. von Ian S. Robinson (MGH SS rer. germ. nov. ser. 14).

Historiae aevi Salici, hrsg. von Georg Heinrich Pertz u. a. 2 Bde. (MGH SS in Fol. 11-12).

Lamperti monachi Hersfeldensis Opera. Anhang: Annales Weissenburgenses, hrsg. von Oswald Holder-Egger (MGH SS rer. germ. in usum schol. 38).

Libelli de lite imperatorum et pontificum, hrsg. von Ernst Dümmler u.a., 3 Bde. (MGH Libelli de lite 1-3).
Scriptores rerum Germanicarum in usum scholarum separatim editi
Vita Heinrici IV. imperatoris, hrsg. von Wilhelm Eberhard (MGH SS rer. germ. in usum schol. 58).

1.2 Weitere Quelleneditionen

Der Investitutstreit: Quellen und Materialien, hrsg., übers. und mit einer Einleitung versehen von Johannes Laudage, Köln u.a. 1990 (Böhlau-Studien-Bücher).
Schmale, Franz-Josef / Schmale-Ott, Irene (Hrsg.): Frutolfs und Ekkehards Chroniken und die anonyme Kaiserchronik, Darmstadt 1972 (FSGA A, 15).
Schmale, Franz-Josef / Schmale-Ott, Irene (Hrsg.): Quellen zum Investiturstreit, 2 Bde.: T 1: Ausgewählte Briefe Papst Gregors VII. / T 2: Schriften über den Streit zwischen Regnum und Sacerdotium, Darmstadt 1978 und 1984 (FSGA, A 12a und 12b).
Schmale, Franz-Josef / Schmale-Ott, Irene (Hrsg.): Quellen zur Geschichte Kaiser Heinrichs IV. Die Briefe Heinrichs IV.; Brunos Sachsenkrieg, 4. aktual. Aufl. Darmstadt 2000 (FSGA A, Bd. 12).
Schmidt, Adolf / Fritz, Wolfgang Dietrich (Hrsg.): Lampert von Hersfeld: Annalen, 4. aktual. Aufl. Darmstadt 2000 (FSGA A, 13).
Trillmich, Werner / Buchner, Rudolf (Hrsg.): Quellen des 9. und 11. Jahrhunderts zur Geschichte der hamburgischen Kirche und des Reiches. Rimbert, Leben Ansgars; Adam von Bremen, Bischofsgeschichte der Hamburger Kirche; Wipo, Taten Kaiser Konrads II., 7. aktual. Aufl. Darmstadt 2000 (FSGA A, 11).

2. Forschungsliteratur

Aufgebauer, Peter: Der tote König. Grablegen und Bestattungen mittelalterlicher Herrscher (10.-12. Jahrhundert), in: GWU 45 (1994), S. 682-716.
Blumenthal, Uta-Renate: Gregor VII., Darmstadt 2001.
Blumenthal, Uta-Renate: Der Investiturstreit, Stuttgart 1982.
Boshof, Egon: Königtum und Königsherrschaft im 10. und 11. Jahrhundert, München 1993.
Boshof, Egon: Heinrich IV. Herrscher an einer Zeitenwende, 2. überarb. Aufl. Göttingen 1990 (Persönlichkeit und Geschichte 108/109).
Boshof, Egon: Die Salier, 4. verarb. u. erg. Aufl. Stuttgart 2000.
Bosl, Karl: Die Reichsministerialität der Salier und Staufer, 2 Bde., Stuttgart 1968.
Classen, Peter: Das Wormser Konkordat in der deutschen Verfassungsgeschichte, in: Fleckenstein, Josef (Hrsg.): Investiturstreit und Reichsverfassung, Sigmaringen 1973 (VuF 17), S. 395-410.
Die Salier und ihr Reich 1024-1125. Katalog zur Ausstellung Speyer 1992, Sigmaringen 1992.
Dinzelbacher, Peter: Bernhard von Clairvaux. Leben und Werk des berühmten Zisterziensers, Darmstadt 1998 (GMR).
Ehlers, Caspar: Metropolis Germaniae. Studien zur Bedeutung Speyers für das Königtum (751-1250), Göttingen 1996 (Veröff. d. MPI f. Geschichte 125).
Erkens, Franz-Reiner: Konrad II. – Herrschaft und Reich des ersten Salierkaisers, Darmstadt 1998.

Fenske, Lutz: Adelsopposition und kirchliche Reformbewegung im östlichen Sachsen. Entstehung und Wirkung des sächsischen Widerstands gegen das salische Königtum während des Investiturstreits, Göttingen 1977.
Fleckenstein, Josef (Hrsg.): Investiturstreit und Reichsverfassung, Sigmaringen 1973 (VuF 17).
Goez, Elke: Der Thronerbe als Rivale. König Konrad, Kaiser Heinrichs IV. ältester Sohn, in: HJb 116 (1996), S. 1-49.
Golinelli, Paolo: Mathilde und der Gang nach Canossa, Düsseldorf / Zürich 1998.
Hagen, Doris: Herrschaftsbildung zwischen Königtum und Adel. Die Bischöfe von Freising in salischer und frühstaufischer Zeit, Frankfurt am Main / Bern 1995 (Europäische Hochschulschriften Reihe 3 / 634).
Hampe, Karl: Deutsche Kaisergeschichte in der Zeit der Salier und Staufer, Darmstadt 1985.
Handbuch der deutschen Geschichte, 24 Bde., Bd.4, Die Zeit der Salier (1024-1125), Stuttgart 2002.
Heinemeyer, Karl H.: König und Reichsfürsten in der späten Salier- und frühen Stauferzeit, in: BDLG 122 (1986), S. 1-40.
Hoffmann, Hartmut: Gottesfriede und Treuga dei, Stuttgart 1964.
Jäschke, Kurt-Ulrich: Notwendige Gefährtinnen. Königinnen der Salierzeit als Herrscherinnen und Ehefrauen im römisch-deutschen Reich des 11. und beginnenden 12. Jahrhunderts, Saarbrücken 1991 (Historie und Politik 1).
Keller, Hagen: Die Investitur. Ein Beitrag zum Problem der ‚Staatssymbolik' im Hochmittelalter, in: FMST 27 (1993), S. 51-86.
Körntgen, Ludger: Ottonen und Salier, Darmstadt 2002.
Krey, Hans-Josef: Bischöfliche Herrschaft im Schatten des Königtums. Studien zur Geschichte des Bistums Speyer in spätsalischer und frühstaufischer Zeit, Frankfurt am Main / Bern 1996 (Europäische Hochschulschriften Reihe 3 / 703).
Laudage, Johannes: Gregorianische Reform und Investiturstreit, Darmstadt 1993 (Erträge der Forschung 282).
Millotat, Paul: Transpersonale Staatsvorstellungen in den Beziehungen zwischen Kirchen und Königtum der ausgehenden Salierzeit, Rheinfelden 1989 (Historische Forschungen 26).
Minninger, Monika: Von Clermont zum Wormser Konkordat. Die Auseinandersetzung um den Lehnsnexus zwischen König und Episkopat, Köln / Wien 1978.
Müller-Mertens, Eckhard / Huschner, Wolfgang / Heitz, Gerhard (Hrsg.) / Töpfer, Bernd (Hrsg.): Reichsintegration im Spiegel der Herrschaftspraxis Kaiser Konrads II., Weimar 1992.
Nellmann, Eberhard: Die Reichsidee in deutschen Dichtungen der Salier- und frühen Stauferzeit, Berlin 1963 (Philologische Studien und Quellen 16).
Nonn, Ulrich: Geblütsrecht, Wahlrecht, Königswahl. Die Wahl Lothars von Supplinburg 1125, in: GWU 44 (1993), S. 146-157.
Oberste, Jörg: ‚Der Kreuzzug' gegen die Albigenser, Darmstadt 2003.
Petersohn, Jürgen: Der Brief der Römer an König Lothar III. vom Jahre 1130, in: DA 50 (1994), S. 461-508.
Petke, Wolfgang: Kanzlei, Kapelle und königliche Kurie unter Lothar III. (1125-1137), Köln / Wien 1985 (Forschungen zur Kaiser- und Papstgeschichte des Mittelalters 5).
Schieffer, Rudolf: Der geschichtliche Ort der ottonisch-salischen Reichskirchenpolitik, Opladen 1998.

Schieffer, Rudolf: Die Entstehung des päpstlichen Investiturverbots für den deutschen König, Stuttgart 1981 (Schriften der MGH 28).

Schluck, Manfred: Die Vita Heinrici IV. Imperatoris. Ihre zeitgenössischen Quellen und ihr besonderes Verhältnis zum Carmen de bello Saxonico, Sigmaringen 1979 (VuF 26).

Schmale, Franz-Josef: Lothar III. und Friedrich I. als Könige und Kaiser, in: Probleme des 12. Jahrhunderts. Reichenau-Vorträge 1965-1967, Sigmaringen 1968 (Vorträge und Forschungen 12), S. 33-52.

Schmid, Karl (Hrsg.): Reich und Kirche vor dem Investiturstreit, Sigmaringen 1985.

Schmidt, Paul G.: Heinrich III. – Das Bild des Herrschers in der Literatur seiner Zeit, in: DA 39 (1983), S. 582-590.

Schulze Hans K.: Hegemoniales Kaisertum. Ottonen und Salier, München 1998.

Schulze-Dörrlamm, Mechthild: Die Kaiserkrone Konrads II. (1024-1039), Stuttgart 1991.

Schwarzmeier, Hansmartin: Von Speyer nach Rom. Wegstationen und Lebensspuren der Salier, Stuttgart 1992.

Schwineköper, Berent: Königtum und Städte bis zum Ende des Investiturstreits. Die Politik der Ottonen und Salier gegenüber den werdenden Städten im östlichen Sachsen und in Nordthüringen, Sigmaringen 1979.

Siedlungen und Landesausbau zur Salierzeit. Teil 1: In den Nördlichen Landschaften des Reiches.Teil 2: In den südlichen Landschaften des Reiches, 2. überarb. Aufl. Stuttgart 1992.

Speer, Lothar: Kaiser Lothar III. und Erzbischof Adalbert I. von Mainz. Eine Untersuchung zur Geschichte des deutschen Reiches im frühen zwölften Jahrhundert, Köln / Wien 1983 (Dissertationen zur mittelalterlichen Geschichte 3).

Staab, Franz: Auslandsbeziehungen unter den salischen Kaisern, Speyer 1994.

Suchan, Monika: Königsherrschaft im Streit. Konfliktaustragung in der Regierungszeit Heinrichs IV. zwischen Gewalt, Gespräch und Schriftlichkeit, Stuttgart 1997.

Vogel, Jörgen: Gregor VII. und Heinrich IV. nach Canossa. Zeugnisse ihres Selbstverständnisses, Berlin 1983 (Arbeiten zur Frühmittelalterforschung 9).

Vones, Ludwig: Der gescheiterte Königsmacher. Erzbischof Adalbert I. von Mainz und die Wahl von 1125, in: HJb 115 (1995), S. 85-124.

Wadle, Elmar: Reichsgut und Königsherrschaft unter Lothar III., Berlin 1969.

Wand Norbert: Das Dorf der Salierzeit. Ein Lebensbild, Stuttgart 1991.

Weinfurter, Stefan (Hrsg.): Die Salier und das Reich, Bd. 1: Salier, Adel und Reichsverfassung; Bd. 2: Die Reichskirche in der Salierzeit; Bd. 3: Gesellschaftlicher und ideengeschichtlicher Wandel im Reich der Salier, Sigmaringen 1991.

Weinfurter, Stefan: Herrschaft und Reich der Salier. Grundlinien einer Umbruchszeit, Sigmaringen 1991.

Wolfram, Herwig: Konrad II. 990-1039. Kaiser dreier Reiche, München 2000.

Die Staufer

Ursprung und Aufstieg der Familie

Konrad III. Miniatur aus der Kölner Königschronik, nach 1238.

Die Familie ist über den Leitnamen Friedrich bis ins 10. Jahrhundert zurückzuverfolgen, sie war mit den Vohburgern verwandt, errang das Pfalzgrafenamt in Schwaben und nannte sich im 11. Jahrhundert nach der Burg Büren (Wäschenbeuren). In die große Politik trat die Familie ein, als Heinrich IV. Friedrich, der die neue namensgebende Burg Hohenstaufen errichtet hatte, das Herzogsamt von Schwaben übertrug und ihm gleichzeitig seine einzige Tochter Agnes zur Frau gab. Dies bedeutete einen enormen sozialen Aufstieg in die erste Reihe der Reichsfürsten, was angesichts der geringen Machtgrundlage der Staufer (nur um die erwähnten Burgen und im Elsaß) eine Besonderheit darstellte. Heinrich IV. benötigte sie gegen Rudolf von Rheinfelden, den Gegenkönig, dessen Sohn auch Herzog von Schwaben war. Man findet die Staufer von der Zeit an in der Nähe des Königs bei allen wichtigen Angelegenheiten und
Kriegszügen. Als Agnes Witwe wurde, heiratete sie 1106 in zweiter Ehe den Ba- 1106
benberger Leopold III. von Österreich, der mehr Hausmacht besaß als die Staufer, aber wegen der Entfernung vom Zentrum des Reiches nicht die Bedeutung der Staufer erreichen konnte.

In Schwaben standen die Staufer in Konkurrenz zu den wesentlich mächtigeren Familien der Zähringer und der Welfen. Um Kollisionen mit ihnen zu vermeiden, dehnten die Staufer ihren Machtbereich mehr nach Norden aus, in Schwaben erwarben sie lediglich das Gebiet um Ulm und an der Donau. Im
Norden erhielten sie 1105 inoffiziell den Titel des Herzogs von Franken, wo sie 1105
einen Schwerpunkt gebildet hatten. Ihre Vertrauensstellung wurde deutlich, als
Heinrich V. 1116 wegen eines Italienzuges die Söhne Herzog Friedrichs von 1116
Schwaben, Friedrich II. und Konrad, neben dem Pfalzgrafen Gottfried von Calw zu Reichsverwesern bestellte. Beide Staufer nutzten die Zeit, sowohl Gebiete des salischen Königtums zurückzuerobern als auch eigenen Besitz zu vermehren. Diese besondere Beziehung zum salischen Kaiser führte folgerichtig dazu, daß Heinrich V. auf seinem Sterbebett dem Staufer Friedrich II. seine Familie und seinen Besitz anvertraute, der nun als Sachverwalter des salischen Erbes er-

schien. Die Nachfolge der Salier wurde ihm durch die Wahl Lothars von Supplinburg verwehrt.

Konrad III. (1138-1152)

Wie schon bei der vorhergehenden Königsnachfolge wurde der vom Vorgänger vorgesehene Kandidat, in diesem Fall Lothars Schwiegersohn Heinrich der Stolze, Herzog von Bayern und Erbe des sächsischen Herzogtums, von den Fürsten nicht berücksichtigt. Sie setzten das Wahlrecht gegen den Erbanspruch durch. Gegen den allzu mächtigen und stolzen Welfen erhoben einige deutsche Fürsten
1138 am 7. März 1138 unter Umgehung des festgelegten Wahltermins (Pfingsten) in einer Art Staatsstreich den Staufer Konrad in Koblenz zum König. Die Wahl und anschließende Krönung durch einen päpstlichen Legaten in Aachen wurde von Erzbischof Albero von Trier betrieben, der bei Sedisvakanz in Köln und Mainz viele politische Aktivitäten entwickeln konnte. Somit war wiederum eine
1135 gewichtige Person gewählt worden, die bis 1135 in Opposition zum König und danach zu dessen designiertem Nachfolger stand. Und wiederum war damit der folgende Konflikt programmiert worden.

Auf dem Reichstag zu Pfingsten in Bamberg nahmen die Fürsten das Ergebnis hin, vielleicht auch, weil ihnen Konrad nicht so dominant erschien wie der Welfe. Konrad hatte in der Zeit zwischen den Ereignissen in Aachen und Bamberg immer wieder auf seine Verwandtschaft mit den Saliern hingewiesen, die ihn gegenüber Heinrich dem Stolzen auszeichnete. Er trat mit dem Selbstverständnis auf, mit dem Salierblut in den Adern ihr Erbe antreten zu können. Dies zeigte sich z. B. in der Praxis seiner Kanzlei, die er bewußt an Heinrich V. orientierte, während Lothar eine eigene Kanzlei hatte aufbauen müssen. Allerdings ging Konrad wesentlich weiter. Er bestellte für alle drei Reiche einen einzigen Kanzler, der Erzkanzler trat gegenüber diesem eigentlichen Kanzler als Kanzleivorstand zurück. Die Zahl der Kanzleikräfte wuchs, sie wurden mehr und mehr aus dem Bereich der Dienstmannen genommen, wodurch die Reichskanzlei allmählich die Form einer Verwaltungsbehörde annahm. Typisch für Konrad war, daß er nicht nur in seiner Kanzlei, sondern auch in der restlichen Reichspolitik die Gruppe der Ministerialen in größerem Maße in Anspruch nahm als jeder Herrscher vor ihm. Damit legte er die Grundlage für die Stauferpolitik der späteren Jahre.

Konrad III. verweigerte dem Welfen Heinrich dem Stolzen die Belehnung mit Sachsen, weil er nicht zwei Herzogtümer haben könne, wie Helmold von Bosau schreibt. Heinrich der Stolze lehnte die Huldigung ab, daher ließ Konrad die Acht über ihn verhängen und entzog ihm beide Herzogtümer. Er spielte Verwandte gegeneinander aus, indem er dem askanischen Vetter Heinrich des Stolzen, dem Markgrafen Albrecht dem Bären, Sachsen verlieh. In Bayern setzte er seinen Halbbruder, den Babenberger Leopold IV., als Herzog und seinen Halbbruder Otto, Abt des Zisterzienserklosters Morimond, als Bischof von Freising ein. Andere Verwandte und angeheiratete Verwandte nahmen im Verlauf seiner
1142 Regentschaft weitere wichtige Positionen im Reich ein. So übergab er 1142 die

Pfalzgrafschaft bei Rhein seinem Schwager Hermann von Stahleck. Das Her-
zogtum Niederlothringen erhielt Gottfried II. von Löwen, der mit Konrads
Schwägerin Luitgard von Sulzbach verheiratet war. Der Bruder Gebhard von
Sulzbach wurde 1146 mit der Mark im bayerischen Nordgau betraut und der *1146*
Babenberger Konrad als Bischof von Passau eingesetzt. Konrads größter Erfolg
in diesem Zusammenhang war die Vermählung der Witwe Heinrichs des Stolzen
(†1139), Gertrud, mit seinem Halbbruder Heinrich Jasomirgott, dem er 1143 das
Herzogtum Bayern übertrug.

Trotz dieser geschickten Politik konnte er die Welfen aber nicht ausschalten.
Welf VI., dem die Markgrafschaft Tuszien entzogen worden war, besiegte den
Babenberger 1140, mußte aber vor der Festung Weinsberg bei Heilbronn eine *1140*
Niederlage hinnehmen, als er den Belagerten gegen die Staufer helfen wollte. In
Sachsen konnte sich der Askanier nicht durchsetzen, der Adel unterstützte
Heinrichs Sohn, Heinrich den Löwen. Erst als der Askanier zugunsten des Wel-
fen im Mai 1142 auf Sachsen verzichtete und Heinrich der Löwe im Gegenzug *1142*
auf Bayern, verbesserte sich die Lage vorübergehend. Nach dem frühen Tod
Gertruds (1143) standen sich aber in Bayern Welf VI. und Heinrich Jasomirgott
gegenüber.

Zum Weihnachtsfest 1146 gelang es Bernhard von Clairvaux, Konrad III. *1146*
durch eine aufrüttelnde Predigt zum Kreuzzug zu überreden. Während der erste
Kreuzzug ohne Beteiligung der Ritter aus dem Reich verlief, der Investiturstreit
verhinderte dies vor allem, sollte nun ein entsprechend großes Kontingent ins
Hl. Land geführt werden. Zur Vorbereitung des Zuges wurde eine Reichsver-
sammlung nach Frankfurt am Main im März 1147 einberufen. Bei dieser Gele- *1147*
genheit, im Fall eines so wichtigen Kriegszuges, konnte Konrad leicht erreichen,
daß die Fürsten die Designation seines erstgeborenen Sohnes Heinrich zu sei-
nem Nachfolger annahmen. Problematisch wurde es allerdings, als Heinrich der
Löwe als Bedingung seiner Zustimmung das Herzogtum Bayern für sich
zurückforderte. Konrad konnte ihn auf die Zeit nach dem Kreuzzug vertrösten,
Heinrich war aber nicht mehr bereit, ihn zu begleiten. Stattdessen führte er den
sächsischen Adel auf einen Kreuzzug gegen die Slawen, um Land dazuzugewin-
nen. Bernhard von Clairvaux hatte auch diesen Wendenzug, der ziemlich erfolg-
los verlief, zum Kreuzzug deklariert.

Man kann Konrad nicht Tatenlosigkeit vorwerfen, wie in der Literatur oft ge-
schehen. Von Franken, dem Kernland seiner Herrschaft, aus, versuchte er sehr
erfolgreich und systematisch, über Pfalzen und Burgen ein möglichst zusam-
menhängendes Netz von königlichen Territorien zusammenzuziehen. Dazu be-
nutzte er im wesentlichen edelfreie und ministerialische Familien des fränki-
schen Raumes. In Rheinfranken hatten die Staufer als Erben der Salier das Amt
des Landesherrn und auch das Reichsgut in seinem alten Umfang übernommen.
Im nördlichen Schwaben konnte er die Welfen ganz verdrängen. Im Weserbe-
reich hatte er den Abt Wibald von Stablo in Corvey eingesetzt, um von dort aus
Einfluß in Sachsen und im Erzstift Bremen zu nehmen. In Köln hat er dem Erz-
bischof Arnold von Wied die Herzogswürde 1151 übertragen, damit er auf die- *1151*
se Weise im Auftrag des Königs den weltlichen Frieden in seinem Lehensbereich
ausüben konnte. Eine Konzentration seiner Macht gelang im fränkischen Be-

reich, speziell in Rothenburg, dann zwischen Nürnberg und Eger. Von Sulzbach,
1146 der Heimat seiner Frau, aus konnte er den Besitz des 1146 ausgestorbenen Geschlechts der Diepoldinger, der Markgrafen im bayerischen Nordgau, übernehmen, wozu auch das Egerland gehörte. Außerdem förderte er den Ausbau und die Neugründung von Städten als weitere Stützpunkte seiner Macht und von Zisterzienserklöstern, um den Landesausbau zu intensivieren und durch seine Vogteirechte zu kontrollieren. Die Hausmacht baute er dabei mehr für den Bruder aus, eventuell eine Vorsichtsmaßnahme, falls das Königtum nicht bei der Familie bleiben sollte.

Zum Papsttum hatte Konrad III. eine gewisse Distanz, obwohl er sofort um die Zustimmung zu seiner Wahl nachgesucht hatte. Innozenz II. (1130-43) hatte nach Lothars III. Tod erfolglos gegen die Normannen gekämpft, war gefangen worden und nur freigekommen, weil er die Königsherrschaft Rogers anerkannt hatte. Die Byzantiner fürchteten Übergriffe der Normannen auf ihr Reich und suchten Konrad III. als Bündnispartner. Nach mehrjährigen Verhandlungen, während derer das Einverständnis des Papstes und der Reichsfürsten eingeholt
1142 wurde, wurde 1142 die Schwägerin Konrads Bertha von Sulzbach nach Byzanz geschickt, um den Kaisersohn Manuel zu heiraten. Doch der Kaiser starb, daher war der Vertrag ungültig. Manuel näherte sich kurzfristig den Normannen an,
1146 kam aber dann auf den alten Vertrag zurück und heiratete Bertha 1146, die den Namen Kaiserin Irene annahm.

Kurz vor dem Tod des Papstes Innozenz II. erhoben sich Senat und Volk von Rom gegen die päpstliche Stadtherrschaft im Zuge der Autonomiebestrebungen der italienischen Städte, woraufhin der Papst Konrad III. um Hilfe bat. Konrad konnte aber keine Hilfe bringen, da er zum Kreuzzug aufgebrochen war. Inno-
1143 zenz starb 1143, seine Nachfolger wurden Coelestin II. (1143-44) und Lucius II. (1144-45), bevor mit Eugen III. (1145-53) ein Zisterzienserabt, Schüler Bernhards von Clairvaux, zum Papst gewählt wurde.

Konrad hatte die Absicht, sein Heer durch Kleinasien nach Syrien zu führen, er erkrankte und verbrachte den Winter 1147/48 in Byzanz. Nach seiner Genesung zog Konrad trotz Warnungen der Byzantiner auf einer guten Heerstraße durch das Landesinnere. Wegen mangelnder Organisation und Koordination scheiterte er kläglich und mußte mit seinem restlichen Heer, das Welf VI. bereits
1148 verlassen hatte, den Rückzug antreten. Dabei traf er im Oktober 1148 Kaiser Manuel in Thessaloniki, wo sie auf die Bedingungen des Vertrages von 1145 zurückkamen. Nicht offziell beschworen, aber doch verabredet war, daß Konrad quasi als Mitgift für Bertha den Byzantinern helfen sollte, Süditalien von den Normannen zurückzuerobern. In Thessaloniki kam eine Hochzeit zustande, die von großer Bedeutung für die europäische Politik war: der Babenberger Heinrich II. Jasomirgott heiratete Theodora, eine Nichte des byzantinischen Kaisers Manuel. Der Bayernherzog hoffte damit auf die Entlastung im Kampf um Bayern gegen den Welfen. Byzanz hatte einen weiteren Bundesgenossen gegen die Normannen gewonnen.

Die Annäherung Bayerns an Byzanz hatte Einfluß in der Ostpolitik, besonders in Ungarn, das oft Spannungen mit Byzanz hatte. König Bela II. suchte den Schutz des Reiches und verlobte seine Tochter Sophie mit Heinrich, dem Sohn

Konrads. Sein Sohn Geisa wurde von dem Kronprätendenten Boris angegriffen, der deutsche Hilfe beanspruchte. Der Babenberger Heinrich Jasomirgott hat, wohl in Absprache mit Konrad, 1146 Preßburg überfallen. Dies reichte nicht *1146*
zum Umsturz, auch die Schlacht an der Leitha blieb unentschieden. Geisa II. verblieb auf dem Thron und forderte seine Schwester Sophie zurück. Die Folge war, daß er von Konrad enttäuscht sich den Welfen zuwandte. Ebenfalls mit den Babenbergern versuchte Konrad, die Verhältnisse in Böhmen zu kontrollieren. Herzog Sobeslav hatte schon zu Lothar III. als einem Schutzherrn gute Beziehungen gehabt. Er verheiratete seine Tochter Maria mit dem Babenberger Leopold IV., dafür garantierte ihm Konrad, seinem ältesten Sohn Vladislav zu helfen, die Nachfolge seines Vaters anzutreten. Nach dem Tod des Herzogs im Jahr 1140 setzten die Fürsten Böhmens den Vetter Vladislav in das Amt ein und be- *1140*
gründeten dies beim König damit, daß der andere Vladislav unfähig sei. Konrad vergaß sein gegebenes Versprechen und verheiratete diesen Vladislav mit Gertrud, der Tochter Leopolds IV., nachdem Leopold III. schon gestorben war.

Auch in Polen benutzte Konrad seine Familie. Als der Polenherzog Boleslaw III. 1139 starb, hatte er sein Land unter seine Söhne aufgeteilt, damit es keinen *1139*
Streit geben sollte. Dem ältesten Sohn Wladislaw räumte er bei seinen letzten Verfügungen den Vorrang ein (Senioratsverfassung), der mit Agnes, der Tochter von Konrads Halbbruder Leopold III. verheiratet war. Wladislaw baute seine Stellung aus und maßte sich an, seine Brüder schlecht behandeln zu können, dabei vertraute er auf seine Machtposition, die von Staufern und Babenbergern unterstützt wurde. Daher lehnten sich die Brüder gegen ihn auf und vertrieben ihn ins Exil ins Reich. König Konrad III. führte zwar einen Feldzug gegen die Brüder, konnte aber nicht ins Innere Polens vordringen. Die Brüder versprachen, Wladislaw wieder aufzunehmen, sobald der König abgezogen war, vergaßen sie ihre Versprechungen. In allen drei ostmitteleuropäischen Staaten hatte Konrad versucht, über Heiraten Einfluß zu nehmen, war dadurch aber immer wieder in innere Unruhen geraten, die er nicht lösen konnte.

Inzwischen hatte Papst Eugen große Schwierigkeiten mit dem stadtrömischen Aufstand unter Arnold von Brescia. Er mußte dafür sorgen, daß es nicht zu einer Allianz der Römer mit Normannen oder Byzantinern kam. Noch wichtiger war es aber, Konrad III. von seinen inoffiziell eingegangenen Verpflichtungen gegenüber Byzanz zu lösen, damit er dem Papst zu Hilfe kommen konnte. Während seiner Abwesenheit auf dem Kreuzzug waren die Konflikte durch die Welfen im Reich wieder geschürt worden, hatte sich Papst Eugen III. in die deutschen Verhältnisse eingemischt, indem er die Erzbischöfe von Köln und Mainz und den Abt von Fulda wegen Amtsnachlässigkeit suspendierte. Konrad verschloß sich allen Bemühungen. Im Frühjahr 1150 hatte aber Abt Wibald von *1150*
Stablo-Malmedy und Corvey einen guten Einfall, der eine Lösung versprach, mit der auch der Papst einverstanden war. Konrads Sohn und gewählter Thronfolger Heinrich sollte eine Nichte Kaiser Manuels heiraten, damit die Braut das jetzt an die Kaiserin Irene gefallene Normannenreich als Mitgift in die Ehe einbringen konnte. Man versuchte an der Kurie, Zeit zu gewinnen und bot Konrad Verhandlungen über eine Kaiserkrönung an. Konrad unternahm es dann doch, einen Romzug vorzubereiten, wobei Abt Wibald die Bedingungen mit dem

Papst aushandelte. Doch in dieser Phase traf ihn der Tod seines ältesten Sohnes und Mitkönigs Heinrich (1150). Damit waren alle Heiratspläne gescheitert. Aber der König, inzwischen Witwer, bot sich mit seinen 58 Jahren auf dem Regens-
1151 burger Reichstag von 1151 selbst als Bräutigam für die byzantinische Erbin an. Die Verhandlungen dauerten noch an, als er sich wieder mit dem Welfen auseinandersetzen mußte.

Heinrich der Löwe hatte einen Prozeß vor dem Königsgericht aus Fürsten angestrengt, dessen Ende er allerdings nicht abwartete, sondern nach und nach Bayern bis auf Österreich besetzte. Die Mißachtung der dreimaligen Ladung zum Prozeß durch Heinrich den Löwen, der sich auf seine Waffen verließ, führte 1151 zu einem schnellen Vorstoß des Königs auf Heinrichs Hauptort Braunschweig, dies wurde verraten und scheiterte. Für Mitte Februar 1152 wurde zur Klärung ein Hoftag nach Bamberg anberaumt, den Konrad III. noch eröffnete, bevor er
1152 am 15. Februar 1152 starb. Sein Grab ist im Bamberger Dom in der Krypta.

Einordnung

Konrad III., der erste Staufer auf dem deutschen Königsthron, wurde im allgemeinen als schwacher König bezeichnet. Dieses Bild ist in letzter Zeit teilweise korrigiert worden. Man kann ihn durchaus als sehr geschickten Politiker kennzeichnen. Denn er hat es verstanden, die vorgegebenen Strukturen zu nutzen und von einer schwachen Basis aus seine Machtbasis zu vergrößern, vor allem durch eine weit umspannende Heiratspolitik und durch die Förderung von Ministerialen, Städten und z.B. Zisterziensern. Der Tod hat ihm wichtige Personen seines politischen Spiels zu früh genommen, dadurch konnte er es nicht mehr beherrschen. Sein Fehler war sicher, daß er sich zu sehr in den Kampf mit den Welfen einließ. Die Welfen waren schon vorher sehr mächtig, wurden immer stärker, während seine zentrale Position immer schwächer wurde. Dazu trug auch sein klägliches Scheitern im Kreuzzug bei. Als Hauptstütze hatte er die Babenberger, die er speziell für seine Heiratspolitik ausnutzte. Die Fürsten des Reiches bewegten sich zwischen den beiden Lagern, aber auch andere europäische Mächte waren einbezogen. Ohne Regelung des Streits mit den Welfen war eine erfolgreiche Politik nicht möglich.

In der Italienpolitik verhielt er sich allerdings sehr geschickt, weil zurückhaltend, ließ sich nicht zu Abenteuern verlocken. Mit dem Papsttum hatte er kaum Kontakt, versuchte, größere Konflikte zu vermeiden. In Bezug auf das Reich muß man ihm zugestehen, daß ihm eine solide Innenpolitik vorerst wichtiger war als die Kaiserkrone, wenn er sich hauptsächlich mit dem Aufbau von Königsgut und Hausmacht für die Zukunft befaßte.

Friedrich I. Barbarossa (1152-1190)

Friedrich Barbarossa als Kreuzfahrer. Robert von Saint-Remi, Historia Hierosolymitana.

Konrad soll vor seinem Tod die Reichsinsignien seinem Neffen Friedrich III. von Schwaben übergeben haben, weil er das Reich nicht seinem unmündigen Sohn Friedrich anvertrauen wollte. So schildert es Friedrichs Onkel Otto von Freising, dessen Werk Gesta Friderici (Die Taten Friedrichs) 1157 fertig wurde. Er schrieb im Auftrag des späteren Stauferkaisers darüber, daß die Staufer dem Reich in schwierigen Zeiten zur Hilfe kamen und hat in entscheidender *1157*
Weise das Bild der beiden ersten Stauferherrscher geprägt. Im Gegensatz zu den vorhergehenden Wahlen konnte sich dieser Kandidat durchsetzen, obwohl der mächtige Erzbischof Heinrich von Mainz für Konrads Sohn votierte, um während dessen Unmündigkeit die Regentschaft zu führen. Es kam zu einer Symbiose von freier Fürstenwahl und erblichem Anspruch, wobei allerdings vor der Wahl viel auszuhandeln war, um die welfischen Anhänger zu gewinnen. Friedrich hat wohl diese Versprechungen nicht alle unbedingt einhalten wollen bzw. eingehalten, aber er muß sie doch als einen möglichen Weg aufgefaßt haben. Die breite Unterstützung, die der Staufer dann erhielt, kann darauf zurückgeführt werden, daß man ihm zutraute, Ruhe und Ordnung im Reich wiederherzustellen. Als nahezu ideale Voraussetzung für diese Aufgabe wurde seine gemeinsame Abkunft von Staufern und Welfen angesehen, seine Mutter war die Welfin Judith. Ein Gespräch mit Heinrich dem Löwen hat ebenfalls vor der Wahl stattgefunden. Daher ist es auch nicht verwunderlich, daß Heinrich der Löwe sowohl bei der Wahl in Frankfurt (9.3.1152) wie auch bei der Krönung in *1152*
Aachen seine Zustimmung durch Anwesenheit zeigte. Mit Friedrich scheinen die Fürsten des Reiches auf eine Lösung der Konflikte gehofft zu haben.

Dies ging Friedrich I. zielbewußt an, indem er zuerst seinem kleinen Vetter Friedrich (IV.) von Rothenburg das Herzogtum Schwaben bei eigener Vormundschaft übergab und mit den bisherigen Gegnern im Südwesten, den Zähringern, einen Vertrag abschloß. Dann belehnte er seinen Onkel Welf VI. mit dem Herzogtum Spoleto, der Markgrafschaft Tuszien, den Mathildischen Gütern und dem Königreich Sardinien. Dabei muß gesehen werden, daß Spoleto im normannisch-päpstlichen Grenzbereich lag, damit genauso wenig zu erreichen wie Sardinien, das außerhalb der Reichshoheit war. Die Ansprüche Heinrichs des Löwen

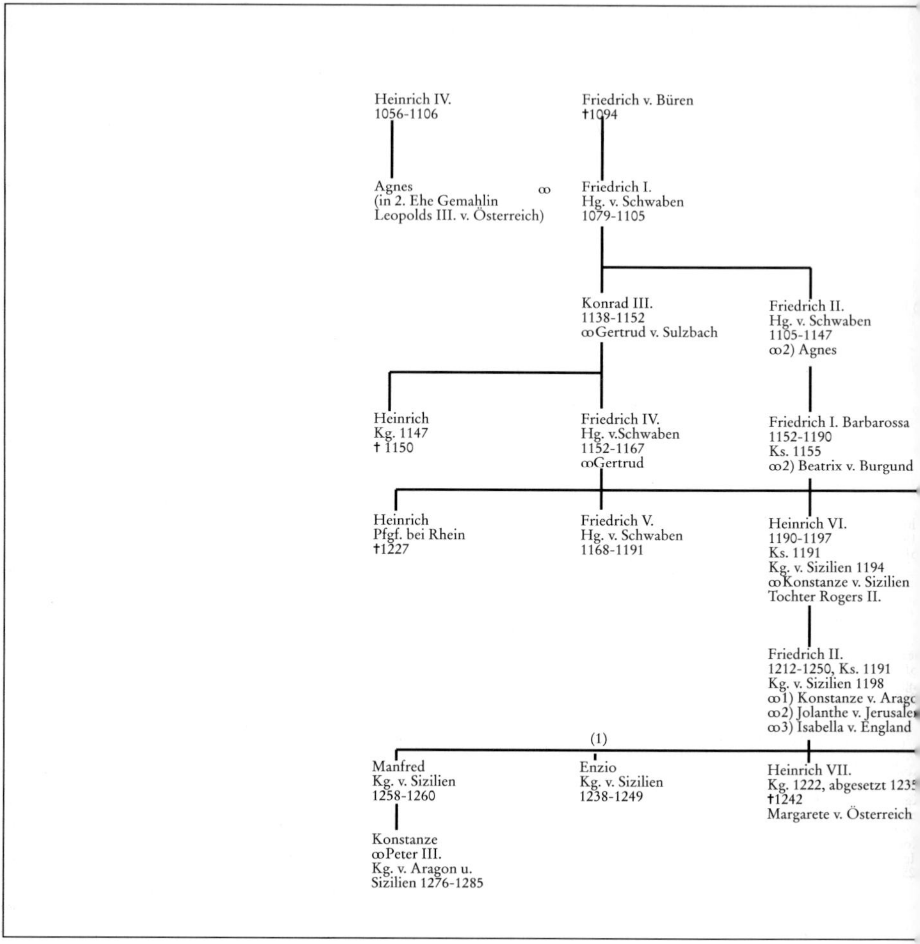

Stammtafel der Staufer, Welfen und Babenberger (vereinfachte Synopse).

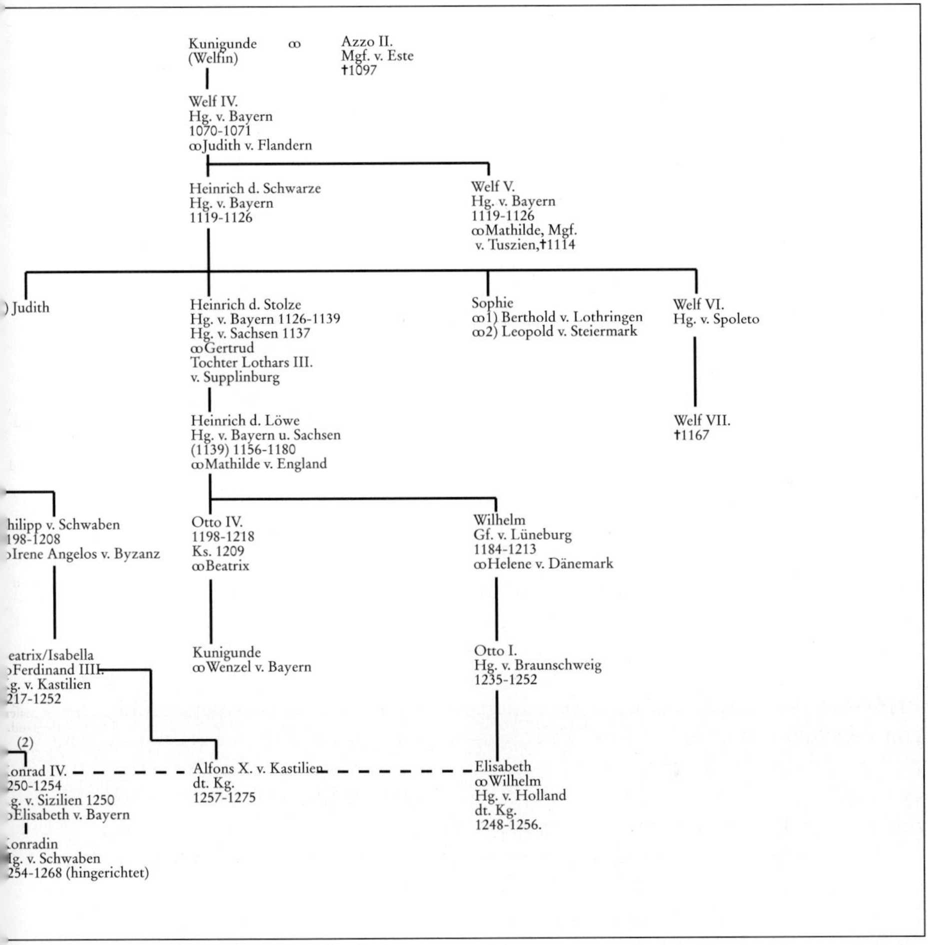
Kunigunde (Welfin) ∞ Azzo II. Mgf. v. Este †1097
Welf IV. Hg. v. Bayern 1070-1071 ∞Judith v. Flandern
Heinrich d. Schwarze Hg. v. Bayern 1119-1126
Welf V. Hg. v. Bayern 1119-1126 ∞Mathilde, Mgf. v. Tuszien,†1114
) Judith
Heinrich d. Stolze Hg. v. Bayern 1126-1139 Hg. v. Sachsen 1137 ∞Gertrud Tochter Lothars III. v. Supplinburg
Sophie ∞1) Berthold v. Lothringen ∞2) Leopold v. Steiermark
Welf VI. Hg. v. Spoleto
Heinrich d. Löwe Hg. v. Bayern u. Sachsen (1139) 1156-1180 ∞Mathilde v. England
Welf VII. †1167
hilipp v. Schwaben 198-1208 ›Irene Angelos v. Byzanz
Otto IV. 1198-1218 Ks. 1209 ∞Beatrix
Wilhelm Gf. v. Lüneburg 1184-1213 ∞Helene v. Dänemark
eatrix/Isabella ›Ferdinand IIII. .g. v. Kastilien 217-1252
Kunigunde ∞Wenzel v. Bayern
Otto I. Hg. v. Braunschweig 1235-1252
(2)
.onrad IV. 250-1254 .g. v. Sizilien 1250 ›Elisabeth v. Bayern
Alfons X. v. Kastilien dt. Kg. 1257-1275
Elisabeth ∞Wilhelm Hg. v. Holland dt. Kg. 1248-1256.
.onradin 'g. v. Schwaben 254-1268 (hingerichtet)

waren jedoch nicht so einfach zufriedenzustellen. Auf dem Königsumritt wurde der Streit zwischen dem Bremer Erzbischof und Heinrich dem Löwen um die Slawenmission an der Ostseeküste auf dem Merseburger Reichstag von 1152 ausgetragen. Der Sachsenherzog beanspruchte das Recht, dort die Bischöfe einsetzen zu dürfen, der Erzbischof sah seine Rechte beschnitten. Der König entschied
1154 dies erst auf dem Goslarer Reichstag von 1154 zugunsten des Welfen.

Dazwischen lag eine Annäherung an Byzanz und an den Papst. Friedrich hatte seine Wahlanzeige an den Papst geschickt, der Papst hatte die Wahl bestätigt, ohne daß Friedrich darum gebeten hätte. Schon auf dem Würzburger Reichstag
1152 von 1152 wurde über eine baldige Kaiserkrönung, die Konrad III. vorgehabt hatte, diskutiert. Vor der konkreten Unternehmung wurde eine Gesandtschaft nach Rom geschickt, um die Angelegenheit vorzubereiten. Dabei wurden die
1153 Bedingungen für den berühmten Konstanzer Vertrag vom März 1153 mit Papst Eugen III. geklärt. Darin waren jeweils drei Verpflichtungen des Kaisers und des Papstes gegenübergestellt. Der Papst versprach 1. Friedrich als Sohn des hl. Petrus anzusehen, ihn zum Kaiser zu krönen und zu unterstützen; 2. diejenigen, die gegen den Herrscher die Reichsordnung umstürzen wollten, nach Aufforderung durch den Herrscher zu ermahnen und gegebenenfalls mit dem Bann zu belegen; 3. sich mit den Kräften des hl. Petrus an dem Kampf gegen die Byzantiner in Süditalien zu beteiligen. Friedrich I. verpflichtete sich 1. weder mit den Römern noch mit den Normannen ohne Zustimmung des Papstes Frieden zu schließen, außerdem, die Römer zu unterwerfen und dort die Hoheitsrechte des Papstes wiederherzustellen; 2. als Vogt der Römischen Kirche die Rechte des Papsttums zu erhalten und zu verteidigen bzw. wiederzugewinnen, 3. dem byzantinischen Kaiser keine Konzessionen zu machen und ihn aus Italien zu vertreiben. Nicht erwähnt wurde die besondere Problematik der Wiederherstellung der Kaisergewalt in Oberitalien, denn der Staufer wollte unbedingt wieder die Steuern der reichen italienischen Städte einnehmen.

Dieser Vertrag brachte einerseits eine gewisse Abgrenzung der Rechte und Pflichten der beiden Hauptgewalten in Europa und andererseits enthielt er die Bedingungen für die Kaiserkrönung des Königs, die aus der Sicht der Kurie wichtig waren. Er sollte die Grundlage für die Politik der nächsten Jahre sein, war aber nur von den beiden Partnern auf Lebenszeit geschlossen.

Bevor er das Reich Richtung Rom verlassen konnte, mußte Friedrich aber zuerst die Probleme mit dem Welfen klären, dessen Hilfe er benötigte. Als Friedrichs Onkel, der Babenberger Heinrich Jasomirgott, auf drei Reichstagen nicht
1154 erschien, wurden dem Welfen auf dem Reichstag von Goslar 1154 die Rechte auf Bayern anerkannt und der Babenberger mit der Acht bedroht, die erst in einem Jahr in Kraft treten konnte. Dies akzeptierte der Babenberger nicht, aber die Entscheidung wurde vertagt, weil Friedrich I. nach Rom zog, den Titel durfte der Welfe allerdings schon führen.

Als der König im Oktober 1154 mit einem relativ kleinen Heer aufbrach, geschah dies in einem vertragslosen Zustand, denn der neue Papst Anastasius IV. (12.7.1153-3.12.1154) hatte den Konstanzer Vertrag noch nicht bestätigt. In der Lombardei konnte er die mit Mailand verbündete Stadt Tortona zerstören, aber gegen Mailand selbst nichts unternehmen. Immerhin zog Friedrich I. erstmalig die Rechtsgelehrten der berühmten Rechtsschule von Bologna hinzu, um per Gutachten feststellen zu lassen, daß ihm die Reichsrechte in den Städten und somit auch und vor allem die Steuern zustanden. Die oberitalienischen Städte hatten aber in der langen Phase der Abwesenheit der Kaisergewalt eine besondere kommunale Selbständigkeit entwickelt, die sie nicht wieder aufgeben wollten.

In der Zwischenzeit war mit Hadrian IV. (4.12.1154-1159) ein Engländer auf den Papststuhl gelangt, der das Papstamt wieder stärker zur Geltung bringen wollte. Die Normannen, die ihn durch Invasion in den südlichen Kirchenstaat zum Bündnis zwingen wollten, belegte er mit dem Bann. Den Senat Roms bedrohte er mit dem Interdikt, damit die Römer den revolutionären Kirchenreformer Arnold von Brescia aus der Stadt warfen und er selbst die Stadt betreten konnte. Von Friedrich I., der auf Rom zurückte, ließ er sofort vorsorglich den Konstanzer Vertrag vor seinen Legaten bestätigen. Ausgerechnet in Sutri trafen die beiden zusammen, hier weigerte sich Friedrich I., dem Papst den Marschall- und Stratordienst (Steigbügeldienst) wie ein Lehensmann zu leisten. Erst nachdem versichert wurde, daß es sich nur um einen alten religiösen Ehrendienst handle, ohne Konsequenzen für die Stellung des Königs, vollzog Friedrich I. den Dienst. Damit waren aber die Probleme noch nicht beseitigt. Denn es erschien eine Gesandtschaft des antipäpstlichen römischen Senats, die die Anerkennung der Stadtverfassung und eine Zahlung von 5000 Pfund Gold verlangte. Dafür sollte der König die Kaiserkrone erhalten, die von der ehrwürdigen Stadt Rom vergeben werde.

Hier zeigte Friedrich Barbarossa konsequent seine Kaiser- und Reichsidee auf, wie es uns Otto von Freising überliefert hat. Demnach hat Friedrich I. den Römern verdeutlicht, daß die deutschen Könige seit Karl dem Großen und Otto dem Großen durch ihre eigene Kraft die Kaiserkrone gewonnen hätten und die Kaiserkrone als erbliches Eigen besäßen. Daher lehnte er alles ab.

Nach seiner Kaiserkrönung am 18. Juni 1155 in der Peterskirche, die unter mi- *1155*
litärischer Absperrung möglich wurde, brachen in der Stadt Kämpfe gegen Papst und Kaiser aus. Friedrich Barbarossa, von den Italienern wegen seines rötlichen Bartes so genannt, verlegte seine Truppen außerhalb von Rom und wollte nach Süden weiterziehen. Die ihn begleitenden Fürsten rieten in der Mehrheit davon ab. Stattdessen führte der Weg durch Mittelitalien zurück an die Adria, wo Spoleto erobert wurde. Bei Ancona trafen sie auf byzantinische Gesandte, die genau wie der Papst zum Kampf gegen die Normannen im Süden aufforderten. Das Heer zog jedoch weiter nach Verona, wo dieselben Fürsten den Bannspruch über Mailand erwirkten. Durch Verleihung von Münzprivilegien konnte der Kaiser Cremona für sich gewinnen, danach ging es weiter nach Norden, wo Veroneser ihnen Hinterhalte legten, denen sie mit Hilfe reichstreuer Veroneser Ritter entkamen.

Nach dem Abzug der Deutschen wurde die Situation für den Papst, der vom Kaiser enttäuscht war, zwischen den römischen Bürgern und den Normannen sehr gefährlich. Die Byzantiner boten ihm Hilfe an und wollten dafür die Zustimmung des Papstes für feste Stützpunkte in Süditalien. Die Normannen schlugen mit Hilfe venezianischer Schiffe die Byzantiner, daher nahmen der Papst und die ihm noch verbliebenen Kardinäle die Friedensverhandlungen mit
den Normannen auf. Im Vertrag von Benevent (1156) wurde der Normanne *1156*
Wilhelm I. vom Papst mit dem Königreich Sizilien, dem Herzogtum Apulien,

dem Fürstentum Capua und Neapel, Salerno und Amalfi belehnt. Dafür leistete er den Treueeid.

Während diese Verhandlungen und das Abkommen Mißtrauen in die Beziehung zwischen Kaiser und Papst brachte, weil man es als Bruch des Konstanzer Vertrages ansah, gelang Friedrich I. im Reich eine geniale Lösung des Bayernproblems. Auf dem Reichstag von Regensburg (September 1156) verzichtete Heinrich Jasomirgott zugunsten Heinrichs des Löwen auf Bayern, erhielt aber dafür das aus Bayern herausgelöste Österreich als Herzogtum. In dem „Privilegium Minus" erhielt der neue Herzog besondere Privilegien, wie die weibliche Erbfolge und das Recht, bei Kinderlosigkeit einen Nachfolger vorzuschlagen, außerdem war er nur zu Reichsheerfahrten in benachbarte Gebiete und zu Hoftagen auf bayerischem Gebiet verpflichtet. Damit war ein neuer Typus von Fürstentum entstanden, das gewisse Rechte des Kaisers übernahm.

Im Herbst 1156 gelang es Friedrich, den Halbbruder Konrad zum Pfalzgrafen bei Rhein zu erheben. Ein weiteres glanzvolles Ereignis des Jahres 1156 war nach seiner Scheidung von Adela von Vohburg und der Aufgabe der Heiratspläne mit einer byzantinischen Prinzessin die Heirat mit Beatrix von Burgund im Juni in Würzburg, einem Hauptort seiner Herrschaft. Die Zähringer, die dadurch eine Einbuße ihres Rektorats erlitten, konnte er mit Übertragung der Investiturrechte in Genf, Lausanne und Sitten zufriedenstellen.

1157 Auf einem Hoftag in Worms im April 1157 wurden die Reichsfürsten auf Pläne eines neuen Italienzuges mit dem Ziel der Unterwerfung Mailands festgelegt, das von seiner erreichten kommunalen Selbständigkeit keine Rechte abgeben wollte. Zur Unterstützung dieses Vorhabens hatten sich Vertreter aus italienischen Städten eingefunden wie Pavia, Lodi, Novara, Como und Cremona. Als Teilnehmer am Italienzug hatte er vorher schon Herzog Vladislav von Böhmen gewonnen. Mit der Vermittlung Bischof Daniels von Prag konnte er König Geisa II. von Ungarn bewegen, 500 Mann abzustellen. Die Vertreibung Herzog Wladislaws II. von Polen, der mit einer Babenbergerin verheiratet war, bot den Anlaß zum Eingreifen in Polen. Das Reichsheer besiegte die Heere der Brüder Wladislaws, Boleslaw IV. mußte sich für den Zug gegen Mailand verpflichten.
1163 Aber erst 1163, durch Einsetzung eines Zweiges der polnischen Piasten-Dynastie in Schlesien, konnten weitreichende Veränderungen (Ostsiedlung) in der polnischen Politik erreicht werden.

Das besondere Ansehen des Kaisers in Europa wurde auf dem Hoftag in
1157 Würzburg im September 1157 deutlich. Die Gesandten kamen aus Byzanz, Dänemark, Polen, Ungarn, Italien, Spanien, Burgund, Frankreich und England. Dort wurde Friedrich von Schwaben, der Sohn Konrads III., zum Ritter geschlagen.

Um seine Rechte in Burgund wahrzunehmen, berief der Kaiser Ende Oktober 1157 einen Hoftag nach Besancon. Dort überbrachten zwei Legaten, darunter der Kanzler Roland (später Alexander III.) einen Brief, in dem sich der Papst wegen der Gefangennahme des Erzbischofs von Lund beschwerte. Er hatte ihm am Anfang des Jahres den Primat über die nordische Kirche übertragen und damit Rechte des Reiches, speziell der Kirche Hamburg-Bremen, beschnitten. In diesem Beschwerdeschreiben erinnerte der Papst provokativ an die Wohltaten (beneficia), die dem Kaiser in Rom bereitet worden waren. Diese „beneficia" deutete der übersetzende neue Kanzler, der Kölner Erzbischof Rainald von Dassel, als Lehen. Diese Interpretation hieß nichts anderes als, das Reich sei vom Papst als Lehen empfangen worden. In einem scharfen Rundbrief an alle Untertanen antwortete Friedrich I. unter Einfluß seiner Ratgeber, das Königtum und das Kaisertum seien direkt von Gott gegeben, daher das sacrum imperium (heiliges Reich). Der Papst lenkte zwar in einem weiteren Schreiben ein, in dem er sich für das Mißverständnis entschuldigte und die Wohltaten erläuterte, aber die Spannung war auf dem Höhepunkt.

Friedrich Barbarossa mußte schmerzlich registrieren, daß Boleslaw IV. sein Versprechen nicht einhielt, aber Herzog Vladislav von Böhmen erneuerte seine Zusage, am Italienzug teilzunehmen. Im März 1158 söhnte sich der Kaiser in *1158*
Goslar mit Erzbischof Hartwig von Hamburg-Bremen aus, den er als Gegengewicht gegen Heinrich den Löwen in Sachsen benötigte. In der Pfalz Kaiserslautern traf er mit Kirchenmännern, vor allem mit seinem Vertrauten Bischof Hartmann von Brixen, zusammen, um ihnen zahlreiche Stiftungen zukommen zu lassen. Rainald von Dassel und Otto von Wittelsbach wurden als Gesandte nach Italien geschickt, um den Heereszug vorzubereiten. Sie trafen in Modena mit päpstlichen Legaten zusammen, holten sich dann den Beistand von Ravenna und Ancona und zogen schließlich den wichtigen Mailänder Verbündeten, die Stadt Piacenza, auf ihre Seite.

Auf dem Lechfeld bei Augsburg sammelte sich Anfang Juni das Reichsheer, während andere Kontingente wie Österreicher und Kärntner, Burgunder und Lothringer und Böhmen auf anderen Wegen nach Süden zogen. Bei Brescia vereinigten sich die Heeresteile und schlossen Mailand ein, das sich am 8. September 1158 unterwerfen mußte, seine kommunale Freiheit, z.B. Wahl der vom Kaiser zu bestätigenden Konsuln, aber weitgehend behielt. Barbarossa zeigte politisches Augenmaß, indem er ein Strafgeld forderte und den Entzug der Regalien sowie den Bau einer Pfalz befahl. Auf dem folgenden Reichstag auf den roncalischen Feldern bei Piacenza im November sollte das Verhältnis zwischen Reichsgewalt und den Kommunen geregelt werden. Barbarossa stellte die Reichspolitik in Italien auf eine neue rechtliche Grundlage, indem er die oberste Autorität des Reiches gegenüber der Gesamtheit der Kommunen hervorhob, wobei er sich der Regaliendefinition der Juristen der Rechtsschule von Bologna bediente. Somit sollten die Hoheitsrechte vom Reich ausgehen, Pfalzen und Amtssitze vom Kaiser errichtet und Steuern nach alter Art der römischen Imperatoren eingezogen werden. Alles diente der ideellen Untermauerung der Kaiseridee gegenüber den Ansprüchen der Kurie und der italienischen Kommunen. Die Verwirklichung dieser Gesetze in der Praxis war das Ziel der kaiserlichen Politik in Italien.

Dies bildete für die traditionell reichsfreundlichen Städte wie Cremona und Lodi kein Problem, für die anderen wie Genua, Piacenza, Crema und Mailand sollte es der Zündstoff für neue Auseinandersetzungen werden. Nachdem das Heer 1159 im Gebiet um Mailand wegen Mißachtung kaiserlicher Gesandter *1159*
und Verfügungen Verwüstungen angerichtet hatte, wurde im Heerlager von Lodi ein Attentat auf den Kaiser ausgeübt. Inzwischen erschienen päpstliche Ge-

sandte beim Kaiser, die den Vorschlag der Erneuerung des Konstanzer Vertrag überbrachten. Dies lehnte der Kaiser mit Hinweis auf den Vertrag von Benevent ab. Stattdessen konzentrierte sich die ganze Heeresmacht auf Crema, um Cremona zu stärken. Dort trafen die Kaiserin und Truppenverstärkungen ein, die Heinrich der Löwe und Welf VI. nun anführten. Dorthin schickten die Römer eine Gesandtschaft, die der Kaiser in dieser Situation eher ernst nahm, indem er eine eigene Gesandtschaft unter Pfalzgraf Otto von Wittelsbach, Propst Heribert von Aachen und Graf Guido von Biandrate nach Rom sandte.

In dieser Zeit starb Hadrian IV. am 1. September, die Papstwahl erbrachte ein Schisma zwischen dem Kanzler Hadrians Roland (Alexander III.), der die Mehrheit der Kardinäle hinter sich hatte, und Oktavian von Monticelli (Viktor IV.), der Barbarossa schon länger gewogen war. Nach Rücksprache mit den Zisterzienseräbten von Citeaux und Clairvaux wurde zu einem Konzil nach Pavia eingeladen. In dieser Zeit eskalierte die Belagerung vor Crema, wo der Kaiser 40
1160 Bürger und sechs Mailänder Ritter hinrichten ließ. Am 26. Januar 1160 mußten die Cremasken die Stadt aufgeben, die von den kaiserlichen Truppen zerstört wurde. Auf dem verschobenen Konzil von Pavia wurde im Februar Viktor IV.,

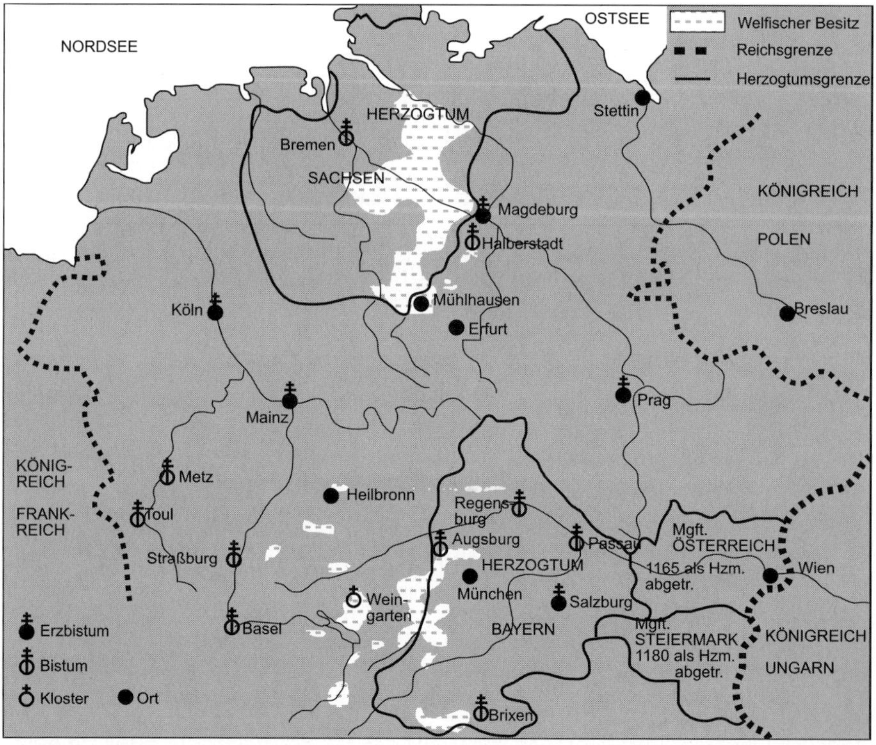

Die Herrschaftsgebiete Herzog Heinrichs d. Löwen.

der im Gegensatz zu Alexander persönlich erschienen war, als rechtmäßig bestätigt. Dies ließ der Kaiser in Frankreich, England, Dänemark, Spanien, Böhmen und Ungarn verkünden, was nicht bedeutete, daß man dort den Papst anerkannte, gerade England und Frankreich standen eher auf der Seite Alexanders. Die Päpste exkommunizierten sich gegenseitig, Alexander auch den Kaiser, und Mailand wurde logischerweise zur Hochburg der alexandrinischen Partei.

Gerade als Barbarossa seine Aktionen mit schwachen Kräften gegen Mailand fortsetzen wollte, wurde im Reich der Erzbischof von Mainz ermordet, der für den Italienzug seine Untertanen finanziell ausgesaugt und sich zu Feinden gemacht hatte. Barbarossa konnte nicht eingreifen, sondern wartete in Pavia dringend auf Truppennachschub aus dem Reich, der mit dem Landgrafen Ludwig II. von Thüringen, Herzog Friedrich von Rothenburg und Erzbischof Rainald von Dassel im Frühjahr 1161 eintraf. Dazu kamen viele Mannschaften von italieni- *1161*
schen Verbündeten. Auf einem Konzil in Lodi im Juni wurde Konrad von Wittelsbach zum neuen Erzbischof von Mainz ernannt. Gleichzeitig wurden die Mörder exkommuniziert und ebenso die als Änhänger Alexanders bekannten Bischöfe in Oberitalien. Dann wurde der Belagerungsring um Mailand geschlossen. Doch dauerte es ein Jahr bis zur völligen Unterwerfung Mailands, die im März 1162 in Lodi stattfand. Die Mailänder übergaben ihre Waffen und Feldzei- *1162*
chen und auch den Fahnenwagen mit dem Banner des Stadtpatrons S. Ambrogio. Der Kaiser schenkte ihnen das Leben und anschließend wurde die Stadt beinahe vollständig dem Erdboden gleichgemacht. Nach dieser schreckenverbreitenden Tat und der Kapitulation Piacenzas und Brescias hatte Barbarossa nun eindeutig die Herrschaft über Oberitalien in seiner Hand. Im Hochgefühl seines Erfolges ließ der Kaiser seine Urkunden mit dem Datum nach der Zerstörung Mailands versehen. Dem Papst, der aus Rom vertrieben war, gelang die Flucht über Genua nach Frankreich.

Durch die nun erreichte günstige Situation konnte der Kaiser wieder an den Plan denken, gegen die Normannen in Süditalien vorzugehen, wozu er Verhandlungen mit den Seestädten Genua und Pisa führte. Da er aber der Beilegung des Schismas Präferenz gab, schlug er dem König Ludwig VII. von Frankreich, bei dem sich Alexander III. aufhielt, ein Treffen an der Saone vor, bei dem auch über den Papst entschieden werden sollte. Barbarossa warf zuerst Bologna nieder, hielt dann Hof in Turin und zog nach Burgund. Zum Treffpunkt war der französische König am 29. August 1162 ohne den Papst erschienen, der Kaiser traf erst am Abend ein, so daß der König sich wieder, ohne ihn zu sehen, zurückziehen konnte, weil Barbarossa verspätet ankam. Trotzdem ließ der Kaiser die Versammlung der Fürsten abhalten, zu der auch der dänische König Waldemar erschienen war, der als Lehensmann des Kaisers auftrat. Rainald von Dassel hielt eine Rede, in der unterstrichen wurde, daß der Kaiser ohne die anderen Könige den Papst allein einsetzen könne. Die Entscheidung für Viktor IV. war somit klar.

So konnte der Kaiser sich im Frühjahr 1163 endlich um die Mainzer Probleme *1163*
kümmern, er ließ die Täter bestrafen, ihre Häuser wurden zerstört und sein Kandidat Konrad von Wittelsbach durchgedrückt, der sich allerdings zu seinem Leidwesen später zu einem Anhänger Alexanders III. entwickelte. Die Entwick-

lungen in Ungarn, wo sich drei Personen um die Königsnachfolge stritten, verlangten nach einem Eingreifen des Kaisers. Er schickte aber den Herzog von Österreich und den Markgrafen von Steier, um die Interessen des Reiches zu wahren. Mit Polen wurde das alte Vertrauensverhältnis durch einen Vertrag wieder hergestellt. Andere Konflikte der Fürsten untereinander wurden beigelegt, auch die Zähringer konnte er wieder an sich ziehen. Zu einem Hoftag nach Nürnberg im August 1163 kamen Gesandte Alexanders III., die Verhandlungen anboten, was wohl auf Drängen des französischen Königs zurückzuführen war.

Im Herbst 1163 traf der Kaiser mit nur wenigen Truppen wieder in Italien ein, da er davon ausging, daß Rainald von Dassel die Position in Oberitalien gestärkt hatte. Er wollte die Reichsverwaltung weiter nach Süden ausbauen und den Heereszug nach Süden vorbereiten. Wegen einer Erkrankung konnte Barbarossa nicht selbst über den Apennin nach Mittelitalien und schickte Rainald von Dassel vor. Er selbst führte von Pavia aus Verhandlungen mit Alexander III., um auch seine Lage zu den papstfreundlichen oberitalienischen Städten zu verbes-
1164 sern. Da starb am 20. April 1164 Papst Viktor IV. in Lucca. Sofort eilte Rainald von Dassel dorthin und ließ Guido von Crema zum Papst Paschalis III. wählen, ohne den Kaiser vorher zu informieren. Damit war an eine Fortführung der begonnenen Verhandlungen mit Alexander III. nicht mehr zu denken, Barbarossa hatte im ersten Moment gezögert, Paschalis überhaupt anzuerkennen. Da der neue Papst kaum Anhänger besaß, war die Situation des Kaisers bedrohlich, der Veroneser Städtebund versperrte den Weg über den Brenner, so mußte sich Barbarossa unter Hinterlassung staufischer Amtsträger über Disentis im September ins Reich zurückziehen.

Dort konnte er nicht schnell neue Truppen gewinnen und wieder nach Italien ziehen, sondern mußte sich mit vielen Problemen befassen. So verweigerte er dem neu gewählten alexanderfreundlichen Erzbischof Konrad von Salzburg die Investitur, mußte im Streit zwischen dem Pfalzgrafen Hugo von Tübingen und den Welfen schlichten, ebenso auf dem Bamberger Hoftag (November 1164) zwischen Pfalzgrafen und Erzbischof Rainald von Dassel, der immer noch keine Bischofsweihe besaß. Diesem hatte er seinen Alleingang bei der Papstwahl verziehen, denn er benötigte ihn dringend als politischen Ratgeber und mächtigen Mann des Reiches. Genau er war es, der die Annäherung an England zustandebrachte, die durch Doppelhochzeit des Kaisersohnes Friedrich mit Eleonore, und Heinrich des Löwen mit Mathilde, beide Töchter des eigentlich Alexander III. unterstützenden Heinrichs II., besiegelt werden sollte.

Rainald von Dassel war aber auch die Zuspitzung der Probleme im Reich zu
1165 verdanken, denn er schlug auf dem Reichstag in Würzburg im Mai 1165 vor, daß alle einen Eid auf den Gegenpapst Paschalis III. zu leisten hätten. Daraufhin verließen einige Fürsten den Hof. Erzbischof Hillin von Trier war gar nicht erst erschienen und Erzbischof Konrad von Salzburg blieb bei seiner alexanderfreundlichen Haltung. Rainald erklärte sich bereit, die Bischofsweihe zu empfangen und leistete als erster den Eid. Nach ihm taten dies die englischen Gesandten, der Kaiser und die anwesenden Fürsten. Nur mit Vorbehalt legten die Erzbischöfe von Hamburg-Bremen und Magdeburg sowie der Bischof von Bamberg den Eid ab. Gegen die, die sich weigerten, ging Friedrich sogar mit Dro-

hungen bzw. Waffengewalt wie gegen Bischöfe, aber z.B. auch gegen Zisterzienserklöster vor, die dieser Eidesleistung nicht nachkamen. Erzbischof Konrad von Mainz wurde seines Amtes enthoben, der treue Christian von Buch, Propst von Merseburg, wurde zum Nachfolger erhoben. Man sprach von Verschwörung höchster Kreise, die quellenmäßig aber nicht faßbar ist.

Im Oktober 1165 erhielt Rainald von dem Osnabrücker Bischof endlich die *1165*
Bischofsweihe. Im November wurde dem Kaiser in Nimwegen der zweite Sohn Heinrich geboren. Als Höhepunkt der staufischen Machtentfaltung muß die von Rainald inszenierte Heiligsprechung Karls des Großen zu Weihnachten 1165 in der Aachener Pfalzkapelle angesehen werden, die eindeutig die Idee des sakralen Herrschers gegenüber päpstlichen Ansprüchen unterstrich. In gleicher Absicht hatte Rainald schon 1164 die Reliquien der Hl. Drei Könige von Mailand *1164*
in seine Bischofsstadt Köln überführen lassen, wo sie verehrt wurden.

Die unbedingte Durchsetzung königlicher Herrschaft unterstrich Barbarossa durch militärisches Vorgehen gegen das Erzbistum Salzburg. Auf einem Hoftag in Nürnberg im Februar 1166 wurde Konrad von Salzburg vorgeladen und nach seiner Weigerung, Alexander III. fallen zu lassen, in Ungnade entlassen. Im März 1166 ging er gegen den Erzbischof von Salzburg vor, wobei am 4./5. April *1166*
1167 sogar die Stadt Salzburg durch Angriffe lokaler Grafen in Flammen aufging.

Nun konnte er wieder an Italien denken, zumal König Wilhelm I. von Sizilien im Mai 1166 gestorben war. Im Oktober 1166 zog Barbarossa mit einem großen Heer, zu dem erstmals als Söldner Brabanzonen (Brabant) gehörten, von Augsburg über den Tonalpass und Val Camonica nach Lodi. Von dort brach er Richtung Süden auf, wobei er wegen der Schwangerschaft der Kaiserin nur langsam vorwärtskam. Christian von Buch und Rainald führten ihre Truppen durch Mittelitalien, während der Kaiser Ancona umzingelte. Bei dieser Belagerung kam es zu Aufständen der Städte Cremona, Bergamo, Brescia und Mantua, die sich mit Ferrara und den Mailändern zum lombardischen Städtebund (Lega Lombardia) verbündeten. Der Kaiser wollte seinen Plan nicht ändern, schickte daher Bischof Hermann von Verden nach Pavia, um den Hauptstützpunkt zu verteidigen

Inzwischen hatten Rainald und Christian bei Tusculum die Römer geschlagen, daher brach der Kaiser die Belagerung von Ancona ab und marschierte nach Süden. Im Juli 1167 kämpften sich seine Truppen in Rom quartierweise vor. Alexander III. gelang die Flucht, die Römer gaben auf und Barbarossa ließ den Gegenpapst feierlich am 30. Juli inthronisieren. Der Papst krönte Beatrix zur Kaiserin. Da brach Anfang August eine verheerende Malaria-Epidemie aus, die viele Opfer forderte. Darunter waren Rainald von Dassel, die Bischöfe Konrad von Augsburg, Alexander von Lüttich, Daniel von Prag, Eberhard von Regensburg, Gottfried von Speyer und Hermann von Verden, die Herzöge Friedrich von Schwaben, Welf VII. und Theobald von Böhmen, dazu viele Grafen und Edelfreie und tausende Soldaten.

Barbarossa mußte sich in höher gelegene Regionen zurückziehen, er selbst war wegen früherer Erkrankungen anscheinend weitgehend immun und kehrte auf dem schnellsten Weg nach Norden zurück, unterstützt von Lucca und Pisa und lokalen Adeligen. Unter großer Mühe erreichte er mit den Resten des Hee-

res Pavia, wo er die feindlichen Städte bannte. Nachdem Berthold von Zähringen und Christian von Buch schon ins Reich wegen der Unruhen in Sachsen abziehen mußten, verblieben dem Kaiser nur die Streitkräfte von Pavia, Novara, Vercelli, der Markgrafen Wilhelm von Montferrat und Obizo Malaspina und des Grafen Guido von Biandrate, während die gegnerischen Kräfte ständig zunahmen. In der aussichtslosen Lage nahm Barbarossa taktisch kluge, umfangreiche Verhandlungen mit Verbündeten Alexanders wegen des Schismas und mit dem Grafen von Savoyen wegen seiner Ansprüche auf die Grafschaft von Turin auf.
1168 Mit ihm gelang im Januar 1168 eine Einigung, die dem Kaiser die Westalpenpässe öffnete. In Kleidern eines Mannes aus seinem Gefolge überquerte er den Mont Cenis und erreichte Genf.

Das Jahr 1168 stellt eine Zäsur in der Geschichte der Staufer dar. Denn nach dieser empfindlichen Niederlage in Italien, vor allem aber nach dem Verlust wesentlicher Ratgeber und Fürsten, mußte Barbarossa seine Politik vollkommen umstellen. Er mußte seine Autorität jenseits der Alpen im Reich und bei den Nachbarn wiederherstellen und widmete sich zuerst in den nächsten Jahren dem Ausbau seiner Familien- und Königsmacht durch Übernahme des Herzogtums Schwaben, des welfischen Erbes im südlichen Schwaben und mehrerer Grafen-
1173 geschlechter wie z. B. der Sulzbacher östlich von Nürnberg (1173) und der Grafen von Pfullendorf, vor allem aber durch die Errichtung von Pfalzen wie Kaiserslautern, Gelnhausen, Hagenau, Eger, Kaiserswerth und Wimpfen, durch die Erneuerung alter Pfalzen wie Ingelheim, Nimwegen, Nürnberg und Frankfurt am Main, durch den Ausbau von Burgen und vor allem durch die Förderung und Gründung von Städten.

Exkurs: Städte und Städtegründungen

Die Gründung von Städten wie Hagenau und Schlettstadt wurde Vorbild für andere mächtige Familien, ebenfalls Städte zu gründen, weil sie die Bedeutung der Städte als befestigte und besonders profitable Orte für ihre Herrschaft erkannt hatten. Da ihnen die kleineren Grafen und Herren folgten, kam es zwischen 1150 und 1300 zu der größten Welle von Stadtgründungen, die Europa erlebte. Diese sogenannten Tochterstädte folgten den sogenannten Mutterstädten, zu denen die Römerstädte und die späteren Formen der Entwicklungen zu Städten gehörten. Die Römerstädte waren z.B. Wien, Salzburg, Passau, Augsburg, Regensburg und Basel, Straßburg, Bonn, Köln, Xanten, wobei die Hauptstadt der Westprovinzen, Trier, an Bevölkerung und Ausmaßen alle weit überragte. Nach Erkenntnissen der Archäologie ist trotz der Stürme der Völkerwanderungszeit in den meisten Städten Siedlungskontinuität festzustellen. Ein großer Teil überlebte durch die Umwandlung in Bischofsstädte, die so zu Zentren der neuen Entwicklung wurden.

Zu den späteren Formen zählten die Wike, die als temporäre oder feste Handelsplätze wie Quentowik, Dorestadt, Bardowik und Haithabu bestanden. So ging z.B. Haithabu Mitte des 11. Jahrhunderts unter, seine Funktion übernahm Schleswig. Konstanter waren die Entwicklungen von Orten, die als Kern Burg,

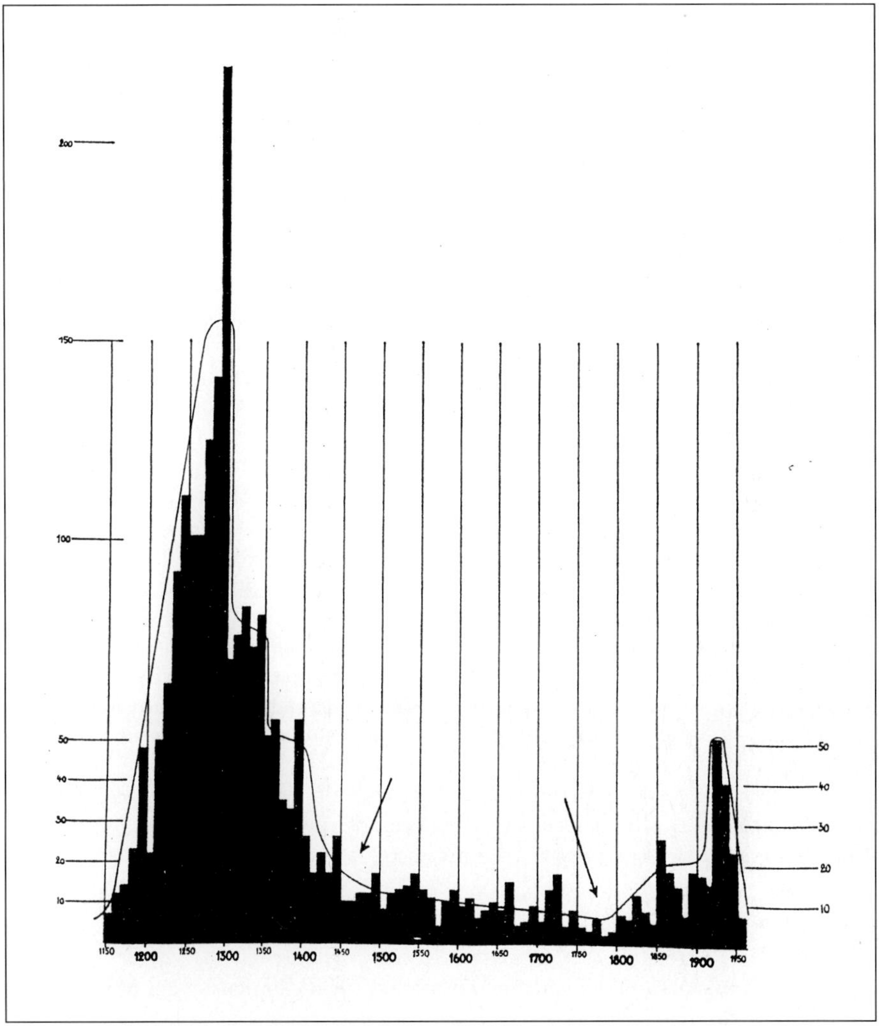

Stadtgründungswellen im Mittelalter.

Kloster, Markt und Bischofssitz hatten. Dazu gehörten z.B. Würzburg, schon im 6. Jahrhundert Herrschaftssitz, und Bamberg, frühe Besiedlung im 7. Jahrhundert und Königspfalz im 11. Jahrhundert, sowie Magdeburg, 805 bedeutender Handelsplatz, Klostersitz, Königspfalz und Bischofssitz im 10. Jahrhundert, und Nürnberg, ca. 1000/1050 herrschaftliche Burg.

Vor dem Hintergrund eines starken Bevölkerungswachstums in Europa kam es zur Wanderung von Landbevölkerung in die Städte, zuerst in Oberitalien, dann in Flandern, den beiden städtereichsten und fortschrittlichsten Regionen. In Oberitalien zogen auch die Adeligen in die Städte, so daß sich hier im 11. Jahrhundert schon eine differenzierte Stadtkultur und gewisse städtische Autonomie ausbilden konnten. Jenseits der Alpen hatten einzelne Städte und ihre selbstbewußten Bürger schon eine politische Rolle gespielt (z.B.Worms u. Heinrich IV.), aber es kam erst wie erwähnt in der Stauferzeit zu einer breiten Welle von Stadtgründungen. Erkennbar sind diese Städte, denen die Erhebung zur Stadt durch Privilegien bestätigt wurde, die nur selten erhalten sind, meistens an regelmäßigen Stadtgrundrissen, wie Freiburg im Breisgau, Rottweil, Villingen, Bern, Lübeck. Auch Wiederbegründung oder Erweiterung durch neue Stadtteile (Neustadt) kamen vor.

Bis ca. 1250 bildeten sich in den Städten das Gemeindebewußtsein und die autonomen Verwaltungsstrukturen aus, die durch den Stadtrat in einem Bürgerrathaus gelenkt wurden. Das Bürgerrecht dieser Städte mußte erworben werden, jeder Bürger hatte die Pflicht, seine Stadt zu verteidigen, aber er besaß eben auch die Freiheiten eines Bürgers gegenüber den mehr oder weniger freien Bauern. Neben den Bürgern gab es die Einwohner der Stadt und Gruppen mit Sonderstatus wie Kleriker, Juden, sowie randständige Personen wie Dirnen und Henker. Bürgerliche Organisationen wie die Zünfte regelten nicht nur den Zugang zu ihrem Gewerbe, sondern damit auch den Markt in der Stadt. Der Markt wurde durch den Markfrieden gesichert, die Kontrolle über Zoll, Maße, Münze und Gewicht gehörte zu den Hoheitsrechten der Stadt, vom König übertragen. Der König konnte die Rechte (Regalia) an den Stadtherren wie Graf oder Bischof oder an die Stadt selbst übertragen, wie es seit dem ersten Drittel des 13. Jahrhunderts unter den Staufern – Friedrich II. an Lübeck – möglich war. So entstanden die Reichsstädte, die dem König direkt unterstellt waren. Viele Städte bemühten sich, diesen Status der Reichsstadt zu erreichen, um vom Stadtherrn unabhängig zu werden, manche erreichten aber nur den Status der „Freien Stadt", d.h. frei vom Stadtherrn.

Die Förderung von Städten im Reich war also ein typisches Merkmal der Politik Barbarossas in dieser Zeit, eventuell gerade weil er in Oberitalien die besondere Bedeutung von Städten erkannt hatte.

Literatur zum Exkurs „Städte und Städtegründungen"

Benevolo, Leonardo: Die Geschichte der Stadt, 5. Aufl. Frankfurt am Main / New York 1990.
Benevolo, Leonardo: Die Stadt in der europäischen Geschichte, München 1993.
Boockmann, Hartmut: Die Stadt im späten Mittelalter, 2. Aufl. München 1987.
Diestelkamp Bernhard (Hrsg.): Beiträge zum spätmittelalterlichen Städtewesen, Köln/Wien 1982 (Städteforschung A: 12).
Diestelkamp, Bernhard (Hrsg.): Beiträge zum hochmittelalterlichen Städtewesen, Köln / Wien 1982 (Städteforschung A: 11).
Engel, Evamaria: Die deutsche Stadt des Mittelalters, München 1993.
Ennen, Elisabeth: Die europäische Stadt des Mittelalters, 4. Aufl. Göttingen 1987.
Isenmann, Eberhard: Die deutsche Stadt im Spätmittelalter: 1250-1500. Stadtgestalt, Recht, Stadtregiment, Kirche, Gesellschaft, Wirtschaft, Stuttgart 1988.
Kühnel, Harry (Hrsg.): Alltag im Spätmittelalter, 3. Aufl. Graz / Wien / Köln 1987.
Padberg, Britta: Die Oase aus Stein, Berlin 1995.

In Sachsen mußte Friedrich Barbarossa den Streit zwischen Heinrich dem
Löwen und den ostsächsischen Reichsfürsten von Magdeburg, Brandenburg und
Thüringen beilegen, auf dem Hoftag von Würzburg (Juni 1168) wurden dem *1168*
staufertreuen Würzburger Bischof die herzoglichen Rechte in Franken verlie-
hen. Einen Höhepunkt dieser Politik bildete sicher die Wahl seines vierjährigen
Sohnes Heinrich zum König in Bamberg zu Pfingsten des Jahres 1169. *1169*

Die Kirchenpolitik nahm ihn weiterhin in Anspruch. In der Zwischenzeit war
Paschalis III. im September 1168 gestorben, daraufhin hatte Barbarossa Kontakt *1168*
zu Alexander III. gesucht und über die Äbte von Citeaux und Clairvaux, sowie
den Bischof Eberhard von Bamberg vorläufig erfolglose Verhandlungen geführt.
Denn Friedrich verlangte die Anerkennung seines noch zum König zu wählen-
den Sohnes als Kaiser und vor allem die Anerkennung der schismatischen Wei-
hen, die inzwischen vollzogen worden waren. Nach der Erhebung seines Soh-
nes zum König hat Friedrich dann doch den in Italien erhobenen neuen
Gegenpapst Calixt III. anerkannt.

Nach dem Tod des Erzbischofs von Salzburg wurde Adalbert III., ein Sohn
des böhmischen Herzogs Vladislav gewählt, ebenfalls ein Anhänger Alexanders.
Friedrich Barbarossa zog direkt ins Salzburger Land, wo Adalbert das Erzbis-
tum in die Hände des Kaisers gab, der keinen neuen Metropoliten bestellte, son-
dern es in die Reichsverwaltung einbezog. In Burgund konnte der Kaiser seine
Macht ausbauen und den mächtigen Grafen Raimund V. von Toulouse auf seine
Seite ziehen. Christian von Buch wurde als Gesandter nach Byzanz geschickt,
über Herzog Heinrich den Löwen und Bischof Konrad von Worms, die sich auf
eine Pilgerfahrt ins Heilige Land begaben (1171), konnte Barbarossa mit Kaiser *1171*
Manuel Komnenos von Byzanz über Heiratspläne und Probleme in Süditalien
verhandeln, nahm aber auch Kontakt zu den islamischen Gegnern von Byzanz
auf. Endlich kam eine Annäherung mit Frankreich durch ein Treffen mit Lud-
wig VII. von Frankreich im Februar 1171 zustande, bei dem ein Abkommen
über die plündernden Brabanzonen geschlossen wurde, aber ein Eheprojekt am
Einspruch Alexanders III. scheiterte. Erfolgreich verlief ein Feldzug im Sommer
1172 gegen Polen, bei dem sich der Großherzog Mieszko III. unterwerfen, den *1172*
verweigerten Tribut nachzahlen und seinen vertriebenen Bruder Boleslaw
zurückkehren lassen mußte.

Noch am Ende des Jahres 1171 hatte Barbarossa Erzbischof Christian von *1171*
Mainz nach Italien geschickt, um dort die Reichsmacht wenigstens aufrechtzu-
erhalten. Zur Vorbereitung des nächsten Italienzuges reiste das Kaiserpaar 1173 *1173*
nach Burgund, das für die Beherrschung der Alpenpässe wichtig war. Dort wur-
de der Herrschaftseinfluß der Staufer stabilisiert, auch die Kaiserin wurde aktiv,
indem sie ein Hospital für kranke Frauen in Francheville gründete. Ebenfalls der
Vorbereitung diente das Geschäft, das Barbarossa mit Welf VI. abschloß, der ihm
gegen eine entsprechende Summe die Markgrafschaft Tuscien, die Mathildischen
Güter, das Herzogtum Spoleto und Sardinien übergab.

Die Waffenhilfe der Böhmen benötigte er wie vorher für seine Italienpläne
und mußte daher in Böhmen in die Streitigkeiten um die Herrschaft eingreifen.
Im Herbst 1173 entschied der Kaiser, daß Udalrich das Herzogtum verliehen
werden sollte, der mit einer Tochter des Markgrafen von Meißen verheiratet war

und an dessen Hof lebte. Udalrich verzichtete darauf zugunsten seines älteren Bruders Sobeslav II., beide Brüder versprachen Waffenhilfe. Auf einem Hoftag in Erfurt konnte er Streitigkeiten zwischen seinem Neffen, dem Landgrafen Ludwig von Thüringen, und den askanischen Brüdern beilegen. Ein Höhepunkt war das Osterfest in Aachen. Dort fand in Gegenwart von Gesandten Saladins, mit dem er über ein Bündnis verhandelte, eine Festkrönung des Kaisers, der Kaiserin und des Sohnes Heinrich statt, um den Glanz und die Stärke des Stauferkaisers zu zeigen. Ende Juni wurde auf dem Hoftag in Regensburg der Propst Heinrich von Berchtesgaden zum Erzbischof von Salzburg gewählt, um Ruhe in der Region herzustellen.

In der Zwischenzeit hatte Christian von Buch versucht, die Auseinandersetzungen zwischen Genua und Pisa zu schlichten, was mißlang. Genausowenig Erfolg hatte er bei der erneuten Belagerung von Ancona mit Hilfe von Venedig. Die Verhandlungen mit König Wilhelm II. von Sizilien wegen einer diplomatisch wichtigen Heirat mit Beatrice, der Tochter des Kaisers, verlief ebenfalls im Sande, weil der Normanne Rücksicht auf Alexander III. nehmen mußte.

1174 Im September 1174 konnte der Kaiser endlich selbst mit einem relativ kleinen Heer vom Elsaß aus nach Italien ziehen, wo er es nun zuerst mit dem wesentlich stärkeren lombardischen Städtebund unter der Führung Mailands als Gegner zu tun hatte. Als Provokation für den Kaiser hatte der Bund die Stadt Alessandria, nach Papst Alexander III. benannt, als Festung errichtet. Nur auf wenige bewährte italienische Kräfte konnte er zurückgreifen, wie Truppen aus Pavia, der Markgrafen Wilhelm von Montferrat und Marvello Malaspina sowie des Grafen Guido von Biandrate, Turin und Asti standen auf seiner Seite. Ende Oktober begann der Kaiser mit der Belagerung von Alessandria, während Christian von Buch die lombardischen Städte in Scharmützel verwickelte. Nach einem halben Jahr zog sich der Kaiser in Richtung Pavia zurück. Dabei traf er auf
1175 gegnerische Truppen, mit denen er verhandeln mußte. Am 16./17. April 1175 wurde der Vertrag von Montebello geschlossen. Es wurde ein Schiedsgericht eingerichtet, daß die Beziehungen zwischen dem Reich und dem lombardischen Bund (lega) klären sollte, dem Bund wurde Frieden gewährt, Alessandria aber nur ein Waffenstillstand. Damit war erst einmal Ruhe eingekehrt, die Lombarden kehrten in ihre Städte zurück, während Barbarossa wieder Gesandte an Alexander III. schickte, um den Konflikt zu lösen.

Im Oktober 1175 begannen neue kriegerische Handlungen, aber für eine härtere Kriegsführung benötigte der Kaiser mehr Truppen. Deshalb traf er sich im Januar 1176 in Chiavenna im Norden des Comer Sees mit Heinrich dem Löwen. Dieser verlangte für seine Hilfe die Kaiserpfalz Goslar, was Friedrich ablehnte. Erst als im Mai 1176 neue Truppen unter Führung Erzbischofs Philipp von Köln aus dem Reich hinzustießen, ließ es Barbarossa auf eine Schlacht ankommen, in
1176 der er bei Legnano am 29. Mai 1176 erstmalig den Städten unterlag. Die Mailänder verkündeten propagandistisch, daß dieser Sieg dem Papst und „der Gemeinschaft der Italiener“ zu verdanken sei. Durch diese politisch bedeutsame Niederlage wurde Barbarossa nun endgültig veranlaßt, eine Lösung auf diplomatischem Weg zu suchen. So kam es zum Vorfrieden von Anagni (Oktober 1176), der das Schisma beendete und beinhaltete, daß man sich bei den schisma-

tischen Weihen entgegenkam und die Mathildischen Güter an die Kirche zurückgegeben werden sollten. Für Anfang Februar befahl der Kaiser die Bischöfe des Reiches und Italiens zu einem Konzil nach Ravenna, denn er beherrschte die Adriaküste. Erst bei Beratungen im April 1177 in Ferrara wurde als Tagungsort Venedig festgelegt. Der Kaiser wich aus taktischen Gründen noch ein paarmal hin und zurück, um die Konditionen zu verbessern, bis er endlich im Juli in Venedig eintraf. Auf dem Markusplatz wurde am 29. Juli 1177 die *1177* Aussöhnung mit Alexander III. vollzogen, ein sechsjähriger Frieden mit dem lombardischen Städtebund, ein 15jähriger mit dem König von Sizilien geschlossen.

Man kann diesen Friedensschluß, bei dem der Kaiser nachgegeben hatte, nicht als Niederlage ansehen, denn der Frieden mit dem Papst brachte ihm Prestigegewinn, er war wieder der anerkannte erste Herrscher Europas.

Nach dem Friedensschluß vollzog Barbarossa eine Art Umritt in Mittelitalien bis Assisi. Im Januar 1178 wurde er in Pisa festlich empfangen, von wo aus die Reise nach Genua ging. Schließlich fand er sich wieder in Pavia ein. Dabei konnte er feststellen, daß die Lage in der Lombardei immer noch unruhig war, viele Übergriffe von beiden Seiten stattfanden. Doch trotzdem brach er Mitte Juli nach Burgund auf, wo er seine Herrschaft sehr nachdrücklich zur Geltung brachte. Im Oktober betrat er das Elsaß, von wo aus er sich wieder verstärkt den Angelegenheiten im Reich zuwenden konnte, wobei er es gleich mit einer brisanten Situation zu tun hatte.

Denn auf der Versammlung in Speyer (November 1178) beschuldigten sich *1178* einerseits der Erzbischof von Köln und der Bischof von Halberstadt als Führer der antiwelfischen Fürstenopposition und andererseits der den Fürsten allzu mächtig erscheinende Herzog Heinrich der Löwe wegen gegenseitiger kriegerischer Einfälle in ihre Gebiete. Friedrich Barbarossa stellte sich diesmal nicht auf die Seite des Welfen, der ihn in Italien im Stich gelassen hatte, sondern lud zur Klärung zu einem Hoftag für Mitte Januar 1179 nach Worms. Aber Herzog Heinrich erschien nicht, wohl weil er zu Recht befürchtete, der Kaiser werde aus Zorn über sein Fernbleiben im letzten Italienzug gegen ihn stimmen. Allerdings übergab Heinrichs Onkel Welf VI. das ihm versprochene Erbe jetzt an den Kaiser, der Welf damit belehnte. Daraufhin wurde im Juni 1179 in Magde- *1179* burg nach der zweiten Ladung die Acht über Heinrich verkündet, die formal nach Jahr und Tag zu rechtlichen Konsequenzen führen würde. Zur Lösung des Konflikts wurde ein vertrauliches Gespräch bei Haldensleben geführt, bei dem Friedrich Barbarossa von Heinrich die unermeßliche Summe von 5000 Mark Silber forderte, die ein Zeichen für die Unversöhnbarkeit des Kaisers darstellte.

Nach dem Scheitern dieses Gespräches versuchte Heinrich der Löwe sein Glück in Kämpfen gegen die gegnerischen Bischöfe in Sachsen, die Barbarossa eingesetzt hatte, am 23. September 1179 wurde Halberstadt in Brand gesteckt. Auf dem Hoftag in Würzburg im Januar 1180 fand der lehensrechtliche Prozeß *1180* gegen ihn sein Ende, bei dem ihm nach dem Spruch der Reichsfürsten, den Standesgenossen des Beklagten, Sachsen und Bayern und andere Reichslehen abgesprochen und der Verfügungsgewalt des Kaisers zugesprochen wurden. Schon

Anfang April wurde Sachsen in der berühmten Urkunde von Gelnhausen geteilt, das östliche Engern ging an den Askanier Bernhard, das westliche Westfalen an den Erzbischof Philipp von Köln, die sächsische Pfalzgrafschaft wurde dem Kaiserneffen Ludwig III. von Thüringen übertragen. Den Askanier Siegfried setzte Barbarossa als neuen Erzbischof von Bremen ein. In Gelnhausen wurde auch bereits der 25. Juli 1180 für den Beginn der Heerfahrt gegen den Löwen festgesetzt, der es verstanden hatte, seine militärische Position im Norden zu festigen. Seine Absetzung hatte auch im Ausland Aufsehen erregt, besonders in England und Dänemark, wo seine Verwandten saßen, aber sie wollten gegen den starken Staufer nicht antreten.

1180 Auf dem Hoftag in Regensburg im Juli 1180 wurde ein Jahr nach der Acht die Oberacht über Heinrich verhängt. Als das kaiserliche Heer in Sachsen in der Pfalz Werla eintraf, kam es zu massenhaften Übertritten von Heinrichs Anhängern, so daß der Herzog sich nur noch auf einige Ministeriale und die Städte Braunschweig, Lüneburg und Lübeck stützen konnte. Zu einer endgültigen Niederwerfung reichte es jedoch nicht, daher entließ der Kaiser die meisten Truppen und ging nach Altenburg. Hier verfuhr der Staufer Mitte September mit dem Herzogtum Bayern ebenso wie mit Sachsen. Die bayerischen Kernlande wurden dem Wittelsbacher Pfalzgrafen Otto zugeteilt, die Steiermark als eigenes Herzogtum an den bisherigen Markgrafen Ottokar vergeben, die Grafen von Andechs wurden in den Reichsfürstenstand und zu Herzögen von Meranien, Kroatien und Dalmatien erhoben. Der Staufer ordnete inzwischen sein Kernland Schwaben, verbrachte das Pfingstfest seit langem wieder auf der Stammburg Hohenstaufen und brach von dort aus wieder nach Sachsen auf, wo er bis Lübeck vordrang. Dort stießen auch der zum Herzog erhobene Pommernfürst Bogislaw und der Obodritenfürst Niklot von Werle mit ihren Truppen zu ihm. Besonders eng wurde das Verhältnis zu dem Dänenkönig Waldemar, dem Schwiegervater des Löwen, dessen Tochter mit Herzog Friedrich von Schwaben verlobt wurde. Somit hatte der Staufer den nördlichen Raum des Reiches unter seine Kontrolle gebracht. Nach dem Fall Lübecks durfte sich der Löwe auf Lüneburg zurückzie-
1181 hen. Erst im November 1181 unterwarf sich der Welfe in aussichtsloser Lage auf dem Erfurter Hoftag. Dort wurde er mit Verbannung und als Sühne mit der Auflage einer Pilgerfahrt nach Santiago de Compostela bestraft. Eine zeitliche Begrenzung war nicht festgesetzt, aber gewisse Hoffnungen verblieben dem Welfen, der nach der Pilgerfahrt seine Verbannung in England verbringen sollte.

Friedrich Barbarossa hatte also mit großer Entschlossenheit dieses Problem gelöst und im Reich Ordnung geschaffen, wobei er die größte Gegenkraft im Reich ausgeschaltet und die Macht gleichmäßiger verteilt hatte. Er konnte es vermeiden, dabei in größere Konflikte mit europäischen Nachbarn zu geraten, denn Heinrich der Löwe war der Schwiegersohn des englischen Königs Heinrich II. und Schwiegervater des dänischen Königs, die mit ihrem Reich genug zu tun hatten. Wichtig war, daß Friedrich bei der Beseitigung des Widersachers gleichzeitig die Kontrolle über die neu eingesetzten Fürsten und neu beeinflußbaren Gebiete erreichen konnte.

Nach der Klärung im Reich konnte Barbarossa seine Aufmerksamkeit wieder den Problemen in Italien zuwenden. Aus den Privilegien, wie an die Mönche

von St. Ambrogio und das Domkapitel von Verona, kann man schließen, daß der Kaiser die Geistlichkeit in den Städten stärkte, was sich hauptsächlich gegen die Tendenzen der Zentrale in Rom richtete, die im Laterankonzil von 1179 ihre Kritik an den Städten verdeutlicht hatte. Christian von Buch, der immer noch die Interessen des Reiches in Italien vertrat, geriet in Konflikt mit dem Markgrafen von Montferrat, der ihn gefangensetzte. Am Ende des Jahres 1180 konnte er gegen Zahlung von großen Geldsummen freikommen. Die Verhandlungen mit den italienischen Städten dauerten lange, im März 1183 erschienen Vertreter *1183*
der Städte Alessandria, Casale Monferrato, Cremona, Como, Pavia und Brescia am Hof des Kaisers, der sich in Nürnberg aufhielt. Alessandria wurde in Gnaden aufgenommen und erhielt den neuen Namen „Cesaria“(Kaiserstadt). Im Juli 1183 wurde der Frieden von Konstanz geschlossen, in dem die Ansprüche der *1183*
Städte als neue politische Kräfte anerkannt und ihnen endlich Regalienhoheit zugestanden wurde, dafür erhielt Barbarossa als feste Finanzeinnahme einen jährlichen Regalienzins. Christian von Buch starb in Tusculum im August 1183.

Von Konstanz aus nahm der Kaiser wieder den Kontakt auf, den er bereits 1182 zu dem neuen Papst Lucius III. (1181-85) gesucht hatte. Es ging um die Probleme mit den Mathildischen Gütern, die der Kaiser bei dem Zusammentreffen mit dem Papst am Gardasee klären wollte. Allerdings gab es wieder Spannungen, als Barbarossa in die Trierer Erzbischofswahl eingriff und den Dompropst Rudolf von Wied investierte.

In der Ruhephase nach dem großen Erfolg mit dem Lombardischen Städtebund versuchte der Kaiser, verschiedene Unruheherde im Reich zu beseitigen und inszenierte für den 20. Mai 1184 den glanzvollsten Hoftag seiner Regierungszeit in *1184*
Mainz. Da die Menschen in Massen strömten, die nicht nur aus dem Reich, sondern aus vielen Ländern kamen, wurde auf der Rheinebene eine hölzerne Feststadt errichtet. Gaukler und Spielleute, sowie Hofdichter begeisterten das Publikum. Am Pfingstsonntag trug Graf Balduin von Hennegau das Schwert vor dem Kaiserpaar in feierlicher Prozession in den Mainzer Dom, dessen Erzbischof nun Konrad von Wittelsbach war. Den Höhepunkt bildete die Schwertleite der beiden Söhne Heinrich und Friedrich am Pfingstmontag. Zu Verhandlungen war Heinrich der Löwe am Hofe erschienen, um ein Bündnisangebot mit England gegen Frankreich zu überbringen. Barbarossa nahm ihn nicht in Gnaden wieder auf, aber griff doch die Idee auf, da es an der Westgrenze des Reiches zu schwer durchschaubaren Intrigen gekommen war, an denen nicht nur der französische und englische Hof, sondern auch Flandern, Namur, Hennegau, der Zähringer Bischof Rudolf von Lüttich und Erzbischof Philipp von Köln beteiligt waren.

Nach dem Mainzer Fest nahm der Kaiser diplomatische Verhandlungen mit Wilhelm II. von Sizilien auf, um ein Ehebündnis ins Auge zu fassen. Diese Verhandlungen führten schließlich am 29. Oktober 1184 zur Verlobung von Konstanze, der Tante des Königs, mit Barbarossas Sohn Heinrich VI. in Augsburg. Parallel dazu liefen die Verhandlungen mit England, die immerhin eine Ehevereinbarung zwischen Richard Löwenherz und einer Tochter des Kaisers einbrachten.

In Verfolgung dieser erfolgreichen Politik zog Barbarossa von Regensburg aus über die traditionelle Brennerroute nun erstmalig als friedenbringender Kaiser ohne Heer zum sechsten Mal nach Italien. Der Hauptgrund für diesen Zug war das Treffen mit Papst Lucius III., das nach Verona und auf einen späteren Zeitpunkt verschoben war. Zwischen ihnen sollten die Herrschaftsansprüche geklärt werden, außerdem ging es um die vom Kaiser gewünschte Erhebung seines Sohnes Heinrich zum Mitkaiser. Als erstes suchte der Kaiser die alte Gegnerin Mailand auf, um demonstrativ das neue Vertrauensverhältnis zu dokumentieren. Von dort traf er über Pavia und Cremona ziehend Mitte Oktober in Verona ein, wo Lucius auf ihn wartete. Anfangs verliefen die Verhandlungen erfolgreich. Hinsichtlich der Bekämpfung der zunehmenden Ketzerei erzielten sie Übereinstimmung, wegen der Hilfe für das bedrängte Heilige Land stellte Friedrich Barbarossa in Kürze einen Kreuzzug in Aussicht. In den entscheidenden Fragen gab es keine Einigung, sondern eher eine Verhärtung. Der Papst lehnte es ab, an den Einnahmen der Mathildischen Güter beteiligt zu werden, wenn sie dem Reich überlassen werden sollten. Genauso ablehnend verhielt er sich bei der Frage des Mitkaisertums und gegenüber der Weihe des vom Kaiser investierten Erzbischofs von Trier. Als der Papst von den Heiratsabsichten mit Konstanze erfuhr, sah er darin eine große Gefahr für den Kirchenstaat, und unterbrach die Verhandlungen.

1184 Das Jahr 1184 endete für den Kaiser traurig. Im Oktober starb seine Tochter Agnes, verlobt mit König Belas III. von Ungarn ältestem Sohn Emmerich, am 15. November die Kaiserin Beatrix und im Dezember die Tochter, die mit Richard Löwenherz verlobt war. Auf diese Weise verlor er seine Familienmitglieder und gleichzeitig Trumpfkarten im politischen Spiel. Weihnachten verbrachte er in Brescia. Der Kaiser orientierte sich nach dem Scheitern der Verhandlungen mit dem Papst zu den Städten und hatte besonders engen Kontakt zu Mailand. Dies brachte andere Städte gegen Mailand auf, so agierte Cremona 1185 gegen die von Mailand unterstützten Cremasken, was wiederum den Kaiser gegen
1185 Cremona erzürnte. Am 11. Februar 1185 wurde in der Pfalz Reggio ein Vertrag mit Mailand geschlossen, der den Mailändern königliche Hoheitsrechte einräumte und dafür dem Kaiser Hilfe bei seiner Politik gegen den Papst zusagte; außerdem wurde die gemeinsame Neubegründung von Crema beschlossen, an der der Kaiser selbst im Mai teilnahm. Dann zog er über Florenz nach Spoleto, um Konstanze von Sizilien entgegenzuziehen.

Während er sich mit ihr auf dem Rückweg befand, kam Heinrich VI., der im Reich in die Auseinandersetzungen zwischen Philipp von Flandern und
1186 dem französischen König Philipp II. August verstrickt gewesen war, zum Weihnachtsfest nach Pavia. Am 27. Januar 1186 wurde die Ehe zwischen Konstanze und Heinrich in St. Ambrogio in Mailand geschlossen. Es fand an diesem Tag auch die Festkrönung von Friedrich, Heinrich und Konstanze statt, woraufhin sich Heinrich „caesar" genannt haben soll, so berichtet eine englische Quelle, in seinen Urkunden taucht dies nicht auf. Auf jeden Fall war diese Festkrönung ein deutliches Zeichen der Stärke, das die Zustimmung des Papstes zum Mitkaisertum aber nicht ersetzen konnte. Der neue Papst Urban III. (1185-87) war ein erklärter Gegner, von ihm war nichts Gutes zu erwarten. Als er im Rücken des Kaisers im Reich eingriff, indem er Folmar von Trier zum Erzbischof im Juni 1186 in Verona weihte, mußte Barbarossa zurückkehren, wobei er Heinrich VI.

zurückließ und ihm verstärkte Aktivitäten in Mittelitalien Richtung Kirchenstaat ans Herz legte.

Über Burgund und Elsaß zog der Kaiser nach Speyer, wo er im Dom die Gräber seiner Frau und seiner Tochter Agnes aufsuchte. Auf dem ersten großen Hoftag in Gelnhausen erhielt Barbarossa Zustimmung zu seiner Politik, insbesondere zu seinem Verhalten im Trierer Streit um den Erzbischof, was ihm Rückendeckung gegen den Papst verschaffte. Die Spannungen mit dem Kölner Erzbischof verschärften sich, dagegen schloß er unter Vermittlung des Bischofs
Peter von Toul im Mai 1187 den Vertrag mit Frankreich, der ihm gegenüber *1187*
Köln und England Vorteile einbrachte. Nun konnte er Anklage gegen den Kölner Erzbischof erheben, dessen Anhänger einen Reinigungseid ablegen mußten, daß sie nicht gegen den Kaiser verschworen waren. Nach der Beendigung dieses Kampfes mit Köln und einer Annäherung an den neuen Papst Gregor VIII., der verstärkt zum Kreuzzug aufrief, nahm Barbarossa die Kreuzzugspläne in Angriff; der 23. April, der Tag des hl. Georg, Schutzheiliger der Ritter, des Jahres
1189 wurde als Abmarschtag von der Gegend um Regensburg aus festgelegt. *1189*
Ausdrücklich nahm der Kaiser die Juden in Schutz, gegen die es im Verlauf der beiden ersten Kreuzzüge Ausschreitungen gegeben hatte.

Bis zu dem Aufbruch mußte er für Ruhe im Reich sorgen. Heinrich VI. war als Nachfolger vorgesehen, Friedrich begleitete ihn auf dem Kreuzzug. Seinen Sohn Konrad setzte er zum Herzog von Rothenburg ein und schloß für ihn einen Ehevertrag mit der ältesten Tochter des Königs Alfons VIII. von Kastilien. Heinrich den Löwen, der vor drei Jahren zurückgekehrt war, schickte er erneut für drei Jahre ins englische Exil. Von dem neuen Papst Clemens III. (1187-91) war endlich die Zusage eingetroffen, Heinrich zum Mitkaiser krönen zu wollen, doch dies lang ersehnte Ziel mußte zugunsten des Kreuzzuges verschoben werden. Dann nahm er mit allen Regenten, durch deren Länder er ziehen wollte, Verhandlungen auf, sogar mit dem Seldschukensultan Arslan II. von Ikonium. So verlief der Zug des Heeres von ca. 12-15000 Mann reibungslos bis ins byzantinische Gebiet. Der Kaiser schlug mit seinem Sohn Friedrich von Schwaben den Flußweg auf der Donau ein, in Ungarn wurden sie sehr herzlich empfangen, in Belgrad ließ er Turniere veranstalten, danach erst wurde alles auf Wagen umgeladen.

Kaiser Isaak II. Angelos hatte seine Politik geändert und verhielt sich sehr feindselig. Es gab ab Sofia keinen Nachschub mehr, Barbarossa ließ daher weite Teile des byzantinischen Gebietes plündern. In einem Schreiben schickte Barbarossa seinem Sohn Heinrich den Befehl, sich mit einer Flotte nach Byzanz zu begeben, um so die Stadt von zwei Seiten angreifen zu können. Als auch die Bulgaren ein großes Heer als Hilfe ankündigten, lenkte Isaak II. ein und versprach Unterstützung der Kreuzfahrer. Das Heer wurde mit byzantinischen Schiffen übergesetzt. Unter der Begleitung byzantinischer Truppenkontingente traten sie den beschwerlichen Zug durch das unbekannte Gebiet und das ungewohnte Klima an. Nachdem sie ein gewaltiges Seldschukenheer besiegt und Iconium erobert hatten, zweifelte niemand mehr an ihrem Sieg über Saladin. Mit Armenien erreichten sie wieder christliches Territorium, wo sie sich ausruhen konnten. Da
nahte mit dem 10. Juni 1190 der Schicksalstag, an dem der erhitzte 70jährige *1190*

Kaiser in dem eiskalten Wasser des Saleph den Tod fand. Der restliche Kreuzzug wurde ein Fiasko. Ein Teil des Heers kehrte gleich zurück, die anderen wählten Herzog Friedrich von Schwaben zu ihrem Führer. Auf dem Weg nach Jerusalem wurden die Eingeweide des Kaisers im Dom von Tarsos bestattet, das Fleisch des ausgekochten Leichnams in der Kathedrale von Antiochia. Zahlreiche Personen starben an einer Ruhrepidemie, darunter die Bischöfe von Würzburg und Meißen, der Markgraf von Baden und der Graf von Holland. Dann segelte das restliche Heer auf Schiffen nach Tyros und weiter nach Akkon, wo auch Frie-
1191 drich von Schwaben am 20. Januar 1191 einer Erkrankung zum Opfer fiel. Hinter Tyrus verliert sich die Spur der Gebeine des Kaisers, sein Grab ist nicht auffindbar.

Einordnung

Friedrich I. Barbarossa ist sicher nicht nur wegen seiner langen Regierungszeit zu den herausragendsten Gestalten deutscher Kaisergeschichte zu rechnen. Trotz schwieriger Rahmenbedingungen war er sehr erfolgreich, innerhalb der Strukturen des großen Reiches konnte er immer wieder seine Ziele erreichen und die Ansprüche der Fürsten und des Papsttums zurückdrängen. Durch seine Herkunft aus der welfischen und staufischen Familie erwartete man von ihm die Lösung des langjährigen Konfliktes, was er auch mit geschicktem Taktieren und dann mit hartem Durchgreifen schaffte. Er war sowohl im Krieg wie im Frieden sehr erfolgreich und unermüdlich tätig. Er besaß eine gute körperliche Konstitution, denn kein anderer hat wie er das Reich durchzogen, bis Lübeck hinauf reichte sein Radius, kein anderer war so oft und so lange in Italien und keiner hat mit 70 Jahren einen Kreuzzug begonnen. Hatte er sich anfangs noch stark durch seinen Ratgeber Rainald von Dassel beeinflussen lassen, so verdankte er, nachdem er weitgehend ohne Ratgeber handelte, den größeren Erfolg seinem diplomatischen Geschick und seiner Heiratspolitik. Probleme ging er nacheinander und sehr gezielt mit großer Ausdauer an, wie man besonders im Krieg gegen die lombardischen Städte und gegen den Papst und im Fall Heinrichs des Löwen verfolgen kann. Trotz der vielen Italienzüge gelang es ihm immer wieder, im Reich die Zügel anzuziehen und Ordnung zu schaffen, das muß sicher als die herausragende Leistung bewertet werden, vor allem wenn man es mit den Nachfolgern vergleicht.

Das Kreuz zu nehmen, hatte er sich für die letzte Phase seines Lebens als Höhepunkt vorgenommen. Es paßte zu seiner Vorstellung als christlicher Herrscher, daß er die Heiligen Stätten vom Islam befreien wollte. Kein Kreuzzug wurde besser vorbereitet, keiner war in dem ersten Teil so erfolgreich. Der Zufall verhinderte den Erfolg und bewahrte den Islam vor einer Niederlage.

Unter seiner Regierung wurde der Begriff vom „sacrum imperium“ eingeführt, was den Herrschaftsanspruch des Kaisers verdeutlichte. Zu dieser Sakralisierung gehörte auch die Übertragung der Hl. Drei Könige nach Köln und die Heiligsprechung Karls des Großen. Ebenso überließ Friedrich Barbarossa die

Geschichtsschreibung nicht dem Zufall, sondern erteilte gezielt den Auftrag an seinen Onkel Otto von Freising, der in seinem Werk durch die Schilderung der Taten des Staufers das Bild des idealen Herrschers schuf. Sein Ende, speziell seine verschollenen Gebeine bildeten Grundlagen für Legenden, die sich um ihn ranken z.B. die Kyffhäusersage, die darauf hinweisen, daß er eines Tages zurückkehren wird.

Heinrich VI. empfängt die Herrschaftsinsignien aus den Händen personifizierter Tugenden. Das Rad der Fortuna am unteren Ende des Bildes verdeutlicht den Sieg des Kaisers über seinen Widersacher Tankred. Die Verbindung der beiden Motive stellt – verstanden als Fürstenspiegel – die Verbindung von tugendhafter Herrschaftsausübung und Glück dar. Petrus de Ebolo, Liber ad Honorem Augusti.

Heinrich VI. (1190-1197)

Heinrich wurde als zweiter Sohn Friedrich Barbarossas von seiner Frau Beatrix in der Pfalz Nimwegen im Oktober 1165 geboren. *1165* Schon bald bereitete Barbarossa die Krönung dieses Sohnes zum König vor und ließ sie dann im Juni 1169 *1169* von den Fürsten symbolhaft in Bamberg vornehmen, in dessen Dom mit Heinrich II. ein Kaiser gleichen Namens begraben lag. Die Krönung wurde von Erzbischof Philipp von Köln im August in Aachen vollzogen. Danach trug er den Titel „rex romanorum“ und nahm an vielen politischen Ereignissen teil, wie z.B. am Frieden von Venedig. Seine Schwertleite erhielt er sehr spät mit seinem Bruder auf dem berühmten Mainzer Hoffest von 1184. Dies war auch das Jahr, in dem die Verlobung mit der 11 Jah- *1184*
re älteren Konstanze de Hauteville von Sizilien verhandelt wurde. Der Ehevertrag sah ausdrücklich vor, daß Konstanze auch erbberechtigt war. Obwohl zu diesem Zeitpunkt noch nicht klar war, daß es keine männlichen Erben geben würde, war dies eine weit vorgreifende Klausel. Die Ehe selbst wurde mit großem Pomp im Januar 1186 in Mailand begangen. *1186*

Während der Kaiser ins Reich zurückkehrte, blieb Heinrich VI. in Italien, um dort die Interessen des Reiches zu vertreten. An seiner Seite waren die langjährigen Vertrauten wie sein Marschall Heinrich von Kalden, der Kämmerer Heinrich von Kaiserslautern, Kuno von Münzenberg und Robert von Düren, dazu wohl noch Friedrich von Hausen als derjenige, der die Liebeslyrik an seinem Hof verfaßte. Heinrich stellte für Städte und Kirchen Privilegien aus und versuchte, Streitigkeiten zu schlichten wie zwischen Mailand und Bergamo. Die po-

litische Situation änderte sich in dem Moment, als Papst Urban III. im Oktober
1187 1187 starb. Der neue Papst Gregor VIII. war den Staufern sehr gewogen, er hat-
te vorher die Interessen des Kaisers an der Kurie vertreten. Daher ließ Heinrich
VI. auch gleich seine Glückwünsche und seine Ehrerbietung mitteilen. Danach
verließ er Italien, um den Vater in Trier zu treffen und die politische Lage in Ita-
lien zu erörtern.

1188 Auf dem Mainzer Hoftag erlebte Heinrich im März 1188 mit, wie der Würz-
burger Bischof dem Kaiser das Kreuz anheftete. Heinrich wurde mit der Re-
1189 gentschaft während der Abwesenheit des Kaisers beauftragt, dann brach der
Kaiser mit seinem Sohn Friedrich im Mai 1189 zum Kreuzzug auf. Heinrich VI.
wurde relativ bald vor eine schwierige Aufgabe gestellt, denn Heinrich der
Löwe kehrte entgegen seinen Versprechungen im Herbst 1189 ins Reich
zurück, mit der Begründung, daß seine Frau in Braunschweig gestorben sei und
er sich um seinen Besitz kümmern mußte. Ihm folgten sofort viele Anhänger
und fielen einige Gebiete zu, deren Herren auf dem Kreuzzug waren, so daß
Heinrich einen Kriegszug gegen ihn beschließen ließ. Man rückte von Goslar
aus vor, wurde aber durch den Wintereinbruch zurückgeworfen, der Feldzug
blieb erfolglos.

Im November 1189 war Wilhelm II. von Sizilien gestorben, so daß nun der
Erbfall eintrat. Die Barone des Königreichs wollten nicht den starken Staufer,
sondern wählten schnell Tankred von Lecce, den Vetter des verstorbenen Kö-
1190 nigs, im Januar 1190 zum Nachfolger. Papst Clemens III. gab dem Erzbischof
von Palermo die Genehmigung zur Krönung, hielt sich aber mit der Belehnung
noch zurück. Tankred suchte Verbündete. Auf der einen Seite verheiratete er seinen Sohn Roger mit Irene, einer Tochter des byzantinischen Kaisers, auf der anderen Seite war Richard Löwenherz der Schwager Wilhelms II., der seine Schwester zurückverlangte. Mit ihm schloß Tankred ein Bündnis gegen die Staufer und verlobte seine Tochter mit einem Neffen des englischen Königs.

Um die Verhältnisse in Süditalien zu ordnen und seine in Aussicht gestellte Kaiserkrönung vollziehen zu können, mußte Heinrich die notwendigen Rahmenbedingen schaffen und schnell eine Lösung der Probleme mit Heinrich dem Löwen finden. Mitte Juli 1190 kam es zum Friedensschluß in Fulda, bei dem Heinrich der Löwe die Hälfte der Einnahmen der Stadt Lübeck erhielt und dafür die Befestigungen von Braunschweig niederlegen sollte, außerdem mußte sein Sohn Heinrich von Braunschweig mit 50 Rittern den König auf dem Italienzug begleiten. Die Teilnehmer des Italienzuges versammelten sich traditionell in Augsburg, wo Heinrich Anfang Oktober vom Tod seines Vaters erfuhr, woraufhin der Aufbruch verschoben wurde. Kurze Zeit später erhielt er auch die Nachricht vom Tod des Landgrafen Ludwig von Thüringen. Er erkannte die Chance, sich in diesem Raum mehr Einfluß zu verschaffen. Da das Heer bereitstand, schickte er die Truppen unter Erzbischof Philipp von Köln voraus und reiste selbst nach Thüringen. In Saalfeld mußte er sich davon überzeugen, daß die Ministerialen hinter der Familie der Ludowinger standen und daher Hermann, den Bruder Ludwigs, mit Thüringen belehnen. Allerdings mußte Hermann dafür Besitz abgeben, der als Basis für zukünftige staufische Ausdehnung genommen wurde.

Nach dieser Aktion eilte Heinrich nach Süden, wo er Mitte Januar 1191 in *1191*
Lodi das Heer erreichte. Von dort aus zog er nach Pisa, von wo aus er die nötigen Geldmittel bei Fürsten und vor allem bei den finanzstarken Städten eintrieb, wofür er den Städten Privilegien oder Besitz erteilte. Como und Piacenza waren die wichtigsten Städte auf dem Weg, Pisas Flotte aber war unbedingt für den Kriegszug erforderlich, daher mußte Pisa besonders geködert werden. Heinrich versprach Freiheiten in Handel und Schiffahrt in Süditalien und die Hälfte der Einkünfte der Städte Palermo, Messina, Salerno und Neapel. Um sich nicht einseitig festzulegen, führte Heinrich gleichzeitig Verhandlungen mit der Konkurrentin Genua.

Auf dem Weg nach Rom erreichte ihn die Nachricht, daß Papst Clemens III. gestorben sei. Die Gefahr, daß ein stauferfeindlicher Nachfolger gewählt wurde, konnte gebannt werden, indem man sich auf einen Kompromißkandidaten, den über achtzigjährigen Coelestin III. (1191-98) einigte. Vor der Kaiserkrönung mußte Heinrich in Verhandlungen den Stützpunkt Tusculum zugunsten Roms aufgeben, dessen Bedeutung seiner Einschätzung nach zurückgehen würde, sobald Süditalien in seinen Händen war. Der Papst schob seine eigene Weihe hinaus, um eine zufriedenstellende Lösung für die Kurie zu erreichen. Die Kaiser-
krönung selbst fand am Ostermontag des Jahres 1191 in St. Peter statt, wie es *1191*
von Petrus von Eboli geschildert wurde.

Der Zeitverlust hatte den Kaiser in eine ungünstige Lage gegenüber seinem Konkurrenten gebracht, was sich schon bei Neapel zeigte, das er trotz intensiver Belagerung nicht erobern konnte. Stattdessen befiel auch ihn eine typhusartige Seuche, die ihn zur Rückkehr nach Oberitalien zwang. Durch die Krankheit hatte er Erzbischof Philipp von Köln, den Herzog von Böhmen, seinen Kanzler Diether und wohl auch seinen Marschall Heinrich verloren. Der als Geisel mitgezogene Heinrich von Braunschweig hatte das Heer verlassen und war über Neapel in die Heimat zurückgekehrt. Er trug die Nachricht ins Reich, daß der Kaiser tödlich erkrankt sei, dies verbreitete sich auch in Italien, so daß Konstanze, die von den Bürgern Salernos eingeladen war, dort von den Anhängern Tankreds gefangen und zu ihm nach Sizilien gebracht wurde. Heinrich suchte auf dem Rückweg mehrere Städte auf und residierte dann in Mailand, wo er König Philipp II. August von Frankreich traf, der sich auf dem Rückweg vom Hl. Land befand. Die beiden Herrscher schlossen einen Vertrag, der sich gegen Richard Löwenherz richtete.

Noch im Dezember 1191 erreichte der Kaiser Schwaben und feierte das Weihnachtsfest in Hagenau im Elsaß, der Lieblingspfalz der Staufer. Sogleich mußte er sich mit dem Welfenproblem auseinandersetzen. Denn Heinrich der Löwe hatte nicht stillgehalten, sondern versucht, sich Gebiete zu unterwerfen. Gegen ihn hatten Adolf III. von Schauenburg und die Askanier Herzog Bernhard von Sachsen und Markgraf Otto von Brandenburg ein Bündnis geschlossen. Am
Pfingstfest 1192 wurde Heinrich von Braunschweig auf einem Hoftag in Worms *1192*
geächtet. Die Gegner versammelten sich in der Nähe von Braunschweig und warteten auf die Verstärkung durch den Kaiser, die nicht eintraf. Inzwischen starb mit Erzbischof Wichmann von Magdeburg einer ihrer wichtigsten Führer, so daß sie sich entschlossen, einem Waffenstillstand zuzustimmen.

Kaiser Heinrich VI. konnte während dieser Zeit die Eigengüter der Welfen in Schwaben nach dem Tod Welfs VI. an sich bringen, die dieser einmal seinem Vater in einer Erbvereinbarung versprochen hatte. Diesem Erfolg standen viele Schwierigkeiten bei der Besetzung vakant gewordener Erzbischofs- und Bischofsstühle gegenüber. Als Nachfolger Philipps von Heinsberg wurde vom Domkapitel Lothar, der Bruder des kaiserlichen Parteigängers, Dietrich von Hochstaden, gewählt, doch wurde er unter dem Druck der Grafen von Berg zum Verzicht gezwungen. An seiner Stelle wurde Dompropst Bruno von Berg gewählt, den der Kaiser anerkannte, weil er von dem alten Mann keine Schwierigkeiten erwartete. Auch in Lüttich stand eine Wahl an, zu der zwei Kandidaten streitender regionaler Parteien antraten, die Mehrheit erhielt Albert von Löwen. Der Kaiser wollte auf dem Hoftag von Worms im Januar 1192 den Schiedsspruch fällen. Zur allgemeinen Überraschung setzte er den soeben in Köln gescheiterten Lothar von Hochstaden ein und ernannte ihn auch noch zu seinem Kanzler. Der erboste Albert holte sich die Anerkennung beim Papst in Rom, der den Erzbischof Bruno von Köln anwies, Alberts Weihe zu veranlassen. Dies geschah im September 1192 durch den Erzbischof von Reims. Der Kaiser griff nun direkt in Lüttich ein, um die Stellung Lothars zu stärken, dem jetzt alle huldigten. Eine plötzliche Wende trat ein, als Albert in der Nähe von Reims von deutschen Rittern erschlagen wurde.

In Europa gedachte man noch des Mordes an Erzbischof Thomas Becket in Canterbury, für den der damalige englische König Heinrich II. Kirchenbuße leisten mußte. Hier wurde nun der Kaiser selbst beschuldigt. Richtig ist wohl nur, daß der Kaiser nichts gegen die vermeintlichen Mörder, die Familie von Hochstaden, unternommen hatte. Lothar von Hochstaden wurde von Coelestin III. exkommuniziert, obwohl er seine Unschuld beteuerte. Der Bestrafte zog dar-
1194 aufhin nach Rom, um die Absolution zu erhalten, dort ist er 1194 gestorben.

Gegen den Staufer bildete sich wiederum eine Adelsopposition, initiiert vom Herzog von Brabant, dem Bruder des Ermordeten, die über Dänemark bis Böhmen reichte. Der Kaiser war zu dieser Zeit in Sachsen unterwegs, wo er in Nordhausen mit Herzog Bernhard und Liudolf, dem erwählten Nachfolger im
1192 Erzbistum Magdeburg, zusammentraf. Im Dezember 1192 kamen auch die bisher verfeindeten Hermann von Thüringen und Albert von Meißen zum Hoftag von Merseburg, so daß er nun eine geschlossene Front gegen den Welfen aufgebaut hatte. Als er das Weihnachtsfest in der Pfalz Eger verbrachte, breitete sich die Nachricht von der Ermordung des Bischofs von Lüttich aus. Nun bildete sich die erwähnte Opposition aus, an der sich der Erzbischof von Köln, der Landgraf von Thüringen, der Markgraf von Meißen, der Böhmenherzog Ottokar und sogar die Zähringer im Südwesten beteiligten. In dieser brenzligen Situation kam es wiederum zufällig zu einer überraschenden Wende, diesmal durch Richard Löwenherz, der in die Gefangenschaft von Herzog Leopold von Österreich geraten war.

Richard Löwenherz hatte sich auf dem Kreuzzug mit dem Herzog von Österreich in Akkon um die Beute geschlagen, daher war er sein Feind geworden. Auf dem Rückweg mußte Löwenherz verkleidet durch die Gebiete seiner Feinde schleichen, wurde dabei in Österreich entdeckt und auf Schloß Dürnstein gefangengehalten. Papst Coelestin bannte den Herzog, weil er einen Kreuzfahrer gefangengenommen hatte. Im Januar 1193 hielt Heinrich einen Hoftag in Regensburg ab, auf dem er mit Leopold V. wegen der Übergabe seines Gefangenen verhandelte. In einem Vertrag wurde festgelegt, daß Richard 100 000 Mark Silbergeld bezahlen sollte, von dem die Hälfte an Leopold gehen sollte. Darüberhinaus sollte Richard 50 Kriegsschiffe und Truppen zur Eroberung Siziliens stellen. Auf dem Reichstag in Speyer wurde der gefangene König von Heinrich VI. angeklagt, weil er in Sizilien gegen ihn agiert und in Zypern den König gefangen und abgesetzt hatte. Anschließend wurde der König auf die Burg Trifels gebracht. *1193*

Der Kaiser benutzte den englischen König als Faustpfand gegen die Fürstenopposition, denn Löwenherz beschwor seine Freunde im Reich, dem Kaiser entgegenzukommen, weil er Angst hatte, seinem ärgsten Feind, dem französischen König, ausgeliefert zu werden. Im Juni 1193 einigte er sich mit Heinrich VI. auf das Lösegeld und durfte auf seine Beteiligung an der Eroberung Siziliens verzichten, dafür wollte er dem Kaiser bei dem Streit mit dem Welfen helfen. Schließlich war er sogar bereit, sein Reich vom Kaiser als Lehen anzunehmen. Als Geiseln wurden die Söhne Heinrichs des Löwen, Otto und Wilhelm, gestellt, die zu der Zeit in England lebten. Erst zu Beginn des Jahres 1194 wurde *1194* Richard Löwenherz freigelassen. Gleichzeitig versandte der Kaiser ein Schreiben an Philipp II. August und Prinz Johann, der gegen seinen Bruder in England regiert hatte, in dem er sie aufforderte, alle Burgen und Gebiete an Richard zurückzugeben, sonst werde er den König bei der Rückgewinnung unterstützen. Heinrich VI. stärkte den englischen König, damit ihn der französische König als Partner benötigte.

Während des Aufenthaltes Richards im Reich hatte der Kaiser seine Position gefestigt. Um sich hatte er immer noch seine Vertrauten wie Boppo von Wertheim, Robert von Düren, Markward von Annweiler und Heinrich von Kaiserslautern. *1192* Zu Pfingsten 1192 fand die Schwertleite seines Bruders Konrad von Schwaben und Herzog Ludwigs von Bayern mit einem großen Fest in Worms statt, wo sein treuer Freund Bischof Heinrich residierte. Aus Italien war Bischof Walter von Troia gekommen, der ihm über die Kämpfe in Süditalien berichtete. Konstanze war immer noch gefangen, der Papst setzte sich für sie ein, nachdem er erkannte, daß der Staufer, dessen Härte er fürchtete, unbeugsam war. Die Kaiserin kehrte im Sommer 1192 über Rom ins Reich zurück. Der Papst belehnte nun Tankred mit Sizilien, Apulien und dem Prinzipat von Capua, während der Kaiser das Bündnis mit den oberitalienischen Städten erneuerte und mit Konrad von Lützelhardt einen kriegserfahrenen Mann mit der Reichsverwaltung in Tuszien betraute.

Die Ministerialen setzte er wie sein Vater sehr häufig in wichtige Positionen ein. In Italien konnten sie sogar zu Herzögen aufsteigen, was im Reich nicht möglich war. Erzbischof Konrad von Mainz erreichte aber im Sommer 1192 die Zustimmung des Kaisers zu Eheverbindungen zwischen Ministerialen des Reiches und des Mainzer Erzstiftes. Durch Aussterben einiger Adelsfamilien im 13. Jahrhundert gelang den Ministerialen auch im Reich der Aufstieg in den Adel.

1193 Im Juni 1193 wurde mit Heinrich von Brabant und Heinrich von Limburg in Koblenz die Aussöhnung erzielt, der Kaiser ließ seine Unschuld am Bischofsmord von Reims durch hochrangige Eideshelfer beschwören und jetzt endlich die Mörder aus dem Reich verbannen. Gleichzeitig nahm er alle Oppositionellen wieder in Gnaden auf. So konnte er sich wieder auf Heinrich den Löwen konzentrieren. Eine ungeplante Heirat zwischen der Tochter des lothringischen Pfalzgrafen Konrad mit Heinrich von Braunschweig beschleunigte die Versöh-
1194 nung. In der Pfalz Tilleda fand im März 1194 am Fuß des Kyffhäuser die entscheidende Begegnung statt. Die Welfen erhielten ihren Allodialbesitz bestätigt, dafür wollte Heinrich von Braunschweig freiwillig mit auf den Italienzug gehen. Nur kurze Zeit später erhielt der Kaiser die Nachricht, daß Tankred von Lecce verstorben war. Dies förderte die Vorbereitungen zum geplanten Italienzug, für den noch Geldmittel gesammelt werden mußten. Im Mai brachen Kaiser und Kaiserin vom Trifels aus in Richtung Italien auf.

Tankred hatte seine Witwe Sybille und einen kleinen Sohn Wilhelm hinterlassen, der sofort gekrönt wurde, was auch beim Papst Anerkennung fand. Trotzdem war die Position schwach, wie sich im Kampf gegen den Kaiser zeigte. Das Pfingstfest verbrachte Heinrich VI. in Mailand. Dort trafen Gesandte Leos von Armenien ein, der anbot, sein Reich gegen Erhebung zum König vom Staufer als Lehen anzunehmen. Von Mailand aus wandte sich der Kaiser nach Genua und Pisa, um eine Flotte zusammenzustellen. Mitte August segelten die Verbände nach Süden, über Neapel erreichten sie Messina. Dort gab es Streit zwischen Genuesen und Pisanern, die Genuesen schlugen ein Heer der Königin Sybille und gewannen die Schlacht und Syrakus. Heinrich war der Flotte langsam auf dem Landweg gefolgt. Er nahm an Salerno Rache wegen des Verrats an der Kaiserin, die Stadt ging am 17. September in Flammen auf.

Auf seinem weiteren Weg traf der Kaiser am 21. Oktober in Nocastro zum zweiten Mal auf Joachim von Fiore, einen der bedeutendsten Theologen der Zeit,
1191 der ihn schon 1191 vor Neapel zur Rückkehr aufgefordert hatte, denn er werde das Königreich Sizilien ohne Krieg erringen. Dies war nun in der Realität nicht der Fall, als der Kaiser Ende Oktober Messina betrat. Die Königin Sybille hatte sich nach Palermo geflüchtet, dessen Bürger dem Kaiser die Unterwerfung anboten. Er feierte am 24. November seinen triumphalen Einzug in Palermo, wo ihm die Kö-
1195 nigskrone ausgeliefert wurde. Am ersten Weihnachtstag 1195 fand die Krönung des Kaisers zum König von Sizilien statt. Kurz darauf wurde die Verschwörung gegen ihn aufgedeckt, an der die normannische Königsfamilie beteiligt gewesen sein soll. Die Familie wurde gefangengesetzt und dann ins Reich deportiert, Wilhelm auf die Burg Hohenems, die Frauen in das elsässische Kloster Hohenburg. Die Ausnahme bildete Irene, die byzantinische Frau des verstorbenen Sohnes Roger III., die mit Philipp, dem jüngsten Bruder des Kaisers, verlobt wurde.

Ein wichtiges politisches Ergebnis war das Angebot des Almohadenkalifs al-Mansur aus Spanien, der Tributzahlungen anbot, um mit dem neuen Herrscher in Sizilien in Frieden zu leben. Auch andere Fürsten im Mittelmeerraum schlossen sich an, eine neue Machtkonstellation war errichtet worden.

Der Kaiser nutzte die nächsten Wochen in Palermo, um das Königreich Sizilien neu zu organisieren. Es mußte vor allem die Verwaltung ausgetauscht wer-

den, treue Gefolgsleute wurden mit Privilegien, Geld oder Ämtern belohnt.
Keinesfalls wendete sich Heinrich VI. gegen die normannische Königstradition,
denn er leitete seine rechtmäßige Übernahme der Macht von dem normanni-
schen Erbe seiner Frau Konstanze ab. Viele Schätze normannischer Kunst und
Kultur gelangten dabei aber doch in den Norden, wurden teilweise in den kai-
serlichen Schatz übernommen. Von Bari aus erließ er zu Ostern 1196 eine Ord- *1196*
nung, die das sizilische Reich in seiner Abwesenheit stabilisieren sollte, dabei
setzte er Bischof Walter von Troia als Kanzler ein, Konrad von Urslingen wur-
de als Vertreter des Kaisers benannt. Als feste Stütze der Herrschaft wurde
Markward von Annweiler mit der Markgrafschaft Ancona, dem Herzogtum Ra-
venna und der Grafschaft Romagna belehnt. In Bari trafen der Kaiser und die
Kaiserin, die inzwischen den einzigen Sohn geboren hatte, nach einem Jahr wie-
der zusammen. Konstanze trat nun in den politischen Vordergrund, denn sie
sollte nach dem Willen des Kaisers die Regentschaft über Süditalien übernehmen
und somit die normannische Königstradition fortführen. Ihren Aufenthalt nahm
sie in Palermo, der Sohn Friedrich Roger blieb vorsichtshalber auf dem Festland
in Foligno, der Kaiser selbst zog nach Norden.

Konstanze mußte sich gleich mit den Ansprüchen des Papstes auseinanderset-
zen, denn der beharrte auf seinen Rechten, die er mit Tankred ausgehandelt hatte.
Für Konstanze aber war die Herrschaft Tankreds illegitim. Sie protestierte scharf
gegen die Entsendung eines Kardinallegaten mit Generalvollmacht, der zumindest
in Apulien als weltlicher Lehensherr agierte, ebenso scharf gegen die Einsetzung
von Äbten und Bischöfen ohne ihre Zustimmung. Der Kaiser wußte, daß eine
Aussöhnung mit dem Papsttum für das südliche Königreich wichtig war. Daher
hatte er schon im März 1195 dem Papst brieflich mitgeteilt, daß er einen Kreuzzug *1195*
unternehmen werde. Die Kurie blieb mißtrauisch, deshalb nahm Heinrich zu
Ostern in Bari inoffiziell das Kreuz und ließ zum Kreuzzug predigen. Als Termin
wurde der März des nächsten Jahres vorgesehen. Der Papst ließ sich immer noch
nicht dafür gewinnen, den Kaiser als König von Sizilien anzuerkennen. Während
seine Gesandten weiter in Rom verhandelten, zog der Kaiser nach Oberitalien und
hielt sich einige Tage in Mailand auf, wo er Cremona den Besitz Cremas bestätig-
te und andere Privilegien den lombardischen Städten erteilte.

Bei seinem triumphalen Eintreffen im Reich war Heinrich der Löwe bereits schwer krank, woraufhin er im August 1195 starb. Sein Sohn Heinrich von Braunschweig übernahm die Pfalzgrafschaft am Rhein, weil sein Schwiegervater Konrad ebenfalls 1195 starb. Auf einem Reichstag in Gelnhausen schlichtete der Kaiser im Oktober den Bremer Streit, indem er Erzbischof Hartwig in seine alte Würde wieder einsetzte, dafür erhielt Graf Adolf von Schauenburg die Grafschaft Stade. Auf demselben Reichstag erklärten die Herren aus Sachsen und Thüringen ihre Bereitschaft, am Kreuzzug teilzunehmen. Kurze Zeit später sprachen Gesandte Amalrichs von Zypern am Hofe vor und baten in seinem Namen darum, aus den Händen des Kaisers die Königskrone und die Legitimierung zu erhalten. Heinrich ließ umgehend ein Szepter übersenden, die Krönung sollte im Verlauf des Kreuzzuges vollzogen werden.

Bevor er das Reich in Richtung auf das Hl. Land verlassen sollte, wollte der Kaiser auf der Höhe des Erfolges die Nachfolge für seinen Sohn regeln. Zur

Vorbereitung dieser Entscheidung suchte er das Gespräch mit den Fürsten, die auf den Hoftagen erschienen. Dies gab ihnen wiederum Gelegenheit, eigene Wünsche z. B. besonders hinsichtlich weiblicher Erbfolge vorzutragen, in der Hoffnung, den Kaiser in dieser Zwangslage geneigter zu finden. Heinrich VI. ließ sich aber nicht lange hinhalten, sondern bedrohte die Fürsten sogar, wenn sie seinen Plänen nicht zustimmen sollten. Nur mit Zögern stimmten sie auf dem
1196 Hoftag Ende März 1196 in Würzburg dem sogenannten Erbreichsplan zu, wie sich einer Geschichte des Bistums Lüttich als Quelle dazu entnehmen läßt. Sein Vorschlag lief auf eine völlige Neugestaltung der Verfassung des Reiches hinaus. Er wollte das Kaisertum für seine Familie retten und verband Sizilien, Kalabrien, Apulien und Capua mit dem Reich. Das Herrscheramt sollte durch Erbschaft und verwandtschaftliche Nähe zum Kaiser weitergegeben werden. Auch die weibliche Erbfolge bei Reichslehen wollte er zugestehen und auf das Regalienrecht verzichten, was den Kirchen die Einkünfte auch während der Sedisvakanz erhielt. Daher konnte Heinrich die Zustimmung der Kurie erlangen und die Akzeptanz der Nachfolge seines Sohnes durch die meisten Fürsten. Widerstand war von Erzbischof Adolf von Köln zu erwarten, der dem Tag in Würzburg ferngeblieben war. Landgraf Hermann von Thüringen z.B. nutzte gleich die neue Regelung, indem er seine Tochter zur erbberechtigten Nachfolgerin bestimmte.

1196 Heinrich machte sich vom Elsaß aus im Juli 1196 über Burgund wieder auf den Weg nach Italien, wohin er den Kanzler Konrad von Hildesheim, Vikar von Italien, bereits geschickt hatte, um das Reich zu präsentieren und die Möglichkeiten zum Einschiffen der Kreuzfahrer zu überprüfen. Da traten die Herren aus Sachsen und Thüringen mit ihrer Opposition gegen den Erbreichsplan an die Öffentlichkeit. Der Kaiser schickte den Burggrafen von Magdeburg, Gebhard von Querfurt, zu Verhandlungen ins Reich zurück, denn er benötigte die Zustimmung der Fürsten für seine Bemühungen beim Papst wegen der Krönung seines Sohnes. Aber diese Minderheit der Fürsten blieb bei der Weigerung und wollte von der Wahl Friedrichs nichts mehr wissen. Daher konzentrierte sich der Kaiser darauf, eine schnelle Lösung mit der Kurie zu finden. Er verzichtete in pragmatischer Einsicht auf den Erbreichsplan und entband die Fürsten von ihrem Versprechen, die daraufhin bereit waren, Friedrich zum König zu wählen. Da der Kaiser selbst nicht kommen konnte, betraute er Erzbischof Konrad von Mainz und Herzog Philipp mit der Vorbereitung der Wahl. Um Weihnachten herum muß die Wahl des knapp zweijährigen Friedrich, der immer noch in Italien lebte, stattgefunden haben. Die Krönung und Weihe durch den Kölner Erzbischof konnte nicht ins Auge gefaßt werden, da er der Wahl fernblieb, aber
1197 dann doch im Sommer 1197 seine Stimme abgab.

Der Kaiser näherte sich Rom und gewann immer mehr Anhänger, immer mehr kaiserliche Ministeriale aus Italien ergänzten sein Gefolge, auch der Präfekt Petrus von Rom reiste ihm entgegen. Heinrich verfügte, daß bestimmte Einkünfte der Kirche St. Peter in Rom, deren Kanoniker er war, zufließen sollten. Wahrscheinlich hat er in dieser Phase auch seinen Sohn in Foligno besucht und weiter Verhandlungen mit der Kurie geführt, bei denen seine Vorschläge jeweils abgelehnt wurden. In Capua hielt der Kaiser einen Hoftag ab, bei dem ihm alle ausgestellten Urkunden vorgelegt werden mußten, die er überprüfte und eventuell bestätigte. Hier wurde aber auch eine Steuer für das gesamte Königreich festgesetzt. Den nächsten Kontakt zum Papst nahm Heinrich nach längerem Warten im Februar von Tarent aus auf, zeigte weiteres Entgegenkommen, aber auch wo die Grenzen lagen. Er vertrat weiter den Rechtsstandpunkt, daß der König von Sizilien selbst die päpstliche Legationsgewalt ausübte, die er an Kardinäle delegieren konnte. Ohne Antwort zog der Kaiser weiter nach Messina, um die Kaiserin zu sehen, wobei er unterwegs wieder Joachim von Fiore traf, der für sein Kloster die Bestätigung der Privilegien erzielen konnte.

Das Osterfest feierte der Kaiser am 7. April in Palermo, für dessen Königspalast er einen Freskenzyklus zur Verherrlichung der Geschichten aus dem Alten Testament und Barbarossas im letzten Zimmer in Auftrag gegeben hatte. Als die ersten Kreuzfahrer in Süditalien eintrafen, reiste der Kaiser nach Messina, wo er auf die Jagd ging, während eine gefährliche Verschwörung gegen ihn angezettelt wurde. Zu seinem Glück wurde sie verraten, so daß er in die Stadt entkommen konnte, deren Bürger ihn unterstützten. Zu ihnen stießen deutsche Kreuzfahrer unter Markward von Annweiler und Heinrich von Kalden, die die Normannen in die Defensive drängten. Sie sammelten sich unter einem ihrer Führer, dem Bischof von Catania, woraufhin die Stadt von den Truppen des Reiches erobert und der Bischof gefangen wurde. Der anonyme Anführer der Verschwörung konnte auf seine Burg Castrogiovanni entkommen, die von den kaiserlichen Truppen belagert wurde. Als sie gestürmt werden konnte, ging der Kaiser zur Abschreckung mit großer Grausamkeit gegen die Verschwörer vor, dem Anführer wurde eine glühende Krone auf den Kopf genagelt. Unklar bleibt die Rolle der Kaiserin, die eventuell von der Verschwörung ihrer normannischen Untertanen gewußt haben kann.

Dies war der letzte Triumph des Kaisers. Er hielt sich in nächster Zeit wieder in der Nähe von Messina zur Jagd auf und kontrollierte die letzten Vorbereitungen zum Kreuzzug, den er aufgrund seiner angegriffenen Gesundheit nicht selber anführen konnte. Anfang August erkrankte er schwer, wahrscheinlich war
es ein Malariaanfall. Am 28. September 1197 starb der Kaiser in Messina, wo er *1197*
vorläufig beigesetzt wurde. Im Mai 1198 wurde der Leichnam nach Palermo *1998*
überführt und dort im Dom in einem Porphyrsarkophag nach normannischer Tradition bestattet.

Einordnung

Heinrich VI. fand bei seinem Regierungsantritt ähnlich gute Bedingungen vor wie der Salier Heinrich III., er läßt sich auch sonst mit seiner Regierungszeit als einem Höhepunkt des Herrschaftsanspruchs über die Könige in Europa vergleichen. Es wird oft betont, daß bei Heinrich VI. sogar die Idee des alten Imperium Romanum, der Weltherrschaftsgedanke also, dominierte. Als Beweise wurden die Könige angeführt, die ihr Reich von ihm als Lehen empfingen oder empfangen wollten. Selbst der byzantinische Kaiser mußte sich durch Tribute die Gunst Heinrichs erhalten.

Von seinem Vater hatte er die Schwierigkeiten mit Heinrich dem Löwen geerbt, aber auch gleichzeitig bei jahrelanger Begleitung seines Vaters gelernt, wie man mit solchen Problemen fertig werden konnte. So war er schon früh auf die politische Arbeit vorbereitet worden. Diese gute Vorbereitung und seine vorhandenen Fähigkeiten verhalfen ihm zu einem brillanten politischen Spiel. Er reagierte schnell und flexibel auf veränderte Bedingungen und paßte seine Handlungen an die vorhandenen Möglichkeiten an bzw. setzte andere Prioritäten. Deutlich zeigte sich dies beim Tod Landgraf Ludwigs von Thüringen und vor allem bei dem so wichtigen Erbreichsplan, den er aufgab, als er auf erbitterten Widerstand stieß. Auf der anderen Seite vertrat er aber eine Position der Stärke und gab bei elementaren Ansprüchen z.B. gegenüber dem Papst nicht nach, sondern verhandelte sehr ausdauernd und taktisch klug. Zu seiner erfolgreichen Politik gehörte auch die Skrupellosigkeit, die er an den Tag legte, als er in Thüringen in eigenem Interesse eingriff, Richard Löwenherz in Haft hielt und Lösegeld erpreßte oder als der Bischof von Lüttich ermordet wurde, ohne daß er eingriff. Gerade hier hatte er die Lage falsch eingeschätzt, denn die Fürstenopposition wurde für ihn gefährlich, der Zufall der Gefangennahme von Richard Löwenherz rettete ihn.

Konsequent und mit allen Mitteln verfolgte er das wichtigste Ziel seines Lebens, die Vereinigung des Königreichs Sizilien mit dem Reich. Als er es schließlich geschafft hatte, wurde ihm ein Sohn geboren, was er als göttliches Zeichen angesehen haben muß. Nun lag sein größtes Bestreben darin, die Nachfolge für seine Familie zu sichern. Mit seinem 1196 vorgelegten Erbreichsplan verstieß er gegen alle bisherigen Konventionen. Den Fürsten des Reiches wollte er gegen das Wahlkönigtum die Erbfolge aufzwingen, er bedrohte sie sogar, als sie zögerten, den Papst köderte er mit Besitz für die Kirche. Der Papst konnte aber nicht zulassen, daß er von allen Seiten von Reich und staufischer Macht umgeben war, deshalb ließ er alle Angebote Heinrichs ins Leere laufen. Dem zweiten Unternehmen, das der Kaiser mit aller Konsequenz verfolgte, dem Kreuzzug, stand der Papst daher auch sehr skeptisch gegenüber. Heinrich benutzte den Kreuzzug aber nicht als taktisches Argument, sondern wollte mit dem Kreuzzug das Werk seines Vaters vollenden und selbst als der christliche Universalherrscher erscheinen.

Heinrich VI. war nicht nur ein Mann schneller Entschlüsse, sondern auch schneller Bewegungen. Er legte große Entfernungen in kurzer Zeit zurück und konnte auch in Sizilien präsent sein. Dies war erstaunlich, weil man ihm eine schwache Konstitution nachsagte und er sicher schon früh durch den Malarianfall von 1191 gezeichnet war. Vor diesem Hintergrund ist seine Leistung um so höher zu bewerten, wobei ihm enge Vertraute hilfreich zur Seite standen. Er hatte das Glück, daß er um sich herum Personen aus der Ministerialität hatte, die ihm während der ganzen Zeit treu und als Stützen seiner Herrschaft im Reich und in Italien einsetzbar waren. Seine Herrschaft war kurz und erfolgreich, sie beruhte auf pragmatischem Handeln und baute auf eine geregelte Verwaltung auf, sie sprengte mit dem Erbreichsplan und mit der Machtergreifung in Sizilien die bisherigen Dimensionen. Die Staufer und das Reich waren eine wichtige Komponente im Mittelmeerraum geworden, wie die zahlreichen Ergebenheitsadressen von Herrschern aus diesem Raum beweisen.

Der Thronstreit von 1198

Heinrich VI. war zwar plötzlich gestorben, aber doch in dem Glauben, für seine Nachfolge bestens gesorgt zu haben. Die folgenden Ereignisse zeigten, daß diese Einschätzung falsch war. Der jüngste Bruder des Kaisers, Herzog Philipp von Schwaben, übernahm die Verantwortung und eilte nach Italien, um den Thronfolger zu holen. Aber dessen Mutter war schneller, Konstanze hatte für den Transport ihres Sohnes nach Sizilien gesorgt. Für sie waren die Staufer nur eine Zwischenepisode gewesen, sie wollte die Kontinuität der normannischen Königsfamilie durchsetzen. Deshalb verzichtete sie im Namen ihres Sohnes auf sein Recht als König des Reiches und ließ ihn zum König von Sizilien krönen. Sie selbst führte aber den Titel der Kaiserin bis zu ihrem Lebensende.

Papst Coelestin III. war ebenfalls gestorben, woraufhin die Kardinäle unverzüglich am selben Tag (8.1.1198) den jüngsten aus ihrem Kreis, Lothar von Segni (bei Rom), mit 37 Jahren zum Papst wählten. Dieser überaus gelehrte und dynamische Papst führte den Namen Innozenz III. (1198-1216). Er betonte von Anfang an, schon in seiner Weihepredigt, den Vorrang des sacerdotium vor dem imperium, nur der Papst war der Stellvertreter Christi auf Erden. Dies versuchte er, in der realen Politik umzusetzen, was ihm mit unterschiedlichem Erfolg auch teilweise gelang. Als erstes Terrain nahm er Mittel- und Süditalien in Angriff, wo nach dem Tod des Kaisers große Unsicherheit herrschte. In der Mark Ancona und im Herzogtum Spoleto ließ der Papst den Untertaneneid schwören, in der Romagna und der Toscana nahmen die Kommunen gegen Papst und Reich eine Gegenposition ein, der Lombardische Städtebund besann sich wieder auf die Vertretung seiner eigentlichen Interessen.

In Sizilien versuchte Konstanze sofort, ihre Stellung zu verselbständigen, indem sie die Vertrauten des verstorbenen Kaisers aus ihrer Umgebung entfernte. Der Kanzler Walter von Troia wurde in Haft gesetzt, Markward von Annweiler und Konrad von Spoleto verließen Sizilien, wobei der letztere seinen Besitz in Mittelitalien durch den Papst gefährdet sah. Nach der Krönung Friedrichs zum König von Sizilien im Mai 1198 legte er den römischen Königstitel ab. Seine *1198* Mutter hatte sich schon vorher bemüht, die Unterstützung des Papstes zu erhalten. Nun konnte der neue Papst sie aber so weit bringen, daß sie ihm die Rechte über die Kirche in Sizilien einräumen mußte. So erreichte sie für sich und ihren Sohn die päpstliche Anerkennung der ererbten Herrscherwürde. Bevor Konstanze den traditionellen Lehenseid der Normannenkönige leisten konnte, starb sie am 27. November 1198. Kurz zuvor hatte sie auf Bitten des Papstes Walter von Troia aus der Haft entlassen. Sie hatte in ihrem Testament ihren Sohn dem Papst als Vormund anvertraut, was Innozenz III. Mitte Dezember erfuhr. Er übernahm diese Aufgabe sofort gern, denn er erhoffte sich, seinen Einfluß über die Kirchenpolitik hinaus auch auf die praktische Politik ausdehnen zu können. Um dies allerdings realisieren zu können, hätte er die Regentschaft in Sizilien persönlich antreten müssen. Doch hatte er dazu weder zu der Zeit noch später Gelegenheit, also mußte er seine Rechte durch seinen Kardinallegaten wahrnehmen lassen.

Im Reich hatte Philipp weiterhin die Interessen Friedrichs als Regent vertreten und ignorierte wie die Mehrheit der Fürsten den von Konstanze ausgesprochenen Verzicht. Doch der Kölner Erzbischof Adolf von Altena sah den Verzicht als real an, fand Unterstützung bei Richard Löwenherz und suchte einen Gegenkandidaten zu den Staufern. Er hatte den Zähringer oder den Sachsenherzog im Auge, während die Stadt Köln aus wirtschaftlichen Interessen einen Welfen bevorzugte. Dies blieb nicht unbemerkt. Die Fürstenmehrheit war davon überzeugt, daß nur ein erfahrener, tüchtiger Mann an der Spitze des Reiches die Ordnung wiederherstellen könnte. Deshalb überredeten sie Philipp von Schwaben die Verantwortung zu übernehmen, so daß er am 6. März 1198 von der Mehrheit der Fürsten, vor allem von Sachsen und Thüringern, zum König gewählt wurde. Seine Krönung vollzog erst im September der Erzbischof von Tarentaise in Mainz mit den echten Reichsinsignien. Bereits zwei Monate vorher war der im Juni gewählte König Otto IV., dritter Sohn Heinrichs des Löwen, von dem richtigen Königskröner, dem Erzbischof von Köln, am richtigen Ort in Aachen, aber mit den falschen Insignien, gekrönt worden.

Diese Doppelwahl von 1198 schwächte das Reich insgesamt. Beide Könige hatten engen Kontakt zu anderen europäischen Herrschern. Der 21jährige Otto IV. war von seinem Onkel Richard Löwenherz sehr gefördert worden, Philipp hatte das Bündnis mit dem französischen König sofort erneuert. Nach dem Tod Richards wurde Otto auch von dessen Bruder und Nachfolger Johann Ohneland unterstützt. Dessen Niederlage in Frankreich von 1204 schwächte die Position des Welfen, während die staufische Seite die Oberhand gewann.

Im Jahr 1198 hatten beide Könige ihre Wahlanzeige an Innozenz III. geschickt, auch hier vertraten die Könige aus England und Frankreich die Interessen der staufischen oder welfischen Partei an der Kurie. Der Papst war zum Schiedsrichter aufgerufen, da das deutsche Königswahlrecht keine Lösung der
Lage ermöglichte. Otto bot dem Papst die Anerkennung aller Rechtstitel der
1199 Kurie an und war auch 1199 schon bereit, auf spätere Ansprüche als Kaiser zu
verzichten. Daraufhin schlug sich der Papst, der sich zuerst lange abwartend ver-
1201 halten hatte, auf die Seite des Welfen und erkannte ihn Anfang 1201 an. Er be-
gründete seine Entscheidung u.a. damit, daß die Salier- und Stauferfamilie die Römische Kirche oft genug bedrängt habe, deshalb könne er ein Mitglied dieser Familie nicht unterstützen. Außerdem neigte er der Auffassung des Kölner Erzbischofs zu, wie er in einem Brief schreibt, daß nicht die Mehrheit der Fürsten zählte, sondern wer für den richtigen Kandidaten gestimmt habe. Es gab zwar noch kein Kurfürstenkollegium, aber die drei rheinischen Erzbischöfe und der Pfalzgraf gehörten auf jeden Fall zu den wichtigen Wählern.

Noch im Sommer 1201 leistete Otto IV. den Schwur, die Rückgewinnungspolitik des Papstes in Mittelitalien zu akzeptieren, seine Sizilienpolitik zu unterstützen, auf die Spolien, den Nachlaß der Kirche, zu verzichten und vor Aktivitäten in der Lombardei und Toskana den Papst um Rat zu fragen. Innozenz III. hatte auf diese Weise den König in seine Abhängigkeit gebracht, der ihm nun Gehorsam geschworen hatte. Er löste die Philipp geleisteten Treueeide und ließ durch seinen Kardinallegaten den Kirchenbann über Philipp verhängen.

Doch trotz dieser Entwicklung verlor Otto Anhänger, während die Anhän-
gerschaft von Philipp stetig wuchs. Als Johann Ohneland gegen den französi-
1204 schen König 1204 verlor, gingen sogar Ottos Bruder Heinrich von Braun-

schweig und der langjährige Feind Erzbischof Adolf von Köln zum Staufer über. Dies führte zu einer überraschenden Aktion, denn Philipp legte sein Amt nieder. Dann aber ließ er sich von den geeinigten Wählern erneut wählen und wurde schließlich vom Kölner Erzbischof in Aachen gekrönt. Das bedeutete, daß er sich der Auffassung des Kölner Erzbischofs und des Papstes annäherte, denn erst jetzt hatte er alle wichtigen Wähler hinter sich.

Innozenz verhängte den Bann über die Wähler, vor allem gegen den Kölner Erzbischof, der damit abgesetzt war. Aber der Papst konnte aus machtpolitischen Gründen mit seinen Strafen keine Wirkung erzielen. Denn Otto IV. verlor
noch mehr an Boden, im Juli 1206 erlitt er eine Niederlage bei Wasserberg und *1206*
war somit auf sein welfisches Erbland zurückgeworfen. Nun erkannte der Papst,
daß er seine Politik ändern mußte, im Mai 1207 lösten zwei Kardinallegaten Phi- *1207*
lipps Anhänger vom Bann. In den Verhandlungen wurde beschlossen, daß eine der Töchter Philipps einen Neffen des Papstes heiraten sollte, der Tuszien, Spoleto und die Mark Ancona als Reichslehen erhalten sollte. Eine andere Tochter sollte Otto IV. selbst ehelichen, was ihm das Herzogtum Schwaben gegen Thronverzicht einbringen würde.

Doch ein unvorhergesehenes Ereignis beendete diese Phase. Philipp von
Schwaben wurde am 21. Juni 1208 in Bamberg von Pfalzgraf Otto von Wittels- *1208*
bach ermordet. Private Rache war das Motiv dieser Tat, die auch den Bamberger Bischof Ekbert von Andechs-Meranien als Gastgeber in Verdacht geraten ließ, der aus seinem Bistum flüchten mußte. Der Papst und seine Anhänger sahen darin ein Gottesurteil und setzten nun ganz auf den Welfen. Dieser verzichtete auf eine Neuwahl, sondern ließ sich nur von den Stauferanhängern nachwählen, wobei die Differenzierung dieser Gruppe etwas schwierig geworden
war. Als erstes eneuerte er 1209 in Spey- *1209*
er die Eide, die er dem Papst bereits einmal geschworen hatte. Allerdings waren die Fürsten nicht daran beteiligt, deren Zustimmung der Papst mit einem Schiedsgericht einholen wollte. Dies zögerte Otto IV. immer mehr hinaus, der durch den Wegfall seines Hauptgegners nun mehr Bewegungsspielraum hatte. Er zog nach Italien und wurde im Oktober 1209 von Innozenz III. zum Kaiser gekrönt.

Friedrich II. mit Falken. Darstellung des Kaisers aus „De arte venandi cum avibus – Von der Kunst, mit Falken zu jagen.“ Das Jagdbuch Friedrichs II. gilt als die erste Naturdarstellung, die auf empirischer Beobachtung beruht.

Als er sich bereits auf dem Rückmarsch befand, erreichte ihn der dringende Appell der Aufständischen im Süden Italiens, ihnen gegen den Staufer Friedrich beizustehen. Otto IV. kam diesem Hilferuf nach, obwohl ein solcher Kriegszug nicht geplant war, denn der Knabe galt nicht als ernsthafter Gegner für das Königtum im Reich. Mit diesem Feldzug brüskierte er den Papst, der ihn mit dem Anathem (Bann) belegte. Innozenz warf ihm vor, daß er ihn hintergangen habe, weil er die Leistungen des Papstes bis zur Kaiserkrönung angenommen habe und nun plötzlich seine Gegenleistungen nicht einlöse, sondern sogar eine Italienpolitik gegen den Papst betreibe. Dieser unüberlegte Kriegszug gegen den jungen Staufer sollte Otto IV. von der Höhe seiner Macht schnell in die Niederlage treiben.

Friedrich II. (1212-1250)

1194 Am 26. Dezember 1194 wurde Friedrich Roger (stauf.-normann. Leitname) in Je-
1196 si in der Mark Ancona geboren und 1196 bereits zum deutschen König gewählt.
Als sein Vater plötzlich 1197 starb, ließ Konstanze ihn im folgenden Jahr zum
1198 König von Sizilien krönen, starb dann jedoch selbst, wobei sie, wie bereits erwähnt, Papst Innozenz III. als Vormund für ihren Sohn bestellt hatte. So wurde er zum Spielball der Mächte. Im Deutschen Reich konnte er vorläufig keine Machtansprüche geltend machen, dort kämpfte sein Onkel Philipp von Schwaben gegen den Welfen Otto von Braunschweig. In Sizilien hatte der Reichstruchseß Markward von Annweiler die Regentschaft bereits nach dem Tod Heinrichs VI. übernommen, war dann von Konstanze und vom Papst an die Seite gedrängt worden, der ihn als seinen gefährlichsten Gegner ansah. Dies war insofern richtig, als Markward der staufischen Familie treu ergeben war und das Konzept des Zusammenhaltes von Reich und Königreich Sizilien weiterverfolgte. Nach Konstanzes Tod und Philipps Wahl beanspruchte Markward offiziell die Regentschaft im Namen Friedrichs, so hatte es auch Philipp befohlen. Der staufische Parteigänger mußte sich von der Mark Ancona aus allmählich den Weg freikämpfen,
1201 konnte sich nach vielen Kämpfen durchsetzen und im Oktober 1201 in Palermo Friedrich Roger in seine Gewalt bringen, der sich anfangs heftig wehrte.

Über das Leben des Staufers bis dahin ist wenig bekannt, geprägt wurde er sicher durch die vielschichtige Kultur Süditaliens, wo sich jüdische, arabische, normannische und deutsche Kultur vermischten. In den ersten Jahren war er in Foligno in der Obhut des Herzogs von Spoleto, Konrad von Urslingen. Nach dem Tod seiner Mutter soll er abwechselnd bei Bürgerfamilien in Palermo gelebt haben, was im Sinn seiner Mutter und des Papstes war, die beide eine Verbindung zum Deutschen Reich verhindern wollten. Demgegenüber sahen die in Sizilien gebliebenen Deutschen ihre einzige Chance auf rechtmäßige Herrschaft gegenüber ihren Konkurrenten im Besitz des jungen Staufers. Selbst nach dem
1202 Tod Markwards von Annweiler (1202), der an der Ruhr starb, hörte der Einfluß der Deutschen nicht auf. Denn Konrad von Urslingen ging im Auftrag Philipps
1202 nach Sizilien, starb aber auch noch 1202. Die unruhige Lage wurde weiterhin durch kriegerische Auseinandersetzungen von normannischen, prostaufischen und propäpstlichen Anhängern bestimmt.

1208 Erst das Jahr 1208, als der Staufer nach normannischem Recht mündig wurde und Papst Innozenz die sizilischen Verhältnisse durch einen Landfrieden zu ord-

nen versuchte und gleichzeitig seine Vormundschaft verlor, brachte Friedrich al-
lein an die Spitze des Königreichs Sizilien. Der junge Mann hatte die letzten Jah-
re angesichts der Wirren in großer Unsicherheit über seine Zukunft verbracht,
denn jeder Machthaber wollte ihn in seiner Gewalt haben. Nur aus Briefen des
Papstes oder an den Papst werden Informationen über den Zustand Friedrichs
geliefert, die allerdings einseitig gefärbt sind. Positiv werden aber schon hier
Friedrichs besondere Eigenschaften und Fähigkeiten hervorgehoben, die ihn
weit vor seinen Altersgenossen auszeichneten. Schon ein Jahr später heiratete er
die zehn Jahre ältere Konstanze von Aragón, anscheinend wegen der Mitgift von
500 spanischen Rittern. In diesem Jahr (1209) verdeutlichte er auch, was er von *1209*
Einmischung hielt. Denn bei der Neuwahl des Erzbischofs von Palermo durch
das Domkapitel appellierte eine Opposition an den Papst, König Friedrich ver-
wies die drei Kanoniker aus dem Königreich. Ebenso setzte er im Februar 1210 *1210*
den Kanzler Walter von Palearia (Troia) ab, inzwischen ein Mann des Papstes.
Dem negativen Einfluß der römischen Kirche verdankte Friedrich seiner Mei-
nung nach die Einschränkung seiner Macht und seiner wirtschaftlichen Basis,
daher wollte er diesen Einfluß zurückdrängen. Der Papst protestierte und erin-
nerte ihn an seine gute Fürsorge für ihn, gleichzeitig ermahnte er ihn aber, sich
zukünftig aus Kirchenangelegenheiten herauszuhalten. Friedrich hatte in der
Zwischenzeit in Sizilien breite Unterstützung und Freunde gewonnen, zu denen
vor allem Berard von Bari, der zukünftige Erzbischof von Palermo, gehörte. An-
dererseits machte ihm seine Politik der Rückgewinnung von Gütern für das Kö-
nigtum auch Feinde, die sich schließlich gegen ihn verschworen. Da er die Ver-
schwörung früh genug entdeckte, konnte er gefährliche Gegner beseitigen und
deren Besitz einziehen. Als es also gerade nach einer endgültigen Stabilisierung
staufischer Macht in Sizilien aussah, wurde Friedrich von dieser Bühne abberu-
fen.

Wie erwähnt wollte der Welfe Otto IV. von Rom aus das staufische Sizilien er-
obern, was völlig konträr zu den Plänen des Papsttums stand, das nun wieder
von zwei Seiten umfaßt zu werden drohte. Nach kurzem Abwarten bannte ihn
Innozenz III. und mobilisierte eine Fürstenopposition im Reich, unter ihnen die
Erzbischöfe von Mainz und Magdeburg, der Landgraf von Hessen und König
Ottokar von Böhmen, die Friedrich (1196 zum König erhoben) im September
1211 in Nürnberg zum „Kaiser" wählte, wohl als Gegengewicht zu Kaiser Otto *1211*
IV. Die erwähnten Fürsten, später ergänzt um die Andechser Brüder Bischof
Ekbert von Bamberg und Herzog Otto I. von Meranien, zeigten die Wahl dem
Papst an, der sie zu umsichtigem Handeln aufforderte. Dadurch mußte Otto sei-
nen Heereszug kurz vor dem erfolgreichen Abschluß abbrechen und schnell ins
Reich zurückkehren.

Auf ungewöhnliche Weise war der Staufer in Abwesenheit nicht zum König,
sondern zum zukünftigen Kaiser gewählt worden. Er selbst sah wohl darin, die
einzige Chance, sein sizilisches Reich zu retten. Obwohl die Ratgeber abrieten,
brach Friedrich Roger Mitte März 1212 Richtung Norden auf. Der Papst hatte *1212*
darauf bestanden, daß der gerade geborene Sohn Heinrich vorher zum König
von Sizilien gekrönt wurde. In Rom wurde Friedrich wie ein Kaiser vom Volk
empfangen. Hier kam es zur ersten Begegnung mit dem Papst, der ihn sehr be-

eindruckte. Er leistete ihm den Lehenseid für Sizilien. Er verpfändete ihm Besitz und wurde dafür in Rom und auf seinem Zug vom Papst finanziert. Auf dem weiteren Weg wurde er von den Städten Genua und Pisa finanziell unterstützt, von Genua aus trat er den Rest der Reise mit Abgesandten aus Cremona und Pavia an. Von Pavia aus gelang ihm die Flucht vor Mailänder Truppen nach Cremona. Dagegen wurde der Brenner von Welfenanhängern gesperrt, so daß er über Chur und den Reschenpaß schließlich Konstanz erreichte, wo er Mitte September ein paar Stunden vor Otto und seinen Truppen eintraf! Nachdem der päpstliche Legat den Bann über Otto erneuert hatte, strömten die Anhänger dem Staufer zu. Bei seinem Einzug in Basel empfingen ihn auch der Bischof von Straßburg mit einer größeren Truppenzahl, Graf Rudolf vom Habsburg als Landgraf im Elsaß und zahlreiche andere Große. Er ließ sich am 5. Dezember in Frankfurt nachwählen und am 9. Dezember in Mainz vom Erzbischof Siegfried von Mainz mit nachgemachten Insignien krönen. Er führte den Titel „Friedrich, durch Gottes Gnade König der Römer, allzeit erhaben, zugleich König Siziliens", wodurch alle seine Ansprüche verdeutlicht wurden.

Friedrich hatte sich noch vor seiner Wahl in Frankfurt im November nach Toul in Lothringen begeben, um dort in Wiederaufnahme der Politik seines Vaters den französischen Thronfolger Ludwig (VIII.) zu treffen, mit dem er im Namen des Königs von Frankreich ein Freundschaftsabkommen gegen England schloß. Er erhielt dafür sogar eine beachtliche Geldsumme, die er verteilte, was ihm weitere Anhänger einbrachte. Dazu gehörten nun Herzog Friedrich III. von Oberlothringen, Herzog Ludwig von Bayern und Herzog Leopold VI. von Österreich sowie Herzog Berthold V. von Zähringen. Auf einem Hoftag in Re-
1213 gensburg leisteten ihm der böhmische König und andere Fürsten 1213 den Treueid. Vor der Entscheidung mit Otto IV. wollte Friedrich II. sich endgültig der Hilfe des Papstes versichern. In der heute verlorenen „Goldbulle" von Eger vom
1209 12. Juli 1213 wiederholte er die Versprechen, die Otto IV. 1209 gegeben hatte, gestand z.B. die freie Wahl der Bischöfe durch Domkapitel und die Rekuperationspolitik des Papstes in Mittelitalien zu, außerdem gelobte er, den Papst zu schützen und ihm bei der Verteidigung der Oberherrschaft über Sizilien zu helfen. Die Fürsten stimmten im Gegensatz zu der Urkunde Ottos IV. diesen Versprechungen zu.

Otto IV. zog sich nach Sachsen zurück und besiegte dort seinen mächtigen Gegner, den Erzbischof von Magdeburg. In der winterlichen Kampfpause ließ Friedrich II. den Leichnam Philipps aus Bamberg in den Dom in Speyer überführen. Allerdings wurde der Streit mit dem Welfen nicht im Reich entschieden,
1214 sondern auf dem Schlachtfeld von Bouvines. Hier trafen im Juli 1214 die verbündeten Engländer und Deutschen unter Otto IV. auf die Franzosen und wurden vernichtend geschlagen. Die eroberte und teils beschädigte kaiserliche Standarte mit dem Reichsadler wurde an den Staufer übersandt. Nicht nur auf dem deutschen Kriegsschauplatz hatte die Schlacht Auswirkungen, sondern auch auf Gesamteuropa. Sie verschaffte Frankreich in der Mächtewertung endgültig den Platz neben dem „Deutschen" Reich und brachte der Vormachtstellung des Kaisertums eine entscheidende Niederlage bei. Otto zog sich zuerst nach Köln,
1218 dann nach Sachsen zurück, wo er 1218 auf der Harzburg starb. Der Staufer

rückte nach Westen über die Mosel und die Maas mit einem plündernden Heer vor, wodurch ihm die Fürsten nun alle folgten. Als letzte Städte am Rhein traten Aachen und Köln 1215 zu ihm über. Friedrich ließ sich daraufhin am 25. Juli in 1215
Aachen noch einmal krönen, dabei ließ er die Gebeine Karls des Großen in einen reich verzierten Schrein betten. In der Nachfolge seines Großvaters und Vaters versprach er, den Kreuzzug seines Vaters wieder aufzunehmen. Vier Wochen später bat er die Zisterzienseräbte, die sich zu ihrem jährlichen Generalkapitel versammelt hatten, um die Aufnahme in ihre Gebetsgemeinschaft. Er erhoffte von ihnen ihre Unterstützung seiner Pläne durch ihre Gebete und versprach ihnen Schutz und besondere Fürsorge.

Im Jahr 1215 erreichte Innozenz III. den Höhepunkt seiner Macht auf dem 4. 1215
Laterankonzil, das die umfassende Reform der Kirche, vor allem die Ketzerbekämpfung, die Abgrenzung der Juden, und den Kreuzzug, besonders den Schutz der Kreuzfahrer nach ihrer vorgesehenen Abreise im Juni 1217, als The- 1217
men hatte. Ein weiteres Hauptthema bildete das Kaisertum. Nach heftigen Debatten, die teilweise chaotisch verlaufen sein müssen, wurde Otto abgesetzt und Friedrich als König und künftiger Kaiser anerkannt. Innozenz III. hatte somit seine Rolle als Schiedsrichter und seinen Anspruch auf das Kontrollrecht der deutschen Königswahl verdeutlicht. Das Reich und seine Fürsten waren in die Position der Bittsteller und Kontrollierten geraten.

Friedrich II. blieb weiterhin im Reich, wo Otto IV. im Sommer 1217 einen letzten größeren Feldzug gegen Magdeburg, gemeinsam mit den Askaniern Markgraf Albrecht II. von Brandenburg und Herzog Albrecht I. von Sachsen, unternahm. Doch war Otto IV. nicht der Hauptgrund für den Aufenthalt, sondern der Staufer wollte Besitz und Macht stabilisieren. Während er sich im Reich allmählich an die Fürsten heranwagte, um geschickt über Territorialzuwachs zu verhandeln, stand der Papst allen Ausweitungen staufischer Macht sehr skeptisch gegenüber. Zur vorläufigen Beruhigung des Papstes gab sich der Staufer sehr kirchenfreundlich und verhandlungsbereit. Als eine der Bedingungen für die Kaiserkrönung versprach Friedrich im Juli 1216, daß sein Sohn Heinrich nur 1216
in Sizilien König sein sollte. Doch genau das Gegenteil setzte er um. Nach dem kurz darauf erfolgten Tod Innozenz III. (1216) ließ er Gattin und Sohn nach Deutschland kommen, wie er es bereits vorher befohlen hatte. Dort wurde der Fünfjährige sofort zum Herzog von Schwaben und 1218 zum Rektor von Burg- 1218
und ernannt. Dies war Teil seines großen Planes und es erschien nicht ungewöhnlich, daß er sich vor dem Kreuzzug um seine Nachfolge kümmerte. Im April 1220 wurde Heinrich (VII.) von deutschen Fürsten in Frankfurt am Main 1220
zum römischen König (rex romanorum) gewählt.

Inzwischen war der römische Kardinal Cencius zu Papst Honorius III. (1216-27) gewählt worden, der schon in höherem Alter und weniger hart bei der Durchsetzung der römischen Politik war. Aber er trieb den Kreuzzug voran. Im August 1217 brach wirklich ein Heer unter Führung von Herzog Leo- 1217
pold von Österreich und König Andreas von Ungarn aus Split Richtung Heiliges Land auf. Das Hauptkontingent entschloß sich, Ägypten anzugreifen und bekämpfte deshalb als erstes Damiette, wo die Kreuzfahrer lange aufgehalten wurden.

Dem Papst gegenüber erklärte Friedrich II., er habe die Fürsten wiederholt zum Kreuzzug aufgefordert, benötige aber die Hilfe des Papstes, der unter Androhung der Exkommunikation den König und die Fürsten zum Aufbruch
1219 im Juni 1219 bewegen sollte. Außerdem sollte er dafür sorgen, daß die echten Reichsinsignien von den Welfen herausgegeben wurden. Der Papst sandte die entsprechenden Schreiben ins Reich, die Reichinsignien wurden zurückgegeben, der Druck auf die Fürsten nahm zu. Andererseits gab es nun die ersten Gerüchte an der Kurie, daß Friedrich den Plan nicht ernsthaft und dafür aber die Königswahl seines Sohnes betreibe. Der Staufer betonte, wie wichtig die Nachfolgeregelung für den Kreuzzug sei und kündigte auf dem Weg dorthin die Romfahrt an. Gleichzeitig meldete er dem Papst aber, daß der Termin wegen säumiger Fürsten verschoben werden müsse. Dies geschah nicht nur einmal.

1220 Im April 1220 wurde Heinrich (VII.) auf einem Hoftag in Frankfurt zum König im Reich gewählt. Friedrich übernahm das Königsamt in Sizilien. Nach der Wahl Heinrichs schrieb Friedrich an den Papst, er habe von der Wahl nichts gewußt, es sei ohne sein Wissen von den Fürsten durchgeführt gewesen. Da ein päpstlicher Legat als Zeuge anwesend war, hätte er dies leicht widerlegen können, also wird sich der Vorgang in der Öffentlichkeit ohne den König abgespielt haben. Es kam zu keinen schweren Differenzen mit dem Papst, der sich damit abgefunden hatte und den Kreuzzug um jeden Preis vorantreiben wollte. Friedrich II. mußte für die Zustimmung der Fürsten allerdings umfangreiche Konzessionen machen. Wenige Tage nach der Wahl stellte er für die geistlichen Fürsten ein überaus bedeutsames Privileg (1220) für ihre Sonderstellung aus, das im 19. Jahrhundert den Namen „Confoederatio cum principibus ecclesiasticis“ erhielt. Darin verzichtete er wieder auf das Spolienrecht, also auf den Nachlaß verstorbener Kirchenfürsten, neu eingeführt wurde, daß der Exkommunikation nach sechs Wochen die Reichsacht folgen sollte. Er garantierte u.a. die freie Verfügung über Kirchenlehen, keine Zoll- und Münzstätten gegen den Willen der Kirchenfürsten einzurichten, keine Burgen und Städte auf ihrem Boden zu bauen und keine Übergriffe von Vögten auf Kirchengut. Insgesamt schränkte er also die Regalien und Befugnisse der Zentralmacht zugunsten der Macht der geistlichen Fürsten ein, womit er zumeist Gewohnheitsrecht der letzten Jahrzehnte erstmalig förmlich und zwar für alle geistlichen Fürsten, nicht als Privileg für einzelne, anerkannte.

Nach diesem wichtigen Ereignis brach der Staufer nach Italien auf, nachdem er Heinrich von Neuffen mit der Sorge um seinen Sohn und der Verwaltung des Herzogtums Schwaben und den Erzbischof Engelbert von Köln mit der Aufsicht über das Reich (Reichsverweser) betraut hatte. Allerdings gab es wegen der Verschiebung des Kreuzzuges doch einige Unannehmlichkeiten. Der Papst kümmerte sich selbst um die Einhaltung der Gelübde bei einzelnen Adeligen, dem säumigen König legte er eine Buße auf, der dieser sich unterzog. Nach acht Jahren betrat der Staufer wieder den Boden Oberitaliens, wo sich seit Jahren die Städte Cremona und Mailand mit ihren Ánhängern bekämpften, aber auch andere Städte und Adelige waren in Kämpfe verwickelt. Der Papst bemühte sich um Friedensregelungen, gleichzeitig schickte aber auch Friedrich II. den Bischof Jakob von Turin, um seinen Einfluß zur Geltung zu bringen. Als er selbst in

Oberitalien ankam, versuchte er, die alten Reichsrechte und die Reichsherrschaft wiederherzustellen.

Doch er konnte sich nur kurz aufhalten und kam im November 1220 nach Rom, dort wurden Friedrich und Konstanze von Honorius III. zu Kaiser und Kaiserin gekrönt. Anschließend nahm der Kaiser noch einmal das Kreuz, heftete es sich an die Schulter und gelobte, im kommenden August selbst den Kreuzzug anzutreten. Danach gab Friedrich zur Beruhigung des Papstes die Erklärung ab, daß es keinerlei Rechte des Imperiums an Sizilien gab, das er nur durch Erbrecht seiner Mutter und von der römischen Kirche als Eigentümerin zu Lehen erhalten habe. Außerdem verkündete er verabredungsgemäß die Gesetze zugunsten der Kirche, die er schon vorher mit der Kurie abgeklärt hatte.

Nach achtjähriger Abwesenheit kehrte Friedrich II. als glanzvoller Kaiser an
der Spitze von Imperium und Regnum nach Sizilien zurück. Während dieser
Zeit hatte er im deutschen Reich die welfische Opposition weitgehend ausge-
schaltet und die eigene Herrschaft der Staufer und des Königtums auf eine soli-
de Basis gestellt, denn er setzte auf die Fürsten als Wahrer der Ordnung des Rei-
ches, demgegenüber schränkte er die Selbständigkeit und die Rechte der Städte
ein. In Sizilien gelang es ihm seit 1220, mit großer Durchschlagskraft eines sou- *1220*
veränen Staatsmannes innerhalb von wenigen Jahren den Adel zu unterwerfen
und die Staatsstruktur zu reformieren. Dazu erließ er zuerst in Capua noch im
Dezember 1220 die Assisen, kurzgefaßte Gesetze, die den Landfrieden verkün-
den sollten und den angestrebten Staat in seinen Umrissen bereits erkennen
ließen. Interessanterweise scheint Friedrich II. sich dabei hauptsächlich an der
Politik seiner normannischen Vorgänger orientiert zu haben. Nach dem Adel
unterwarf er auch mit harter Hand die rebellischen Muslime (1222-24), die er *1222-*
zum Ärger des Papsttums weit entfernt von Sizilien in einer eigenen Stadt, Lu- *1224*
cera am nördlichen Zugang Apuliens in Richtung Kirchenstaat, neu ansiedelte,
wobei sie ihm nun meistens treu ergeben waren. Sie waren immun gegen den
päpstlichen Bann und konnten für den Kaiser produzieren, z. B. hochwertige
Waffen und Teppiche, dazu Pferde züchten.

In allen Bereichen des Lebens setzte er den Staat an die erste Stelle, was Hi-
storiker veranlaßte, ihn als Wegbereiter des modernen Staates anzusehen. So kas-
sierte er die Privilegien der Städte Pisa und Genua ein und begann mit dem Bau
einer Kriegs- und Handelsflotte, Sizilien wuchs zur Handels- und Seemacht im
Mittelmeer heran. Im Frühjahr 1224 errichtete er als erste staatliche Universität
in Europa die Universität Neapel, die die Ausbildung loyaler Staatsdiener si-
cherstellen sollte, mit denen er seinen Staat kontrollieren wollte. Nur wer hier
studiert hatte, konnte darauf hoffen, „Beamter“ in seinem Königreich zu wer-
den. Das Studium der Natur und die Erforschung des Rechts sollten nach dem
Willen Friedrichs im Vordergrund stehen. Justiz und Verwaltung bis zur Auf-
sicht über das Medizinalwesen wurden in den „Constitutiones“ von Melfi (1231) *1231*
auf bahnbrechende Weise vorbildhaft geregelt. Auch die Kirche in seinem Reich
wollte er dominieren, daher kam es zu ersten größeren Differenzen mit Honori-
us III., als er die Besetzung der Bistümer an sich ziehen wollte.

Doch dies war erst der Anfang, es kam zu noch größeren Schwierigkeiten mit dem Papsttum. Friedrich versuchte nun, die Reichsrechte in Italien vor allem ge-

Der Deutschordensstaat im Mittelalter.

genüber den Städten wiederherzustellen und berief 1226 einen Reichstag nach *1226*
Cremona ein. Dort sollte das Vorgehen gegen die Ketzerbewegung und beim
Kreuzzug verhandelt werden. Doch dieser kam nicht zustande, weil dem deut-
schen Heer durch den Lombardenbund der Durchgang versperrt wurde. In Pi-
sa konnte der Kaiser seiner Leidenschaft nachgehen, als er den Mathematiker
Leonardo Fibonaccio dort traf, der in Europa das Rechnen mit der Null bekannt
machte. Während die Politik der Wiederherstellung der Reichsrechte also nur
langsam voranging, wollte der Kaiser nun das versprochene Kreuzzugsunter-
nehmen beschleunigen. Er hatte durch Vermittlung des Papstes im November
1225 Isabella, die Tochter König Johanns (von Brienne) von Jerusalem geheiratet *1225*
und sich sofort den Titel „König von Jerusalem" zugelegt. In demselben Jahr
hatte er sich erneut zum Kreuzzugsaufbruch im Jahr 1227 verpflichtet, anson- *1227*
sten sollte ihn der Bann treffen. Mit der Organisation der Kreuzzugspredigt be-
auftragte er seinen Vertrauten Hermann von Salza, Hochmeister des Deutschen
Ordens, dem er 1226 mit der Goldenen Bulle von Rimini die rechtliche Grund- *1226*
lage für eine Expansion und Staatenbildung in Preußen gegeben hatte.

Exkurs: Die Entstehung des Deutschen Ordens und die „Ostkolonisation"

Der Deutsche Orden war während des dritten Kreuzzuges ca. 1190 als letzter der drei Ritterorden in Akkon entstanden. Nach und nach wurde er reich durch Stiftungen und erhielt Gebiete in der Südsteiermark, Thüringen, Südtirol, dann in Hessen, Franken und Bayern, außerdem in den Niederlanden, Frankreich und Spanien. Nachdem das Hl. Land kaum noch zu halten war, suchte der Orden andere Betätigungsfelder. Friedrich II. förderte den Orden u.a. durch die erwähnte Urkunde von Rimini, durch die dem Orden alle in Zukunft eroberten Gebiete im Prußenland übertragen wurden, der Papst folgte mit einem Kreuzzugsaufruf (1230) und einer Urkunde von Rieti (1234), in der er die künftigen Eroberungen des Ordens dem Heiligen Stuhl unterstellte. Vorher hatte der polnische Herzog Konrad von Masowien den Orden 1225/26 zu Hilfe gegen die „wilden heidnischen" Prußen gerufen und für die Hilfe das Kulmer Land versprochen.

Die Eroberung Preußens begann 1231 und zog sich bis zum Ende des 13. Jahrhunderts hin. Mit der Gründung zahlreicher Burgen und Städte setzte der Orden die Eckpfeiler für den Aufbau und die Aufrechterhaltung eines Ordensstaates, z.B. 1231 Thorn, 1232 Kulm, 1233 Marienwerder, 1255 Königsberg. Im Jahr 1309 wurde der Hauptsitz des Ordens, der nach Akkon in Venedig bestanden hatte, auf die Marienburg verlegt. Durch die Okkupation Pommerellens und Danzigs im Jahr 1328 brachen immer wieder neue Kriege mit Polen aus, die 1410 in der Niederlage des Ordens bei Tannenberg (Grunwald) gipfelten. Der zweite Thorner Frieden von 1460 führte zur Reduzierung des Deutschordenslandes, das endgültige Ende brachte der Hochmeister Albrecht von Brandenburg, als er 1524 Preußen in ein Herzogtum umwandelte und dem König von Polen unterstellte.

Im Ordensland wurden die Felder von Bauern bestellt, Prußen, Slawen und Neusiedlern, die man mit besseren Rechten ausgestattet hatte. Gehöftbesitzer

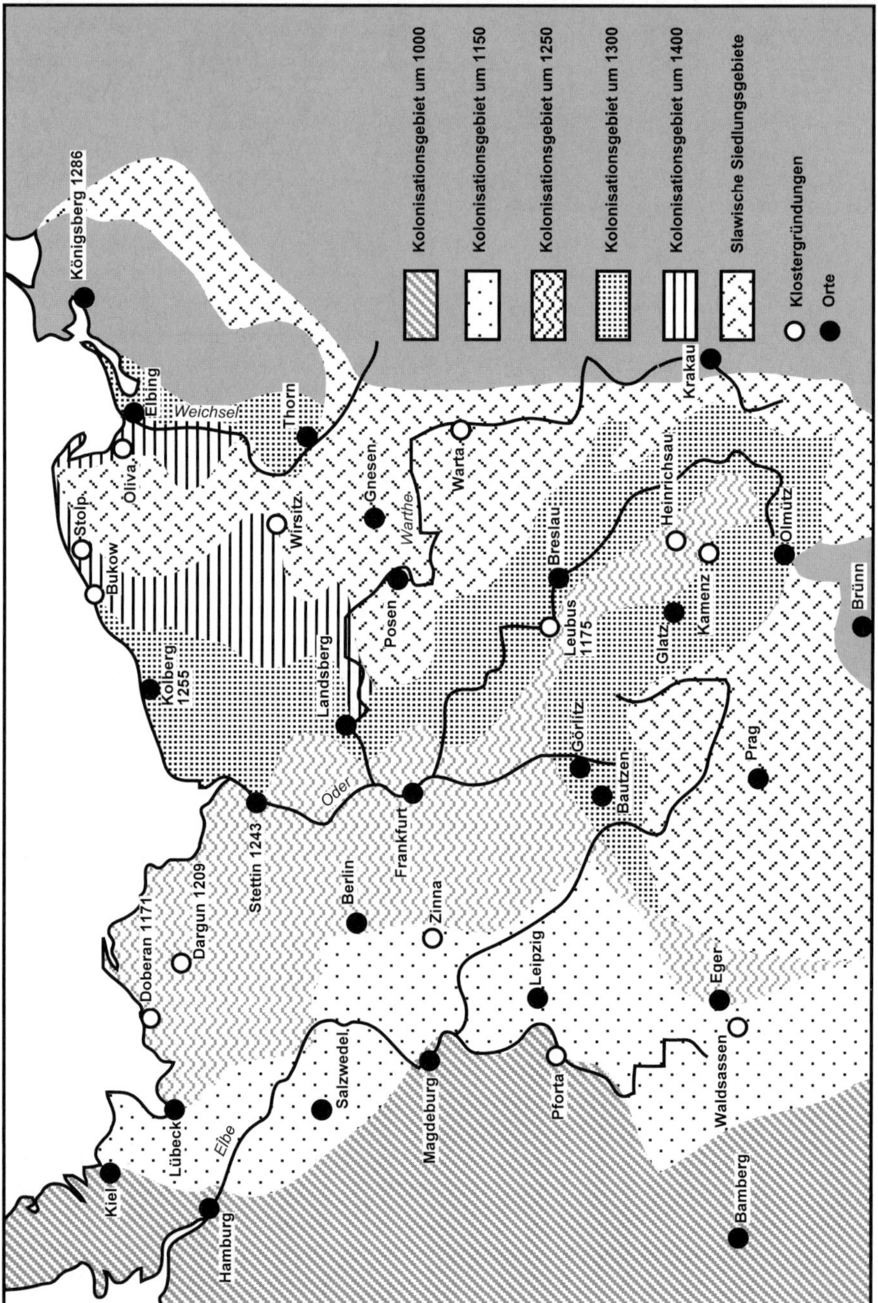

Die mittelalterliche Ostsiedlung.

stellten als Freie die leichtere Reiterei, die Besitzer von großen Höfen und Ländereien stellten die schwere Reiterei. Heirat zwischen Prußen und neuangekommenen Rittern waren durchaus üblich, so entstand ein neuer Landadel. Die Ritter des Ordens lebten auf Burgen und in befestigen Komtureien (Ordenssitzen). Zu Zentren des Landes wurden die Städte, in denen sich die Bevölkerung ebenfalls vermischte. Dort gab es ein besonders fortschrittliches Recht, das man im Zuge der Ostsiedlung eingeführt hatte, um möglichst viele Siedler anzulocken.

Die Ostsiedlung, auch mit den negativen Begriffen „Ostkolonisation" und „Deutscher Drang nach Osten" behaftet, war ein mitteleuropäisches Phänomen von der Mitte des 12. Jahrhunderts bis ca. 1400, das zu den umstrittenen Themen der tschechischen, polnischen und deutschen Historikerinnen und Historiker zählt. Im 11. Jahrhundert begann in West- und Mitteleuropa vor allem durch verbesserte Agrartechnik eine demographische Entwicklung, die in den nächsten 200 Jahren zu einer Überbevölkerung im ländlichen Bereich, einer Landflucht mit entsprechender, daraus folgender Urbanisierung und zu einem enormen ökonomischen Aufschwung führte. Diesen zunehmenden Reichtum sahen die deutschen und slawischen weltlichen und geistlichen Herrscher und Adeligen im weniger bevölkerten und weniger entwickelten Ostmitteleuropa. Sie ergriffen aus ökonomischen und aus Prestigegründen die Initiative, um ihren Herrschaftsraum und sich selbst reich werden zu lassen. Jeder kleine Grundherr folgte ihrem Beispiel. Sie schickten Aufrufe und Personen los, um Siedler anzuwerben, denen sie besondere Freiheiten versprechen ließen.

Die Erzbischöfe von Hamburg-Bremen und Magdeburg hatten schon zu Beginn des 12. Jahrhunderts ihre Aufrufe gestartet, daraufhin kamen besonders niederländische Siedler. Dasselbe galt für Graf Adolf II. von Holstein, der nach 1143 Siedler aus Flandern, Holland, Westfalen und Friesland holen konnte, die mit ihren speziellen Kenntnissen sumpfige Gebiete trockenlegen und nutzbar machen konnten. Die Siedler zogen nach Holstein, Mecklenburg, Brandenburg, Schlesien, Österreich und Ungarn. Im 13. Jahrhundert verschob sich das Gebiet der Neusiedler über die Neiße und Oder hinaus durch die Initiative der Markgrafen von Brandenburg, der slawischen Herzöge von Pommern, der Markgrafen von Meißen und der Herzöge von Breslau, die unter anderem auch die Zisterzienser mit Kultivierungsmaßnahmen betrauten. Die Siedler kamen zum Teil aus Niedersachsen, Franken und Thüringen, zum Teil waren es die Nachkommen der niederländischen Siedler, die schon in der ersten Welle gewandert waren.

Auf diese Weise entstand in Ostmitteleuropa eine neu geformte Kulturlandschaft mit Dörfern und Städten. Zu betonen ist dabei, daß es zweifellos bereits vorher eine gut ausgebildete slawische Kulturlandschaft gab, so daß es oft schwerfällt, Dörfer eindeutig zuzuordnen, weil slawische Formen oft übernommen oder angepaßt wurden. Manche Dörfer erhielten slawische Namen, auch wenn sie von neuen Siedlern gegründet wurden. Die Bevölkerung vermischte sich, allerdings mit unterschiedlichem Recht. Dies gilt auch für die Städte. Sie beruhten oft auf altslawischen Siedlungen wie Liubice (Alt-Lübeck), Brendanburg (Brandenburg), Danzig, Wollin, Stettin, Gnesen, Posen, Breslau, Oppeln und Krakau, wobei Posen, Breslau, Krakau wohl durchaus 3-5000 Einwohner hatten. Die Adeligen beauftragten Lokatoren mit der Neugründung oder Wiederbegründung von Städten (Lokation), die mit einem entsprechenden Privileg progressiven Rechts versehen wurden. Diese Stadtrechte waren an Vorbildern orientiert, die größte Verbreitung fanden dabei das Lübecker und das Magdeburger Stadtrecht. Zu den Gründungen nach „deutschem Recht" in diesem Zeitraum zählten Brandenburg (vor 1196), Leipzig (1161/70), Dresden (vor 1216), Frankfurt /Oder (1253), Posen (1253), Breslau (1211/1244) und Krakau (1217/1257). Sie hatten die typische gleichmäßige Grundrißform von Gründungsstädten wie in den westlichen Teilen Mitteleuropas.

Nach Lübecker Stadtrecht wurden auch einige Städte an der Ostsee gegründet, die später der Hanse (vgl. S. 316) angehörten. Zu den 33 Städten, die in Rechtsangelegenheiten an den Lübecker Rat appellierten, zählten Rostock, Reval, Elbing, Stralsund, Greifswald und Wismar. Diese Orientierung an einem gemeinsamen Recht erleichterte den Zusammenschluß der Ostseestädte zu gemeinsamen Kaufmanns-Fahrten nach Rußland, Schweden, Norwegen, England und Flandern. In einem Verteidigungsbündnis von 1296 verpflichteten sich die wendischen Städte zum Schutz der Kaufleute. Wer dies nicht einhielt, sollte vom Lübischen Recht ausgeschlossen werden, was großen ökonomischen Verlust bedeutete. In diesen Fällen waren es also nicht Adelige, sondern an Profit orientierte Stadtbürger, die die Expansion nach Osten betrieben.

Es ist eindeutig, daß dieser Transformationsprozeß keinem groß angelegten Plan entsprach, sondern in der Regel durch die Politik des herrschenden Adels slawischer und deutscher Herkunft ausgelöst wurde. Es sollen etwa 400.000 Menschen in mehreren Wellen nach Osten gezogen sein, die sich dort zu neuen Identitäten wie z. B. Mecklenburger, Brandenburger, Pommern, Schlesier vermischten. Die Folge bestand vor allem in der Übernahme des Rechtssystems und des technischen Fortschritts im Agrarbereich und im Handwerk, die den östlichen Gebieten auf weitgehend friedlichem Weg allmählich in vielen Bereichen dieselben Strukturen verschaffte wie im westlichen Mitteleuropa. Massive blutige Eroberungspolitik wurde nur vom Deutschen Orden betrieben, der als Ritterorden bei seinem Kreuzzug im 13. Jahrhundert gegen die „heidnischen" Prußen durch die erwähnten Urkunden von Kaiser und Papst unterstützt wurde.

Literaturhinweise zum Deutschen Orden und zur „Ostkolonistation"

1. Ritterorden

Arnold, Udo (Hg.): 800 Jahre Deutscher Orden, München 1990.

Barber, Malcolm: The New Knighthood: A History of the Order of the Temple, Cambridge 1994.

Boockmann, Hartmut: Der Deutsche Orden: zwölf Kapitel aus seiner Geschichte, München 1989.

Bradford, Ernle: Johanniter und Malteser: die Geschichte des Ritterordens, 3. Aufl. München 1996.

Demurger, Alain: Die Templer: Aufstieg und Untergang, München 1997.

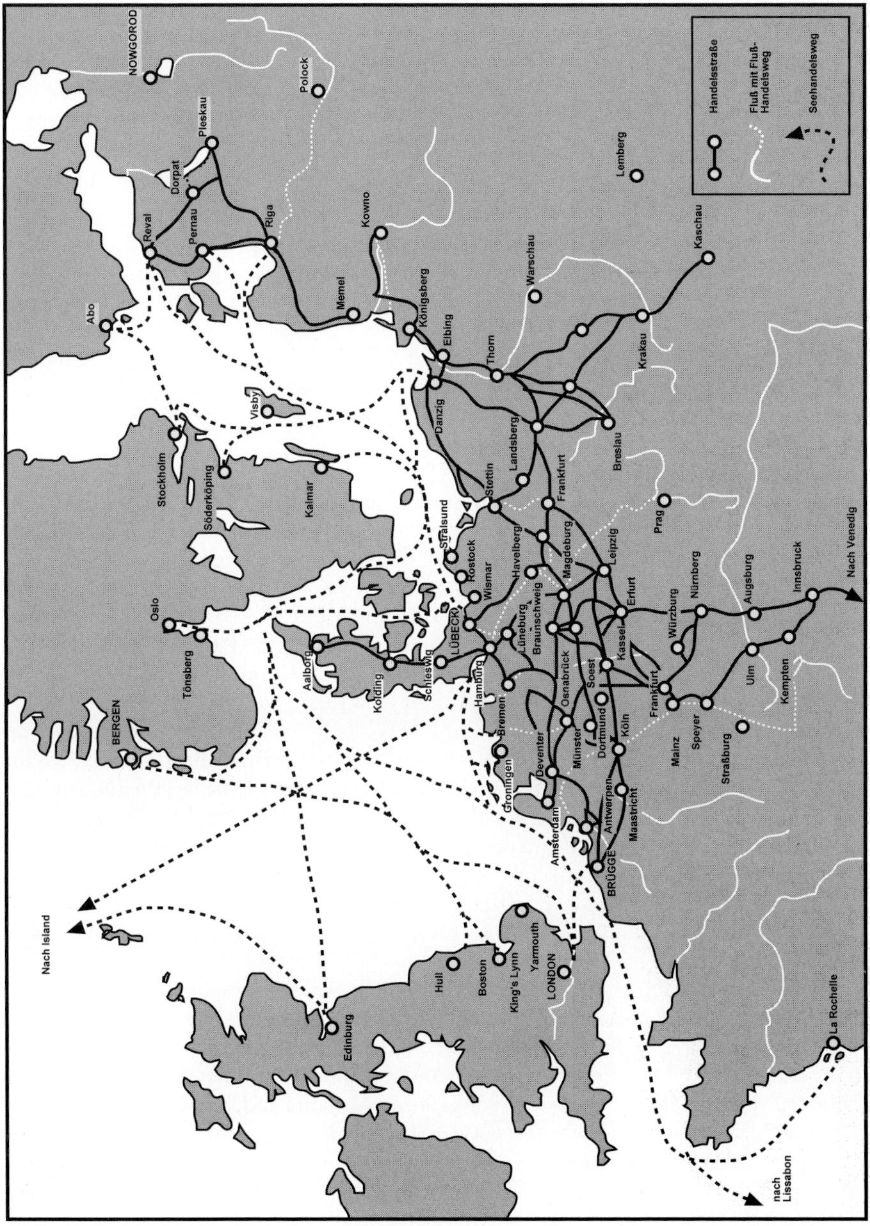

Das Verkehrsnetz der Hanse.

Fleckenstein, Josef / Hellmann, Manfred (Hrsg.): Die geistlichen Ritterorden Europas, Sigmaringen 1980 (= VuF 26).
Forey, Alan: Military Orders and Crusaders, Aldershot 1994.
Nicholsen, Helen: Templars, Hospitallers and Teutonic Knights, Leicester 1993.
Pernoud, Régine: Les Templiers, Paris 1988.

2. Ostexpansion

Beumann, Helmut (Hrsg.): Heidenmission und Kreuzzugsgedanke in der deutschen Ostpolitik des Mittelalters, Darmstadt 1963 (=WdF, 7).
Brandt, Ahasver von: Die Deutsche Hanse als Mittler zwischen Ost und West, Köln / Wien 1963.
Bues, Almut / Rexheuser, Rex (Hrsg.): Mittelalterliche nationes – neuzeitliche Nationen. Probleme der Nationenbildung in Europa, Wiesbaden 1995.
Christiansen, Eric: The Northern Crusades. The Baltic and the Catholic Frontier 1000-1525, London / Basingstoke 1980.
Dollinger, Philippe: Die Hanse, Stuttgart 1989.
Dralle, Lothar: Die Deutschen in Ostmittel- und Osteuropa, Darmstadt 1991.
Fried, Johannes: Otto III. und Boleslaw Chrobry. Das Widmungsbild des Aachener Evangeliars, der „Akt von Gnesen“ und das frühe polnische und ungarische Königtum. Eine Bildanalyse und ihre historischen Folgen, Wiesbaden 1989.
Gehrke, Roland: Die Hanse und Polen, Lüneburg 1996.
Higounet, Charles: Die deutsche Ostsiedlung im Mittelalter, Berlin 1986.
Kattinger, Detlef: Die Gotländische Genossenschaft, Köln / Weimar / Wien 1999 (Quellen u. Darstellungen zur Hansischen Geschichte, N.F. 47).
Knefelkamp, Ulrich: Historischer Exkurs: Das Streben Europas nach dem Osten oder das Streben des Ostens nach Europa, in: Wagener, Hans J. / Fritz, Heiko (Hrsg.): Im Osten was Neues. Aspekte der EU-Osterweiterung (= EINE WELT. Texte der Stiftung Entwicklung und Frieden, Bd. 7), Bonn 1998, S. 68-98.
Ludat, Herbert: Slaven und Deutsche im Mittelalter, Köln / Wien 1982.
Nolte, Hans-Heinrich (Hrsg.): Deutsche Migrationen, Münster / Hamburg / London 1996 (=Politik und Geschichte, 2).
Nowak, Zenon H.: Die Rolle der Ritterorden in der Christianisierung und Kolonisierung des Ostseegebietes, Torún 1983.
Paravicini, Werner (Hrsg.): Mare Balticum. Beiträge zur Geschichte des Ostseeraums in Mittelalter und Neuzeit. Festschrift zum 65. Geburtstag von Erich Hoffmann, Sigmaringen 1992 (= Kieler Historische Studien, 36).
Petersohn, Jürgen: Der südliche Ostseeraum im kirchlich-politischen Kräftespiel des Reiches, Polens und Dänemarks vom 10. bis 13. Jahrhundert. Mission – Kirchenorganisation – Kultpolitik, Köln u.a. 1979 (Ostmitteleuropa in Vergangenheit und Gegenwart 17).
Puhle, Matthias (Hrsg.): Hanse – Städte – Bünde. Die sächsischen Städte zwischen Elbe und Weser um 1500. Ausstellung Kulturhistorisches Museum Magdeburg 28. Mai bis 25. August 1996 und Braunschweigisches Landesmuseum Ausstellungszentrum Hinter Aegidien 17. September bis 1. Dezember 1996, Braunschweig 1996.
Quirin, Karl: Die deutsche Ostsiedlung im Mittelalter, 2. Aufl. Göttingen u.a. 1986 (Quellensammlung zur Kulturgeschichte, 2).

Schlesinger, Walter: Die deutsche Ostsiedlung des Mittelalters als Problem der europäischen Geschichte, Sigmaringen 1975 (VuF 18).
Transit Brügge-Novgorod: eine Straße durch die europäische Geschichte. Eine Ausstellung des Ruhrlandmuseums Essen in Verbindung mit dem Initiativkreis Ruhrgebiet und der Stiftung Kunst und Kultur des Landes Nordrhein-Westfalen, 15. Mai – 21. September 1997, Essen 1997.
Wippermann, Wolfgang: Der deutsche Drang nach Osten, Darmstadt 1979.

Papst Honorius starb 1227. Als man nach dem Tod des Papstes im August/September 1227 mit der Flotte von Brindisi losfahren wollte, brach unter den Kreuzfahrern eine Seuche (Malaria) aus, so daß der Kaiser seine Reise nach zwei Tagen abbrechen mußte. Der neue Papst Gregor IX. (1227-41) zeigte sich trotz der besonderen Umstände unnachgiebig und sprach den Bann aus.

Obwohl er als Gebannter keinen Kreuzzug unternehmen durfte, brach der Kaiser im Sommer 1228 auf, stellte auf Zypern die Reichslehenschaft wieder her *1228*
und holte in langwierigen Verhandlungen mit dem Sultan el-Kamil, mit dem er schon vorher kommuniziert und wissenschaftlichen Austausch hatte, Jerusalem für das Christentum zurück. Nun konnte er zwar darauf verweisen, daß mit einem 10jährigen Waffenstillstand Jerusalem, Bethlehem und Nazareth mit einem entsprechenden Küstenkorridor wieder den Christen gehörten, die Kirche akzeptierte die Ergebnisse nicht. Am 18. März 1229 krönte sich der Kaiser in der *1229*
Grabeskirche selbst zum König von Jerusalem. Der Deutsche Orden stand ihm dabei zur Seite. Auf dem Rückweg wurde er in Akkon von der Bevölkerung beschimpft und mit faulem Obst beworfen. Ein unblutiger Kreuzzug zum falschen Zeitpunkt fand keine Anerkennung.

Man ließ sogar verbreiten, der Kaiser sei tot. Als er zurückkehrte, mußte er Apulien von päpstlichen Truppen, unter denen auch sein Schwiegervater Johann von Brienne war, zurückgewinnen. Erst 1230 erhielt Friedrich II. durch Vermitt- *1230*
lung Hermanns von Salza im Vertrag von San Germano und Ceperano die Lösung vom Bann. Nun konnte er wieder politisch aktiv werden. Nach den erwähnten Konstitutionen von Melfi, die zweifellos das Recht modernisierten, baute der Staufer seinen Staat weiter aus, pflegte u.a. in seiner Kanzlei die geschliffene lateinische Sprache und förderte vor allem die Wissenschaften. Berühmt wurde das Buch „Über die Kunst mit Vögeln zu jagen“, das er selbst als Ergebnis empirischer Beobachtungen verfaßte. Als Denkmäler seiner Herrschaft ließ er auf Sizilien und in Apulien zahlreiche Kastelle, Schlösser und Kirchen errichten.

Danach ging es an die Ordnung der deutschen Verhältnisse. Nachdem 1231 ein Reichstag in Ravenna wegen der Alpensperren wieder nur auf Schwierigkeiten stieß, wurde er auf Weihnachten verschoben, war aber wenig besucht. Zu Ostern 1232 wurde ein zweiter nach Aquileja einberufen. Hier mußte sich Hein- *1232*
rich (VII.) verantworten, der nicht nach Ravenna gekommen und den deutschen Fürsten inzwischen mit seiner Politik unterlegen war. Denn sie hatten ihm 1231 *1231*
in Worms als Antwort auf seine städte- und ministerialenfreundliche Politik das „Statutum in favorem principum“ abgetrotzt. Danach durfte der König keine neuen Städte, Burgen und Münzstätten zum Schaden der Fürsten anlegen, keine

fürstlichen Eigenleute zur Arbeit in seinen Städten heranziehen, die fürstliche
Gerichtsbarkeit wurde bestätigt und anderes mehr ihnen eingeräumt, wie den
geistlichen Fürsten 1220.

1232 Dieses Statut wurde auf dem Reichstag 1232 von Friedrich II. notgedrungen
bestätigt. Es entsprach aber durchaus seiner Politik, die Fürsten als Stütze der
staatlichen Ordnung anzusehen. Gerade diese Entscheidung wurde ihm besonders von den Historikern des 19. Jahrhunderts vorgeworfen, weil es den wichtigsten Schritt zur Dominanz der Fürsten und zum deutschen Föderalismus ermöglichte. Heute sieht man diese politische Maßnahme als voll übereinstimmend mit seiner Universalherrschaftsidee an, in der dem Deutschen Reich diese Rolle zugewiesen war.

Friedrich hatte auch, um sich dem Papst anzunähern, die Ketzerverfolgung zu
einer wichtigen Aufgabe erklärt und die Ketzergesetzgebung für das Reich ver-
1230 schärft. So hatten sich im Jahr 1230 die Stedinger Bauern gegen die Maßnahmen
des Erzbischofs von Hamburg-Bremen erhoben und waren als Ketzer beschul-
1234 digt, verfolgt und 1234 vernichtet worden. Dagegen nun stellte Heinrich auf
dem Frankfurter Hoftag 1234 neue mildere Bestimmungen auf, nachdem er schon 1233 gegen väterliche Politik einen Krieg gegen Otto von Bayern geführt hatte.

Der Papst reagierte mit dem Bann, Friedrich drohte mit Huldentzug und seinem Erscheinen. Daraufhin ging Heinrich zu offenem Aufruhr über, indem er sich mit den Feinden seines Vaters, u.a. mit den Bischöfen von Augsburg, Speyer, Straßburg, Worms und Würzburg verbündete. Vor allem aber suchte Heinrich die Städte Oberitaliens zu gewinnen, die den Weg durch die Alpen sperren sollten. Friedrich aber kam über Aquileja, nicht mit großem Heer, aber mit orientalischer Exotik, nämlich mit Sarazenen und Schwarzafrikanern, Leoparden und Kamelen, ins Reich, um die Deutschen zu beeindrucken, die zu seinem
Heer strömten. Nach einer Schlacht im Swiggerstal mußte sich Heinrich ihm
1235 unterwerfen. In Worms wurde er 1235 als König abgesetzt und in einen sizili-
1242 schen Kerker verbannt, in dem er 1242 Selbstmord begangen haben soll.

1235 Ebenfalls im Jahr 1235 verkündete Friedrich II. auf einer großen Reichsver-
sammlung in Mainz einen Landfrieden, um die königliche Autorität und die Ordnung im Reich wiederherzustellen, der auch erstmals in deutscher Sprache veröffentlicht wurde. Es wurde in den 29 Kapiteln betont, daß alle Regalien vom König ausgehen und bei ihm die höchste Gerichtsbarkeit liegt. Nach sizilischem Vorbild setzte er einen Reichshofsrichter ein und im Elsaß eine Finanzverwaltung. In Mainz wurden u.a. auch die Juden als Kammerknechte in königlichen Schutz genommen und Otto von Lüneburg, Enkel Heinrichs des Löwen, in den Reichsfürstenstand erhoben, was zum Wiederaufstieg der Welfen und zum Herzogtum Braunschweig-Lüneburg führte. Den Norden hatte der Kaiser in seiner
politischen Weitsicht keineswegs vernachlässigt. So hatte er die Entwicklung der
1226 später dominierenden Hansestadt Lübeck (vgl. Karte S. 243) 1226 durch das Pri-
vileg, das die Stadt zur Reichsstadt erhob, entscheidend gefördert.

Zur Verwirklichung seiner nordwesteuropäischen Politik gehörte auch eine Annäherung an England. Schon vor der Verkündigung des Reichslandfriedens hatte Friedrich II. im Jahr 1235 zum dritten Mal geheiratet, Isabella, Schwester

Heinrichs III. von England, die ihm eine Tochter und einen Sohn gebar, selbst
schon 1241 starb. Anschließend wandte er sich gegen Herzog Friedrich den
Streitbaren von Österreich, weil er gegen den Willen des Kaisers mit den Nach-
barn Krieg führte und verhängte die Reichsacht. Im Mai 1236 nahm er an der *1236*
Erhebung der Gebeine der hl. Elisabeth teil und im Juli an einem Reichstag in
Piacenza. Schon im Januar brach er nach Wien auf, wo die Lehen Österreich und
Steiermark dem Babenberger nun real entzogen und dem Reich unterstellt wur-
den. Im Februar 1237 ließ er auf dem Wiener Hoftag seinen neunjährigen Sohn *1237*
Konrad zum König wählen, ohne daß die Fürsten Bedingungen daran knüpften.
Die Krönung in Aachen wurde bis zum Tod Friedrichs verschoben, weil er
schlechte Erfahrungen mit Heinrich gemacht hatte.

Zu diesem Zeitpunkt war Friedrich im Reich auf dem Höhepunkt seiner
Macht und Autorität angekommen. Daher konnte er die Unterstützung der Für-
sten für einen Reichskrieg gegen den Lombardenbund gewinnen. Erst am 27.
November 1237 wurde der Lombardenbund durch eine Kriegslist Friedrichs
(vorgetäuschter Rückzug) in einer offenen Schlacht bei Cortenuova entschei-
dend geschlagen, der Fahnenwagen Mailands als Trophäe erobert. Aber Mailand
unterwarf sich nicht. In dieser Situation heiratete Enzio, der älteste uneheliche
Sohn Friedrichs II., die Erbin des größten Teils der Insel Sardinien. Dazu kamen
die Aktionen Friedrichs II. zur Verzögerung des Kreuzfahrerheeres, das Gregor
IX. dem lateinischen Kaiser von Konstantinopel zur Hilfe schicken wollte.
Denn der Staufer hatte sich auf die Seite des byzantinischen Kaisers von Nikaia
geschlagen, der ihm Soldaten gegen den Lombardenbund geschickt hatte. Dies
alles verärgerte den Papst in höchstem Maße, er förderte nun den Lombarden-
bund und exkommunizierte den Kaiser am Palmsonntag des Jahres 1239 erneut. *1239*

Friedrich II. bezeichnete die Kirchenstrafe als maßlos und antwortete mit Rü-
stungsanstrengungen, einer Straffung seines Regimes in Reichsitalien, totaler
Kontrolle der Kirche, Vertreibung der propäpstlichen Mendikanten, der Klerus
sollte jedes Interdikt ignorieren, das Spitzelsystem wurde ausgebaut und die
Grenzen wurden gesperrt. Alle Verschwörungen und Mordanschläge gegen ihn
konnte er aufdecken und über 100 Prälaten abfangen, die auf dem Weg zu einem
Konzil nach Rom waren (1241), um ihn abzusetzen. In Mittelitalien wurde Frie- *1241*
drich als Friedensbringer und wie ein Messias gefeiert, in Oberitalien als Tyrann
angesehen. Die Auseinandersetzungen mit dem Papst strebten ihrem Höhe-
punkt zu. Beide Seiten scheuten sich nicht, den Gegner in ihrer Propaganda als
den Antichristen zu bezeichnen, der die Welt vernichten wolle. Friedrich zog
nach Rom (1240), um den Kirchenstaat einzuverleiben und Rom als neue *1240*
Hauptstadt auszurufen. Aber Gregor IX. leistete erbitterten und erfolgreichen
Widerstand.

In dieser prekären Situation des Kampfes zwischen den beiden Führern der
Christenheit, drängten die Mongolen nach Europa, 1241 kam es bei Liegnitz zu
der vernichtenden Niederlage eines Ritterheeres, geführt von Heinrich von
Breslau, gegen sie. Nur der Zufall, Tod des Großkhans und daher Rückzug der
Mongolen, verhinderte die Eroberung Mitteleuropas. Eben in diesem Sommer
starb Gregor IX., als Nachfolger wurde Cölestin IV., ein Mann des Ausgleichs,
gewählt, der nach 17 Tagen (25.02.1241) den Tod fand. Die Kardinäle flohen aus

1243 Rom, so daß erst am 25. Juni 1243 Innozenz IV. gewählt werden konnte. Von
ihm, dem gebildeten Gelehrten und Juristen erhoffte sich Friedrich II. eine Bei-
legung des Streites. Nach anfänglichen Erfolgen wurde Viterbo vom Kaiser be-
setzt, dies unterbrach die Verhandlungen, die aber bei ihrer Fortsetzung zu ei-
1244 nem Vorvertrag Ende März 1244 auf dem Platz vor der Lateranbasilika führen
sollten. Doch die Versöhnung scheiterte, weil die päpstliche Seite die lombardi-
schen Städte nicht preisgeben wollte.

Friedrich schlug ein persönliches Treffen mit dem Papst vor, der ihn eine Zeit
lang hinhielt, dann aber verkleidet aus Rom über Genua nach Lyon floh. Für
1245 den 24. Juni 1245 wurde dorthin nun das verhinderte Konzil einberufen, auf
dem am 17. Juli bei relativ geringer Beteiligung die Absetzung Friedrichs wegen
Meineid, Friedensbruch, Gotteslästerung und Häresie beschlossen wurde. Der
Kaiser soll einen Wutausbruch erlitten haben, als er die Nachricht in Turin er-
hielt und gedroht haben, nun als Hammer gegen das Papsttum aufzutreten. Er
betrachtete sich als unabsetzbar, weil nur Gott unterworfen. Er schrieb an die
Herrscher Europas und forderte sie zu gemeinsamem Handeln gegen das un-
würdige Papsttum auf.

Im Deutschen Reich gab es allerdings andere Bestrebungen, auch wenn kaum
ein geistlicher Fürst in Lyon gewesen war. Der Mainzer und Kölner Erzbischof
1246 hatten bereits 1241 die Bannbulle gegen Friedrich verkündet, 1246 betrieb vor
allem der Mainzer Siegfried von Eppstein die Erhebung des Gegenkönigs Hein-
1247 rich Raspe, des Landgrafen von Thüringen. Nach dessen Tod im Februar 1247
sorgte Herzog Heinrich II. von Brabant dafür, daß sein Neffe Graf Wilhelm
von Holland nachfolgte, der allerdings auch nicht die Stellung der Staufer ent-
scheidend schwächen konnte. Denn auf der anderen Seite vermählte Otto II.
von Bayern seine Tochter Elisabeth mit Konrad IV. und stärkte die staufische
Seite.

Innozenz IV. begann nun sogar, den Kreuzzug gegen den Kaiser predigen zu
lassen, wobei er mit dem Kreuzzugsablaß lockte. Im März 1246 wurde durch ei-
nen Schwager des Papstes und einen engen Vertrauten Friedrichs, Generalvikar
Tibald Franciscus, ein Attentat auf den Staufer vorbereitet, das kurz vor der
Ausführung entdeckt wurde. Die Verschwörer wurden mit glühenden Eisen ge-
blendet und verstümmelt, dann in Säcken ins Meer geworfen. Friedrich wollte
sich von seinen Anklagen reinigen und notfalls einen Friedensschluß mit dem
Papst erzwingen, daher marschierte er mit einem großen Heer Richtung Lyon,
um von dort weiter ins Reich zu marschieren. Da fiel Parma vom Kaiser ab, der
1248 sofort die Belagerung der Stadt begann. Dabei verlor er im Februar 1248 seinen
Schatz, die Herrschaftszeichen, Kanzlei, Siegel, Bibliothek, Tierpark und Ha-
rem. Danach führte er die Belagerung zwar weiter, nahm aber gleichzeitig über
den französischen König Verhandlungen mit dem Papst auf, der sie jedoch ab-
1249 lehnte. Tiefer trafen den Kaiser aber 1249 der Verrat seines engsten Vertrauten
Petrus de Vinea und die Gefangennahme seines Sohnes Enzio durch die Bolo-
gneser. Sah er sich schon in die Defensive gedrängt, so brachte das Jahr 1250 ei-
ne Wende, denn einige Städte Oberitaliens konnten zurückgewonnen werden
und im Reich bedrängte Konrad IV. den Gegenkönig Wilhelm von Holland. Da
befiel den Kaiser Ende November eine ruhrartige Krankheit, an der er, in einer

grauen Zisterzienserkutte bekleidet, am 13. Dezember 1250 starb. Sein Porphyrsarg steht im Dom von Palermo bei den Gräbern seiner Eltern. *1250*

Einordnung

Friedrich II. war eine der schillerndsten Persönlichkeiten des Mittelalters und wird in vielen Quellen seiner Zeit sehr unterschiedlich gesehen. Die Ausgangsbedingungen waren für ihn denkbar schlecht, da er in politischen Wirren fern vom Reich aufwuchs. In Kindheit und früher Jugend zum Spielball der Mächte geworden, entwickelte er sich zu einer dominierenden Herrscherpersönlichkeit, der mit rastloser Energie, aber wohl auch Skrupellosigkeit und manchmal Grausamkeit seine Ziele verfolgte. Dabei benutzte er viel taktische Raffinesse und reagierte flexibel und schnell auf Herausforderungen. In seiner Politik knüpfte er an normannisch-staufische Staatsvorstellungen an. Das gilt besonders für sein süditalienisches Reich, das er zu einem zentralisierten Staat aufbauen wollte, bei dem der Staat Politik, Handel, Wirtschaft, Bildung und Kirche kontrollierte. Um diese Vorstellungen umsetzen zu können, benötigte er ein ruhiges Reich jenseits der Alpen. Die Garanten für diese Ruhe waren für ihn die Fürsten, denen er nach diesem Konzept immer mehr Rechte zugestehen mußte. Feste Stützen seiner Herrschaft waren vor allem die Minsterialen, während er dem Bürgertum eher skeptisch gegenüberstand, besonders in Oberitalien. Zu seinem Konzept der Universalmonarchie gehörte auch, daß das deutsche Reich nur als Teil des Ganzen angesehen wurde und daß er sich nur dem göttlichen Willen unterwerfen wollte. Da er sich als von Gott eingesetzt betrachtete, war der Kampf mit dem Papsttum vorprogrammiert und ging schließlich wohl unentschieden aus, auch wenn er als Gebannter starb.

Zur Würdigung seiner Persönlichkeit gehört aber auch die andere Seite, die ihn vor den Herrschern der Zeit heraushebt. Seine Bildung, hervorgegangen aus der Vermischung der verschiedenen Kulturen Siziliens, und seine Wissensgier veranlaßten ihn zu vielen Beobachtungen, Forschungen und Erkenntnissen auf unterschiedlichen Gebieten. Er korrespondierte mit Gelehrten verschiedener Kulturen, besonders aber aus dem islamischen Bereich. Insgesamt war er eine ungewöhnliche Erscheinung, seiner Zeit im Denken weit voraus, daher kann man die Bezeichnung „Stupor mundi“ (das Staunen der Welt) gut nachvollziehen. So lebte er in den Augen seiner Zeitgenossen und seiner Nachwelt. Denn die Sage hat ihn als den Kaiser der Endzeit namens Friedrich, den man zurückerwartete, mit Friedrich Barbarossa verschmolzen.

Schwächung des Königtums im Interregnum

um
1250 Um 1250/54 läßt man heute nach allgemeingültiger Ansicht von Historikerinnen und Historikern das Spätmittelalter beginnen, zieht also eine künstliche Grenze, um den Zeitraum besser strukturieren zu können. Waren anfangs mit diesem Begriff hauptsächlich die Vorstellungen vom Verfall verbunden, so sieht man das Spätmittelalter heute vermehrt als einen Zeitraum an, in dem die Grundlagen für das moderne komplizierte Miteinander von Gesellschaft, Kultur und Politik gelegt worden sind. Das Interregnum (Zeitraum ohne Königsherrschaft), das sich von 1254-1273 erstrecken soll, war lange Zeit ein Begriff, der falsch mit „die kaiserlose Zeit" übersetzt wurde, denn die kaiserlose Zeit reicht weiter. Noch wichtiger ist aber, daß der Begriff insgesamt falsch ist, weil es keinen Zeitraum ohne König oder Königreich gegeben hat. Es hat immer einen König und ein Königreich gegeben, aber die Könige kamen nach Meinung von Historikern des 19. Jahrhunderts aus dem Ausland. Interregnum ist demnach ein Begriff, den man in nationalistischer Sicht geprägt hat, um anzudeuten, daß in dieser Zeit kein deutscher König auf dem Thron saß.

Die letzten Staufer

Das Papsttum war durch den Tod des Kaisers von einem großen Druck befreit und bemühte sich nun darum, mit den Staufern auch den Universalanspruch des Kaisers sterben zu lassen. Innozenz IV. und auch sein Nachfolger Alexander IV. (1254-61) verboten den Fürsten im Reich, einen Staufer als König zu wählen und rügten König Jakob I. von Aragón, weil er seinen Sohn mit einer Staufertochter verheiratet hatte.

Friedrich II. hatte in seinem Testament verfügt, daß Konrad, der einzige noch lebende legitime Sohn, das Imperium und das Südreich erben sollte, Manfred dagegen als Fürst von Tarent und Statthalter von Reichsitalien und Sizilien eingesetzt
1250 wurde. Konrad IV. verbrachte das Weihnachtsfest 1250 in Regensburg, um für die staufisch gesinnten Bürger gegen den Bischof einzugreifen. In der Nacht vom 28. zum 29. Dezember wurde auf ihn von bischöflichen Ministerialen im Kloster St. Emmeram ein Mordanschlag verübt. Dies zeigt die Brisanz der Situation.

Konrad IV., 1228 als Sohn Isabellas von Brienne geboren, hatte seinen Vater
1245 1245 zuletzt in Oberitalien getroffen, dort von der Absetzung in Lyon gehört, anschließend gegen den Gegenkönig Heinrich Raspe gekämpft und verloren. Unterstützung fand er u.a in den Städten Frankfurt am Main, Gelnhausen, Wetzlar und Worms, besonders aber durch die Heirat mit der Wittelsbacherin Elisabeth, Tochter des Pfalzgrafen und bayerischen Herzogs Otto. Doch die meisten Fürsten standen im antistaufischen Lager und kämpften mit den Gegenkönigen, wobei Konrad ein direktes Aufeinandertreffen vermied. Aber es kam zu Plünderungszügen in den Gebieten des Gegners und Ende Oktober
1250 1250 zu einem Waffenstillstand.

In dieser Lage traf ihn die Nachricht vom Tod des Vaters. Daraufhin faßte er
den Entschluß, sich das sizilische Königreich zu sichern. Aber erst im Herbst
1251 konnte er über den Brenner ziehen, solange benötigte er, um das nötige *1251*
Geld zusammenzubringen. Inzwischen war Innozenz IV. nach siebenjähriger
Abwesenheit nach Italien zurückgekehrt und plante nun, das sizilische König-
reich in den Kirchenstaat einzubeziehen. Gemeinsam mit seinem Halbbruder
Manfred versuchte Konrad IV. dagegen, das Königreich Sizilien für die Staufer
auf Dauer zu festigen. Dazu mußte er vom Bann befreit werden, aber dies war
eine Illusion, denn der Papst wollte den Staufern Sizilien entreißen. Doch der
Papst fand wenig Rückhalt, weil das erstarkte Bürgertum der italienischen Städ-
te sich vom Papst nicht mehr befehlen lassen wollte. Aber sie zeigten teilweise
Sympathien für den Staufer und unterstützten ihn. Als Konrad IV. nach gewis-
sen Erfolgen schon an eine Rückkehr nach Deutschland dachte, raffte ihn am 21.
Mai 1254 ein Malaria-Fieber dahin, das ihn schon früher befallen hatte und wie- *1254*
der aufbrach. Seine Leiche sollte im Dom von Messina beigesetzt werden, aber
ein Blitz traf die Kirche, in der die Leiche verbrannte. Dies wurde als Gottesur-
teil angesehen. In demselben Jahr starb der Papst.

In seiner Abwesenheit wurde Konrad IV. am 25. März 1252 der Sohn Konra- *1252*
din geboren, der am Hof der Wittelsbacher erzogen und manchmal in Urkun-
den als Herzog von Schwaben gekennzeichnet wurde, zum König wurde er
nicht gewählt. In Sizilien nahm Manfred, unehelicher Sohn Friedrichs II. mit Bi-
anca Lancia aus piemontesischem Adel, Konradins Rechte wahr. Allerdings nur
solange bis im Deutschen Reich gleich zwei Gegenkönige (1257) auftraten. Da *1257*
ließ sich Manfred 1258 zum König von Sizilien krönen. *1258*

König Manfred war in vielerlei Hinsicht Nachfolger seines Vaters, er befaßte
sich ebenfalls mit Wissenschaft, beschützte die Sarazenen und war ein Verfechter
des staufisch-normannischen Staatsgedankens, daher setzte er vor allem sehr er-
folgreich die Politik gegen die römische Kurie fort. Der Papst sah sich derartig
bedrängt, daß er nach einem Beschützer Ausschau hielt. Der englische Prinz Ed-
mund, den er mit Sizilien belehnt hatte, enttäuschte ihn, so daß er dies 1263 *1263*
zurücknahm. Clemens IV. (1265-68) schließlich übergab dem Bruder des fran-
zösischen Königs, Karl von Anjou, Sizilien als Lehen. Dieser brachte ein starkes
Heer gegen den staufischen „Häretiker“ zusammen und schlug ihn 1266 ver-
nichtend bei Benevent, Manfred fiel in der Schlacht. Drei unmündige Kinder
und die Witwe Manfreds wurden lebenslang eingekerkert und in der Öffentlich-
keit für tot erklärt. Die übrigen Staufer fanden in Barcelona am Königshof von
Aragón Asyl.

In demselben Jahr war Konradin mündig geworden und wollte mit Unter-
stützung seines Onkels, Ludwigs II. von Wittelsbach, das italienische Erbe an-
treten. Im August 1268 wurde sein zusammengewürfeltes Heer bei Tagliacozzo
von Karl von Anjou nach hartem Kampf vernichtet. Er selbst geriet auf der
Flucht in Gefangenschaft und wurde im Oktober 1268 in Neapel öffentlich ent- *1268*
hauptet. Diese Tat rief große Empörung bei der stauferfreundlichen Partei in Ita-
lien und Süddeutschland hervor, Kampfaktionen wurden jedoch nicht mehr un-
ternommen, da kein direkter Nachkomme mehr vorhanden war. Staufischer
Territorialbesitz und Königsgut wurden als Beute von den Fürsten aufgeteilt.

Die Sage von der Rückkehr des Kaisers, der seinen Sitz im Ätna haben sollte, hielt die Erwartung der Ghibellinen wach. Die Parteigänger der Staufer im Reich suchten aber noch nach einem Kandidaten, wandten sich an die Wettiner und behaupteten, der junge Friedrich der Freidige von Thüringen sei berufen, die Monarchie seines Großvaters Friedrichs II. weiterzuführen. Doch zog diese Idee
1282 nicht. Erst nach der Sizilischen Vesper von 1282, als die Franzosen aus Sizilien vertrieben wurden, tauchte mit Friedrich III. von Aragón, Enkel Manfreds, wieder eine Person auf, auf die sich die Hoffnungen konzentrierten. Der alte Kaiser Friedrich II. wurde nicht mehr im Ätna gesucht.

Wilhelm von Holland

Im restlichen Imperium war die politische Entwicklung sowieso schon andere Wege gegangen. Seit der Absetzung Friedrichs II. auf dem Konzil von Lyon hatten das Papsttum und die rheinischen Erzbischöfe die Politik weitgehend bestimmt. So hatte der Papst schon die Wahl des Gegenkönigs Heinrich Raspe we-
1248 sentlich finanziert, ebenso 1248 die Wahl Wilhelms von Holland, eines Neffen des Herzogs von Brabant, den alle drei Erzbischöfe unterstützten, voran der Kölner Konrad von Hochstaden. Die Krönung in Aachen durch den Kölner konnte nicht mit den echten Insignien stattfinden, die auf dem staufischen Trifels lagen. Wilhelm versuchte, Abstand zu seinen Gönnern und eine gewisse Eigenständig-
1252 keit zu gewinnen. Dazu heiratete er 1252 Elisabeth, Tochter Herzogs Otto von Braunschweig, was ihm zwei Monate später die Nachwahl durch den Herzog von Sachsen und den Markgrafen von Brandenburg einbrachte. Er näherte sich den Städten, die ihm huldigten, vor allem Köln konnte er durch Privilegien auf seine Seite ziehen. So unterstützte er auch den Rheinischen Städtebund (1254),
1254 der gegen das Gesetz Heinrichs (VII.) von 1231 verstieß, das Einungen verbot. Hier zeigte sich zum ersten Mal die neue Kraft der Städte am Rhein, wie Köln, Mainz, Worms, Speyer, Straßburg, Basel und andere, die sich gegen die erstarkende Macht der Fürsten und die zunehmende Unsicherheit zusammengeschlossen hatten. Die Städte deklarierten ihr Bündnis als Friedensbund, der vor allem
1235 den Landfrieden von 1235 umsetzen und ungerechte Zölle abschaffen wollte, so konnten sich ebenfalls einzelne Fürsten und Herren anschließen. Sie unterstützen auch Wilhelm im Einzelfall gegen Übergriffe von Adeligen.

Seit dem Tod Konrads IV. war Wilhelm der einzige König. Dies führte bei ihm zu Gelüsten auf die Kaiserkrönung, was ihm die Feindschaft der Fürsten brachte; sein Gönner Konrad von Hochstaden stellte sich an die Spitze der Geg-
1256 ner. Bevor es zum äußersten kam, fiel Wilhelm am 26. Januar 1256 auf einem Heereszug gegen die Friesen.

Die Doppelwahl von 1257

Nach dem Tod Wilhelms ergriffen die Städte des Rheinischen Städtebundes die Initiative, indem sie beschlossen, Boten zu den Königswählern zu schicken, die

jene auffordern sollten, ihre Wahl auf eine einzige Person zu lenken, da sie bei
zwiespältiger Wahl keinem der Gewählten ihre Tore öffnen wollten. Doch ihr
Einfluß war noch sehr beschränkt, denn 1257 wurden Alfons von Kastilien und *1257*
Richard von Cornwall zu Königen gewählt. Beide konnten sich interessanter-
weise auf Stauferverwandtschaft berufen. Alfons war der Enkel Philipps von
Schwaben, Richard war der Bruder des englischen Königs und Schwager von
Friedrich II., beide strebten über das deutsche Königtum den prestigeträchtigen
Kaisertitel an.

Richard wurde unterstützt von Erzbischof Konrad von Köln, Erzbischof
Gerhard von Mainz und Pfalzgraf Ludwig, Alfons von Erzbischof Arnold von
Trier, Herzog Heinrich von Brabant, Herzog Albrecht von Sachsen, Markgrafen
Otto und Johann von Brandenburg und Herzog Albrecht von Braunschweig.
Dies war die erste Wahl, bei der die „Kurfürsten“ als Wahlgremium auftraten.
Eigentlich sollten sie nur die Vorwahl haben, aber sie ließen niemand anderen
mehr zum eigentlichen Wahlakt zu. Im Sachsenspiegel (ca 1230) hatte Eike von *um*
Repgow die sechs (Vor)Wähler und ihre Ämter definiert: der Erzbischof von *1230*
Mainz als Kanzler für das Deutsche Reich, der Erzbischof von Trier als Kanzler
für Burgund, der Erzbischof von Köln als Kanzler für Italien, der Pfalzgraf bei
Rhein als Erztruchseß, der Herzog von Sachsen als Erzmarschall und der Mark-
graf von Brandenburg als Erzkämmerer. Den König von Böhmen als Erzmund-
schenk hatte er nicht anerkannt, weil er kein Deutscher war. Aber gerade er
sorgte, nachdem er selbst wegen seiner großen Macht als Kandidat ausgeschie-
den wurde, als siebter Wähler 1257 für ein Kuriosum, Ottokar II. von Böhmen *1257*
stimmte für beide Kandidaten und ließ sich von jedem dafür bezahlen. Daher
hatte jeder Kandidat vier Kurfürstenstimmen.

Die Ausgangsposition für die Gewählten war denkbar ungünstig. Das König-
tum hatte seit der Absetzung Friedrichs II. und den nachfolgenden Gegenköni-
gen endgültig seine Stellung (auctoritas) im Reich eingebüßt. Richard versuchte,
durch seine Krönung in Aachen am 17. Mai 1257 – durch den Kölner Erzbischof
als richtigen Kröner – an die alte Tradition anzuknüpfen und seine Position zu
festigen. Dazu gehörte auch eine Annäherung an die Städte. Nachdem er jedoch
im Januar 1259 nach England zurückgekehrt war, ließ er sich nur noch zu drin- *1259*
genden Anlässen im Reich sehen.

Alfons von Kastilien wird als Träumer gekennzeichnet, der sich mit Astrologie
und Dichtung befaßte. Dazu paßt es, daß er sich neben der kastilischen eine „kai-
serliche“ Kanzlei aufbaute, in der er italienische Schreiber und den Protonotar Pe-
trus de Regio beschäftigte. Er kam selbst niemals ins Reich, setzte Herzog Hein-
rich von Brabant als Reichsvikar ein (†1261) und übertrug Privilegien z.B. 1259
Oberlothringen als umstrittenes Reichslehen an Herzog Friedrich III., was die Si-
tuation komplizierte. In demselben Jahr strebte er die Romfahrt zur Kaiserkrö-
nung an, da der Papst sich jedoch sehr zögerlich verhielt, verweigerte die Cortes
(Versammlung der Adeligen) in Kastilien ihm die Gelder. Genau wie Richard ver-
suchte er, über einflußreiche römische Familien unter Ausschaltung des Papstes
doch noch zur Kaiserwürde zu kommen, aber beide hatten keinen Erfolg.

Das Jahr 1262 brachte insofern eine Wende, als die drei rheinischen Erz- *1262*
bischöfe und der Papst starben. Da die Nachfolger sich abwartend verhielten,

konnte sich eine gewisse Zahl der Fürsten unter der Führung von Mainz und Wittelsbach für Konradin als den rechtmäßigen Herrscher aussprechen. Dies wurde noch gefördert, als der Papst Karl von Anjou als Beschützer holte. Gegen diesen Gegner hätten sich beinahe sogar Alfons und Richard zu einem gemeinsamen Vorgehen entschlossen, wenn sie nicht durch die Ereignisse in ihren Ländern festgehalten worden wären.

Als Karl von Anjou die Staufer in Italien beseitigt hatte, meldete wie erwähnt Friedrich, Sohn der Tochter Margarethe Friedrichs II. mit dem Landgrafen von
1269 Thüringen und Markgrafen von Meißen, 1269 seine Nachfolge an, die vom Erzbischof Werner von Mainz unterstützt wurde, der allerdings kurz vor einer Wahl alles absagte.

1272 Am 2. April 1272 starb Richard von Cornwall, sofort baten Alfons von Kastilien und Karl von Anjou Papst Gregor X. (1271-76) um die Kaiserkrone, der dies jedoch ablehnte. Ihm lag anscheinend sehr daran, daß das Chaos im Deutschen Reich und in Europa beendet würde. Deshalb forderte er die Kurfürsten dringend auf, eine einheitliche Wahl eines geeigneten Kandidaten durchzuführen. Daraufhin wurde wieder der Mainzer Erzbischof aktiv und brachte wirklich eine einstimmige Wahl und somit eine Beendigung des Interregnums zustande.

Einordnung

Mit der Absetzung Friedrichs II. auf dem Konzil von Lyon begann 1245 eine schwierige Phase für das deutsche Reich, die man zuerst einmal an der Zahl der Könige und Gegenkönige festmachen kann. Darüberhinaus entstammten diese Herrscher nicht den wichtigsten deutschen Familien, sondern sind zum Teil sogar aus dem Ausland. Das bedeutete, daß ihre Präsenz und Akzeptanz im Reich gering sein mußte. Dies und die Zerschlagung und Aufteilung des Königsgutes führten zur Schwächung der Zentralmacht und zur Stärkung der partikularen Kräfte, zu denen auch die Städte gehörten. Unter diesen Kräften gewannen allmählich die sieben Kurfürsten, die inzwischen den König kürten, und nur wenige andere die Oberhand, die von nun an die Politik im deutschen Reich bestimmen sollten. Diese Phase des sogenannten Interregnums wurde aber im Interesse des Papstes und der eben genannten Kurfürsten beendet, denen die ungeregelten Zustände auch nicht paßten, weil sie dann keinen kontinuierlichen Einfluß ausüben konnten.

Literaturhinweise zu den Kapiteln „Die Staufer“ und „Interregnum“

1. Veröffentlichungen der MGH in Auswahl

Chronica Heinrici Surdi de Selbach, hrsg. von Harry Bresslau (MGH SS rer. Ger. Nov. Ser. 1), Ndr. Hannover 1980.

Constitutiones et acta publica imperatorum et regum inde ab a. DCCCCXI usque ad a. MCXCVII (911-1197), hrsg. von Ludwig Weiland (MGH LL 2); Bd. 2: Constitutiones et acta publica imperatorum et regum inde ab a. MCXCVIII usque ad a. MCCLXXII (1198-1272); Supplementum: Die Konstitutionen Friedrichs II. für das Königreich Sizilien, hrsg. von Wolfgang Stürner (MGH LL 2 Suppl.), Ndr. Hannover 1996.

Das Geschichtswerk des Otto Morena und seiner Fortsetzer über die Taten Friedrichs I. in der Lombardei (Ottonis Morenae et continuatorum historia Frederici I.), hrsg. von Ferdinand Güterbock, Ndr. Hannover 1994 (MGH SS rer. Ger. Nov. Ser. 7).

Die Chronik der Böhmen des Cosmas von Prag (Cosmae Pragensis Chronica Boemorum), hrsg. von Bertold Bretzholz unter Mitarbeit von Wilhelm Weinberger, Ndr. Hannover 1980 (MGH SS rer. Ger. Nov. Ser. 2).

Die Chronik des Bischofs Thietmar von Merseburg und ihre Korveier Überarbeitung (Thietmari Merseburgensis episcopi Chronicon), hrsg. von Robert Holtzmann, Ndr. Hannover 1996 (MGH SS rer. Ger. Nov. Ser. 9).

Die Chronik des Mathias von Neuenburg (Chronica Mathiae de Nuwenburg), hrsg. von Adolf Hofmeister, Ndr. Hannover 1984 (MGH SS rer. Ger. Nov. Ser. 4).

Die Chronik Johanns von Winterthur (Chronica Iohannis Vitodurani), hrsg. von Friedrich Baethgen in Verbindung mit Carl Brun, Ndr. Hannover 1982 (MGH SS rer. Ger. Nov. Ser. 3).

Quellen zur Geschichte des Kreuzzuges Kaiser Friedrichs I. (Historia de expeditione Friderici imperatoris et quidam alii rerum gestarum fontes eiusdem expeditionis), hrsg. von Anton Chroust, Ndr. Hannover 1989 (MGH SS rer. Ger. Nov. Ser. 6).

1.1 Sonstige Quelleneditionen

Die Chronik Böhmens. Cosmas von Prag. In Anlehnung an die Übertragung von Georg Grandaur neu übers. u. eingel. von Franz Huf, Essen o.J. (Historiker des deutschen Altertums.

Die Jahrbücher von Marbach – nach der Ausg. der Monumenta Germaniae übers. von G. Grandaur, Leipzig 1896 (GdV 2, 74).

Die Werke des Abtes Hermann von Altaich, 3. unver. Aufl. Leipzig 1941 (GdV 2, 78)

Heinisch, Klaus J. (Hrsg. u. Übers.): Kaiser Friedrich II. in Briefen und Berichten seiner Zeit, Darmstadt 1968.

Historia Welforum – neu hrsg., übers. und erl. von Erich König, Stuttgart 1938 (Schwäbische Chroniken der Stauferzeit 1).

Kaiser Friedrich II. – Leben und Persönlichkeit in Quellen des Mittelalters, hrsg. von Klaus van Eickels und Tania Brüsch, Düsseldorf 2000.

Kallfelz, Hatto (Hrsg.): Lebensbeschreibungen einiger Bischöfe des 10.-12. Jahrhunderts. Leben des hl. Ulrich, Bischofs von Augsburg, verfasst von Gerhard; Leben des hl. Bruno, Erzbischofs von Köln, verfasst von Ruotger; Leben des Hl. Bernward, Bischofs von Hildesheim, verfasst von Thangmar (?); Leben Bischof Bennos II. von Osnabrück, verfasst von Norbert; Leben des hl. Norbert, Erzbischofs von Magdeburg; Taten Erzbischofs Alberos von Trier, verfasst von Balderich, 2. Aufl. Darmstadt 1986 (FSGA A, 22).

Lammers, Walther (Hrsg.): Otto Bischof von Freising: Chronik oder die Geschichte der zwei Staaten, 5. Aufl. Darmstadt 1990 (FSGA A, 16).

Petrus de Ebulo: Liber ad honorem Augusti sive de rebus Siculis. Codex 120 II der Burgerbibliothek Bern eine Bilderchronik der Stauferzeit, hrsg. von Theo Kölzer; Textrev. und Übers. von Gereon Becht-Jördens, Sigmaringen 1994.

Schmale, Franz-Josef (Hrsg.): Bischof Otto von Freising und Rahewin. Die Taten Friedrichs, oder richtiger: Cronica, 4. aktual. Aufl. Darmstadt 2000 (FSGA A, 17).
Schmale, Franz-Josef (Hrsg.): Die Chronik Ottos von St. Blasien und die Marbacher Annalen, Darmstadt 1998 (FSGA A, 18a).
Schmale, Franz-Josef (Hrsg.): Italische Quellen über die Taten Kaiser Friedrichs I. in Italien und der Brief über den Kreuzzug Kaiser Friedrichs I., Darmstadt 1986 (FSGA A, 17a).
Stoob, Heinz (Hrsg.): Helmold von Bosau: Slawenchronik, 5. Aufl. Darmstadt 1990 (FSGA A, 19).

2. Forschungsliteratur

Ahlers, Jens: Die Welfen und die englischen Könige 1165-1235, Hildesheim 1987 (Quellen und Darstellungen zur Geschichte Niedersachsens 102).
Althoff, Gerd: Konfliktverhalten und Rechtsbewußtsein. Die Welfen in der Mitte des 12. Jahrhunderts, in: FMST 26 (1992), S. 331-352.
Althoff, Gerd: Staufer, Welfen, Zähringer. Ihr Selbstverständnis und seine Ausdrucksformen, Zeitschrift für Geschichte des Oberrheins 134 (1986), S. 34-46.
Appelt, Heinrich: Privilegium minus. Das staufische Kaisertum und die Babenberger in Österreich, 2. durchges. Aufl. Wien u.a. 1976.
Baaken, Gerhard: Ius imperii ad regnum. Königreich Sizilien, Imperium Romanum und römisches Papsttum vom Tode Kaiser Heinrichs VI. bis zu den Verzichtserklärungen Rudolfs von Habsburg, Köln / Weimar / Wien 1993.
Boockmann, Hartmut: Stauferzeit und spätes Mittelalter. Deutschland 1125-1517, München 1998.
Bosl, Karl: Die Reichsministerialität der Salier und Staufer, 2 Bde., Stuttgart 1950-1951 (MGH Schriften 10/1 u. 10/2).
Brabänder, Michael Richard: Die Einflußnahme auswärtiger Mächte auf die deutsche Königswahlpolitik vom Interregnum bis zur Erhebung Karls IV., Frankfurt am Main / Bern 1994 (Europäische Hochschulschriften Reihe 3 / 590).
Bühler, Arnold (Hrsg.): Der Kreuzzug Friedrich Barbarossas, Fremde Kulturen in alten Berichten, Stuttgart 2002.
Csendes, Peter: Philipp von Schwaben. Ein Staufer im Kampf um die Macht. Revolution des Menschenbildes, Darmstadt 2003.
Csendes, Peter: Heinrich VI., Darmstadt 1993 (GMR).
Die Staufer im Süden: Sizilien und das Reich, hrsg. Theo Kölzer, Sigmaringen 1996.
Die Zeit der Staufer. Geschichte – Kunst – Kultur, 5 Bde. Stuttgart 1977-1979 (Ausstellungskatalog).
Eickhoff, Ekkehard: Friedrich Barbarossa im Orient. Kreuzzug und Tod Friedrichs I, Tübingen 1977 (Istanbuler Mitteilungen, Beiheft 17).
Engels, Odilo: Die Staufer, 7. Aufl. Stuttgart / Berlin / Köln / Mainz 1998.
Engels, Odilo / Meuthen, Erich (Hrsg.) / Weinfurter, Stefan (Hrsg.): Stauferstudien. Beiträge zur Geschichte der Staufer im 12. Jahrhundert. Stuttgart 1996.
Fleckenstein, Josef (Hrsg.): Probleme um Friedrich II., Sigmaringen 1974 (VuF 16).
Fried, Johannes: Die Entstehung des Juristenstandes im 12. Jahrhundert. Zur sozialen Stellung und politischen Bedeutung gelehrter Juristen in Bologna und Modena, Köln / Wien 1974 (Forschungen zur neueren Privatrechtsgeschichte 21).

Goetz, Hans-Werner: Das Geschichtsbild Ottos von Freising, Köln / Wien 1984 (AKG Beiheft 19).
Göldel, Caroline: Servitium regis und Tafelgüterverzeichnis. Untersuchung zur Wirtschafts- und Verfassungsgeschichte des deutschen Königtums im 12. Jahrhundert, Sigmaringen 1997 (Studien zur Rechts-, Wirtschafts- und Kulturgeschichte 16).
Görich, Knut: Der Herrscher als parteiischer Richter. Barbarossa in der Lombardei, in: FMST 29 (1995), S. 273-288.
Haverkamp, Alfred: Handbuch der Deutschen Geschichte, 24 Bde., Bd. 5, Die Zeit der Staufer (1125-1198), Stuttgart 2002.
Haverkamp, Alfred (Hrsg.): Friedrich Barbarossa. Handlungsspielräume und Wirkungsweisen des staufischen Kaisers, Sigmaringen 1992 (VuF 40).
Hechberger, Werner: Staufer und Welfen 1125-1190. Zur Verwendung von Theorien in der Geschichtswissenschaft, Wien 1996.
Herde, Peter: Die Katastrophe vor Rom im August 1167. Eine historisch-epidemiologische Studie zum vierten Italienzug Friedrichs I. Barbarossa, Stuttgart 1991 (Sitzungsberichte der wiss. Gesellschaft an der Johann Wolfgang Goethe-Universität Frankfurt am Main 27/4).
Hiestand, Rudolf: Zur Geschichte des Königreichs Sizilien im 12. Jahrhundert, in: QFIAB 73 (1993), S. 52-69.
Holzapfel, Theo: Papst Innozenz III, Philipp II. August, König von Frankreich und die englisch-welfische Verbindung 1198-1216, Frankfurt am Main 1991 (Europäische Hochschulschriften Reihe 3 / 460).
Houben, Hubert (Hrsg.): Beiträge zur Verfassungs- und Verwaltungsgeschichte des Königreichs Sizilien im Mittelalter, Aalen 1994.
Houben, Hubert: Roger II. von Sizilien. Herrscher zwischen Orient und Okzident, Darmstadt 1997 (GMR).
Hucker, Bernd Ulrich: Kaiser Otto IV., Hannover 1990
Jäschke, Kurt-Ulrich: Europa und das römisch-deutsche Reich um 1300, Stuttgart 1999.
Jordan, Karl: Friedrich Barbarossa, Kaiser des christlichen Abendlandes, 2. Aufl. Göttingen 1967 (Persönlichkeit und Geschichte 13).
Jordan, Karl: Heinrich der Löwe. Eine Biographie, München 1979.
Kamp, Norbert: Kirche und Monarchie im staufischen Königreich Sizilien Bd.1: Prosopographische Grundlegung. Bistümer und Bischöfe des Königreichs 1194-1266, T1-4, München 1973-1982 (Münstersche Mittelalter-Schriften 10,1-4).
Kaufhold, Martin: Interregnum, Darmstadt 2002.
Keen, Maurice: Das Rittertum, München / Zürich 1987.
Keller, Hagen: Zwischen regionaler Begrenzung und universalem Horizont. Deutschland im Imperium der Salier und Staufer 1024-1250, Berlin 1986 (Propyläen Geschichte Deutschlands 2).
Koch, Gottfried: Auf dem Wege zum Sacrum Imperium. Studien zur ideologischen Herrschaftsbegründung der deutschen Zentralgewalt im 11. und 12. Jahrhundert, Wien 1972.
Kölzer, Theo: Sizilien und das Reich im ausgehenden 12. Jahrhundert, in: HJb 110 (1990), S. 3-22.
Laufs, Michael: Politik und Recht bei Innozenz III., Köln / Wien 1980.
Maurer, Helmut: Der Herzog von Schwaben, Sigmaringen 1978.
Meyer, Bruno B.: Kastilien, die Staufer und das Imperium, Husum 2002

Nette, Herbert: Friedrich von Hohenstaufen in Selbstzeugnissen und Bilddokumenten, Hamburg 1975.

Neumann, Ronald: Parteibildungen im Königreich Sizilien während der Unmündigkeit Friedrichs II. (1198-1208), Frankfurt am Main / Berlin / New York 1986 (Europäische Hochschulschriften R III/266).

Norwich, John J.: Die Normannen in Sizilien 1130-1194, Wiesbaden 1971.

Opll, Ferdinand: Friedrich Barbarossa, 3. bibliograph. erg. Aufl. Darmstadt 1998 (GMR).

Pauler, Roland: War König Konrads III. Wahl irregulär?, in: DA 52 (1996), S.135-161.

Rösch, Eva Sibylle / Rösch, Gerhard: Kaiser Friedrich II. und sein Königreich Sizilien, Sigmaringen 1995.

Schaller, Hans M.: Das geistige Leben am Hofe Kaisers Ottos IV. von Braunschweig, in: DA 45 (1989), S. 54-83.

Schlunk, Andreas C.: Königsmacht und Krongut. Die Machtgrundlagen des deutschen Königtums im 13. Jahrhundert – und eine neue historische Methode, Stuttgart / Wiesbaden 1988.

Schmidt, Ulrich: Königswahl und Thronfolge im 12. Jahrhundert, Köln / Wien 1987 (Forschungen zur Kaiser- und Papstgeschichte des Mittelalters 7).

Schneidmüller, Bernd: Die Welfen. Herrschaft und Erinnerung (819-1252), Stuttgart 2000.

Seltmann, Ingeborg: Heinrich VI. Herrschaftspraxis und Umgebung, Erlangen 1983 (Erlanger Studien 43).

Stürner, Wolfgang: Friedrich II., 2 Bde., T1: Die Königsherrschaft in Sizilien und Deutschland 1194-1220; T2: 1220-1250, Darmstadt 2000.

Vollrath, Hanna: Konrad III. und Byzanz, in: AKG 59 (1977), S. 321-365.

Weinfurter, Stefan (Hrsg.): Stauferreich im Wandel, Stuttgart 2002.

Willemsen, Carl A.: Die Bildnisse der Staufer, Versuch einer Bestandsaufnahme, Göppingen 1977 (Schriften zur staufischen Geschichte und Kunst 4).

Wolf, Gunther (Hrsg.): Friedrich Barbarossa, Darmstadt 1975 (WdF 390).

Wolf, Gunther (Hrsg.): Stupor mundi. Zur Geschichte Friedrichs II. von Hohenstaufen, 2. völlig neu bearb. Aufl. Darmstadt 1982 (WdF 101).

Zettler, Alfons: Geschichte des Herzogtums Schwaben. Ursprünge, Geschichte und Nachleben, Stuttgart / Berlin / Köln 2000.

IV. KÖNIGTUM UND FÜRSTEN IM KAMPF UM DIE MACHT IM SPÄTMITTELALTER

Der nun folgende Zeitraum bis zum Ende der Regierungszeit Maximilians I. ist in der politischen Geschichte besonders gekennzeichnet durch die Auseinandersetzungen zwischen dem Königtum und den Fürsten im Reich um die Vormachtstellung, Frankreich und dem Reich um die Hegemonialstellung in Europa, dem Papsttum und dem Königtum um den Vorrang und um die Mitsprache bei der Königswahl im Reich, zwischen Kurfürsten und anderen Fürsten um die Macht im Reich, zwischen dem erstarkten Bürgertum und dem Adel um die Mitsprache in der Politik. Beim Bemühen um die Installierung einer Erbmonarchie kämpften vor allem die Familien der Habsburger, Wittelsbacher und Luxemburger gegeneinander. Da das System der Wahlmonarchie diesen Interessen entgegenstand, war der Konflikt mit den Fürsten eine permanente Erscheinung.

Von der Kur (Wahl) des Kaisers.

1. *(Ldr. III 57 § 2) Die Erzbischöfe von Mainz, Trier und Köln als erste bei der Kaiserwahl deuten auf den Gekorenen.*
2. *(Ldr. III 57 § 2) Der Pfalzgraf vom Rhein trägt als Truchseß eine Speiseschüssel, der Herzog von Sachsen den Marschallstab, der Markgraf von Brandenburg ist Erzkämmerer und gießt Handwasser aus einem Becken ins andere.*
3. *(Ldr. III 57 § 2) Die übrigen Fürsten (durch fünf Bischöfe und vier Laien angedeutet) stimmen der Wahl zu.*

Rudolf I. von Habsburg (1273-1291)

Der neue König (geb.1218) kann überraschenderweise zum weiteren Umfeld der Staufer gezählt werden, denn Friedrich II. soll ihn aus der Taufe gehoben haben. Rudolfs Mutter war Heilwig von Kiburg, sein Vater Graf Albrecht IV. von Habsburg, benannt nach seiner Burg im heutigen Schweizer Kanton Aargau. Die Besitzungen der Familie, die nicht zur exklusiven Gruppe der Reichsfürsten zählte, die sich im Investiturstreit herausgebildet hatte, lagen im Aargau um Zürich und im Elsaß. Der Mangel an hoher Abkunft wurde gesehen und noch zu Lebzeiten Rudolfs durch Geschichten um den dunklen Ursprung der Familie wettzumachen gesucht. Eine Lösung war z.B., sie von den erfolgreichen Zähringern abstammen zu lassen, um eine Berechtigung für das Herzogtum Schwaben aufzubauen. Anhand der Quellen kann man die Familie bis ins 10. Jahrhundert im Elsaß zurückverfolgen, eine Abstammung von den Etichonen aus der Merowingerzeit läßt sich nicht sicher beweisen. Politisch hatte die Familie Bedeutung durch die Beherrschung der wichtigsten Zugangswege durch die Westalpen erlangt. Rudolf selbst hatte sich zuerst Friedrich II., dann dessen Sohn Konrad und Enkel Konradin angeschlossen, war sogar bis zuletzt in Italien geblieben. Allerdings war er nicht mit dem Bann belastet wie andere Stauferanhänger. Er wird in den Quellen als armer Graf bezeichnet, war aber ein erfolgreicher Territorialherr, der seine Interessen hartnäckig verfolgte, wie sich zeigen sollte.

1273 Als sich im Jahr 1273 die Königswähler trafen, hatten sie die Auswahl zwischen mehreren Kandidaten: dem Stauferenkel Friedrich dem Freidigen von Thüringen, König Philipp III. von Frankreich, dem mächtigen Böhmenkönig Ottokar II. Premysl, Pfalzgraf Ludwig und Graf Siegfried von Anhalt. Als die Vorverhandlungen zu lange dauerten, drängte der Papst, mit dem Philipp III. und Ottokar direkt in Kontakt getreten waren, auf eine Entscheidung, sonst werde er selbst den Kandidaten mit seinen Kardinälen bestellen. Erst spät lenkte Erzbischof Werner von Eppstein von Mainz die Wahl auf Rudolf von Habsburg, der den Kurfürsten selbst mit seiner geringeren Machtbasis nicht gefährlich werden konnte, und allgemein als Mann mit Tatkraft geschätzt wurde. Ihm traute man daher die Wiederherstellung der Ordnung zu, auch wenn er kein Reichsfürst war. Außerdem fehlte ihm, wie allerdings allen anderen Nachfolgern auch, die Geblütsheiligkeit, die im Hochmittelalter doch noch eine wesentliche Rolle gespielt hatte. So wurde er am 1. Oktober 1273 von sechs Kurfürsten und dem Herzog von Niederbayern als siebten Wähler, der böhmische König legte als siebter Kurfürst Protest ein, einstimmig gewählt. Ottokar hatte selbst auf die Krone gehofft und beschwerte sich beim Papst, daß ein Unwürdiger zum König gewählt worden sei.

Nun warteten nach seiner Krönung in Aachen am 24.10.1273 schwere Aufgaben auf den neuen König, der mit 55 Jahren bereits sehr alt war, aber viel Erfahrung aufzuweisen hatte: Wiederherstellung des Landfriedens, Rückgewinnung (Revindikation) der Besitzungen des Königs, Rechte und Einkünfte des Reiches, Arrangement mit den erstarkten Städten und vor allem positive Gestaltung der Beziehungen zum Papsttum.

Diese Probleme ging Rudolf recht erfolgreich an. Zuerst versuchte er, Partner zu gewinnen, um seine schwache Position im Reich zu verbessern. Auf seiner Seite standen bereits Friedrich von Hohenzollern, Burggraf von Nürnberg, der Erzbischof von Mainz und schwäbische und fränkische Grafen als stauferfreundlicher Adel, daher wandte er sich den weltlichen Kurfürsten zu und begann mit der typischen Heiratspolitik. Noch 1273 wurden die Tochter Mathilde mit dem Pfalzgrafen Ludwig und die Tochter Agnes mit dem Herzog Albrecht II. von Sachsen-Wittenberg vermählt, zwei weitere Töchter wurden 1279 mit dem Herzogssohn von Niederbayern und dem Markgrafen von Brandenburg verhei-
1285 ratet, eine fünfte schließlich 1285 mit Wenzel II. von Böhmen. Diese typische
1274 Heiratspolitik bezog auch den Sohn Albrecht ein, der 1274 die Tochter Herzog

Meinrads von Tirol, des südlichen Nachbarn, heiratete, und den König selbst, als
er 1284 mit 66 Jahren Elisabeth, die Schwester des Herzogs von Burgund, ehe- *1284*
lichte. Auf diese Weise hatte er alle vier weltlichen Kurfürsten zu Schwiegersöh-
nen.

Nur wenige Tage nach seiner Krönung soll er erklärt haben, bisher sei er ein
unermüdlicher Krieger gewesen, nun wolle er ein Pfleger des Friedens sein, da-
her wurde ein Manifest erlassen, das die Reformation des Landfriedens ankün-
digte. Zur Durchführung wurde ein neuer Hofrichter ernannt, somit wurde ein
Reichshofgericht installiert, das als letzte Instanz in einer Anzahl von Schlich-
tungsfällen tätig wurde. Für Frieden sorgte allein schon die rastlose Reisetätig-
keit des Herrschers, die ihn an viele Orte im Westen und Südwesten des Reiches
brachte. Ein Landfrieden wurde jedoch erst 1276 in Österreich verkündet, es
folgten die Landfrieden von 1281 in Franken, Bayern und Rheinland und 1287 *1281/*
in Thüringen. In diesem Jahr erneuerte Rudolf auch in Würzburg den Reichs- *1287*
landfrieden Friedrichs II. von 1235 für das ganze Reich, dasselbe geschah 1291 in *1291*
Speyer. Damit hatte der König wieder die Initiative für den Frieden im gesamten
Reich übernommen, die Territorialfürsten folgten nach, nutzten dieses Stillhal-
ten ihrer Gegner aber oft zum Ausbau ihrer eigenen Machtposition.

Auf den Reichstagen von Speyer im Dezember 1273 und von Nürnberg im *1273*
Jahr 1274 wurde die Revindikationspolitik, Rückgewinnung des Königsgutes, *1274*
beschlossen. Rudolf hatte erklärt, daß alle nach 1245 (Absetzung Friedrichs II.)
erteilten Privilegien ungültig seien, es sei denn die Mehrheit der Kurfürsten ha-
be zugestimmt. Die Kurfürsten unterstützten ihn dabei, da sie selbst nicht be-
troffen waren, denn die rheinischen Kurfürsten konnten in der Regel ihren Be-
sitz behalten, ebenso wie das konradinische Erbe beim Herzog von Bayern
verblieb, um so den territorialen Aufbau des Landes zu fördern. Die Bedingung
der Kurfürsten war aber, daß der König an die Zustimmung der Kurfürsten
(Willebriefe) gebunden sei. Da die Besitzgeschichte oft schwer zu klären war,
mußte Rudolf seine ganze Energie aufbringen, um auf diesem Bereich zu größe-
ren Erfolgen zu kommen. Die wichtigste Stütze bei dieser Arbeit war die Hof-
kanzlei, die er neu aufbauen mußte, denn nur ein Notar läßt sich kontinuierlich
von seinem Vorgänger ermitteln.

Einen wichtigen Schritt zur Rückgewinnung und Sicherung bildete die Ein-
richtung von Landvogteien. Diese von Rudolf vorgenommene Zusammenfas-
sung von Reichsgutkomplexen in eindeutig von einander abgegrenzten Land-
vogteibezirken war ein neues Phänomen in der Reichsverfassung. So entstanden
die Vogteien Ober- und Niederschwaben, Ober- und Niederelsaß etc., wobei
das Gebiet um Nürnberg mit Rücksicht auf den Burggrafen ausgenommen wur-
de. Der Landvogt vertrat den König mit allen königlichen Rechten. Zur Siche-
rung der Herrschaft dienten die Burgen, die von den Burgmannen als königliche
Vasallen bewacht wurden.

Im Norden mußte er anders vorgehen, denn hier wurden die dem Reichsgut
benachbarten Fürsten als Statthalter (administrator et rector) des Königs einge-
setzt, so die Herzöge Albrecht II. von Sachsen und Albrecht I. von Braun-
schweig, danach die Brandenburger Markgrafen. Ihnen wurden die Rückforde-
rung, Verwaltung und Gerichtsbarkeit des Reichsgutes im Norden übertragen.

Dies konnte nicht so erfolgreich sein wie im Süden, das wußte Rudolf, aber er hatte doch die Fürsten, die häufig zu ihren eigenen Gunsten aktiv wurden, in die Verantwortung für das Reich genommen. Den Reichsstädten Goslar und Lübeck wurde die Bedrängnis durch die Statthalter zuviel, sie erkauften sich ihre Freiheit, indem sie dem König mit einer großen Summe die Reichsvogtei ihrer Stadt abkauften und sich durch Abgaben nur an ihn banden.

Auch die königlichen Städte waren Bestandteil des Reichsgutes. Er holte von den Städten die Reichsrechte zurück, zur Verwaltung setzte er Reichsschultheiße ein. Überhaupt kann man während seiner Regierung von einer Annäherung an die Städte sprechen. Er sah sie als Stützen seiner Politik wie aber auch sicher vor allem als Geldlieferanten an, denn die städtischen Steuern stellten die einzige konstante Einnahmequelle dar, außerdem mußten sie ein militärisches Kontingent fürs Reichsheer aufbieten. Es bildete sich in dieser Zeit die eigentliche Gruppe der Reichsstädte aus, deren Stadtherr der König war, die ansonsten weitgehende Unabhängigkeit erreichten. Sehr enge Beziehungen unter den Bischofsstädten hatte Rudolf zu Basel, deren Bischof Heinrich von Isny ein enger Berater war.

Seine Aufenthalte in Städten verdeutlichen seine Reisepolitik und die wichtigen Regionen seiner Herrschaft. Nachdem er sich längere Zeit in Wien und Erfurt zur Abwicklung von Reichsgeschäften aufgehalten hatte, bildeten folgende Städte die Spitze: Nürnberg (269 Tage), Hagenau (200), Mainz (156), Basel (139), Ulm (109) usw.. Aber das Verhältnis war nicht nur positiv. In den Jahren
1284/ 1284/85 kam es zu Auseinandersetzungen wegen zu hoher Besteuerung. Frei-
85 burg im Üchtland, Bern und Städte des Elsaß verbündeten sich mit den Städten der Wetterau, die sich zu einer Bewegung im Gefolge eines falschen Friedenskaisers Friedrich (Tile Kolup, 1285 hingerichtet) zusammengeschlossen hatten. Das Ergebnis war, daß die Steuerhoheit der Städte respektiert wurde, wobei natürlich eine bestimmte Summe an den König abgeführt werden mußte. Weitere kritische Situationen gab es, wenn der König Reichsstädte verpfändete wie z.B., um die Mitgift seiner Tochter zu finanzieren. Demnach kann man zwar erstmalig von einem engen, aber nicht ungetrübten Verhältnis des Königs zu den Städten sprechen.

Ein Konflikt mit Ottokar II. von Böhmen war von Anfang an programmiert, weil er sich den größten Teil des Reichsgutes angeeignet hatte. Als der Papst
1274 1274 Rudolfs Königtum trotz Ottokars Protest förmlich anerkannt hatte, konnte er gegen ihn vorgehen. Nachdem dieser die Lehenshuldigung verweigert hatte, war Rudolf in der günstigen Position, über den böhmischen König die
1275/ Reichsacht und Aberacht (1275/76) verhängen zu können. Erzbischof Werner
76 von Mainz sprach nach einer weiteren vergeblichen Aufforderung den Bann über Ottokar und das Interdikt über dessen Land aus. Zur Durchsetzung der Maßnahmen rüstete Rudolf ein Heer und ging gegen Österreich vor. Als die wichtigsten Verbündeten, Adel aus Österreich und Böhmen, von ihm abgefallen waren, ließ sich Ottokar auf ein fürstliches Schiedsverfahren ein. Am 21. Oktober 1276 erging im Feldlager vor Wien der Spruch, daß die Reichslehen Österreich, Steiermark, Kärnten mit Krain und Pordenone sowie das Egerland an das Reich zurückfallen sollten, während Ottokar nach der Anerkennung Rudolfs

und Befreiung von Acht und Bann, die Huldigung für Böhmen und Mähren lei-
sten mußte. Wiederum wurde der Vertrag durch Heiraten abgesichert, denn Ot-
tokars Tochter sollte einen Sohn Rudolfs und Rudolfs Tochter Ottokars Nach-
folger Wenzel heiraten. Damit war das Problem aber nicht beseitigt, eine Reihe
von Vereinbarungen wurde nicht eingehalten und führte zu einem zweiten Krieg
gegen den Böhmenkönig. Da die Kurfürsten gegenüber dem Machtgewinn des
Königs skeptisch wurden, fand Rudolf kaum Unterstützung – nur in Franken,
Schwaben, Elsaß und Österreich. Daher schloß er ein Bündnis mit König Ladis-
laus von Ungarn und besiegte den erstarkten Ottokar mit einem schwächeren
Heer am 26. August 1278 in der Schlacht bei Dürnkrut und Jedenspeigen auf *1278*
dem Marchfeld nordöstlich von Wien. Ottokar wurde gefangen und von wüten-
den österreichischen Adeligen umgebracht.

Dieser Sieg, der von nationalistisch gesinnten Historikern als Sieg der Deut-
schen über die Slawen gedeutet wurde, real der Sieg des römischen Königs über
seinen wichtigsten Konkurrenten war, hatte für Europa weitreichende Bedeu-
tung, weil durch ihn der Aufstieg der Habsburger ermöglicht wurde. Nach dem
Tod des Böhmenkönigs erkannte Rudolf nämlich die Chance, den Südosten des
Reiches nach seinen Vorstellungen zu ordnen. Er ließ sich deshalb nicht auf wei-
tere Kriegszüge mit der Witwe und ihren Anhängern wie dem Markgrafen von
Brandenburg ein, sondern begnügte sich politisch weitsichtig mit dem gerade
Machbaren. Wenzel, der achtjährige Sohn Ottokars, erhielt Böhmen als Lehen,
wobei Markgraf Otto von Brandenburg als Vormund bestellt wurde. Die ge-
planten Heiratsprojekte wurden nun bestätigt, Mähren blieb vorläufig für fünf
Jahre unter der Aufsicht Rudolfs. Nach langen Verhandlungen mit den Landes-
herren in Österreich, denen er einige Zugeständnisse machen mußte, und mit
den Kurfürsten konnte er 1282 seine Söhne Albrecht und Rudolf zur gesamten *1282*
Hand mit Österreich, Steiermark, Kärnten, Krain und Windischer Mark beleh-
nen. Damit konnte beim Tod eines der beiden der andere den gesamten Besitz
übernehmen, 1286 fiel Kärnten an Meinhard II. von Tirol. Rudolfs Söhne wur- *1286*
den gleichzeitig zu Reichsfürsten erhoben, durch die Rheinfeldener Hausord-
nung von 1283 wurde Albrecht alleiniger Herr der Fürstentümer.

Diese Aktionen werden als erste große Erfolge von Hausmachtpolitik spät-
mittelalterlicher Königsdynastien angesehen.

Ein Hauptziel von Rudolfs Politik war das Erreichen der Kaiserkrone, die er
nur vom Papst erlangen konnte, um die Nachfolge eines Sohnes inszenieren zu
können. Gregor X. hatte ihn auf dem Konzil von Lyon 1274 approbiert und Al- *1274*
fons von Kastilien 1275 zum Abdanken bewogen. Bevor es zu einer Einigung *1275*
über die Kaiserkrönung kommen konnte, starb der Papst, seine drei Nachfolger
konnten Rudolf nicht helfen, weil sie alle in kurzer Zeit starben. Erst mit Niko-
laus III. (1277-80) hatte er wieder einen Verhandlungspartner, der ein großes In-
teresse daran hatte, die Macht Karls von Anjou in Mittel- und Süditalien zurück-
zudrängen. Allerdings verlangte er von Rudolf u.a. die Abtretung der Romagna,
was schon Otto IV. und Friedrich II. zugestanden hatten. Der nächste Papst
konzentrierte sich anfangs mehr auf den Anjou und starb vor einer Einigung mit
Rudolf, mit Honorius IV (1285-87) war dann wieder ein guter Verhandlungs-
stand erreicht, aber auch er fand zu früh den Tod. Die Kaiserkrone und somit

eine Nachfolgeregelung blieb für Rudolf unerreichbar. Dies lag allerdings nicht nur an der zufälligen raschen Folge von Päpsten, sondern auch an den Feinden im Reich. Der Erzbischof von Köln und der Graf von Württemberg streuten Gerüchte aus, Rudolf und der Papst wollten eine erbliche Dynastie etablieren, um die Kurfürsten gegen Rudolf einzustellen. Auf der Synode von Würzburg
1287 (1287) gelang es ihnen, die Ablehnung des unentbehrlichen Zehnten für den Romzug durchzusetzen. Somit waren also auch im Reich genügend mächtige Partikularkräfte bereit, eine Kaiserkrönung zu verhindern.

Eine besondere Stellung gegenüber den anderen europäischen Königen, die er als römischer König und Anwärter auf die Kaiserkrone beanspruchte, konnte Rudolf demnach nicht erreichen. Er schaffte es angesichts der vielen Probleme im Reich nicht einmal, seine erfolgreiche Politik auf Dauer im Norden des Reiches oder auf die anderen Reichsteile Burgund und Italien auszudehnen. Er versuchte allerdings, nach der Niederwerfung Ottokars, die Königsherrschaft in Burgund wieder aufzubauen. Nach erfolgreichen Kriegszügen, besonders gegen Savoyen, heiratete Rudolf in zweiter Ehe die burgundische Prinzessin Isabella, Schwester Herzog Roberts II. von Burgund, was ihm aber nicht die erhoffte Annäherung an das französische Königshaus brachte. In Nordburgund ging der König noch schärfer vor, als er Pfalzgraf Otto von Burgund in Besancon zur Kapitulation und zur Lehnshuldigung zwang. Mit diesen Teilerfolgen hatte Rudolf immerhin die Präsenz des Königtums in dem Raum angezeigt, keiner seiner Nachfolger schaffte Vergleichbares.

Da der Habsburger die Kaiserkrönung als Voraussetzung nicht erreichen konnte, versuchte er, die Kurfürsten davon zu überzeugen, daß sie trotzdem sei-
1290 nen Sohn Rudolf als Nachfolger wählen sollten. Doch dieser starb 1290 am Hof in Prag. Nun präsentierte Rudolf seinen ältesten Sohn Albrecht, der im Fall der Nachfolge auf Österreich verzichten sollte. Aber nur der alte Pfalzgraf und Bayernherzog Ludwig erklärte sich bereit, eine Kandidatur zu unterstützen. Rudolf starb am 15. Juli 1291. Er wurde auf eigenen Wunsch im Kaiserdom in Speyer begraben, wohin er selbst noch geritten war. Damit knüpfte er auch hier an die alte Königstradition an. Eine 226 cm hohe und 78 cm breite Grabplatte, die gleich nach seinem Tod geschaffen wurden, zeigt den König mit Krone, Reichsapfel und Szepter. Diese Grabplastik gilt als die erste realistische Darstellung eines deutschen Königs.

Einordnung

Der biedere Graf aus dem deutschen Südwesten erwies sich für seine Wähler anfangs als gute Wahl. Es gelang ihm als tatkräftigem Mann, das Gleichgewicht und die Ordnung im Reich wiederherzustellen. Dies führte sogar dazu, daß man ihn in zeitgenössischen Quellen als unvergleichlichen Friedensbringer rühmte, obwohl er sich häufig des Krieges bedienen mußte. Er erkannte die Bedeutung der Städte für das Königtum, seine Annäherung an die Städte brachte ihm den Ruf der Volksnähe, die Legenden betonten seine Einfachheit und seine Jovialität, was ihn in die Nähe der Armutsbewegung führte. Später wurde er auch bei ihnen unbeliebter wegen seiner Steuerforderungen. Gegenüber den Fürsten konnte er das Königtum durch Rückgewinnung von Königsgut wieder stärken und ihm Geltung verschaffen, ohne die alte Dominanz wiederherzustellen.

Er griff nicht auf das sakrale Königtum und die glänzende Herrscherdarstellung etwa Friedrichs II. zurück, sondern regierte eher nüchtern, aber doch nach staufischem Vorbild. So bezog er sich bei seiner Revindikationspolitik eindeutig auf die Absetzung Friedrichs II., denn alle danach getroffenen Verfügungen erklärte er für ungültig. Er stützte sich bei seinen Anstrengungen im wesentlichen auf die Ministerialen, die schon den Staufern gedient hatten. Allerdings hat er bei dieser Politik gleich für seine Familie die Grundlagen für den späteren Besitz und die große Macht gelegt. Ein starkes Erbkönigtum sollte seiner Meinung nach die Grundlage für Frieden im Reich bieten. Der Höhepunkt, die Nachfolgeregelung für seinen Sohn nach Erlangung der Kaiserkrone, blieb ihm verwehrt, dies verhinderte wohl im wesentlichen das zufällige frühzeitige Dahinscheiden der jeweils der Kaiserkrönung zustimmenden Päpste, zu denen er wieder ein normales Verhältnis aufbauen konnte. Es waren aber auch die Fürsten, die verhindern wollten, daß sich eine neue mächtige Erbdynastie bilden konnte und ihr Wahlrecht beiseitegeschoben wurde.

Adolf I. von Nassau (1292-1298)

Nach dem Tod Rudolfs versuchte sein Sohn Albrecht, die Nachfolge mit Unterstützung des Pfalzgrafen anzutreten. Aber auf Betreiben Wenzels II. von Böhmen, der mit Albrechts Schwester Guta verheiratet war und mit dem Herzog von Österreich schon längere Konflikte hatte, wurde der Habsburger ausgeschaltet, der selbst in seinem Herrschaftsgebiet große Probleme hatte, weil sich viele Untertanen und steierische Landesherren gegen ihn erhoben. Vor dem Hintergrund des englisch-französischen Gegensatzes und Frankreichs Anspruch auf Vormachtstellung in Europa sahen sich die Fürsten nach einem geeigneten Kandidaten um. Sie fanden ihn in Graf Adolf von Nassau, den sie am 5. Mai
1292 zum König wählten. Auf diese Weise hatten die Kurfürsten wieder einen *1292*
„kleinen“ Grafen gegen einen mächtigen Reichsfürsten gestellt.

Doch Albrecht verhielt sich sehr weise, indem er nach seinem Sieg über die Oppositionellen in den schweizerischen Stammlanden die Reichsinsignien an Adolf übergab und ihm huldigte. Dadurch geriet er selbst nicht in die Opposition und konnte die Politik weitgehend unbehelligt in seinen Besitzungen gestalten. Sogar König Wenzel söhnte sich nun mit seinem Schwager aus.

Adolf war vor seiner Wahl ein wirklich unbedeutender Graf, der um 1250 ge- *1250*
boren wurde und als Burghauptmann in Kaub in Diensten des Pfalzgrafen stand. In der Schlacht bei Worringen hatte er seine außerordentliche Tapferkeit auf der Seite des Erzbischofs von Köln gezeigt. Sie half ihm, als ihn der Herzog von Brabant gefangennahm, denn dieser war davon so beeindruckt, daß er ihn freiließ. Neben der Tapferkeit wird seine ausgezeichnete und für einen Adeligen ungewöhnliche Bildung hervorgehoben. Er konnte lesen und schreiben und beherrschte die lateinische und französische Sprache. Der Erzbischof Siegfried von

Köln, mit ihm verschwägert, erkannte in ihm als erster einen möglichen Kandidaten, deshalb schloß er mit ihm einen Vertrag, in dem detailliert die zahlreichen Leistungen des zukünftigen Königs für ihn und seine Erzdiözese festgelegt wurden. Sie bestanden sowohl aus Besitzungen und Geldzahlungen als auch daraus, daß er z.B. keine Feinde des Erzbischofs begünstigte. Auch mit dem Mainzer Erzbischof war Adolf verschwägert, der ihn daher unterstützte und ebenso den Böhmenkönig heranziehen konnte.

1292 Am 5. Mai 1292 wurde also nach langen Verhandlungen Adolf von Nassau, von den erwähnten Kurfürsten protegiert, mit Duldung der anderen Kurfürsten gewählt. Am 24. Juni wurde er vom Erzbischof von Köln in Aachen gekrönt, alles hatte demnach seine Ordnung. Nach der Wahl wurde Adolfs Sohn mit der Tochter des Böhmenkönigs verlobt, wobei Adolf Wenzel versprach, ihm hinsichtlich der Herzogtümer Österreich, Steiermark und Kärnten sein Recht zukommen zu lassen. Diese Versprechungen hielt er nicht ein. Der Mainzer Erzbischof Gerhard konnte Adolf das Versprechen abringen, wichtige Personen aus der Kanzlei zu entfernen und dafür Vertrauenspersonen des Mainzers einzustellen, um auf diese Weise die Hofkanzlei seiner Kontrolle zu unterwerfen. Eine Ablösung von Personen, die seinem Vorgänger gedient hatten, war nicht ungewöhnlich, denn er setzte auch neue Landvögte ein. Der wichtigste wurde Eberhard von Katzenelnbogen, der die Landvogtei Oberschwaben erhielt, aber meistens am Hof Adolfs zu finden war.

Seit der Übertragung der Reichskleinodien hatte eine Annäherung an Albrecht stattgefunden, die mit zu den Plänen des Königs gehörte, sich allmählich aus der Abhängigkeit von seinen Wählern zu befreien. Dazu zählte auch die Hinwendung zum Herzog von Brabant, einem erklärten Gegner des Erzbischofs von Köln, den er zum Landvogt und Landfriedenshauptmann für die Region zwischen Maas und Rhein ernannte. Dies alles brachte ihm nur Bündnisse und Unterstützung, aber keine eigene Machtgrundlage. Er knüpfte nun auch in dieser Hinsicht an seinen Vorgänger an, indem er sich in die Angelegenheiten der Wettiner einmischte. Landgraf Albrecht der Entartete verkaufte ihm im
1294 April 1294 die Landgrafschaft Thüringen. Dieser Kauf und die gleichzeitige Reklamierung Meißens als Reichslehen brachte den endgültigen Bruch mit seinen Wählern. Er traf mit dieser Politik den Mainzer Erzbischof, der Thüringen als Kerngebiet seines Besitzes betrachtete. Gegen dessen Interessen annektierte Adolf durch grausame Kriegszüge beide Gebiete, allerdings wurden sie nicht ihm selbst, sondern dem Reich zugesprochen. Diese Umwandlung in Reichsterritorien hatte auch König Wenzel verärgert, dem Rudolf noch die Rechte auf Meißen bestätigt hatte. Adolf hatte also seine drei wichtigsten Wähler vor den Kopf gestoßen.

Im Jahr 1294 wandte sich Adolf England zu und schloß mit König Eduard I. ein Freundschaftsbündnis gegen Frankreich, um Rechte im Westen des Reiches zurückzugewinnen. Daraufhin erklärte er dem französischen König den Krieg und erhielt von England Geld für Feldzüge, er selbst konnte kein Geld dafür im Reich aufbringen. Dafür brachte ihm das Bündnis eine Förderung des Handels der deutschen Hanse, die sonst von Engländern angegriffen wurde. Aber er griff niemals selbst in den französisch-englischen Krieg (1294-97) ein, weil er angeb-

lich von Agenten Philipps des Schönen bestochen worden war. Dies wurde unter Historikern seit dem 19. Jahrhundert als Verrat angesehen. Papst Bonifaz VIII. warf Adolf in einem Schreiben vom 25. Mai 1295 vor, daß er sich wie ein *1295*
gemeiner Ritter habe kaufen lassen. Mit einer Urkunde vom 24. Februar 1296 mischte sich der Papst weiter in den Krieg ein. Diesmal wandte er sich gegen die Steuerpolitik. Die Könige in England und Frankreich hatten alle Möglichkeiten genutzt, um von ihren Untertanen die Gelder für den Krieg einzutreiben. Speziell Philipp IV. der Schöne hatte den Zehnten der Geistlichen eingefordert und Zwangsanleihen und Enteignungen bei den Juden und Lombarden, den Geldleihern, angeordnet.

Adolf verwendete die Gelder des englischen Königs für die Sicherung seiner Herrschaft in Thüringen und Meißen. Auf dem Hoftag in Mühlhausen verkündete er 1295 einen Landfrieden und setzte seinen Verwandten, den Grafen Heinrich von Nassau, als Stellvertreter in Meißen ein. Im Westen des Reiches ließ er in einem Prozeß Pfalzgraf Otto von Burgund am 27. Juni 1296 aller seiner Le- *1296*
hen und Besitzungen entheben, weil er dies in französische Hände übergeben hatte. Seine Untertanen wurden aufgefordert, dem römischen König als unmittelbaren Lehensherren zu huldigen. Im Februar 1297 verpflichteten sich zahlrei- *1297*
che Adelige, Adolf gegen den französischen König zu helfen, außerdem stellte sich auch der Graf von Flandern gegen seinen Lehensherrn. Als das englische Heer Ende August 1297 gelandet war, zog ihm Adolf nicht entgegen, sondern in den Süden des Reiches, was ihm den erwähnten Vorwurf von Zeitgenossen einbrachte.

Der Zug in den Süden hatte seine Berechtigung, weil Adolf Nachrichten von einer Verschwörung gehört hatte, die seit einem Zusammentreffen der Fürsten in Prag begonnen hatte. Am Pfingstsonntag 1297 hatte Erzbischof Gerhard von Mainz in Prag Ottokars Sohn Wenzel gekrönt, wobei viele andere Reichsfürsten anwesend waren, unter ihnen der Habsburger Albrecht. Dieser hatte bereits 1295 Kontakt zum französischen König aufgenommen, um wegen einer Heirat *1295*
zu verhandeln. Danach war er aber schwer krank geworden, so daß österreichische Adelige gegen ihn die Hilfe König Adolfs suchten. Der Aufstand wurde aber niedergeschlagen. Albrecht verbündete sich schon in Prag mit den unzufriedenen Kurfürsten und Fürsten, aber gefährlich wurde es für Adolf erst 1298. *1298*

Den harten Kern seiner Gegner bildeten Albrecht, König Wenzel und der Erzbischof von Mainz. Dieser übernahm die Hauptaufgabe, indem er einen Fürstentag nach Frankfurt einberief, Albrecht garantierte die militärische Absicherung. Nach einigen Verzögerungen durch Aktivitäten Adolfs trafen sich die Fürsten in Mainz. Unter ihnen befanden sich von den Kurfürsten der Mainzer Erzbischof, Herzog Albrecht von Sachsen und die drei Markgrafen von Brandenburg. Wenzel von Böhmen und Erzbischof Wikbold von Köln hatten dem Mainzer ihre Stimme übertragen. Pfalzgraf Rudolf und der Erzbischof von Trier hielten noch zu Adolf. Dieser erschien zu dem Verfahren nicht, bei dem ihm neben Landfriedensbruch, der Bruch aller Verpflichtungen gegenüber seinen Wählern, Mißbrauch des weltlichen Schwertes gegen die Geistlichkeit, etc. vorgeworfen wurde. Durch den Spruch von Kurfürsten und Fürsten wurde der König abgesetzt und aller seiner Rechte beraubt, alle Eide ihm gegenüber wurden gelöst. Adolf sei der Aufgabe nicht gewachsen gewesen und ungeeignet, das Königsamt zu führen, hieß es in der Begründung.

Neu war an dieser Absetzung, daß nicht wie bei Heinrich IV. ein Bann des Papstes vorausgegangen war, sondern dies allein auf die Initiative der Fürsten zurückging. Die Durchsetzung der Absetzung war nur mit Hilfe Herzog Albrechts von Österreich möglich, der laut Quellenberichten von den anwesenden Kurfürsten mit den Stimmen der abwesenden gleich als König gewählt wurde. Nun war er, der in Alzey gewartet hatte, legitimiert, gegen Adolf vorzugehen.
1298 Bei Göllheim in der Pfalz kam es am 2. Juli 1298 zur Entscheidungsschlacht, in der Adolf getötet wurde. Papst Bonifaz VIII. verurteilte dies als ruchloses Verbrechen von Meineidigen. Der Leichnam wurde zuerst im Zisterzienserin-
1309 nenkloster Rosenthal in der Nähe des Schlachtfeldes beigesetzt, im Jahr 1309 wurde er auf Befehl König Heinrichs VII. in den Dom zu Speyer übertragen.

Einordnung

Im Gegensatz zu Rudolf von Habsburg war Adolf von Nassau wirklich ein unbedeutender Graf, der von den Kurfürsten zum König gewählt wurde, um ihr Wahlrecht gegenüber dem starken Habsburger Albrecht wahrzunehmen und die Erbfolge zu verhindern. Adolf hatte von Anfang an eine schwache Position, da er ohne jede erwähnenswerte Hausmacht war. Sein Versuch, sich von der Abhängigkeit von den Kurfürsten zu lösen und eine Machtposition in Thüringen aufzubauen, verärgerte sie so sehr, daß sie sich gegen ihn verschworen und ausgerechnet den mächtigen Habsburger beauftragten, gegen den König vorzugehen.

Außenpolitisch hat sich Adolf nur um den Westen gekümmert, denn dort dehnte sich der französische König auf Kosten des Reiches aus. Ein Bündnis mit England war daher nur konsequent, brachte zumindest wirtschaftliche Gewinne. Ein umfangreiches Reichsheer konnte Adolf aber den Engländern nicht als Hilfe schicken, weil die rheinischen Kurfürsten, deren eigene Interessen eher bei Frankreich lagen, seine Politik nicht unterstützten. Insgesamt wurde also das kurze Schicksal Adolfs als König von den Kurfürsten bestimmt, die für seinen Aufstieg wie auch für seine Absetzung sorgten und damit ihre Dominanz in der Reichspolitik verdeutlichten.

Albrecht I. von Habsburg (1298-1308)

Die Rahmenbedingungen für Albrecht waren zum Zeiptpunkt seines Herrschaftsantritts sehr günstig. Der Sieg bei Göllheim war quasi als Gottesurteil aufgefaßt worden, deshalb gingen nun auch die Anhänger Adolfs zu Albrecht über. Dieser nutzte die Situation und ließ sich noch einmal wählen. Nach den
1298 entsprechenden Zugeständnissen wurde Albrecht am 27. Juli 1298 in Frankfurt am Main zum König gewählt, wobei alle sechs anwesenden Kurfürsten, der Böhme fehlte, für ihn stimmten. Nun war er wirklich offiziell legitimiert, falls

die erste Wahl angezweifelt werden sollte, und konnte diese Nachricht an den Papst weitergeben.

Albrecht war zu diesem Zeitpunkt 40 Jahre alt und hatte das, was sein Vater immer gewollt hatte, nun auf Umwegen erreicht. Er besaß eine lange Regierungserfahrung in seinem Herzogtum Österreich, wo von ihm mit Hilfe schwäbischer Ministerialer eine harte Landesherrschaft eingeführt worden war, und hatte bereits alle Höhen und Tiefen der Politik erlebt. Er war wenig beliebt, was auch auf sein Äußeres zurückgeführt werden konnte. Denn im Jahr 1295 hatte er *1295*
eine gefährliche Krankheit, die eventuell auf eine Vergiftung hindeutete, wie seine Ärzte vermuteten. Sie hängten ihn an den Füßen auf, um ihn zu entgiften. Dabei wurde der Druck auf einem Auge so groß, daß er seine Sehkraft auf diesem Auge verlor. In seinem entstellten Gesicht zeigte sich kein Lächeln, was viele Menschen erschreckte. Er wird von den Chronisten als furchtloser Mann geschildert, der mit großer Tatkraft und Härte in Krieg und Politik agierte.

Am 24. August 1298 wurde Albrecht I. in Aachen vom Erzbischof von Köln *1298*
gekrönt. Drei Monate später hielt er seinen ersten glänzenden Hoftag in Nürnberg ab. Dort wurde mit Zustimmung der Kurfürsten der Mainzer Reichslandfrieden von 1235 wieder erneuert. Dies war auch der Ort, an dem der König seine Söhne mit Österreich, Steiermark, Krain und der Windischen Mark belehnte.

In Nürnberg traten die Wettiner Diezmann und Friedrich der Freidige an Albrecht mit dem Versuch heran, wenigstens ihr väterliches Erbe, die Landgrafschaft Thüringen, zurückzuerhalten. Doch ihre Forderungen stießen auf taube Ohren. Denn Albrecht verfolgte genau die Politik seines Vorgängers, indem er die Gebiete für das Reich deklarierte. Er ersetzte die Gefolgsleute Adolfs durch eigene Ministeriale. Damit hatte er deutlich gezeigt, daß er dieses Gebiet beanspruchte, also auch die Mainzer Interessen ignorierte. Dabei hatte er anfangs durchaus die Wünsche der Kurfürsten erfüllt, zumindest erst einmal ihre finanziellen Wünsche, wobei sie immer noch skeptisch wegen Albrecht waren, der ja nicht ihr Wunschkandidat gewesen war. Dem Böhmenkönig verpfändete er Stadt und Land Eger, das Pleißner Land, Chemnitz und Zwickau, dazu einige Burgen in der Oberpfalz, außerdem erkannte er ihn als Herzog von Krakau und Sandomir an, womit er die Expansion des Böhmen billigte. Dem Mainzer Erzbischof stellte er das Privileg aus, als Erzkanzler des Reiches den Hofkanzler ernennen zu dürfen, darüber hinaus konnte er die Stadt Erfurt dazu bringen, sich wieder dem Mainzer zu unterstellen.

Seit dem Hoftag in Nürnberg war der Mainzer wieder verärgert, ebenso der Kölner Erzbischof. Hauptursache des Ärgers wurde die Wiederaufnahme der Verhandlungen zwischen Albrecht und dem König von Frankreich über eine Hochzeit von Albrechts Sohn Rudolf mit Blanche, der Schwester des Königs, die schon 1295 begonnen worden waren. Albrecht suchte beim französischen König Rückendeckung gegen die Kurfürsten und gegen den Papst. Im Herbst 1299 trafen sich die beiden Könige beim Hof Quatrevaux (Nähe Toul) und *1299*
schlossen ein Abkommen. Darin verpflichtete sich der römische König, die Vereinbarungen für sich und für seine Erben zu schließen, die im Reich nachfolgen würden. Seine Gegner im Reich, allen voran der Mainzer, verbreiteten, der König habe das Reich verkauft und die Ostgrenze Frankreichs an den Rhein rücken

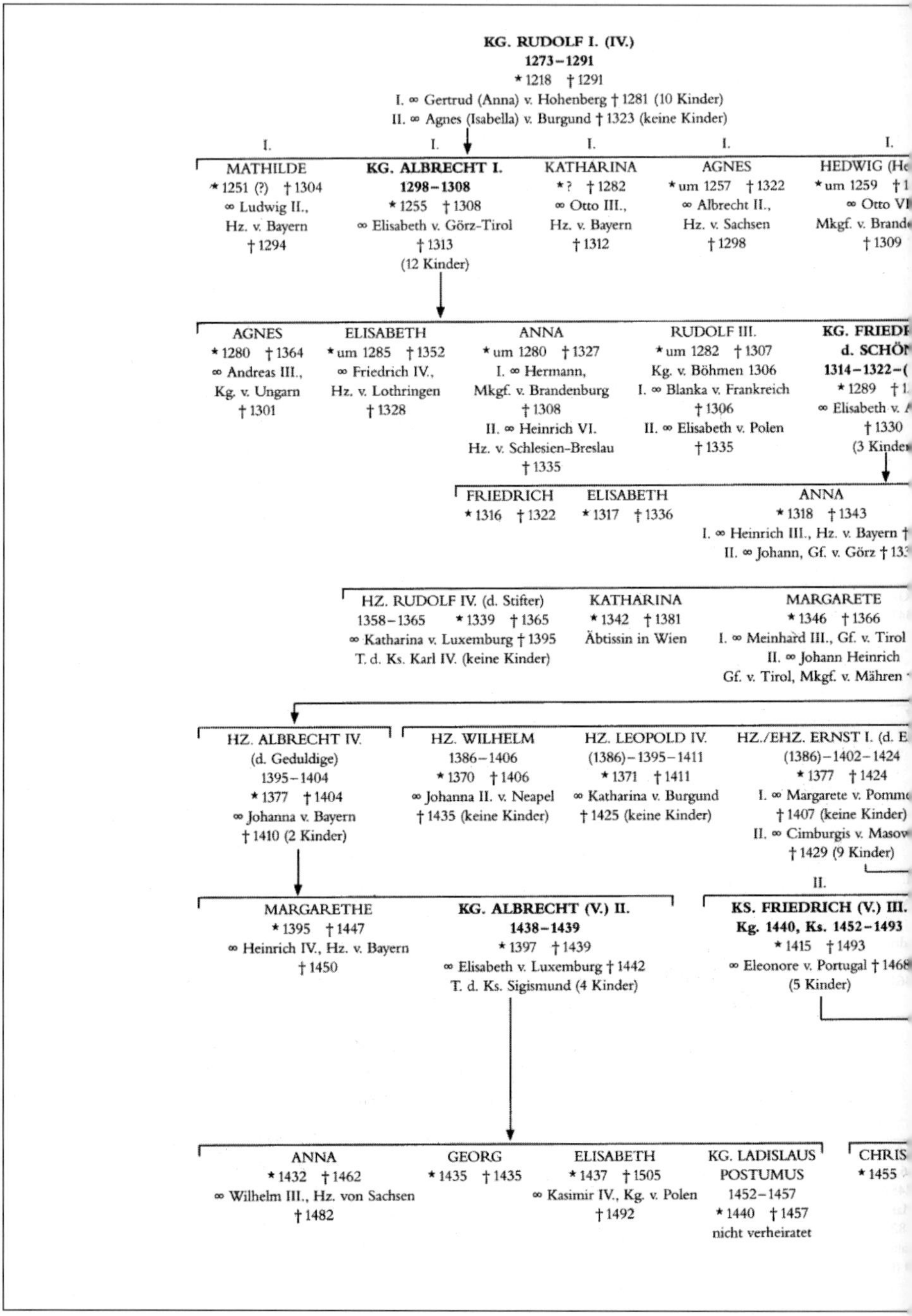

Stammtafel der Habsburger von Rudolf v. Habsburg bis Maximilian I.

I. [MEN]TIA
[1]262 † 1293
[...] I. Martell,
[...] v. Ungarn
[...] 1295

I. HARTMANN
* 1263 † 1281
ertrunken im Rhein

I. RUDOLF II.
* um 1270 † 1290
∞ Agnes v. Böhmen
† 1296

JOHANN PARRICIDA
* 1290 † 1313
(Mörder v. Kg. Albrecht I.)

I. GUTA
* 1271 † 1297
∞ Wenzel II., Kg. v. Böhmen
† 1305

I. KARL
* 1276 † 1276

[LE]OPOLD I.
[1]290 † 1326
[...]arina v. Savoyen
† 1336

HZ. ALBRECHT II.
(d. Weise, d. Lahme)
1330–1358
* 1298 † 1358
∞ Johanna v. Pfirt
† 1351

HEINRICH
* 1299 † 1327
∞ Elisabeth
v. Virneburg
† 1343
MEINHARD
* um 1300 † 1300

HZ. OTTO
(d. Fröhliche)
* 1301 † 1339
Mitregent seines Bruders
Hz. Albrecht II.
(d. Weise, d. Lahme)
I. ∞ Elisabeth v. Bayern
† 1330
II. ∞ Anna v. Böhmen
† 1338

JUTTA
* nach 1302 † 1329
∞ Ludwig IV.,
Gf. v. Öttingen
† 1346

KATHARINA
* 1295 † 1323
∞ Karl, Hz. v. Kalabrien
† 1328

[FR]IEDRICH III.
[13]47 † 1362

HZ. ALBRECHT III. (m. d. Zopfe)
1365–1395 * 1348 † 1395
I. ∞ Elisabeth v. Luxemburg † 1373
T. d. Ks. Karl IV. (keine Kinder)
II. ∞ Beatrix v. Nürnberg † 1414 (1 Sohn)

HZ. LEOPOLD III. (d. Gerechte)
1365–1386 * 1351 † 1386
∞ Viridis Visconti † 1414 (7 Kinder)

[ELISA]BETH
† 1392

HZ. FRIEDRICH IV. (m. d. leeren Tasche)
(1386)–1402–1439 * 1382 † 1439
I. ∞ Elisabeth v. d. Pfalz † 1408 (1 Tochter)
II. ∞ Anna v. Braunschweig-Göttingen
† 1432 (4 Kinder)

MARGARETE
* um 1370
∞ Johann v. Mähren
Hz. v. Görlitz † 1396

KATHARINA
* 1385? † ?
Nonne in Wien

I. [MARG]ARETE
† 1486
[...]drich,
[...] Sachsen
[14]64

II. ALEXANDRA
* ? † 1420
KATHARINA
* 1420 † 1493
∞ Karl I., Mkgf. v. Baden
† 1475

II. LEOPOLD
* ? † vor 1424
ERNST II.
* ? † 1432

II. HZ. ALBRECHT VI.
* 1418 † 1463
∞ Mathilde v. d. Pfalz
† 1482

II. RUDOLF
* ? † vor 1424

II. ANNA
* ? † 1429

KATHARINA
* 1420 † 1493
∞ Karl I., Mkgf. v. Baden
† 1475

I. ELISABETH
* 1408 † 1408

II. MARGARETE
* 1423 † 1424
HEDWIG
* 1424 † 1427
WOLFGANG
* 1426 † 1426

II. HZ. SIGMUND (d. Münzreiche)
Abdankung 1490
* 1427 † 1496
I. ∞ Eleonore v. Schottland † 1480
(1 Sohn)
II. ∞ Katharina v. Sachsen † 1524
(keine Kinder)

[M]AXIMILIAN I.
[148]6, Ks. 1508–1519
[1]459 † 1519
[M]aria v. Burgund
[14]82 (3 Kinder)
[Bi]anca Maria Sforza
[...] (keine Kinder)

HELENE
* 1460 † 1461
KUNIGUNDE
* 1465 † 1520
∞ Albrecht IV., Hz. v. Bayern
† 1508

JOHANNES
* 1466 † 1467

lassen. Dabei hatte Albrecht weiterhin die Freigrafschaft Burgund als Reichslehen betrachtet und enge Beziehungen zum burgundischen Adel gegen die Franzosen gehalten. Eine Abtretung von Rechten oder Gebieten an der Westgrenze des Reiches ist nicht nachweisbar.

Neben diesem Gerücht ließen die Kurfürsten auch verlautbaren, der Habsburger beabsichtige, eine Erbmonarchie aufzubauen, wie es aus dem Vertrag mit dem König von Frankreich hervorgehe. Mit diesem Vorwurf konnte die Opposition gegen Albrecht endgültig zusammengebracht werden. Wichtig wurde der neue Erzbischof von Trier, denn der Papst hatte sich nach dem Tod des alten
1300 Erzbischofs Anfang Januar 1300 über die Wahl des Domkapitels hinweggesetzt und mit Diether von Nassau, den Bruder Adolfs, einen erklärten Gegner Albrechts eingesetzt.

Ein weiterer Todesfall spitzte die Lage zu, als Graf Johann von Holland, See-
1299 land und Friesland ohne Erben im November 1299 starb. Ein Verwandter, Graf Johann vom Hennegau, nahm das Erbe in Besitz. Der König erklärte, daß nur Söhne Erbrecht hätten und daß daher alles an das Reich fallen müsse. So wurde es auch im Prozeßverfahren beschlossen, das der Mainzer Erzbischof leitete. Über den Hennegauer wurde die Reichsacht verhängt. Albrecht zog gegen den Geächteten, erhielt aber keine Unterstützung von seinemVerbündeten, dem König von Frankreich. Daraufhin schlug er dem Hennegauer eine Eheverbindung vor. Doch dieser hielt das Abkommen nicht ein. Sobald der König abgezogen war, besetzte er das Gebiet, wobei er durch den Kölner Erzbischof zumindest ermuntert wurde, der den Habsburger nicht in dieser Region haben wollte.

Nun verselbständigten sich die wichtigsten Partikularkräfte. Gegen die Aktivitäten Albrechts schlossen die drei Erzbischöfe und der Pfalzgraf bei Heimbach
1300 (Nähe Bingen) am Rhein am 14. Oktober 1300 ein Bündnis. Diether sprach in diesem Zusammenhang von einem Pakt gegen den Herzog von Österreich. Es zeichnete sich die Konstellation ab, die zum Sturz Adolfs geführt hatte. Doch Albrecht war ein anderer Gegner und ergriff selbst die Initiative. Unter Beru-
1298 fung auf den Reichslandfrieden von 1298 verlangte er die Aufhebung aller ungerechtfertigten Zölle am Rhein und schloß mit den Städten Mainz, Worms und Speyer eine Allianz gegen die Kurfürsten am Rhein, die er mit dieser Forderung formal ins Unrecht gesetzt hatte. Zu den Städten hatte er noch die Landvögte in der Wetterau und im Speyergau als Verbündete gegen den Erzbischof von Mainz. Seine Gegner blieben nicht untätig. Gerhard von Mainz verhängte Bann und Interdikt über den König, was seine Wirkung weitgehend verfehlte. Die Verbündeten versäumten, sich zusammenzuschließen, so daß Albrecht sie einzeln angreifen konnte.

Sein erstes Ziel war der Pfalzgraf bei Rhein. Die von Albrecht eingesetzten Landvögte von Oberschwaben und Nürnberg fielen in sein Gebiet ein und zogen auf Heidelberg zu. Der Wittelsbacher drängte daraufhin auch unter dem
1301 Einfluß seiner Mutter auf einen Friedensschluß im Juli 1301, bei dem er seinen Bruder Ludwig, der auf Albrechts Seite stand, als Mitregenten akzeptieren mußte. Dann wandte sich Albrecht gegen Gerhard von Mainz. Nach einer langen Belagerung und schließlich Einnahme von Bingen konnte er den Rheingau und die Mainzer Besitzungen am Untermain angreifen. Der Erzbischof mußte sich

im März 1302 geschlagen geben und sich verpflichten, die strittigen Zölle abzustellen, die Hauptfestungen auf fünf Jahre dem König zu überlassen, auf die Einsetzung des Hofkanzlers zu verzichten und dem König militärisch gegen andere Kurfürsten beizustehen. Dies war als nächstes Opfer der Erzbischof von Köln, der schon im Oktober 1302 geschlagen war. Von diesen Niederlagen geschockt schloß der Erzbischof von Trier vorsichtshalber gleich seinen Frieden. Auf diese Weise waren die Kämpfe bis Ende 1302 beendet. Die rheinischen Kurfürsten waren gedemütigt worden, der König hatte der Zentralmacht wieder mehr Geltung verschafft. *1302*

Diese starke Position benötigte er auch dringend für seine Auseinandersetzung mit dem Papsttum. Nach der kurzen Amtszeit des Eremiten Petrus von Morrone, der sich Coelestin V. nannte und als „Engelpapst“ bezeichnet wurde, hatte mit Benedict Gaetani ein sehr energischer und überheblicher Papst als Bonifaz VIII. (1294-1303) das Amt übernommen. Ihm wurde die zweite Wahl Albrechts durch eine Delegation der Kurfürsten mitgeteilt, was nach Quellenaussage einen seiner typischen cholerischen Anfälle hervorrief. Er vertrat die Meinung, daß die Absetzung und die Neuwahl ohne päpstliche Erlaubnis wertlos sei. Dies beeindruckte aber weder die Kurfürsten noch den König. Schon auf dem Nürnberger Hoftag vom November 1298 wurde das Recht des Königs auf *1298* die gesamte Reichsherrschaft, also auch auf die Reichsteile in Italien, gerade von den Kurfürsten hervorgehoben. König Albrecht hielt sich zurück, weil er als höchstes Ziel die Kaiserkrönung im Auge hatte und daher die Aussöhnung mit dem Papst suchte.

In seinem Bündnis mit Frankreich sah er eine Chance, auf die Kurie Druck auszuüben. Im Frühjahr 1300 wurde das Anliegen einer französisch-deutschen *1300* Gesandtschaft wegen der Kaiserkrönung in Rom schroff abgelehnt, wobei der Papst die Gegenforderung nach Abtretung der Toskana aufstellte. Die Lage veränderte sich erst, als sich der Konflikt zwischen dem Papst und König Philipp dem Schönen immer mehr zuspitzte. Anlaß war das scharfe Vorgehen des Königs gegen den Bischof von Pamiers, der wegen Häresie und Hochverrat verurteilt wurde. Der Papst verlangte am 5. Dezember 1301 die Auslieferung und lud *1301* den gesamten französischen Episkopat und den König vor eine römische Synode. Doch die offzielle Ladung, die päpstliche Bulle, wurde von der französischen königlichen Behörde unterdrückt und stattdessen eine Fälschung herausgegeben. Nur einige Prälaten kamen im November 1302 nach Rom, um zu *1302* verhandeln. Als Ergebnis der Synode wurde in der berühmten Bulle „Unam sanctam“ von Bonifaz VIII. noch einmal deutlich verkündet, daß der Papst über allen weltlichen Herrschern (Suprematieanspruch) und überhaupt allen Menschen stehe.

Hatte der Papst noch 1302 die Kurfürsten unterstützt, so vollzog er angesichts der Beziehung zum französischen König nach dem Sieg Albrechts eine politische Wendung, indem er am 30. April 1303 einer deutschen Gesandtschaft mit- *1303* teilte, er werde den König anerkennen und ihn zur Kaiserkrönung einlud. Darüber hinaus verdeutlichte er, daß die Deutschen die Kaiserwürde nur der Translation durch das Papsttum zu verdanken hatten. Gleichzeitig wies er auf die Ausnahmestellung des Reiches hin, das über den anderen Reichen Europas stehe, und wies damit jeden Anspruch Frankreichs zurück. Allerdings waren diese Aussagen nicht umsonst zu haben. Albrecht mußte dafür einen bisher nicht dagewesenen Treu- und Gehorsamseid, wie ihn die Amtsträger der Kurie leisteten, vor dem Papst durch seine Gesandten ablegen. Außerdem mußte er versichern, sein Bündnis mit Frankreich zu lösen und in den nächsten fünf Jahren weder in der Lombardei noch in der Toskana ohne Zustimmung des Papstes einen Reichsvikar zu ernennen.

Diese Quasi-Unterwerfung Albrechts hatte keine Folgen. Philipp der Schöne setzte alle Hebel in Bewegung, um den Papst abzusetzen, indem er ihn als Häretiker und Simonisten beschuldigen ließ. Der Papst sprach am 13. April die Exkommunikation aus, was jedoch den Franzosen verborgen blieb, weil der päpstliche Gesandte in den Kerker geworfen wurde. Am 8. September sollten die Bulle aber in Anagni verkündet und die Untertanen Philipps von ihrem Treueid entbunden werden. Einen Tag davor überfielen sein Todfeind Sciarra Colonna und Wilhelm von Nogaret, Vertrauter des französischen Königs, den Papst und setzten ihn gefangen, eine Ermordung durch den Colonna konnte verhindert werden. Dem Kardinal Fieschi gelang es, die Bürger in Anagni, wo der Papst geboren war, zu mobilisieren und den Papst zwei Tage später zu befreien. Aber er überlebte diesen Schrecken nicht lange und starb am 12. Oktober in Rom, mit ihm der Anspruch von der päpstlichen Weltherrschaft.

Albrecht mußte den Plan der Kaiserkrönung verschieben und setzte nun seine Politik gegen die Kurfürsten fort, indem er sich gegen seinen Schwager Wenzel von Böhmen wandte, der zur Expansion nach Polen und Ungarn angesetzt hatte. Er verlangte von ihm die Herausgabe der Reichsterritorien Eger, Pleißnerland und Meißen, sowie den Verzicht auf seine Ansprüche auf Polen und Un-
1300 garn. Wenzel war im Juni 1300 in Gnesen gekrönt und mit der Tochter des letz-
1301 ten Polenkönigs verlobt worden, während sein Sohn Wenzel III. im August 1301
die Krone Ungarns in Stuhlweißenburg erhielt. In Ungarn hatte der Papst, der Ungarn als päpstliches Lehen betrachtete, versucht, mit Karl Robert einen Anjou auf den Thron zu bringen. Der ungarische Adel bot die Krone zuerst Otto von Niederbayern und dann dem Böhmenkönig an, der eben seinen Sohn, der mit einer Arpadentochter verlobt war, schließlich einsetzen ließ. So hatte sich Wenzel ein respektables, wenn auch nicht einheitliches Reich aufbauen können. In Ungarn hatte Papst Bonifaz VIII. den Anjou zum rechtmäßigen Erben erklärt, sein Nachfolger Benedikt XI. (1303-04) verfolgte dieselbe Politik.

Peter von Aspelt, zuerst in Diensten des Habsburgers, dann Gefolgsmann Wenzels, versuchte, zwischen den Konkurrenten zu vermitteln. Aber die Fron-
1303/ ten verhärteten sich im Winter 1303/04. Albrecht konnte seinen Schwager
04 Heinrich von Kärnten und seinen Schwiegersohn Hermann von Brandenburg
nicht auf seine Seite ziehen, auch nicht dessen Vetter Otto IV.; beide standen zu Wenzel. Gegen sie und ihre Verbündeten Albrecht von Sachsen und Heinrich von Mecklenburg mobilisierte Albrecht den Dänenkönig Menved. Unterstützt wurde er wieder von den Wittelsbachern und dem Salzburger Erzbischof. Dagegen versuchte Peter von Aspelt, den französischen König zu gewinnen, wurde aber auf dem Weg zu ihm gefangengenommen. Inzwischen hatte Karl Robert Wenzels Einfluß in Ungarn gebrochen und Wenzel III. mußte sich nach

Böhmen zurückziehen. Karl Robert führte ein Heer gegen Preßburg. Albrecht begann im Oktober 1304 seinen Feldzug gegen Böhmen und das wirtschaftli- 1304
che Zentrum Kuttenberg, mußte sich aber nach erfolgloser Belagerung wieder auf den Rückmarsch begeben. Wenzel II. verlobte seine älteste Tochter Anna mit Heinrich von Kärnten, um seinen Bundesgenossen enger an sich zu binden. Bevor jedoch der Krieg wieder ausbrach, starb Wenzel II. am 21. Juni 1305 an der Schwindsucht.

Dies brachte Albrecht auf den Höhepunkt seiner Macht. Der sechzehnjährige Wenzel III. schloß im August 1305 Frieden mit dem König, bei dem er auf das Eger- und Pleißnerland verzichtete. Die Brandenburger mußten Meißen herausgeben und wurden mit Pommerellen entschädigt. Dafür wurde Wenzels Anspruch auf die Krone Polens anerkannt. Die Reichskleinodien Ungarns gab er in die Hände Ottos von Niederbayern, der in der Folgezeit vergeblich gegen Karl Robert von Anjou kämpfte. Die Macht Albrechts sollte aber noch weiter anwachsen. Denn Wenzel III. wurde auf einem Feldzug gegen den Rivalen Wladislaw Lokietek, der die Königsstadt Krakau erobert hatte, in Olmütz von unbekannten Tätern am 4. August 1306 ermordet. Heinrich von Kärnten bemühte 1306
sich daraufhin um die Anerkennung als Erbe und Nachfolger. Albrecht konnte mit seinem Sohn Rudolf III. Prag erobern. Rudolf heiratete die Polin Elisabeth, Witwe Wenzels II., und wurde König von Böhmen, wobei Albrecht wegen der labilen Gesundheit seines Sohnes Böhmen als Lehen zu gesamter Hand an alle seine Söhne übertrug.

Nun stand als letztes territoriales Problem noch Thüringen und Meißen an, das Albrecht schon im August 1306 mit einem Feldzug hatte klären wollen, aber 1306
die Nachricht vom Tod Wenzels III. brachte eine Verschiebung. Albrecht sah dies Problem nach der Gewinnung Böhmens nur noch als Bagatelle an und verzichtete auf die Führung des Invasionsheeres. Doch angesichts der drohenden Gefahr schlossen sich die zerstrittenen Wettiner erstmalig zusammen und schlugen das Heer bei Lucka (Altenburg) im Mai 1307. Albrecht rüstete sofort zum 1307
zweiten Feldzug, da traf ihn die schockierende Nachricht vom Tod Rudolfs III., der in Prag an der Ruhr gestorben war. Dies erschütterte die Machtstellung der Habsburger noch einmal. Der böhmische Adel bot die Krone nicht dem nächsten Sohn Herzog Friedrich von Österreich an, sondern Heinrich von Kärnten. Mit dem schnell zusammengeholten Heer schaffte es der König nicht, in Thüringen oder Böhmen nennenswerte Erfolge zu erzielen, deshalb zog er rasch in die habsburgischen Erblande, um neue Truppe auszuheben. Dort wurde er am 1. Mai 1308 in der Nähe der Stammburg von seinem Neffen Johann, genannt 1308
Parricida (Verwandtenmörder) ermordet. Das Motiv lag in der Familienpolitik begründet, denn Albrecht hatte den Neffen bei seinen Erbansprüchen immer wieder hingehalten, so daß in ihm die Mordpläne reiften, bei denen er von drei schwäbisch-schweizerischen Adeligen unterstützt wurde, die ebenfalls unzufrieden waren.

Der Tote wurde in die Zisterzienserabtei Wettingen überbracht und 1309 1309
ebenfalls auf Befehl Heinrichs VII. in den Dom von Speyer überführt. Am Tatort stifteten die Königin Elisabeth und ihre Tochter Agnes das Kloster Königsfelden.

Einordnung

Im Gegensatz zu seinen beiden Vorgängern war Albrecht einer der mächtigsten Fürsten des Reiches, als er sein Königtum antrat. Die Kurfürsten handelten nicht aus Überzeugung, sondern aus einer Notlage heraus. Somit waren die Konflikte vorhersehbar. Albrecht ging dabei nicht politisch diplomatisch vor, sondern suchte die offene Konfrontation mit den mächtigen rheinischen Kurfürsten, die er taktisch geschickt nacheinander besiegte, wobei er sich auf seine Landvögte, Städte und Ministeriale stützte, die er an die richtigen Stellen plaziert hatte. Seine Beherrschung der Diplomatie wurde im Verhältnis zu Frankreich und zum Papsttum deutlich. Während er auf der einen Seite wieder mit Heiratsversprechen arbeitete, erniedrigte er sich vor dem Papsttum, um sein Ziel der Kaiserkrönung zu erreichen. Zu seinem Glück konnte er den Erfolg der Anerkennung auf die Habenseite buchen und mußte gleichzeitig keine Folgen hinnehmen.

Nach der Westpolitik konzentrierte er sich auf den Osten, der seiner Hausmacht näher lag. Mit energischem Vorgehen und den entsprechenden Zufällen des Schicksals gelang es ihm, die Macht des Reiches und des Hauses Habsburg enorm zu steigern. Doch die gleichen Zufälle (Todesfälle) sorgten für den ebenso schnellen Abstieg seiner eigenen Macht und der seines Hauses. Zum einen spielte die Unterschätzung seiner Gegner eine Rolle, zum anderen sein persönliches Fehlverhalten gegenüber seinem Neffen.

Albrecht war ein ungeliebter Herrscher, aber ein sehr tatkräftiger König, der die Kurfürsten in ihre Schranken verwies. Er besorgte sich dafür Rückendeckung beim französischen König, was in der Zukunft Probleme im Reich schaffen sollte. Eine Kaiserkrönung und eine Nachfolgeregelung schaffte er nicht, durch ungeschicktes Verhalten brachte er sich und sein Haus um die Früchte seiner vorher erfolgreichen Arbeit. So wurde er ermordet, als die Situation im Reich für die Habsburger gerade schwierig wurde.

Heinrich VII. von Luxemburg (1308-1313)

Nach dem überraschenden Tod Albrechts suchten die Fürsten nach Kandidaten für die Königswahl. Der französische König Philipp IV., der Schöne, setzte alles daran, die Kurfürsten und den Papst davon zu überzeugen, daß sein Bruder Karl von Valois der beste Kandidat sei. Die Chance für einen Wahlsieg war sehr groß. Denn alle drei rheinischen Erzbischöfe und die Bischöfe von Basel und Konstanz hatten ihre Erhebung dem französischen König zu verdanken. Dies hatte Philipp im Zusammenspiel mit dem französischen Papst erreicht, der als Clemens V. (1305-14) im Amt war. Außer ihnen versuchte der französische König, neben anderen Fürsten die Verbündeten von Nivelles zu gewinnen, die sich nach Albrechts Ermordung zusammengeschlossen hatten, um sich beizustehen. Unter ihnen befanden sich der Herzog von Brabant, die Grafen von Hennegau-Holland, Luxemburg, Namur und Jülich.

Neben Karl von Valois traten noch die Markgrafen Otto und Woldemar von Brandenburg, Graf Albrecht von Anhalt, die Pfalzgrafen Ludwig und Rudolf, vor allem aber der Habsburger Friedrich, Sohn Albrechts, als Kandidaten auf. Obwohl Papst Clemens V., mit dem Philipp der Schöne bei der Auflösung des Templerordens gut zusammenarbeitete, offiziell den Franzosen bei den Kurfürsten unterstützte, konnte man nur Heinrich von Virneburg, den Erzbischof von Köln, gewinnen. Aber auch ihn nur für kurze Zeit, denn inzwischen hatten sich völlig neue Perspektiven ergeben.

Balduin von Trier aus dem Haus Luxemburg, der mit 22 Jahren dank französischer Hilfe auf den Erzbischofsstuhl gekommen war, sollte sich zur bedeutendsten politischen Persönlichkeit der nächsten Jahrzehnte entwickeln. Er brachte seinen älteren Bruder, Graf Heinrich von Luxemburg, nicht nur ins Spiel, sondern auch seine kurfürstlichen Mitstreiter zur einstimmigen Wahl dieses neuen Kandidaten. Wie ist das zu erklären?

Die Fürsten und Wähler wollten auf keinen Fall die Nachfolge eines weiteren Habsburgers, also suchten sie einen anderen Kandidaten. Der angebotene Bruder des französischen Königs erschien dabei vor allen Dingen den rheinischen Erzbischöfen als großes Risiko, weil sie damit ganz in den Einfluß Frankreichs geraten würden. Auf der anderen Seite wollten gerade sie es nicht mit den Franzosen verderben. In dieser Situation bot ihnen Balduin die ideale Lösung an.

Heinrich von Luxemburg war 1274/75 in Valenciennes geboren, er stammte *1274/*
aus keinem schwachen, aber auch keinem sehr starken Geschlecht, verbrachte *75*
seine Jugend am französischen Königshof und heiratete 1292 Margarete, die *1292*
Schwester des Herzogs von Brabant. Die deutsche Sprache beherrschte er nur mittelmäßig, wichtige Urkunden ließ er sich ins Französische übersetzen. Er war als Graf von Luxemburg, Laroche und Markgraf von Arlon Vasall des französischen und des deutschen Königs, daher erschien er als geradezu ideal. Denn so konnte der französische König die Wahl seines Vasallen noch eher als die Wahl seines Bruders akzeptieren, da dieser ihm untertan war, somit also nach seinen Vorstellungen direkten Einfluß im deutschen Reich nehmen. Außerdem hat nach Aussagen Florentiner Quellen die Kurie auf inoffiziellem diplomatischem Weg versucht, die Wahl des französischen Kandidaten zu hintertreiben, um nicht noch mehr in den Einfluß Frankreichs zu geraten. Denn im Kardinalskollegium bekamen die Franzosen allmählich das Übergewicht.

Mit diesem geschickten Schachzug hatte Balduin von Trier die prekäre Situation gemeistert und alle vorläufig zufriedengestellt, auch den französischen König. Nachdem Balduin vor allem den Amtskollegen aus Mainz, Peter von Aspelt, und mit Versprechungen auch den Kölner Erzbischof gewonnen hatte, wurde
Heinrich VII. am 27.11.1308 im Dominikanerkloster in Frankfurt am Main ein- *1308*
stimmig (ohne Böhmen) gewählt und am 6.1.1309 in Aachen traditionsgemäß *1309*
gekrönt. Der Papst wurde nicht um Approbation, wohl aber um Kaiserkrönung, gebeten, aber er akzeptierte die Wahlanzeige von sich aus am 11.1.1309 und erkannte ihn bereits am 26.07.1309 an. In seinem Schreiben bezeichnete er Heinrich als Elekten, als erwählten Kaiser, und legte als Termin für die Kaiserkrö-
nung den 2. Februar 1312 fest. Außerdem verdeutlichte er, daß zwar beide *1312*
Mächte von Gott eingesetzt waren, aber die weltliche Herrschaft von den Geistlichen gelenkt werden müsse. Heinrich versprach durch seinen Gesandten, den Bischof von Chur, daß er den Papst und die römische Kirche nach Kräften er-

höhen und schützen werde, leistete aber nicht den Eid, den Albrecht abgelegt hatte.

Um sich eine Machtstellung im Reich zu verschaffen, hatte der neue König wenig Raum im Westen. Da die rheinischen Erzbischöfe den neuen König möglichst weit von ihren Interessensgebieten fernhalten wollten, sie waren von ihm ja noch mit Privilegien und Zugewinn als Wahlversprechen versorgt worden, war es ihnen recht, wenn er sich um die unerledigten Probleme Thüringen, Meißen und Böhmen kümmerte. Eine Gesandtschaft der Stadt Erfurt hatte um Hilfe gegen den Landgrafen Friedrich den Freidigen gebeten, der König nahm
1310 sie unter seinen Schutz und erreichte im Herbst 1310 einen Frieden mit den Wettinern, bei dem er ihnen Thüringen und Meißen als Lehen übertrug. In Böhmen war Heinrich von Kärnten trotz seiner Ehe mit Wenzels II. Tochter Anna noch nicht gekrönt, besonders die Geistlichkeit des Landes stand ihm negativ
1309 gegenüber. Daher nahmen sie im August 1309 Kontakt zu Heinrich VII. auf. Nachdem die Vorbereitungen im Geheimen getroffen waren, wurde sein gerade volljährig (14) gewordener Sohn Johann mit der Halbschwester Annas, Elisabeth, verheiratet und einen Tag später (31.08.1310) von ihm mit Böhmen und Mähren belehnt. Eine wichtige Rückendeckung bot die Versöhnung mit den Habsburgern, wobei die erwähnte Übertragung der Gebeine Albrechts I. nach Speyer eine symbolhafte Geste bildete.

In dieser Situation verfolgte Heinrich aber sein langfristig vorbereitetes Ziel
1312 der Kaiserkrönung weiter, der Papst hatte ihn für den 2.02. 1312 eingeladen, und zog nach Italien. Sein junger Sohn, den er vorher noch mit Luxemburg belehnt hatte, mußte sich allein gegen Heinrich von Kärnten die Macht in Böhmen er-
1311 kämpfen, was ihm auch gelang. Am 7.02. 1311 wurde Johann auf dem Prager Hradschin zum König von Böhmen gekrönt. In seiner Funktion als Reichsvikar unter Aufsicht des Mainzer Erzbischofs löste er auch die mitteldeutsche Frage, indem er den Plan der Bildung eines Reichsgutes aufgab und Friedrich den Freidigen in Thüringen und Meißen bestätigte.

Inzwischen hatte Heinrich seinen Weg in Italien gesucht, wohl geschmiert durch Luxemburger Geld, das Balduin von Trier beisteuerte. Dabei hoffte der Erzbischof auf langfristigen Profit seiner Investition, denn die reichen italienischen Städte sollten die Luxemburger sanieren. Eine Stadt wie Genua (40.000 fl) brachte mehr Steuern auf als alle deutschen Reichsstädte. Zum Eintreiben des Geldes hatte Heinrich in kurzer Zeit und bisher einmalig strukturiert eine Finanzkammer mit fünf Kammernotaren aufgebaut. Er hat auch das Münzsystem reformiert, konnte sich aber nicht gegen den Florin duchsetzen, der durch Heinrichs Italienaufenthalt ins Reich über die Alpen kam. Außerdem hat er von Beginn seines Italienzuges an ergebene Gefolgsleute als ortsfremde Reichsvikare eingesetzt, um damit als Vertreter der königlichen Macht und der stadtherrlichen Autorität eine Neuordnung der Verwaltung einzuleiten. Über sie wurde als Generalvikar der Lombardei Graf Amadeus von Savoyen bestimmt.

Es war ihm aber bewußt, daß der Erfolg in Italien an einem seidenen Faden hing, denn er stieß dort in ein politisches Wespennest vor. Viele Städte fürchteten um ihre Unabhängigkeit, viele Anhänger erwarteten ihn sehnsüchtig, bereits im
1309 Juni 1309 hatte er Boten nach Italien geschickt, um seine Herrschaftsübernahme

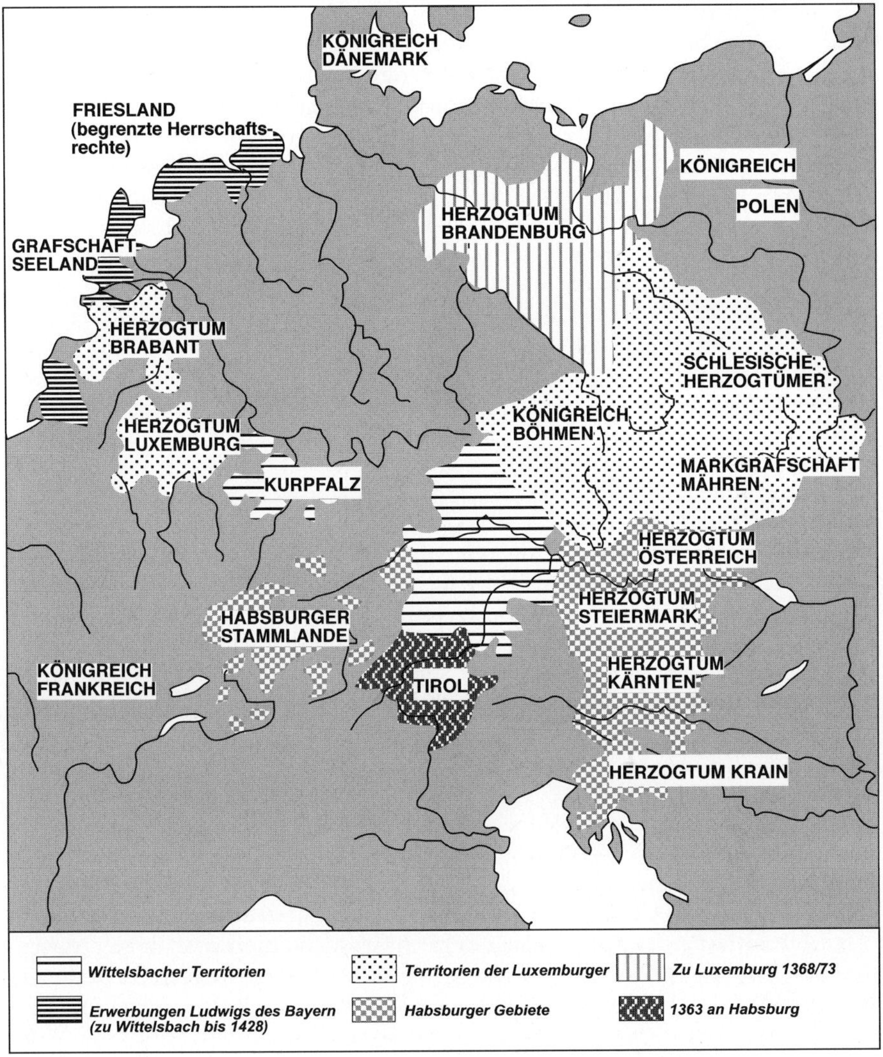

Territorienbildung der Häuser Habsburg, Luxemburg und Wittelsbach.

und die Absicht zu verkünden, den Städten den Frieden zu bringen. Das Reich und somit der römische König hatten nur theoretisch noch die Rechte, die Stadtregimenter einzusetzen oder zu bestätigen, die Rechte der Friedenswahrung auf dem Land und natürlich der Privilegienvergabe, die man als Druckmittel benutzen konnte. Von Anfang an bemühte er sich, nicht für eine Partei offen einzutreten, sondern immer von Fall zu Fall zu entscheiden. So wurden ihm die westlichen Alpenpässe freiwillig geöffnet und der Weg bis Mailand war frei, wo er allerdings mit einer Revolte zu kämpfen hatte, weil er sich für die Wiedereinsetzung der Visconti eingesetzt hatte. Trotzdem war Mailand ein Höhepunkt, denn dort wurde er mit der neu angefertigten – von ihm angeordnet – eisernen Krone zum König von Italien gekrönt.

Nach der Niederschlagung der Mailänder Revolte galt Heinrich VII. nun doch als Gegner der guelfischen Partei, so daß Cremona und Brescia, unterstützt vom toskanischen Bündnis unter Florenz und Bologna, Widerstand leisteten. Cremona kapitulierte schnell, aber Brescia wurde erst nach monatelangen brutalen Auseinandersetzungen niedergeworfen. Danach konnte sich Heinrich für den Winter in Genua einquartieren. Dort starb seine Frau Margarete.

Da ihm der Landweg versperrt war, setzte er die Reise per Schiff nach Pisa fort, wo er begeistert empfangen wurde, und von dort auf dem Land nach Rom. Hiermit war er aber nicht am Ziel seiner Wünsche. Denn das topographisch zersplitterte Rom war zum Teil in gegnerischer Hand. Clemens V., der seit 1309 in Avig-
1310 non saß, hatte am 8.11.1310 dem Luxemburger den Plan von einer Heirat seiner Tochter mit Karl von Kalabrien, einem Sohn König Roberts (Anjou) von Neapel unterbreitet, die Tochter war bereits zur Kurie abgereist. Doch während des Italienzuges kamen Heinrich erhebliche Bedenken wegen der allzu großen Machtdemonstration des Anjou, daher verlangte er die Anwesenheit und die Huldigung von Robert bei seiner Kaiserkrönung in Rom. Clemens hatte zuerst beschwichtigend eingegriffen, hatte dann jedoch auf Betreiben des französischen Königs eine Annäherung von König Robert von Neapel und Heinrich VII. verhindert. So war eine Koalition zwischen Florenz, dem Papst und Robert von Neapel zustandegekommen, der mit seinen Truppen Trastevere und die Leostadt in Rom besetzt hielt.

Nach erbitterten Kämpfen gelang es Heinrich nicht, die Leostadt zu erobern,
1312 so mußten am 29.06.1312 drei Kardinäle in der Laterankirche(nicht in St. Peter) die Kaiserkrönung vornehmen. Dies war die erste Kaiserkrönung nach 92 Jahren. Mit dem weit verbreiteten Schreiben, in dem Heinrich VII. seine neue Würde und besondere Stellung in der christlichen Welt (Europa) darstellte, war der Anspruch des französischen Königs zurückgedrängt. Selbst beim Krönungsmahl auf dem Aventin störten feindliche Bogenschützen den friedlichen Verlauf. Der Aufforderung des Papstes, Rom sofort zu verlassen, einen Waffenstillstand für ein Jahr mit Robert zu schließen und seinem nach Meinung des Papstes geleisteten Treueid nachzukommen, widersetzte er sich. Danach zog ein Teil des Heeres ins Reich zurück, während Heinrich VII. in der Nachfolge der Staufer den Kampf um die Herrschaft in Italien aufnahm.

Sein Hauptgegner war Florenz, wo sich Robert von Neapel unter dem Jubel der Bevölkerung an die Spitze der guelfischen Opposition gesetzt hatte. Trotz einiger Erfolge gelang Heinrich die Erstürmung von Florenz nicht, dafür konzentrierte er seine Bemühungen nun auf juristische Vorgehensweise. Er erließ zahlreiche Urteile gegen toskanische Städte und schließlich das Todesurteil über Robert wegen Majestätsverbrechen, konnte aber nichts davon durchsetzen, sondern provozierte nur eine gehässige Propaganda. Daher entschloß er sich, im Sommer direkt gegen Robert von Neapel zu ziehen. Da befiel ihn ein zweiter Malariaanfall, dem er in der Nähe von Siena am 24.8.1313 erlag. Sein Leichnam *1313* wurde in Pisa beigesetzt. Seine Truppen verließen mit den Reichinsignien Italien, sein Archiv blieb zurück, ist dadurch erhalten geblieben und gibt neben vielen italienischen Quellen Auskunft über seine Aktivitäten in Italien.

Einordnung

Heinrich VII. wurde zumeist in der Forschungsliteratur als kleiner Graf gesehen, der mit phantastischen Vorstellungen eine zu große Aufgabe, die Wiederherstellung der Macht des römischen Kaisers in Italien, in Angriff nahm. Diese Sichtweise muß zum Teil revidiert werden. Wie Rudolf von Habsburg war er ein erfahrener und energischer Territorialherr. Seine Ausgangsposition, mit seinem Bruder Balduin und dem Mainzer Erzbischof als Helfer und von Papst und französischem König akzeptiert, war gut. Seine Erfahrungen am französischen Hof und seine Anleitung unter Balduin und Peter von Aspelt verhalfen ihm zu umsichtiger Herrschaftsführung. Dies zeigt nicht nur der schnell erfolgte Aufbau einer Kanzlei, die zu den herausragenden Institutionen der Zeit gehört. Auch sein gesamtes Italienunternehmen zeugt von einigem diplomatischen Geschick. So deklarierte er seinen Kampf gegen Robert von Neapel eindeutig als Strafzug gegen einen Vasallen, der eine Majestätsbeleidigung begangen habe. Dies ließ er von italienischen Juristen absichern; genau wie die Ansprüche als Kaiser gegenüber dem Papst und den europäischen Monarchen. Die Engländer akzeptierten die traditionellen Imperator-Ansprüche, die Franzosen dagegen verwahrten sich gegen seine imperialen Ansprüche. Den Papst verwies er in seine Schranken mit Formulierungen, wie sie zu Barbarossas Zeiten gepflegt wurden. Er ließ Texte verbreiten, in denen klar darauf verwiesen wurde, daß er das Weltkaisertum beanspruchte, dem alle Menschen unterstellt seien.

Eine umfassende Hausmachtpolitik wird ihm im allgemeinen nicht unterstellt. Er konzentrierte sich auf Italien und überließ seinem Sohn den Kampf um Böhmen. Als Mensch ist er schwer einzuordnen, so preist ihn der Italiener Alberto Mussato als den idealen französischen Ritter. Seine wesentlichen Erfolge sind zum Teil sicher auf seine Herkunft zurückzuführen. Denn in der Familie war das Herrschen ein Teil der Ausbildung, sein Bruder Balduin ist in den Quellen wesentlich besser beschrieben. Heinrichs hochfliegende Pläne oder die hochfliegenden Erwartungen seiner Anhänger in Italien ließen sich nicht verwirklichen, eine aussagekräftige Quelle dafür ist die Lobpreisung des berühmten Dichters Dante in seiner „Monarchia".

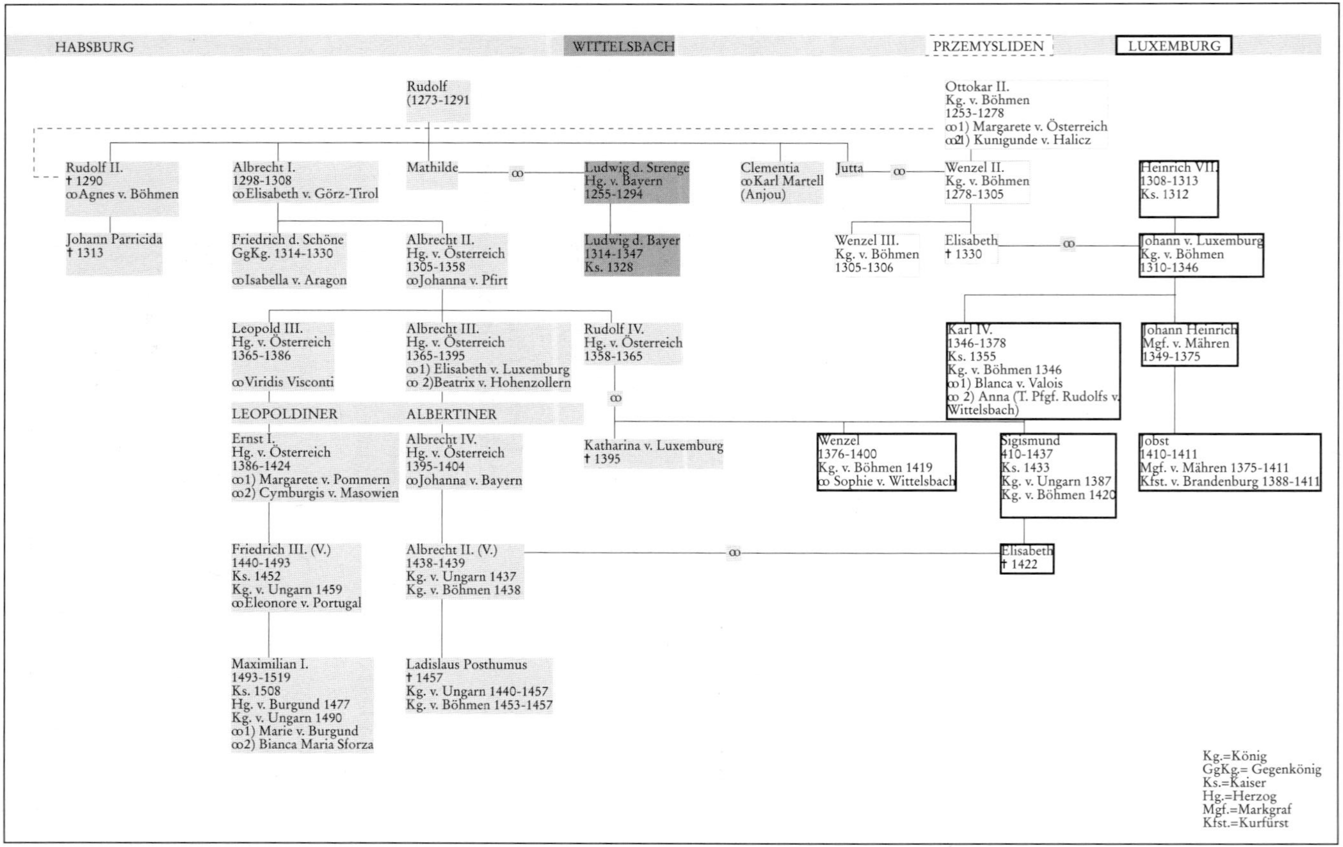

Verwandtschaftsbeziehungen der Habsburger, Wittelsbacher, Przemysliden und Luxemburger

Ludwig IV. der Bayer (von Wittelsbach) (1314-1347)

Kurze Zeit nach Heinrich VII. waren auch zwei andere wesentliche Akteure
der Geschichte abgetreten, Clemens V. (20.4.1314) und Philipp der Schöne 1314
(29.11.1314), wobei letzterer vor seinem Tod seinen Sohn als Nachfolger im Reich ins Spiel brachte. Balduin von Trier nutzte die Situation wieder, um seine Interessen durchzusetzen, wobei ihm klar war, daß sich Heinrichs Sohn Johann von Böhmen wegen seiner großen Hausmacht nicht durchbringen ließ. Philipp, der Sohn Philipps von Frankreich, versuchte, die Mainzer und Kölner Erzbischöfe auf seine Seite zu ziehen. Als weitere Kandidaten traten Ludwig von Nevers, Sohn Graf Roberts von Flandern, Graf Wilhelm von Hennegau, Holland und Seeland, vor allem aber der Habsburger Herzog Friedrich der Schöne auf.

Nachdem der Luxemburger Seite klargeworden war, daß ihr Kandidat keine Aussicht auf Erfolg hatte, sie aber auf jeden Fall einen Habsburger vermeiden wollte, verfiel sie auf den Wittelsbacher Ludwig, Sohn Herzog Ludwigs von Oberbayern und Pfalz und der Mechthild, Tochter Rudolfs von Habsburg.

Ludwig IV. von (Ober)Bayern wurde 1283 geboren und übernahm nach dem 1283
Tod seines Vaters (1294) gemeinsam mit seinem neun Jahre älteren Bruder Ru- 1294
dolf die Regierung der Erblande. Seine Ausbildung hatte er am habsburgischen
Hof in Wien erhalten, d.h. er lernte den Umgang mit Waffen, Grundlagen der
Verwaltung und besaß wohl auch geringe Lateinkenntnisse. Schon 1303 geriet er 1303
mit seinem Bruder in Auseinandersetzungen um den gegenseitigen Besitz, die
1310 durch einen Vertrag über die Teilung Oberbayerns und gemeinsame Herr- 1310
schaft über die Pfalz vorläufig beendet wurden, aber dann wieder aufflammten
und 1313 erneut geregelt werden mußten. Die Brüder waren aber weiterhin zer- 1313
stritten.

In demselben Jahr meldete der Habsburger Vetter Friedrich der Schöne seine
Ansprüche auf Niederbayern an, weil er die Vormundschaft für die unmündigen
Söhne des Herzogs von Niederbayern übernehmen wollte. Dagegen sammelte
Ludwig seine Kräfte und schlug die überlegenen Truppen des Habsburgers am
9.11.1313 bei Gammelsdorf/Moosburg. Allerdings nutzte er seinen Sieg nicht, 1313
stellte keine territorialen Forderungen und ließ die Gefangenen gegen einen geringen Preis frei.

Wenn ihm dies auch negative Kritik bei den Fürsten einbrachte, so hatte sie doch sein energisches Vorgehen gegen einen übermächtigen Gegner überaus beeindruckt. Daher forderten ihn Balduin und andere auf, sich zur Königswahl zu stellen. Ludwig soll anfangs mit dem Hinweis auf seine geringe Hausmacht abgelehnt haben, ließ sich dann aber doch überzeugen. So stand er nun wieder gegen seinen habsburgischen Gegner, nachdem alle anderen aus dem Rennen um den Thron ausgeschieden waren.

Die erste Entscheidung fiel bei der Wahl in Frankfurt am Main, als Ludwigs
Anhänger das eigentliche Wahlfeld am Main besetzen konnten, während die gegnerische Partei in Sachsenhausen ihr Lager aufschlug. Es kam zu einer Spaltung
der Kurfürstenstimmen und einer kuriosen Abstimmung. Friedrich der Schöne
wurde am 19.10.1314 vom Erzbischof von Köln, der die Stimme dem Pfalzgra- 1314

fen übertragen hatte, dem Herzog von Sachsen-Wittenberg und Herzog Heinrich von Kärnten als König von Böhmen sowie Ludwigs Bruder Rudolf, dem Pfalzgrafen bei Rhein, gewählt. Nur einen Tag später gaben die Erzbischöfe von Mainz und Trier, der Herzog von Sachsen-Lauenburg, der Markgraf von Brandenburg und der Luxemburger Johann, König von Böhmen, ihre Stimme für Ludwig. Anstatt sieben wählten neun Kurfürsten. Die Stadt Frankfurt erkannte die Mehrheit und das Gewicht der Stimmen an, indem sie König Ludwig ihre Tore öffnete, ihn auf den Altar der Bartholomäuskirche erheben ließ und so symbolisch bestätigte.

Nun begann der Wettlauf um die Krönung. Da er in Aachen zurückgewiesen wurde, ließ sich Friedrich vom richtigen Kröner, dem Erzbischof von Köln, mit den echten Insignien am 25.11.1314 in Bonn krönen. Ludwig dagegen empfing an demselben Tag am richtigen Ort in Aachen mit den nachgemachten Insignien die Krönung vom Erzbischof von Mainz. Beide schickten ihre Wahlanzeige mit den entsprechenden Begründungen, warum sie jeweils nur von einem Teil der Kurfürsten gewählt wurden, an den künftigen Papst, denn das Amt war nicht besetzt. Ludwigs Wahlanzeige war selbstbewußter, Friedrich hatte die besseren Chancen, denn über seinen Schwiegervater König Jakob II. von Aragón nahm er Einfluß auf Kardinäle in Rom. Außerdem setzte er auf vielfältige typische Heiratspolitik, so verheiratete er seine Schwester Katharina mit dem Sohn König Roberts von Neapel und sein Bruder Herzog Leopold heiratete die Tochter des Grafen Amadeus von Savoyen. Ludwig war in seiner Annäherung an Anhänger Heinrichs VII. in Italien weniger erfolgreich, gewann allerdings den einflußreichen Kardinal Colonna für sich, der schon Heinrich VII. unterstützt hatte.

Nach Meinung der Stadt Frankfurt und anderer Zeitgenossen war von den zwei Königen im Reich also Ludwig durch die Mehrheit der wichtigen Stimmen und den richtigen Krönungsort besser legitimiert. Da es jedoch kein Mehrheitswahlrecht gab, konnte man die Ansprüche auf keine rechtliche Basis gründen. Friedrich war immer noch der stärkere. Doch diese Stärke wurde zunächst angekratzt, als die überheblichen Habsburger in einer denkwürdigen Schlacht bei
1315 Morgarten am 15.11.1315 gegen die schweizerischen Eidgenossen (Waldstätten) eine eindrucksvolle Niederlage einstecken mußten. Dies wurde wegweisend für späteres taktisches Vorgehen gegen schwergepanzerte Reiter und für die Entwicklung zur Selbständigkeit der Eidgenossen. Das ständige Hin- und Herwogen fand ein Ende, als die Habsburger konzentrisch auf die bayerischen Gebiete zurückten. Daraufhin stellte Ludwig den Feind bei Mühldorf am Inn. Am
1322 28.9.1322 gelang es Ludwig und seinen Verbündeten, dem König Johann von Böhmen und dem Burggrafen von Nürnberg (Hohenzollern), die Habsburger zu schlagen und Friedrich mit seinem Bruder Heinrich gefangenzunehmen. Friedrich wurde auf der Burg Trausnitz gefangengehalten.

Nun hatte er zwar seinen direkten Gegner ausgeschaltet, aber die Probleme mit den Habsburgern erstreckten sich auf die nächsten Jahre seiner Regierung. Mit dem 72jährigen Bischof von Avignon, Jacques Duèse, dem neuen Papst Johannes XXII. (1316-36) trat ein weiterer mächtiger Feind gegen ihn auf. Der Papst, der als Erzieher und Kanzler Roberts von Neapel gewirkt hatte, war anfangs gegenüber den zwei Königen zurückhaltend, denn er betrachtete das imperium als vakant und sich selbst als Reichsverweser. Weder Friedrich noch Ludwig waren den diplomatischen Spielen des Papstes, Roberts und italienischer Städte gewachsen. Als aber Ludwig nach seinem Sieg Graf Berthold von Neuffen als Reichsvikar nach Italien schickte, um die Reichsrechte wahrzunehmen und die päpstlichen Rechte einzuschränken, eröffnete Johannes XXII. von Avignon aus einen förmlichen Prozeß gegen Ludwig. Er warf ihm vor, ohne Approbation des Papstes unrechtmäßig zu regieren und die Ketzer zu unterstützen, die aus Italien zu Ludwig geflohen waren. Daher stellte der Papst die Forderung, Ludwig solle nach drei Monaten die Krone niederlegen und sich in Avignon verantworten. Dagegen erhoben die Kardinäle Orsini und Colonna Einspruch, aber der Papst ließ sich nicht von der eingeschlagenen Bahn abbringen.

Im Dezember 1323 und im Januar 1324 protestierte Ludwig öffentlich scharf *1323*
dagegen, aber der Papst blieb ungerührt und verhängte im März 1324 den Kir- *1324*
chenbann über Ludwig und seine Anhänger. Er wurde aller Rechte enthoben, die er eventuell seit der Königswahl beansprucht hatte, und ihm wurde der Entzug des Herzogamtes angedroht. Dies verdeutlichte in der Folgezeit in der päpstlichen Korrespondenz die Anrede „Ludovicus Bavaricus“ (Ludwig der Bayer), ohne Angabe eines Titels. Ludwig antwortete u.a. mit der Appellation von Sachsenhausen (22.05.1324), in der er das Approbationsrecht des Papstes zurückwies und erklärte, daß die Rechtmäßigkeit der Wahl des deutschen Königs auf der Stimmenmehrheit der Kurfürsten beruhe. Gleichzeitig bezeichnete er den Papst als Ketzer, der die wahre Lehre von der Armut Christi und der Apostel verdamme, daher nenne er sich zu Unrecht Papst und habe sich seinerseits vor einem Konzil zu verantworten.

Bischöfe und viele andere Geistliche nahmen für den König Partei und stellten sich damit gegen den Papst. Von ihm ernannte Bischöfe wurden am Amtsantritt gehindert oder verjagt. Nicht nur von ihnen, besonders auch von vielen Fürsten wurde der Papst als Friedensstörer im Reich angesehen, der sich in die Machtpolitik einmischte. Die Franziskaner lagen mit ihm im Konflikt wegen des Armutsstreits, Marsilius von Padua floh an den Hof Ludwigs nach München. Außerdem war bekannt, daß der Papst mehr und systematischer als seine Vorgänger das Geld von den Bischöfen eintrieb und mit drakonischen Strafen wie Exkommunikation bei Weigerung der Zahlung des servitium commune reagierte. So wurden an manchen Tagen mehr als 50 Bischöfe und Äbte bestraft. Für Geistlichkeit und Laien war das Interdikt ein großes Problem, weil alle geistlichen Handlungen untersagt waren. In den Städten, die zu Ludwig hielten, wurde aber trotzdem gegen das Verbot gehandelt. Die Propagandamaschinerie wurde von beiden Seiten mit hohem Aufwand betrieben.

Ludwig nutzte diese antikuriale Stimmung im Reich nicht, sondern verfiel in den Fehler, Hausmachtpolitik zu betreiben. Er selbst hatte schon in zweiter Ehe Margarethe von Holland geheiratet, somit im Nordwesten Fuß gefaßt.
Nach dem Aussterben der askanischen Linie hatte er 1323 seinen achtjährigen *1323*
Sohn Ludwig mit der Mark Brandenburg belehnt und die Kurstimme gewonnen. Um Bündnispartner an sich zu ziehen, hatte er seine Tochter Mechthild mit dem Landgrafen Ludwig dem Ernsthaften von Thüringen verlobt. Damit hatte er seinen Partner Johann von Böhmen verprellt. Zum einen hatte dieser

sich selbst Hoffnungen auf die Mark Brandenburg als Dank für seine Hilfe in der Schlacht bei Mühldorf gemacht, zum anderen befand sich bereits seine Tochter Guta als Verlobte desselben Landgrafen bei ihrer zukünftigen Schwiegermutter auf der Wartburg, von wo sie nun unverrichteter Dinge nach Böhmen zurückgeschickt wurde. Daraufhin stellte sich Johann endgültig auf die Seite Frankreichs. Seine Schwester war mit dem französischen König Karl verheiratet, er selbst reiste mit Balduin von Trier und seinem Sohn Wenzel an den französischen Hof, wo sein Sohn erzogen und mit der Nichte des Königs verheiratet wurde. Die Luxemburger standen also jetzt zusammen mit Frankreich, das mit dem Papst verbunden war, und Habsburg gegen ihren ehemaligen Thronkandidaten.

Da gelang Ludwig noch einmal ein geschickter Schachzug, indem er mit Frie-
1325 drich dem Schönen im März 1325 den Vertrag von Trausnitz (Trausnitzer Sühne) schloß, wobei dieser auf die Krone verzichtete und dafür die Freiheit erhalten und Ludwig gegen jeden Feind unterstützen sollte. Aber dies war den anderen
1323 Habsburgern, die Ludwig schon 1323 die echten Reichsinsignien ausgeliefert
1325 hatten, zu wenig. Im Vertrag von München vom September 1325 wurde beschlossen, daß beide gleichberechtigt regieren sollten. Das geschah in der Praxis
1330 kaum, aber Friedrich unterzeichnete bis zu seinem Tod (1330) Urkunden als König. Dem wichtigsten Habsburger Leopold versprach Ludwig das Reichsvikariat von Italien, um den Papst zu ärgern.

Seinen Vorteil machte er auch gleich wieder zunichte, als er die Situation im Reich nicht stabilisierte, sondern den Zug nach Italien unternahm. Vorher schloß er ein Bündnis mit dem ärgsten Papstgegner und Förderer der Franziskaner in Italien, Friedrich III. von Sizilien, Enkel des Staufers Manfred, der ihn als seinen Herrn anerkennen wollte. Zur Vorbereitung suchte der König den Kontakt mit der Partei der Ghibellinen, deren Zentren Mailand, Verona und Lucca waren. Im
1326 Dezember 1326 reiste er nach Innsbruck, von dort weiter nach Trient, wo er sich mit ghibellinischen Anhängern zur Beratung traf, die ihn zur Hilfe gerufen hatten. Mit Geld und einem Waffenstillstand mit dem Cangrande von Verona konnten die Pässe für sein kleines Heer geöffnet werden, es wurde verstärkt durch Königin Margarethe, die Truppen aus dem Reich mitbrachte. So konnte er sich
1327 schon zu Pfingsten 1327 in Mailand zum König von Italien krönen lassen. Wie bei Heinrich VII. zeichnete sich das Bündnis Florenz und König Robert von Neapel ab, die ihm den Weg nach Rom versperrten. Da verjagte eine Erhebung der Römer unter Sciarra Colonna die Anhänger Johannes XXII. und Roberts von Neapel aus Rom und öffnete Ludwig den Weg.

1328 Am 7.1.1328 hielt der Wittelsbacher auf Einladung der römischen Volksversammlung seinen feierlichen Einzug in Rom. Zehn Tage danach wurde er in St. Peter zum Kaiser gekrönt. Das Verfahren war allerdings für bisherige Vorgänge ungewöhnlich, denn die Salbung nahmen die Bischöfe von Aleria und Castello vor, die Krönung von Ludwig und seiner Frau vollzog Sciarra Colonna als Stadtpräfekt. Der Krönungsordo folgte aber strikt den traditionellen Vorschriften. Der Gesamtvorgang wurde dann fürs Spätmittelalter weniger ungewöhnlich, weil überhaupt nur vier Kaiserkrönungen in Rom stattfanden, die auch in der Regel nicht vom Papst persönlich durchgeführt wurden.

Ludwig trat als Herrscher des Kirchenstaates und erster Mann von Rom auf. Er ernannte Senatoren und bewohnte die Paläste der beiden Kirchen des Papstes, wodurch er symbolisch in die Rechte des Papstes eintrat. Das Vorgehen entsprach den staatsrechlichen Vorstellungen von Marsilius von Padua. Dieser lieferte den theoretischen Rahmen. Den unversöhnlichen Haß des Papstes hatte sich Marsilius mit seinem Hauptwerk „Defensor Pacis" (Verteidiger des Friedens) zugezogen, in dem er der Kirche rein religiöse Aufgaben zuwies und die weltliche Herrschaft des Papstes als Usurpation bezeichnete. Unter den neuen Anhängern Ludwigs muß auch der bedeutendste Philosoph der Zeit, Wilhelm von Ockham, erwähnt werden. Er hatte 1322 am Generalkapitel der Franziskaner teilgenommen, bei dem die vom Papst später verdammte Armutslehre beschlossen wurde. Als Ketzer verdächtigt wurde er in Avignon inhaftiert, floh und begab sich in Italien unter den Schutz Ludwigs. Dort arbeitete er die theologisch begründeten Schriften gegen den Papst aus.

Als Kaiser eröffnete Ludwig drei Monate später eine Volksversammlung vor der Peterskirche, bei der er am 10. April 1328 Johannes XXII. verurteilen und absetzen ließ. Danach verabschiedete er zugunsten der Römer ein Gesetz, das den Päpsten auferlegte, ihre Residenz in Rom niemals für längere Zeit zu verlassen. Als Höhepunkt seiner Handlungen gegen bis dahin gültiges Recht muß die gemeinsam mit dem römischen Volk vollzogene Wahl des Franziskaners Petrus Rainalducci aus Corvara zum Gegenpapst Nikolaus V. (1328-30) angesehen werden, von dem er sich noch einmal krönen ließ. Im Anschluß daran bekräftigte er alle Urteile Heinrichs VII. gegen Robert von Neapel und andere Guelfen.

Johannes XXII. reagierte scharf, erkannte keine der Krönungen an und bann-
te alle Anhänger. Dies brachte Unruhe in Italien, zusätzlich beunruhigte die Ita-
liener, daß der Kaiser immer mehr Geld von ihnen benötigte. Um die Römer
und sein Heer bei Laune zu halten, unternahm der Kaiser immer weiter rei-
chende Züge nach Süden und Osten. Als aber auch noch der König von Neapel
mit überlegenen Kräften angriff, mußte Ludwig im August 1328 Rom räumen *1328*
und sich nach Mittel- und Oberitalien zurückziehen. In Pisa, Pavia und Parma,
wo die Urteile gegen Papst Johannes XXII. im Dom am 6. Dezember 1328 ver-
öffentlicht wurden, hielt er sich länger auf. Im Februar 1330 gab er einem plötz- *1330*
lichen Entschluß nach, wahrscheinlich hat ihn die Nachricht vom Tod seines
Mitkönigs Friedrich von Habsburg veranlaßt, und kehrte ins Reich zurück. Dar-
aufhin unterwarf sich der Gegenpapst seinem Rivalen, wurde in ein Franziskan-
erkloster gebracht und starb dort 1333. Ludwig hatte seinen Anhängern in Itali- *1333*
en versprochen, möglichst wieder zurückzukehren, nachdem er Verstärkung
erhalten hatte. Durch Briefe hielt er seine Verbündeten zwei Jahre hin bzw.
schickte den Pfalzgrafen mit Truppen. Für den 27. Januar 1331 plante er einen *1331*
Hoftag in Frankfurt am Main, um den Italienzug zu verkünden. Aber zu diesem
Zug ist es nicht mehr gekommen. Dafür war Johann von Böhmen 1330 eigen- *1330*
mächtig nach Italien gezogen und hatte im Namen des Kaisers eigene Politik
bzw. Politik im Sinn des Papstes betrieben.

Ludwig wurde durch die schwierige Lage im Reich und durch Verhandlungen mit dem Papst festgehalten. In seiner Abwesenheit hatte Papst Johannes versucht, Ludwig abzusetzen. Er hoffte auf die Stimmen der Erzbischöfe von

Mainz und Köln und suchte die Nähe der beiden Luxemburger, des Erzbischofs
von Trier und des Königs von Böhmen. Da sie meinten, auf diese Weise Johann
von Böhmen auf den Thron bringen zu können, gingen sie auf die Vorschläge
1328 des Papstes ein, ein Wahltag wurde für den 31.5. 1328 festgelegt. Es kam aber
nicht dazu, da der Papst nicht auf Johann setzte, sondern auf den neuen franzö-
sischen König Philipp VI. von Valois. So scheiterte nicht nur dieses Vorhaben,
sondern der einflußreiche Erzbischof Balduin wurde in die Arme Kaiser Lud-
wigs getrieben.

Gemeinsam mit Johann von Böhmen und Otto von Österreich schlug Baldu-
1330 in im Sommer 1330 dem Papst vor, Ludwig die Absolution zu erteilen, nachdem
dieser sich unterworfen und alle Urteile zurückgenommen habe. Der Papst lehn-
te nicht rundweg ab, sondern zeigte sich zu Verhandlungen bereit, die sich über
die nächsten Jahre zogen und auch von Ludwig direkt, sei es aus politischem Kal-
kül, sei es aus Sorge um sein Seelenheil, betrieben wurden. Dabei erklärte Lud-
wig, er habe mit den Minoriten und dem Armutsstreit nichts zu tun, da er davon
nichts verstehe, außerdem gestand er die Erhebung des Gegenpapstes als Verfeh-
1333 lung ein. 1333 soll er sogar bereit gewesen sein, zugunsten seines Vetters Hein-
rich von Niederbayern auf den Thron zu verzichten, um vom Bann gelöst zu
werden. Diesen Plan hatte ihm wohl Johann von Böhmen vorgeschlagen, denn
der Hauptnutznießer der damit verbundenen Vereinbarungen wären der franzö-
sische König und er selbst geworden. Dabei war nur vom deutschen Königtum
die Rede, nicht erwähnt wurde bei diesem Vorschlag Ludwigs das Kaisertum.
Daher forderte der Papst in einem Antwortschreiben den eindeutigen Verzicht
auf beide Ämter. Dazu war Ludwig nicht bereit, wie er in einem Schreiben an die
Kardinäle noch vor der Antwort des Papstes erklärte. In demselben Schreiben
hatte Ludwig auch seine Unterstützung für ein allgemeines Konzil zugesagt, das
den Papst absetzen wollte, denn in Italien war man inzwischen gegen den Papst
eingestellt, weil er die böhmische Italienpolitik förderte. Doch bevor es zu dieser
1334 Absetzung kommen konnte, starb Johannes XXII. am 4.12. 1334.

Matthias von Neuenburg, eine zentrale Quelle für Ludwigs Aktivitäten, be-
richtet von einer Vision eines Bischofs zur Papstwahl, die die Kirche, die in
Avignon eine mächtige Ämter- und Finanzverwaltung aufgebaut hatte, zu ihren
Idealen zurückführen sollte. Mit dem Zisterzienser Jacques Fournier wurde ein
Kandidat gefunden, auf den man große Hoffnungen setzte. Als Benedikt XII.
(1334-42) verkündete er zwar, daß er Frieden wünsche und bald nach Rom
zurückziehen werde, aber er geriet doch immer mehr unter die Kontrolle des
1336 französischen Königs. So gelang es Ludwigs Abgesandten bis 1336, das Verfah-
ren positiv zu gestalten, Ludwig war bereit, sich einem Absolutionsprozeß zu
unterziehen, ein Ende des Streites schien in Sicht. Eine unlösbare Frage blieb
aber, ob der gewählte römische König schon vor der Approbation durch den
Papst rechtmäßige Regierungshandlungen durchführen könne und ob demnach
1324 die Exkommunikation von 1324 zu recht bestehe. Dieses Problem war so
schwerwiegend, daß Erschütterungen im politischen Umfeld für die Rückkehr
in die alten Positionen sorgten.

Drahtzieher vieler Pläne und Aktionen war der böhmische König Johann, der
1333 sich bis 1333 in Italien aufhielt. Dort hatte er eine Herrschaft über Parma, Lucca,

Modena und Reggio aufbauen können, womit er anfangs, wenn auch für sich
selbst, eine Präsenz des Reiches zum Teil gegen den Papst schuf. Dem französi-
schen König versprach er dann sogar ein separates lombardisches Königreich und
dem Papst die Lehensoberhoheit über alle Gebiete und Städte. Da er zu wenig
Macht im Kampf mit der sich gegen ihn bildenden „Liga" besaß, mußte er sich
dann doch mit Ludwig einigen, der seine Eroberungen in Italien für das Reich
annahm. Johann aber trat mit seinem Sohn Wenzel (Karl) in enge Beziehungen
zu König Philipp VI., dem sie durch den Vertrag von Fontainebleau verbunden
wie Söldner Heeresdienste leisteten. Durch die Heirat von Guta, der Tochter Jo-
hanns, mit Philipps Sohn Johann wurde die Partnerschaft 1332 besiegelt. *1332*

Neben der Italienpolitik hatte Johann den Kaiser noch in einer anderen An-
gelegenheit verärgert. Schon 1330 hatte er seinen Sohn Johann Heinrich mit *1330*
Margarete Maultasch, der Tochter Herzog Heinrichs von Kärnten verlobt. In
demselben Jahr hatte Ludwig sich mit den Habsburgern endgültig versöhnt und
den Herzögen Otto und Albrecht II. versichert, daß nach dem Tod Herzog
Heinrichs von Kärnten diese Gebiete und das südliche Tirol als Reichslehen an
die Habsburger verliehen werden würden. Zum Eklat kam es, als am 2. April
1335 Herzog Heinrich von Kärnten starb, denn Ludwig hielt sein Versprechen *1335*
und belehnte die Habsburger mit Kärnten und Südtirol. Dagegen protestierten
Margarete Maultasch und Johann Heinrich, die bei ihren Ansprüchen auf die
Erbschaft von König Johann von Böhmen unterstützt wurden. Johann Heinrich
behauptete mit seinem Bruder Karl von Mähren die Grafschaft Tirol, es kam
zum Krieg, der von beiden Seiten nur halbherzig geführt wurde, bis der Kaiser
die Lust daran verlor. Am 9. Oktober 1336 wurde ein Ausgleich zwischen Habs- *1336*
burgern und Luxemburgern erzielt, bei dem den Habsburgern Kärnten zugeteilt
wurde und Margarete Maultasch Südtirol behalten konnte.

Der Ausbruch des 100jährigen Krieges zwischen England und Frankreich be-
einträchtigte die Verhandlungen zwischen dem Papst und dem Kaiser in hohem
Maße. Dem letzten Capetinger in direkter Mannesfolge Karl IV. war 1328 Phi- *1328*
lipp VI. von Valois, ein Neffe Philipps IV., auf den Thron gefolgt, gegen den Kö-
nig Eduard III. von England, ein Enkel Philipps IV., seine berechtigten An-
sprüche anmeldete, die vom französischen Adel abgewiesen wurden. Philipp
wandte sich gegen eine Versöhnung des Papstes mit dem Kaiser. Ludwig schloß
nach anfänglichem Taktieren mit Frankreich und dem Papst nach dem Scheitern
seines Verfahrens im Juli 1337 ein Bündnis mit König Eduard III. von England, *1337*
danach sollte Eduard als Generalvikar des Kaisers den Krieg gegen Philipp
führen, weil ihm so die Reichsvasallen folgen würden. Zum 22. September 1337
wollte der Kaiser von den Städten 12.000 Mann aufbieten. Dies hatte Folgen im
Reich, denn nicht nur der niedere Klerus und die Franziskaner, sondern vor al-
lem die Reichsstädte stellten sich nun hinter den Kaiser. Im März 1338 kamen *1338*
zehn Bischöfe zu einer Mainzer Provinzialsynode in Speyer zusammen, um ei-
nen Ausgleich zu suchen, der jedoch vom Papst verworfen wurde, der Erzbi-
schof von Mainz wurde deswegen exkommuniziert. Im September 1338 rief der
Kaiser zu einer großen Versammlung nach Koblenz auf, wo er mit dem engli-
schen König zusammentraf und die Befreiuung des Papsttums aus französischer
Gefangenschaft propagierte.

Schon im Mai hatte Ludwig eine Versammlung von Vertretern der Domkapitel sowie abgeordneten Personen aus Stadt und Land ins Deutschordenshaus nach Frankfurt einberufen, auf der festgestellt wurde, daß der von den deutschen Fürsten gewählte römische König das Recht habe, den Titel zu führen und das Reich (Romanum Imperium) zu regieren. Am nächsten Tag legte Ludwig ein von Minoriten verfaßtes Glaubensbekenntnis „Fidem catholicam“ ab. Darin wurde sowohl die Gleichrangigkeit von Kaiser und Papst betont, als auch, daß der Kaiser unmittelbar von Gott eingesetzt und daher nicht dem Papst unterstellt sei. Deshalb seien alle Verfügungen gegen den Kaiser null und nichtig, Bann und Interdikt sollten nicht beachtet werden. Am Ende stand wieder die These, vor einem übergeordneten Konzil sollten sich der Papst und die Kardinäle verantworten.

Damit der Kaiser die Initiative in der Reichspolitik nicht allein behielt, wurden nun auch die Kurfürsten aktiv und trafen sich ohne den Böhmenkönig am 15.7.1338 in Oberlahnstein, um sich für den Kaiser auszusprechen. Am folgenden Tag bildeten sie in Rhens bei Koblenz den berühmten Kurverein, dem später auch Böhmen beitrat. Hier verpflichteten sie sich, das Reich gegen jedermann zu verteidigen und hatten dabei besonders ihre kurfürstlichen Vorrechte im Auge. Sie erwähnten weder Ludwig noch Benedikt, erklärten aber deutlich, daß der mit Mehrheit von den Kurfürsten gewählte König rechtmäßiger Herrscher sei und keine päpstliche Approbation benötige. Sie erklärten, daß dieser Erklärung alle Herren und Freunde geistlichen oder weltlichen Standes beitreten könnten, was auch eine Reihe von Städten und Fürsten taten. Es war also eine Einung für das Recht des römischen Königs, aber ohne ihn. Dieser Kurverein zu Rhens ist eine neue Erscheinung, denn bisher hatten sich die Kurfürsten nur im Zusammenhang mit der Königswahl zusammengefunden, und ist gleichzeitig ein bedeutender Schritt in der Verfassungsgeschichte des Reiches.

Ludwig nutzte den günstigen Augenblick konsequent und erließ auf dem Reichstag von Frankfurt im August das Gesetz „Licet iuris“, in dem er die Erklärungen der Kurfürsten bestätigte und darüber hinausging. Zusätzlich deklarierte er darin die Identität von königlichen und kaiserlichen Rechten und die Unabhängigkeit des Kaisertums vom Papsttum, d.h. nach der Königswahl besaß der Herrscher auch gleich die kaiserlichen Rechte. Er konnte die Kurfürsten zwar nicht auf dieses Gesetz festlegen, aber sie widersprachen auch nicht.

Damit hatte Ludwig nun endgültig den Zenit seiner Herrschaft erreicht. Seine nächsten Schritte sollten ihn um alle Früchte seines Erfolges bringen. Um dem König von England zum rechten Zeitpunkt zur Hilfe kommen zu können, fehlte Ludwig das nötige Geld aus England, so daß Eduard seine Feldzüge allein führen mußte. Ludwig sagte sich von England los und näherte sich Frankreich an, schloß sogar 1341 einen Vertrag, in der Hoffnung und dann mit dem Auftrag, daß der französische König sich beim Papst einsetzte. Doch der Kontakt mit dem Bayern wurde dem französischen König vom Papst zum Vorwurf gemacht, dazu gab es Gerüchte über einen neuen Italienzug Ludwigs und schließlich neue Turbulenzen durch Ludwigs Hausmachtpolitik. Also blieb Papst Benedikt XII. unerbittlich.

Im Jahr 1341 hatte es wieder Kontakte mit Italien gegeben, denn Mastino della Scala und der Markgraf von Montferrat hatten Gesandte an den Kaiser geschickt, der eine neue Attacke gegen die päpstlichen Interessen in Italien überlegte. Es kam bereits zu den ersten Zusammenschlüssen gegen den Kaiser, um ihn am Durchzug zu hindern. Der neue Papst Clemens VI. (1342-52), der gegen den Einfluß des französischen Königs vor allem die kurialen Interessen im Auge hatte, schickte von Avignon aus Boten nach Mittelitalien, die ebenfalls gegen den Kaiser mobilisieren sollten. Ludwig zögerte aber, weil er die neuen Verhandlungen mit dem Papst nicht gefährden wollte. Nach dem Bericht eines italienischen Gesandten an Guido Gonzaga sollen sich der Kaiser und die Luxemburger 1344 in Köln getroffen haben, wobei Ludwig die Königskrone Karl angeboten habe. Es scheint also über ein Mitkönigtum verhandelt worden zu sein, allerdings hat Ludwig bei entsprechenden Vorschläge seitens der Fürsten eher an seinen Sohn Ludwig gedacht. *1341* *1344*

Die Hausmachtpolitik brachte den Kaiser auf den Höhepunkt der Macht und bewirkte gleichzeitig die Bildung einer mächtigen Gegenfront. Im Jahr 1340/41 trat Ludwig das Erbe in Niederbayern an, hatte damit aber nicht genug, sondern richtete sein Augenmerk sinnvollerweise weiter nach Süden. Denn dort fehlte ihm die Sicherung seiner Besitzungen und vor allem des Zugangs nach Italien. In Tirol hatte Karl von Mähren die Herrschaft in die Hand genommen und zwar so, daß der einheimische Adel allmählich in die Opposition ging, weil er zuviele Böhmen in die Verwaltung brachte. Die freigewordenen Bistümer Brixen und Trient besetzte er mit seinen Vertrauten. Einen ersten Aufstand ließ Karl brutal niederschlagen. Als er wieder außer Landes war, nahm Margarete Maultasch, die Erbin der Grafschaft Tirol, Kontakt zum Kaiser auf und versperrte ihr Schloß vor ihrem Mann Johann Heinrich, dem Sohn Johanns von Böhmen. Ludwig schaffte es, daß sie 1342 den Wittelsbacher Ludwig, den Markgraf von Brandenburg und Sohn des Kaisers, heiratete, nachdem der Kaiser ihre vorige Ehe für nichtig erklärt hatte. Dies maßte sich der Kaiser per weltlichem Trennungsdekret an, weil ein förmliches Auflösungsverfahren durch den Papst angesichts der Lage unmöglich war. Damit hatte der Kaiser den Luxemburger Johann zum zweiten Mal vor den Kopf gestoßen, aber nicht nur ihn, es baute sich nun eine oppositionelle Stimmung im Reich gegen ihn auf. *1340/41* *1342*

Diese verstärkte sich, als Ludwig im Nordwesten wiederum Hausmachtpolitik vorantrieb. Im September 1345 starb Graf Wilhelm von Hennegau, Holland und Seeland, seine vier Schwestern waren die Erbinnen. Der Kaiser nutzte seine Position aus, als er sich mit seiner Frau Margarethe als Haupterbe im Frühjahr 1346 durchsetzte. Somit war Ludwig Landesherr in einem Territorium, das an das Gebiet des Königs von Frankreich angrenzte, mit dem er einen Freundschaftsvertrag hatte. Philipp unterstützte ihn daher beim Papst, der deshalb die Gebiete nicht gleich mit einem Interdikt belegte, aber verlangte, daß die Gebiete nicht dem Kaiser, sondern nur seiner Frau unterstellt werden sollten. *1345* *1346*

Von dem Ausmaß seiner Besitzungen her war Ludwig nun auf dem Höhepunkt, aber sein Stern war bereits gesunken. Wieder spielte der überragende Politiker Balduin von Trier, der Frieden mit dem Papst geschlossen hatte, eine wichtige Rolle. Balduin ließ seinen bisherigen Schachzügen einen weiteren fol-

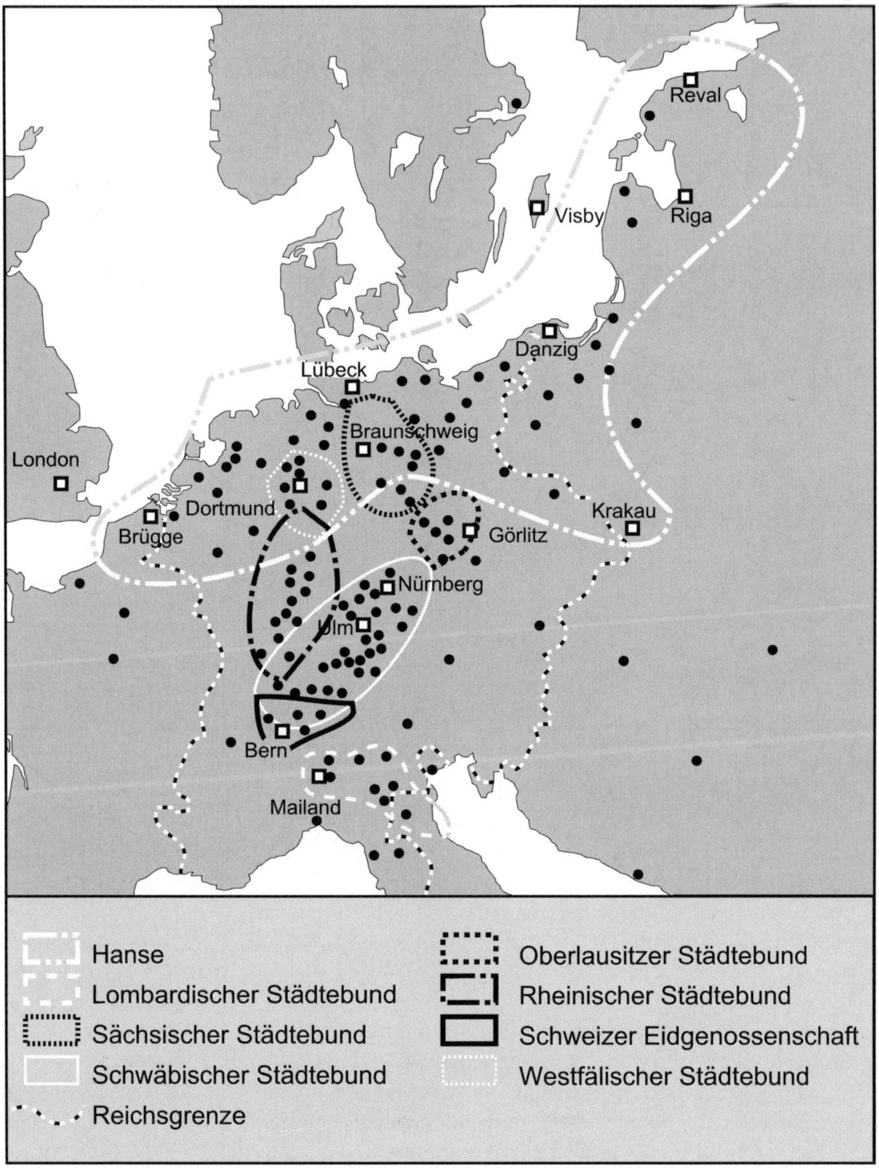

Einflußbereiche der Städtebünde im Mittelalter

gen, als er plante, den Luxemburger Karl, den ältesten Sohn König Johanns von Böhmen, zum König zu erheben. Der Kaiser, der bereits im Juni 1346 in Bozen angekommen war, um seinen Weg nach Italien zu nehmen, kehrte um, als ihn die Botschaft erreichte, daß ihm Balduin den Gehorsam aufgekündigt habe.

In der Zwischenzeit waren nämlich der Papst und Balduin erfolgreich tätig geworden. Schon am 28. April hatte der Papst ohne Wissen des französischen Königs die Kurfürsten zur Wahl eines neuen Königs aufgefordert. Der Kandidat Karl von Mähren mußte dem Papst viele Versprechungen für die Zeit seiner Regierung leisten. Dazu gehörte, alle Zusagen früherer Kaiser und Könige zu erfüllen, den Kirchenstaat nicht zu beanspruchen, in Italien nicht vor der Approbation durch den Papst einzugreifen, nur einen Tag zur Kaiserkrönung in Rom zu bleiben, den Papst als Schlichter im Streit mit Frankreich anzuerkennen und zuzugeben, daß Ludwig rechtmäßig als Ketzer verurteilt war. Am 11. Juli 1346 war Karl ausgerechnet in Rhens von der Mehrheit der Kurfürsten zum König gewählt worden. Als Wähler fungierten der Herzog von Sachsen-Wittenberg, der Böhmenkönig, der Erzbischof von Trier, der Kölner Erzbischof, der für eine hohe Summe vom Luxemburger gekauft worden war, und der kurz zuvor vom Papst für den Mainzer Stuhl vorgesehene Gerlach von Nassau, dessen Territorium allerdings immer noch der gebannte Erzbischof Heinrich von Virneburg besaß. Es fehlten also nur die beiden Wittelsbacher Stimmen aus der Pfalz und aus Brandenburg, wenn man den Mainzer werten will.

Auch wenn die Menschen durch das permanente Interdikt in ihrem Alltag empfindlich gestört waren, so hielten sie noch zum Kaiser. Noch fühlte sich der Wittelsbacher stark genug, mit seinen Verbündeten in Bayern, Schwaben und Franken und den zahlreichen Städten gegen den Gegenkönig den Kampf zu suchen. Die Krönungsstadt Aachen hatte ihre Tore vor dem neuen König verschlossen. Die Habsburger verhielten sich neutral, der ungarische König Ludwig unterstützte den Kaiser, der böhmische König hatte Probleme mit Kasimir von Polen, der die Situation ausnutzte. Zum luxemburgischen Gegenkönig hielten z.B. der Herzog von Sachsen-Wittenberg, der Landgraf von Hessen und die Fürsten von Mecklenburg.

Sechs Wochen nach der Wahl erlitt der Luxemburger einen schweren Dämpfer. Denn am 26.8.1346 wurde Philipp von Frankreich, der Karl bisher noch nicht anerkannt hatte, bei Crécy von den Engländern geschlagen. Karl war mit einer böhmischen Truppe beteiligt, sein inzwischen erblindeter Vater fand in der Schlacht den Tod, während Karl sich verkleidet nach Böhmen durchschlagen mußte. Um sein Prestige wieder aufzubessern, versuchte er, mit Hilfe guelfischer Truppen aus Italien Tirol wiederzugewinnen. Doch Margarete Maultasch verteidigte mit ihrem Mann erfolgreich ihr Gebiet, so daß sich Karl nach Trient zurückziehen mußte. Davor brandschatzte er Meran und Bozen, was ihm viele Feinde einbrachte und die Position der Wittelsbacher sicherte. Nun plante Karl, im Sommer 1347 von Böhmen aus die bayerischen Stammlande anzugreifen. Der Wittelsbacher hatte sich bis dahin ruhig verhalten, denn der Kaiser war der Meinung, daß die Zeit für ihn arbeiten könnte. Bevor es jedoch zu einer entscheidenden Schlacht kam, erlitt Ludwig am 11.10. 1347 auf der Jagd in der Nähe von *1347*

München einen Schlaganfall, an dem er starb. Er wurde zuerst im Kloster Fürstenfeld bestattet, sein Herz blieb dort im Sarg des Vaters und die Gebeine wurden in der Frauenkirche in München beigesetzt.

Einordnung

Die Ausgangsposition des Wittelsbachers kann man nicht als günstig bezeichnen, denn in den Reihen der mächtigen Fürsten des Reiches hatte er eher eine geringe Hausmacht hinter sich. Schon früh jedoch zeigte sich sein Schlachtenglück, das ihn zu einem potenten Kandidaten werden ließ. Auf dem Gebiet der Erb- und Heiratspolitik hatte er anfangs ebenfalls viel Erfolg. Ein bedeutender Teil seiner Politik bestand in der Förderung von Städten als Gegengewicht zu den Fürsten, ganz besonders förderte er die Reichsstadt Nürnberg, wo auch seine Finanziers saßen, und baute seine Hauptstadt München zur prächtigen Residenz aus, was dieser Stadt erst jetzt nennenswerte Zahlen von Einwohnern brachte.

In der Nachfolge der Staufer wies er den Machtanspruch des Papstes zurück, bediente sich dabei innerkirchlicher Auseinandersetzungen um den Armutsstreit und zog große Denker an seinen Hof, die ihm bei der Auseinandersetzung halfen, sie aber auch verschärften. Hier muß daran erinnert werden, daß er anfangs die antikuriale Stimmung im Reich wenig für seine Politik genutzt hat. Die große Auseinandersetzung mit dem Papsttum um die Vorherrschaft in der europäischen Christenheit knüpfte an die Vorgänge aus der Zeit des Investiturstreites, Friedrich Barbarossas und Friedrichs II. an, wobei es hier um das Approbationsrecht ging. Eine Versöhnung fand nicht statt. Der Kaiser fühlte sich im Recht, hat aber angesichts der permanenten Exkommunikation viele Stiftungen für sein Seelenheil begründet. Zu den bedeutenden Bauwerken, die er errichten ließ, gehörte auch das Kloster Ettal.

Ludwig betrieb eine weitgehend erfolgreiche Politik, vor allem in seinen Territorien. Gerade in Bayern konnte eine Vereinheitlichung des Landrechts durchgesetzt werden, die eine Vorbildfunktion für andere besaß. Als eigentlich friedfertiger Mensch wird er in einigen Quellen beschrieben; daher war er als Diplomat nicht besonders geschickt, denn er durchschaute die Ränkespiele von Papst und Johann von Böhmen erst spät. Andererseits konnte er bei entsprechender Gelegenheit brutal zugreifen, um seine Interessen durchzusetzen.

Im Konflikt zwischen England und Frankreich verhielt er sich schwankend, die Abhängigkeit von englischem Geld bestimmte sein Handeln. In der Italienpolitik hatte er angemessene Erfolge vorzuweisen, er war der einzige Kaiser, der vom römischen Volk und Adel erhoben wurde. Wiederum wirkte sich Geldknappheit negativ aus, er drehte dann zu stark an der Steuerschraube und mußte daher sein Unternehmen abbrechen. Den entscheidenden Fehler beging er in der Hausmachtpolitik, wo es zum endgültigen Bruch mit den Luxemburgern Johann von Böhmen und vor allem Balduin von Trier kam. Immer mehr Kurfürsten schlossen sich an und nahmen das Heft endgültig in die Hand, schon mit dem Kurverein zu Rhens hatten sie ihren Anspruch angedeutet. Unter der

Führung von Balduin verbanden sie sich schließlich mit dem Papst gegen ihn. Sie nahmen dabei entgegen ihrer sonstigen Gewohnheit sogar einen starken Gegenkönig in Kauf, um ihn zu vertreiben. Ludwig scheiterte daran, daß er zuviel Macht für seine Familie wollte, ohne Rücksicht auf das Gleichgewicht im Reich.

Ludwig der Bayer hat in mehreren Bereichen neue Entwicklungen eingeleitet. Er konnte eine Integration im Reich bewirken, wobei sich alle Stände gemeinsam für das Recht des römischen Königs und seine Unabhängigkeit gegenüber dem Papsttum einsetzten. Im Zuge dieser gemeinsamen Aktivitäten wurde auch das Mehrheitsprinzip bei der Königswahl festgelegt. Alles zusammen bildete die Vorstufe für das zukünftige Reichsgesetz über die Königswahl. Hatte schon Rudolf eine gewisse Volksnähe erreicht, so war Ludwig der erste König, der sich nicht nur den Stadtbürgern zuwandte, sondern auch bei ihnen sein Kapital holte und sogar bei ihnen wohnte, wenn er sich in wichtigen Städten aufhielt. Im Propagandakampf mit dem Papsttum hatte Ludwig erstmalig gelehrte Franziskaner an seiner Seite, die zu seinem Bild in der Öffentlichkeit beitrugen. Zur Unterstützung dieser Aktionen und seiner Regierungstätigkeit hatte Ludwig eine gut funktionierende Verwaltung in seinen Territorien und im Reich aufgebaut.

In der Regierungszeit Ludwigs kam es zum ersten Mal zu dem Dreikampf der mächtigen Familien der Habsburger, Luxemburger und der erstarkten Wittelsbacher um die Führung und Königswürde im Reich. Ludwig wechselte pragmatisch die Fronten, wenn es die politische Lage für Reich oder Familie erforderte. Es gelang ihm, seiner Familie eine bedeutende Position im Reich zu sichern. Ludwig blieb bis zum Schluß unbesiegt; zwar lebte er über 20 Jahre als Exkommunizierter und konnte sich bis zum Schluß nicht vom Bann befreien, seiner Machtausübung hat dies aber im Prinzip keinen Abbruch getan.

Karl IV. von Luxemburg (1346-1378)

Nach dem Tod von Kaiser Ludwig war der Weg nun frei für den Luxemburger.
Neben vielen anderen Quellen gibt die Autobiographie, die er um 1350 ver- *1350*
faßte, Auskunft über seine Lebenszeit bis zur Königswahl. Karl IV. war am
14.05.1316 in Prag geboren und nach böhmischer mütterlicher Familientradition *1316*
Wenzel genannt worden. Schon in früher Kindheit wurde er zum Spielball der Mächte. Da der böhmische Hochadel in Opposition zu Johann von Böhmen stand, die Mutter Elisabeth aber mit dem Adel sympathisierte, entriß der Vater den Sohn seiner Mutter im Alter von drei Jahren. Er hielt den Sohn etwa ein Jahr
mehr oder weniger in Verwahrung und brachte ihn 1323 an den französischen *1323*
Hof. Dort wurde er als siebenjähriger mit der Prinzessin Blanca von Valois in einer Kinderehe verheiratet und nach seinem Paten, dem französischen König, Karl genannt. Sein wichtigster Erzieher am Hof war der Abt Peter Roger von Fécamp, der später Papst Clemens VI. wurde.

Als Karl mit 14 Jahren volljährig geworden war, wurde er für ein Jahr in die Grafschaft Luxemburg gerufen, um unter seinem Großonkel Balduin die Verwaltungspraxis kennenzulernen. Dann holte ihn sein Vater zu sich, der den er-

wähnten Italienzug plante, der Schwierigkeiten mit Frankreich bringen konnte.
1331-33 Auf diesem Kriegszug von 1331-33 lernte Karl alle Höhen und Tiefen von Krieg und Politik kennen. Er entging knapp einem Giftanschlag und hatte nach eigenen Angaben Visionen über Sieg und Niederlage. Nach diesen Erfahrungen kehrte er nach Böhmen zurück, wo er zum Markgraf von Mähren ernannt wurde. Danach kam es zu dem wichtigen Friedensvertrag zwischen Polen und Böhmen, nach dem der Böhmenkönig den Titel des polnischen Königs ablegte. Karl von Anjou, der ungarische König, hatte maßgeblich am Zustandekommen dieses Friedensvertrages mitgewirkt. Die Regentschaft über Böhmen wurde Karl wegen der Erblindung König Johanns nun ganz übertragen, was dazu führte, daß Karl jetzt nicht mehr allein Hausmachtpolitik betrieb, sondern europäisches Denken und Handeln in den Vordergrund rückte. Dafür besaß er sehr gute Voraussetzungen, denn er beherrschte mehrere Sprachen: Deutsch, Französisch, Italienisch, Lateinisch und Tschechisch, seine Frau ließ er Deutsch lernen. Da der Schwerpunkt seiner Politik auf der Diplomatie lag, war es ihm möglich, die einzelnen Gespräche selbst zu führen, was wiederum auch seine Erfolge in diesem Bereich erklären könnte.

Vor seiner Wahl zum König hatte sich schon die Auseinandersetzung mit Ludwig dem Bayern abgezeichnet, weil der Wittelsbacher die Hochzeit seines Sohnes mit Margarete Maultasch betrieb und somit den Luxemburgern Tirol
1339 entriß. Einen Vertrag, der in Frankfurt 1339 zwischen Ludwig und dem Böhmenkönig Johann mit Hilfe von Balduin von Trier zugunsten der Luxemburger geschlossen worden war, bezeichnete Karl als Machwerk, weil er selbst nicht beteiligt wurde und sich in seiner Ehre gekränkt sah. Daher ging die Einigung mit
1343 dem Wittelsbacher verloren. Ludwig versuchte dann noch einmal 1343, eine Lösung des Konfliktes zu finden, was wiederum scheiterte.

Als Karls Erzieher zu Papst Clemens VI. gewählt wurde, war die Konstellation klar, Karl wurde sein Kandidat für das Königtum. Ein erster Schritt war die
1344 Erhebung Prags zum Erzbistum am 30.4. 1344. Dann verging eine Zeit, in der die beiden Luxemburger Johann und Karl ihre Aktivitäten auf einen erfolglosen Kriegszug mit dem Deutschen Orden gegen Litauen und Kämpfe mit dem polnischen König Kasimir konzentrierten, wobei Karl sogar einmal in Gefangenschaft geriet. Dies ließ die Luxemburger nicht nur in der kaiserlichen Propagan-
1346 da als Verlierer aussehen. Aber nach erneuter Bannung Ludwigs im April 1346, guter Vorbereitung und umfangreichen Versprechungen des Kandidaten konnten Papst und Erzbischof von Trier dann doch die Königswahl am 11. Juli 1346 in Szene setzen. Nach der Wahl vermied Karl IV. es geschickt, den Papst um die Approbation zu bitten. In den Versprechungen war davon die Rede gewesen, daß er nicht ohne Approbation des Papstes nach Italien ziehen werde. Papst Clemens VI. gewährte ihm am 6.11. die Approbation aus seinem Selbstverständnis heraus, danach fand die Krönung durch Erzbischof Walram von Köln am 26.11. in Bonn statt.

Nun konnte er den Kampf um die Macht aufnehmen, wobei er in den Augen vieler Untertanen des Reiches als „Söldner und Botengänger des Papstes" eine abhängige Position hatte. Durch jahrelange eigene Erfahrung hatte Karl erkannt, welche Faktoren für die Macht im Reich wichtig waren: Kurfürsten, Papsttum,

Habsburger, Wittelsbacher und die Könige von England und Frankreich, dann
die anderen Fürsten und die Reichsstädte. Sofort nach der Wahl war Karl dem
französischen König zu Hilfe gekommen und mußte die schwere Niederlage bei
Crécy miterleiden. Nach seiner Flucht nach Böhmen durchzog Karl in einer Art
Königsumritt Teile des Reiches, dann eröffnete er den Angriff auf Tirol, der ihm
keinen Erfolg brachte. Da sein Vater gefallen war, wurde er am 2. September
1347 in Prag zum König von Böhmen gekrönt. Mit der neuen Würde im Rücken *1347*
wollte er den Kaiser stellen, aber dieser starb vor einer Entscheidung.

Damit war der Weg für Karl IV. frei, mit allen seinen Kräften sein Königtum
im Reich zu etablieren. Eine wichtige psychologische Hilfe war dabei, daß man
die Erwartung hatte, ein vom Papst geförderter König werde endlich für die
Aufhebung des Interdikts sorgen. Daher wollte man auch eine erneute Doppel-
wahl verhindern, die schwäbischen Städte schlossen sich genau aus diesem
Grund zusammen, einzelne erkannten Karl trotzdem an, nachdem Regensburg
und Nürnberg vorangegangen waren. Aber im Januar 1348 präsentierten die *1348*
Wittelsbacher König Eduard III. von England als Kandidaten, der sich schon am
26. Januar 1340 in Gent von den Ständen Flanderns als König von Frankreich *1340*
hatte huldigen lassen. Am 10.01. 1348 wurde er von Vertretern des Erzbischofs *1348*
von Mainz, des Pfalzgrafen, des Markgrafen von Brandenburg und des Herzogs
Erich von Sachsen-Lauenburg gewählt. Er konnte seine Rechte selbst nicht
wahrnehmen, so daß Karl ungehindert weitere Anhänger unter den Städten
durch Privilegienvergabe gewinnen konnte.

Karl zeigte sein diplomatisches Geschick, als er dem Markgrafen von Jülich den ihm zustehenden Anteil am Erbe des Grafen von Hennegau, Holland und Seeland zuteilte. Damit verbunden war der Auftrag, eine Allianz zwischen dem römischen und dem englischen König zu vermitteln. Der Vertrag wurde im April 1348 geschlossen, war nicht direkt gegen Frankreich gerichtet, beinhaltete aber eine Hilfeleistung im Fall eines Krieges zur Rückgewinnung von Reichsrechten. Auf diese Weise verloren die Wittelsbacher ihren König und mit dem Markgrafen von Jülich einen wichtigen Bundesgenossen.

Karl IV. balancierte hier mit großem Geschick am Rand der Gefahr, denn er hatte mit dem gefährlichsten Feind seines Schwagers Philipp eine Allianz geschlossen. Aber anscheinend konnte er den französischen König überzeugen, daß es nicht gegen ihn gerichtet war. Für Karl bedeutete dieses Bündnis die entscheidende Basis, um sein Königtum im Reich und in Europa durchzusetzen.

Er ging auch weiterhin sehr risikofreudig vor, als er trotz einer drohenden Ex-
kommunikation mit den gebannten Söhnen des toten Wittelsbachers Verhand-
lungen aufnahm, wobei der Habsburger Herzog Albrecht von Österreich, der
ihm schon im Mai 1348 huldigte, als Vermittler diente. Die Verhandlungen
scheiterten, der Papst warnte den König vor weiteren Alleingängen. Dessenun-
geachtet heiratete Karl 1349 nach dem Tod seiner ersten Frau Anna von Wittels- *1349*
bach, die Tochter des exkommunizierten Pfalzgrafen, obwohl der Papst eine
französische Braut für ihn vorgesehen hatte. Dies verschlechterte das Verhältnis
zwischen Karl und dem Papst kaum, der die Ehe dann doch akzeptierte. So ging
der König auf dieser Linie weiter, indem er sich mit den Söhnen Ludwigs Ende
Mai 1349 aussöhnte.

Vorher hatte er ihnen allerdings noch einige Probleme bereitet. Im August
1348 war am Hof des Magdeburger Erzbischofs ein alter Mann aufgetaucht und
hatte behauptet, der schon 1319 verstorbene Askanier Markgraf Woldemar von
Brandenburg zu sein. Dieser sogenannte falsche Woldemar wurde von Magde-
burg und den Herzögen von Sachsen als rechtmäßig anerkannt und in sein
Markgrafentum eingeführt, als der Wittelsbacher gerade in Bayern war. Ludwig
kehrte zur Rettung seines Territoriums zurück, konnte aber nur noch Frankfurt
(Oder) gegen Woldemar halten. Karl erschien persönlich und belehnte den an-
geblichen Markgrafen mit der Mark und mit Landsberg, dafür erhielt er die
Mark Lausitz. Die Wittelsbacher reagierten mit einem neuen Gegenkönig, zu-
erst schlugen sie den Markgrafen Friedrich von Meißen vor, der ablehnte. Dann
nominierten sie den unbedeutenden Grafen Günther von Schwarzburg (Thürin-
1349 gen), der am 30.1.1349 von dem Pfalzgrafen, dem Markgrafen von Brandenburg,
dem Herzog von Sachsen-Lauenburg und dem Erzbischof von Mainz gewählt
wurde. Er konnte Karl niemals gefährlich werden und wurde am 24. 5. 1349, mit
Geldmitteln versüßt, zur Abdankung gezwungen. Dies ermöglichte die ange-
sprochene Versöhnung mit den Wittelsbachern, wobei er ihnen alle Lehen zu-
sprach, dazu gehörte auch Tirol. Dies bedeutete einen Affront gegen den Papst,
dem er damit jegliche Autorität in Reichsangelegenheiten absprach. Der Papst
reagierte erst ein Jahr später und nur indirekt, indem er in Italien Werbung für
den Romzug Karls verbot und erneut Bann und Interdikt über Markgraf Lud-
wig von Brandenburg verhängte.

Nach diesen Ereignissen konnte der König seine Herrschaft erst einmal als ge-
1349 sichert ansehen. Daher ließ er sich am 17. Juni 1349 am richtigen Wahlort in
Frankfurt am Main zum zweiten Mal wählen, mit der Stimme des Pfalzgrafen,
und am 25. Juli in Aachen noch einmal krönen, diesmal von Balduin von Trier.

Bei der Krönung in Aachen geriet Karl durch Geißlerumzüge mit dem Phä-
nomen in Berührung, das die Zeitgenossen weit mehr als die politische Ge-
1347/ schichte beschäftigte: dem Schwarzen Tod. Die Pest war 1347/48 von den Hä-
48 fen des Schwarzen Meeres zu den wichtigsten Häfen des Mittelmeers
vorgedrungen, von der Küste aus zog sie 1348 ins Landesinnere von Italien, Spa-
nien und Frankreich, und dann an der Küste entlang zu den Häfen der Nor-
1349 mandie, Englands und Irlands, 1349 weitete sie sich über die Alpen aus, und er-
reichte die Häfen der Nordsee friesische Küste, Kopenhagen, Trondheim,
1350 Bergen, von dort Norddeutschland und Skandinavien, im Sommer 1350 überzog
die Pest das Baltikum, von dort ging es weiter nach Polen, Litauen und Rußland.
Die einzelnen Phasen der Ausbreitung über Europa waren sehr unterschiedlich
in Schnelligkeit und Intensität. Natürliche Gegebenheiten wie Gebirge verhin-
derten oft das Vordringen, schiffbare Flüsse beschleunigten es. Manche Regio-
nen wurden gleich erfaßt, manche blieben sogar verschont. Etwa 30 % der Be-
völkerung Europas sollen daran gestorben sein, eine Zahl an Menschenverlusten,
die nie wieder erreicht wurde, obwohl die Pest in vielen Schüben bis ins späte
17. Jahrhundert immer wieder auftrat und Kriege die Bevölkerung dezimierten.

Das plötzliche Auftreten der Pest und das schnelle massenhafte Sterben der Erkrankten erzeugte eine Atmosphäre von Angst und Schrecken, in der man sich nach den Ursachen fragte. Die erste Antwort lautete, daß die Pest eine von

Gott geschickte Strafe sei, die Gelehrten führten zusätzlich eine besondere Konstellation der Gestirne an. In der allgemeinen Hysterie suchte man nach Schul-
digen und fand sie in den Juden, denn schon 1320 waren in Südfrankreich Le- *1320*
pröse und Juden verfolgt worden, weil sie die Brunnen vergiftet haben sollten. Dieses Gerücht griff man zuerst in Frankreich wieder auf und verfolgte die Juden, dies setzte sich jenseits des Rheines weiter fort. In manchen Gebieten erschlug man die Juden prophylaktisch, um die Pest zu verhindern, in manchen erst nach Ausbruch der Pest. Die Stimmung gegen die Juden wurde zusätzlich angeheizt durch die Flagellanten (Geißler), die die Strafe Gottes abbüßen wollten, indem sie durch die Städte und Dörfer zogen und sich öffentlich geißelten.

Von den Judenverfolgungen profitierten vor allem ihre Schuldner, aber auch Karl IV. gehörte zu den Gewinnern, wie man am Beispiel Nürnberg zeigen kann. Der Rat der Stadt, die dem Wittelsbacher treu ergeben war, hatte Karl IV. nach dem Tod Ludwigs des Bayern ziemlich schnell anerkannt. Dagegen gab es den Aufstand einer Gruppe von reichen Personen, die den Wittelsbachern nahestanden und mehr Einfluß in der Stadt haben wollten, und daher den amtierenden Rat vertrieben. Mit Hilfe des Königs konnte der alte Rat nach einigen Monaten die Herrschaft wieder übernehmen. Bei dieser Zusammenarbeit kam es im
Juni 1349 zu Absprachen über die Verteilung der Häuser und Grundstücke der *1349*
Juden im Fall einer Verfolgung, die ein paar Monate später vom Rat der Stadt inszeniert wurde. Dabei wurde beinahe die ganze Judengemeinde vernichtet, anstelle der Synagoge ließ der Rat mit königlicher Erlaubnis eine Kirche zu Ehren der Maria errichten (Frauenkirche), wie diese auch an anderen Orten gegen die Synagoge gesetzt wurde. Der König hatte sich die Besitzungen seiner schutzbefohlenen Juden gut bezahlen lassen, was aber seinen Gegnern nicht bekannt wurde, da es sich um geheime Abmachungen handelte. Andererseits hatte Karl Städte, die ihre Juden ohne sein Einverständnis umgebracht hatten, also sein Kapital, mit Strafen bedroht, damit sie sich durch Geld loskauften, z.B. Straßburg, Nördlingen.

Nachdem Karl also mit allen seinen Feinden im Reich Frieden geschlossen hatte, zog er sich in sein Königreich Böhmen zurück, wo er sich vom Herbst
1349-1353 im wesentlichen aufhielt. Schon vor diesem längeren Aufenthalt hat- *1349-*
te er im April 1348 in Prag als römischer König und somit Lehensherr etwa ein *53*
Dutzend Privilegien erlassen, die in feierlichen Urkunden das Recht des böhmi- *1348*
schen Reiches auf neue und sichere Grundlagen stellten. Dazu inkorporierte er ebenfalls als römischer König Schlesien und die Oberlausitz, wie er auch die Markgrafschaft Mähren an Böhmen band, indem er sie in neuartiger Form zu Lehen der Könige und der Krone des Reiches Böhmen erklärte. „Corona Boemie“ (Krone Böhmens) war sein neuer Begriff, den er als Symbol für den Staat ansah. Damit drang das Lehenssystem in Ostmitteleuropa ein, das bis dahin dort unbekannt war, denn man kannte dort nur die Gefolgschafts- und Treuebindung des Adels.

Karl hatte wirklich eine neue Krone Böhmens anfertigen lassen, die auf der Reliquienbüste des hl. Wenzel im Prager Dom ruhte, nur zur Krönung wurde sie abgenommen. Auch eine neue Krönungsordnung hatte Karl entworfen, die ebenfalls zu seiner neuen religiös geprägten Staatlichkeit gehörte. Darin wurde

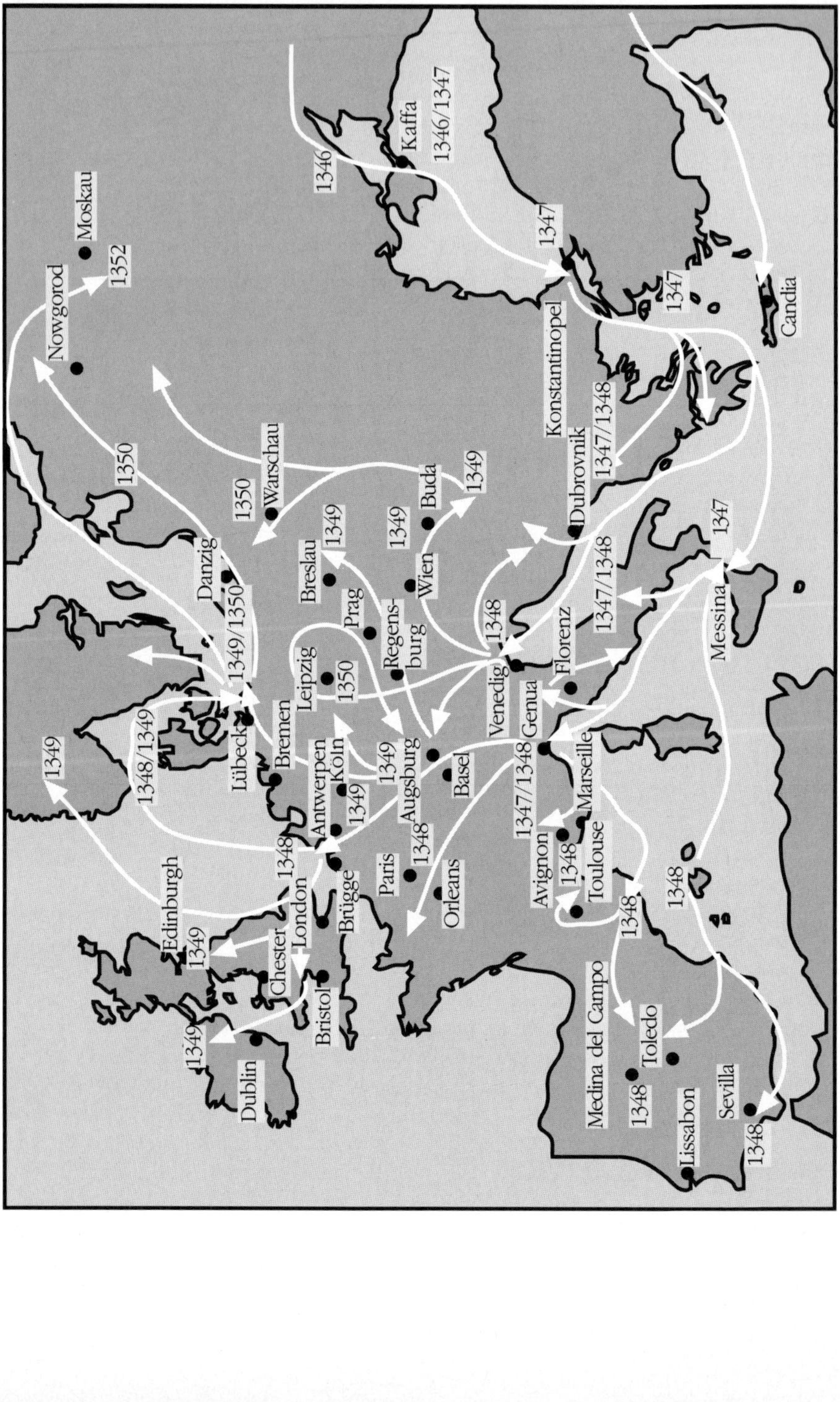

Ausbreitung der Pest 1348/49.

die alte Wenzelhymne eingefügt, um eine Anrufung des hl. Wenzel zu erreichen.
Dies entsprach der tiefen Frömmigkeit Karls, wie sie in seiner Autobiographie
immer wieder deutlich wird. Er gab sich ständigen Bußübungen hin, fürchtete
das Jüngste Gericht und betrieb die Verehrung und das Sammeln von Reliquien
in höchstem Umfang. Beim Papst erreichte er einen neuen Festtag zu Ehren der
Hl. Lanze, später erhielt er ein bedeutendes Ablaßprivileg für die Hl. Kreuzka-
pelle. Schon 1348 gab er den Bau der Burg Karlstein in der Einsamkeit in der *1348*
Nähe von Prag in Auftrag. Sie sollte ein Ort des Rückzugs für Geistliche und
Laien sein, eine Art „geistliches Lustschloß“ (Seibt). Dorthin wurden 1358 die *1358*
Reichskleinodien, unter ihnen die verehrte Hl. Lanze, gebracht. Bis dahin waren
sie im Veitsdom untergebracht, wo sie von Zisterziensern gehütet wurden. Nach
Prag waren sie 1350 gekommen, nachdem die Wittelsbacher sie nach der Abset- *1350*
zung des falschen Woldemar herausgegeben hatten.

Zum Ausbau seiner Residenzstadt Prag, die er selbst als Hauptstadt des Kö-
nigreichs Böhmen bezeichnete, gehörte neben dem Veitsdom die erhebliche Er-
weiterung durch Errichtung der Prager Neustadt und die Gründung einer Uni-
versität. Nach der Erlaubnis des Papstes hatte er am 7. April 1348 die Prager *1348*
Universität nach dem Vorbild der Pariser Universität begründet. Dieses war die
erste Universität in Mitteleuropa, ein neuer besonderer Typus mit einem Colle-
gium, das dann in Krakau, Wien und Heidelberg aufgegriffen wurde, und mit ei-
ner Betonung der Theologie. Sie war etwa 50 Jahre lang eine Universität mit in-
ternationalem Rang und Zuschnitt, dann sank sie auf ein regionales Niveau
zurück. Karl vergab in seiner Amtszeit weitere neun Privilegien für Univer-
sitätsgründungen.

Der lange Aufenhalt in Böhmen war nicht nur auf die langwierige Aufgabe
der Ordnung und des Ausbaus seiner Herrschaft zurückzuführen, sondern
hing auch mit einer rätselhaften Krankheit zusammen, die ihn 1350 niederwarf. *1350*
In der Vergangenheit hat man auf Gicht oder Vergiftung getippt, in letzter Zeit
geht man von einem infektiösen Nervenleiden aus, das ihn teilweise lähmte. In
diesem Jahr war ihm der Thronfolger Wenzel geboren worden, der allerdings
noch vor seinem zweiten Geburtstag starb. Von der Pest wurden die Schwester
Guta, Herzogin der Normandie, und Karls Tochter Margareta, Königin von
Ungarn, dahingerafft. Im Jahr 1350 kam es aber auch zu der schicksalhaften
Begegnung mit Cola di Rienzo. Er hatte als Tribun des Volkes nach einem
Aufstand die Macht in Rom Pfingsten 1347 an sich gerissen, war dann im De-
zember aus Rom geflohen und hatte sich bei Franziskanerspiritualen aufgehal-
ten. Für den Prager Hof war der politische Emigrant ein interessanter Infor-
mant über die römischen Verhältnisse im Hinblick auf einen Romzug,
gleichzeitig brachte er das Problem, daß er ein Gegner des Papstes war. Karl
ließ den gebildeten „Volkstribun“ und guten Redner als Gast gefangensetzen
und lieferte ihn schließlich im Sommer 1352 an den Papst in Avignon aus. Der
neue Papst setzte ihn für seine Interessen ein und schickte ihn 1353/54 nach *1353-*
Rom. Dort stieg Cola di Rienzo gleich wieder zur Spitze auf, fiel aber durch *54*
einen politischen Mord in Ungnade, die Colonna putschten gegen ihn, am 8.
Oktober 1354 wurde er erschlagen. Gerade zu dieser Zeit befand sich Karl auf *1354*
seinem Romzug.

Bevor er jedoch den Zug zur Kaiserkrönung antrat, mußte er noch einiges ordnen und vorbereiten. Karl sah sich selbst als den Friedenswahrer und ging möglichst den diplomatischen Weg, auch wenn er mehr Kriegszüge durchgeführt hat als sein Vorgänger. Angesichts der Schwäche der Zentralmacht seit dem Interregnum hatten die Fürsten und Adeligen in ihren Besitzungen selbst für Befriedung gesorgt. Karl IV. versuchte nun, mit vielen Vertrauten in unterschiedlichen Positionen die Landfriedenspolitik entscheidend mitzugestalten, was sein Ansehen im Reich erheblich verbesserte. Er hatte nicht nur die mächtigen Familien gewonnen wie Habsburger und Wittelsbacher, sondern auch wichtige Verbündete wie den Markgrafen Wilhelm von Jülich, Herzog Rudolf II. von Sachsen, Albrecht von Mecklenburg und Eberhard II. von Württemberg. Darüberhinaus förderte Karl in seiner Nähe Ministeriale und vor allem die bürgerlichen Finanz- und Handelsleute, speziell aus Nürnberg, aus deren Gewinnen er viel profitierte.

1353 Im Sommer 1353 näherten sich die Vorbereitungen dem Höhepunkt. Papst Clemens VI., der jegliche Werbung für den Romzug verboten hatte, war im De-
1352 zember 1352 gestorben, sein Nachfolger wurde Etienne Albert als Innozenz VI. (1352-62), der als erster Papst die Rechte der Kardinäle in einer Wahlkapitulation anerkannte. Er schickte Cola di Rienzo zur Vorbereitung der Wiederherstellung der päpstlichen Herrschaft nach Rom. Karl versammelte die Fürsten im März zu einem großen Treffen in Wien. Die Erzbischöfe von Köln, Mainz, Trier und Prag waren anwesend, dazu Ludwig „der Brandenburger", König Ludwig von Ungarn, Herzog Albrecht von Österreich, Gesandte des polnischen Königs und des Dogen von Venedig. Die enge Verbindung der Luxemburger mit den Habsburgern wurde durch die Verlobung von Karls elfjähriger Tochter Katharina mit dem zukünftigen österreichischen Herzog Rudolf II. hergestellt. Karl selbst heiratete nach dem Tod seiner zweiten Frau die 14jährige Herzogstochter Anna von Schweidnitz, die seinem inzwischen verstorbenen Sohn Wenzel verlobt worden war. Dies brachte ihm den Erbanspruch in dem letzten freien Gebiet von Schlesien und engen Kontakt zum ungarischen Hof, wo Anna als Waise aufgewachsen war.

Zur Vorbereitung des Italienzuges hatte Karl ausgerechnet mit den guelfischen Städten der Toskana Verhandlungen aufgenommen. Es hatte sich die Situation ergeben, daß Erzbischof Visconti von Mailand mit dem Papst einen Friedensvertrag geschlossen hatte. So sahen sich die Städte der Toskana, besonders Florenz, von der päpstlichen und mailändischen Interessengemeinschaft bedroht und baten den König gegen Geldzahlungen um Hilfe. Ein Vertrag kam aber nicht zustande, weil Papst Clemens VI. nicht endgültig verärgert werden sollte.
1354 Stattdessen trat Karl aber im März 1354 der Liga unter Führung von Verona und Venedig bei, die sich gegen den Visconti gebildet hatte. Zur weiteren Sicherung des Italienzuges übertrug Karl an seinen Halbbruder Wenzel das neu gebildete Herzogtum Luxemburg und belagerte mit Herzog Albrecht von Österreich die Stadt Zürich, die sich dem König zur Huldigung bereit zeigte. So brach er die Belagerung schnell ab und ritt im Oktober 1354 mit 300 Rittern über Salzburg nach Süden. Denn kurz zuvor war mit Mailands Erzbischof Giovanni Visconti einer seiner ärgsten Gegner gestorben. Die Neffen des Erzbischofs haben eine

Kehrtwendung in der Politik vollzogen, als sie ihm huldigten, indem sie Abbitte leisteten für die Missetaten ihrer Familie und die Krönung Karls mit der Krone der Lombardei im Mailänder Dom im Januar 1355 zuließen. Der König setzte sie als Reichsvikare in ihre Gebiete ein, dafür verlangte er eine hohe Summe und zusätzlich eine weitere Summe für seine Kaiserkrönung sowie 200 Reiter als Begleitung.

Nun konnte Karl IV. den Zug nach Rom, der seit November 1354 vom Papst *1354*
offiziell unterstützt wurde, fortsetzen. Denn er hatte als Herrscher über Italien einen Friedensvertrag zwischen der Liga und den Visconti vermittelt, was ihn von den bisherigen Verbündeten unabhängig machte. Er konnte die eine Partei mit der anderen bedrohen. In Pisa hielt er sich länger auf und führte schwierige Verhandlungen mit der vom Papst geförderten Stadt Florenz, wobei er den großen diplomatischen Erfolg erzielen konnte, daß die Stadt ihm viel Geld an ausgebliebenen Steuern nachzahlte und auch in Zukunft bereit war zu zahlen, dafür erkannte er ihre Souveränität an und versprach, die Stadt nicht zu betreten. In Pisa nahm er auch die Huldigung Königin Johannas von Neapel und ihres Mannes Ludwig entgegen und unterstrich so seine Oberherrschaft über Italien. Auf seinemWeg durch Italien sollte Karl nach den Wünschen des Papstes vor allem die Herrschaft der Kurie wiederherstellen, was Karl nur sehr unzulänglich tat, indem er den päpstlichen Legaten Aegidius Albornoz unterstützte. Aber die Rebellen gegen die Kirche blieben auch nach dem Eingreifen Karls im Vollbesitz ihres Territoriums und ihrer Macht.

So durchzog der römische König Italien, indem er überall durch geschickte Verhandlungen und durch sein beeindruckendes Verhalten Freunde und Untertanen gewann, seine Herrschaftsrechte wurden ohne Kampf überall anerkannt. Am 6. Februar war die Königin mit Gefolge zu ihm gestoßen, als er in Rom ankam, sollen ihn 10.000 Berittene begleitet haben. Am Ostersonntag, dem 5. April
1355, erhielt das Paar von Kardinal Peter von Ostia im Auftrag des Papstes in St. *1355*
Peter die Kaiserkrönung. Schon am nächsten Tag verließ er die Stadt, wie er es einst dem Papst versprochen hatte und zog in schnellen Märschen nach Norden über Siena, an Florenz vorbei nach Pisa. Hier hielt er sich wieder länger auf, mußte allerdings zum ersten Mal in Italien um sein Leben bangen, als es zu einem Aufstand kam, der die Stadtführung zugunsten des Adels ablöste. Noch während er in Italien war, brachen die alten Gegensätze zwischen der Liga und den Visconti wieder auf. Um nicht Partei nehmen zu müssen, beschleunigte der Kaiser seinen Rückzug und erreichte am 3. Juli Augsburg.

Ins Reich zurückgekehrt belohnte er die Personen, die ihn besonders unterstützt hatten, mit Privilegien. Dazu gehörte der Burggraf von Nürnberg, der ihn begleitet hatte, dazu zählten aber vor allem die schon erwähnten Nürnberger Handelskaufleute und Finanziers, die ihm große Summen zur Verfügung gestellt hatten. Gestärkt durch seine Kaiserkrönung versuchte der Kaiser nun, in Böh-
men ein Gesetzeswerk durchzusetzen, das bereits um 1350/51 entstanden war. *1350-*
Dieser Codex, der den Namen „Majestas Carolina“ erhielt, sollte den legislato- *51*
rischen Abschluß der königlichen Erwerbungspolitik bilden. So sollte z.B. die Rückgewinnung des Königsgutes abgesichert werden, dazu die Stellung des Herrschers als Wahrer von Recht und Ordnung gegenüber den Ständen. Das

Gesetz enthielt 127 Statuten, vergleichbar eventuell mit den Statuten von Melfi von Friedrich II., d.h. viele Erlasse, die verschiedene Bereiche von Recht und Gesellschaft betrafen, wurden zusammengefaßt. Ein königliches Hofgericht sollte neu eingerichtet werden, das für alle vom Hof abhängigen Personen zuständig sein und in das Recht des Adels eingreifen sollte. Auf einem Generallandtag En-
1355 de September 1355 wurde der Codex vom Adel rigoros abgelehnt, Karl mußte ihn völlig vernichten, es ist keine Kopie erhalten.

Trotz dieser Niederlage in Böhmen ging der Kaiser gleich das nächste große Gesetzeswerk zur Klärung der Königswahl an. Ein großer Hoftag wurde Ende November in Nürnberg eröffnet, auf dem folgende Themen behandelt werden sollten: die Stimmenausübung der Laienkurfürsten, die Neuregelung der Königswahl, die Verbesserung des Münzwesens, die Minderung der Zölle, die Frie-
1356 denswahrung im Reich. Am 10. Januar 1356 wurden die ersten 23 Kapitel der „Goldenen Bulle" veröffentlicht. Eine Goldene Bulle, also ein Goldsiegel, trugen viele Kaiserurkunden, aber gerade diese ist danach benannt worden. Dieser erste Teil ist als Resultat des Ringens zwischen Kaiser und Kurfürsten erkennbar. Rasch gelang demnach die Festlegung der Wahlmonarchie, der weltlichen Kurlinien und der besonderen Privilegien der Kurfürsten. Böhmen wurde als vornehmstes Kurfürstentum hervorgehoben. Ein lang andauernder Streitpunkt mit dem Papsttum wurde geschickt gelöst: Eine Approbation des gewählten Königs durch den Papst wurde nicht erwähnt. Ausführlich wurden das Wahlverfahren und die Wahlordnung festgelegt, angefangen bei dem Geleit für die Kurfürsten, über Einberufung und Sitzordnung der Kurfürsten, Festlegung des Wahlortes Frankfurt am Main, Festlegung der Mehrheit der Kurfürstenstimmen, der Rechte des Pfalzgrafen und des Herzogs von Sachsen, bis zur Erbfolge der weltlichen Kurfürsten.

Andere Ergebnisse ließen sich nicht so leicht erzielen, die Städte hofften vergeblich auf eine wesentliche Förderung, die Kurfürsten setzen sich durch. Eine Neuregelung des Münzsystems fand nicht statt, Zölle wurden sogar vermehrt, aber unrechte Zölle verdammt. Den Städten wurde wieder das Recht auf Schwurgemeinschaften untersagt, sowie die Aufnahme von Pfahlbürgern. Die Kurfürsten wurden in ihren Positionen als Stadt- und Territorialherren gestärkt, so wurden ihnen Gewohnheitsrechte wie z.B. die Gerichtshoheit und Judenschutz und Judensteuer übertragen. Gerade hier wurde wieder der König von Böhmen hervorgehoben, dessen Rechte auf Gold,- Silber- und andere Bergwerke bestätigt wurden. Am Ende wurden die Rangfolge der geistlichen und weltlichen Kurfürsten, und wer die einzelnen Insignien bei feierlichen Aufzügen tragen sollte, festgelegt.

Wegen eines Besuchs des polnischen Königs Kasimir III. in Prag wurde die Fortsetzung des Hoftages verschoben. Er begann am 17. November in Metz
1357 und endete am 11. Januar 1357. Hier wurden die letzten acht Kapitel der Goldenen Bulle hinzugefügt. Vorher war noch einmal Zweifel an der Gleichrangigkeit der böhmischen Kurstimmme laut geworden. Karl ließ sich von den anderen
1356 Kurfürsten mit Urkunde vom 11. Dezember 1356 die Gleichwertigkeit „seit alters her" bestätigen. Geregelt wird das Majestätsverbrechen, die Unteilbarkeit der weltlichen Kurfürstentümer, die Reihenfolge beim Reichstag, die Erzämter,

die Festlegung des Wahlortes Frankfurt am Main, des Krönungsorts Aachen und Nürnbergs als Ort des ersten Reichstages nach der Wahl und schließlich ein sehr interessanter Artikel über die Beherrschung mehrerer Sprachen bei den Kurfürsten und ihren Söhnen, um das Reich international vertreten zu können.

Über die Bedeutung der Goldenen Bulle von 1356 ist viel Gelehrtes geschrieben worden. *1356* Hier soll nur festgehalten werden, daß dieses das erste reichsumfassende Gesetz war, die Königswahl war damit bis zum Ende des Reiches 1806 festgelegt. Gemeinsam mit den Kurfürsten hatte der Kaiser das Approbationsrecht des Papstes durch Nichtbeachtung zurückgewiesen. Das war die einzige Gemeinsamkeit. Insgesamt wurde nicht die Stellung des Königs, sondern die Stellung der Kurfürsten gestärkt, wobei der böhmische König eine Sonderrolle einnahm.

Bei der Publikation der Goldenen Bulle in Metz waren auch der päpstliche Legat Kardinal Talleyrand von Périgord und der französische Thronfolger, der Dauphin Karl, anwesend. Nur drei Tag später bestätigte der Kaiser den Vertrag, den König Johann II. von Frankreich vorgeschlagen hatte. Er gewährte seinem Neffen, dem Dauphin, ein Darlehen von 50.000 fl und sicherte sich die Oberhoheit über Burgund und eben die Dauphiné von Vienne. Auf Wunsch des Papstes vermittelte er zwischen England und Frankreich, gab aber keine bindende Zusage für militärische Hilfe an Frankreich. Schließlich erhob er seinen Verbündeten, den Markgrafen Wilhelm V. von Jülich, zum Herzog.

Nun wandte sich der Kaiser verstärkt der Hausmachtpolitik zu, die sich in der Regel auf den Osten des Reiches erstreckte. Schon mit der Heirat seiner Frau Anna von Schweidnitz (1353) deutete sich der Schwerpunkt seiner Interessen an. *1353* Als mächtige Konkurrenten hatte er zuerst einmal den polnischen König Kasimir III. und König Ludwig von Ungarn, die sich gegenseitig das Reich des anderen im Todesfall versprochen hatten. Dem polnischen König hatte Karl nach einem Vertragsabschluß Unterstützung gegen den Deutschen Orden zugesagt, der sich selbst Landgewinn im Osten erhoffte, wo die tatarische Macht zerbrach. Gleichzeitig hatte Karl litauische Fürsten überzeugen können, sich der Taufe zu unterziehen, diese Fürsten erwartete der Kaiser 1358 in Breslau. *1358* Sie gewannen ebenfalls Land aus dem Tatarenbereich hinzu, als sie 1361/62 das vorher bedeutende Kiew eroberten. *1361/62*

Gerade zu dieser Zeit ergaben sich für Karl neue dringende Aufgaben. Denn 1361 war ihm wieder ein Sohn Wenzel bezeichnenderweise nach Vorausplanung *1361* des Kaisers in Nürnberg geboren worden, für den er eine Nachfolgepolitik betreiben mußte. Zwei Jahre später wurde ein Vertrag mit den Wittelsbachern in Nürnberg geschlossen, der vorsah, daß der 23jährige Otto von Wittelsbach Karls fünfjährige Tochter Elisabeth heiraten sollte. Dadurch wurde den Luxemburgern die Möglichkeit einer Erbfolge in der Mark Brandenburg eröffnet, was wiederum angesichts der Machtballung der Luxemburger das Verhältnis zu Polen trübte. Auch die Heirat seiner vierten Frau Elisabeth von Pommern (1363) stellte das Verhältnis auf eine Probe. *1363* Karl zeigte aber die gute Beziehung auf einem Fürstentreffen im September 1364 in Krakau der Öffentlichkeit. *1364* Doch die bedrohliche Entwicklung ging weiter. Denn nach dem Tod Rudolfs IV. von Habsburg heiratete dessen Witwe, Karls Tochter Katharina, im Jahr 1366 Otto von

Wittelsbach, den Verlobten ihrer kleinen Schwester. Dazu kam der Besitz von
1368 Schweidnitz und Jauer nach dem Tod von Karls Schwiegervater (1368) und von
1370 der Niederlausitz, die der Krone Böhmens 1370 inkorporiert wurde. Auf diese Weise waren Schlesien und die anliegenden Gebiete böhmisch-luxemburgischer Kontrolle unterworfen. Karl hatte dort die Verwaltung ausbauen, das Landrecht zusammenstellen und ein Landbuch für den Besitz anfertigen lassen und Breslau zum Zentrum dieses Gebietes ausgebaut.

Noch stärker engagierte sich Karl im fränkisch-oberpfälzischen Raum. Zu dem Egerland, das König Johann als Reichspfandschaft für Böhmen erworben hatte, holte sich Karl Stück für Stück ein nicht unbedingt zusammenhängendes Territorium hinzu. Durch seine Heirat mit Anna von Wittelsbach hatte Karl als Morgengabe seiner Frau die Orte Neidstein, Hartenstein, Felden, Plech und Auerbach erhalten, dazu kam vier Jahre später Sulzbach als kleines Zentrum mit Vitztumamt und Landgericht, dann Hersbruck, Störnstein, Neustadt, als End-
1361 punkt im Westen erwarb er 1361 das Dorf Erlangen vom Bamberger Bischof. Für die Gebiete, die zum Reich gehörten, ließ sich Karl jeweils sicherheitshalber den Besitz durch die Kurfürsten bestätigen. Er verkündete dabei, daß er den Weg von Böhmen nach Nürnberg sichern wollte, denn dies war die Stadt, die er am meisten aufsuchte. Er bot den Nürnbergern sogar die Öffnung seiner Burgen an. Neben Nürnberg förderte Karl auch andere Reichsstädte der Region, wie Rothenburg, Weißenburg und Windsheim, um den königlichen Einfluß zu stärken. Er gab Garantien gegen Verpfändungen, die bei ihm sehr häufig waren, weil er viel Geld benötigte.

Zu den Städten kam als wichtigster Bundesgenosse des Kaisers in dieser Region der Burggraf von Nürnberg. Schon vier Monate nach der Geburt seines Sohnes Wenzel verlobte er ihn mit der Erbtochter Elisabeth von Hohenzollern. Im
1363 Jahr 1363 erhob er den Burggrafen Friedrich in den Reichsfürstenstand und setzte ihn als Landvogt im Elsaß ein. Die Verlobung Wenzels wurde wieder gelöst, aber Karls zweiter Sohn Sigismund wurde nur vier Tage nach seiner Geburt mit Katharina, der zweiten Tochter des Burggrafen, verlobt. Darüberhinaus wurde der Vertrag geschlossen, daß eine in den nächsten Jahren geborene Tochter des Kaisers den Sohn des Grafen heiraten sollte. Mit keiner anderen Familie ging der Luxemburger engere Beziehungen ein als mit den Hohenzollern, weil er die wichtigste Familie in dem für seine Politik zentralen Raum benötigte. Zentraler Sitz der Verwaltung des Raumes war Sulzbach, wo ein böhmischer Adeliger als Landeshauptmann als Vertreter des böhmischen Königs saß. Das Land erhielt in der Literatur (Seibt) den Namen „Neuböhmen".

Gegen die Hausmachtpolitik des Kaisers und seines Halbbruders Wenzel von Luxemburg-Brabant bildete sich allmählich eine Opposition im Reich aus. Einer der profiliertesten Köpfe war Pfalzgraf Ruprecht, der das Oberhaupt der
1366 pfälzischen Wittelsbacher und bis 1366 ein treuer Partner Karls war. In demselben Jahr hatte Karl seinen Halbbruder Wenzel zu seinem Reichsvikar ernannt, weil er einen zweiten Italienzug plante, der die Rückkehr der Kurie nach Rom vorbereiten sollte. Das Vikariat stand aber nach der Goldenen Bulle in den Gebieten fränkischen Rechts dem Pfalzgrafen, in den Gebieten sächsischen Rechts dem Herzog von Sachsen zu. Karl brüskierte den Pfalzgrafen noch mehr da-

durch, daß er ihm die Orte Kaiserslautern und Wolfstein entzog und seinem Bruder zusammen mit der Landvogtei Elsaß übertrug.

Dem erzürnten Pfalzgrafen, der auch den drohenden Zuwachs einer weiteren
Kurstimme der Luxemburger durch Brandenburg wahrnahm, schlossen sich die
drei Erzbischöfe an: Kuno von Trier, Gerlach von Nassau (Mainz) und Friedrich
von Saarwerden (Köln), die sich in ihren Territorien ebenfalls bedroht fühlten.
Am 2. 11. 1367 wurde eine Allianz zwischen Ungarn, Bayern und Pfalz ge- *1367*
schlossen, der eine weitere zwischen Ungarn und Polen 1369 folgte. In der Zwi-
schenzeit blieb Karl nicht untätig, wieder benutzte er das Mittel des Heiratsver-
trages und der Vermählung. Am 29.9.1370 fand in Nürnberg die Heirat seines *1370*
neunjährigen Sohnes Wenzel mit einer Tochter des Wittelsbachers Albrecht von
Hennegau-Holland statt. Kurz darauf wurde Karls dreijährige Tochter Anna mit
einem Sohn Albrechts verlobt.

Wegen Streitigkeiten um die Geleitsrechte trafen die Heere des Herzogs von
Jülich, Lehensmann des Pfalzgrafen und Verbündeter des Erzbischofs von Köln,
und Herzogs Wenzel von Luxemburg-Brabant im August 1371 in der Nähe von *1371*
Aachen aufeinander, wobei der Jülicher siegte und Wenzel gefangennahm. In
derselben Zeit hatte Karl versucht, die Mark Brandenburg nach der Fehdeansa-
ge an seinen Schwiegersohn mit Gewalt zu nehmen. Er mußte diesen Versuch
abbrechen, weil König Ludwig von Ungarn und Polen ihn zusammen mit den
bayerischen Wittelsbachern im Rücken bedrohte.

Die beiden Niederlagen brachten den Kaiser zum Einlenken bei seiner expan-
siven Politik. Zuerst erzielte er mit den rheinischen Erzbischöfen und dem
Pfalzgrafen im Frühjahr 1372 eine Einigung. Wenzel wurde noch vor seiner *1372*
Freilassung das Reichsvikariat aberkannt und dem Erzbischof von Köln über-
tragen, von ihm drei Jahre später an den Pfalzgrafen. Auch die Landvogtei im
Elsaß wurde ihm abgenommen und an die Habsburger verliehen. Darüberhin-
aus hat Wenzel 50.000 fl als Entschädigung, quasi ein Lösegeld, an den Herzog
von Jülich gezahlt, nachdem dieser vor dem Kaiser kniefällig um Verzeihung ge-
beten hatte.

Im Osten hatte Karl schon im Oktober 1371 einen Waffenstillstand geschlos- *1371*
sen. Aber er unternahm bereits im Sommer 1373 den nächsten Feldzug mit Er- *1373*
folg gegen Markgraf Otto und den anderen Wittelsbacher Friedrich, an dessen
Ende im August 1373 in Fürstenwalde die Vereinbarung stand, daß die Mark *1373*
Brandenburg in den Besitz Karls überging. Dafür hat er allerdings eine enorme
Summe zahlen müssen, die er zum großen Teil von den Reichsstädten holte. Die
Kurstimme sollte Otto bis zu seinem Tod behalten.

Das Verhältnis zu den Städten war seit dieser großen Geldsumme gestört und wurde noch mehr gestört, als der Kaiser die Städte Nördlingen, Donauwörth, Dinkelsbühl und Bopfingen aufforderte, einer Verpfändung zuzustimmen. Die Verpfändung fand zwar nicht statt, aber zwei Jahre später mußte zumindest Dinkelsbühl das Opfer bringen, als es an die Herzöge von Bayern verpfändet wurde. Nur zehn Tage danach verbündeten sich Ulm, Konstanz und 12 weitere Städte gegen jede Form von Verpfändung, dies war der Kern des schwäbischen Städtebundes. Als der Kaiser die Huldigung für König Wenzel verlangte, wollten die Städte aufgrund ihrer Erfahrungen zuerst ihre Freiheiten bestätigt haben.

Daraufhin verhängte der Kaiser die Acht über die Städte, Ulm als Anführerin wurde belagert, aber nicht erobert, dagegen wurde das Heer unter Graf Ulrich
1377 von Württemberg am 14.5. 1377 von den Städtern geschlagen. Durch Vermittlung Nürnberger Bürger wurde Frieden geschlossen, den Städten wurden ihre Privilegien vom König bestätigt und ebenso der Schutz vor allen Verpfändungen. Der verbotene Städtebund, der durch den Friedensvertrag quasi legitimiert war, löste sich aber nicht auf, sondern erweiterte sich eher noch, denn z.B. Rothenburg trat ihm bei.

Nach dem eingetretenen Frieden fand der Kaiser Zeit, nach Paris, in die Stadt seiner Jugendzeit zurückzukehren, wo er geheime Gespräche mit dem französischen König führte. Er ließ sich dazu bewegen, die englische Politik gegen Frankreich scharf zu verurteilen. Die Hauptthemen waren daneben einerseits wiederum die Rückkehr der Kurie nach Rom und andererseits die Frage der Thronfolge in Polen und Ungarn.

Das Verhältnis zum Papsttum war in den vergangenen Jahren in der Regel gut gewesen, wenn es auch einige Fehlentwicklungen und -einschätzungen gegeben hatte. Karl war für die Kurie in Avignon ein entscheidender Partner, wenn sie nicht zu sehr in die Abhängigkeit von Frankreich geraten wollte. Dies versetzte Karl in die Lage, auf die Besetzung der Bistümer im Reich großen Einfluß aus-
1362 üben zu können. Seit 1362 war der Abt von St. Victor in Marseille als Urban V.
1365 auf dem Papststuhl (bis 1370), zu ihm zog Karl 1365, um offiziell über die Probleme in Italien zu verhandeln. Aber eigentlich wollte der Kaiser den französischen Einfluß zurückdrängen. So ließ er sich als erster römischer König seit Barbarossa am 4. Juni 1365 vom Erzbischof von Arles zum König des Arelats (Freigrafschaft Burgund) krönen. Diesem Akt folgte die Huldigung der geistlichen und weltlichen Fürsten, außerdem gründete Karl als Landesherr die Universitäten in Orange und Genf.

Beim Abschied aus Avignon hatten sich Kaiser und Papst gegenseitiger Unterstützung und Achtung versichert, aber bei der Besetzung des Erzbistums Salzburg lehnte der Papst Karls Kandidaten ab, befahl diesen stattdessen nach Aquileja und ließ somit einen Kandidaten der Wittelsbacher zu. Es kam aber trotzdem zu der Übereinkunft, eine Rückkehr des Papstes nach Rom in die We-
1366 ge zu leiten. Auf einem Hoftag in Frankfurt am Main wurde der Zug 1366 beschlossen. Der Papst selbst war schon ein halbes Jahr vor dem Kaiser 1367 in Italien und nahm seine Residenz in Viterbo. Karl zog über Kärnten und Friaul und schloß sich den gegen Mailand verbündeten Städten an, erreichte nach einigen Gefechten einen Freundschaftsvertrag und hat auf diese Weise eine vorüber-
1369 gehende Ordnung in der Lombardei hergestellt. Am 19. Oktber 1369 zogen Kaiser und Kaiserin in Rom ein, der Papst folgte zwei Tage später. Karl führte das Pferd des Papstes am Zügel. Fast zwei Monate blieb der Kaiser in Rom und erreichte die Krönung seiner vierten Frau Elisabeth. Danach versuchte er, die Herrschaft in der Toskana wieder etwas zu stabilisieren, und hielt sich diesmal länger in Lucca auf, das er von der Vorherrschaft Pisas befreite, dort setzte er den Generalvikar Graf Guido von Boulogne für die Toskana ein. Am Dreikö-
1370 nigstag 1370 machte er sich auf den Weg nach Prag, wo er als Friedensfürst gefeiert wurde.

Papst Urban V. konnte sich nicht lange halten und kehrte im September nach Avignon zurück. Dort starb er bereits im Dezember 1370. Sofort wurde ein neuer französischer Papst, ein Neffe von Clemens VI., gewählt, der den Namen Gregor XI. annahm und die Politik seines Vorgängers fortsetzen wollte. Aber in Frankreich wehrte man sich gegen die Pläne, die Kurie nach Rom zu verlegen, genauso wie in Italien, wo Mailand und Florenz zum ersten Mal gemeinsam gegen den Papst aktiv wurden. Daraufhin verhängte der Papst das Interdikt über Florenz und ließ das ausländische Vermögen der Stadt beschlagnahmen. Aber der Papst ließ sich nicht davon abbringen und fand vor allem bei Katharina von Siena und bei Königin Johanna von Neapel Unterstützung. So
konnten er und 13 Kardinäle unter dem Jubel der Bevölkerung am 17. 1. 1377 *1377*
in Rom einziehen. Dieser Papst blieb in Rom bis zu seinem Tod am 27. März 1378.

Der Tod kam zu früh für Karls politische Ambitionen. Denn er hatte auf dem Höhepunkt seiner Macht und angesichts zunehmender Gichtanfälle die Nachfolge seiner Söhne als wichtigstes Anliegen betrieben. Dazu gehörte das europaweite diplomatische Spiel mit seinem Konkurrenten Ludwig (dem Großen) von
Ungarn. Dieser soll 1359 an einer Verschwörung gegen Karl IV. beteiligt gewe- *1359*
sen sein, bei der man ihn zum römischen König machen wollte, und hatte sich
1369 mit Kasimir von Polen und Herzog Rudolf von Österreich gegen den Kai- *1369*
ser verbündet. Als König Kasimir von Polen ohne männlichen Nachfolger 1370 *1370*
starb, trat Ludwig der Große von Ungarn als Sohn von dessen Schwester Elisabeth die Nachfolge an. Ludwig selbst hatte aber ebenfalls keine männlichen Nachkommen und ebenso fehlte ein männlicher Erbe in der Anjou-Dynastie in Unteritalien. Deshalb verlobte König Karl V. von Frankreich seinen Sohn Ludwig mit Katharina, der ältesten Tochter des Ungarnkönigs. Eine neue Machtzusammenballung deutete sich an, denn in dem Verlobungsvertrag verhandelte der französische König um die Krone von Ungarn, die Krone von Neapel und die Grafschaften Provence, Forcalquier und Piemont. Dagegen mußte Karl IV. agieren. Er löste die Verlobung seines zweiten Sohnes Sigismund mit der Burg-
grafentochter und verlobte ihn als fünfjährigen 1373 mit Maria, der zweiten *1373*
Tochter des Ungarnkönigs. Gleichzeitig hatte er auch noch Ambitionen in Polen, denn seine junge Frau Elisabeth von Pommern war eine Enkelin Kasimirs von Polen.

Sein größter Erfolg war aber die Nachfolge seines Sohnes Wenzel im Königtum. Zur Vorbereitung der Wahl mußte er Privilegienvergabe und große Geldsummen einsetzen, die er im wesentlichen an die Erzbischöfe von Köln und Trier und an den Pfalzgrafen verteilte, dem er auch Kaiserslautern mit Wolfstein und das Reichsgut um Oppenheim verpfändete. Die Kurstimmen von Böhmen und Brandenburg waren in seiner Hand und Sachsen war ihm sicher. Es gelang
dem Kaiser auf diese Weise, Wenzel am 10. Juni 1376 einmütig zum König *1376*
wählen zu lassen. Den Papst ließ er ins Leere laufen, indem er ein rückdatiertes Schreiben vom 4. April an den Papst sandte und um die Zustimmung zur Wahl bat. Bevor die Antwort eintreffen konnte, war bereits die Krönung in Aachen am 6. Juli durchgeführt worden. Der Papst war so verstimmt, daß er bis zu seinem Tod trotz weiterer rückdatierter Urkunden die Approbation nicht erteilte.

Dies minderte den Erfolg nicht, denn Karl war der erste Kaiser seit den Staufern, der die Nachfolge seines Sohnes erreichte.

Nach der Erhebung seines Sohnes nahm er trotz seiner Gichtanfälle den erwähnten Besuch in Paris vor, um mit seinem französischen Neffen die Situation zu klären. Der Kaiser wollte von Karl V. die Garantie dafür erhalten, daß sein zweiter Sohn Sigismund die Nachfolge in Polen antreten könnte, was der französische König nicht zusagen konnte, aber unterstützen wollte. Dessen Ambitionen
1378 in Ungarn scheiterten aber, weil Katharina 1378 starb, eine neue Vereinbarung mit einer anderen Tochter Ludwigs ist nicht getroffen worden. Aber als positiv konnten die Franzosen buchen, daß der Dauphin vom Kaiser mit dem Reichsvikariat im Arelat auf Lebenszeit privilegiert wurde und daher als sein Stellvertreter han-
1361 delte über das Gebiet, mit Ausnahme von Savoyen, das bereits 1361 dem römischen Reich inkorporiert worden war. Eventuell hat Karl V. dafür zahlen müssen.

Drei Monate nach dem Abzug des Kaisers aus Paris starb Gregor XI. im März
1378 1378 in Rom, die folgende Wahl sollte die politischen Verhältnisse in Mitteleuropa verändern. In Rom versammelten sich 16 Kardinäle, darunter vier Italiener, zur Wahl des neuen Papstes, wobei die Erwartung der Römer war, daß ein Italiener und möglichst ein Römer gewählt werden sollte. Nach der Verwerfung einiger Kandidaten einigte man sich am 8. April auf einen Kandidaten außerhalb des Kardinalkollegiums, den Neapolitaner Bartolomeo Prignano, den Leiter der Papstkanzlei in Rom und kürzlich ernannten Erzbischof von Bari, der lange in Avignon an der Kurie gewirkt hatte. Er nannte sich Urban VI. (1378-89). Ende Juni zogen einige Kardinäle wegen der Hitze mit päpstlicher Erlaubnis nach Anagni und erklärten dort, der Papst sei nicht legitim, weil seine Wahl unter Druck zustandegekommen sei. Im September wurde in Fondi Kardinal Robert von Genf als Clemens VII. gewählt, der in Rom keinen Zugang fand und seit
1379 Frühjahr 1379 in Avignon residierte. Dies war der Beginn eines Schismas mit weitreichenden Folgen.

Für den Kaiser hatten die Wahl und ihre Folgen große Bedeutung, denn es fehlte noch die Approbation des Papstes für Wenzel. Clemens VII. zeigte sich durchaus offen, Urban VI. wies in seinem Selbstverständnis als Herr über Ein- und Absetzung des Königs die Abgesandten aus Prag schroff zurück, lenkte al-
1378 lerdings ein, als ihn die Kardinäle verlassen hatten. Am 26.7. 1378 wurde die Approbation Wenzels gewährt. Der Kaiser versuchte daraufhin noch, durch Entsendung des Bamberger Bischofs auf die Kardinäle Einfluß zu nehmen, um die Wahl des Gegenpapstes zu verhindern. Auf der anderen Seite war klar, daß der französische König den Gegenpapst anerkennen werde, was am 16.11. 1378 geschah. Nur zwei Wochen später ist Karl IV. mit 62 Jahren am 29.11. 1378 in Prag vermutlich an den Folgen eines Sturzes vom Pferd gestorben. In der Königsgruft des von ihm erbauten Veitsdomes wurde er begraben.

Einordnung

Ein geschlossenes Urteil über Karl IV. und seine Wirkungszeit abzugeben, ist nicht möglich, zu vielschichtig erscheinen Charakter und Taten. Deutsche Historiker haben in der Vergangenheit Karl IV. in der Regel mit überschwenglichen Worten für seine Diplomatie und Friedenswahrung gelobt. Eben das Bild vom Friedenskaiser hat der Kaiser am liebsten von sich vermittelt. Schon in der Autobiographie wies er den Weg und schilderte vor allem seine tiefe Frömmigkeit, die ihn zum Frieden führte. Dies unterstrich er mit dem Sammeln von Reliquien, Einführung von neuen Festtagen, dem Bau des Veitsdomes und der besonderen Verehrung von Kreuz und Lanze, des hl. Wenzel, des hl. Veit und auch des hl. Sigismund von Burgund als Namensgeber seines Sohnes. Alle Elemente baute er zu einer neuen sakralen Staatssymbolik auf.

Als Diplomat war er sicher sehr geschickt. Obwohl er mit Hilfe des Papstes zur Macht gekommen war, konnte er sich allmählich aus dieser Abhängigkeit lösen, ohne sich jemals die Feindschaft des Papsttums zuzuziehen. Das lag besonders daran, daß er für die Päpste die einzige Möglichkeit bot, unter seinem Schutz wieder nach Rom zurückzukehren. Daher förderte das Papsttum seine Kaiserkrönung, die ihm die Basis für die Ausübung von Herrschaft in Italien bot, die wiederum auch die Kirche zum Teil in alte Rechte und alten Besitz einsetzte.

In Italien hielt er sich jeweils nur kurz auf. Er wirkte sehr effektiv, holte sich die Kaiserkrone und setzte den Papst wieder in Rom ein. Zwischen den verschiedenen Interessensgruppen in Ober- und Mittelitalien konnte er geschickt vermitteln. Das wichtigste waren aber die enormen Geldsummen, die er als Steuern und Abgaben von den Städten einnehmen konnte, wenn er sie auch zum Teil wieder in Italien verbrauchte.

Ähnliches wie vom Papsttum läßt sich über seine Beziehung zum König von Frankreich sagen, dem er anfangs weit unterlegen war, zu dessen mindestens ebenbürtigem und schließlich überlegenem Partner er sich entwickelte. Die Könige von Polen und Ungarn bezog er immer wieder in sein politisches Spiel ein und sorgte durch Heiraten dafür, daß er bzw. später sein Sohn in Ungarn das Erbe antreten konnte. Brilliant agierte er gegenüber den beiden konkurrierenden mächtigen Familien der Wittelsbacher und Habsburger. Durch Heiratspolitik, Privilegien und Konzessionen erreichte er mit beiden eine weitgehend friedliche Zusammenarbeit. Es gelang ihm sogar, eines seiner Hauptziele, die Mark Brandenburg und damit eine weitere Kurstimme, auf diese Weise in seinen Besitz zu bringen.

Kaiserkrönung und zweite Kurstimme boten die idealen Voraussetzungen für sein Hauptziel, die Nachfolge seines Sohnes. Bezeichnenderweise ist Karl IV. der einzige römische König/Kaiser seit den Staufern, der dieses Ziel erreichte. Das wichtigste Mittel, das er dafür einsetzte, war Geld. Dieses Geld zog er aus den von keinem anderen König in diesen Ausmaßen erreichten Verpfändungen von Reichsstädten und Reichsgut bzw. Reichsrechten. Die Folge war einerseits eine Verschlechterung des Verhältnisses zu den Städten, die schließlich zur Bildung des verbotenen schwäbischen Bundes führte, andererseits konnte das verpfändete Reichsgut aus Geldmangel nicht wieder zurückgewonnen werden, so daß jedem nichtböhmischen Königtum die entscheidende Basis fehlte. Zu den Reichsrechten, die der Kaiser verpfändete, gehörte auch das Recht auf die Juden als Kammerknechte und die Judensteuer. Dies wurde ein dunkler Schatten auf der weißen Weste Karls IV., denn die Vorfälle in Nürnberg, wo er skrupellos den Besitz der Juden vor den Pogromen an die späteren Verfolger verkaufte, waren keine Einzelfälle.

Die nachhaltigste Wirkung erzielte Karl IV. auf dem Gebiet der Königswahl durch die Goldene Bulle von 1356. Dieses Gesetz fand deshalb so viel Akzeptanz, weil es einen Kompromiß zwischen den Interessen der Kurfürsten und des Königtums zugunsten der Kurfürsten darstellte, die in der Realität die Macht im Reich gemeinsam mit den anderen Fürsten immer mehr an sich zogen.

Die herausgehobene Position, die Karl sich als Kurfürst und König von Böhmen darin erarbeitete, spielte später keine Rolle mehr. Doch in Karls Regierungszeit war die Hausmachtpolitik sein dominantes Anliegen, das er durch rigorose Politik in Mitteleuropa abzusichern suchte. Innerhalb von 42 Jahren waren ihm von vier Frauen 11 Kinder geboren worden, das letzte ein Jahr vor seinem Tod. Mit seinen Frauen und Kindern betrieb er exzessive Heiratspolitik. Ende 1376 in Prag und ein knappes Jahr später in Tangermünde verfaßte er Testamente, um die Erbfolge der Luxemburger zu sichern. Wenzel sollte die Hauptmasse der Hausmacht Böhmen, Schlesien und das Land Lausitz zwischen Elbe und Spree erhalten, Sigismund mit seiner Braut die Markgrafschaft Brandenburg und Krone von Polen, der Sohn Johann Görlitz und die Neumark, das Stammland Luxemburg, da sein Halbbruder Wenzel kinderlos war, sein jüngster Sohn Heinrich.

Wie wichtig Böhmen für ihn war, verdeutlichte er mit dem Titel, den er führte „König der Römer und Böhmens" (Romanorum et Bohemie rex). Auf seinem Siegel sieht man zwei Adler neben dem Königsthron, der eine trägt den Adlerschild des römischen Königs, der andere den Schild mit dem zweischwänzigen Löwen Böhmens, womit sich ein Herrscher zum ersten Mal auf die eigene Hausmacht bezogen hat. Sie wurde auch dokumentiert in dem Begriff der „Krone Böhmens", den er kreiert hatte. Dazu gehörten Böhmen und Mähren, 13 schlesische Herzogtümer, die Mark Bautzen und Görlitz, die Niederlausitz, die 1373 erworbene Mark Brandenburg, die Herrschaft Pirna und die Reichspfandschaft Eger, zeitweise das oberpfälzische „Neuböhmen". Mähren überließ er seinem jüngeren Bruder Johann Heinrich und band es lehensrechtlich an Böhmen. Luxemburg blieb außerhalb, es war ein Lehen des römischen Königreichs, wurde zum Herzogtum erhoben und Karls Halbbruder Wenzel übergeben, der es eigenständig regierte.

Wie eigenständig Karl selbst seine Planungen vornahm, ist nicht bekannt. Die hohe Bildung und Sprachfertigkeit befähigten ihn weit mehr als andere römische Kaiser, die Verhandlungen selbst zu führen. Daher wäre es möglich, daß er mehr als andere Herrscher selbst plante, wobei er in erster Linie die Hausmacht und eine bestimmte Raumkonzeption im Auge hatte. Das Reich, Reichsgut und Reichsrecht setzte er dafür ein, wobei ihm durchaus an einer „balance of power" im Reich und in Europa gelegen war, denn das kam seinen Anliegen entgegen.

Zur Durchführung seiner Pläne und als Helfer für die Regierungsgeschäfte besaß er an seinem Hof, der im Vergleich zu dem differenzierten französischen Hof als archaisch bezeichnet werden kann, vier Institutionen: den königlichen Rat, die Hofkanzlei, das Reichshofgericht und die Kammer. Die Zahl der Räte betrug in etwas 180 Kanzleibeamte, wenige Fürsten, dann Grafen und Herren. Die Zustän-

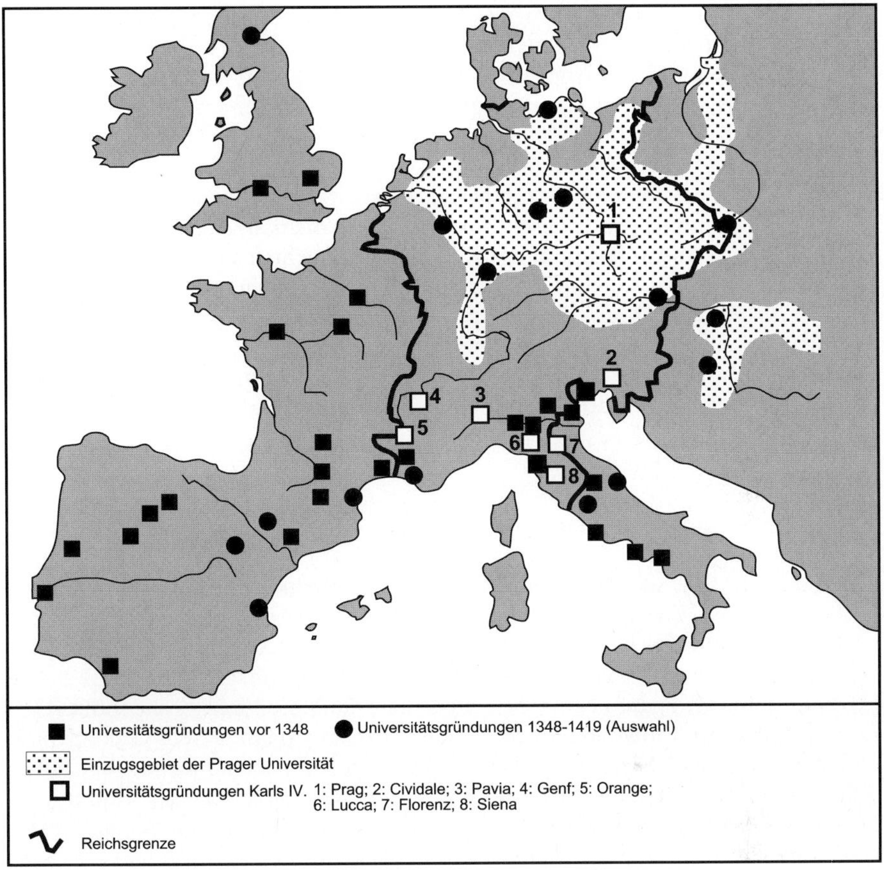

Universitätsgründungen unter Karl IV.

digkeit des Rates war eigentlich unbegrenzt, den harten Kern machten 24 Mitglieder aus (Moraw). Zum Hof gehörten aber auch die reichen Bürger aus Städten wie Nürnberg, Frankfurt am Main, Metz und Aachen, die erstmalig in größerer Zahl die adeligen Räte verdrängten. Sein Interesse für Handel und Gewerbe war größer als bei all seinen Vorgängern, er hatte die Vision von einer neuen Handelsroute Venedig-Brügge über Prag, die Elbe, Hamburg und das Meer, nur Teile dieses Projektes wurden umgesetzt. Mit seinen bürgerlichen Räten hat er sich in die Geschäfte der aufkommenden bürgerlichen Hochfinanz eingemischt, wie auch z. B. die Hanse gefördert. Dagegen hielt er es an seinem Prager Hof nicht mit dem höfischen Ritterturm und den ritterlichen Gepflogenheiten wie Turnieren und Festen, auch politisch war er nicht an der Ritterschaft interessiert.

Sein persönliches Interesse galt dem Sammeln von Reliquien. Zu diesem Zweck ließ er als Reliquienschatzkammer den Karlstein erbauen, wohin als Krönung die Reichskleinodien gebracht wurden. In Prag ließ er durch die Parler-

Werkstatt glanzvolle Architektur erbauen, die vor allem seine Frömmigkeit und seinen Triumph aufzeigen sollte. Dies alles diente einem besonderen Herrscher- und Staatskult. Das Hervorheben von Herrschertugenden und Herrschermoral war sein Anliegen. In der Regel zeigte er sich sehr schlicht angezogen, aber er ließ sich auch im Krönungsornat darstellen – berühmt ist sein Porträt als Büste im Veitsdom.

Karl IV. war ein Herrscher mit vielen Gesichtern, der für die Welt ein bestimmtes Bild vom tugendhaften Friedenskaiser von sich vermitteln ließ. Seine größte Fähigkeit war die Diplomatie, die er aber auch skrupellos einsetzte, um sein Ziel zu erreichen, seine Absichten waren also nicht immer friedlich. Er brachte Böhmen als Land an die Spitze des Reiches und versuchte, Prag als Hauptstadt auszubauen, dies war aber nicht von Dauer. Als einziger Herrscher seit den Staufern konnte er seinen Sohn zum Nachfolger einsetzen. Weit über seinen Tod hinaus blieb die Regelung der Königswahl durch die Goldene Bulle von 1356 erhalten.

Wenzel I. von Luxemburg (1378-1400)

Als Kaiser Karl IV. starb, hatte er durch seine Testamente dafür gesorgt, daß das luxemburgische Erbe auf sechs Männer verteilt war. Der achtzehnjährige römische König Wenzel war zugleich König von Böhmen und Landesherr über die schlesischen Fürstentümer. Sein achtjähriger Bruder Johann regierte über das Herzogtum Görlitz, der zehnjährige Sigismund über die Mark Brandenburg, ihre Vettern Jost und Prokop über die Markgrafschaft Mähren. Sein Onkel, Karls Halbbruder Wenzel, herrschte über das Herzogtum Luxemburg mit der Grafschaft Chiny und auch als Vormund seiner Frau über Brabant und Limburg.

König Wenzel war auf sein Amt gut vorbereitet worden. Er war am 26. Februar 1361 von der dritten Frau Karls Anna von Schweidnitz geboren worden. Karl hatte es bewußt so eingerichtet, daß die Geburt seines Sohnes in Nürnberg stattfand. Die Taufe des voraussichtlichen Nachfolgers wurde mit großem Prunk gefeiert, was sonst nicht der Art des Kaisers entsprach. Die Reichskleinodien wurden aus diesem Anlaß zum ersten Mal gezeigt, dafür gab es einen Sonderablaß.
1363 Bereits am 15. Juni 1363 wurde Wenzel zum König von Böhmen gekrönt, noch 1361 war er mit der Tochter des Burggrafen von Nürnberg verlobt worden, dann
1370 mit der Erbin von Ungarn, schließlich wurde er im September 1370 mit der Wittelsbacherin Johanna, Tochter Herzog Albrechts von Bayern, verheiratet.

Sein Vater hatte großen Wert auf Ausbildung, speziell auch auf Sprachen gelegt, Wenzel beherrschte die tschechische, die deutsche und die lateinische Sprache. Unter Anleitung von Räten wurden ihm politische Aufgaben gestellt, die er bewältigen sollte. Aus den Quellen läßt sich entnehmen, daß er es schon früh vorgezogen hat, sich schwierigen Aufgaben durch Flucht auf die Jagd zu entziehen. Später sollten sich Müßiggang und Trunksucht zu häufig beobachteten Phänomenen entwickeln.

Mit dem Tod seines Vaters wurde Wenzel gleich vor eine schwere Aufgabe gestellt, denn seit kurzem herrschte das Schisma, das Europa spaltete. Er berief ei-

nen gut besuchten Hoftag, nicht nach Nürnberg, wie es die Goldene Bulle besagte, sondern auf Rat von Fürsten nach Frankfurt am Main im Februar 1379 *1379*
ein. Am 27. 2. erkannten er und die rheinischen Kurfürsten Papst Urban VI. an und sagten dem Gegenpapst den Kampf an. Sie bildeten unter dem Einfluß des alten wittelsbachischen Pfalzgrafen Ruprecht zusammen den sogenannten Urbansbund, dem sich später andere Mitglieder des Reiches anschlossen. Seine neue Politik für die Kurfürsten zeigte sich in den Anordnungen, die z.B. alle Zolltarife aufhoben, die sich nicht in den Händen der Kurfürsten befanden.

Andererseits brüskierte er aber die Wittelsbacher, mit ihnen den Pfalzgrafen, indem er die Landvogtei in Ober- und Niederschwaben an den Habsburger Herzog Leopold III. von Österreich verpfändete und die Reichsstädte aufforderte, ihm zu gehorchen. Da sich die Städte mit den Wittelsbachern verbündeten, konnte der Habsburger sich nicht durchsetzen. Der Wittelsbacher Friedrich von Bayern behielt die Landvogtei und söhnte sich mit Wenzel aus. Auf diese Weise bevorzugte der König mal die eine, mal die andere der beiden mächtigen Familien.

So ähnlich hielt er es auch außenpolitisch mit England und Frankreich. Die Stellungnahme für Urban VI. brachte ihn in Gegensatz zu Frankreich, trotzdem schickte er eine Gesandtschaft nach Paris, um den Freundschaftsbund im Juli
1380 zu erneuern. Auf der anderen Seite näherte er sich England an, woraus sich *1380*
im Jahr 1382 die Hochzeit seiner Schwester Anna mit König Richard II. von *1382*
England ergab, der dafür den geplanten Romzug Wenzels mitfinanzieren wollte.

Innenpolitisch ging Wenzel mit den Reichsfürsten eine neuartige Beziehung
ein, nachdem sie ihn zu Beginn stark beeinflußt hatten. Im Herbst 1379 fand ein *1379*
Tag wieder in Frankfurt am Main statt, auf dem die Besetzung des Mainzer Erzbistums geklärt werden sollte. Denn es stritten sich die Kandidaten Adolf von Nassau und Ludwig von Meißen. Zum ersten Mal in der Geschichte des Reiches fand ein solcher Tag ohne die Anwesenheit des Königs statt, was bis dahin unvorstellbar war. Er saß in Nürnberg und ließ sich vertreten. Der Reichstag hatte kein Ergebnis, kurz darauf verkündete Adolf von Nassau, daß ihn der Gegenpapst Clemens in sein Amt eingesetzt habe und auch der Habsburger Leopold trat auf diese Seite. Dagegen schlossen sich noch einmal die drei Kurfürsten von Köln, Trier und der Pfalz in Oberwesel zusammen und forderten den König energisch auf, sich der Reichsangelegenheiten anzunehmen oder einen Reichsvikar einzusetzen. Es kam dann nicht zu einer Zuspitzung, sondern doch zu einem Ausgleich mit dem Mainzer, der sich von Clemens zurückzog.

Der enge Zusammenhang mit den rheinischen Kurfürsten blieb nicht lange bestehen, da sich Wenzel immer mehr nach Böhmen zurückzog und sich so dem Einfluß entzog. Daher wurden dort eher die Leute seiner Umgebung zu Rate gezogen, im wesentlichen Personen aus Böhmen. Aber mit Lamprecht von Brun, Bischof von Bamberg, und Albrecht von Querfurt, Erzbischof von Magdeburg, standen auch zwei Deutsche eine Zeit lang seiner Kanzlei vor. Neue Partner suchte er kurzzeitig bei den Städten, unterstützte sie allerdings nicht gegen die agressive Politik der Adeligen. Sie hatten Adels- oder häufiger Rittergesellschaften gegründet, zur gegenseitigen Hilfe gegen Städte und Bauern. Gegen die Schädigung der Städte schlossen sich Straßburg, Speyer, Worms, Mainz,

1381 Frankfurt und Hagenau am März 1381 zum rheinischen Städtebund zusammen. Gemeinsam mit dem schwäbischen Städtebund gelang ihnen ein Zurückschlagen der Adeligen.

Die Bildung von Städtebünden war seit dem 13. Jahrhundert die Reaktion der Städte gegen die Interessen der Fürsten, die sie beherrschen und einengen wollten. Eine Vereinigung, die vor allem wirtschaftliche Hintergründe hatte, war die Städtehanse. Hanse (Schar) wurde ursprünglich die Gemeinschaft von Kaufleuten genannt, die zu gemeinsamen Zielorten reiste. Die älteste Hanse war die der Kölner Hansekaufleute, die nach England fuhren und dort Wachs, Flachs, Getreide und Bauholz gegen englische Tuche handelten. Ein weiteres wichtiges Ziel wurde Wisby in Gotland (Schweden), von dort bildete sich eine Gemeinschaft
1190 von Gotländern und Deutschen nach Nowgorod aus, die 1190 einen Vertrag vom Fürsten von Nowgorod erhielten. Als weitere Hauptorte kamen Bergen (Norwegen) und Brügge hinzu, wodurch die vier zentralen Orte mit Kontoren der Hanse entstanden, an denen die Waren umgeschlagen wurden. Im Norden wurden Heringe und Stockfische sowie Kupfer und Felle und Pelze gehandelt, in Brügge Gewürze, Baumwolle, Seide, Wein aus Frankreich und der Iberischen Halbinsel, wodurch die Hanse Anschluß an den Mittelmeerhandel erhielt.

Die Position der Hanse wurde geschwächt, als Dänemark Schonen und Gotland eroberte. Gegen die Dänen schlossen sich die Hansestädte zusammen, investierten erstmalig in eine Kriegsflotte und erreichten im Frieden von Stral-
1370 sund (1370) die Anerkennung ihrer Privilegien und Position. Dieser Frieden von Stralsund gilt als offizieller Termin für die Entstehung der Städtehanse. Sie bestand zu ihrem Höhepunkt aus ca. 200 Städten an der Küste und im Binnenland, von denen man ca. 70 zum eigentlichen Kern zählt. Die Führung der Hanse hatte Lübeck übernommen, die zweite Position nahm Hamburg ein. Im Landesinneren hatten Köln und Dortmund sowie Lüneburg, Magdeburg und Braunschweig führende Positionen. Der Hansetag war das einzige offizielle Gremium der Hanse, zu dem nur ein Teil der Städte erschien, dessen Verfügungen nur selten durchgesetzt werden konnten. Die Hanse war bis zum 16. Jahrhundert der Konkurrenz der Staaten Schweden, England und Holland nicht mehr gewach-
1669 sen. Auf dem letzten Hansetag 1669 blieben Lübeck, Hamburg und Bremen
1933 übrig, deren Gemeinschaft bis 1933 hielt.

König Wenzel schwankte in seiner Politik zwischen solchen Städtebünden und den Adeligen hin und her. Herzog Leopold von Österreich brachte einen Waffenstillstand und eine Art Landfriedensbündnis zustande, der als Grundlage
1383 für Wenzel diente, um im März 1383 einen Reichslandfrieden für den Süden in Nürnberg verabschieden zu können. In diesem Vertrag waren vier Landfriedensbezirke aufgeführt, bei Streitigkeiten sollten Schiedsleute aus den Fürsten und Herren schlichten. Dieser sogenannte Herrenbund verdeutlichte die Parteinahme des Königs zugunsten des Adels. In der Folgezeit kam es daher zu vielen Verhandlungen über den Frieden im Reich. Die Städte waren mißtrauisch und
1384 verunsichert, selbst die große Reichsstadt Nürnberg schloß sich 1384 dem Schwäbischen Städtebund an. Im Juli 1384 wurde aber in Heidelberg eine Einigung erzielt, der Wenzel selbst nicht beitrat, weil damit die Städtebünde legalisiert wurden, aber er nahm sie zustimmend zur Kenntnis.

Zu weiteren Unruhen kam es im Bereich der Schweiz, wo Zürich, Luzern, Solothurn und Bern eine Allianz gegen die Habsburger schlossen. Im Juli 1386 *1386*
schlugen die eidgenössischen Landsknechte das Ritterheer der Habsburger vernichtend, was dem deutschen Adel einen großen Aderlaß zufügte. Unter den Toten befand sich auch Herzog Leopold III. von Österreich, dessen Enkel den Habsburgern erst wieder Geltung in der Reichspolitik verschaffen sollten.

König Wenzel näherte sich den Städten wieder, als er in einer großen politischen Aktion die Judenschuldentilgung einführte. Am 12. Juni 1385 wurde ein *1385*
Vertrag zwischen dem König und den Städten geschlossen, nach dem der König eine bestimmte Entschädigung erhalten sollte, die Städte dafür keinen Zinsen mehr an die Juden zahlen mußten. Dies ließ die Fürsten nicht ruhen, sie bedrängten den König so lange, bis er ihnen dasgleiche zugestand, als die Städte nach erbitterten Kämpfen 1388 eine Niederlage gegen die Fürsten erlitten hatten. Im September 1390 wurden alle Fürsten und Herren von der Rückzahlung *1390*
ihrer Schulden an die Juden befreit. Diesmal erhielt der König eine wesentlich größere Summe, doch die positiven Folgen für die königliche Finanzkammer waren nur von kurzer Dauer. Die Steuerkraft der süddeutschen Juden war damit endgültig auf ein Minimum reduziert, die Einnahmequelle für das nachfolgende Königtum versiegt.

Im Zuge der Bemühungen Wenzels um die Herstellung des Friedens kam es im August 1389 zum Landfrieden von Eger. Darin wurde das Verbot der Städte- *1389*
bünde verfügt, die Allianz der Fürsten und Herren sollte nur aufgelöst werden, wenn die Städte sich alle unterordneten. Teillandfrieden mit eigenen Kommissionen zur Friedenswahrung wurden für die einzelnen Regionen vorgesehen. Dieses Vertragswerk gilt als Höhepunkt der Herrschaft Wenzels, sein Ruf und sein Ansehen waren bereits im Sinken begriffen, er selbst hatte sich zum Teil schon in den Alkohol und die Isolation zurückgezogen.

Dabei hatte er, wie erwähnt, versucht, nicht nur zu England, sondern auch zu Frankreich engen Kontakt zu halten. Im Juli 1380 hatte er das Freundschafts- *1380*
bündnis zu seinem Vetter Karl V. von Valois, dem König von Frankreich, erneuert. Dann aber beendete die totale Hinwendung Frankreichs zu Clemens VII. dieses enge Verhältnis. Der Tod des französischen Königs, Herzog Wenzels von Luxemburg und König Ludwigs von Polen-Ungarn veränderte die politischen Bedingungen. Im Alter von vier Jahren war Wenzels Bruder Sigismund mit der ungarischen Königstochter Maria verlobt worden. Doch er mußte sich gegen mehrere Anwärter durchsetzen, was ihm erst 1387 gelang, als er am 31. März *1387*
zum König von Ungarn gekrönt wurde. Seinem Vetter Jost von Mähren, der parallel dazu das Herzogtum Luxemburg als Pfand von König Wenzel übernahm, verpfändete Sigismund die Mark Brandenburg für fünf Jahre.

In Polen vollzog sich ebenfalls eine entscheidende Wende. Die Sendung der ungarischen Königstochter Hedwig nach Krakau wurde vom polnischen Adel von der Mutter erzwungen, als Ehegatte wurde der mit ihr verlobte Habsburger Wilhelm abgelehnt, dafür kam die Hochzeit mit dem Großfürsten Jagiello von Litauen zustande. Dieser trat zum Christentum über, wurde vom Erzbischof von Gnesen auf den Namen Wladislaw getauft, mit Hedwig vermählt und am 4. März 1386 zum König von Polen gekrönt. Die Dynastie der Jagiellonen gelang- *1386* te zu großer Bedeutung in Mitteleuropa. Polen und Litauen waren unter einem Herrscher in einer Union vereint. Damit war ein großes Reich entstanden, das sowohl den Deutschen Orden bedrohte wie auch nahe an Wenzels böhmisches Reich gerückt war.

Während er sich hier eher zurückhaltend verhielt, versuchte er, in die Verhältnisse im Westen einzugreifen. Dort traf er aber auf den Herzog von Burgund als Gegner und auf seine Tante, Witwe des verstorbenen Herzogs von Luxemburg, die nicht mit ihm zusammenarbeitete. Gegen ihn agierte auch der Wittelsbacher Herzog Friederich von Bayern, der eine Heirat seiner Tochter mit dem neuen französischen König Karl VI. erreichte.

1389 Im Oktober 1389 starb Papst Urban VI., dessen Einladungen zur Romfahrt Wenzel nicht gefolgt war, wohl auch, weil er nicht genügend Geld dafür aufbringen konnte. Sofort meldete Frankreich sein Interesse in Italien an. Ludwig, der Sohn des verstorbenen Königs, wurde von Papst Clemens zum König von Neapel gekrönt und zog nach Italien, um dem ungarischen Anjou Ladislaus von Durazzo das Königreich Neapel zu entreißen. Gleichzeitig versuchte das französische Königtum, mit der Hilfe des Papstes als Reichsvikar die Herrschaft über Norditalien zu beanspruchen. Sogar von einer Kaiserkrönung war die Rede. Dies wurde erst einmal durch die Wahl eines neuen Gegenpapstes in Rom mit dem Namen Bonifatius IX. verzögert, der wiederum Wenzel dringend die Kaiserkrönung nahegelegt. Dieser aber kündigte nur die Entsendung Josts von Mähren als seines Reichsvikars an. Anscheinend wollte er mit Frankreich nicht brechen, denn er erneuerte den alten Freundschaftsvertrag.

Hilfe kam also nicht vom römischen König, sondern vom englischen König Richard II., der Frankreich mit einem Angriff drohte, falls man gegen Papst Bonifatius IX. vorgehen würde. Karl VI. ließ die Vorbereitungen für einen Feldzug in Italien abbrechen und zeigte sich zu Verhandlungen mit dem englischen König bereit. Richard II. hatte hiermit anstelle seines eigentlich zuständigen Schwagers dem Reich die Kaiserwürde gerettet, war auch in den nächsten Jahren bis zu seiner Ab-
1399 setzung (1399) eine maßgebliche Persönlichkeit für die europäische Geschichte.

Wenzel war aber nicht ganz tatenlos geblieben. Er hatte angesichts der gefährlichen Situation den Frankreich zugewandten Giangaleazzo Visconti von
1395 Mailand im Mai 1395 zum erblichen Herzog und Grafen von Pavia erhoben. Heute wird diese Handlung, also die Erhebung in den Reichsfürstenstand, nicht mehr als genialer Zug eines Diplomaten angesehen, sondern eher als der spontane Einfall eines politischen Hasardeurs. Denn zu dem Zeitpunkt war Mailand noch eng an Frankreich gebunden. Erst über ein Jahr danach hatte sich das Verhältnis soweit abgekühlt, daß es zu offener Feindschaft kam.

Immerhin erhielt Wenzel für seine Privilegierung 100.000 Gulden, aber diese Summe half im kommenden Familien-Chaos auch nichts. Markgraf Jost von
1393 Mähren führte 1393 Krieg gegen seinen Bruder Prokop, wobei er von König Sigismund von Ungarn und Herzog Albrecht III. von Österreich unterstützt wurde. Prokop hatte eigentlich keine Unterstützung, ging aber im Schloß Wenzels ein und aus.

In dasselbe Jahr fällt eine Tat Wenzels, die ihn endgültig in den politischen Ruin führte. Er ließ den Prager Generalvikar Dr. Johannes Nepomuk in der

Moldau ertränken, nachdem er nach Zeitgenossenberichten bei seiner Folterung
selbst beteiligt gewesen war. Ein Jahr später wurde Wenzel im Mai 1394 von ei- *1394*
ner böhmischen Adelsopposition unter Heinrich von Rosenberg und Wilhelm
von Ladstein gefangengenommen und gezwungen, Jost als seinen Vikar (Starost)
einzusetzen. Nach seiner Freilassung, für die sich Herzog Stephan von Bayern-
Ingolstadt massiv eingesetzt hatte, agierte Wenzel weiterhin politisch unge-
schickt. So schloß er 1395 eine Allianz mit König Wladislaw von Polen, auf de- *1395*
ren Grundlage Wenzel dem Deutschen Orden verbot, gegen die christlichen
Litauer Krieg zu führen. Seine enge Beziehung zur übel beleumdeten Adelsge-
sellschaft „die Schlegler“ mußte er offziell im November 1395 aufgeben, indem
er dem öffentlichen Druck nachgab und die Gesellschaft auflöste.

Trotz des ekzessiven Lebensstils und der permanenten Führungsschwäche Wenzels benötigte die Fürstenopposition erstaunlicherweise eine lange Zeit, um zu einem effektiven Handeln zu kommen. Nach dem Tod Herzog Albrechts III. von Österreich traten der Pfalzgraf Ruprecht II. und sein gleichnamiger Sohn als Führer der Fürsten auf. Aber das allgemeine Mißtrauen gegen die Fürsten von Seiten der Reichsstädte und das Konkurrenzdenken der anderen Reichsfürsten verhinderte eine konsequente Entwicklung.

Auf dem Hoftag von Frankfurt am Main im Dezember 1397 und Januar 1398 *1397/*
sollte das Kirchenschisma behandelt werden, aber Wenzels Untätigkeit stand im *98*
Zentrum der Debatten. Die Beschwerden gegen ihn wurden ihm schriftlich über-
reicht. Der König wurde aufgefordert, einen Reichsvikar zu ernennen, der an sei-
ner Stelle die Regierungsgeschäfte im Reich führen sollte. Dies tat er nicht, dafür
erneuerte er den Landfrieden, diesmal bezogen auf das Gebiet am Mittelrhein, zu
dessen Hauptmann des Landfriedens Graf Philipp I. von Nassau ernannt wurde.
Außerdem bestätigte Wenzel die Einsetzung Johanns von Nassau zum Erzbi-
schof von Mainz und beendete dort die Unsicherheit angesichts zweier Kandida-
ten. Schließlich mußte der König den Wittelsbacher Ruprecht als Nachfolger sei-
nes Vaters, der am 6. Januar 1398 gestorben war, mit der Pfalzgrafschaft belehnen. *1398*
Alle drei Personen gehörten zu seinen stärksten Widersachern.

Von Frankfurt reiste Wenzel zu Verhandlungen mit dem französischen König. In Frankreich wurde der Freundschaftsbund erneuert. Dort bot der König in einer Eheabsprache seine Nichte Elisabeth von Görlitz dem Sohn des Herzogs Ludwig von Orléans, der die französische Politik bestimmte, an. Dies erboste Markgraf Wilhelm von Meißen, denn kurz vorher war Elisabeth seiner Familie als Heiratskandidatin versprochen worden, so daß auch er nun auf eine Ablösung Wenzels drängte.

Im sogenannten Bopparder Kurverein vom 11. April 1399 schlossen sich an- *1399*
fangs nur die vier rheinischen Kurfürsten, dann weitere Fürsten wie der Mark-
graf von Meißen, der Burggraf von Nürnberg, der Landgraf von Hessen und
Stephan von Bayern zusammen. Wenzel versuchte, gegen sie zu agieren, indem
er die Städte zur Verteidigung seines Königtums aufrief. Diese verhielten sich
zumindest neutral. Anfang August 1400 trafen sich die vier Kurfürsten in Ober- *1400*
lahnstein, wo die wichtigsten Vorwürfe gegen Wenzel, der geladen war, vorge-
tragen wurden. Am 20. August wurde Wenzel abgesetzt, einen Tag später wur-
de Pfalzgraf Ruprecht zum König gewählt.

Somit endete Wenzels Anerkennung als römischer König, als König von Böhmen regierte er weiter. Aber auch diese Position war nicht unumstritten. Er mußte immer wieder Versprechungen an den Hochadel machen, um sich halten
1402 zu können. Im Jahr 1402 nahm ihn sein Bruder Sigismund vorübergehend gefangen. Seine letzten Jahre waren gekennzeichnet durch Auseinandersetzungen um Hus und die Hussiten. Erst nahm er Partei für Jan Hus und förderte ihn, dann stellte er sich gegen ihn. Der berühmte Aufstand in der Prager Neustadt
1419 von 1419 richtete sich gegen ihn, als 13 königstreue Ratsherren aus dem Rathausfenster geworfen wurden. Wenzel erlitt einen Schlaganfall und starb am 16. August 1419.

Einordnung

Über keinen anderen römischen König waren so schlimme Nachrichten im Umlauf wie über Karls IV. Sohn Wenzel, der gleichzeitig König in Böhmen war. Angesichts seiner Untätigkeit im Reich wurde ihm der Beiname „Wenzel der Faule“ gegeben, angesichts seiner Exzesse wurden zahlreiche Geschichten erfunden, die sein Image weiter schädigen sollten. So hieß es, er habe schon den Tod seiner Mutter bei der Geburt verschuldet, dann das Taufwasser verunreinigt und den Altar bei seiner Krönung beschmutzt. Nachts sei er mit lauter Gesindel durch die Gassen gezogen und habe Leute belästigt sowie Statuen den Kopf abgeschlagen. Besonders grausam erschien er allen im Rausch.

Von glaubhaften Zeitgenossen wurden seine Besäufnisse geschildert und seine besondere Leidenschaft für die Jagd. Klar ist auch seine Beteiligung an der Ermordung von Johannes Nepomuk und einigen seiner eigenen Ratgeber. Auf der anderen Seite hatte er durchaus Interessen seines Vaters weitergeführt, hatte eine Vorliebe für Kultur, ließ prächtige Bauten ausführen und eine Bibliothek aufbauen. Er soll ein inniges Verhältnis zu seinen zwei Frauen gehabt haben und dasselbe gilt anfangs für seine Brüder.

Politisch gesehen bedeutete seine Regierungszeit eine Schwächung des Königtums innen- und außenpolitisch. Selbst Fürsten, die ihn am Anfang unterstützten, stieß er mit seinen Eskapaden vor den Kopf. Er nahm zum Teil Partei für die Städte, wenn er deren Kapital benötigte, zum Teil für die Fürsten, wenn er die Städte in Schach halten wollte. England und Frankreich versuchte er, beide an sich zu binden, ohne den anderen zu verlieren. Dies gelang ihm bis zum Schluß seiner Amtszeit. Versagt hat er dagegen beim Romzug. Trotz mehrerer Einladungen zog er nicht nach Rom, um die Kaiserwürde zu erwerben. Er setzte die Kaiserwürde sogar durch Untätigkeit aufs Spiel, der englische König mußte für ihn die Franzosen zurückdrängen. Einer der zentralen Vorwürfe der Fürsten gegen ihn war die Erhebung des Mailänder Visconti in den Reichsfürstenstand. Noch mehr erschütterten sie aber seine moralischen Verfehlungen, die Morde an Klerikern und anderen Personen.

Das erstaunlichste an seiner Regierungszeit ist eigentlich, daß sie so lange gedauert hat. Die Umstände im Reich, das Mißtrauen und das Konkurrenzdenken verhinderten, daß er eher abgelöst wurde. Die Absetzung durch die rheinischen

Kurfürsten verdeutlicht den Machtverlust des Königtums und die eigentliche Machtverteilung im Reich zu dieser Zeit.

Ruprecht I. von Wittelsbach (1400-1410)

Mit dem Wittelsbacher Pfalzgrafen Ruprecht III. war wiederum ein Kurfürst zum König gewählt worden. Ruprecht war mit 48 Jahren ein erfahrener Landesherr, der sich auf ein politisch und ökonomisch starkes Kurfürstentum stützen konnte. Neben der Pfalz hatte er das wichtige Eisenrevier der Oberpfalz vor kurzem von den bayerischen Wittelsbachern zurückerhalten. Außerdem war er selbst in Amberg geboren und hatte eine Tochter des Burggrafen von Nürnberg geheiratet. Gemeinsam mit seinem 1398 verstorbenen Vater hatte er die Fürsten- *1398*
opposition gegen Wenzel in den letzten Jahren angeführt. Sie hatten auch dafür gesorgt, daß Johann von Nassau, ein Gegner Wenzels, Erzbischof von Mainz wurde. Als Leiter des Wahlgremiums hatte der Mainzer daraufhin entscheidenden Einfluß auf die Wahl Ruprechts gehabt.

Die Anerkennung des neuen Königs verlief nicht so problemlos wie die Wahl. Im Gegenteil, nur die rheinischen Kurfürsten unterstützten ihn, die drei anderen blieben fern, genauso wie ein großer Teil der Fürsten und Städte im Osten des Reiches. Man kann also durchaus von einem Doppelkönigtum sprechen, denn dort war Wenzel weiterhin anerkannt.

Auch Papst Bonifatius IX. verhielt sich zurückhaltend, weil er befürchtete, daß ein Eintreten für Ruprecht König Wenzel, Mailand und Frankreich gegen ihn zusammenbringen könnte. Für Ruprecht dagegen war ein Italienzug das vordringlichste Problem. Zum einen wollte er nach Rom ziehen, um sich zum Kaiser krönen zu lassen, zum andern wollte er gegen den Herzog von Mailand Krieg führen, der von Wenzel nach Ansicht der Fürsten unrechtmäßig in den Fürstenstand erhoben worden war. In Italien hatte der Herzog von Mailand eine große Machtposition aufgebaut. Pisa und Siena waren ihm ergeben, bis ins Patrimonium Petri reichte schon seine Macht. Dagegen versuchte Florenz, eine Opposition aufzubauen, deshalb waren die Florentiner an einem Italienzug Ruprechts interessiert.

Ruprecht trat daher wegen Finanzierung seines Italienzuges mit Florenz in Kontakt, von wo aus ihm eine große Summe versprochen wurde. Außerdem hatten sich süddeutsche Kaufleute zur Unterstützung bereit erklärt. Auf einem Hoftag in Mainz im Juni 1401 billigten die Fürsten den Italienzug, im September *1401*
hatte sich ein Heer traditionsgemäß bei Augsburg versammelt. Allerdings kam es hier zur ersten Enttäuschung, denn die Florentiner Gesandten brachten nur wenig Geld. Mit einem kleinen Heer zog Ruprecht dennoch nach Trient. Kurz darauf erlitt das schlecht ausgerüstete Heer bei Brescia schon eine entscheidende Niederlage. Daraufhin zog sich der größere Teil des Heeres zurück. Die Venezianer, die anfangs zu einem Bündnis bereit schienen, lehnten dann doch ab. Aber sie waren so gnädig, das Geld für König und Königin aufzubringen, damit sie ihre Heimreise antreten konnten. Am 2. Mai 1402 kamen sie in München an. *1402*
Dies war die erste Schlappe für den König, die ihm den Ruf des Versagers und viele Schulden einbrachte.

Daher verringerte sich die Zahl seiner Anhänger. Sein Schwiegervater, der Burggraf von Nürnberg, zählte noch dazu, ebenso die Herzöge von Bayern-Ingolstadt Stephan III. und sein Sohn Ludwig VII., die als Ratgeber auftraten. Wichtige Persönlichkeiten seiner Umgebung waren neben Ministerialen und Grafen der Region die süddeutschen Finanziers aus Nürnberg, Augsburg, Regensburg und auch Mainz und Frankfurt am Main. Seine Kanzlei wurde vom jungen Bischof Raban von Speyer geleitet und zwar gut. In der Kanzlei arbeiteten auch Personen, die vorher bei Wenzel gewirkt hatten und später bei Sigismund in Diensten waren. Eine bedeutende Rolle spielte der Protonotar Job Vener aus Straßburg unter Ruprecht und dann unter Sigismund. Er war der einzige Doktor beider Rechte, des kanonischen und des römischen, an der Universität Heidelberg, die dem König weitere Ratgeber zur Verfügung stellte.

Vom Freund zum Feind entwickelte sich der Erzbischof von Mainz. Anfangs ging es nur um kleine territoriale Reibereien mit dem kurfürstlichen Nachbarn, dann aber speziell um seine Rechte als Erzkanzler, dem der König keinen realen Einfluß auf die Kanzlei einräumte. So stellte sich der Erzbischof an die Spitze ei-
1405 ner oppositionellen Bewegung, die am 14. September 1405 zum Marbacher Bund führte. Dazu gehörten der Markgraf von Baden und der Graf Eberhard der Milde von Württemberg sowie die Stadt Straßburg und weitere südwestdeutsche Reichsstädte. Sie sahen alle mit Sorge, daß der König keinen Unterschied zwischen Territorialpolitik für das Reich und für seine Familie machte, außerdem fürchteten die Städte weitere Erhöhungen der Steuerforderungen des Herrschers. Allerdings teilten sie dem König ihren Zusammenschluß nicht nur mit, sondern baten ihn auch, ihnen bei der Wahrung des Friedens behilflich zu sein. Ruprecht gelang es nicht, den Bund auflösen zu lassen, aber er konnte ihn aufweichen, indem er mit einzelnen Mitgliedern Sonderbündnisse abschloß. Im
1407 Februar 1407 gelang ihm dies sogar mit dem Mainzer Erzbischof, der ihm versprach, den für sechs Jahre geschlossenen Bund nicht zu verlängern.

Zum zentralen europäischen Problem dieser Jahre wurde das Kirchenschisma.
1403 Im Mai 1403 war die Position Benedikts XIII. gestärkt worden, weil er durch Frankreich wieder anerkannt wurde. Daraufhin erteilte der römische Papst König Ruprecht endlich seine Approbation. Benedikt XIII. entwickelte große Aktivitäten, um seinen Kontrahenten Bonifatius IX. in Oberitalien zu treffen. Die-
1404 ser wich ihm aus und starb im Oktober 1404. Sein Nachfolger Innozenz VII. (1404-06) regierte nur kurz, erst unter dem von Ruprecht anerkannten Gregor
1407 XII. bahnten sich wieder Verhandlungen an. Im April 1407 wurde in Marseille ein Vertrag geschlossen, nach dem die beiden Päpste im September in Savona bei Genua zusammenkommen sollten.

Diese Zusammenkunft kam jedoch nicht zustande. Johann Ohnefurcht, der Herzog von Burgund, ließ Ludwig von Orléans, den Bruder des französischen Königs, am 23. November 1407 ermorden. Diese Nachricht erschreckte ganz Europa. Papst Benedikt XIII. verlor seinen Beschützer, Frankreich wandte sich von ihm ab. Der Papst zog sich nach Perpignan, das zu Aragón gehörte, zurück, die meisten Kardinäle verließen ihn. Dasselbe geschah auch seinem Kontrahenten in Rom, auch er wurde von den meisten Kardinälen verlassen. Die zwei Kar-
1408 dinalskollegien schlossen sich zusammen und beriefen im Juni 1408 ein Konzil

nach Pisa ein. Dies beantworteten beide Päpste mit eigenen Konzilien, die aber
ohne Bedeutung waren.

Ruprecht und seine Räte bleiben bei ihrer romtreuen Haltung und lehnten das
Konzil ab, weil es der Papst in Rom ablehnte. Zur weiteren Erläuterung der
Hintergründe des Konzils, nämlich eine vermutete Dominanz durch französi-
sche Kardinäle, ließ Ruprecht von seinen Räten eine Schrift verfassen und lud
zum Hoftag nach Frankfurt im Januar 1409 ein. Hier spaltete sich die Anhän- *1409*
gerschaft des Königs endgültig. Die Erzbischöfe von Mainz und Köln begrüßten
das Konzil und schickten Delegierte. Nur der Erzbischof von Trier sowie die
Herzöge von Braunschweig und der Landgraf von Hessen blieben bei Ruprecht
und Rom. Die wittelsbachischen Herzöge aus Bayern stellten sich auch auf die
Seite des Konzils. Mit ihnen traten auch die bayerischen Erzbischöfe und
Bischöfe sowie einige Reichsstädte auf diese Seite, außerdem der Markgraf von
Baden, die Herzöge von Österreich und die Wiener Universität.

Das Konzil begann im April 1409 in Pisa. Eine Kommission kam zu dem Ur- *1409*
teil, daß Benedikt und Gregor aus der Kirchengemeinschaft auszuschließen sei-
en. Am 26. Juni wurde einstimmig der aus Kreta stammende Petrus Philargus,
Erzbischof von Mailand, als Alexander V. (1409-10) gewählt. Da die beiden an-
deren nicht an einen Rückzug dachten, gab es nun drei Päpste.

Wenzel hatte wieder einmal versucht, die unsichere Situation zu seinen Gunsten zu nutzen. Er kündigte dem römischen Papst den Gehorsam und stellte sich auf die Seite des Konzils. Die Kardinäle des Konzils sprachen dafür die Anerkennung als König aus. In der Folge versprach er den Romzug binnen Jahr und Tag. Auf diesen Prestigegewinn gestützt forderte Wenzel von den Reichsstädten, die Steuer anstatt an Ruprecht an ihn zu zahlen. Er hoffte anscheinend, daß einige Städte wie auch einige Fürsten wieder zu ihm überlaufen würden.

Ruprecht hatte zwar durch seine halsstarrige Haltung Anhänger verloren,
aber er hoffte auf einen politischen Freiraum, nachdem mit Ludwig von Orléans
sein Hauptgegner in Frankreich tot war. Doch diese Hoffnung täuschte, denn
Johann Ohnefurcht schloß mit Wenzel ein Bündnis, das durch die Ehe von Wen-
zels Nichte Elisabeth mit Anton von Brabant besiegelt wurde. Darüberhinaus
leistete der Mainzer Erzbischof dem König von Frankreich den Lehenseid, der
ihn zum Dienst gegen jedermann, ausgenommen den römischen König, ver-
pflichtete. Trotzdem war auch dies eindeutig gegen Ruprecht gerichtet. Der Kö-
nig sammelte nun seine Anhänger, da er eine Auseinandersetzung mit Mainz be-
fürchtete. Doch bevor es zum Krieg kam, ist Ruprecht am 18. Mai 1410 an den *1410*
Folgen eines längeren Leidens gestorben.

Einordnung

Als Kurfürst zählte Ruprecht bei seiner Wahl zu den mächtigsten Männern des Reiches, allerdings fehlte ihm die Hausmacht, die z.B. die Luxemburger besaßen. Dies wirkte sich in der Folgezeit aus, denn er konnte sich nicht aus der Abhängigkeit von den anderen rheinischen Kurfürsten lösen. Da sie territorial gesehen direkt an ihn anschlossen, ergaben sich zwangsläufig auch gegenteilige Interessen, die sich besonders beim Mainzer Erzbischof ansiedelten. Dieser Mann wurde sein Gegenspieler als Führer der Opposition des Marbacher Bundes.

Positiv ist zu bemerken, daß Ruprecht sich bemühte, das römische Königtum und in der Folge das Kaisertum in Italien wieder zur Geltung zu bringen, aber der Italienzug war politisch und finanziell schlecht vorbereitet. Seine Halstarrigkeit in der Frage des römischen Papsttums brachte ihn schließlich auf die Verliererstraße. Viele Anhänger verließen ihn, die die Zeichen der Zeit erkannten und ihre Hoffnungen auf eine Lösung des Schismas durch ein Konzil, das sich über die Päpste stellte, setzten.

Den politischen Tiefpunkt erreichte er nicht mehr, davor bewahrte ihn der Tod. An der Persönlichkeit Ruprechts war im Gegensatz zu seinem Mitkonkurrenten nichts auszusetzen. Im Vergleich zu Wenzel wird bei Ruprecht in den Quellen seine Gottesfürchtigkeit, Tugendhaftigkeit und Milde betont. Andererseits soll er auch stark von seinen Ratgebern beeinflußt worden sein. Diese befanden sich zum Teil an der Universität Heidelberg, die, als typische landesherrliche Universität gegründet, auf diese Weise eine neue Rolle in der Reichspolitik erhielt. Insgesamt gesehen wurde auch in seiner Regierungszeit die Zentralmacht eher geschwächt.

Sigismund I. von Luxemburg (1410-1437)

Die durch die Schwäche des Königtums geschaffene Unsicherheit im Reich wurde im Zusammenhang mit der Wahl des Nachfolgers deutlich. Wenzel behauptete weiterhin seine Position, er hatte den Kurfürsten von Sachsen als Bundesgenossen und somit verfügten die Luxemburger über drei Kurstimmen in Brandenburg, Böhmen und Sachsen. Durch die kirchenpolitische Situation waren die anderen Kurfürsten in zwei Parteien gespalten. Der Pfalzgraf, Sohn Ruprechts, und der Erzbischof von Trier waren weiterhin Anhänger des römischen Papstes, die Erzbischöfe von Mainz und Köln des Pisaner Papstes. Kurz vor dem Tod Ruprechts war Johannes XXIII. als Nachfolger des verstorbenen Alexanders V. gewählt worden.

1410 Am 1. September 1410 begannen in Frankfurt am Main die Wahlverhandlungen der vier rheinischen Kurfürsten, der Burggraf von Nürnberg sollte als Gesandter Sigismunds, des ungarischen Königs, die Stimme Brandenburgs vertreten, obwohl Markgrafschaft und Kur an Jost von Mähren verpfändet waren. Der Erzbischof von Köln versuchte, König Heinrich IV. von England oder einen seiner Söhne zur Kandidatur zu überreden. Am 20. September wählten Pfalz, Trier und Brandenburg den Luxemburger Sigismund, den König von Ungarn, zum römischen König und zwar auf dem Friedhof hinter dem Chor der Bartholomäuskirche in Frankfurt am Main. Die Wahlkirche war durch ein Interdikt des zuständigen Mainzer Erzbischofs verschlossen worden. Mainz und Köln wählten gemeinsam mit den Bevollmächtigten Josts von Brandenburg und Wenzels von Böhmen Jost von Mähren/Brandenburg zum römischen König, dem trat später noch der Kurfürst von Sachsen bei. Kurz darauf erklärte Wenzel seine Ansprüche noch einmal, so daß es drei gewählte Könige gab.

Diese Situation war nicht neu für Sigismund, der dies schon in Ungarn erlebt hatte. Der Luxemburger war bereits 43 Jahre alt und sehr erfahren in Regierungsgeschäften als Markgraf und König. Er stammte aus der vierten Ehe Karls IV. mit Elisabeth von Pommern-Wolgast, Tochter des polnischen Königs Kasimir des Großen. In die Öffentlichkeit trat der junge Sigismund zum ersten Mal mit fünf Jahren 1373, als er auf einem Hoftag in Prag mit der Mark Brandenburg *1373* belehnt wurde. Seine Erziehung lag in den Händen von erfahrenen Personen wie dem Humanisten Niccolò dei Beccari, die ihm vor allem Sprachen beibrachten. Die Sprachbegabung hatte er wohl vom Vater, denn er beherrschte Deutsch, Tschechisch, Französisch, Lateinisch, dazu Ungarisch, Italienisch und Polnisch. Im Gegensatz zu seinem Vater liebte er das Rittertum und den Gebrauch der Waffen.

Ebenfalls 1373 wurde Sigismund durch einen Vertrag mit Maria, der zweiten *1373* Tochter des Ungarnkönigs Ludwig, verlobt. Seinem zukünftigen Schwiegervater wurde Sigismund mit 10 Jahren zur weiteren Erziehung übergeben, dabei zog er sich die Abneigung sowohl der Königsmutter Elisabeth in Polen als auch der ungarischen Königin Elisabeth zu. Diese scheint ihre Abneigung auch auf ihre Tochter Maria übertragen zu haben. König Ludwig aber ließ 1382 bereits die *1382* polnischen Großen einen Treueid gegenüber seinem von ihm bestimmten Nachfolger ablegen und schickte Sigismund zur Schlichtung von Streitigkeiten nach Polen.

Hier entschied sich in kurzer Zeit sein weiterer Weg. König Ludwig starb im September 1382. Der polnische Hochadel war seit Jahren unzufrieden über die ständige Abwesenheit des Monarchen gewesen und stellte deshalb sofort an Sigismund die Bedingung, daß er seinen ständigen Aufenthalt in Polen nehmen sollte. Als dieser hörte, daß die elfjährige Maria als erste Frau König (rex Hungariae) geworden und die Nachfolge in Ungarn angetreten hatte, lehnte er die Bedingung ab. Ein Teil des Adels wollte daraufhin einen polnischen Kandidaten, ein anderer Teil plädierte für die Einhaltung der Vereinbarung, daß eine Tochter Ludwigs das Königtum übernehmen sollte. Die Königswitwe Elisabeth verpflichtete von Ungarn aus den Adel auf diese Abmachung. Dadurch sah sich Sigismund gezwungen, seinen Plan vom Doppelkönigtum aufzugeben und nach Ungarn zurückzukehren.

Dort war die Situation sehr verworren. Der ungarische Adel war in drei Lager gespalten. Auf die erste Gruppe stützte sich die Königswitwe Elisabeth, die die Regentschaft für ihre Tochter übernahm. Ihnen erschien eine Zusammenarbeit mit Frankreich und ein Zurückdrängen der Luxemburger wichtig. Eine zweite Gruppe vertrat, auch angesichts der immer wieder auftauchenden Türkenheere, die Meinung, ein enges Zusammengehen mit dem römischen Reich und dem römischen Königtum sei unbedingt erforderlich. Sie plädierten für Sigismund. Eine dritte Gruppe schließlich votierte für König Karl III. von Neapel, der als Karl von Durazzo am Hof Ludwigs aufgewachsen war und als Herzog von Kroatien und Slavonien amtiert hatte.

Während der Verwicklungen in Ungarn klärte sich die politische Lage in Polen. Der Adel hatte genug vom Taktieren der Königswitwe Elisabeth und forderte sie ultimativ auf, ihre Tochter Hedwig (Jadwiga) nach Krakau zu schicken,

1384 wo sie im Oktober 1384 gekrönt wurde. Danach kam es zu der erwähnten Verbindung mit dem litauischen Großfürsten Jagiello, wodurch die berühmte Dynastie der Jagiellonen begründet wurde.

In Ungarn drängten die Ereignisse ebenfalls auf eine Entscheidung zu. Sigismund verlor seine Braut, die mit Ludwig von Orléans verlobt wurde. Hier zeigten sich Sigismunds Tatkraft und der Familienzusammenhalt. Denn mit Hilfe der anderen Luxemburger, deren Hilfe er allerdings mit hohen Summen oder Privilegienverlusten bezahlen mußte, gelang es ihm, einen Einflußbereich in Nordungarn zu gewinnen. Danach wurde der dritte Kandidat für ihn zum unfreiwilligen Helfer. Karl III. von Neapel, dem der Onkel Ludwigs von Orléans den Thron streitig machen wollte, gefiel ein weiterer französischer Einfluß in Ungarn nicht. Daher zog er dorthin, um seine Ansprüche geltend zu machen. Da er dort Verbündete im Adel suchte und die Krönung schon vorbereiten ließ, mußte die Königswitwe reagieren. In ihrer Not stimmte sie einer raschen Ehe-
1385 schließung zwischen Maria und Sigismund zu, die im Herbst 1385 stattfand.

Während Sigismund nach Böhmen zog, um ein Heer zusammenzubringen, liefen sogar seine früheren Anhänger zu Karl III. über. Elisabeth und Maria mußten tatenlos zusehen, wie dieser sich in Stuhlweißenburg krönen ließ. Karl widmete sich sofort intensiv den Regierungsgeschäften, konnte sich aber nur kurz daran
1386 erfreuen. Denn Anhänger der Königswitwe Elisabeth verübten im Februar 1386 einen Mordanschlag auf ihn und brachten ihn kurz darauf im Kerker endgültig um.

Dies machte den Weg frei für Sigismund, der mit seinem Heer in den ausgebrochenen Bürgerkrieg in Ungarn eingriff. Aber Elisabeth und Maria schoben seine Krönung weiter hinaus und riefen den römischen König Wenzel als Schiedsrichter an. Der ausgehandelte Kompromiß förderte den Einfluß Wenzels, benachteiligte jedoch Sigismund, die Familie nahm ihm skrupellos sogar alle Rechte in der Mark Brandenburg für ihre Hilfe. Dies brachte ihn in Distanz zur Familie und besonders zu Jost und Wenzel.

Das Blatt wandte sich abermals für ihn, als Elisabeth und Maria von Aufständischen gefangen wurden. Sigismund kam sofort aus Böhmen zurück, ihm wurde die Macht zum Handeln übertragen. Angesichts seiner hohen Schulden und leerer Staatskasse wurde die Rekrutierung von Truppen ein großes Problem. Mit nur wenigen Soldaten belagerte er die Festung, in der die Königinnen gefangen lagen. Währenddessen wurde Elisabeth erdrosselt und über die Mauer geworfen. Sigismund zog sich zurück und erreichte endlich nach langen Verhandlungen unter Zustimmung zu einer einschneidenden Wahlkapitulation, daß er am 31.
1387 März 1387 in Stuhlweißenburg zum König von Ungarn gekrönt wurde. Seine Gemahlin saß weiterhin in Haft.

Ihre Befreiung war eine der dringlichsten Aufgaben des Königs. Er verhandelte mit Venedig wegen Unterstützung, die er benötigte, um die Aufständischen im Süden des Reiches niederzuwerfen. Dies gelang ihm und damit gleichzeitig auch die Befreiung Marias im Juni 1387. Doch das Zusammenleben der beiden Ehegatten kam niemals in normale Bahnen, das Verhältnis war zu stark vorbelastet. Sigismund vergnügte sich weiterhin mit anderen Frauen, ließ sich aber durchaus in Abwesenheit durch Maria vertreten. Es traten sogar verärgerte Barone an sie heran, die sie zum Kampf gegen ihren Gatten aufforderten. Geklärt wurde die Lage durch das Eingreifen des Kanzlers Kaniszai, der immer das Wohl des Reiches im Auge hatte. Am 17. Mai 1395 verunglückte die hoch- *1395* schwangere Königin bei der Jagd tödlich, Sigismund war nicht bei ihrem Begräbnis anwesend.

Er befand sich wieder einmal auf einem Feldzug, wie er überhaupt viel im ungarischen Reich unterwegs war, um überall präsent zu sein und in dem unruhigen Gebiet den Frieden herzustellen. Teilweise war er wie alle Luxemburger auch in die Probleme zwischen Polen, dem Deutschen Orden und den nördlichen Gebieten Ungarns verwickelt. Hier baute sich besonders Jost eine starke Position auf. Immer bedrohlicher aber wurden für ihn die Bestrebungen der Türken, weiter nach Europa vorzudringen. Nach vielen kleinen Gefechten war es Sigismund bewußt geworden, daß er angesichts seiner unsicheren Stellung in Ungarn nur mit Hilfe anderer europäischer Herrscher die Türken aufhalten konnte. Er appellierte an Papst Bonifatius IX. in Rom, zu einem Kreuzzug aufzurufen. Angesichts des Schismas hatte der Aufruf keine große Resonanz.

Da half Sigismund der Waffenstillstand im hundertjährigen Krieg zwischen Frankreich und England im März 1396. Die Söldner waren ohne Arbeit und *1396* ließen sich gewinnen. Eine Treibkraft des Kreuzzuges war dabei Herzog Philipp der Kühne von Burgund. Im Rücken der Türken war der byzantinische Kaiser verständlicherweise sehr engagiert. Schließlich konnte Sigismunds Kanzler in Verhandlungen mit Venedig eine Zusage über 25 Kriegsgaleeren erreichen.

Dem Sultan blieben diese Rüstungen nicht verborgen, er kündigte den Februar 1396 als Termin für seinen Einmarsch in Ungarn an, hielt ihn aber nicht *1396* ein. Inzwischen waren die Truppen aus Burgund unter Führung Johann Ohnefurchts, des Sohnes von Philipp dem Kühnen, verwüstend quer durch Europa gezogen. Mit der venezianischen Flotte kam auch der Großmeister des Johanniterordens, neben englischen Rittern und Bogenschützen fanden sich Polen, Böhmen und Italiener in Ofen ein. In dem dort abgehaltenen Kriegsrat konnte sich Sigismund nicht durchsetzen, er hatte zum Abwarten des Angriffs der Türken geraten. Die französischen Ritter jedoch drängten in maßloser Überschätzung ihrer Kräfte auf sofortigen Aufbruch. Mitte September wurde die wichtige Festung Nikopolis erreicht, konnte aber nicht vor dem Heranrücken des türkischen Hauptheeres erobert werden. Dort wurde am 25./28. September 1396 die entscheidende Schlacht geschlagen, die durch Leichtsinnigkeit und taktische Fehler den Europäern eine katastrophale Niederlage einbrachte.

Der Sultan, der vorher von einer Eroberung Mitteleuropas gesprochen hatte, ließ seine Truppen nur ein wenig zum Beute machen ausschwärmen. Ansonsten zog er Kapital aus seinen hochrangigen Gefangenen wie Graf Johann Ohnefurcht. Sigismund war unter dem Schutz weniger Getreuer per Schiff auf der Donau entkommen und gleich nach Byzanz weitergezogen, um mit dem Kaiser Verhandlungen aufzunehmen. Erst Anfang April 1397 kehrte er nach Ofen *1397* zurück, wo er sich um seine gefährdete Herrschaft kümmern mußte. Nicht nur einige Morde an Oppositionellen, sondern auch der Herrschaftsanspruch seiner Schwägerin Jadwiga, der polnischen Königin, auf Ungarn brachte ihn in große Schwierigkeiten. Daher traf er sich im Juli 1397 mit dem polnischen Königspaar,

wobei ein Ausgleichsvertrag mit einer Laufzeit von 16 Jahren geschlossen wur-
de. Dies verschaffte Sigismund neuen Freiraum in der Innenpolitik, zumal Jad-
1399 wiga im Juli 1399 starb, so daß der Opposition der Rückhalt fehlte.

Allerdings war er weiterhin noch von den Baronen abhängig, die den „Aus-
länder" duldeten, aber auch dirigieren wollten. So boten sie ihm Kandidatinnen
1396 für die Wiederheirat an, er aber verlobte sich im Mai 1396 unter dem Einfluß des
Bischofs von Breslau mit Margaretha, der 12jährigen Tochter Herzog Heinrichs
von Brieg, für die aber wegen Verwandtschaft Dispens eingeholt werden mußte.
So konnte er weiter sein Leben als Junggeselle genießen. Im September 1397 ge-
lang es, in vierwöchigen Beratungen ein Gesetzespaket mit 70 Paragraphen zu-
stande zu bringen, das als fortschrittlich angesehen werden muß. Wichtig war
z.B. die Aufstellung einer ständigen Miliz, die von den Grundbesitzern getragen
werden sollte, wofür sich später die Bezeichnung „Husaren" einzubürgern be-
gann.

Soweit gefestigt konnte Sigismund nun in dynastische Probleme seiner Fami-
lie, in die böhmische und in die Reichspolitik eingreifen. Jetzt zeigte er auch die
Skrupellosigkeit anderer Luxemburger, indem er ohne Rücksicht auf familiäre
Bindung politische Erfolge außerhalb Ungarns anstrebte. Mit Jost und Herzog
1390 Albrecht III. von Österreich hatte er schon 1390 eine Liga geschlossen, die ge-
1393 gen Wenzel gerichtet war und 1393 erneuert wurde. Andererseits hatte Sigis-
1394 mund 1394 einen inoffiziellen Vertrag mit Wenzel geschlossen, daß der eine den
anderen Bruder beerben sollte. Kurz darauf wurde Wenzel von Jost und dessen
Anhang gefangengenommen, nach einiger Zeit aber wieder freigelassen.

1396 Sigismund hielt sich in diesem Zeitraum zurück. Aber 1396 reiste er auf einen
Hilferuf seines Bruders hin nach Prag, wobei der jüngste Bruder Johann während
seiner Anwesenheit auf ungeklärte Weise ums Leben kam. Sigismund bemühte
sich um den Ausgleich in der Familie und gleichzeitig um Erneuerung des Ver-
trages der gegenseitigen Erbfolge angesichts des von der Sucht gezeichneten Kö-
nigs Wenzel. Außerdem wurde Sigismund von ihm als Reichsvikar eingesetzt,
hatte somit schon eine mächtige Position erreicht, bevor er gegen die Türken zog.

1399 Durch die Niederlage zurückgeworfen griff er erst 1399 wieder ein. Diese Ak-
tivität, die Wenzel im Reich hätte stärken können, beschleunigte aber die Abset-
zung, denn nun schlossen sich die anderen Fürsten erst recht zusammen. Jost
und Sigismund nutzten die Schwächung Wenzels zu ihren Gunsten. Da der Sul-
tan mit den Einfällen der Mongolen in sein Reich beschäftigt war, konnte es Si-
gismund riskieren, nach Böhmen aufzubrechen. Dort schloß er eine Vereinba-
rung mit Jost und dem Herrenbund, der sich vor allem gegen Josts Bruder
Prokop als Verursacher der Familien-Streitigkeiten richtete. Erst die Absetzung
Wenzels im römischen Reich brachte die vier führenden Luxemburger im Ok-
1400 tober 1400 im Zisterzienserkloster Sedlitz bei Kuttenberg an einen Tisch. Hier
verlangte Sigismund für seine Beteiligung an einem Feldzug gegen den gewähl-
ten König Ruprecht die völlige Entmachtung Wenzels in Böhmen. Als Wenzel
dies ablehnte, war die Chance vertan, den noch schwachen Gegenkönig zu
schlagen, Sigismund zog sich nach Ungarn zurück.

Dort hatte sich angesichts seiner Abwesenheit und Aktivitäten in Böhmen ei-
ne starke Opposition gebildet, die der Kanzler Kaniszai durchaus zu seinen

Gunsten gegen die ausländischen Günstlinge seines Königs zu nutzen wußte. Die Gegner besetzten Ofen und nahmen Sigismund gefangen. Sein Vertrauter Stibor von Stiboze und die Luxemburger mobilisierten gemeinsam die Kräfte, die zu seiner Befreiung nötig waren. In der Endphase wandte sich allerdings Stibor vor dem Hintergrund zunehmender Einflußnahme von Jost in der Slowakei wieder gegen die ausländischen Helfer. Sigismund konnte sich mit großem diplomatischem Geschick aus dieser Lage befreien. Er ließ alle seine ausländischen Vertrauten offiziell auf ihre Privilegien verzichten und verzichtete selbst auf seine Braut, verlobte sich stattdessen mit Barbara, der Tochter des Grafen Hermann II. von Cilli, eines ungarischen Oppositionellen. Aber erst nachdem Sigismund durch Küssen des Kreuzes versichert hatte, allen Gegnern zu verzeihen, wurde er wieder in sein Amt eingesetzt.

Er blieb jedoch nicht in Ungarn, sondern ging mit 2500 Söldnern nach Böhmen, um von dort mit seinem Bruder den Romzug anzutreten. Diesmal erhielt er alle seine Forderungen von Wenzel erfüllt, auch die Statthalterschaft über Böhmen. Denn nach Ruprechts Niederlage in Italien stimmten dem auch die böhmischen Adeligen zu, die sich Prestigegewinn durch das Kaisertum erhofften. Doch die Ereignisse eskalierten soweit, daß Sigismund Wenzel und dann auch Prokop gefangensetzte. Während er sich mit den beiden Gefangenen nach Wien begab, betrieb Jost seine eigene Thronerhebung in Böhmen und seine Annäherung an Ruprecht.

Dies trieb Sigismund endgültig in die Arme der Habsburger, mit denen er eine Erbverbrüderung, die schon Karl IV. geschlossen hatte, erneuerte. Diesmal wurden zu Österreich und Böhmen aber noch Ungarn und Brandenburg hinzugefügt. Albrecht IV. wurde sogar zum Nachfolger und Statthalter von Ungarn ernannt. Sigismund selbst ging wieder nach Böhmen zurück, um dort seine Regentschaft auszuüben. Nach einigen Teilerfolgen und einem Waffenstillstand mit Jost mußte er aber Böhmen wegen neuer Aufstände wieder in Richtung Ungarn verlassen, wo er im Juli 1403 in Preßburg eintraf. Inzwischen hatte die Opposi- *1403* tion Ladislaus, den volljährigen Sohn Karls von Neapel, als Favoriten für den Thron auserkoren und ins Land gerufen. Dieser scheute zwar die direkte militärische Konfrontation, machte Sigismund aber sehr zu schaffen, vor allem dadurch, daß er seine angeblichen Rechte auf Dalmatien an Venedig verkauft hatte. Sigismund versprach allen Amnestie und konnte so die Oberhand gewinnen. Wie immer hielt er seine Versprechen offiziell, später ließ er jedoch diese Oppositionellen beseitigen oder enthob sie ihrer Ämter.

Während dieser Vorgänge in Ungarn konnte Wenzel entfliehen und die Regentschaft in Böhmen wieder an sich reißen. Er konnte den Habsburger Wilhelm an sich ziehen, der mit einer Schwester von Ladislaus verheiratet war, und mit ihm einen Erbvertrag gegen seinen Bruder abschließen. Sigismund war mit Herzog Albrecht IV. gegen ihn gezogen, Albrecht erlag dabei einer heimtückischen Krankheit, Sigismund überstand sie (Giftanschlag?). Er mußte notgedrungen 1405 den status quo akzeptieren, da auch Jost fest auf der Seite Wenzels *1405* stand.

Nach seiner beeindruckenden erneuten Rückgewinnung der Macht konnte Sigismund in Ungarn endlich seine Herrschaft ohne Einschränkung durch die Ba-

rone ausüben und selbst stärker gestalten. Neuer Erzkanzler war Eberhard, Bi-
schof von Agram, der die Anhängerschaft Sigismunds anführte und eine Kon-
1419 stante bis zu seinem Tod (1419) darstellte. Enge Vertraute, 22 ausgewählte Baro-
1408 ne, nahm Sigismund in den von ihm und seiner Frau Barbara 1408 gegründeten
Drachenorden, zum Kampf gegen Heiden und Schismatiker und zur Festigung
des Friedens, auf. Er kümmerte sich um die Infrastruktur in seinem Reich, bau-
te das Wegenetz aus und förderte die Städte, wodurch insgesamt Wirtschaft und
Handel Anschluß an Mitteleuropa fanden.

Die Nachrichten vom Tod Papst Alexanders V. und König Ruprechts haben
Sigismund wahrscheinlich gleichzeitig in Preßburg erreicht. Er entwickelte so-
fort neue diplomatische Aktivitäten. Durch einen Gesandten verhandelte er mit
dem neuen Papst Johannes XXIII., der in Bologna residierte. Es ging um die Be-
endigung des Schismas, den gemeinsamen Kampf gegen die Türken, den Kon-
flikt zwischen dem Deutschen Orden und Polen und schließlich auch um die
Unterstützung von Sigismunds Kandidatur bei den Kurfürsten. Der Papst hat
dann auch wirklich beim Trierer Erzbischof für Sigismund werben lassen.

Wie bereits erwähnt entstand nach den Wahlen die Situation, daß drei gewähl-
te Könige ihre Ansprüche anmeldeten, was für Sigismund vor dem Hintergrund
seiner erlebnisreichen Jahre in Ungarn und Böhmen nichts Neues war. Die Nach-
richten über den Wahlausgang trafen Sigismund im Süden Ungarns, erst Mitte Ja-
1411 nuar 1411 kehrte er nach Ofen zurück. Da erst ließ er mitteilen, daß er die Wahl
annehmen werde. Er ergriff aber keine Initiative, seine Wahl durchzusetzen. Am
24. Januar nahm er seine erste Amtshandlung als römischer König vor, als er den
Grafen Friedrich von Ortenburg zum Reichsvikar in Friaul einsetzte. Ende Janu-
ar erhielt er die Nachricht, daß Jost von Mähren plötzlich, wohl an einem Gift,
gestorben sei. Eine Beteiligung Sigismunds wurde vermutet, blieb aber ungeklärt.
Auf jeden Fall war nun der wichtigste Gegner beseitigt, eine Einigung mit Wen-
zel erschien möglich. Die Erzbischöfe von Mainz und Köln drängten auf eine
Neuwahl, weil ihre Wahl von Jost nach ihrer Meinung rechtmäßig gewesen war.
Da Pfalz und Trier ihre Wahl auch für rechtmäßig hielten, wollten sie keine Neu-
wahl, ebensowenig wollte es Sigismund. Allerdings mußten sie einsehen, daß Si-
gismund nur bei einer Neuwahl allgemeine Zustimmung finden würde.

Sigismund handelte mit Wenzel aus, daß dieser ihm die Kur-Stimme geben
und er sich dafür um eine Kaiserkrönung für Wenzel bemühen sollte. Außerdem
teilten sie einvernehmlich das Erbe von Jost. Mähren und Niederlausitz fielen an
Wenzel, Brandenburg ging an Sigismund zurück. Der aber verpfändete die Mark
Brandenburg an seinen besten Helfer, den Burggrafen von Nürnberg aus der Fa-
milie der Hohenzollern. Trotz dieser und anderer erfolgreicher Verhandlungen
1411 scheiterte der erste Wahlgang am 17. Juli 1411, weil Trier und Pfalz sich sepa-
rierten, auch vier Tage später verließen sie vor dem eigentlichen Wahlakt die Kir-
che. Diesmal aber war die Wahl gültig, Sigismund hatte die anderen Stimmen al-
le erhalten. Um eine Approbation durch den Papst hat er sich nicht gekümmert.
1413 Trotzdem hat ihn Gregor XII. im November 1413 anerkannt, Johannes XXIII.,
mit dem er eigentlich Kontakt hatte, tat dies nicht.

Vor den Wahlen hatte Sigismund bereits den Titel „König von Ungarn, Dal-
matien, Kroatien, Serbien etc.“ geführt, dazu war er Markgraf von Brandenburg

und Erbe des Königreichs Böhmen und des Herzogtums Luxemburg. Jetzt war er römischer König und hatte noch mehr Probleme als vorher. Seine politische und ökonomische Basis im Reich war gering, ein Zentrum zur Herrschaftsausübung gab es nicht, in seinen anderen Reichen war die Lage permanent schwierig. Die größte Gefahr sah er als Betroffener in den Türken. Nur mit den vereinten Kräften der christlichen Reiche aus West und Ost konnte man nach Ansicht Sigismunds diese Gefahr beseitigen. Eine Einigung Europas war aber nur über eine Beseitigung des Schismas zwischen West- und Ostkirche und zwischen den Päpsten zu erreichen. Dies mußte also die vordringlichste Aufgabe sein. Als römischer König hatte er die Verpflichtung des „advocatus et defensor ecclesiae" übernommen.

Bevor er sich jedoch schwerpunktmäßig mit der Kirchenreform beschäftigen konnte, mußte er erst im Nordosten Stellung beziehen. Dort war der Deutsche Orden am 15. Juli 1410 bei Tannenberg vom polnischen König Jagiello vernichtend geschlagen worden, ein Sieg, der noch heute in Polen gefeiert wird. Sigismund war unmittelbar betroffen, denn er hatte mit dem Orden ein Bündnis gegen den Polenkönig geschlossen. Trotzdem verhielt er sich eher zurückhaltend,
er war am ersten Thorner Frieden von 1411 nicht beteiligt. Für den Orden ge- *1411*
staltete sich die zukünftige Beziehung zu ihm schwierig, der König lavierte geschickt zwischen den Parteien. Denn gerade im Hinblick auf eine Beseitigung des Schismas durch ein allgemeines Konzil war Sigismund an der Beteiligung al-
ler wichtigen Herrscher interessiert. Daher schloß er mit Jagiello im März 1412 *1412*
und kurz darauf mit dem Großfürsten Witold von Litauen Bündnisse, wodurch beide Herrscher an dem geplanten Konzil teilnehmen konnten. Der Konflikt war keinesfalls beigelegt, beschränkte sich aber auf gegenseitige Propaganda und Versuche, Papst und römischen König auf seine Seite zu ziehen.

Seine Krönung mußte Sigismund sehr zum Unmut der Fürsten immer wieder verschieben, weil er in kriegerische Handlungen mit Venedig verwickelt war. Dabei ging es um Dalmatien, das Venedig auf Grund der Versprechungen von
Ladislaus von Neapel annektiert hatte. Im April 1413 wurde ein Waffenstill- *1413*
stand auf fünf Jahre geschlossen. Doch die italienischen Entwicklungen beschäftigten Sigismund weiter. Filippo Maria war der Nachfolger seines Vaters in Mailand geworden und verlangte von Sigismund die Bestätigung der Privilegierungen. Dieser erneuerte zwar das Schutzprivileg, aber nicht die Erhebung in den Reichsfürstenstand. Nach dieser Verweigerung schloß Mailand ein Bündnis mit Venedig und anderen Städten, um die Kaiserkrönung Sigismunds zu verhindern. Dazu kam Ladislaus von Neapel, der Papst Johannes XXIII. aus Rom vertrieb. Diese Notlage des Papstes eröffnete Sigismund die Chance, den Papst zu zwingen, ein Generalkonzil einzuberufen. Am 9. Dezember erfolgte die offizielle Einladung des Papstes zu einem allgemeinen Konzil nach Konstanz.

Sowohl die Festlegung des Konzils an sich als auch des Ortes, an dem es stattfinden sollte, muß als großer Erfolg Sigismunds angesehen werden. Da das französische Königtum seit der Mordtat entscheidend geschwächt war und Frankreich in zwei Lager gespalten, konnte er ohne Probleme die Rolle der ordnenden Macht in Europa übernehmen.

Über die Schweiz reiste Sigismund aus Italien zurück und betrat erst drei Jahre nach seiner zweiten Wahl den Boden des Reiches. Dort hielt er den ersten Hoftag in Koblenz im August ab, reiste weiter über Heidelberg nach Franken, wo er in Nürnberg einen Landfrieden vereinbarte und konnte sich auf dieser Reise Sympathie wie auch durch Privilegienvergabe Geld einhandeln. In Heilbronn traf er nach zwei Jahren wieder mit seiner Frau Barbara zusammen, die ihn nach Aachen begleitete. Dort wurden er und Barbara am 8. November 1414 vom Erzbischof von Köln endlich gekrönt. Er blieb dort noch eine Zeit lang und brach dann nach Konstanz auf, wohin das Konzil bereits zum 1. November
1414 1414 einberufen worden war.

Die Ausgangslage für das Konzil war die Tatsache, daß es drei Päpste gab: Benedikt XIII., der in Kastilien, Aragón, Schottland und Irland anerkannt war, lebte in Aragón; Gregor XII. hatte sich, von den meisten seiner Anhänger verlas-
1413 sen, nach Rimini zurückgezogen; Johannes XXIII. hatte sich im November 1413 in Lodi mit Sigismund getroffen, die Einladung zum Konzil abgefaßt und auch seine Teilnahme versprochen.

1414 Das Konzil, das am 5. November 1414 vom Papst Johannes XXIII. eröffnet wurde, hatte demnach die Beseitigung des Schismas (causa unionis) als erste Aufgabe, als zweite Aufgabe die Reform der Kirche (causa reformationis), als dritte Aufgabe die Reinheit der Kirche (causa fidei), also den Fall Jan Hus. Die Stadt Konstanz mit ihren ca. 8000 Einwohnern wurde zum Mittelpunkt der christlichen Welt. Nach den Schätzungen der Quellen waren acht Patriarchen, 22 Kardinäle, 20 Erzbischöfe, 132 Bischöfe, 153 Äbte, 302 Doktoren und Licentiaten der Theologie, außerdem 1700 Priester, 1500 Höflinge, 73 Geldwechsler aus Frankreich, 49 aus Italien, 45 Herolde, 346 Schauspieler, Gaukler und Musikanten, 306 Bader und schließlich an die 700 Dirnen im Verlauf der Zeit anwesend. Dazu kamen noch 27 Herzöge, 26 Grafen, 1176 Herren und Ritter. Benedikt XIII. hatte die Einladung ignoriert, Gregor XII. hatte Gesandte geschickt. König Sigismund traf am 24. Dezember in Konstanz ein und nahm bei Konzilssitzungen seinen Platz neben dem Papst ein.

Relativ schnell strebte die Versammlung auf die Absetzung der Päpste und auf eine Neuwahl hin. Gregor XII. hatte als erster seinen Rücktritt angeboten. Johannes XXIII. geriet in Zugzwang und hatte Anfang März einer Absetzung zugestimmt. Dann aber floh er am 20. März zu Herzog Friedrich von Tirol. Entgegen der Hoffnung des Papstes löste sich das Konzil nicht auf, sondern verkündete in einem Dekret seine Oberhoheit über das Papsttum, wie es der Kanzler der Sorbonne, Jean Gerson, begründet hatte. Herzog Friedrich wurde gebannt und von Sigismund niedergeworfen, Johannes XXIII. am 20. Mai ergriffen und nach Konstanz zurückgebracht, wo er abgesetzt wurde. Gregor XII. verzichtete freiwillig und wurde dafür mit dem ersten Rang nach dem Papst belohnt. Um jedoch zu einer Neuwahl zu kommen, mußte der starrköpfige Benedikt XIII. in seinem Exil aufgesucht werden. Sigismund brach nach Südfrankreich auf, um diese schwierige Aufgabe zu lösen. Die Verhandlungen mit dem Papst brachten nichts, aber seine Anhänger verließen ihn. Erst im Dezember
1415 1415 wurde nach der Flucht des Papstes ein Abkommen in Narbonne unterzeichnet, wodurch man in den Königreichen Aragón, Kastilien und Navarra ver-

künden ließ, daß dem Papst kein Gehorsam mehr zu leisten sei. Dieser hatte sich auf sein Familiengut bei Valencia zurückgezogen und blieb bis zu seinem Tod (1423) nach seiner Meinung im Amt. Für das Konzil war aber der Weg für eine *1423*
Absetzung und Neuwahl nun frei.

Allerdings kehrte der König nicht wie vorgesehen zurück, sondern ließ sich überreden, in den Konflikt zwischen England und Frankreich diplomatisch einzugreifen. Die Engländer hatten den Franzosen im Oktober 1415 bei Azincourt *1415*
eine deutliche Niederlage beigebracht, die hohe Verluste im französischen Adel zur Folge hatte. Von Paris aus hatte er Kontakte in alle seine Länder und zum Konzil, so daß er ständig informiert war und andererseits Weisungen erteilen konnte. Schließlich setzte er im April sogar nach England über, um dort Gespräche mit König Heinrich V. führen zu können. Nachdem ein Friedensversuch von der Orléans-Partei in Frankreich hintertrieben wurde, schloß der verärgerte Sigismund ein Schutzbündnis mit Heinrich V. ab. Dies ist ihm von Zeitgenossen und auch Historikern des 19. Jahrhunderts übel genommen worden, er wurde des vorsätzlichen Verrats an Frankreich bezichtigt, was nach der Quellenlage abzulehnen ist.

Im Oktober 1416 kehrte Sigismund wieder nach Calais zurück, dort traf er *1416*
Johann Ohnefurcht, den er mit dem Reich gehörenden Besitzungen belehnte. Aber es wurde deutlich, daß sich die Reichshoheit in diesen westlichen Gebieten nicht wieder herstellen ließ. Über Nijmegen erreichte er Aachen, wo sein ungarischer Kanzler und mehrere Reichsfürsten und Städtegesandte ihn erwarteten. Hier und in Köln mußte er sich erst einmal vielen Verwaltungsgeschäften widmen und konnte z.B. Luxemburg wieder für seine Familie einnehmen, wobei er seine Nichte als Regentin einsetzte. Erst im Januar 1417 kam er wieder in Kon- *1417*
stanz an, das er etwa 18 Monate vorher verlassen hatte.

Es verging noch einige Zeit bis zur Neuwahl, denn erst Ende März trafen die Gesandten aus Spanien ein, dann wurde verhandelt und erst am 26. Juli 1417 das Absetzungsurteil über Benedikt XIII. verkündet. Im dritten Wahlgang fiel dann am 11. November die Entscheidung für den Kardinal Oddo Colonna, der sich daher Martin V. nannte.

Der neue Papst war vorher verpflichtet worden, innerhalb von fünf Jahren ein Konzil einzuberufen und übernahm nun den Vorsitz über die weiteren Sitzungen. Im Januar 1418 erhielt Sigismund von ihm die Approbation, wodurch nun *1418*
der Weg für die Kaiserkrönung frei war.

So war nach langer Zeit die erste Aufgabe des Konzils gelöst worden. Bei der zweiten Aufgabe, der Kirchenreform, tat sich man sich noch schwerer. Herausragende Gelehrte der Zeit wie Pierre d'Ailly, Guillaume Fillastre, Jean Gerson, Konrad von Soest, Job Vener und andere bemühten sich in vielen Verhandlungen und Debatten, aber sie konnten keine zufriedenstellenden Ergebnisse in den wichtigen Bereichen wie päpstliches Steuerwesen, Kardinalskollegium, Zustand der Kurie erzielen. Martin V. erklärte immerhin, er werde die Zahl der Kardinäle auf 24 beschränken und bei ihrer Ernennung alle Teile der Christenheit berücksichtigen.

Sehr energisch ging man dagegen bei der dritten Aufgabe, dem Prozeß gegen Jan Hus, vor. Jan Hus war um 1371 im südböhmischen Husinec geboren und *1371*

Verbrennung von Jan Hus auf dem Konstanzer Konzil. Richenthal-Chronik

aus der Armut des Elternhauses in die Karriere in Kirche und Universität aufgestiegen. Nach seiner Weihe zum Priester im Jahr 1400 wurde er ein Jahr später zum Dekan der Prager Artistenfakultät gewählt. Zur Wende in seinem Leben
1400 kam es vor allem durch seine 1402
erfolgte Anstellung als Prediger an der großen Betlehemskapelle in Prag. In dieser Zeit war er mit den Lehren von John Wyclif in Berührung gekommen, der wie seit der Mitte des 14. Jahrhunderts auch Theologen in Böhmen gegen den Verfall und den Lebenswandel der Amtskirche predigte. Als Volksprediger griff Hus die Ideen von Wyclif und den anderen Kritikern auf, vor allem sprach er in tschechischer Sprache. So konnte er einerseits das Volk beeinflussen, wurde andererseits aber auch als Stimme des Volkes gesehen. Mit seinen Predigten zog er schnell die Aufmerksamkeit des Erzbischofs von Prag auf sich. Es war aber nicht die Kirchenkritik allgemein, sondern es waren die Lehren Wyclifs, die man ihm vorwarf, denn sie waren als ketzerisch angesehen.

König Wenzel unterstützte Hus und die mit ihm einsetzende Universitätsreform, die sich vor allem gegen die Dominanz der Deutschen richtete. Das Kut-
1409 tenberger Dekret (1409), in dem den Tschechen die Mehrheit der Stimmen in der
Universität eingeräumt wurde, führte zum Auszug der deutschen Magister und Scholaren, die eine neue Universität in Leipzig mit Leben füllten. Jan Hus wurde der erste Rektor der reformierten Universität Prag. Doch nach der vom Erzbischof angeordneten Verbrennung der Bücher Wyclifs wurde Hus geächtet, von Wenzel verlassen und von der Kurie angeklagt. Hus bezeichnete allein Christus als seinen Richter, entzog sich aber den ausbrechenden gewaltsamen Aus-
1412 einandersetzungen, die vom Volk und niederen Adel ausgingen, in dem er 1412
Quartier auf der Burg Kozí nahm und von dort durch Schriften wirkte.

Als das Konzil von Konstanz einberufen wurde, verlangten die Gegner eine Verurteilung von Jan Hus, Sigismund lud ihn ein und versprach ihm sicheres Geleit. Für Hus bedeutete das Konzil die Möglichkeit, vor einer internationalen Öffentlichkeit seine Thesen zu vertreten, er war überzeugt, daß er recht hatte und nicht vom rechten Weg abgegangen war. Auf dem Weg zum Konzil konnte er in verschiedenen Städten predigen und die Menschen ansprechen. Der Geleitbrief Sigismunds traf erst nach seiner Ankunft in Konstanz ein. Seine Prager Gegner erreichten, daß Hus, weil schon als Ketzer geächtet, in den Kerker ge-
1414 worfen wurde, wo ab 6. Dezember 1414 die Verhöre begannen. Als wichtige
Punkte der Vorwürfe bei den drei öffentlichen Anhörungen erwiesen sich im theologischen Bereich die Befürwortung der Kommunion unter beiderlei Ge-

stalt und im politischen Bereich seine Behauptung, daß ein König in Todsünde
kein wahrer König sei. Hus lehnte alle Vermittlungsversuche ab, wurde mit Zu-
stimmung Sigismunds am 6. Juli 1415 verurteilt und unter Oberaufsicht des *1415*
Pfalzgrafen als Ketzer verbrannt, die Asche in den Rhein gestreut. Sigismund
wurde vorgeworfen, daß er sein Wort gebrochen habe, aber dies galt nach seiner
Ansicht nur für das sichere Geleit.

Ein Jahr später wurde der Freund von Jan Hus Hieronymus von Prag ver-
brannt. Dies zeigte schwerwiegende Folgen, denn diese beiden wurden als Mär-
tyrer von ihren böhmischen Anhängern angesehen, 452 Herren und Ritter
schickten ein Protestschreiben nach Konstanz. Nach dem Tod Wenzels (1419) *1419*
brachen die bisher unterdrückten Proteste offen aus, die als hussitische Revolu-
tion bezeichnet wurden. Zwar ist es Sigismund gelungen, sich am 28. Juli 1420 *1420*
auf den Hradschin zum König von Böhmen krönen zu lassen, aber die Haupt-
stadt konnte er nicht erobern, obwohl er mit einem Kreuzfahrerheer gekommen
war. Sein Vorgehen gegen Hus wurde ihm vorgeworfen und angelastet. Die ver-
schiedenen Glaubensrichtungen der Hussiten verbündeten sich unter verschie-
denen Führern gegen ihn und ließen sich mit ihren Volksheeren und der Taktik
der Wagenburg nicht besiegen. Aber sie zogen über die Landesgrenzen und ver-
wüsteten Gebiete Frankens, Schlesiens und Österreichs, so bildeten sie das
Hauptproblem für den Reichsfrieden. Sigismund schaffte es in vielen Jahren
nicht, in Böhmen Fuß zu fassen, erst 1434 wurden die Hussiten vernichtend ge- *1434*
schlagen und sein Königtum anerkannt.

Neben den kirchlichen Aufgaben hatte Sigismund auch Reichsgeschäfte erle-
digt. So verlieh er Lehen und Regalien an alle, die sie einforderten. Den Höhe-
punkt herrschaftlicher Repräsentation stellte der 18. April 1417 dar, als Sigis- *1417*
mund dem Burggrafen Friedrich IV. von Hohenzollern die Markgrafschaft
Brandenburg verlieh. Gleichzeitig verhandelte der König auch mit den Städten,
denen er Unterstützung versprochen hatte. Meistens nutzte er das Kapital der
Städte für sich, indem er Privilegien vergab oder in Streitfragen eingriff. Sie grif-
fen den Gedanken eines umfassenden Bundes in den Jahren 1420/21/22 wieder *1420-*
auf, aber aus Vorbehalten vor den mächtigen Fürsten und angesichts der Macht- *22*
losigkeit des Königs im Reich kam dies nicht zustande.

Das Konzil wurde am 22. April 1418 beendet, der Papst reiste am 16. Mai und *1418*
Sigismund am 21. Mai, vorher mußte er allerdings noch seine ganzen Schulden
durch Verpfändung wertvoller königlicher Tücher und Gewebe begleichen. Die
Schuldscheine sind jedoch von ihm nie eingelöst worden. Er hielt sich noch ein
paar Monate im Reich auf, stärkte seine Anhänger wie den Markgrafen von Ba-
den und die Bürger wie in Augsburg, bevor er im Februar 1419 ungarischen Bo- *1419*
den betrat.

Nach sechsjähriger Abwesenheit kehrte der König wieder nach Ungarn zu-
rück, den neuen Markgrafen von Brandenburg hatte er als seinen Statthalter im
Reich zurückgelassen. Hier waren die alten Probleme in neuer Brisanz ausge-
brochen wie die Abwehr der Türken und vor allem die Auseinandersetzungen
mit Venedig, das seine Herrschaft in Dalmatien ausgedehnt hatte. Sigismund
konnte mit seinen geringen Geldmitteln kein starkes Heer aufbieten, die Venezi-
aner gingen sogar so weit, einen Mordauftrag gegen ihn zu erteilen. Sie gewan-

nen Friaul und Aquileja, womit dem Reich ein wichtiges Einfallstor nach Italien verloren ging.

Sigismund konnte sich mit diesem Problem nicht ausführlich befassen, weil sein Bruder Wenzel gestorben war und er sich um die Königswürde in Böhmen kümmern mußte. Auf einem Hoftag in Breslau meldete er seine Ansprüche an.
1411 Dort fällte er auch den Schiedsspruch, daß der Thorner Frieden von 1411 rechtmäßig sei und wies alle Forderungen Polens auf weiteren Gebietsgewinn zurück. In Böhmen konnte er wie erwähnt die Krone erringen, aber nicht die Herr-
1421 schaft, daher zog er sich 1421 nach Ungarn zurück. Von dort regelte er aber doch vorsorglich die Nachfolge in Böhmen, denn er verheiratete seine Tochter Elisabeth mit dem Habsburger Albrecht V., dem er die Markgrafschaft Mähren übertrug. Die Hussiten brachten ihm Niederlagen bei, die ihn zu einer Reform des Kriegswesens herausforderten. Nach der neuen Reichskriegsordnung von
1422 1422, erlassen in Nürnberg auf einem Hoftag, wurde eine allgemeine Steuer beschlossen, die Finanzierung und Stellung eines Reichsheeres garantieren sollte. Das Söldnerwesen bildete nunmehr die Basis. Der Beschluß ließ sich bei der Verweigerungshaltung vieler Anwesender aber nur in Ansätzen realisieren, Er-
1434 folge brachte er erst 1434.

1422 Auf demselben Hoftag von 1422 verlieh der König der Ritterschaft das Recht zum korporativen Zusammenschluß, zu dem sie auch Städte aufnehmen konnten. Die Einbeziehung der Städte fand zwar in der Realität nicht statt, aber der König hatte gezeigt, daß er gegen die Kurfürsten auf andere Kräfte setzte. Nachdem er zu diesem Zeitpunkt mit dem Markgrafen von Brandenburg zerstritten war, setzte er den Erzbischof von Mainz als Reichsvikar ein, immer noch nicht den Pfalzgrafen, womit er die Front der rheinischen Kurfürsten sprengte. Einen weiteren Kurfürsten gewann Sigismund als Partner nach dem Tod des Kurfürsten von Sachsen. Denn er übertrug die Kurwürde dem Markgrafen Friedrich IV. von Meißen, einem seiner treuesten Anhänger. Doch die sechs Kurfürsten
1424 schlossen sich 1424 zu einem Kurverein in Bingen zusammen, um gegen den König zu agieren. Seiner geschickten Diplomatie gelang jedoch die Herauslö-
1427 sung von Sachsen und Brandenburg, so daß bei einem zweiten Treffen von 1427 die rheinischen Kurfürsten wieder unter sich waren.

1422 Inzwischen nahm Sigismund seit November 1422 seine Regierungsgeschäfte wieder von Ungarn aus wahr. Dabei war er neben den Hussitenzügen vor allem mit der Abwehr der Türken beschäftigt, wobei er als Verbündete sogar im fernen Osten bei den Khanen in Persien um Hilfe nachsuchte. Weder bei der einen noch bei der anderen Auseinandersetzung war ihm das Kriegsglück vergönnt. Angesichts der Brisanz in Böhmen ließ er die Reichskleinodien nach Ungarn
1423/ (Visegrád) bringen und von dort 1423/24 nach Nürnberg, wo sie in der Kapelle
24 des Heilig-Geist-Spitals bis 1796 aufbewahrt wurden.

Sigismund selbst wurde immer wieder gehindert, zu einem Tag ins Reich zu kommen. Zum einen war sein persönlicher Zustand daran schuld, er litt an Gichtanfällen, zum anderen waren es die Venezianer und Türken, die ihn in Ungarn beschäftigten. Dies wurde ihm sogar von den unteren Schichten zum Vorwurf gemacht, es hieß, er interessiere sich nicht für das Reich und habe Sympathien für die böhmischen Ketzer. Die Wirtschaftskräfte des Reiches waren vor allem beunruhigt, weil die Hussiten die Handelswege störten, dadurch der Kapitalgewinn ausblieb.

Erst 1431 sollten alle Wünsche befriedigt werden. Sigismund war im August 1430 ins Reich aufgebrochen und hatte für März 1431 einen Tag nach Nürnberg einberufen. Die Hauptprobleme aus Sicht des Königs waren die Landfriedenseinigung und der Zug gegen die Hussiten. Man konnte sich nicht auf ein gemeinsames militärisches Vorgehen gegen die Hussiten einigen. Am 14. März wurde aber ein Landfriedensgebot verkündet, das bis November 1432 Geltung haben sollte. Zehn Tage später konnte Sigismund eine Goldene Bulle verabschieden, in der den Städten die Aufnahme von Landbevölkerung, die unter der Hoheit des Adels stand (Pfahlbürger), verboten wurde, gleichzeitig erging auch wieder das Verbot des Zusammenschlusses zu Bünden. Dies mußte die politische Freiheit der Städte stark einengen, aber die Städte ließen sich nicht einschüchtern, sondern verfuhren nach Sigismunds Abreise weiter wie vorher.

1431

1432

Neben dem Tag von Nürnberg konnte auch endlich ein allgemeines Konzil in Basel stattfinden. Papst Martin V. hatte sich lange geweigert, dann ein Konzil in Pavia 1423 einberufen, das nach Siena verlegt und mangels Beteiligung vom Papst aufgelöst worden war. Sigismund hatte nicht nachgegeben und den Papst zur Einberufung des Konzils nach Basel bewegen können. Der Papst starb vor Beginn des Konzils und sein Nachfolger Eugen IV. war mehr an der Union mit der griechischen Kirche interessiert als an der Kirchenreform. Daher begann er nach Eröffnung des Konzils schon auf dessen Verlegung hinzuarbeiten. Die Konzilsteilnehmer und Sigismund beharrten auf Basel. Der König trat in Verhandlungen mit dem Papst ein, denn ihm ging es auch um die Kaiserkrönung. Er wußte, daß es schwierig werden würde, denn der Papst war aus Venedig.

1423

Dies Ziel, das sein Bruder Wenzel nicht erreicht hatte, hatte Sigismund immer ins Auge gefaßt und mehrere Male die Vorbereitungen dazu getroffen. Angesichts der vielschichtigen Probleme, mit denen er sich beschäftigen mußte und wollte, gab es niemals ein so beruhigtes Reich, daß er ohne Gefahr nach Rom ziehen konnte. Als er den Romzug in Nürnberg verkündete, sagten ihm nur die Rittergesellschaften von St. Jörgenschild ihre Unterstützung zu, aus Ungarn gab es sehr scharfe Proteste. Trotzdem brach Sigismund im September mit einer kleinen Streitmacht nach Süden auf. Er ernannte Herzog Wilhelm vom Bayern-München zum Stellvertreter und Protektor des Basler Konzils. Am 22. November zog er sehr zur Überraschung von Filippo Maria in Mailand ein, wo er die eiserne Krone der Langobarden aus der Hand des Erzbischofs empfing. Hiermit hatte er eine wichtige Station zur Kaiserkrönung geschafft.

Während Sigismund in Piacenza überwinterte, hörte er von einer Bulle des Papstes, mit der das Basler Konzil aufgelöst werden und dann nach Bologna verlegt werden sollte. Kurz zuvor hatte das Konzil als wichtige Aufgaben definiert: die Kirchenreform, die Ausrottung der Ketzer und die Herstellung eines allgemeinen Friedens. Mit allen Mitteln versuchte Sigismund, das Konzil zu retten, schickte seinen Stellvertreter hin und gleichzeitig dem Papst Briefe, in dem er ihn beschwor, die Auflösungsbulle zurückzunehmen. Das Konzil wurde jetzt erst recht attraktiv und zog viele neue Teilnehmer an. Sigismund quälte sich von

Gichtanfällen geplagt mit Aufenthalten in Parma und Lucca langsam nach Süden, wo er in Siena fast ein Jahr zubrachte.

Von dort aus leitete er seine Politik in seinen Reichen, mußte auch wieder ein-
mal in den Konflikt zwischen Deutschem Orden und Polen eingreifen, und dort
führte er Gespräche mit Abgesandten des Papstes, um die Lage zu retten, denn
er benötigte den Papst für seine Krönung. Das Konzil hatte den Papst geladen
und inzwischen bereits den Prozeß gegen ihn eröffnet. Der König saß ohne
große Unterstützung in Italien fest, der erbetene Nachschub an Streitkräften
kam nicht. Er mußte verhandeln. Seine Gesandten unter der Leitung des fähigen
Vizekanzlers Kaspar Schlick wurden vom Papst hingehalten, der den Prozeß in
Basel abwarten wollte. Die Entscheidung wurde durch die Kurfürsten herbeige-
führt. Sie schickten Boten an das Konzil, damit der Prozeß für 60 Tage ausge-
setzt wurde und nach Siena, um die letzten Schritte zu fördern. Am 20. Januar
erreichten sie Rom, wurden zwar zur Audienz sofort empfangen, kamen aber
nur langsam in den Verhandlungen voran. Immerhin hat der Papst am 14. Fe-
1433 bruar 1433 das Basler Konzil anerkannt, aber ihm nicht Recht gegeben. Sigis-
mund schaffte es, trotz ständiger schlechter Botschaften aus Basel mit dem Papst
einen Vertrag über den weiteren Verlauf zu schließen. Am 21. Mai ritt er endlich
in Rom ein und am 31. Mai (Pfingstsonntag) 1433 wurde die Kaiserkrönung in
Gegenwart von wenigen Getreuen vollzogen.

Somit hatte Sigismund den Zenit seines Lebens erreicht. Als Kaiser hatte er zwar nur noch den Ehrenvorrang vor gleichberechtigten europäischen Monarchen, aber dies bedeutete doch gleichzeitig einen Gewinn an Autorität und Prestige. Er übernahm die alten kaiserlichen Pflichten des Kirchen-, bzw. hier auch Konzilsschutzes, der Heidenmission und Ketzerbekämpfung.

Als erstes mußte er Konzil und Papst versöhnen, damit die Radikalreformer kein neues Schisma auslösten. Er hielt sich noch wie versprochen zehn Wochen in Rom auf und konnte mit dem Papst weitgehende Übereinstimmung erzielen. Dadurch veränderte sich das Verhältnis des Kaisers zum Konzil. Er versuchte auch wieder einmal, in Italien in die Politik z.B. den Konflikt Florenz, Venedig, Mailand zu Gunsten Venedigs einzugreifen. Aber die Verhältnisse in Italien waren zu schwierig und die Machtgrundlage des Kaisers war zu schwach, um eine Lösung zu erreichen. Während seines Italienaufenthaltes wurde er unterrichtet, daß man vom Konzil aus intensive Verhandlungen mit den Hussiten aufgenommen hatte und sich im Reich bemüht hatte, einen allgemeinen Landfrieden herzustellen. Am 13. August 1433 trat er die Reise von Rom nach Basel an, wo er am 11. Oktober nach einem Gewaltritt ankam.

Sigismund fand mit den gemäßigten Teilnehmern des Konzils einen Kom-
promiß, ihm mußte daran gelegen sein, daß seine Krönung nicht von einem
Papst vollzogen worden war, der abgesetzt wurde. Während seines siebenmo-
natigen Aufenthaltes kümmerte er sich neben den kirchlichen Angelegenheiten
auch um Außenpolitik und um die Reichsangelegenheiten und Lösung von
1434 Konflikten, so auf einem Tag, den er zum 6. Januar 1434 nach Basel einberufen
hatte. Dabei verbot er dem Konzil eine Überschreitung seiner Kompetenz
durch Einflußnahme in weltlichen Angelegenheiten. Gemeinsam fand man die
Lösung des Hussitenproblems, die nach einer vernichtenden Niederlage des

hussitischen Heeres der radikalen Taboriten mit den gemäßigten Utraquisten möglich schien.

Bevor es jedoch dazu kam, mußte der Kaiser endlich wieder in Ungarn eingreifen, denn dort nahmen die Übergriffe der Barone immer mehr zu. Nach vier Jahren kehrte er im Oktober 1434 wieder zurück und versuchte, durch umfassende Reformen die Ordnung wieder herzustellen. Zu den innenpolitischen traten die bekannten außenpolitischen Schwierigkeiten mit den Osmanen. Sigismund benötigte fast drei Jahre, um genügend Söldner zusammenzubringen, aber sein Heer schaffte es, den Türken im August 1437 eine deutliche Niederlage beizubringen und sie für Jahre zurückzudrängen. Damit hatte der Kaiser eine gewisse Genugtuung für jahrelanges Kämpfen erlangt.

Während dieser Phase gingen die kleinen Reibereien und Verhandlungen in Böhmen zwischen den verschiedenen politischen Gruppen weiter. Sigismund, die Gesandten des Basler Konzils und Herzog Albrecht als Vermittler waren auch in die Gespräche einbezogen, die zu einem Kompromißvorschlag führten. Sigismund räumte den böhmischen Ständen Konzessionen ein, die er kaum gewillt war zu halten, denn er hoffte, mit Hilfe ergebener Barone die starke Königsherrschaft in Böhmen wieder herstellen zu können. Als Gegenleistung für seine Zugeständnisse sollte Sigismund als König in Böhmen anerkannt werden. Am 26. August fanden die Feierlichkeiten der Krönung auf dem Altstädter Ring in Prag statt, womit Sigismund nach seiner Notkrönung 16 Jahre vorher nun endlich an sein Ziel gekommen war. Wegen der Verwüstung der Burg mußte er sein Quartier bei den Benediktinern nehmen, von wo aus er seine Energie in die Wiederherstellung der Ordnung und in den Frieden zwischen den Hussiten und der katholischen Bevölkerung investierte. Nur zum Tag in Eger im Juli 1437 verließ er dieses Domizil.

Seine Frau Barbara wurde im Februar 1437 zur Königin von Böhmen ge- *1437*
krönt. Sigismund hatte in der Zwischenzeit schon einige treue Anhänger in wichtige Positionen gebracht, mußte aber auch registrieren, daß die Spannungen im Land zunahmen, und das Volk mit ihm unzufrieden war. In dieser Situation trafen auch noch Nachrichten aus Basel ein, daß sich die radikal denkenden Gruppen dort gewaltsam auseinandersetzten. Der Beschluß einer Minderheit, das Konzil zu verlegen, veranlaßte Eugen IV., das Konzil aufzulösen und nach Ferrara neu einzuberufen. Nur mit Drohungen konnte der Kaiser im Oktober 1437 die Konzilsmehrheit und den Papst zum Einlenken bewegen. Mitten in den weiteren Verhandlungen starb Sigismund.

Bereits am 9. September hatte er die Amputation einer großen Zehe wegen Altersbrand über sich ergehen lassen müssen. Als er merkte, daß seine Kräfte schwanden, wollte er nach Ungarn gebracht werden. Gleichzeitig forderte er seine Tochter Elisabeth und ihren Mann Albrecht V. auf, schnell zur Amtsübergabe nach Prag zu kommen. Er selbst ließ sich in einer prächtigen Sänfte mit großem Gefolge abtransportieren. Bis auf die Knochen abgemagert erreichte er am 25. November die Stadt Znaim, wo Tochter, Schwiegersohn und Enkelinnen mit ihren Anhängern mit ihm zusammentrafen. Er beschwor alle, für eine erfolgreiche Thronübernahme zu sorgen. Am 9. Dezember hörte er am Morgen in kaiserlichem Ornat die Messe, legte den Ablauf der Totenfeier fest und starb am

Sigismund kniet während der Weihnachtsfeier 1414 in Konstanz als Diakon gekleidet bei der Christmette. Herzog Rudolf v. Sachsen hält das königliche Schwert über dem Haupt des Königs. Richenthal Chronik

Nachmittag auf seinem Thron. Am nächsten Morgen symbolisierte das Zerstören aller Siegel und Petschaften das Ende der Herrschaft. Der Leichnam wurde drei Tage aufgebahrt und dann an langen Menschenschlangen vorbei nach Großwardein (Oradea/Rumänien) überführt. Dort hatte sich Sigismund zu Füßen des Nationalheiligen Ladislaus seine Grablege vorbereitet. In Brokat gekleidet, mit einer silbernen Krone auf dem Kopf, den Reichsapfel und das Zeichen des Drachenordens auf der Brust wurde er beigesetzt.

Einordnung

Sigismund hat 50 Jahre in Ungarn, 27 Jahre im Reich, 18 Jahre (nominell) in Böhmen als König regiert und war vier Jahre Kaiser. Kein anderer Herrscher kann vergleichbares aufweisen, kein anderer hat ein ähnliches erlebnisreiches Leben geführt und kein anderer hat so viele Erfolge am Ende seines Lebens gehabt. Um dies alles leisten zu können, benötigte Sigismund eine besonders gute körperliche Konstitution und einen wachen Verstand. Der berühmte Humanist und spätere Papst Aeneas Silvio Piccolomini hat ihn charakterisiert als von ausgezeichneter Statur, mit lebhaften Augen, von gewandtem Geist, in der Rede gewandt, aber doch unbeständig, dem Wein und der Liebe zugetan, zum Zorn neigend, aber großzügig im Vergeben, einer, der mehr versprach, als er gehalten hat. Dies war der Eindruck der Zeitgenossen. Wie bei seinem Vater war die Sprachfertigkeit ein Schlüssel des Erfolgs, so konnte er in allen Reichen in der Landessprache reden und darüberhinaus in der Außenpolitik direkt verhandeln.

Diese schillernde Persönlichkeit brachte anscheinend die nötigen Voraussetzungen mit, um trotz vieler Niederlagen erfolgreich zu sein. Er hatte seinen Vater Karl IV. und seinen Schwiegervater Ludwig den Großen von Ungarn als Vorbilder. Doch es ist erstaunlich, wie er gerade in Ungarn immer wieder aus den Tiefen der Politik zu neuen Höhen emporsteigen konnte. Dabei halfen ihm sowohl sein diplomatisches Geschick wie auch seine Skrupellosigkeit, was das Einhalten von Verträgen und Versprechungen betraf. Dazu kamen seine treuen und sehr geschickt agierenden Anhänger wie Kanizsai, später Konrad von Weinsberg und Kaspar Schlick. Seine enge Verbundenheit mit Ungarn trieb ihn immer wieder in kriegerische Auseinandersetzungen mit den Türken. Als erster

Herrscher erkannte er die Bedrohung durch die expansive Politik der Osmanen. Daraus ergab sich sein Konzept als europäisch denkender Staatenlenker: Die Union der West-und Ostkirche, die Beseitigung des päpstlichen Schismas, die Einigung der europäischen Herrscher und die Konzentration aller Kräfte auf die Türken.

Seine eigenen Kräfte konzentrierte er jeweils auf das anstehende Problem, so sah er seine besondere Aufgabe als Herrscher in der Wiederherstellung einer einheitlichen Kirche. Mit großer Tatkraft führte er ein allgemeines Konzil in seinem Reich herbei, das er dominierte. Seine umfangreiche Reisetätigkeit im Dienst des Konzils und eines Friedensschlusses für Europa brachte ihn sogar nach England. Die Neuwahl eines gemeinsamen Papstes fand erst nach seiner Rückkehr statt. Danach überließ er dem Papst die Führung. Dies blieb sein größter Erfolg.

Falsch eingeschätzt hatte er die Wirkung von Jan Hus. Der Fall Jan Hus, der unter seiner Aufsicht in Konstanz durchgeführt wurde, wurde ihm beinahe zum Verhängnis. Der Märtyrer Hus war das Symbol des Aufstandes der Hussiten, die sich über viele Jahre halten konnten. Sie forderten die gemeinsamen Bemühungen der Mitglieder des Reiches heraus und führten so zum Versuch einer allgemeinen Steuer für die Rekrutierung eines Reichsheeres. Erst spät konnte Sigismund nach einer Einigung mit ihnen sein Ziel der Anerkennung des Königtums in Böhmen erreichen.

Während des Konzils hatte Sigismund in die europäische Außenpolitik eingegriffen. Nach kurzem Erfolg mußte er aber einsehen, daß die Lage im Westen Europas zwischen Frankreich und Burgund und Frankreich und England zu kompliziert war. Eine Schiedsrichterrolle konnte er als römischer König und später als Kaiser nicht mehr ausüben. Das gilt auch für den ihm näherliegenden Konflikt zwischen dem Deutschen Orden und Polen. Hier stellte er sich aus taktischen Gründen mal auf die eine, mal auf die andere Seite, eine Lösung fand er nicht. Am meisten lag ihm Ungarn am Herzen, daher versuchte er alles, um dieses Reich in seiner räumlichen Ausdehnung zu erhalten. Er nahm Kontakt zum Kaiser in Byzanz und sogar zum fernen Khan der Tataren im Rücken der Osmanen auf, um sie gegen die Türken als Partner zu gewinnen.

Auch Venedig, das ihm gleichzeitig Gebiete Ungarns entrissen hatte, versuchte er immer wieder, mit seiner Flotte für den Türkenkampf auf seine Seite zu ziehen. Damit griff er in die Italienpolitik ein, deren komplizierte Verbindungen er niemals durchschaute. Er konnte sich nur sehr mühsam auf seinem Romzug vorwärts bewegen. Die großen Mächte Mailand, Florenz und Venedig unterstützten ihn nicht. Der Papst hatte keine Macht, war aber unersetzbar für die Kaiserkrönung, daher verhandelte Sigismund ununterbrochen zwischen dem Papst und dem Konzil. Nach seiner Kaiserkrönung hat er wieder das Konzil weitgehend gefördert, aber auch hier war seine Vorstellung vorrangig, daß seine Krönung nicht angezweifelt wurde.

Seine politischen Ambitionen im Reich konnte er trotz geschickten taktischen Vorgehens nicht umsetzen. Die Unterstützung der Städte und der Ausbau ihres Handels reichte nicht, um sie als starke Kraft neben die Fürsten zu stellen, dasselbe gilt für die Ritter. Er mußte einsehen, daß die Kurfürsten zu stark waren, er hatte keine Machtgrundlage.

Die Umsetzung seiner politischen Ideen war das Hauptproblem seiner Herrschaft. In dem entscheidenden Moment fehlte ihm die Unterstützung durch entsprechende Partner, vor allem aber fehlte ihm immer Geld. Permanent war er verschuldet, verkaufte und verpfändete alles, was möglich war und hatte doch immer Mangel. So konnte er seine Anhänger nicht für ihre Leistungen entlohnen und verlor sie wieder, andere, die er dringend benötigte, konnte er nur mit seiner Überredungskunst allein ohne Geld nicht gewinnen. Seine Familie, die ihn am Anfang oft unterstützt hatte, erwies sich später als intrigant und selbstsüchtig.

Er konnte keine Ruhe in seine Politik bringen, wenn er einen Brand gelöscht hatte, flackerte in einem anderen Gebiet seiner Herrschaft wieder ein neuer auf. Längere Zeit konnte er sich nicht an einem Ort aufhalten, besaß keine feste Residenz, schon gar nicht im Westen oder der Mitte des Reiches. Erstaunlicherweise konnte er trotz dieses Mangels an Geld und Macht durch ständiges Verhandeln und Reaktivieren seiner Kräfte, vor allem aber durch eine unglaubliche Reisetätigkeit, am Ende seines Lebens drei Königskronen und eine Kaiserkrone aufweisen. Am Ende zeigte sich auch, wie wichtig ihm die östlichen Reiche waren, denn bis zuletzt galten seine Gedanken der Nachfolgeregelung für seine Familie in diesen Reichen. Das römische Reich war unwichtiger, denn es hatte sich als für ihn unregierbar erwiesen. Die Reformen, Versuche der Zentralisierung, deren Vorzüge er in Paris und London gesehen hatte, waren steckengeblieben. Die partikularen Kräfte hatten bereits eigene Strukturen aufgebaut und waren dem Königtum überlegen.

Die Habsburger

Albrecht II. von Habsburg (1438-1439)

Nach dem Tod des Kaisers meldete Kurfürst Friedrich von Brandenburg Ansprüche auf den Thron im Reich an, als zweiter Kandidat wurde Herzog Philipp von Burgund vom Kölner Erzbischof ins Spiel gebracht. Beide zogen zurück, dadurch war der Weg frei für Sigismunds Schwiegersohn, den Habsburger Albrecht, der am 18. März 1438 einstimmig gewählt wurde. *1438*

Albrecht V. von Österreich war 1397 als Sohn Herzog Albrecht IV. geboren *1397*
und hatte 1411 das Herzogtum gegen den Widerstand seiner Vormunde, der *1411*
Herzöge Leopold IV. und Ernst, durch die Initiative der Stände bei seiner Volljährigkeit übernommen. Dadurch entstanden drei habsburgische Machtkomplexe. Herzog Albrecht setzte sich energisch in seinem Land durch, sicherte zuerst den Landfrieden, unterstützte die Kirchenreform (Melker Reform), führte eine neue Gerichtsbarkeit ein und brachte die zerrütteten Finanzen in Schwung. Ein Zuwachs an die herzogliche Kammer kam 1420 durch die Ein- *1420*
ziehung des gesamten Vermögens der Juden Wiens zustande, nachdem sie auf Grund einer Ritualmord-Beschuldigung vom Herzog ausgewiesen worden waren.

Das Jahr 1421 führte zur Annäherung an Sigismund, indem er dessen Tochter *1421*
Elisabeth heiratete. Dies erwies sich aber nicht nur als Vorteil für ihn, sondern bürdete ihm auch eine Last auf. Das zeigte sich in den langen Auseinandersetzungen mit den Hussiten, die Albrecht zum großen Teil ohne Sigismund bewältigen mußte. Seit dem Jahr 1425 hatte Sigismund ihn als seinen Nachfolger in *1425*
Ungarn und Böhmen ins Spiel gebracht. Für die Nachfolge im Reich hatte er die Unterstützung des Kurfürsten von Sachsen erhalten, aber keine konkreten Schritte unternommen.

Nach dem Tod Sigismunds wurde Albrecht problemlos in Ungarn als König anerkannt. In Böhmen wurde es schwieriger. Von einer Mehrheit der Stände wurde der letzte Wille Sigismunds akzeptiert und Albrecht im Dezember 1437 *1437*
zum König gewählt. Doch die hussitische Opposition ließ nicht nach, sondern wählte Kasimir, den Bruder des polnischen Königs, zum Gegenkönig.

Dies war die Situation, als Albrecht zum römischen König gewählt wurde. Anscheinend hatte er doch erhebliche Bedenken, dieses Amt auch noch zu übernehmen, denn er nahm die Wahl erst am 29. April an, eine Krönung hat niemals stattgefunden. Seine Ausgangsbasis für das Königtum war denkbar schlecht. Seit Karl IV. war das Reichsgut regelrecht verschleudert worden, d.h. in der Regel verpfändet. Wie Sigismund mußte Albrecht II. vom Rand des Reiches aus regieren, ein Zentrum für die Reichsregierung fehlte nach wie vor. Somit litt er von vornherein unter Geldmangel und hatte keine Machtmittel, königliche Urteile oder Gebote im Reich umzusetzen. Die Reichsreform, die Sigismund 1434 in *1434*
Gang gesetzt hatte, nahm keine Fortschritte. Albrecht begünstigte allerdings die Städte, von denen er sich wohl Geldmittel erhoffte.

Die Reichsreform wurde sehr eng mit Sigismund verbunden, denn ein unbekannter Verfasser, wohl ein Teilnehmer des Basler Konzils aus dem alemannischen Raum, schrieb kurz nach Sigismunds Tod eine umfangreiche Reformschrift mit dem Titel „Reformatio Sigismundi". Sie behandelte alle Teile des Lebens, in der hohen Politik legte sie die Reform in die Hände des Königs, plädierte für enge Zusammenarbeit (wie Sigismund) von Städten und Ritterschaft. Die Kirche sollte bescheidener werden, keine weltliche Macht ausüben. Ein neuer Priesterkönig wird die Reform bringen und auch für mehr soziale Gerechtigkeit für die Kleinen sorgen. Diese teilweise visionäre Schrift wurde zwar häufig kopiert, fand aber nur Eingang in kleine Kreise von Lesekundigen und hatte wenig Auswirkung auf die reale Reformpolitik.

Mit dem Basler Konzil und dessen Konflikt mit dem Papst mußte sich der neue König auseinandersetzen, denn die Kurfürsten hatten ihre Neutralität erklärt. Sie versuchten aber, die Regierungspolitik zu gestalten, indem sie den Kölner Rat Dr.Tilman Johel baten, ein Regierungsprogramm vorzulegen, das von der politischen Übereinstimmung zwischen König und Kurfürsten handelte. So sollte der König z.B. das Amt des Kanzlers wieder mit einem Prälaten besetzen. Albrecht II. legte jedoch Wert auf Kontinuität. Er übernahm die wichtigsten Vertrauten Sigismunds als seine Ratgeber, den Erzkämmerer Konrad von Weinsberg, den Kanzler Kaspar Schlick und den Erzmarschall Haupt von Pappenheim. Ihnen übertrug er die Weiterführung der Reichsreform und die Herstellung der Friedensordnung.

Er selbst war durch die Probleme in Böhmen und Ungarn in Anspruch genommen. In Böhmen setzte er sich mit Hilfe der Reichsstände gegen den polnischen Rivalen durch. Im Sommer 1439 rüstete er zum Krieg gegen die agressiven Türken. Aber nur aus Ungarn kam militärische Hilfe. Schon bald nach seinem Aufbruch Richtung Serbien mußte er seinen Kriegszug wegen einer grassierenden Ruhrerkrankung abbrechen. Auf dem Rückweg nach Wien starb Albrecht II. am 27. Oktober 1439 an den Folgen der Krankheit und wurde in Stuhlweißenburg beigesetzt. *1439*

Einordnung

Angesichts der kurzen Regierungszeit kann man nicht viel zur Einordnung beibringen. Albrecht stammte aus einer der wichtigsten Familien, die seit langer Zeit eine mächtige Position im Süden und Südosten des Reiches aufgebaut hatte. Ähnlich wie bei den Luxemburgern war die Familie gespalten und konnte daher ihre Macht nicht entsprechend einbringen. Durch Albrecht erhielten die Habsburger nun die Chance, durch einen König an die Spitze der Fürstenschaft zu treten. Allerdings war das Erbe Sigismunds groß und belastete gleich alle Kräfte des Herrschers. Im Reich zeigte er, daß er Städte und Ritter unterstützen wollte. Er erkannte zugleich, daß er die Reichspolitik bewährten Kräften, Sigismunds Vertrauten, überlassen mußte und konzentrierte sich auf seine beiden anderen Reiche. Doch schon bei seinem ersten Kriegszug gegen die ständigen Feinde Ungarns, die Türken, verlor er sein Leben. Wieder einmal hatte mit der Ruhr eine der gefährlichen Krankheiten in die Geschichte eingegriffen. Für die Habsburger ergab sich aber kein Bruch, sondern der Beginn einer langen Vorherrschaft, denn sie stellten die Könige bis zum Ende des Reiches mit nur einer einzigen Unterbrechung.

Darstellung des Kaisers Friedrich III. zusammen mit dem Humanisten Eneas Silvio Piccolomini, dem späteren Papst Pius II. Widmungsbild zur Europabeschreibung in der Schedelschen Weltchronik

Friedrich III. (1440-1493)

Albrecht hinterließ zwei unmündige Töchter und einen ungeborenen Sohn. Kurz vor seinem Tod hatte er bestimmt, daß der älteste Fürst in Österreich mit einem ständischen Regentschaftsrat die Vormundschaft übernehmen sollte, falls ihm ein Sohn geboren werde. Dies wurde im Jahr 1439 der nur 24jährige Friedrich V., der die herzogliche Gewalt in Innerösterreich innehatte. Friedrich stammte aus der zweiten Ehe von Herzog Ernst dem Eisernen mit Cimburgis aus Masowien und wurde 1415 in Innsbruck geboren. Er gehörte damit zum leopoldinischen Zweig der Familie, der sich 1379 von dem albertinischen Zweig
getrennt hatte. Dank eines Schiedsspruchs von Albrecht V. erhielt Friedrich 1434 *1434*
endlich sein Herzogsamt in Innerösterreich, das er mit seinem Bruder Albrecht *1436/*
teilen mußte. Im Jahr 1436 unternahm er eine Pilgerfahrt ins Heilige Land. 1439 *39*
wurde er Vormund des zwölfjährigen Sigismund von Tirol. In demselben Jahr konnte er nach dem Tod Albrechts Ansprüche auf die Regentschaft in den albertinischen Gebieten und auf die Vormundschaft für das ungeborene Kind an-
melden. Am 22. Februar 1440 wurde Ladislaus Postumus geboren, in dessen *1440*
Namen die Königswitwe Anrechte auf die Herrschaftsnachfolge in Böhmen, Ungarn und Österreich verdeutlichte.

1439

1415

Am 2. Februar 1440 wurde der einzige Kandidat, der Habsburger Friedrich V. von Innerösterreich, einstimmig von den Kurfürsten zum König des römischen Reiches gewählt. Bezeichnenderweise nannte er sich Friedrich III., indem er den eigenen Vorfahren Friedrich den Schönen überging und somit an die Staufertradition anknüpfte. Im Reich setzte man große Erwartungen in ihn, denn mit dem Namen Friedrich war eben in Legenden die Rückkehr der Stauferkaiser verbunden. Auf Grund der zu erwartenden Belastungen hielt sich Friedrich bedeckt und nahm die Wahl erst nach zwei Monaten an. Eine Krönung wurde im Zeitraum von zwei Jahren vorgesehen.

Seine Ziele sind zum Teil in seinem „Notizbuch“ formuliert, das er zumeist eigenhändig verfaßt hat. Dort wird sein Bewußtsein von einer Verantwortung für das „Haus Österreich" deutlich, genauso wie das Ziel, die Länder der Habsburger wieder zu einen. Dazu gehörte zuerst auch die Sorge um das Erbe der Luxemburger. Seine Herrschaftsdevise war demnach klar, aber in seinem Notizbuch wohl später eingefügt: „Alles Erdreich ist Österrich underthan" (a e i o u).

Denn für das Geschehen im Reich hatte er zunächst keine Zeit, seine Pflichten als Vormund für Ladislaus Postumus nahmen ihn voll in Anspruch. Eine starke Adelsopposition in Ungarn hatte die Krone dem polnischen König Wladislaw angeboten. Die Königinwitwe schaffte es, den ungarischen Kronschatz mit Reichskrone in ihren Besitz zu bringen und ihren Sohn mit der Krone in Stuhlweißenburg krönen zu lassen. Zu ihrem Glück fiel König Wladislaw auf einem
1445 Feldzug gegen die Türken, was im Mai 1445 zur allgemeinen Anerkennung von Ladislaus führte. Allerdings wurde die Bedingung gestellt, daß er zur Krönung nach Ungarn gebracht werden müsse. Friedrich III. ließ sich darauf nicht ein. Daraufhin fiel Johann Hunyadi, zum Reichsverweser von den Ständen gewählt,
1450 in Österreich ein. Im Vertrag von Preßburg vom Oktober 1450 wurde bestimmt, daß Ladislaus bis zum Ende des 18. Lebensjahres bei Friedrich bleiben sollte und Hunyadi bis dahin die Herrschaft in Ungarn führen sollte.

In Böhmen war die Situation ähnlich schwierig. In Schlesien, Nieder -und Oberlausitz sowie Teilen Mährens wurde Ladislaus anerkannt, während ein böhmischer Landtag Herzog Albrecht von Bayern-München wählte. Dieser lehnte unter dem Druck Friedrichs III. ab, der nun selber vorgeschlagen wurde. Doch dieser verwies die Gesandten darauf, daß sie mit Ladislaus bereits einen König hätten. Man lenkte in Böhmen ein, aber auch hier lehnte Friedrich eine Krönung seines Mündels im Land ab, sondern beauftragte den Landtag, eine Vormundschaftsregierung zu wählen. Nach einigen Kämpfen setzte sich der mährische Adelige Georg Podiebrad durch und wurde vom König als Reichs-
1452 verweser eingesetzt. 1452 wurde dies von den Ständen bestätigt.

Im albertinischen Österreich zog er sich für Ladislaus viel Ärger zu, denn die Finanzierung der Feldzüge gegen die Türken hatte große Schulden aufgehäuft, deren Zahlung man von ihm verlangte. Man einigte sich auf Bezahlung der Söldner durch Friedrich und gleichzeitig die Bestellung eines zwölfköpfigen Ratsgremiums, das an der Landesregierung mitwirken sollte.

Während dieser Aktivitäten in Ungarn, Böhmen und Österreich hatte Friedrich III. dem Kanzlei- und Hofpersonal und dem Kanzler seines Vorgängers
1442 die Reichsgeschäfte überlassen. Erst im Februar 1442 brach er ins Reich auf und gelangte über Augsburg, Nürnberg, Mainz nach Aachen, wo er am 17. Juni 1442 endlich gekrönt wurde.

Auf einem Tag in Frankfurt am Main war vor allem der allgemeine Landfrieden das Ziel der Beratungen. Am 14. August wurde die „Reformacio Friderici" erlassen. Sie war aber keine Reform der sogenannten offenen Reichsverfassung (Moraw), denn niemand wollte auf seine Rechte verzichten. Besonders die Städte sahen diese „Reformatio" als Erlaß der Fürsten an. Es wurde auch kein allgemeines Fehdeverbot erteilt, sondern es wurden nur die bestehenden Einschränkungen bekräftigt.

Zu dieser Zeit mußte sich Friedrich auch zum Konflikt Konzil und Papst po-
1439 sitionieren. Das Konzil hatte Eugen 1439 abgesetzt und Felix V. gewählt. Frie-

drich verhielt sich bedeckt, tendierte aber dann eher in die Richtung Papst Eugens. Als Vermittler agierten dabei der Kanzler Kaspar Schlick und der neue königliche Sekretär Aeneas Silvio Piccolomini. Zu Beginn des Jahres 1446 schloß *1446*
der Habsburger eine Vereinbarung, die ihm erlaubte, als Landesherr in den österreichischen Erblanden 100 Benefizien zu vergeben, außerdem die Bistümer zu besetzen und Visitatoren der Klöster vorzuschlagen. Auch die Kaiserkrönung wurde ins Auge gefaßt, für deren Finanzierung der Papst mit der Erhebung eines Kirchenzehnten aushelfen wollte. Die Kurfürsten, besonders von Köln und Trier, stellten sich gegen die Sonderverhandlungen. Der Papst betrieb die Absetzung der beiden Erzbischöfe, erreichte damit aber nur, daß sich die Kurfürsten am 21. März 1446 zu einem Kurverein zusammenschlossen. Am Ende dieser Phase stand aber doch die gegenseitige Anerkennung im Frühjahr 1447. Erst der Nachfolger Papst Nikolaus V. (1447-55) schloß mit Friedrich III. im Wiener Konkordat im Februar 1448 einen endgültigen Vertrag über Anerkennung und *1448*
Umsetzung von Beschlüssen des Basler Konzils.

Hatte Friedrich schon bei seiner Kirchenpolitik mehr im Sinn seiner Landesherrschaft gehandelt, so widmete er überhaupt einen großen Teil seiner Zeit der Hausmachtpolitik. Als erstes wollte er Gebiete zurückholen, die die schweizerischen Eidgenossen den Habsburgern abgenommen hatten. Er nutzte ein Bündnis mit der Stadt Zürich von 1442, um gegen die Eidgenossen vorzugehen. Nach *1442*
einer Niederlage Zürichs bat Friedrich III. den französischen König, ihm angesichts des französisch-englischen Waffenstillstands die berüchtigten Söldner des Grafen von Armagnac (Armagnacen) als Hilfstruppen zu schicken. Erst im August 1444 reagierte der König und schickte unter Führung des Dauphins ca. 40 *1444*
000 Armagnacen Richtung Basel. Nur ca. 1500 Eidgenossen nahmen den Kampf auf und wurden nach einer mörderischen Schlacht völlig niedergemacht. Ihr erbitterter Widerstand hatte den Dauphin aber so beeindruckt, daß er mit den Eidgenossen Frieden schloß, wohl auch, um die Exzesse seiner Söldner zu unterbinden.

Gleichzeitig benutzte er aber die Anwesenheit der Truppen, um im Elsaß und in Lothringen im Namen des französischen Königs Gebietsansprüche zu deklarieren, Hauptziel war Metz. Friedrich III., der diese Truppen ins Reich geholt hatte, wurde von den Fürsten massiv unter Druck gesetzt und bestellte das Heeresaufgebot, als dessen Hauptmann der Pfalzgraf eingesetzt wurde, dessen Gebiet von den marodierenden Armagnacen am meisten bedroht war. Doch erst nach Verhandlungen der Kurfürsten mit dem französischen König wurden die Truppen im Sommer 1445 zurückgezogen, die betroffenen Gebiete konnten auf- *1445*
atmen. Friedrich hatte den Aargau für die Habsburger endgültig verloren und gleichzeitig noch Reichsgebiet in Gefahr gebracht.

Im März 1444 waren erste Vorwürfe laut geworden, daß Friedrich Ladislaus *1444*
übervorteilen und auch dessen Schwester in ärmlichen Verhältnissen leben lassen würde. Die latente Unzufriedenheit entlud sich, als unter Führung Ulrichs Eytzingers von Eytzing eine Adelsopposition in Österreich im Dezember 1451 ei- *1451*
nen eigenen Landtag einrichtete und die offizielle Überstellung des Mündels Ladislaus nach Wien verlangte. Friedrich III. war in Graz mit den Vorbereitungen für seinen Romzug beschäftigt und kümmerte sich nicht um diese Vorgänge.

Entgegen den Ratschlägen seiner Vertrauten trat er noch im Dezember 1451 mit seinem Bruder Albrecht VI. und dem jungen Ladislaus die Reise in den Süden an.

In Italien hatte sich der Söldnerführer Francesco Sforza an die Spitze des Herzogtums Mailand gesetzt. Ihm fehlte die rechtliche Legitimation der Herzogswürde, die Wenzel an einen Visconti-Vorgänger vergeben, Ruprecht und Sigismund abgelehnt hatten. Friedrich war derselben Meinung, erst recht gegenüber einem Mann, der als Usurpator die Macht an sich gerissen hatte. Friedrich benötigte den Sforza für die Krönung mit der Eisernen Krone von Monza, hielt
1452 ihn deshalb mit geschickten taktischen Spielen hin. Am 24. Februar 1452 traf Friedrich seine 15jährige Braut Eleonore, Infantin von Portugal, in Siena und zog mit ihr nach Rom, wo sie am 16. März getraut wurden. Durch geheime Verhandlungen hatte Friedrich den Papst dazu gebracht, daß dieser am Tag der Trauung die „lombardische Krönung“ gegen den Protest der mailändischen Gesandten vornahm. Nur drei Tage später fand am 19. März 1452 die gemeinsame Kaiserkrönung statt, die letzte, die Rom erlebte. Der Kaiser kehrte, ohne das Gebiet der Mailänder zu berühren, ins Reich zurück.

In der Zwischenzeit hatte sich die Opposition in Österreich zu einem Machtkampf mit dem neuen Kaiser entschlossen und begann mit der Belagerung der kaiserlichen Residenzstadt in Wien. Der Kaiser mußte sich im September 1452 darauf einlassen, sein 13jähriges Mündel Ladislaus zu übergeben, der in Wien unter großem Jubel als Landesherr begrüßt wurde. Auch in Böhmen und Ungarn war er anerkannt, aber in der Realität blieb die Macht bei Podiebrad und Hunyadi. Friedrichs III. Machtbasis wurde geringer, denn er war nun als Landesherr begrenzt auf Steiermark, Kärnten und Krain. Aber er hob die besondere Position Österreichs im Reich hervor, indem er das „Privilegium maius“, die
1453 von Rudolf IV. ge- oder verfälschten Privilegien und Urkunden, erstmalig 1453 bestätigte und damit den Titel „Erzherzog“, auch für die steierische Linie der
1457 Habsburger, offiziell festlegte. Erst als Ladislaus im November 1457 in Prag plötzlich (an Pest?) starb, wurde die Kräftekonstellation verändert.

In Österreich ließ sich ein Kompromiß zwischen Friedrich, seinem Bruder Albrecht und ihrem Vetter Sigismund von Tirol erzielen. Sigismund verzichtete auf seinen Anteil zugunsten der Gebiete in den österreichischen Vorlanden, Alb-
1458 recht und Friedrich teilten das albertinische Österreich im August 1458 auf. Da Friedrich III. sehr unbeliebt war, nutzte sein Bruder diese Unzufriedenheit, um
1461 1461 gegen ihn vorzugehen und sogar in der Hofburg zu belagern. Nur der Hilfe Podiebrads verdankte Friedrich die Erlösung aus der prekären Situation. Eine Klärung zugunsten Friedrichs brachte allerdings erst der Tod Albrechts im De-
1463 zember 1463.

In Böhmen meldeten alle drei Habsburger ihre Ansprüche an, dann die Schwestern von Ladislaus mit ihren Männern Wilhelm von Sachsen und König Kasimir von Polen und schließlich war da noch Georg Podiebrad. Die böhmi-
1458 schen Stände entschieden sich für ihn und wählten ihn am 2. März 1458 zum König. Kaiser Friedrich schloß mit ihm nach langen Verhandlungen am 2. Oktober 1458 Frieden und belehnte ihn im Juli 1459 mit Böhmen.

In Ungarn hatten auch die Schwestern und Schwager von Ladislaus ihre Erbansprüche erhoben, wieder setzten sich die Stände durch und riefen im Januar

1458 den 15jährigen Matthias Hunyadi, den Sohn von Johann Hunyadi, der spä-
ter den Beinamen Corvinus erhielt, zum König aus. Eine oppositionelle Gruppe
wählte Friedrich III. im Februar 1459 zum König von Ungarn. Erst im Vertrag *1459*
von Wiener Neustadt im Juli 1463 kamen die folgenden Auseinandersetzungen
zu einem guten Ende. Matthias wurde als König anerkannt, aber Friedrich III.
konnte den Königstitel behalten und erhielt gleichzeitig Nachfolgerechte, falls
Matthias Corvinus ohne männliche Nachkommen (Eventualsukzession) sterben
würde.

Angesichts dieser vielschichtigen Probleme, die sich aus dem Erbe von Ladis-
laus ergeben hatten, hatte Friedrich in seiner neuen Funktion als Kaiser weder
in Europa noch im Reich ordnend gewirkt. Im Reich standen sich die Interessen
der Kurfürsten, der anderen Fürsten und der Ritter und Städte gegenüber. Die-
se Kräfte hatten sich längst verselbständigt, denn seit 1444 war Friedrich nicht *1444*
mehr im Reich gewesen. Der ehrgeizige Markgraf Albrecht Achilles von Bran-
denburg wollte sein zersplittertes Territorium im Süden zu einem geschlossenen
Territorium ausbauen. Damit stieß er auf elementare Herrschaftsinteressen der
Bischöfe, Reichsstädte und der Wittelsbacher Herzog Ludwigs von Bayern-
Landshut und Pfalzgraf Friedrichs I., wobei seine Anhänger eher kaiserfreund-
lich und die anderen als kaiserfeindlich auftraten. Die militärischen Ausein-
andersetzungen seit 1459 (1. Markgrafenkrieg), die große Verwüstungen anrich- *1459*
teten, wurden durch Vermittlung von Georg Podiebrad im August auf einem
Friedenskongreß in Prag 1463 beendet, der status quo von 1458 wurde festge- *1463*
schrieben. Dort wurden aber auch Pläne erörtert, einen Fürstenbund mit dem
Kaiser ins Leben zu rufen, um die Reichsreform voranzutreiben. Dieser Plan
war sowohl gegen die Schwächeren im Reich als auch gegen die geistlichen Kur-
fürsten gerichtet.

Dem nur zurückhaltend tätig gewordenen Kaiser war mit Georg Podiebrad
ein tatkräftiger Konkurrent erwachsen. Die Kurfürsten, die 1457 schon den *1457*
Pfalzgrafen als römischen König ins Auge gefaßt hatten, zogen zu dieser Zeit in
Erwägung, dem Kaiser mit dem Böhmen einen König als Regenten zur Seite zu
stellen. Auf Fürstentagen wurde diese Angelegenheit intensiv verhandelt, denn
in der Untätigkeit des Kaisers sahen sie eine Gefahr für die Reichsordnung. Ge-
org Podiebrad hatte allerdings noch Probleme mit der Kurie, denn er hatte wei-
terhin die Hussiten (Utraquisten) geschützt. Im Juni 1464 bezichtigte ihn Papst
Pius II. (1458-64) als Ketzer und verlangte, daß dieser sich in Rom verantworten
solle. Sein Nachfolger Paul II. (1464-71) führte den Prozeß weiter, verurteilte
ihn und rief zum Kreuzzug gegen den Ketzer auf. Matthias Corvinus sah seine
Chance und fiel als Vollstrecker des Urteils im Frühjahr 1468 in Böhmen ein.
Bevor die Friedensverhandlungen zum Ende kamen, starb Georg Podiebrad am
22. März 1471. *1471*

Friedrich III. hatte in der Zwischenzeit im Jahr 1465 den alten Landfrieden im *1465*
Reich erneuert, einen Plan eines ständigen Landfriedensgerichtes der Fürsten ab-
gelehnt und einen neuen konsequenteren Landfrieden 1467 verkündet, verbun- *1467*
den mit einem fünfjährigen Fehdeverbot. Außerdem mußte er sich schon wieder
mit der Adelsopposition in Österreich auseinandersetzen. Nach dem Tod seiner
Frau Eleonore (1467) war er im Herbst 1468 zu einer „Pilgerreise“ nach Rom *1468*

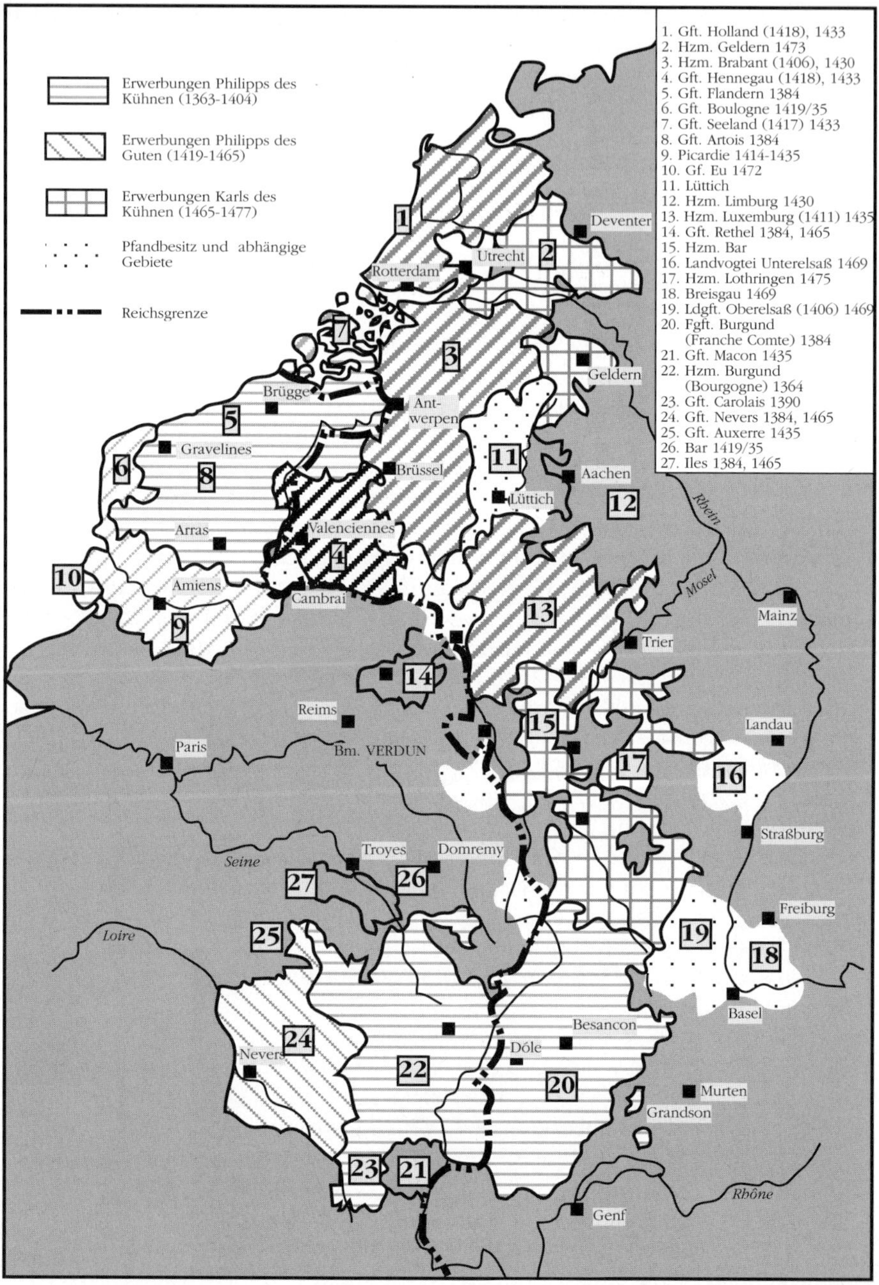

Burgund im 14. und 15. Jahrhundert.

aufgebrochen, wo er mit dem Papst über ihre gemeinsame zukünftige Politik
Gespräche führte. Seine Abwesenheit nutzten die Adeligen unter dem Söldner-
hauptmann Andreas Baumkircher, um ihm Schlösser und andere Besitzungen zu
entreißen. Nach seiner Rückkehr gelang es dem Kaiser nicht, seine Verluste aus-
zugleichen. Bei Verhandlungen ließ er aber Baumkircher und seinen Gefährten
trotz Zusicherung freien Geleits ohne Gerichtsverfahren am 23. April 1471 ent- *1471*
haupten. Somit hatte er die Opposition beseitigt.

Jetzt nahm er sich endlich wieder die Zeit für Reichsgeschäfte. Im Juni 1471
zog er unter großem Jubel in Regensburg ein, wo er einen Tag einberufen hatte.
Seine größte Sorge galt dabei der Türkenabwehr, wobei auch der päpstliche Le-
gat die Versammlung der Stände zum gemeinsamen Vorgehen drängte. Doch die
Verhandlungen mußten in Nürnberg weitergeführt werden, was dem Kaiser
aber auch nur wenige tausend Mann einbrachte. Der Reichslandfrieden wurde
nicht verbessert und Reformen wurden nicht erzielt.

Neben seinem erbitterten Konflikt mit dem Pfalzgrafen wegen der Reichs-
landvogtei über das Elsaß mußte der Kaiser zum Thema Burgund Stellung be-
ziehen. Herzog Philipp der Gute (1419-67) stand durch seine Heirat mit einer
Tochter des portugiesischen Königs in verwandtschaftlichen Beziehungen zum
Kaiserpaar und plante, gemeinsam mit Friedrich als Kämpfer des Abendlandes
gegen die Türken zu ziehen. Er kam sogar 1454 zu einem Tag wegen der Tür- *1454*
kensteuer nach Regensburg, aber Friedrich traf nicht ein. Der burgundische Hof
galt als der prachtvollste in Europa. Philipp versuchte, ein Königreich zu errich-
ten und ein möglichst geschlossenes Territorium an der Westgrenze des Reiches
zusammenzubringen und richtete sein Interesse auch auf Lothringen und Elsaß,
womit er das Reich bedrohte. Auch sein Sohn Karl der Kühne (1467-77) ver-
folgte dieselbe Politik. Er wurde 1469 von Herzog Sigismund von Tirol gegen *1469*
die Eidgenossen zu Hilfe gerufen und erhielt für seine Hilfe die habsburgischen
Besitzungen im Breisgau, im Sundgau und im Elsaß.

Im Rahmen dieses Abkommens, dem auch Friedrich III. zustimmte, wurde
zusätzlich eine mögliche Ehe zwischen Maria, der Tochter Karls, und Maximili-
an, dem Sohn Friedrichs, ins Spiel gebracht. Der Herzog verlangte allerdings
dafür die Erhebung zum römischen König, die Friedrich III. verweigerte. Im
Dezember 1472 sah Friedrich neue Perspektiven, Sigismund näherte sich den *1472*
Eidgenossen an und der französische König Ludwig XI. bedrängte Burgund,
und begann, erneut zu verhandeln. Friedrich traf sich in Basel mit Sigismund
und im September 1473 mit Karl dem Kühnen in Trier, um bis November zu *1473*
verhandeln. Am 25. November brach Friedrich plötzlich die Gespräche ab und
reiste aus ungeklärten Gründen ohne Abschied ab. Eventuell hatte Karl den Kai-
ser zu sehr und zu hochmütig bedrängt, so daß dieser doch mißtrauisch gegenü-
ber den weitreichenden Ambitionen des Burgunders wurde.

Sigismund einigte sich im März 1474 mit den Eidgenossen, woraus sich ein *1474*
Bündnis mit den Eidgenossen und den elsässischen Reichsstädten gegen Burg-
und ergab. Das führte zum Aufstand gegen die burgundische Herrschaft und
zur Enthauptung des Landvogtes Peter von Hagenbach in Breisach. Karl der
Kühne konnte nicht reagieren, weil er im Kölner Raum beschäftigt war. Das
Kölner Domkapitel hatte im März 1473 den Landgrafen Hermann von Hessen *1473*

zum Hauptmann und Beschirmer des Erzstifts gewählt, woraufhin sich der Erz-
bischof an Karl den Kühnen um Hilfe wandte. Dieser zog mit seinem Heer an
1474 den Rhein und belagerte Neuß im Juli 1474. Dies führte zu einer spontanen Ent-
rüstung im Reich und großem Zulauf zu einem Reichsheer. Friedrich III. hatte
an die Reichsstände appelliert, sich für das Reich einzusetzen. In diesem Zusam-
menhang tauchten zum ersten Mal die Begriffe „Heiliges Reich" und „deutsche
1475 Nation" gemeinsam in Briefen und anderen Verlautbarungen auf. Im Mai 1475
kam Friedrich III. endlich mit dem Heer bei der völlig erschöpften Stadt Neuß
an. In den Verhandlungen wurde der Landgraf Hermann von Hessen vom
päpstlichen Legaten als Erzbischof von Köln anerkannt.

Karl der Kühne wandte sich nun gegen den Herzog von Lothringen, den er
schon im November besiegte. Während dieser Phase war Friedrich in Verhand-
lungen mit dem Burgunder eingetreten und hatte einen Vertrag geschlossen, der
die Verlobung von Maria und Maximilian vorsah. Karl hatte nun den Rücken
1476 frei, um mit den Eidgenossen abzurechnen. Der Feldzug, der im Februar 1476
begann, wurde jedoch zu einem Desaster, nachdem seine Truppen zweimal ge-
schlagen worden waren. Diesen Prestigeverlust nutzte der Herzog von Lothrin-
gen, um sein Gebiet zurückzugewinnen. Karl zog gegen Nancy und wurde bei
1477 der entscheidenden Schlacht am 5. Januar 1477 getötet.

Nun handelte Friedrich III. außergewöhnlich schnell. Da die Gefahr bestand,
daß das uneinheitliche Staatsgebiet Burgund auseinanderfiel, bzw. Teile von
Frankreich geschluckt wurden, rief der Kaiser im Februar 1477 alle Untertanen
der burgundischen Lande zum Gehorsam gegenüber der Erbprinzessin und
ihrem Verlobten Maximilian auf. Die Ehe der beiden wurde im April „per pro-
curationem" wie schon bei Friedrich III., also durch einen Stellvertreter, und im
1478 August 1477 in Brügge in der Realität vollzogen. Im April 1478 belehnte Kaiser
Friedrich Schwiegertochter und Sohn mit den burgundischen Reichslehen. So-
mit hatten die Habsburger ihre Macht auf Burgund ausgedehnt, wobei allerdings
die Durchsetzung der Macht neue Probleme aufwarf. Der französische König
zog tatsächlich mit einem Heer in das Herzogtum, besetzte weite Gebiete und
nötigte die Stände zu einer Loyalitätsbekundung zugunsten Frankreichs. In den
1479 militärischen Auseinandersetzungen konnte Maximilian im August 1479 die
Franzosen schlagen, aber ohne Hilfe aus dem Reich war seine Position kaum zu
festigen. Doch Friedrich war in Ungarn beschäftigt und die Reichsstände wei-
gerten sich mit dem Hinweis, daß Burgund ein Problem der Habsburger sei.
Maximilian mußte noch einige Jahre kämpfen, bis er die Herrschaft wirklich an-
treten konnte.

Inzwischen war im Südosten des Reiches ein neuer Krisenherd entstanden.
1471 Nach dem Tod Georg Podiebrads (1471) hatten die Stände in Böhmen König
Wladislaw von Polen zum König gewählt. Allerdings entschieden sich die ka-
tholischen Nebenländer Böhmens für Matthias Corvinus. Der Kaiser verhielt
sich zuerst zurückhaltend, belehnte dann aber 1477 den Polenkönig mit Böh-
men. Matthias Corvinus reagierte mit Krieg, woraufhin sich der Kaiser Ende
1477 1477 bereit fand, ihn als König von Böhmen anzuerkennen. Gleichzeitig unter-
stützte er aber die Opposition gegen ihn in Ungarn. Im Vertrag von Olmütz (Ju-
1478 li 1478) vereinbarten Matthias Corvinus und Wladislaw ein Doppelkönigtum in

Böhmen, wobei der Pole Böhmen selbst und Matthias die Nebenländer erhalten sollte. Dadurch war der Ungarnkönig von diesem Problem befreit und konnte sich nun der Auseinandersetzung mit Friedrich III. widmen, dabei seine Ansprüche auf die Vorherrschaft im Südosten und als ruhmreicher Kämpfer für das Christentum auch auf den Titel des „rex romanorum" verdeutlichen.

Matthias hielt sich den Rücken frei durch einen Vertrag mit den Türken und
griff 1482 Friedrich in Österreich an. Wieder hielten sich die Reichsstände *1482*
zurück, sie sahen den Konflikt als ein Problem des Habsburgers und nicht des
Reiches an. Der Tiefpunkt war erreicht, als Wien im Juni 1485 besetzt wurde *1485*
und Matthias den Titel des Erzherzogs von Österreich annahm. In den folgenden Verhandlungen verhielt sich der Kaiser, der in Linz saß, einerseits störrisch, andererseits geschickt. Er erreichte es immerhin, daß in der Zwischenzeit sein
Sohn Maximilian im Februar 1486 zum römischen König gewählt wurde. Somit *1486*
hatte er im Reich die Nachfolge der Habsburger gesichert. Er hoffte aber wohl auch, daß der neue König mit einem Reichsheer zu Hilfe kommen würde. Dieser mußte sich jedoch weiterhin um den Westen kümmern und die Reichsstände zeigten kein Interesse.

Die Situation wurde für Friedrich III. bedrohlicher, als Albrecht IV. von Bayern-München und Sigismund von Tirol gemeinsam die habsburger Hausmacht schmälerten, denn der senile Tiroler Herzog verschrieb die Grafschaft Tirol und die habsburgischen Vorlande an den Wittelsbacher für eine Million Goldgulden. Friedrich verschaffte sich durch einen Waffenstillstand mit dem Ungarnkönig
Luft und setzte sich im April 1488 an die Spitze eines Reichsheeres, das Maximi- *1488*
lian aus seiner Haft in Brügge befreien sollte. Nachdem dieser schon vorher freigelassen wurde, konnte sich Friedrich mit den Wittelsbachern und Tirol befassen. Er erreichte, daß die Wittelsbacher gegen Rückzahlung des Kaufpreises ihre
Ansprüche aufgaben. Hier hatten dem Kaiser die Drohungen des 1487 neu ge- *1487*
gründeten „Kaiserlichen Bundes in Schwaben" gegen die Wittelsbacher geholfen. Zwei Jahre später konnte Maximilian Herzog Sigismund (†1496) dazu be- *1496*
wegen, auf seine Herrschaftsrechte zu verzichten und so das Land der Habsburger vereinen.

Diese positive Entwicklung in Tirol setzte sich auch in der Auseinandersetzung
mit Matthias Corvinus fort, der 1489 wieder Verhandlungen aufgenommen hatte. *1489*
Er wurde krank und starb im April 1490 an einem Schlaganfall. Friedrich konnte nun seine österreichischen Erblande zurückerobern, aber auch sofort Ansprüche auf den ungarischen Königsthron anmelden. Dies tat für ihn Maximilian, der jedoch abgelehnt wurde. Stattdessen wählten die ungarischen Stände den polnischen König Wladislaw, wodurch Ungarn mit Polen und Böhmen vereinigt war. Im
Preßburger Friedensschluß von November 1491 einigten sich Wladislaw und Ma- *1491*
ximilian darauf, daß Maximilian den ungarischen Königstitel weiterführen durfte und Wladislaw die Königsherrschaft. Falls er keine männlichen Nachkommen mehr haben sollte, sollte das Königreich jedoch an die Habsburger fallen.

Friedrich III. hatte sich während dieser Aktivitäten in Linz aufgehalten. Als
sein Sohn 1486 in Frankfurt zum König gewählt wurde, wurde gleichzeitig ein *1486*
Landfrieden für zehn Jahre verkündet, verbunden mit einem Fehdeverbot. Alle weiteren Vorschläge der Reichsstände zur Reform, z.B. des Gerichtswesens un-

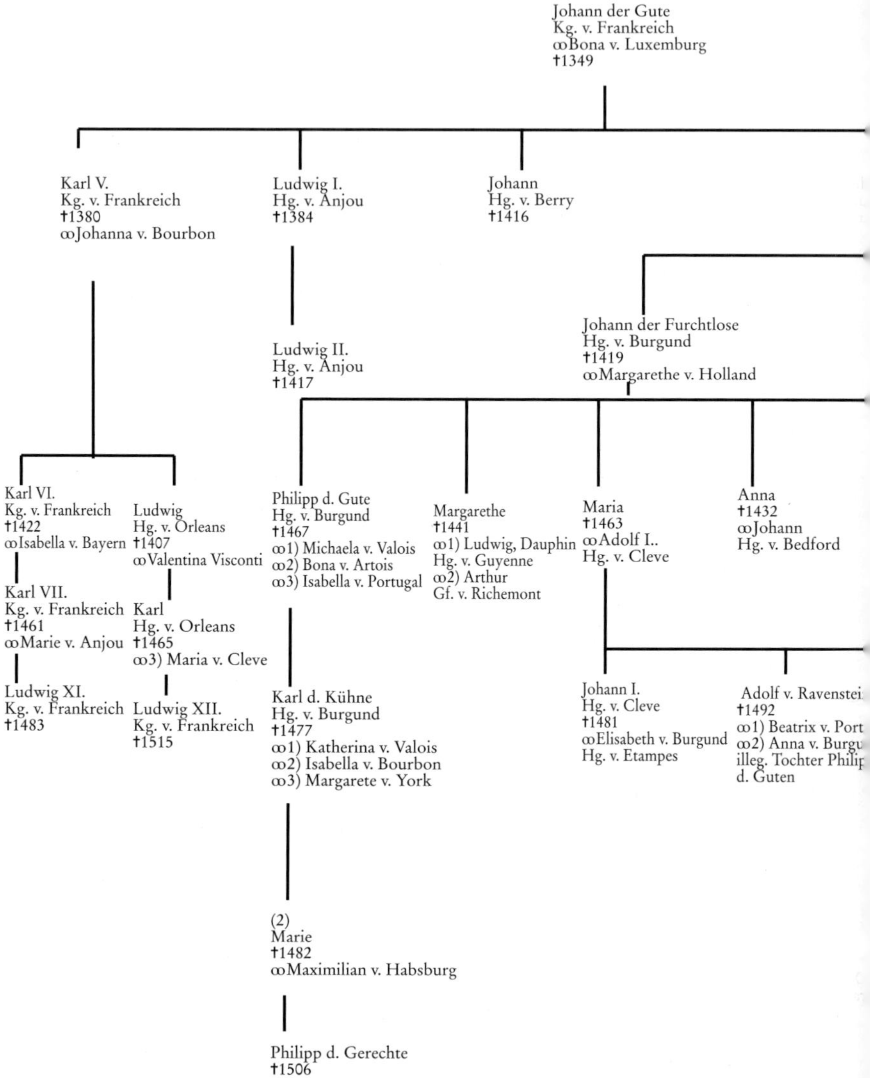

Stammtafel des Hauses Burgund.

der Kühne
urgund. †1404
rethe v. Flandern

Margarethe
†1441
∞Wilhelm (VI.)
Gf. v. Holland

Katharina
†1426
∞Leopold IV.
Hg. v. Österreich

Anton
Hg. v. Brabant
†1415
∞1) Johanna v. St. Pol
∞2) Elisabeth v. Luxemburg

Maria
†1428
∞ Amadeus VIII.
Hg. v. Savoyen

Philipp
Gf. v. Nevers
†1415
∞ Bona v. Artois

Agnes
†1476
∞Karl
Hg. v. Bourbon

Jacqueline
Hg. v. Holland
†1436
∞1) Johann, Dauphin
∞2) Johann
Hg. v. Brabant
∞3) Humphrey
Hg. v. Gloucester
∞4) Franz v. Borselen

Johann
Hg. v. Brabant
†1427
∞Jacqueline v.
Holland

Philipp
Hg. v. Brabant
†1430

Karl
Gf. v. Nevers
†1430

Johann
Gf. v. Etampes
1464 Gf. v. Nevers
†1491

Cleve

Isabella
†1565
∞Karl
Gf. v. Charolais

rleans

Elisabeth
†1483
∞Johann
Hg. v. Cleve

XII.
ankreich

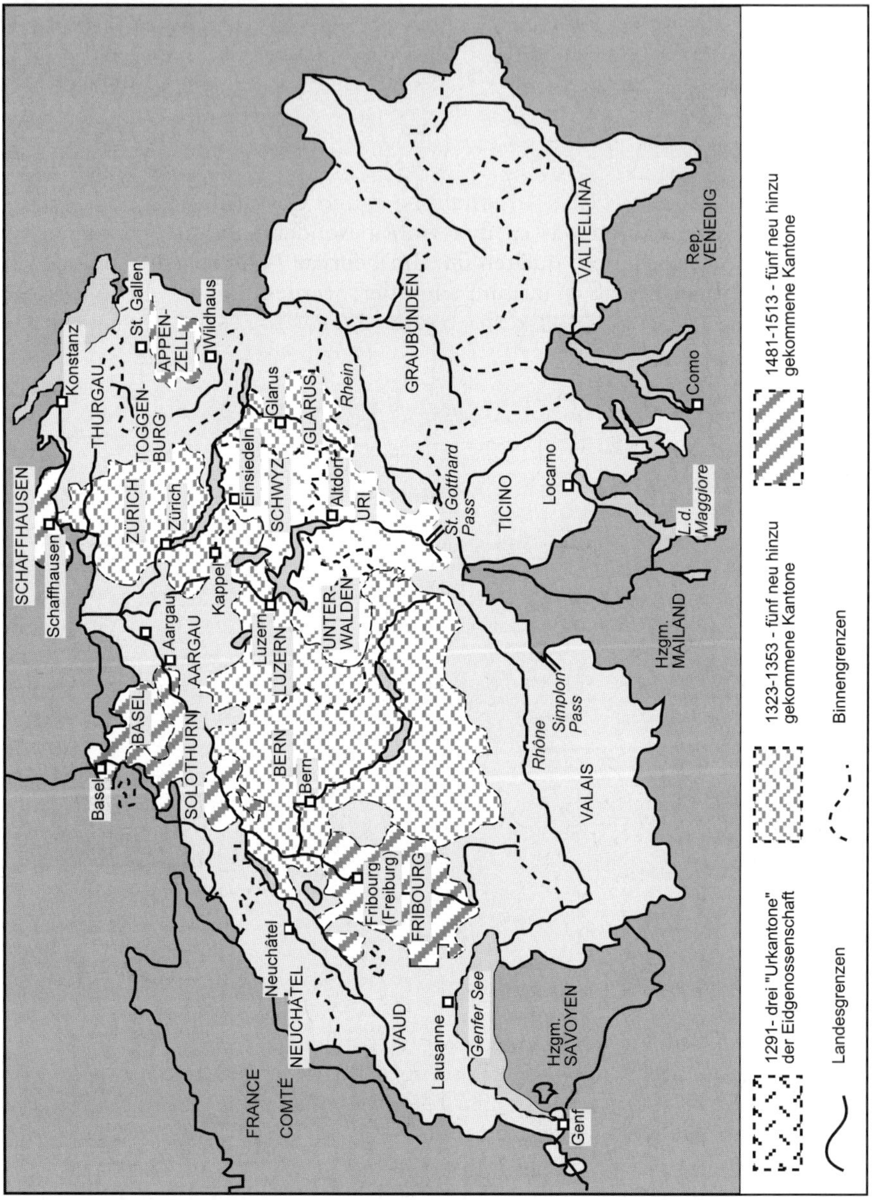

Die Schweizer Eidgenossenschaft.

ter ihrer Aufsicht, scheiterten am Widerstand des Kaisers. Friedrich war durchaus nicht untätig in dieser Zeit, sondern beschäftigte seine Kanzlei und versuchte, die Reichspolitik mit Hilfe von Vertrauten zu steuern. Er empfing Fürsten, Gesandte und Boten, war aber auch den Musen zugewandt und hatte Dichter und Gelehrte um sich. Als Biographen hatte er den Theologen Joseph Grünpeck an seiner Seite, der z. B. über seine bescheidene Lebensweise berichtet. Aber mitunter hat es auch festliche Veranstaltungen und Gastmähler gegeben. In seinen letzten Lebensjahren war er aber wohl besonders einsam, Schmerzen im Bein wegen Arteriosklerose quälten ihn. Im Februar 1493 hat Altersbrand sein linkes Bein erfaßt, so daß es im Juni amputiert werden mußte. Obwohl er die Amputation relativ gut überstand, starb er am 19. August 1493 an einem Schlag- *1493*
anfall. Die Eingeweide wurden in der Linzer Stadtpfarrkirche begraben und sein Körper auf Befehl Maximilians im Stephansdom in Wien. Erst 1513 wurde der *1513*
Körper in das von Friedrich selbst in Auftrag gegebene Hochgrab im Apostelchor des Domes übertragen.

Einordnung

Friedrich III. hatte die längste Regierungszeit eines rex romanorum aufzuweisen, aber sie war nach allgemeiner Ansicht weit weniger erlebnisreich und ertragreich als die z.B. von Sigismund. Doch gilt es in der heutigen Forschung als verfehlt anzunehmen, die spöttische Bezeichnung der Zeitgenossen als „des Heiligen Römischen Reiches Erzschlafmütze" würde der Realität entsprechen. Auch wenn es noch Lücken in der Erforschung gibt, so verdeutlicht allein die große Zahl der erhaltenen Urkunden (40-50000), die von ihm ausgestellt wurde, die rege Herrschaftstätigkeit. Diese Aktivitäten dienten vor allem der Wahrung des Reiches in seinem Rechts- und Güterbestand. Denn im Gegensatz zu seinen Vorgängern löste er finanzielle Probleme nicht durch Verpfändung oder Verkauf von Reichsgut oder Reichsrechten in großem Umfang. Im Gegenteil, Friedrich III. ließ sich jedes Privileg, jede Gerichtsentscheidung und jede Belehnung mit einer entsprechenden Gegenleistung honorieren und kämpfte dabei um jeden kleinen Betrag. Diese Finanzpolitik und das nun nachdrückliche Hervorkehren alter Rechtspositionen oder neuer kaiserlicher Ansprüche führten zu zahlreichen kleinen Konflikten mit den betroffenen Reichsständen.

Gerade sein Festhalten an alten Positionen verhinderte auch die Reformversuche der Reichsstände. In der großen Politik war Friedrich III. nach innen und außen weniger spektakulär tätig. Er mußte den größten Teil seiner Energie auf die Probleme verwenden, die durch die Luxemburger hinterlassen worden waren und die in seiner Familie begründet lagen. Somit konzentrierte sich seine Aufmerksamkeit zumeist auf Österreich, Tirol, Böhmen und Ungarn. Durch seine Vormundschaft über Ladislaus mußte er sich für dessen Interessen engagieren, aber dies war auch verbunden mit seinen eigenen Hausmachtinteressen für die Vereinigung der habsburger Länder. Dieses Ziel erreichte er nicht durch eigenen Verdienst, sondern durch seinen Sohn Maximilian in Tirol und durch Tod seiner Konkurrenten in Österreich und Ungarn.

Das zweite Ziel jeder Königsherrschaft, die Kaiserkrönung, konnte er durch taktisches Geschick problemlos hinter sich bringen. Er schaffte es, dabei die diplomatisch versierten Mailänder zu überlisten und keine Kompromisse einzugehen. Konsequenterweise setzte er auf ein Bündnis mit dem Papsttum, um besonders in seinen habsburgischen Erblanden die Kirchenpolitik uneingeschränkt selbst in der Hand zu haben. Aber auch im Reich waren sie sich einig, z. B. den kaiserfeindlichen Mainzer Erzbischof abzusetzen und den kaiserlichen Kandidaten Adolf von Nassau einzusetzen. Ebenso hat Friedrich seinen kaiserlichen Herrschaftsanspruch bei anderen Besetzungen von Bischofssitzen mehr als seine Vorgänger zur Geltung gebracht.

Was seine sonstigen Aktivitäten in der Reichspolitik betrifft, so hat H. KOLLER drei Phasen unterschieden. Von 1440-49 stand die Kontinuität durch das Kanzleipersonal seiner Vorgänger im Vordergrund, von 1449-1471 war Friedrich III. durch die Krisen in den Erblanden ständig so beschäftigt, daß kaum Zeit für Reichspolitik blieb. Aber selbst hier konnte er noch verhindern, daß gegen ihn Könige oder Reichsvikare eingesetzt wurden. In der letzten Phase hatte er neue Handlungsfreiheit gewonnen, so daß er aktiver eingreifen konnte. Dies hat er auch zumindest gegen die Wittelsbacher und die Burgunder getan. Sein größter Coup wurde schließlich die Heirat von Maria und Maximilian, die die Habsburger zu einer europäischen Dynastie werden ließ und an die Herrschaftsdevise erinnert, die wohl zu dieser Zeit aufkam. Sein Sohn wurde zu einem wichtigen Faktor der Reichspolitik und der Hausmachtpolitik. Auf der einen Seite verschärften sich die Positionen des Kaisers und der Reichsstände, auf der anderen Seite wurden die Eigenständigkeit und der Druck der Reichsstände zu einer Reichsreform immer größer, eine Lösung rückte immer näher.

Man kann festhalten, daß Friedrich III. nicht so inaktiv war, wie es in der vergangenen Forschungsliteratur dargestellt wurde. In die Politik Böhmens, Ungarns und Österreichs war er ständig eingebunden. Das Reich regierte er wie seine Vorgänger vom Südosten, von Wien und Linz aus. Damit setzte er eine Entwicklung fort, die das Eigenleben des Reiches und seiner Reichsstände begünstigte. Aber er war nicht so verschwenderisch mit Reichsgut, sondern konnte durch Festhalten und Behaupten alter Herrschaftsrechte das Reichsgut bewahren. Als besondere Leistung für die zukünftige Geschichte muß die frühe Nachfolge des Sohnes und die Ausweitung des Machtbereichs der Habsburger nach Westeuropa angesehen werden.

Maximilian I. (1486/1493-1519)

1459 Maximilian wurde am 22. März 1459 im Ostturm der Burg Wiener Neustadt in
1453 einer unruhigen Zeit geboren. Die Türken hatten 1453 Byzanz erobert und damit das christliche Bollwerk vor ihrem Ansturm zerstört, in Böhmen und Ungarn war die Lage unsicher, in Österreich standen sich nicht nur feindliche Brüder, sondern auch die oppositionellen Adeligen und der Landesherr gegenüber. Schon früh mußte Maximilian die Demütigungen wie z.B. die Belagerung der Wiener Hofburg durch seinen Onkel und die Wiener Stadtbevölkerung erleben, die sein Vater hinnehmen mußte. Es wird vermutet, daß Maximilian gerade deshalb anders werden wollte als sein Vater, eventuell von der Mutter, der stolzen Portugiesin Eleonore, dazu animiert.

Maximilian I. zu Pferd, Hans Burgkmair, 1508, Wien.

Seine Ausbildung entsprach den Vorstellungen der Zeit, die Kenntnis adeliger Konventionen war für den zukünftigen Herrscher elementar. Ein Prinzenspiegel wurde für ihn geschrieben, der ihm die wichtigsten Eigenschaften und vorbildliches Verhalten aufzeigte. Der Vater stellte für den Sohn strenge Lehrer zumeist aus der Steiermark an, über die sich der Sohn oft beschwerte. Aber er lernte auf diese Weise die Grundlagen vor allem der Regierungskunst, Holz- und Steinbau, Waffenschmiede und Geschützguß, dazu wurde er sogar in den Bereich von Aberglauben, Magie und Zauber eingeführt. Eine individuelle Entwicklung lassen die Nachrichten vermuten, die darauf hinweisen, daß er sich besonders auf dem Gebiet der Waffenausübung auszeichnete, sowohl in Turnieren wie auf der Jagd, außerdem liebte er Ausschweifungen. Darüberhinaus zeigte er Sprachbegabung, denn er lernte neben der Umgangssprache Wienerisch noch Lateinisch von seinen Lehrern, Flämisch und Französisch in Burgund, Englisch und Spanisch von seinen Landsknechten und auch Italienisch. So konnte er später viele Verhandlungen direkt führen, kannte sich auch in der Verwaltung aus.

In die öffentliche Politik wurde Maximilian in Begleitung seines Vaters 1471 *1471*
in Regensburg eingeführt und erlebte auch das Treffen 1473 in Trier mit Karl dem Kühnen. Hier war er zum Spielball der Mächtigen geworden, als seine Verlobung mit Maria vereinbart wurde. Nach dem Tod des Herzogs wurde er aber
schnell selbst zum Handelnden, als er die 20jährige Maria 1477 heiratete. Er hat- *1477*
te sie damit aus einer chaotischen Lage gerettet, aber gleichzeitig sich mit seinen 18 Jahren in große Schwierigkeiten gebracht. Er mußte feststellen, daß man ihn mit den Problemen in Burgund alleinließ. Das Herzogtum Burgund umfaßte neben dem eigentlichen Burgund auch das Herzogtum Brabant und die Grafschaft Flandern. Es war eine städtereiche Gegend und somit ein Wirtschaftszentrum, das von vielen begehrt wurde. Die Stände in Burgund sahen in Maria und ihrem Mann das geringere Übel, als der französische König versuchte, das Gebiet mit Gewalt zu nehmen, deshalb hatten sie die Heirat unterstützt.

Der Kaiser hatte Maria und Maximilian mit dem Herzogtum belehnt. Über
das Paar wird berichtet, daß es sehr verliebt gewesen sei. Schon 1478 wurde der *1478*
Sohn geboren, der nach dem Großvater den Namen Philipp erhielt, 1480 folgte *1480*
die Tochter Margarete, womit die burgundisch-habsburgische Dynastie abgesichert war. Aber die Stände akzeptierten Maximilian nur als Gemahl der Herzo-

1478 gin, nicht als Landesherrn. Ebenfalls im Jahr 1478 war Maximilian zum Groß-
meister des Ordens vom Goldenen Vlies gewählt worden.

Doch es war Maximilian, der sich mit dem französischen König auseinander-
setzen mußte. Am 7. August 1479 konnte Maximilian an der Spitze der nieder-
1479 ländischen Truppen die Franzosen bei Guinegate (Thérouanne) schlagen und so-
mit Flandern vor ihrem Zugriff retten. Da Maximilian jedoch eine ziemlich harte
Regierung ausübte, wurde er immer unbeliebter. Als Maria bei einem Jagdunfall
durch einen Sturz vom Pferd im März 1482 tödlich verunglückte, wurde dem
1482 Witwer sehr schnell verdeutlicht, daß er unerwünscht war. Die Adeligen und die
reichen Bürger von Gent und Brügge erhoben sich gegen ihn und verbanden
sich mit den Franzosen. Sie forderten die Regentschaft für den Sohn Philipp und
lieferten die kleine Tochter Margarete nach Frankreich aus, wo sie den Dauphin
heiraten sollte.

Maximilian ließ sich nicht so einfach vertreiben, obwohl er anfangs den entsprechenden Vertrag mitbeschworen hat. Da er von Holland, Hennegau und Luxemburg als Regent anerkannt wurde, konnte er mit ihnen und 5000 deutschen Landsknechten gegen die anderen Gegner vorgehen, wobei weite Teile der Niederlande verwüstet wurden. Er soll selbst in der ersten Reihe der Landsknechte gekämpft haben, um die neue Kampfesweise kennenzulernen. Im Juli 1485 konnte Maximilian in die Stadt Gent einziehen und anschließend
1485 den Prinzen wieder unter seine Vormundschaft bringen. Diese Energieleistung
ohne Hilfe aus England oder dem Reich hatte die Reichsstände tief beein-
druckt, so daß sie ihre Hoffnungen auf Maximilian konzentrierten. Am 16. Fe-
1486 bruar 1486 wurde Maximilian in Frankfurt am Main zum römischen König
einstimmig (ohne Böhmen) gewählt und danach am 9. April in Aachen ge-
krönt.

Dies hatte Kaiser Friedrich III. massiv unterstützt, nicht nur weil er damit die Nachfolge durch seinen Sohn gesichert hatte, sondern weil er sich selbst auch Hilfe für seine schwierige Lage in Österreich erhoffte. Andererseits ließ er sich vom neuen König einen Eid schwören, daß er sich nicht mehr in die Reichsgeschäfte einmischen werde. Maximilian hatte vor der Wahl zahlreiche Privilegien vergeben.

Nach der Wahl brach Maximilian nicht nach Österreich auf, sondern kehrte in die Niederlande zurück, um dort seine Herrschaft zu sichern. Wieder mußte er Flandern gegen Frankreich verteidigen und erlitt diesmal eine schwere Nie-
1487 derlage im Juli 1487 bei Béthune, bei der ein großer Teil (die Blüte) des nieder-
ländischen Adels fiel. Danach wurde er schnell mattgesetzt, als ihn die Bürger von Brügge in eine Falle lockten und im Februar 1488 gefangennahmen. Wie erwähnt konnte der Kaiser die Reichsstände mobilisieren und ein Heer zur Befreiung aufstellen. Der Papst drohte mit dem Bann, der Handel verlagerte sich von Brügge und Gent nach Antwerpen, dessen Aufstieg begann. Aber in der Zwischenzeit war Maximilian, den man mit Auslieferung an Frankreich und mit dem Tod bedroht hatte, freigelassen worden. Das lag zum einen an Maximilians Generalkapitän Philipp von Kleve-Ravenstein, der den Seehafen von Brügge besetzte, und zum anderen an den Nachrichten über das herannahende Reichsheer. Maximilian mußte aber einem Vertrag zustimmen, in dem er Generalamnestie

einräumte, auf Flandern und den Grafentitel verzichtete, seinen Sohn dem Adel übergab und Teile des Erbes zurückgeben sollte.

Als Maximilian den Kaiser in Löwen traf, erklärte dieser, daß eine solche Geschichte bereinigt werden müsse. Der vom König erzwungenermaßen geleistete Vertragseid wurde als ungültig erklärt, das Reichsheer überschritt seit Otto IV. zum ersten Mal wieder die westlichen Grenzen und begann die Belagerung von Gent. Der Kaiser verhängte die Reichsacht und verließ die Niederlande. Die Leitung des Krieges übernahm Herzog Albrecht von Sachsen. Die Kriegszüge, die zum Frieden von Senlis im Jahr 1493 führten, verwüsteten das Land weit mehr *1493* als die vorhergehenden und veränderten die Wirtschaftsstruktur der Niederlande. Die Glanzzeit von Gent und Brügge war beendet, Antwerpen wurde das neue Handelszentrum. Insgesamt war die Rechnung der Habsburger nicht aufgegangen, denn die Wirtschaftskraft der neuen Gebiete war entscheidend geschwächt. Die Schwächung wurde Maximilian zum Vorwurf gemacht, denn seine Stellvertreter bereicherten sich in diesem Krieg, das Land wurde verwüstet.

Maximilian war daran nicht mehr selbst beteiligt, denn er hatte Albrecht von Sachsen in den Niederlanden eingesetzt und war nach einem Friedensschluß mit Frankreich 1489 ins Reich gezogen. Dort widmete er sich den Familienangele- *1489* genheiten. Zuerst brachte er seinen Onkel Sigismund dazu, 1490 auf Tirol zu seinen Gunsten zu verzichten. Dieses Land mit seinen reichen Bodenschätzen sollte zum Mittelpunkt seines Lebens werden, mit der Hauptstadt Innsbruck als zentralem Ort. Hier begann er mit der Einführung von Verwaltungsmaßnahmen nach burgundischem Vorbild, was er später in Österreich fortsetzte. Dort bekam er auch Kontakt zu Jakob Fugger, der zu der Zeit über die Edelmetallschätze Tirols verfügte, dem er seine teuer erworbenen Rechte beließ und viele weitere Kredite verdankte.

Von Tirol aus zog Maximilian nach Niederösterreich und eroberte Wien zurück. Da Matthias Corvinus gestorben war, stieß er nach Ungarn vor, um seine Ansprüche auf die Krone zu verdeutlichen. In dem besagten Frieden von Preßburg (1491) konnte er sich den Titel des ungarischen Königs und das Erb- *1491* recht beim Aussterben der Jagiellonen sichern.

Während dieser Aktivitäten hatte Maximilian nach einer passenden Braut Ausschau gehalten. Er konzentrierte sich auf die zwölfjährige Anne von der Bretagne, Tochter des 1488 verstorbenen Herzogs, die zu den begehrtesten Par- *1488* tien der Zeit gehörte. Im Dezember 1490 wurde der Heiratsvertrag unterzeich- *1490* net und die Ehe durch Stellvertreter geschlossen. Dies paßte nicht in die Vorstellungen des französischen Königs. Karl VIII. wollte das bretonische Herzogtum mit der Krone vereinigen und verstärkte den Druck. Da Maximilian nicht zur Hilfe kommen konnte, entschied sich Anne gegen ihn und für den französischen König. Dieser schickte seine habsburgische Braut Margarete wieder zurück. Eine solche Beleidigung verlangte nach Wiedergutmachung. Statt eines ritterlichen Zweikampfes, den Maximilian vorgezogen hätte, flammte der Krieg mit Frankreich wieder auf.

Im Jahr 1493 wurde als nächste Braut Bianca Maria Sforza, die Nichte von *1493* Ludovico Sforza, des Usurpators des Herzogtums Mailand, in Aussicht genommen. Ludovico Sforza wollte selbst legitimiert werden und hatte sogar den An-

spruch, das Herzogtum zu einem Königreich erheben zu lassen. Maximilian
konnte in diesem Fall nicht die fürstliche Erbtochter locken, denn das war sie
nicht, sondern wohl das Geld. Er hatte immer große Geldprobleme, gerade weil
er in der Regel auf Söldnertruppen angewiesen war. Die Ehe wurde am 14. März
1494 1494 geschlossen. Sie bedeutete für Maximilian neben den Geldmitteln die Mög-
lichkeit, eine wichtige Position in der italienischen Politik einnehmen zu kön-
1500 nen. Als jedoch Ludovico Sforza 1500 in französische Gefangenschaft geriet und
1508 1508 starb, verlor die Ehe für Maximilian an Bedeutung. Er hatte kaum noch
Kontakt zu Bianca, die er anscheinend auch vorher mit wenig Respekt behan-
1511 delt hatte, wie die Quellen erzählen. Sie starb 1511, ohne Kinder geboren zu ha-
ben. Maximilian hatte in dieser Zeit Kontakte zu anderen Frauen, mit denen er
uneheliche Kinder zeugte, wie z.B. Georg, später Bischof von Brixen, Bischof
von Lüttich und Erzbischof von Valencia; Leopold, später Bischof von Cordo-
ba.

1493 Im August 1493 folgte Maximilian seinem Vater als alleinherrschender römi-
scher König im Reich und als Landesherr in Österreich nach. Er versuchte, sei-
ne Hausmacht zu stabilisieren. Zuerst übertrug er die Verwaltungsreform von Tirol nach Österreich, die hauptsächlich fiskalische Verbesserungen nach sich zog, aber auch die Adeligen zu einem mehr untergeordneten Dienst unter den Landesherrn bringen wollte. Dann wandte er sich den Reichsangelegenheiten zu, mit denen er bisher nicht zu tun hatte. Besonders die Reform des Reiches lag ihm am Herzen. In seinem Selbstverständnis als Herrscher wollte er an die alten Zeiten der Staufer anknüpfen und auch die Kaiserherrschaft wiederherstellen.

Bestrebungen zur Reichsreform hatte es parallel zur Kirchenreform im Ver-
lauf des 15. Jahrhunderts immer wieder gegeben. Auf dem berühmten Reform-
1495 reichstag von Worms im Jahr 1495 wurden die Positionen der handlungswilligen
Parteien deutlich. Der König wollte das Reich auf den Weg zu einer modernen zentral regierten Staatlichkeit führen. Dazu gehörte für ihn das königliche Reichsregiment, ein königlich geführtes Hofgericht, eine allgemeine Reichssteuer, ein Reichsheer und vor allem ein allgemeiner Landfrieden. Dagegen standen die Meinungen der Kurfürsten, Fürsten und Reichsstände, die die Zentralgewalt schwächen und die königlichen Rechte selbst ausüben wollten. Sie wollten in keinem Fall an die Vergangenheit der Stauferzeit anknüpfen, waren nicht an Reichsitalien interessiert oder an dem Staat des Deutschen Ordens. Sie wollten das Reichsregiment für sich und das Kammergericht kontrollieren. Der Dualismus König und Reich zeigte sich hier deutlich, wobei unter „Reich" die Gesamtheit der Reichsstände zu verstehen ist.

Im Vorfeld des Reichstages war eine Reformschrift mit dem Titel „Der Traum des Hans von Hermannsgrün" erschienen, die den Fürsten vorwarf, nur ihre eigenen Interessen zu verfolgen. Der Führer der Ständepartei war der Erzkanzler Berthold von Henneberg, Erzbischof von Mainz, der seit langem seine Reformpläne ausgearbeitet hatte. Auf dem Reichstag wurde die Reichssteuer benutzt, um den König für die Wünsche der Reformer gefügig zu stimmen. Denn von dem Geld war er abhängig. Doch Maximilian setzte sich gegen die Sonderverhandlungen der Fürsten untereinander und ihre Forderungen zur Wehr. Trotz dieser harten Fronten ließen sich bedeutende Fortschritte erzielen. In Worms wurden der Ewige Landfrieden verkündet und das Kammergericht an einem festen Ort fern vom König und der Gemeine Pfennig hauptsächlich für ein Reichsheer als Reichssteuer eingerichtet. Dies sollte eine Steuer für alle Frauen und Männer über 15 Jahren sein. Das Reichsregiment blieb umstritten.

Der Ewige Landfrieden verbot die Fehde für alle Zeiten, die Erhebung des Gemeinen Pfennigs stieß auf große Schwierigkeiten. Der Reichstag von Freiburg im Breisgau im Jahr 1498 sollte Abhilfe schaffen. Der Reichsabschied vom 4.
September 1498 faßte die Beschlüsse zusammen. Danach sollten Verstöße gegen *1498*
den Ewigen Landfrieden vom jährlichen Reichstag oder vom Reichskammergericht in Worms als Friedensbruch verurteilt werden. Zum Reichskammergericht wurde beschlossen, daß dem Kammerrichter ein Stellvertreter beigegeben wurde, für die Urteile selbst vorläufig acht weitere Beisitzer reichen sollten. Die Umsetzung dieser Urteile blieb weiterhin fraglich. Eine Verbesserung der Strafverfolgung sollte durch eine eigene Kriminalprozeßordnung erreicht werden, so lautete ein Vorschlag. Wegen des Gemeinen Pfennigs wurden die Anwesenden dringend an die Zahlung erinnert, denn davon sollten auch der Schatzmeister und das Reichskammergericht bezahlt werden. Ein entsprechend formuliertes Flugblatt wurde verbreitet.

Als letztes Element wurde das ständisch geprägte Reichsregiment auf dem
Augsburger Reichstag von 1500 eingerichtet. Es sollte unter Vorsitz des Königs *1500*
oder seines Bevollmächtigten aus 20 Mitgliedern bestehen, sechs Kurfürsten, je einem geistlichen und weltlichen Fürsten, je einem Vertreter der österreichischen und burgundischen Länder, je einem Vertreter der Grafen und Prälaten, zwei Vertretern der Reichsstädte und je einem Delegierten der sechs neuen Reichskreise. Sitz des Reichsregiments war Nürnberg. Ohne Machtmittel und Finan-
zen löste es sich 1502 auf, wurde dann 1521(-1530) noch einmal eingesetzt, weil *1502*
Karl V. in seiner Wahlkapitulation zugestimmt hatte.

Zur Reichsreform gehörten auch Pläne von einer Einteilung in Reichskreise, um die Reichsgebiete besser regieren zu können. Dem Vorschlag von vier sol-
cher Kreise (1436) folgte der Plan von Nikolaus von Kues (Cusanus) mit 12 *1436*
Reichskreisen. In der Reichsregimentsordnung von 1500 wurden sechs Kreise *1500*
eingeführt: Franken, Bayern, Schwaben, Oberrhein, Westfalen, Niedersachsen.
Sie wurden ergänzt im Jahr 1512 durch Österreich, Burgund, Kurrhein und *1512*
Obersachsen. Kreisfrei blieben die Schweizer Eidgenossenschaft, Böhmen und
die Reichsritterschaft, die später (1577) eigene Kreise bildete. *1577*

Im Verlauf dieser Reformbemühungen muß man positiv vermerken, daß der Reichstag seine Form beinahe endgültig gefunden hatte. Seit 1489 und erst recht
seit 1495 gliederte er sich in drei Kurien: 1. Kurie die sieben Kurfürsten; 2. Ku- *1495*
rie die reichsmittelbaren Fürsten, Grafen und Herren und die geistlichen Amtsträger und die anderen weltlichen Fürsten; 3. Kurie die Reichsstädte, erst seit
1489, nur beratend, seit 1582 mit Stimmrecht. Der Reichstag wurde vom Kö- *1582*
nig/Kaiser ausgeschrieben, für den Ablauf war der Kurfürst von Sachsen zuständig, die Kurien tagten getrennt. Die von den Kurien gefaßten und vom König/Kaiser bestätigten Beschlüsse wurden als Reichsabschiede zusammengefaßt und verkündet. Die Umsetzung der Beschlüsse blieb allerdings ein Problem der realen Machtausübung.

1500 Mit dem Jahr 1500 war ein vorläufiger Abschluß der Reichsreform erreicht. Sowohl der König als auch die Reichsstände hatten ihre Interessen eingebracht und zum Teil Erfolg gehabt. Die Beschlüsse waren Kompromisse, die den Ständen einen größeren Einfluß einräumten. In der Realpolitik hatten sie kaum Auswirkungen. Der Gemeine Pfennig erzielte nicht die notwendigen hohen Einnahmen, der Landfrieden blieb auf dem Papier, das Reichskammergericht und das
1505 Reichsregiment waren ineffektiv. Maximilian schaffte es, daß ihm 1505 auf dem Kölner Reichstag sein eigenes Reichsregiment wieder zugestanden wurde. Doch bei hinhaltendem Widerstand der Stände blockierten sich die wichtigsten Kräfte des Reiches.

Maximilian hatte sich während dieser ganzen Phase ebenso der Außenpolitik
1494 zugewandt. Denn im Herbst 1494 war der französische König Karl VIII. nach Italien einmarschiert und bis Neapel vorgedrungen. Bei der Belagerung Neapels brach in Europa zum ersten Mal die Syphilis im Heer aus, die dann als „morbo gallico“ (Franzosenkrankheit) Schrecken verbreitete, wobei anschließend jedes Volk die Krankheit nach dem bösen Nachbarn benannte. Gegen den französischen Agressor schlossen sich als europäische Mächte Maximilian I., der Papst,
1495 Mailand, Venedig und Spanien (wegen Neapel) am 31. März 1495 in Venedig zur Heiligen Liga zusammen. In diesem Zusammenhang kam es mit der Absicht der Einkreisung Frankreichs zu einer bedeutenden Doppelhochzeit für die zukünftige europäische Geschichte. Maximilians Sohn Philipp wurde mit der Prinzessin Juana und seine Tochter Margarete mit dem Prinzen Juan von Spanien verheiratet. Die Ehen wurden per Stellvertretung am 5. November 1495 in St. Peter in Mecheln geschlossen. Juan starb bereits 1497. Juana heiratete am 18. Oktober
1496 1496 in Antwerpen den habsburgischen Burgunderherzog Philipp, dem sie drei Kinder gebar, darunter Karl I. von Spanien, später Kaiser Karl V.. Sie wurde die Wahnsinnige genannt, weil sie immer mehr in ein psychisches Tief geriet, vor al-
1506/ lem nach dem Tod Philipps (1506), und dann 1509, obwohl nominelle Königin
09 von Kastilien, von ihrem Vater hinter Klostermauern gesteckt wurde. Ihr Sohn Karl, Enkel Maximilians I., wurde der mächtigste Herrscher in Europa und der „neuen Welt“.

Ähnlich erfolgreich verliefen die Heiratsbemühungen im östlichen Mitteleuropa, wo Maximilian eine Verbindung mit dem Haus König Wladislaws von Böhmen und Ungarn anstrebte. Es gelang ihm, auf dem Wiener Fürstentag von
1515 1515 einen Heirats- und Erbvertrag abzuschließen. Dies führte 1521 zur Heirat
1522 seines Enkels Ferdinand I. mit Anna, der Tochter Wladislaws, und 1522 Ferdinands Schwester Maria mit Ludwig II., dem König von Ungarn und Böhmen. Im
1526 Jahr 1526 trat der Erbfall ein, so daß sich die Donaumonarchie entwickeln konnte.

Während Maximilian in diesem Bereich Erfolge aufweisen konnte, war er auf kriegerischem Gebiet nicht sehr erfolgreich. Ein wesentlicher Grund dafür war seine ständige Geldknappheit, da die Territorialherren ihre eigenen Interessen verfolgten und seine Pläne und Kriegszüge nicht befürworteten. So fand er auch
1495 auf dem Reichstag von Worms 1495 nicht genügend Unterstützung für seinen Kampf in Italien, obwohl er mit der Wiedergewinnung der Reichsrechte argumentierte. Er mußte sich sogar in die Dienste Venedigs begeben, das ihn als

Condottiere (Söldnerführer) bezahlte, doch reichte der Sold nicht für ein größeres Heer. Im Sommer 1496 entschloß er sich trotzdem zum Romzug, um im *1496* Vertrauen auf Rückhalt durch die Liga die Franzosen zu vertreiben, Reichsitalien wiederherzustellen und sich zum Kaiser krönen zu lassen. Von Genua aus fuhr er mit einer Flotte vor das feindliche Livorno, wo er mit einer französischen Flotte kämpfen mußte. Da ihm jedoch niemand zur Hilfe kam, mußte er sich im Dezember nach Tirol zurückziehen.

Das Jahr 1499 brachte den Tiefpunkt seiner Karriere als Kriegsherr, nachdem *1499* er 1498 vergeblich versucht hatte, den neuen französischen König Ludwig XII. *1498* aus der Bourgogne zu vertreiben und dessen Schützling Herzog Karl Egmont von Geldern zu unterwerfen. Im Frühjahr 1499 brach der Krieg zwischen den *1499* Schweizer Eidgenossen auf der einen und dem Schwäbischen Bund und der Tiroler Regierung auf der anderen Seite aus. Der Schlichtungsversuch Maximilians schlug fehl, es folgten Reichsacht und Reichskrieg, der dank der geschickten Kampfesweise der Schweizer Landsknechte mit der Niederlage Maximilians endete. Im Basler Frieden vom September 1499 mußte der König nachgeben und die Schweizer faktisch aus der Reichsgemeinschaft entlassen. Gegen den angeschlagenen Herrscher konnten die Reichsstände ihre Interessen auf dem Augsburger Reichstag durchsetzen.

Genau in dieser Zeit (1499/1500) eroberten die Franzosen das Herzogtum Mai- *1500* land und nahmen Ludovico Sforza samt seinem Schatz mit nach Frankreich. Spanier und Franzosen vereinbarten die Aufteilung Italiens und besetzten Neapel und Sizilien. Der König von Ungarn heiratete eine französische Prinzessin; dies war der Versuch der Einkreisung des Reiches. Papst Alexander VI. (Borgia) sprach offen aus, daß die Kaiserkrone nun eigentlich dem König von Frankreich gebühre. Zu allem Überfluß gingen die Türken zu Wasser und zu Land gegen Friaul und Venedig vor. Genau in diesem Gebiet zeigte sich aber ein kleiner Hoffnungsschimmer für Maximilian, weil er die Grafen von Görz beerben konnte. Auch die Geburt seines Enkels Karl am 24. Februar 1500 in Gent, des nach Lage der Dinge voraussichtlichen Thronanwärters in Spanien, gab ihm neue Hoffnung.

Er zog sich in seine Länder zurück und versuchte, die innenpolitischen Probleme zu seinen Gunsten zu wenden und sich eine solidere finanzielle Grundlage für seine Pläne zu verschaffen. Wie erwähnt konnte er das erfolglose Reichsregiment auflösen, außerdem die deutschen Landsknechte als Truppen sowie eine Artillerie aufbauen. Das Geld dafür mußte allerdings erst zusammengebracht werden. In seinen Erblanden in Österreich mobilisierte er alles, was sich für Kreditaufnahmen einsetzen ließ, er verpfändete fast das gesamte Kammergut und verkaufte z.B. später die Grafschaft Kirchberg und die Stadt Weißenhorn an seinen liebsten Finanzier, den Fugger in Augsburg.

Überraschenderweise vollzog Maximilian 1501 eine außenpolitische Wende, *1501* eventuell von seinem Sohn Philipp beeinflußt, und wandte sich Frankreich zu, das sich mit Spanien um Italien auseinandersetzte. Über Verhandlungen in Trient (1501), Lyon und Blois (1503/04) kam es zum Frieden von Hagenau (1505). Um *1505* den Frieden wirklich zu erreichen, wurde ein französisches Heiratsbündnis ins Auge gefaßt. Dadurch schien für Maximilian die Möglichkeit nahegerückt, gemeinsam mit Spanien und Frankreich den Kampf mit den Türken aufzunehmen.

1506 Der Vertragsabschluß in Frankreich hielt ihm den Rücken frei, so daß er 1506 schnell nach Ungarn vorstoßen konnte, wo sein Erbrecht von Oppositionellen in Zweifel gezogen wurde, und dort den Boden bereiten für die erwähnte Doppelhochzeit von 1515. Zwischendurch hatte er im Reich selbst in den Landshu-
1504/ ter Erbfolgekrieg (1504/05) eingegriffen, bei dem der Pfälzer Kurfürst ohne
05 rechtliche Handhabe wichtige Positionen in Bayern-Landshut gegen seinen Münchner Vetter Albrecht besetzte. In der einzigen Schlacht bei Schönberg (b.Regensburg) schlug der König die Pfälzer Truppen, hier bewährte sich auch seine Artillerie, mit der er die Grenzfestung Kufstein erobern konnte. Im Kölner
1505 Spruch von 1505 konnte er die Bedingungen diktieren. Er sprach das Landshuter Erbe den oberbayerischen Wittelsbachern zu und teilte sich selbst ansehnliche Gebiete im Unterinntal und an der Enns zu, ohne daß jemand Einspruch erhob. Dies zeigte, wie sich seine Position im Reich oder gegenüber dem Reich seit
1499/ 1499/1500 erheblich verbessert hatte.

00 Außenpolitisch hoffte er, mit seinem Sohn als König von Spanien gemeinsam die Herrschaft über die damals bekannte Welt antreten zu können. Die Umsetzung der kaiserlichen Universalherrschaft war sein Ziel.

Diese Hoffnung wurde stark dezimiert, als Philipp, Regent in Spanien, im September 1506 plötzlich in Burgos starb. Sein Schwiegervater Ferdinand von Aragón übernahm die Regierung und behielt seinen Enkel Ferdinand zur Erziehung in Spanien. Spanien wandte sich unter Ferdinand von Aragón vermehrt Frankreich zu, um die Übermacht der Habsburger zurückzudrängen. Maximilian übertrug die Regentschaft über die Niederlande und die Vormundschaft für seinen Enkel Karl und dessen Schwestern seiner Tochter, Erzherzogin Margarete, die eine wichtige politische Partnerin für ihn wurde.

Nur kurz erwog er eine Kaiserkrönung im Reich selbst, dann versuchte er, auf
1507 dem Reichstag in Konstanz (1507) Geld und Mannschaft für einen Romzug zu gewinnen. Die Versprechungen der Reichsstände wurden nicht eingehalten, trotzdem machte er sich auf den Weg nach Rom. Doch die Venezianer und Franzosen versperrten alle Alpenpässe, an ein Durchbrechen war nicht zu denken. Da zeigte sich sein Selbstverständnis als Herrscher. Er ließ sich im Dom von Tri-
1508 ent am 4. Februar 1508 von seinem vertrauten Augsburger Ratgeber, Matthäus Lang, nun Fürstbischof von Gurk, als „Erwählter Römischer Kaiser“ ausrufen. Danach hatte er zwar immer noch vor, die Kaiserkrönung in Rom nachzuholen, kam aber nicht mehr dazu. Sein Akt bedeutete die Loslösung vom Papsttum und wurde vorbildlich für alle Nachfolger, auch wenn Karl V. sich in Bologna zum Kaiser krönen ließ. Denn die Nachfolger nahmen jeweils nach der Krönung in Aachen zugleich den Kaisertitel an.

Maximilian wollte nun mit aller Macht Venedig in die Knie zwingen, woraus sich ein langwieriger Krieg entwickelte (1508-16). Er schloß am 10. Dezember 1508 die Liga von Cambrai mit Frankreich, England, Spanien und dem Papst. Nach den ersten erfolgreichen Kämpfen löste sich diese Interessensgemeinschaft schnell wieder auf, die Bündnisse wechselten ständig, denn auch die Eidgenossen, Mailand und Florenz waren an dem Krieg beteiligt, jeder verfolgte seine eigenen Interessen. Mit Frankreich und dem Papst war Maximilian längere Zeit verbündet. So gelang ihm die Eroberung von Verona, Triest und Görz. Die Erfolge hielten aber nicht an, denn Papst Julius II. gründete 1511 mit Spanien die Heilige Liga zur Vertreibung der „Barbaren“ aus Italien. 1511

Als der Papst schwer krank wurde, erwog der Kaiser den kühnen Plan, sich als Papst bzw. Gegenpapst wählen zu lassen, das Gegenkonzil von Pisa forderte ihn sogar dazu auf. Der König von Frankreich hätte ihn unterstützt und in der Kirche des Reiches hätte er sicher Anerkennung gefunden. Die Verwaltung der Gelder dieser bedeutenden Kirche lag ihm sehr am Herzen, er hatte sie dem Bankhaus Fugger zugedacht. Die Vereinigung der beiden höchsten Ämter der Christenheit entsprach seinen Vorstellungen vom priesterlichen Kaiser. Es soll Ferdinand von Aragón gewesen sein, der ihn von diesem Plan abbrachte, denn dieser fürchtete wie viele andere ein erneutes Schisma in der Kirche. Konsequenterweise trat Maximilian 1512 der Heiligen Liga bei, weil er sich von Frankreich im Stich gelassen fühlte. 1512
Durch die Initiative seiner Tochter hatte er gemeinsam mit Heinrich VIII. von England einen Feldzugsplan gegen den französischen König entworfen. Gemeinsam mit den Engländern schlug er das französische Heer bei Guinegate in Flandern. Doch dies reichte nicht, um Frankreich niederzuzwingen. Die Eidgenossen, die die Franzosen plangemäß angriffen, wurden vom französischen König gekauft.

Doch in Italien konnte der Kaiser gegen die Franzosen Erfolge aufweisen, als er die Sforza wieder nach Mailand und die Medici nach Florenz zurückbrachte. Er ließ das Landgebiet der Venezianer verwüsten und mit seiner Artillerie nach Venedig hineinschießen. Da wendete sich sein Glück wieder: Den Franzosen gelang es, die Engländer und Venedig auf ihre Seite zu ziehen. Der neue König Franz I. von Frankreich (1515-47) zog mit einem großen Heer über die Alpen, schlug die Eidgenossen im September 1515 bei Marignano und nahm Mailand 1515
wieder ein. Der Kriegsruhm der Schweizer war damit gebrochen, der Kaiser stand nun seinen Gegnern ohne Bundesgenossen gegenüber.

Er versuchte, 1516 mit einem kleinen Heer Mailand zu befreien, mußte aber 1516
vor den Mauern aufgeben, denn er konnte seinen Söldnern keinen Sold mehr zahlen, so daß er um sein Leben fürchten mußte. Zur Enttäuschung der Eidgenossen mußte er den Feldzug abbrechen. Der Papst orientierte sich wieder an Frankreich, der Enkel Karl versuchte, Frieden zu vermitteln. Durch den Waffenstillstand von Brüssel (Dez.1516) erhielten das Land Tirol etwas Zugewinn (Rovereto, Riva, Ala, Cortina) und der Kaiser eine Kriegsentschädigung, die nur einen Bruchteil seiner Kosten darstellte.

Parallel zu diesem Tiefpunkt in der Italienpolitik erreichte er in Wien sein Ziel, wo im Juli 1515 im Stephansdom die habsburgisch-jagiellonische Doppel- 1515
hochzeit stattfand. Im Jahr 1516 starb Ferdinand von Aragón, was zur Folge 1516
hatte, daß Maximilians Enkel Karl König von Spanien wurde. Nun faßte Maximilian als letztes großes Projekt die Nachfolge Karls im Reich und als Kaiser ins Auge, ein Reichstag sollte die Entscheidung erbringen. Neben der Nachfolge wollte Maximilian auch den Kreuzzug gegen die Türken endlich auf die Tagesordnung bringen. Die „Luthersache“ setzte sich von selbst auf die Tagesordnung, denn nach dem sogenannten Thesenanschlag vom 31. Oktober 1517 in 1517
Wittenberg war Martin Luther von Rom als Ketzer angeklagt worden.

Im Sommer 1518 fand der Reichstag in Augsburg statt. Maximilian erhielt 1518
durch den Kardinallegaten Cajetan die von Papst Leo X. geweihten Kreuzzugs-

insignien Schwert und Helm, aber als die Reichsstände um Entrichtung der Kriegssteuer für einen Kreuzzug gegen die Türken gebeten wurden, weigerten sie sich. Sie sahen die Türken zu dieser Zeit nicht als bedrohlich genug an, um größere Summen investieren zu müssen. Obwohl der Kaiser die Kreuzzugspolitik der römischen Kurie und deren Attacke gegen Luther unterstützte, war sie nicht bereit, ihm bei der Nachfolgefrage zu helfen. In Rom fürchtete man die Umklammerung durch Habsburg und setzte auf den französischen König. Maximilian bot alle Geldreserven auf, um die Kurfürsten für die bevorstehende Wahl zu kaufen, was ihm schließlich bei der Mehrheit gelang. Jetzt orientierte sich die Kurie auf den Kurfürsten, der reich und mächtig genug war, um den Angeboten des Kaisers zu widerstehen, den Kurfürsten von Sachsen, Friedrich den Weisen. Ihn hielt man für den besten Gegenkandidaten zu einem Habsburger und kam ihm wegen Martin Luther entgegen, dessen Landesherr er war. Maximilian reiste verärgert vom Reichstag ab.

Er zog in seine Lieblingsstadt Innsbruck, von wo aus er häufig die Regierung ausgeübt hatte. Dort verweigerten ihm alle Wirte eine Unterkunft, weil er so viele Schulden gemacht hatte. Daraufhin entschloß er sich, Ablenkung bei der Jagd zu suchen, um damit auch seine angeschlagene Gesundheit zu kurieren. Aber in Wels konnte er nicht mehr weiterziehen, denn er war wohl unheilbar an Darmkrebs erkrankt und hatte sich eine Lungenentzündung zugezogen.
1518 In der Nacht vom 30. auf den 31. Dezember 1518 diktierte er sein Testament. Seinen beiden Enkeln Karl und Ferdinand übergab er die Landesherrschaft, außerdem verfügte er über einige Stiftungen, z.B. neun Spitäler, in Österreich und Burgund. Bis ins kleinste Detail bestimmte er gemeinsam mit dem Karthäuser Gregor Reisch die Zeremonie seiner Beisetzung. Schon während der
1514 letzten Jahre (seit 1514) hatte er einen Sarg immer mit auf seinen Reisen gehabt, um an die Hinfälligkeit des menschlichen Lebens, auch beim Herrscher, zu erinnern. Die Vollendung seines gigantischen Grabmals legte er seinen Enkeln ans Herz. Die letzten Tage und Stunden wurden von Augenzeugen als nahezu idealtypisch geschildert, so stellte man sich im späten Mittelalter den Tod eines
1519 christlichen Herrschers vor. Als er am 12. Januar 1519 starb, war noch nicht einmal Geld für sein Begräbnis in der St. Georgskirche in Wiener Neustadt vorhanden.

Einordnung

Maximilian hat in den Quellen und der Forschungsliteratur immer sehr unterschiedliche Beurteilungen gefunden. Seine maßlose Verschuldung und seine ständigen erfolglosen Kriegszüge in Italien sowie seine Anmaßung, Papst werden zu wollen, waren die wesentlichen Angriffsflächen für Kritik. Wenn man allerdings nicht nur seine Regierungszeit betrachtet, sondern etwas weiter blickt, dann hat er grundlegendes geleistet. Gerade in der Italienpolitik hat er versucht, Reichsrechte wieder wahrzunehmen und die Ansprüche des Reiches in Italien zu verdeutlichen. Denn gerade in der Phase um 1500 unternahmen die anderen europäischen Mächte viele Versuche, Italien unter sich aufzuteilen. Trotz der

Niederlagen gelang es ihm, eine konstante Herrschaft in einigen Gebieten in Oberitalien zu errichten, eine Wiederherstellung der alten Kaisermacht war angesichts der Machtstrukturen nicht mehr möglich.

Mit seiner Idee, das Amt des Papstes auf sich zu nehmen, lag Maximilian gar nicht so falsch, so hat es z.B. auch das Gegenkonzil von Pisa gesehen. Ca. 80 Jahre vorher war Amadeus von Savoyen zum Gegenpapst Felix V. gewählt worden. Es paßte völlig in das Weltbild Maximilians und zu seinen Vorstellungen vom christlichen Universalherrscher, wie der alttestamentarische David oberster Priester und König zugleich zu sein.

Relativ erfolgreich blieb Maximilian während seiner Regierungszeit in der Politik im östlichen Mitteleuropa. Auch hier wird ihm vorgeworfen, zu wenig für das Gebiet des Deutschen Ordens getan zu haben. Dabei ist es gut nachzuvollziehen, daß sich der Kaiser dafür entschieden hatte, Böhmen als wichtiger anzusehen und seine Kräfte nicht zu überschätzen. Die Diplomatie, die schließlich zur Doppelhochzeit führte, war genau richtig eingesetzt. Wie wichtig dieses Ergebnis war, konnte Maximilian selbst nicht ermessen, sondern entschied sich erst 1526, als der Erbfall an die Habsburger eintrat.

Im Reich selbst zeigte er sich gegenüber der Reformpartei zwar gesprächsbereit, aber doch am Ende unerbittlich, als sie seinen Vorstellungen von zentraler Machtausübung nicht folgen wollten. Damit begab er sich in eine schlechte Ausgangsposition für Einkünfte aus dem Reich. Die Reichsstände verweigerten ihm zumeist jede Unterstützung. Trotzdem verfolgte er seine festen Pläne von Universalherrschaft unter Einsatz seiner ganzen Finanzmöglichkeiten seiner österreichischen Erblande. Alles, was sich zu Geld machen ließ, setzte er ein. Er war immer auf der Suche nach neuen Geldquellen und versuchte, sie mit Gewalt oder mit Heiratsverträgen zu erlangen. Von diesen beiden Elementen war seine Politik bestimmt. Dies setzte er aber nicht nur für seine Hausmachtpolitik ein, wie Kritiker meinten. Denn die Interessen der Habsburger waren in seiner Sicht verbunden mit den Interessen der Kaisermacht.

Will man etwas über die Persönlichkeit Maximilians erfahren, so hat man zwar die Möglichkeit, auf einige Quellen zurückzugreifen, doch über das Individuum selbst läßt sich wenig in Erfahrung bringen. So schildert der Hofhistoriograph Joseph Grünpeck Maximilian als den idealen Herrscher, der schon in der Wiege zeigt, was einen König ausmacht. Das gleiche gilt für die Leichenrede des Hofpredigers Johann Faber und das Lobgedicht von Bartholomäus Latomus auf den verstorbenen Kaiser. Gerade hier wird Maximilian als milde, gerecht und freigiebig typisiert. Dazu kommt eine umfangreiche Selbstinszenierung Maximilians. Eigentlich hatte Maximilian eine Trilogie geplant, die auf allegorische Weise sein Leben darstellen sollte: Theurdank, Weißkunig und Freydal. Vollendet wurde nur der Theurdank, anfangs als Privatdruck für den Kaiser und seine Freunde gedruckt, der noch 1519 durch den Nürnberger Patrizier Melchior Pfinzing und den Drucker Schönsperger in Augsburg auf den Markt kam. Beeindruckend sind die Holzschnitte, die auch im Weißkunig vermittelten, wie der junge Maximilian schon früh seine besondere Begabung zum Herrschen erkennen ließ.

Außerdem werden hier Charakterzüge geschildert, die ihm den Namen „der letzte Ritter“ eingebracht haben. Denn er ließ keine Möglichkeit aus, im Turnier seine besonderen Fähigkeiten im Waffenhandwerk zu demonstrieren. Dies war sicher ein Grund, warum ihm viele Söldner anfangs folgten, bis er wirklich kein Geld mehr hatte. Genau hier liegt die Hauptschwäche Maximilians, die strukturelle Abhängigkeit von den Reichsständen. Sie führte ihn in enge Beziehungen zum reichen Bürgertum, speziell zum Haus Fugger, wo er immer wieder Geld erhielt, allerdings mußte er dafür viele Profit oder Prestige bringende Privilegien verleihen.

Viel Zeit und Geld investierte er in Kunst und Bildung, er gilt als einer der wichtigsten Mäzene des Humanismus und der spätgotischen Kunst. Als Künstler arbeitete Hans Burgkmair am Theurdank mit, außer ihm zeichneten Albrecht Altdorfer, Lucas Cranach d. Ä., Albrecht Dürer u.a. mehr auf die Ränder von Maximilians persönlichem Gebetbuch. Hans Burgkmair mußte sich in den Jahren 1515-17 im wesentlichen mit den Zeichnungen für Maximilians fragmentarischen „Triumphzug" beschäftigten, durch den der Kaiser glorifiziert wurde, wie auch durch die „Ehrenpforte". Im Weißkunig wird sein Hauptmotiv für diese Aufträge deutlich. Dort heißt es in etwa „Wer im Leben kein Gedächtnis macht, der hat nach seinem Tod kein Gedächtnis und desselben Menschen wird mit dem Glockenton vergessen". In seinem literarischen Gedächtnis wollte er den Nachweis erbringen lassen, daß sich alles noble Blut seit der Antike im Hause Österreich vereinigt hatte. So sollten die Vorstellungen von einem dynastischen Kaisertum alter Wurzel entwickelt werden, das in den Habsburgern und der dynastischen Politik Maximilians seine Vollendung fand. Dem Gedächtnis dienten die erwähnten Stiftungen und vor allem sein Grabmal. Seit 1502 wurde es konzipiert mit einem Zyklus von 34 antiken römischen Kaisern, 100 Statuen der Heiligen des Hauses Habsburg und seiner Anverwandten und 40 Ahnen des Hauses Habsburg, die bei den Heldensagen beginnen und um sein Grab stehen sollten. Sie stellten den Rahmen dar für ein ewiges Gedächtnis und eine immerwährende Erinnerung, das Ziel eines jeden Menschen des Mittelalters.

Literaturhinweise zum Kapitel „Königtum und Fürsten im Spätmittelalter"

1. Quellen

1.1 Veröffentlichungen der MGH

Bayerische Chroniken des XIV. Jahrhunderts (Chronicae Bavaricae saeculi XIV.), hrsg. von Georg Leidinger, Hannover 1918.

Die Goldene Bulle Kaiser Karls IV. vom Jahre 1356 (Bulla aurea Karoli IV. imperatoris anno MCCCLVI promulgata), hrsg. von der Deutschen Akademie der Wissenschaften zu Berlin, Zentralinstitut für Geschichte. Bearbeitet von Wolfgang D. Fritz, Ndr. Hannover 1972 (MGH Font. jur. antiq. 11).

Die Kölner Weltchronik 1273/88-1376, hrsg. von Rolf Sprandel, Hannover 1991 (SS rer. germ. NS 13).

Die Schriften des Alexander von Roes und des Engelbert von Admont; Teil 1: Alexander von Roes, Schriften, hrsg, von Herbert Grundmann und Hermann Heimpel, Ndr. Stuttgart 1985 (MGH Staatsschriften des späteren Mittelalters 1,1).

Die Werke des Konrad von Megenberg (Fortsetzung). Ökonomik (Yconomica), hrsg. von Sabine Krüger, Stuttgart 1973-1984 (MGH Staatsschriften des späteren Mittelalters 3).
Die Werke des Konrad von Megenberg; Teil 1: Planctus ecclesiae in Germaniam, hrsg. von Richard Scholz, Ndr. Stuttgart 1977 (MGH Staatsschriften des späteren Mittelalters 2,1); Teil 4: Monastik (Monastica), hrsg. von Sabine Krüger, Stuttgart 1992 (MGH Staatsschriften des späteren Mittelalters, 2,4).
Jansen Enikels Werke. Weltchronik. Fürstenbuch, hrsg. von Philipp Strauch, Ndr. München 1980 (MGH dt. Chron. 3).
MGH Constitutiones et acta publica imperatorum et regum, Bd. 3-11.
Ottokars Österreichische Reimchronik. Nach den Abschriften Franz Lichtensteins hrsg. von Joseph Seemüller, 2 Bde. Ndr. München 1980 (MGH dt. Chron. 5).
Reformation Kaiser Siegmunds, hrsg. von Heinrich Koller, Stuttgart 1995 (MGH Staatsschriften des späteren Mittelalters 6).
Thomas Ebendorfer, Chronica pontificum Romanorum, hrsg. von Harald Zimmermann, Hannover 1994 (SS rer. germ. NS 16).

1.2 Sonstige Quelleneditionen

Arnpeck, Veit: Sämtliche Chroniken, hrsg. von Georg Leidinger, München 1915 (QE NF 3).
Berthold, Otto: Kaiser, Volk und Avignon. Ausgewählte Quellen zur antikurialen Bewegung in Deutschland in der ersten Hälfte des 14. Jahrhunderts, Berlin 1960.
Der Weiss Kunig. Eine Erzehlung von den Thaten Kaiser Maximilian des Ersten. Von Marx Treitzsaurwein aus dessen Angaben zusammengetragen, Weinheim 1985 (Ndr. d. Orig. 1775).
Deutsche Reichstagsakten / hrsg. durch die Historische Kommission bei der Bayerischen Akademie der Wissenschaften ab 1967.
Dotzauer, Winfried (Hrsg./Bearb.): Quellenkunde zur deutschen Geschichte im Spätmittelalter (1350-1500), Darmstadt 1996.
Eberhart Windeckes Denkwürdigkeiten zur Geschichte des Zeitalters Kaiser Sigmunds zum ersten Male vollst. hrsg. von Wilh. Altmann, Berlin 1893.
Füetrer, Ulrich: Bayerische Chronik, hrsg. von Reinhold Spiller, München 1909 (QE NF. 2,2).
Grünpeck, Joseph: Die Geschichte Friedrichs III. und Maximilians I., übers. von Theodor Ilgen, 2. Aufl. Leipzig 1940 (GdV 2,90).
Miethke, Jürgen / Weinrich, Lorenz (Hrsg.): Quellen zur Kirchenreform im Zeitalter der großen Konzilien des 15. Jahrhunderts, 3 Bde.: T1: Die Konzilien von Pisa (1409) und Konstanz (1414-1418), Darmstadt 1995; T1 und 2 in Vorbereitung (FSGA A, 38 a, b und c).
Monumenta Wittelsbacensia. Urkundenbuch für die Geschichte des Hauses Wittelsbach, hrsg. von Franz M. Wittmann, Bd. 2: von 1239 bis 1397, 1861 (QE Ältere Reihe 6).
Quellen zur Geschichte der deutschen Königswahl und des Kurfürstenkollegs, hrsg. von Mario Krammer, Darmstadt 1972 (Quellensammlung zur deutschen Geschichte).
Quellen zur Geschichte Kaiser Ludwig's des Baiern, übers. von Walter Friedensburg, Leipzig 1883-1887 (GDV1,81-82).

Quellen zur Verfassungsgeschichte des römisch-deutschen Reiches im Spätmittelalter (1250-1500), hrsg. von Lorenz Weinrich, Darmstadt 1983 (FSGA 33).

Ulrich von Richental: Chronik des Konstanzer Konzils 1414-1418. Mit Geleitwort, Bildbeschreibung u. Textübertragung in unsere heutige Sprache, hrsg. von Michael Müller, 2. Erg. Aufl. Konstanz 1984.

Weinrich, Lorenz (Hrsg.): Quellen zur deutschen Verfassungs-, Wirtschafts- und Sozialgeschichte bis 1250, 2. aktual. Aufl. Darmstadt 2000 (FSGA A, 32).

Wiesflecker-Friedhuber, Inge (Hrsg.): Quellen zur Geschichte Maximilians I. und seiner Zeit, Darmstadt 1996 (FSGA B, 14).

Zeumer, Karl: Quellensammlung zur Geschichte der deutschen Reichsverfassung in Mittelalter und Neuzeit, 1. Teil: Von Otto II. bis Friedrich III., 2. Aufl. 1913.

2. Forschungsliteratur

Abel, Wilhelm: Strukturen und Krisen der spätmittelalterlichen Wirtschaft, Stuttgart 1980.

Angermeier, Heinz: Die Reichsreform 1410-1551. Die Staatsproblematik in Deutschland zwischen Mittelalter und Gegenwart, München 1984.

Angermeier, Heinz: Königtum und Landfriede im deutschen Spätmittelalter, München 1966.

Baethgen, Friedrich: Europa im Spätmittelalter, Grundzüge seiner politischen Entwicklung, o.O. 1951.

Baethgen, Friedrich: Zur Geschichte der Wahl Adolfs von Nassau, in: DA 12 (1956), S. 536-543.

Bak, János M.: Königtum und Stände in Ungarn im 14.-16. Jahrhundert, Wiesbaden 1973.

Battenberg, Friedrich (Bearb.): Die Zeit Ludwigs des Bayern und Friedrichs des Schönen 1313-1347, Köln / Wien 1987 (Quellen und Forschungen zur höchsten Gerichtsbarkeit im Alten Reich – Sonderreihe: Urkundenregesten zur Tätigkeit des deutschen Königs- und Hofgerichts bis 1451, 5).

Battenberg, Friedrich: Reichsacht und Anleite im Spätmittelalter. Ein Beitrag zur Geschichte der höchsten königlichen Gerichtsbarkeit im Alten Reich besonders im 14. und 15. Jahrhunderte, Köln / Wien 1986 (Quellen und Forschungen zur höchsten Gerichtsbarkeit im Alten Reich 18).

Baum, Wilhelm: Die Habsburger in den Vorlanden : 1386 – 1486. Krise und Höhepunkt der habsburgischen Machtstellung in Schwaben am Ausgang des Mittelalters, Köln / Wien 1993.

Baum, Wilhelm: Reichs- und Territorialgewalt (1273-1437). Königtum, Haus Österreich und Schweizer Eidgenossen im späten Mittelalter, Wien 1994.

Bäumer, Remigius (Hrsg.): Das Konstanzer Konzil, Darmstadt 1977.

Benker, Gertrud: Ludwig der Bayer, München 1980.

Bergdolt, Klaus: Der Schwarze Tod in Europa, 2. Aufl. München 1994.

Blickle, Peter: Unruhen in der ständischen Gesellschaft 1300-1800, München 1988.

Boockmann, Hartmut: Literaturbericht Späteres Mittelalter, Teil 1-4, in: GWU 44 (1993).

Boshof, Egon / Erkens Franz R. (Hrsg.): Rudolf von Habsburg 1273-1291. Eine Königsherrschaft zwischen Tradition und Wandel, Passau 1993 (Passauer Historische Forschungen 7).

Brabänder, Michael Richard: Die Einflußnahme auswärtiger Mächte auf die deutsche Königswahlpolitik vom Interregnum bis zur Erhebung Karls IV., Frankfurt am Main / Bern 1994 (Europäische Hochschulschriften Reihe 3 / 590).

Brandmüller, Walter: Das Konzil von Konstanz 1414-1418, 2 Bde., Paderborn 1997.
Buchner, Rudolf: Maximilan I. Kaiser an der Zeitenwende, Göttingen / Berlin / Frankfurt am Main 1959 (Persönlichkeit und Geschichte 14).
Dek, Adriaan W. E.: Genealogie van het vorstenhuis Nassau, Zaltbommel 1970.
Diener, H.: "Fridericus dux Austriae Hernesti filius" aus De viris illustribus des Enea Silvio Piccolomini, in: Römische historische Mitteilungen 28 (1986), S. 185-208.
Diestelkamp, Bernhard / Rödel, Ute (Bearb.): Die Zeit Rudolfs I. von Habsburg, 1273-1291, Köln / Wien 1986 (Quellen und Forschungen zur höchsten Gerichtsbarkeit im Alten Reich – Sonderreihe: Urkundenregesten zur Tätigkeit des deutschen Königs- und Hofgerichts bis 1451, 3).
Dirlmeier, Ulf / Fouquet, Gerhard / Fuhrmann, Bernd: Europa im Spätmittelalter 1215-1378, München 2002.
Drabek, Anna Maria: Reisen und Reisezeremonien der römisch-deutschen Herrscher im Spätmittelalter, Wien 1964.
Ehlers, Joachim: Geschichte Frankreichs im Mittelalter, Stuttgart 1987.
Ellwein, Thomas: Die deutsche Universität vom Mittelalter bis zur Gegenwart, 2. Aufl. Frankfurt am Main 1992.
Erbe, Michael: Die Habsburger (1493-1918), Stuttgart 2000.
Erkens, Franz-Reiner: Über Kanzlei und Kanzler König Sigismunds. Zum Kontinuitätsproblem in der deutschen Königskanzlei unter dem letzten Luxemburger, in: AfD 33 (1987), S. 429 ff.
Fahlbusch, Friedrich B.: Städte und Königtum im frühen 15. Jahrhundert. Ein Beitrag zur Geschichte Sigmunds von Luxemburg, Köln 1983 (Städteforschung A / 17).
Faussner, Hans Constantin: Die Thronerhebung des deutschen Königs im Hochmittelalter und die Entstehung des Kurfürstenkollegiums, in: ZRG GA 108 (1991), S. 1-60.
Franke, M.E.: Kaiser Heinrich VII. im Spiegel der Historiographie. Eine faktenkritische und quellenkundliche Untersuchung ausgewählter Geschichtsschreiber der ersten Hälfte des 14. Jahrhunderts, 1992 (Beihefte zu J.F. Böhmer, Regesta Imperii 9).
Fuchs, Franz / Kreutz, Wilhelm: Die Wittelsbacher (1180-1918), Stuttgart 2000.
Gerlich, Alois: Königtum, rheinische Kurfürsten und Grafen in der Zeit Albrechts I. von Habsburg, in: Geschichtliche Landeskunde 5 (1969), S. 25-88.
Gerlich, Alois: Adolf von Nassau (1292-1298). Aufstieg und Sturz eines Königs, Herrscheramt und Kurfürstenfronde, in: Nassauische Annalen 105 (1994), S. 17-78.
Gerlich, Alois: Adolf von Nassau. Reichspolitik am Rhein und in Schwaben 1293 und 1294, in: Nassauische Annalen 109 (1998), S. 1-72.
Gerlich, Alois: Habsburg, Luxemburg, Wittelsbach im Kampf um die deutsche Königskrone. Studien zur Vorgeschichte des Königtums Ruprechts v. d. Pfalz, Wiesbaden 1960.
Graus, Frantisek: Pest, Geißler, Judenmorde. Das 14. Jahrhundert als Krisenzeit, Göttingen 1987.
Graus, Frantisek: Premysl Otakar II. – sein Ruhm und sein Nachleben, in: MIÖG 79 (1971), S. 57-110.
Haller, Brigitte.: Kaiser Friedrich III. im Urteil seiner Zeitgenossen, Wien 1965.
Hamann, Brigitte (Hrsg.): Die Habsburger. Ein biographisches Lexikon, 4. Aufl. Wien 2000.
Heimann, Heinz Dieter: Zwischen Böhmen und Burgund. Zum Ost-Westverhältnis innerhalb des Territorialsystems des Deutschen Reiches im 15. Jh., Köln u.a. 1982 (Dissertationen zur mittelalterlichen Geschichte 2).

Heimann, Heinz-Dieter: Die Habsburger, München 2001.
Heinig, Paul-Joachim: Reichsstädte, Freie Städte und Königtum 1389 – 1450. Ein Beitrag zur deutschen Verfassungsgeschichte, Wiesbaden 1983. (Beiträge zur Sozial- und Verfassungsgeschichte des Alten Reiches ; 3).
Hödl, Gerd: Albrecht II. – Königtum, Reichsregierung und Reichsreform 1438-39, Wien / Köln / Graz 1978.
Hödl, Gerd: Habsburg und Österreich 1273-1493, Wien 1988.
Hödl, Gerd: Herzog Leopold I. von Österreich (1290-1326), Wien 1964.
Hoensch, Jörg K. (Hrsg.): Itinerar König und Kaiser Sigismunds von Luxemburg 1368-1437, Warendorf 1995 (Studien zu den Luxemburgern und ihrer Zeit 6).
Hoensch, Jörg K.: Die Luxemburger. Eine Spätmittelalterliche Dynastie gesamteuropäischer Bedeutung, Stuttgart 2000.
Hoensch, Jörg K.: Geschichte Böhmens, 2. Aufl. München 1992.
Hoensch, Jörg K.: Geschichte Polens, 2. Aufl. Stuttgart 1990 (UTB 1251).
Hoensch, Jörg K.: Kaiser Sigismund. Herrscher an der Schwelle zur Neuzeit 1368-1437, 5. Aufl. München 1996.
Hoensch, Jörg K.: König/Kaiser Sigismund, der Deutsche Orden und Polen-Litauen. Stationen einer problematischen Beziehung, in: ZfO 46 (1997), S. 1-44.
Hoensch, Jörg K.: Premysl Otakar II. von Böhmen. Der goldene König, Graz 1989.
Holtz, Eberhard: Reichsstädte und Zentralgewalt unter König Wenzel, 1376-1400, Warendorf 1993 (Studien zu den Luxemburgern und ihrer Zeit 4).
Homann, Hanns-Dieter: Kurkolleg und Königtum im Thronstreit von 1314-1330, München 1974.
Huber, Alexander: Das Verhältnis Ludwigs des Bayern zu den Erzkanzlern von Mainz, Köln und Trier (1314-1347), München 1983 (Münchener Historische Studien 21).
Kaiser und Papst im Konflikt : zum Verhältnis von Staat und Kirche im späten Mittelalter, hrsg. von Jürgen Miethke und Arnold Bühler, Düsseldorf 1988.
Kraus, Thomas R.: König Wenzel auf der Reise nach Reims und die Hoffnungen König Richards II. von England auf die römisch-deutsche Krone 1397/98, in: DA 52 (1996), S. 599-617.
Krieger, Karl-Friedrich: Die Habsburger im Mittelalter von Rudolf I. bis Friedrich III., Stuttgart / Berlin / Köln 1994 (Urban-Taschenbücher 452).
Krieger, Karl-Friedrich: Die Lehnshoheit der deutschen Könige im Spätmittelalter (ca. 1200-1437) München 1979 (Untersuchungen zur deutschen Staats- und Rechtsgeschichte NF 23).
Krieger, Karl-Friedrich: Geschichte Englands von den Anfängen bis zum 15. Jahrhundert, 1. Bd., München 1990.
Krieger, Karl-Friedrich: König, Reich und Reichsreform, München 1992 (EDG 14).
Kuthan, Jiri: Premysl Ottokar II. – König, Bauherr und Mäzen. Höfische Kunst im 13. Jahrhundert, Wien 1996.
Liebertz-Grün, Ursula: Das andere Mittelalter. Erzählte Geschichte und Geschichtserkenntnis um 1300. Studien zu Ottokar von Steiermark, Jans Enikel, Seifried Helbling, München 1984 (Forschungen zur Geschichte der älteren deutschen Literatur 5).
Madelova, Helena: Europa im späten Mittelalter. Die Entstehung der Länder des Königreiches Böhmen, Brühl 1994.
Maleczek, W.: Österreich – Frankreich – Burgund, in: MIÖG 79 (1971), S. 11-155.
Marchal, G. P.: Zum Verlauf der Schlacht bei Sempach, in: SchwZG 37 (1987), S. 428-436.

Martin, Thomas M.: Auf dem Weg zum Reichstag 1314-1410, Göttingen 1993.
Maurer, Helmut (Hrsg.): Kommunale Bündnisse Oberitaliens und Oberdeutschlands im Vergleich, Sigmaringen 1987 (VuF 33), S. 97-116.
Mertens, Dieter: Europäischer Friede und Türkenkrieg im Spätmittelalter, in: Zwischenstaatliche Friedenswahrung in Mittelalter und Früher Neuzeit, hrsg. von Heinz Duchhardt, Köln u.a. 1991 (Münstersche historische Forschungen 1), S. 45-90.
Meuthen, Erich: Das 15. Jahrhundert, München 1996.
Meyer, Bruno: Die Bildung der Eidgenossenschaft im 14. Jahrhundert, Zürich 1972.
Meyer, Werner: 1291, der ewige Bund : die Entstehung der Eidgenossenschaft, Berlin 1994.
Moeglin, Jean M.: Dynastisches Bewußtsein und Geschichtsschreibung. Zum Selbstverständnis der Wittelsbacher, Habsburger und Hohenzollern im Mittelalter, in: HZ 256 (1993), S. 593-635.
Moraw, Peter: Fürstentum, Königtum und "Reichsreform" im deutschen Spätmittelalter, in: BDLG 122 (1986), S. 117 ff.
Moraw, Peter: Neuere Forschungen zur Reichsverfassung des späten Mittelalters, in: Borgolte, Michael (Hrsg.): Mittelalterforschung nach der Wende 1989, München 1995 (HZ Sonderheft 20), S. 1054-1184.
Moraw, Peter: Von offener Verfassung zu gestalteter Verdichtung. Das Reich im späten Mittelalter, 1250-1490, Berlin 1985 (Propyläen Geschichte Deutschlands 3) (Studienausgabe 1989).
Moraw, Peter (Hrsg.): „Bündnissysteme" und „Außenpolitik" im späteren Mittelalter, Berlin 1988 (ZhF Beih. 5).
Neugebauer, Wolfgang: Die Hohenzollern. Bd.1: Anfänge, Landesstaat und monarchische Autokratie bis 1740, Stuttgart 1996.
Paravicini, Werner / Patze, Hans (Hrsg.): Fürstliche Residenzen im spätmittelalterlichen Europa, Sigmaringen 1991 (VuF 36).
Paravicini, Werner: Zur Königswahl von 1438, in: RhVjbll 39 (1975), S. 99-115.
Patschovsky, Alexander: Der italienische Humanismus auf dem Konstanzer Konzil (1414 – 1418). Konstanz 1999.
Patze, Hans (Hrsg.): Der deutsche Territorialstaat im 14. Jahrhundert 2 Bde., 2. Aufl. Sigmaringen 1986 (VuF 13 u. 14).
Patze, Hans (Hrsg.): Geschichtsschreibung und Geschichtsbewußtsein im späten Mittelalter, Sigmaringen 1987 (VuF 31).
Pauler, Roland: Die deutschen Könige und Italien im 14. Jahrhundert, von Heinrich VII. bis Karl IV., Darmstadt 1997.
Planta, Peter Conradin von: Adel, Deutscher Orden und Königtum im Elsaß des 13. Jahrhunderts unter Berücksichtigung der Johanniter, Frankfurt am Main / Bern 1997 (Freiburger Beiträge zur mittelalterlichen Geschichte 8).
Reitemeier, Arndt: Außenpolitik im Spätmittelalter. Die diplomatischen Beziehungen zwischen dem Reich und England (1377-1422), Paderborn 1999 (Veröff. d. DHI London, 45).
Rödel, Ute (Bearb.): Die Zeit Adolfs von Nassau, Albrechts I. von Habsburg, Heinrichs von Luxemburg, 1293-1313, München 1992 (Quellen und Forschungen zur höchsten Gerichtsbarkeit im Alten Reich – Sonderreihe: Urkundenregesten zur Tätigkeit des deutschen Königs- und Hofgerichts bis 1451, 4).
Schaefer, Ursula (Hrsg.): Artes im Mittelalter, Berlin 1997.

Schelle, Klaus: Das Konstanzer Konzil : 1414 – 1418. Eine Reichsstadt im Brennpunkt europäischer Politik, Konstanz 1996.
Schlunk, Andreas C.: Königsmacht und Krongut. Die Machtgrundlagen des deutschen Königtums im 13. Jahrhundert – und eine neue historische Methode, Stuttgart / Wiesbaden 1988.
Schneider, Reinhard (Hrsg.): Das spätmittelalterliche Königtum im europäischen Vergleich, Sigmaringen 1987 (VuF 32).
Schubert, Ernst: Franken als königsnahe Landschaft unter Karl IV., in: BDLG 114 (1978), S. 865 ff.
Schubert, Ernst: Fürstliche Herrschaft und Territorium im späten Mittelalter, München 1996 (EDG 35).
Schubert, Ernst: König und Reich. Studien zur spätmittelalterlichen deutschen Verfassungsgeschichte, Göttingen 1979.
Schwab, Ingo: Kanzlei und Urkundenwesen König Alfons' X: von Kastilien für das Reich, in: AfD 32, 1986, S. 569 ff.
Schwinges, Rainer Christoph (Hrsg.): Über König und Reich. Aufsätze zur deutschen Verfassungsgeschichte des späten Mittelalters. Aus Anlaß des 60. Geburtstages von Peter Moraw, Sigmaringen 1995.
Seibt, Ferdinand: Karl IV. Ein Kaiser in Europa 1346 bis 1378, Nachdr. der 1985 im Süddt. Verlag erschienenen 5. Aufl., München 1994.
Studia Luxemburgensia. Festschrift Heinz Stoob zum 70. Geburtstag, hrsg. von Peter Johanek und Friedrich B. Fahlbusch, Warendorf 1989 (Studien zu den Luxemburgern und ihrer Zeit 3).
Thomas, Heinz: Deutsche Geschichte des Spätmittelalters 1250-1500, Stuttgart 1983.
Thomas, Heinz: König Wenzel I. Reinmar von Zweter und der Ursprung des Kurfürstentums im Jahre 1239, in: Mordek, Hubert (Hrsg.): Aus Archiven und Bibliotheken. FS für Raymund Kottje zum 65. Geburtstag, Frankfurt am Main 1992 (Freiburger Beiträge zur mittelalterlichen Geschichte 3), S. 347 ff.
Thomas, Heinz: Ludwig der Bayer (1282-1347). Kaiser und Ketzer, Graz / Wien / Köln 1993.
Twellenkamp, Markus: Die Burggrafen von Nürnberg und das deutsche Königtum (1237-1417), Nürnberg 1994 (Nürnberger Werkstücke zur Stadt- und Landesgeschichte 54).
Veldtrup, Dieter: Zwischen Eherecht und Familienpolitik. Studien zu den dynastischen Heiratsprojekten Karls IV. Warendorf 1988 (Studien zu den Luxemburgern und ihrer Zeit 2).
Vones, Ludwig: Europäische Geschichte im Spätmittelalter, Stuttgart 2000.
Widder, E: Itinerar und Politik. Studien zur Reiseherrschaft Karls IV. südlich der Alpen, 1993 (Beihefte zu J.F. Böhmer, Regesta Imperii 10).
Wiesflecker, Hermann: Maximilian I. : die Fundamente des habsburgischen Weltreiches, München 1991.
Wittelsbach und Bayern, hrsg. von Hubert Glaser (Ausstellungskatalog – Haus der Bayerischen Geschichte), München 1980.
Wolf, Alois: Warum konnte Rudolf von Habsburg (†1291) König werden?, in: ZRG GA 109 (1992), S. 48-94.

V. ZUSAMMENFASSENDE BEMERKUNGEN

Nach Abschluß des Überblicks erscheint es nötig, wesentliche Aspekte des gesamten Verlaufs der Geschichte des Mittelalters zuerst nacheinander zusammenzufassen und anschließend zu bewerten.

In der Phase des 4.-6. Jahrhunderts kam es in Europa vor allem durch die Wanderungen und Staatengründungen der Germanen zu einem umfassenden Transformationsprozeß, wodurch ein Teil der herrschenden Kultur zerstört wurde, andere Teile aber erhalten blieben und in eine neue Kultur überführt wurden. Die Verschmelzung der Elemente der Kulturen der Römer, Germanen, Slawen und des Christentums erzeugte die neue, die europäische Kultur. Die Grundlage für die Entwicklung in West- und Mitteleuropa wurde aus heutiger Sicht durch die Reichsgründung der Franken unter Chlodwig gelegt. Durch das Prinzip der Reichsteilung der fränkischen Merowinger wurde eine unterschiedliche Entwicklung westlich und östlich des Rheins immer stärker gefördert. Durch den Aufstieg der Karolinger fand noch einmal eine Zentralisierung statt, die ihren Höhepunkt unter Karl dem Großen hatte, danach wurde wiederum durch Reichsteilung die endgültige Trennung in West- (Frankreich) und Ostfrankenreich besiegelt.

In dieser Phase des 6.-10. Jahrhunderts wurde das Lehenswesen aufgebaut. Ein König verlieh ein feudum (Lehen) an einen Krieger als seinem Gefolgsmann, der Grund und Boden nutzen durfte, dafür aber Kriegsdienst leisten mußte. Dieser gab den Boden weiter an Bauern, die in totaler Abhängigkeit (unfrei) oder halbfrei oder manchmal als Freie den Boden bearbeiteten. So entstand ein System des gegenseitigen Schützens, aber auch der Ausbeutung, denn es galt das Recht des Stärkeren. So entstand auch die gesellschaftliche Gruppe des Adels, der aus Verdienst in bestimmte Positionen aufstieg, die dann vererbt werden konnten. Sobald dieser Adel eigene politische Interessen zu verfolgen begann, entwickelte sich daraus das wesentliche Problem der Auseinandersetzung von Zentralmacht und Partikularkräften (Föderalismus), was sich vor allem bei der jeweiligen Königswahl im Mittelalter zeigte.

Die Wahl des Königs war sowohl bei Germanen wie bei Römern der Spätantike die traditionelle Form der Einsetzung eines Königs. Es bedurfte daher der Konstruktion des Königtums aus Geblütsheiligkeit, um eine Vererbbarkeit des Amtes zu begründen. Dies gelang den Merowingern für lange Zeit. Erst 751 wurde durch den Karolinger Pippin die Idoneität (Eignung) des Herrschers erfolgreich dagegengestellt und vom Papst bestätigt. Dies war der eigentliche Schritt zum mittelalterlichen Königtum, denn erst jetzt spielte das Christentum die entscheidende Rolle bei dem Ritual der Königseinsetzung, vor allem die Salbung mit dem heiligen Öl, die das sakrale Königtum einführte. Darauf bezogen wurde nun wiederum der Anspruch der Vererbbarkeit erhoben.

Unter Pippin fand auch schon die Translatio Imperii, die Übergabe des Reichs an die Franken, statt, die aber erst unter Karl dem Großen erfüllt wurde, denn er ließ sich vom Papst zum Kaiser krönen. Er trat damit die Tradition des Römischen Reiches an und wurde Konkurrent des bis dahin einzigen Kaisers in Byzanz. Das Verhältnis zu Byzanz kann man von da an (800) für die nächsten 400 Jahre als gespannt bezeichnen, auch wenn immer wieder Versuche, manchmal durch Heirat, unternommen wurden, die Spannung herauszunehmen. Es ging dabei sowohl um das Zweikaiserproblem als auch lange Zeit um Gebietsinteressen in Italien. Mit Karl dem Großen verlagerte sich endgültig der Schwerpunkt der Macht vom Mittelmeerraum weg in das Gebiet nördlich der Alpen. Byzanz besaß nur noch Reste des Imperium Romanum in Süditalien, an der Adria und im östlichen Mittelmeerraum.

Vom Westen über den Süden bis in den Osten des Mittelmeers reichte inzwischen als neuer dynamischer Kraft die Macht des Islam, der die Ausdehnungsbestrebungen von Byzanz und den Franken, z.B. unter Karl dem Großen, begrenzte. Als Nachfolger des Westgotenreiches bildeten islamische Herrscher in Spanien eine blühende Kultur aus, die bis zu ihrem Niedergang im 15. Jahrhundert der restlichen europäischen christlichen Kultur überlegen war. Dies gilt besonders im Bereich Bildung und Wissenschaft, es gab dort schon um 1000 herausragende islamische Hochschulen und vor allem überragende Kenntnisse in Medizin. Doch auch im byzantinischen Reich war dank der griechischen und römischen Traditionen, vermischt mit persischen Elementen, die Kultur dem westlich gelegenen Raum Europas bis zur Eroberung im 4. Kreuzzug (1204) überlegen.

Um diese Überlegenheit auszugleichen, bemühte sich schon Karl der Große um die „Renaissance" antiker Traditionen einerseits und um Zentralisierung und Angleichung andererseits. Dies trifft z.B. auf die Vereinheitlichung der Verwaltung, der Liturgie und der Schrift (karol. Minuskel) zu. Nicht nur zu seiner Politik gehört das enge Zusammenspiel von Mission und Eroberung östlich des Rheins, d.h. die Durchdringung gewaltsam gewonnener Gebiete mit christlicher Kultur und christlichen Strukturen zur besseren Kontrolle und Anpassung. Diesem Zweck dienten auch die Verlegung und der Aufbau der Hauptresidenz im Osten in Aachen, das in den folgenden Jahrhunderten eine wichtige symbolische Rolle als Krönungsort behielt.

Nach dem Höhepunkt unter Karl dem Großen folgte die Ära des Zerfalls seines Reiches, nicht nur in die zwei neuen West- und Ostfrankenreiche, sondern auch in viele fast selbständige Unterkönigreiche. Diese regna, auch Stammesherzogtümer in der Forschung genannt, hatten sich in der Peripherie des Frankenreiches zu weitgehender Autonomie entwickelt. Aus ihnen kam nach den Karolingern mit Konrad I. der nächste König, noch aus Franken, dann aber folgte die Translatio Imperii (nach Widukind von Corvey) von den Franken auf die Sachsen durch Heinrich I., dessen Sohn Otto aber erst wieder die Kaiserwürde übernahm. Die Frage nach dem Beginn des Deutschen Reiches ist nicht zu beantworten, denn die Ottonen regierten im Nachfolgereich der Franken und der Römer, ein Reich der Deutschen entspricht nicht den Vorstellungen und Quellenaussagen der Zeit.

Unter Otto dem Großen wurden die wesentlichen politischen Probleme deutlich und in Angriff genommen, die von nun an das Reich in der Mitte Europas beschäftigen sollten. Im Westen ging es um die Abgrenzung zum großen Nachbarreich, wobei besonders die Zugehörigkeit von Lothringen ein Streitpunkt war. Im Norden wurden anfangs die „heidnischen", plündernden Normannen, Dänen und Norweger, zum Problem, danach spielten auch hier die Grenzstreitigkeiten mit dem christlichen Nachbarn, dem dänischen König, eine wichtige Rolle. Im Osten lag ein Schwerpunkt der Politik zuerst in der Zurückdrängung der Slawen, dann in der expandierenden Missionspolitik vom Zentrum Magdeburg aus und schließlich im entscheidenden Sieg über die Ungarn im Südosten. Im Süden wurden Rom und Italien, verbunden mit der Wiederbelebung (Renovatio) der Kaiserwürde und dem Kaiserreich, zu zentralen Anliegen der Politik, somit aber auch zu einem geographischen Faktor, denn die Bewältigung der Entfernungen kostete viel Zeit, Züge dorthin mußten entsprechend gut vorbereitet und abgesichert werden.

Unter Otto dem Großen wurde die Beanspruchung der Führungsrolle im christlichen Europa besonders deutlich. Er setzte die Päpste ein und baute sein Reichskirchensystem so aus, daß die Reichskirche innenpolitisch die wichtigste Stütze der Königspolitik für die nächsten 120 Jahre wurde. Mit der Etablierung der Königsmacht in Sachsen wurde dieser Raum durch Klöster und Königspfalzen ausgebaut und bildete während der Ottonenzeit die Zentralregion des Reiches, obwohl Sohn und Enkel sich häufig in Italien aufhielten. Speziell Otto III. verfolgte die Idee vom Wiederaufleben römischer Macht mit der Hauptstadt Rom permanent, scheiterte aber an den realen Verhältnissen. Hervorzuheben sind sein enges Verhältnis zum Papsttum und der Aufbau christlicher Strukturen in Polen und Ungarn durch Gründung der Erzbistümer Gnesen und Gran. Er stand anfangs unter Vormundschaft seiner Mutter, der Byzantinerin Theophanu, die als Gattin Ottos II. und Vormund für Otto III. großen Einfluß auf Politik und Kultur ausübte. Weniger auf Italien bezogen war nur Heinrich II., der innerhalb des Reiches etwas von Sachsen abrückte und den Raum um Bamberg als neuen Stützpunkt für seine Ostpolitik aufbaute. Bei ihm reichte die Verwandtschaft mit der Königsfamilie der Ottonen nicht aus, er mußte sich seine Königsherrschaft in einem langen Umritt symbolisch „erreiten". In diesem Zusammenhang tauchte erstmals die besondere Bedeutung der Krönung und ihres Rituals auf: sie mußte mit den echten Insignien, vom richtigen Kröner am richtigen Ort stattfinden und mit der Thronsetzung auf Karls des Großen Thron in Aachen enden.

In der Salierzeit wurde die Position des Königtums und Kaisertums noch stärker, als unter Konrad I. die Krone von Burgund hinzukam. Auf dem Siegel des Kaisers erschien die Inschrift „Imperium Romanum". Gegen die Interessen der Fürsten wurden die Dienstmannen (Ministeriale) in königliche Dienste eingespannt. König Heinrich III. stellte sich an die Spitze der Gottesfriedensbewegung und Kirchenreform im Reich und setzte auf dem Höhepunkt der Macht drei Päpste ab. Zu dieser Zeit teilte sich die Christenheit (1054) endgültig in die West- und die Ostkirche auf.

Von diesem Zenit wurde das Königtum/Kaisertum relativ bald heruntergeholt, als Heinrich IV. unter dem Einfluß seiner Ratgeber die radikale Auseinandersetzung mit Papst Gregor VII. suchte, die im Investiturstreit und Bußgang nach Canossa von 1077 gipfelte. Dies führte sogar dazu, daß sein Sohn sich mit der Fürstenopposition gegen ihn empörte und ihn absetzte. Im Wormser Konkordat wurde der Streit mit einem Kompromiß abgeschlossen, nach dem die Position des Königtums gegenüber dem Papsttum und im Reich geschwächt war. Denn in der Zwischenzeit hatten die Fürsten die unsichere politische Lage im Reich zu ihren Gunsten gegen die Zentralmacht genutzt, nur einige Städte griffen in die Politik ein, indem sie erstmals den König unterstützten genau wie die Ministerialen.

War zur Salierzeit der Mittelrhein durch die herrschende Dynastie zum Machtzentrum geworden, in dem mit dem Dom zu Speyer eine zentrale Grab- und Kultstelle errichtet wurde, so wurde durch den Nachfolger Lothar III. wieder Sachsen zum Zentrum, die Ostpolitik daher wieder wichtiger. In die Beziehung zum Papsttum trat Ruhe ein. Allerdings leistete Lothar III. als erster König dem Papst den Stratordienst wie ein Lehensmann, was von der päpstlichen Proganda auch später entsprechend ausgewertet wurde.

Schon als Nachfolger der Salier sollte ein Staufer König werden, aber die Fürsten wählten einen einflußreichen Gegenspieler. Auch Lothar versuchte, seinen Nachfolger zu bestimmen, wieder wählten die Fürsten anders, diesmal für den Staufer. Konrad III. arbeitete eher unauffällig, schuf durch glänzende Kanzlei- und Verwaltungsarbeit die Grundlage für den Ausbau der Stauferherrschaft. Bemerkenswert ist seine durch Heiratspolitik gestaltete Beziehung zu Byzanz, wo er sich von seinem gescheiterten Kreuzzug erholte. Bemerkenswert ist ebenfalls, daß er nicht seinen Sohn, sondern seinen tatkrätigen Neffen zum Nachfolger bestimmt haben soll. Von dessen Tatkraft waren wohl auch die Fürsten überzeugt, die in diesem Fall dem Vorschlag folgten und so die Erbfolge der Staufer bewirkten.

Friedrich Barbarossa wollte nach der Beilegung des Konfliktes Welfen-Staufer die Kaiserherrschaft in Italien erneuern. Dies führte zu dauernden Auseinandersetzungen mit den italienischen Städten, die sich Autonomie erstritten hatten, und dem Papsttum, das seinen Universalherrschaftsanspruch angegriffen sah. Dagegen setzten die Staufer die Idee vom sacrum imperium und die Heiligsprechung Karls des Großen sowie die Übertragung der Hl. Drei Könige nach Köln. Auf die überragende Herrschaft des Vaters aufbauend erreichte Heinrich VI. den Zenit der Staufermacht, dazu gehörten die Gefangenschaft von Richard Löwenherz und dessen Lehensnahme des Königreichs England, die Bedrohung und daraus folgende Tributzahlung von Byzanz, die freiwillige Unterstellung des Königs von Armenien und vor allem die Erweiterung der Herrschaft durch die Heirat mit Konstanze von Sizilien, womit der Mittelmeerraum ins Imperium einbezogen wurde.

Dies kam aber erst bei seinem Sohn Friedrich II. zur Geltung. Dazwischen lag die Phase der Schwächung des Königtums durch den Thronstreit zwischen Staufern und Welfen, die durch Papst Innozenz III. dominiert wurde, der jeweils den anerkannte, der ihm paßte. Er war auch der Vormund von Friedrich II., der sich nach Volljährigkeit von ihm löste und eine eigene Politik betrieb. Zu seinen Vorstellungen von Universalherrschaft zählte es, daß er im Reich die Fürsten, sowohl die geistlichen wie die weltlichen, mit Privilegien stärkte, um diese Kräfte zu stabilisieren, die für Ordnung im Reich sorgen konnten. Durch seine Unterstützung gab er wesentliche Impulse für die Expansion des Deutschen Ordens, der in Preußen einen neuen Staat aufbaute. Als großen Erfolg muß man seinen Kreuzzug als gebannter Kaiser ansehen, der ohne Blutvergießen zum Erfolg führte, weil er hervorragende Kontakte zur islamischen Welt und ihren Herrschern hatte. Wegweisend war sein Staatsaufbau in Sizilien und die Einrichtung der ersten staatlichen Universität in Neapel.

Mit seinem Tod begann der letzte Teil des Niedergangs der Königsmacht und das freie Spiel der Kräfte im Imperium. Sizilien ging verloren, im Reich wurden Könige aus Holland, England und Kastilien gewählt, die Zeit des Interregnums schwächte die Zentralmacht entscheidend. Als neue Machthaber hatten sich zu Beginn des Spätmittelalters die Kurfürsten entwickelt, die in der Folgezeit die Wahl des Königs kontrollierten. Mit 50 Jahren war Rudolf I. von Habsburg, kein Reichsfürst, ein erfahrener Mann, der sich erfolgreich bemühte, durch Revindikationspolitik (Rückgewinnung des Königsgutes) die Basis des Königtums zu stärken. Als neues Element führte er die Landvogtei zur Verwaltung des Reichsgutes ein. Er schloß in den meisten Bereichen an die Politik der Staufer an, sehr bezeichnend dafür ist, daß er selbst noch zu seiner Grablege ritt, dem Kaiserdom in Speyer.

Eine Nachfolgeregelung war ihm nicht geglückt, die Kurfürsten sorgten dafür, daß mit Adolf ein kleiner Graf von Nassau als schwacher Herrscher gewählt wurde. Dieser konnte sich niemals aus seiner Abhängigkeit von den Kurfürsten befreien und wurde nach Überschreitung seines Bewegungsspielraumes abgesetzt. Ausgerechnet der vorher von Rudolf vorgesehene Nachfolger, der Habsburger Albrecht, wurde von den Kurfürsten als Mittel zum Zweck gegen Adolf eingesetzt und dann gewählt. Er knüpfte an die energische Politik seines Vaters an und ging sogar gegen einzelne Kurfürsten vor, die er besiegte. Um zum Ziel zu kommen, legte er einen Treueid gegenüber dem Papst Bonifaz VIII. ab, der aber keine Konsequenzen hatte. Im Reich wurde das Gerücht aufgebracht, daß es um die Errichtung einer neuen Erbmonarchie ginge, die verhindert werden müsse. Völlig überraschend wurde Albrecht von einem verärgerten Verwandten ermordet.

Mit dem Luxemburger Heinrich VII. aus der Familie des Trierer Kurfürsten verlagerte sich das Machtzentrum vom Südosten des Reiches in den Westen. Als erstem gelang ihm wieder die Kaiserkrönung, er wurde in Italien lang erwartet und gefeiert, doch das Land wurde ihm klimatisch zum Verhängnis wie anderen Herrschern. Darüber hinaus führte die Heiratsverbindung mit Böhmen zu dem Erfolg, daß Böhmen an die Luxemburger fiel.

Danach kam es zu einer kuriosen Doppelwahl, bei der statt sieben nun neun Kurfürsten ihre Stimmen abgaben und zwei Kandidaten wählten, wobei Ludwig der Bayer, eventuell auch wegen seiner geringeren Macht, mehr Anerkennung fand als der Habsburger Friedrich. Es folgte die letzte große Auseinandersetzung zwischen Papsttum und Königtum/Kaisertum. Gegen die Ansprüche des Papstes auf die Anerkennung des Königs fand sich der erste Kurverein 1338 zusammen, der jede Beeinflussung der Königswahl ablehnte. Ludwig nutzte die günstige Konstellation nicht aus, sondern überzog die Hausmachtpolitik und brachte dadurch die mächtigen Fürsten gegen sich auf. Die Städter, zu denen

Ludwig engen Kontakt als Ratgeber und Bankiers pflegte, konnten ihm nicht helfen. Wieder schaffte es Balduin von Trier, seinen luxemburgischen Kandidaten als Gegenkönig und dann König durchzubringen.

Unter Karl IV. wurde das Königreich Böhmen mit der Hauptstadt Prag, die mit Erzbischofssitz, Dom und Universität hervorgehoben wurde, zur zentralen Region im Reich ausgebaut. Noch stärker als Ludwig der Bayer betrieb Karl IV. Hausmachtpolitik mit großem Raffinement und europäischen Dimensionen. Als Höhepunkt muß zweifellos als erstes allgemein gültiges Reichsgesetz die Goldene Bulle von 1356 angesehen werden, mit der die Königswahl endlich klar geregelt wurde, durch die aber auch die Kurfürsten, allen voran der Kurfürst von Böhmen, ihre Position im Reich stärkten. Schließlich darf nicht übersehen werden, daß es Karl IV. als einzigem gelang, seinen Sohn als Nachfolger einsetzen zu lassen.

Doch der Sohn Wenzel war der Aufgabe nicht gewachsen. Er schwächte die Position des Königs durch Fernbleiben vom (Reichs)tag, schwankte in der Parteinahme zwischen Städten und Adel hin und her, bereicherte sich an den Juden, erhob die Visconti von Mailand gegen den Willen der Fürsten zu Reichsfürsten und gab sich Exzessen hin. Seine Absetzung durch die Fürsten, wiederum durch Bildung eines Kurvereins, war die konsequente Folge. Allerdings schaffte er es, als König von Böhmen auch weiterhin eine Figur im politischen Ränkespiel zu bleiben.

Sein Nachfolger Ruprecht war zwar Kurfürst, aber er hatte nur eine geringe Machtbasis. Er nahm sich vor, in Italien das Kaisertum wieder zur Geltung zu bringen, überschätzte seine Kräfte und verlor dadurch an Prestige. Er setzte auf den falschen Papst und erkannte nicht die Zeichen der Zeit, die auf eine Lösung im Konzil hindrängten. Hier halfen ihm anscheinend auch nicht seine Ratgeber, die aus der Universität seiner Residenzstadt Heidelberg kamen.

Bei der nächsten Königswahl kam es zu der kuriosen Situation, daß sich mit Jost, Sigismund und Wenzel drei Könige um die Legitimität stritten. Nach dem Tod von Jost konnte sich Sigismund mit Wenzel einigen und seine Herrschaft 1411 allein antreten, die sich durch ein ständiges Hoch und Tief, vor allem aber durch geschicktes Taktieren und somit am Ende erfolgreiche Politik Sigismunds auszeichnete. Den Höhepunkt bildete das Konstanzer Konzil, das von ihm dominiert, sich über das Papsttum erhob und drei Päpste absetzte. Bei dieser Gelegenheit hatte er eine rege Reisetätigkeit in Europa entwickelt und sogar England aufgesucht. Das Hauptinteresse seiner Politik und Hausmachtpolitik lag in Ostmitteleuropa, speziell in Ungarn. Daher fühlte er sich am meisten von den Türken bedroht und versuchte in der Regel vergebens, die anderen Herrscher auf die drohenden Gefahren hinzuweisen, vor allem Venedig. Im Reich fehlte ihm als ungarischer König die Machtbasis, um seine politischen Ambitionen und Reformpläne umzusetzen. Er zog viele Ratgeber aus bürgerlichen Kreisen in seine Nähe, konnte aber gegen die Macht der Fürsten wenig ausrichten.

Immerhin gelang Sigismund die Vorbereitung der Wahl seines Schwiegersohnes Albrecht als Nachfolger, dadurch blieben die Luxemburger und Habsburger in ihren Machtpositionen. Er verfolgte in seiner kurzen Amtszeit dieselbe Politik wie Sigismund und starb auf einem Zug gegen die Türken.

Mit Friedrich III. folgte ein weiterer Habsburger auf dem Thron. Seine Regierungszeit ist gekennzeichnet durch rege Verwaltungstätigkeit, die sich in einer großen Zahl von Urkunden dokumentiert. Im Gegensatz zu seinen Vorgängern verpfändete er keine Reichsstädte und kein Reichsgut, sondern ließ sich jedes Privileg bezahlen, wodurch er das Reichsgut bewahren konnte. Wie seine beiden Vorgänger konzentrierte er seine Politik auf Ostmitteleuropa und sein Hausmachtgebiet, wie sie geriet er dadurch in schwierige Situationen in Böhmen, Ungarn und Österreich. Da er seine Residenz in Wien hatte, war er kaum im Reich anwesend, Reformversuche blieben in Ansätzen stecken, das Reich entwickelte immer mehr ein Eigenleben. Friedrichs größter und zukunftsträchtigster Coup war die Heirat seines Sohnes Maximilian mit Maria von Burgund und die Nachfolge seines Sohnes als König noch zu seinen Lebzeiten.

Ganz anders als sein Vater verhielt sich Maximilian. Er hatte große Pläne und ständig Schulden, so daß die Pläne meistens an Zahlungsunfähigkeit scheiterten. Das war nicht der Fall bei der Erwägung, für das Amt des Papstes zu kandidieren, da haben wohl Ferdinand von Aragón und andere Berater schließlich abgeraten. Zu dem Bild vom letzten „Ritter“ und Universalherrscher und Kreuzzugsführer hätte dies gepaßt. Anders als sein Vater hielt er sich auch nicht so weit im Osten auf, sondern in Tirol, bzw. bei den Bürgern in Augsburg und Nürnberg. Trotzdem sorgte auch er sich um Ungarn, wo er durch eine Doppelhochzeit die Weichen für die Zukunft Richtung Doppelmonarchie stellen konnte. Zu seiner Hausmachtpolitik gehörte es, daß er alles Geld einsetzte, um erfolgreich zu sein, allerdings auch als Kaiser in der europäischen Politik. Denn er versuchte, z.B. in Italien die kaiserlichen Rechte wieder zur Geltung zu bringen. Die besondere Entwicklung in Spanien konnte er nicht voraussehen, sie rundete aber das Bild von erfolgreichen Zukunftsaussichten für die Macht der Habsburger als europäische Dynastie ab und legte die Konkurrenz mit Frankreich fest.

Im Reich setzte sich Maximilian selbst als erwählter Kaiser ein und betrieb mit Erzbischof Berthold von Henneberg (Mainz) als Gegenspieler energisch die Reichsreform. Aber in dieser Sache mußte er Kompromisse mit den Reichsständen schließen, die für beide Seiten nur Teilerfolge brachten und nur kurze Zeit bestehen blieben. Hier überließ er seinem Nachfolger Karl ein großes Problem, denn dieser mußte später in einer Wahlkapitulation auf die Vorstellungen der Reichsstände eingehen.

Zum Abschluß folgt ein wertender Blick auf einige wesentliche Merkmale des Mittelalters. In der Einleitung wurde die Orientierung des Buches an der Monarchie als orientierendes Prinzip begründet. Für denjenigen, der sich mit dem Mittelalter befaßt, ist das Königtum das entscheidende durchgehende Merkmal in der politischen Struktur. Dem Königtum gegenüber standen die vielen unterschiedlichen Kräfte des Adels, die ihre eigenen Herrschaftsinteressen durchsetzen wollten. Über den Königen Europas beanspruchte das Kaisertum die ideelle Universalherrschaft. Damit stand es im Gegensatz zum Papsttum, das diesen Anspruch der Universalherrschaft über die Christenheit ebenfalls erhob. Durch diese Konstellation der Gegensätze wurde die Dynamik erzeugt, die einen großen Teil der Ereignisgeschichte in Gang brachte.

Weitere dynamische Elemente waren Ethnogenese und Staatenbildung in Europa, in deren Verlauf die Völker ihre neuen Identitäten fanden, Grenzen wurden geschaffen, deren Verletzung durch die Nachbarn, aber auch durch Awaren, Ungarn, Normannen, Reaktionen erforderten und Kriege hervorbrachten. Während hier die Waffen im Vordergrund standen, war dies z. B. bei der Ostsiedlung nicht der Fall. Hier wurde eine dynamische Bewegung in den Raum erzeugt, die dem Ausbau der Infrastruktur dienen sollte, wobei wirtschaftliche Motive klar dominierten. Der kriegerische Aufbau des Staates des Deutschen Ordens muß als eine extreme Randerscheinung dieser Ostsiedlung gesehen werden wie auch zu Beginn als Bestandteil des christlichen Missionsgedankens. Denn Mission und politische Durchdringung des Raumes waren typische Elemente der Expansion der christlichen Herrscher, in der Überzeugung, daß das Christentum als die wahre Religion überlegen war.

Das Christentum, vermischt mit den anderen Elementen europäischer Kultur, bildete die Grundlage zahlloser Rituale, deren regelgerechter Vollzug Rechtssicherheit brachte, die akzeptiert wurde. Gesten und Gebärden, Zeichen und Symbole vervollständigten das Spektrum, über das man kommunizierte.

Institutionen, Funktionen und Ämter mit ihren Verpflichtungen waren wichtiger als die individuelle Person. Trotzdem waren die Eigenschaften und Vorzüge eines Herrschers entscheidend für die individuelle Gestaltung der Herrschaftszeit, wie immer wieder herausgearbeitet werden konnte. Heiratspolitik war ein beliebtes Instrument der Diplomatie, der biologische Zufall konnte aber diese Politik zerstören. Häufig hat der unverhoffte Tod die Situation völlig verändert. So war zum Beispiel für die Italienpolitik das Klima ein wichtiges Element, dem einige Herrscher und ihre Politik zum Opfer fielen.

Italien war nur ein Raum aus dem großen Reich in der Mitte Europas, das sich auf die Dauer nicht beherrschen ließ. Die riesigen Entfernungen allein verhinderten dies. Mit jeder neuen Herrscherdynastie wechselte dazu noch die politische Mitte des Reiches, ein kontinuierliches Herrschaftszentrum fehlte. Im späten Mittelalter mußte die zunehmende Verflechtung in die Politik Polens, Böhmens und Ungarns, dann der Niederlande und Spaniens angesichts der unterschiedlichen Strukturen und Entwicklungen für die Monarchie/ Kaisertum zu einer unlösbaren Aufgabe werden.

Zum Schluß sei eine Bemerkung aus der Einleitung aufgegriffen: Man kann die Menschen des Mittelalters nicht verstehen. Durch das Studium des Mittelalters – denn studere = sich bemühen um – kann man sich bemühen, dem Verständnis menschlicher Handlungen in Europa zwischen ca. 500 und ca. 1500 näherzukommen.

GLOSSAR

ACHT: Verbannung, Friedlosigkeit; nach germanischem und mittelalterlichem Recht strafweise Ausstoßung aus der Gemeinschaft, die zur völligen Rechtlosigkeit des Geächteten führt. Jeder durfte den Vogelfreien straflos töten, Nahrung und Unterkunft wurden ihm verweigert. Der endgültigen Acht (Abera/Obera) verfiel der Geächtete, wenn er sich nach Jahr und Tag nicht dem Gericht stellte. Königliche Landgerichte (→ Landfrieden) führten seit dem 13. Jh. Achtbücher, die die des Landes verwiesenen verzeichneten. Seit 1220 folgte die königliche Acht automatisch der kirchlichen → Exkommunikation. Daneben existierte noch eine auf gräfliche Gerichtsbezirke beschränkte Acht (Verfestung).

AMICITIA: 1. Pakt, Schwurbündnis; 2. Sühne (Richtung, Taidigung, concordia, pax, teiding). Statt Friedlosigkeit und Fehde wurde zwischen dem Täter und dem Verletzten bzw. dessen Sippe ein Vertrag abgeschlossen, der als Ablösung eine Entschädigung (Buße, Wergeld) festsetzte.

ANATHEMA: → Bann; Fluch, der den Betroffenen aus der Gemeinschaft mit Gott und den Gläubigen verstieß. Ursprünglich ist eine Abgrenzung von der → Exkommunikation nur schwer möglich. Seit dem 13. Jh. wird das Anathema mit der Excommunicatio maior gleichgesetzt.

ANNALEN: Jahrbücher; Gattung der Geschichtsschreibung, die sich am Jahresprinzip orientiert, oft in Form von Jahreslisten. Der Ursprung der Annalen dürfte in der Kombination der Ostertafeln, aus denen die jährlichen Termine des Kirchenjahres berechnet wurden, mit historischen Ereignislisten entstanden sein.

APPROBATION: 1. Anerkennung einer Handlung oder eines Rechtsgeschäfts; 2. im kirchlichen Recht die Anerkennung der Wahl einer Person durch den Papst. Seit dem Investiturstreit erhebt das Papsttum einen Approbationsanspruch auf die Wahl des deutschen Königs, der sich zwischen confirmatio (Bestätigung) und examinatio (Prüfung) des Kandidaten durch den Papst bewegt. Ab Innozenz IV. und Bonifaz VIII. wurde daraus eine Konfirmationstheorie abgeleitet. Seit der Goldenen → Bulle (1356) kam der päpstlichen Konfirmation jedoch nur noch formale Bedeutung zu.

ARIANISMUS / ARIANER: Nach Arius aus Alexandrien († 336) benannte christliche Glaubensrichtung. Wichtigstes Merkmal des arianischen Glaubens ist die Lehre, daß Christus nicht wesensgleich mit Gott ist, sondern lediglich als dessen edelstes Geschöpf aufgefaßt wird. Auf dem Konzil von Nicäa (325) (und den nachfolgenden Konzilien) setzte sich die Lehre von der Wesensgleichheit von Gott, Christus und heiligem Geist durch und der Arianismus, der zeitweise großen Einfluß im römischen Reich hatte, wurde verboten. Vor allem in einigen Germanenreichen (Sueben, Westgoten Langobarden, Vandalen) war der arianische Glauben bis ca. 600 die vorherrschende Form des Christentums.

BANN: 1. Die Verbannung aus einer Gemeinschaft (→ Acht); 2. Befehls- und Verbotsgewalt der Obrigkeit, besonders des Königtums, der in einem bestimmten Bezirk gültig war. Ausgenommen vom Bann waren Immunitäten. Der Bann (z.B. Gerichts- und Heerbann) wurde vom König z.B. an die Grafen weiterverliehen (im kirchlichen Bereich etwa vom Abt an den → Vogt); 3. ein monopolartiges Zwangsrecht, z.B. der feudale Mühlenbann, der dem Grundherrn erlaubte, die Bauern seines Herrschaftsbereich zur Ablieferung ihres Getreides an die herrschaftliche Mühle zu zwingen; 4. Kirchenbann: →Anathema, → Exkommunikation.

BENEFICIUM: wörtlich: Wohltat, →Lehen / Lehenswesen.

BULLE: 1. Siegelkapsel; 2. später Bezeichnung für feierliche Urkunden (z.B. Goldene Bulle, 1356). Im späteren Mittelalter war ihre Verwendung Vorrecht von Kaiser (Goldbullen) und Papst (Bleibullen).

BURGGRAF: (praefectus, burggravius, castellanus) Mit richterlicher Gewalt über die ihm unterstellten Burgmannen ausgestatteter militärischer Befehlshaber in Burgen und Städten im Dienst des Reichs oder des Landesherren.

Cathedra Petri: Bischofsstuhl von Rom. Metaphorisch verwendet für das Papstamt.

Diakon: (gr. diakonos, Gehilfe) Im NT Bezeichnung für einen Gemeindefunktionär ohne volle Priesterfunktionen; Der Diakon hilft dem Bischof im Kultus und bei seinen sozialen Tätigkeiten (z.B. Armenpflege).

Dictatus Papae: 27 durch Papst Gregor VII. (1073-1085) im Jahr 1075 aufgestellte kirchenpolitische Grundsätze, die v.a. die universale Papstgewalt und deren Vorrang vor der weltlichen Macht des Kaisers formulieren und den Primat der von Gott gestifteten römischen Kirche, deren Vorsteher von niemandem gerichtet werden kann, festschreiben.

Dienstmannen: → Ministeriale

Dienstmannenrecht: → Ministeriale

Diplom: (gr. gefaltetes Schreiben) Ein amtliches Dokument (Urkunde), das einzelnen Personen bestimmte Vorrechte oder Vorteile zuweist.

Domkapitel: Korporation von Geistlichen an einer Kathedralkirche (Bischofskirche). Die Kleriker lebten an solchen Kirchen in klosterähnlichen Gemeinschaften, deren Zusammenleben durch Regeln geordnet wurde; hierzu gehören die tägliche Lesung eines Kapitels zu dem man sich in einem Versammlungssaal einfand. Davon wurde zunächst für den Raum, dann für die Gemeinschaft der Begriff Kapitel abgeleitet. Die einzelnen Mitglieder werden als Kanoniker, Kapitulare, Dom-, Stifts- oder Chorherren bezeichnet. Im 10. und 11. Jh. geriet die vita canonica in Verfall. Unter Gregor VII. entstand eine Reformbewegung, die sich v.a. bei den Stiftskapiteln durchsetzte. Diese orientierten sich an der sogenannten Augustinerregel, die auf den Schriften des hl. Augustinus beruhte (Regularkanoniker o. Augustinerchorherren). Nicht in der Gemeinschaft lebende Stiftsherren werden als Säkularkanoniker bezeichnet. Im späteren Mittelalter gewinnen die Domherren immer größeren Anteil an der bischöflichen Regierung und der Bischofswahl.

Dukat: Herzogsamt → Herzog

Dux: → Herzog

Dynastie: Bezeichnung für eine Familie (Geschlecht), der in einem monarchistischen Staat tatsächlich oder rechtlich das Vorrecht auf die Erlangung der Herrscherwürde durch Vererbung zusteht bzw. der es gelingt, die Herrschernachfolge innerhalb der Familie durchzusetzen.

Eidgenossen: Allg. Schwurgemeinschaft; seit 1291 Bezeichung für den gegen die Habsburger gebildeten Zusammenschluß, Eidgenossenschaft der Schweizer Kantone Uri, Schwyz und Unterwalden.

Enzyklika: Kirchliches Rundschreiben; Lehr- und Disziplinarschreiben des Papstes an alle oder bestimmte Kirchen.

Exarch: Seit dem Ende des 6. Jahrhunderts Titel der byzantinischen Oberbefehlshaber in Italien und Afrika.

Exkommunikation: Verstoßung aus der Kirche und der Gemeinschaft der Gläubigen (→Anathema). Die Exkommunikation führt zum Verlust der → Sakramente.

Familia: Bezeichnet gegenüber der Kernfamilie (Agnaten und Kognaten) im weiteren Sinne die Hausgemeinschaft aller unter einem Haus (Herrschaftsbereich) lebenden freien und unfreien Hausgenossen. Die Familia eines Bischofs oder Königs bspw. besteht aus allen personenrechtlich mit diesem verbundenen Personen.

Fehde: (mhd. Feindschaft) Selbsthilferecht des Freien (besonders des Adels) auf berechtigte Rache unter Gewaltanwendung. Die Fehde folgt dabei bestimmten Regeln (bspw. Kriegserklärung durch einen Fehdebrief oder Beendigung der Fehde durch einen Friedensschwur, die Urfehde). Vor allem die Gottesfriedensbewegung (treuga dei) versuchte, das Fehdewesen einzuschränken, indem die Zeiten, an denen Kampfhandlungen erlaubt waren, auf wenige Tage eingegrenzt wurden. Erst im Spätmittelalter gelingt es dem Staat, ein relativ einheitliches Gewaltmonopol durchzusetzen (→ Landfrieden).

Feudalsystem / Feudalismus: Im 19. Jh. unter Rückgriff auf den alten Rechtsbegriff ‚feudum, födum' geschaffener Terminus zur Bezeichnung der mittelalterlichen Grundherrschaft und des Lehnswesens. Idealtypisch bezeichnet das Feudalsystem das Gleichgewicht von Schutz, den der Lehnsherr dem Lehnsnehmer gewährt und im Gegenzug von diesem Hilfe (durchaus auch verstanden als materielle Abgaben) und Rat erhält.

Feudum: Bezeichnung für ein Lehen (→ Beneficium)

Föderaten: Bündnispartner. In der Spätantike die Bezeichnung für die mit dem römischen Reich „verbündeten" Völker, die in das Grenzsicherungssystem des Imperiums eingebunden wurden; in der Regel durch Zahlung eines Jahresgeldes und Aufnahme in den Soldatenstand.

GENERALKAPITEL: Versammlung der Äbte (bzw. deren Stellvertreter) einer Ordensgemeinschaft mit Richtlinienkompetenz für den gesamten Orden. Das Generalkapitel der Zisterzienser trat einmal jährlich im Mutterkloster Citeaux zusammen.

GHIBELLINEN: (ital. nach dem stauf. Besitz Waiblingen) Bezeichnung für die italienischen Anhänger der Staufer, v. a. in der Auseinandersetzung Friedrichs II. mit dem Papsttum und des mit diesem verbündeten Welfen Otto IV. (daher wird die Gegenpartei als Guelfen bezeichnet). In späterer Zeit werden allg. kaisertreue Parteien nord- und mittelitalienischer Städte als Ghibellinen und entsprechend die papsttreuen Städte als Guelfen bezeichnet.

GILDE: Die ursprünglichen Bedeutungen von Gilde (got. gild, altnord. gjald) verweisen auf ein gemeinschaftsstiftendes Element: Opfer, Gemeinschaftsmahl, Zahlung, Steuer, Bruderschaft. Daher war die Gilde zunächst eine kultisch-religiöse Vereinigung, die auch den Rechtsschutz der Mitglieder sicherte. Im handwerklichen und kaufmännischen Bereich stellte die Gilde daher in Folge ein Rechts- und Schutzbündnis dar. Die Kaufmannsgilden, deren Mitglieder durch Schwurgemeinschaft (conjuratio) verbunden waren, dienten der Ausweitung und Sicherung des Handels, so z.B. die Hanse.

GOTTESFRIEDEN: (mlat. Pax Dei) Von der geistlichen und weltlichen Obrigkeit gesetzter und gelobter Sonderfrieden, um den inneren Frieden gegen Kriminalität und die Selbsthilfe (→ Fehde) des Adels durchzusetzen. Die Gottesfriedensbewegung (treuga dei) breitete sich seit dem späten 10. Jahrhundert von Südfrankfreich aus (erster dt. Gottesfrieden 1081 in Lüttich). Die Gesetze umfaßten die Befriedung bestimmter Orte (Kirchen, Klöster) und Personen (Mönche, Pilger, Bauern) sowie die Festlegung bestimmter Tage (treuga), an denen Kampfhandlungen verboten wurden (Karwoche, Advent, Heiligenfeste, Sonntag).

GUELFEN: → Ghibellinen

HÄRESIE: (gr. das Erwählte, Parteiung) Im Mittelalter Bezeichnung für Christen, die von den Dogmen der Kirche abwichen (Irrlehren, Ketzereien). Die bereits bei Augustinus angelegte Ketzerverfolgung fand ihren Höhepunkt im 12. und 13. Jahrhundert in der Schaffung der Inquisition und der z.T. in Form von Kreuzzügen stattfindenden Operationen gegen Glaubensgemeinschaften wie Albigenser, Katharer, Waldenser, Wyclifiten und Hussiten.

HAUSMEIER: (mlat. maior domus) Im Merowingerreich ursprünglich der unfreie Vorsteher des Hausgesindes. An den königlichen Höfen traten die Hausmeier durch ihre Funktion als Verwalter des Königsgutes sowie in militärischen Funktionen an die Spitze der königlichen Gefolgschaft.

HEDSCHRA: (arab. Auswanderung) Bezeichnung für Mohammeds Auszug von Mekka nach Medina 622. Seit dem Kalifen Omar Beginn der islamischen Zeitrechnung.

HERZOG: (lat. dux, Führer) Im Frühmittelalter war der Herzog das Haupt eines Stammes. Mit der Ablösung dieses „älteren Stammesherzogtums" durch das Amtsherzogtum unter den Karolingern wird i.d.R. der Verwalter eines ausgedehnten Gebietes als Dux oder Herzog bezeichnet. Ab dem 10. Jahrhundert ist Dux der Titel für die Träger des „jüngeren Stammesherzogtums" (ältere Forschungsbezeichnung, heute spricht man in der Regel von Unterkönigen) der Franken, Bayern, Schwaben und Sachsen. Der Titel wurde aber vom König auch ohne Stammesgrundlage verliehen.

HUSSITEN: Anhänger des böhmischen Reformators Jan Hus († 1415). Die Hussiten bestanden aus zwei Gruppen: den gemäßigteren Utraquisten, die vor allem das Abendmahl unter beiderlei Gestalt forderten und den radikaleren Taboriten (nach der Feste Tabor), die jede nicht aus der Bibel beweisbare Lehre verwarfen. Nach der Einigung beider Gruppen (1420) umfaßten ihre religiösen Forderungen die freie Predigt, die Kommunion aus dem Kelch auch für Laien, Armut des Klerus und Bestrafung der Todsünder durch weltliche Gerichte. Verbunden waren die religiösen Forderungen mit sozialen und politischen Ansprüchen.

IKONOKLASMUS: (gr. eikon: Bild u. klaein: zerbrechen) 1. Streit um die Zulässigkeit der Verehrung religiöser Bilder (Ikonen) in Byzanz (726-843). Der byzantinische Bilderstreit wurde 843 mit einer synodalen Entscheidung zugunsten der Bilderverehrung beigelegt. Die Gegner der Bilderverehrung (Ikonoklasten) stellen im 8. Jh. eine wichtige Partei im byzantinischen Reich dar; 2. Im karolingischen Bilderstreit setzten sich die Verfasser der Libri Carolini für die Verwendung von Bildern als Mittel der Katechese ein (Synode von Frankfurt 794).

INTERDIKT: (lat. interdicere: untersagen) Verbot aller kirchlichen Amtshandlungen und Sakramente (mit Ausnahme der Sterbesakramente), das von der Kirche regional verhängt wurde. Im Gegensatz zur → Exkommunikation führt das Interdikt nicht zum Verlust der kirchlichen Gemeinschaft, sondern muß eher als eine begrenzte Ausstoßung mit disziplinierender Absicht verstanden werden.

INTERREGNUM: (lat. Zwischenherrschaft) Bezeichnung für die Periode zwischen dem Ende einer und dem Beginn einer neuen Regierung, genau genommen also eine herrscherlose Zeit. Die Verwendung des Begriffs in der Forschung für die Zeit zwischen dem Ende der Stauferdynastie und dem Beginn der habsburgischen Herrschaft ist daher i.e.S. falsch.

INVESTITUR: (lat. investire: bekleiden) Die Einsetzung in ein Amt, die mit symbolischen Einkleidungen oder Übergabe von Gegenständen unterstrichen wurde (etwa bei der Bischofsinvestitur durch die Übergabe von Stab und Ring).

ITINERAR: 1. Reiseführer, Wegbeschreibung, Reisebericht (v.a. Pilgerwegbeschreibungen). In der Forschung der Terminus für den aus den Quellen rekonstruierten Reiseweg und die Aufenthaltsorte eines Herrschers (Reisekönigtum).

KANONIKER: 1. Mitglied eines an Dom- oder anderen Kirchen bestehenden Kapitels; 2. im kirchlichen Recht ausgebildeter Jurist.

KANONISCHES RECHT: Kirchliches Recht. Gregor XIII. verwendete 1580 erstmals die Sammelbezeichnung „Corpus juris canonici“ für die kirchlichen Rechtsbücher aus der Zeit von 1140 bis zum Ende des 15. Jahrhunderts. Es setzt sich i.W. aus dem um 1140 entstandenen Decretum Gratiani, dem 1234 veröff. Liber Extra, dem Liber Sextus von 1298 und den Clementinae von 1314 zusammen.

KLERUS: (mlat. clerus, status clericalis) Der geistliche Stand der Kleriker gegenüber den Laien. Der Klerus ist hierarchisch zum einen nach Weihegraden und Weihegewalt – Bischof – Priester – Diakon –, zum anderen nach der Jurisdiktionsgewalt (Primat, Episkopat) gegliedert. Ferner werden Welt-(Säkular-)Klerus (Pfaffen) und Regularkleriker (Mönche) unterschieden.

KOMTUREI: Niederlassung eines Ritterordens. Mehrere Komtureien bilden eine Ballei.

KONKORDAT: Vertrag zwischen dem Papst und weltlichen Herrschern.

KONZILIARISMUS: Im späten Mittelalter und der frühen Neuzeit bestehende Richtung in der katholischen Theologie, die den Vorrang der Konzilsbeschlüsse vor den Primatsanspruch des Papstes stellen wollte.

KRONGUT: An das Königtum gebundener Land- und Güterbesitz, der im Mittelalter die materielle Grundlage der Königsherrschaft darstellte.

LANDFRIEDEN: 1. allgemeiner Zustand im Sinne eines friedlichen Zusammenlebens der Bevölkerung; 2. Gesetze (constitutiones pacis) oder frei vereinbarte Einigungen (juramenta pacis) zum Schutz des öffentlichen Friedens durch Einschränkungen der Fehden sowie anderer gewaltsamer Selbsthilfen. Bestimmte Personengruppen (Klerus, Frauen, Kinder, Pilger, reisende Kaufleute) und Orte sowie Gegenstände (Kirchen, Königsstraßen, Ackergerät) wurden unter Sonderfrieden gestellt. Die Landfrieden wurden auf bestimmte Zeit und für bestimmte Landschaften geschlossen (z.B. Bayerischer Landfrieden) oder für das Reich (Reichslandfrieden) verkündet.

LAUDES: (lat. Lobgesänge) Ursprünglich im Anschluß an die Vigilien gefeiertes Morgengebet des Offiziums, dessen Kern im Mittelalter fünf Psalmen mit Responsorium, Breve, Hymnus, Versikel, das Canticum Zachariae und eine Tageskollekte umfaßt. Eine besondere Gruppe stellen die Laudes regi dar, die zur Königskrönung gehalten wurden.

LEGAT: Testament

LEGES BARBARORUM: → Volksrechte

LEHEN: Lehenswesen

LEHENSWESEN: 1. Synonym für → Feudalismus; 2. die auf dem Lehnsrecht beruhenden Institutionen. Das Lehen ist ein auf gegenseitiger Treue und Lehnsrecht gegründetes, dem Lehnsgericht unterworfenes Leiheverhältnis, in dem der Lehensmann (Vasall) dem Leihenden (Lehnsherrn) persönliche, militärische oder Hofdienste leistet und als Gegenleistung ein Lehen (beneficium) meist in der Form von Grundbesitz erhält. Der Lehensherr bleibt dabei Eigentümer des Lehens. Der Grad der Befähigung zur aktiven bzw. passiven Lehnsfähigkeit fand seinen Ausdruck in der Heerschildordnung.

LIBER PONTIFICALIS: (Papstbuch) Eine an der Kurie verfaßte, mit Petrus beginnende Papstchronik, die bis zum Jahr 1431 reicht.

MAJOR DOMUS: → Hausmeier

MANDAT: Bezeichung für eine Urkunde mit vereinfachtem Formular, die ein einmaliges, vorübergehendes Rechtsgeschäft verbrieft.

MARK: (mlat. marca) Grenzbereich eines Reiches. Seit der Karolingerzeit zum Schutz gegen die Slawen im Osten oder die Bretonen im Westen und die Araber in Nordspanien eingerichtete Verteidigungsbezirke mit einem Markgrafen als königlichem Amtsträger und militärischem Führer mit erweiterter Befehlsgewalt über andere Grafschaften seines Einflußgebietes.

METROPOLIT: gr. Vorsteher einer Kirchenprovinz (Erzbischof). Zu den Rechten des Metropoliten gehörten im Mittelalter die Bestätigung, Weihe und Aufsicht über die zu seiner Provinz gehörenden Bischöfe (Suffragane) sowie die Einberufung von Provinzialsynoden.

MILES: → Dienstmann, Ritter

MILITIA CHRISTI: (lat. Kampf für Christus) Der Kampf für Christus wurde ursprünglich nicht im militärischen Sinne aufgefaßt, sondern bezeichnete nach der Lehre des Paulus vor allem die monastische Lebensweise im Sinne vom Dämonenkampf und Weltentsagung. Unter dem Einfluß der Gottesfriedensbewegung und der Kreuzzüge sowie durch den Einfluß der im 12. Jh. entstehenden Ritterorden erhielt der Begriff eine Bedeutungserweiterung, die nun auch die Aktivitäten der Kreuzfahrer und Ordensritter im Rahmen des heiligen Krieges umfaßte und sich auch auf das weltliche Kriegerethos auswirkte.

MINISTERIALE: Bei den Ministerialen handelt es sich um eine Gruppe von abhängigen (aber auch freien) Amtsträgern in der Verwaltung, Wirtschaft, Gerichtsbarkeit und dem Kriegsdienst im Rahmen einer Herrschaft. Hierzu gehören auch die ehrenvollen Hofämter Truchseß, Kämmerer, Schenk, Marschall. Die Dienstmannen bildeten eine bevorzugte Klasse innerhalb der mittelalterlichen Grundherrschaften. Bereits in der karolingischen Zeit treten sie als Lehnsnehmer auf. Seit dem 10. Jh. treten die Ministerialen auch in der Reichspolitik immer mehr in den Vordergrund und es kommt zunächst in den geistlichen Herrschaften Italiens zur Ausbildung eines besonderen Dienstmannenrechts. Im 13. Jahrhundert gingen die Dienstmannen in dem sich formierenden niederen Adel und in den städtischen Oberschichten auf.

MISSI DOMINICI: (Königsboten) Den König vertretende Richter im Karolingerreich, i.d.R. ein geistlicher und ein weltlicher Herr (Bischof und Graf). Die Königsboten bereisten in Befolgung spezieller Kapitularien das Reich, um die Grafen zu kontrollieren.

ORIGO GENTIS: Herkunftssage, Stammessage. In vielen westeuropäischen Staaten findet sich im Mittelalter die Tendenz, die Herkunft des eigenen Volkes direkt von berühmten Vorfahren (v.a. Trojanern und Römern) herzuleiten. Solche Traditionsbildungen finden sich in Chroniken und anderen literarischen Gattungen. Oft wird der Name eines sagenhaften Stammvaters so gewählt, daß sich von diesem der Länder- oder Volksname ableiten läßt. Mythische Ahnen finden sich auch bei vielen Adelsgeschlechtern.

PALLIUM: (lat. Mantel) Ursprünglich der Kaiser- oder Bischofsmantel. Im Westen ein weißwollenes mit sechs schwarzen Seidenkreuzen bestücktes, um die Schultern gelegtes Band, das dem Erzbischof durch den Papst persönlich verliehen wird. Seit 1215 ist das Pallium das liturgische Amtsabzeichen der erzbischöflichen Jurisdiktionsgewalt.

PATRIMONIUM PETRI: Bezeichnung für den territorialen Herrschaftsbereich des Papstes, der aus dem Domänenbesitz des Papsttums im 6. Jh. in Mittelitalien hervorging. Legitimiert wurde die päpstliche Herrschaft mit der gefälschten konstantinischen Schenkung. Seit der Karolingerzeit wurde das Patrimonium Petri, das unter Pippin III. erheblich erweitert wurde, von den zukünftigen Kaisern mit einer Urkunde bestätigt.

PENTAPOLIS: (gr. Fünfstadt) Bezeichnung für die fünf Seestädte Rimini, Pesaro, Fano, Senigallia und Ancona an der italienischen Ostküste, die durch die Pippinsche Schenkung 754 in das Patrimonium Petri eingingen.

PFALZ: (mlat. palatium) Gebäudekomplex, meist in den Kernlanden des Reiches, der zur Aufnahme des Königs und seines Gefolges diente. Grundelement war der königliche Wirtschaftshof, der zur Versorgung der Pfalz diente. Neben Wohngebäuden gehören auch die Kapelle und die Aula (Halle) zu den festen Bestandteilen einer Pfalz. Seit den Ottonen werden Pfalzen, die im mittelalterlichen Verständnis auch als Herrschaftszeichen galten, bevorzugt mit Wehranlagen verbunden. Bevor es zur Ausbildung von festen Residenzen kam, stellten die Pfalzen ein wesentliches Repräsentations- und Herrschaftselement des Reisekönigtums dar.

PRÄLAT: Kirchenrechtlich: Träger eines höheren Amtes mit Jurisdiktionsgewalt in der katholischen Kirche. Im Mittelalter wird der Begriff auch als Bezeichnung für den gesamten hohen Klerus verwandt.

PRIVILEG: Begünstigender Herrschaftsakt im Sinne eines Sonderrechts für den Empfänger. Die Geltungsdauer von Privilegien war im Mittelalter ungewiß, daher ließ man die Privilegien durch den neuen Herrscher bestätigen. Seit dem Hochmittelalter erteilen neben Kaiser und Papst auch andere weltliche und kirchliche Gewalten Privilegien.

REGALIEN: 1. Ins Frühmittelalter zurückgehende Rechte des deutschen Königs, die die finanzielle Grundlage der Herrschaft bildeten (Einkünfte aus Bußen und Strafen, Zölle, Hafen- und Uferrechte, Fischgewässer, Salinen, Münzprägung, Wechselstuben, sowie das Recht über ledige Güter und Ämter zu verfügen, das Recht Pfalzen zu bauen, Wegerechte); 2. Bezeichnung für die symbolische Repräsentation der Hoheitsrechte durch die → Reichsinsignien.

REICHSACHT: → Bann

REICHSINSIGNIEN (-KLEINODIEN): Reichskrone, Reichsapfel, Szepter, Reichs- oder Mauritiusschwert. Zusammen mit den Reichskleinodien (Hl. Lanze, Reichskreuz, Reliquiar mit Kreuzpartikel, Krönungsornat, Zeremonialschwert, Reichsevangeliar, Stephansbursa u.a. Kleinodien. Sie bilden den Kronschatz und symbolisieren teilweise das Reich selbst. Die Verfügung über die Reichsinsignien galt als Zeichen der legitimen Herrschaft.

REICHSKREISE: Unter Maximilian I. im Rahmen der Reichsreform gebildete Verwaltungsgebiete (mit Ausnahme der böhmischen Länder, der Reichsritterschaftsgebiete sowie der Reichsdörfer).

REICHSLANDFRIEDEN: → Landfrieden

REICHSSTÄDTE: Städte, die auf königlichem oder Reichsgrundbesitz lagen und dem König bzw. Kaiser einen Huldigungseid leisteten, Reichssteuer zahlten und einem die Hoheitsrechte und Gerichtsbarkeit ausübenden Reichsvogt (Burggraf oder Schultheiß) unterstellt waren. Hinzu kommen Städte, in denen Bürger die Stadtherrschaft der geistlichen Herren gebrochen hatten und die von Reichssteuer und Vogtei frei waren. Seit dem 14. Jahrhundert führte die reichsständische Orientierung beider Typen zu einer rechtlichen und nominellen Angleichung beider Gruppen (Freie und Reichsstadt).

REICHSSTÄNDE: Seit der Reichsreform im alten Deutschen Reich bis 1806 die Inhaber der Reichsstandschaft. Damit sind die reichsunmittelbaren Glieder des Reiches mit Sitz- und Stimme im Reichstag gemeint. Zu den geistlichen Reichsständen gehörten die geistlichen Kurfürsten, die Äbte und Äbtissinen der Reichsabteien, der Hoch- und Deutschmeister sowie der Johannitermeister. Weltliche Reichsstände waren die weltlichen Kurfürsten, Herzöge, Fürsten, Grafen, Landgrafen, Markgrafen und weitere Fürsten sowie die Reichsstädte.

RELIQUIEN: Überreste (Gebeine, Asche, Haare, Teile der Kleidung usw.) von Heiligen oder Gegenstände, die sich im Besitz oder der unmittelbaren Nähe solcher Personen befunden hatten. Reliquien galten als wundertätig und fanden bspw. auch im Rechtsbrauch Anwendung (auf Reliquien schwören).

RENOVATIO IMPERII: Erneuerung des römischen Reiches. Im Mittelalter die aus der Spätantike übernommene Vorstellung von der christlichen Erneuerung der Herrschaft des römischen Reiches bzw. von ihrer Übertragung (→ translatio imperii) auf die fränkisch-deutschen Kaiser. Verbunden mit der Idee war die Theorie der vier Weltreiche, nach der mit dem Ende des römischen Reiches auch der Beginn der in der Apokalypse vorhergesagten Ereignisse (Antichrist, Weltgericht) einsetzen würde. Daher konnte das römische Reich nicht untergegangen, sondern mußte auf die Franken und später die Deutschen übergegangen sein.

REVINDIKATION: (mlat. die Rückforderung). Allgemein die Rückforderung einer Sache, die einen rechtmäßigen Besitz darstellte. Besonders die Rückforderung des Reichsguts durch Rudolf I., das während des Interregnums der Krone verlorengegangen war.

RITTERTUM: Bezeichnet allgemein sämtliche sozialen und kulturellen Erscheinungen, die mit dem „Stand" des Ritters (berittener Kämpfer) zusammenhängen. Die Grundlagen des Rittertums liegen in der Bildung schwer gepanzerter berittener Truppen. Der Ritterstand umfaßte ursprünglich freie aber auch unfreie → Ministerialen. Die Besoldung des Ritters bestand aus einem erblichen Ritterlehen. Die Ritterwürde war zunächst nicht ererbbar, jedoch fand im späteren Mittelalter eine geburtsständische Abschließung der Ritter statt, in deren Folge „Ritter" zunehmend zur Bezeichnung des niederen Adels wurde. In kultureller Hinsicht prägte das Rittertum die Ethik und das Verhalten der Zeit durch ein besonderes Tugendsystem, das vor allem in der höfischen Dichtung seinen Ausdruck fand.

SAKRAMENT: (mlat. Weihe, Verpflichtung) Bis ins 12. Jahrhundert waren die Sakramente nicht eindeutig definiert. Verschiedene Weihehandlungen, etwa die Königssalbung, die Bischofssalbung oder die Weihe von Klerikern und Mönchen können als Sakrament gelten. Im Rahmen des Abendmahlsstreits fand man zur Festlegung der Sakramente in der Reihenfolge Taufe, Firmung, Eucharistie, Buße, Krankenölung, Priesterweihe und Ehe.

SCHISMA: (gr. Trennung) Nach kanonischem Recht die Aufkündigung der kirchlichen Einheit, also der Gemeinschaft mit dem Papst bzw. dem Bischof. Schisma bedeutet daher weniger die Aufgabe der Glaubenseinheit (→ Häresie) als die Trennung von der einheitlichen Leitung der Kirche und ihrer Rechtsordnung. In der Geschichte der katholischen Kirche gibt es eine Reihe von Schismen. Die wichtigsten sind: 1054: (endgültige) Trennung der Ostkirche von Rom; 1378-1417: Teilung der Kirche in die zwei Obödienzen Rom und Avignon. Ab 1409 beanspruchten sogar drei Päpste die Hoheit über die Kirche und exkommunizierten sich gegenseitig als Schismatiker. Mit dem Konstanzer Konzil wurde dieses große abendländische Schisma beendet (1417).

SIMONIE: Vom „Magier Simon" als falschen Nachahmer Christi abgeleitete Bezeichung für Ämterkauf, i.e.S. eigentlich unberechtigte Aneignung von religiöser Autorität. Seit der Gregorianischen Reform im 11. Jahrhundert galt Simonie als schlimmste Ketzerei. Dabei verstand man unter Simonie nicht nur den Kauf geistlicher Ämter, sondern auch deren Annahme aus Laienhand (auch durch den König). Außerdem wurde die Gültigkeit durch simonistische Priester und Bischöfe ausgeübter Weihehandlungen in Frage gestellt.

STAMMESHERZOGTUM: → Herzog

STRATORDIENST: Eine rituelle Handlung, bei der ein Untergebener einen Höhergestellten beim Besteigen des Pferdes durch Halten des Steigbügels unterstützt. Symbolisch kam dem Stratordienst vor allem in der Auseinandersetzung zwischen Papst und Kaiser eine große Bedeutung zu, da der kaiserliche Stratordienst einer Anerkennung der päpstlichen Oberhoheit gleichkam.

SYNODE: 1. Synonym für Konzil. In der Spätantike und im Frühmittelalter waren auch die Herrscher an den Synoden beteiligt bzw. beriefen diese ein; 2. regionale Bischofs- und Diözesanzusammenkunft.

TABORITEN: Hussiten

TRANSLATIO IMPERII: → Renovatio imperii

TREUGA DEI: → Gottesfrieden

UTRAQUISTEN: → Hussiten

VASALL: (Lehnsnehmer, Gefolgsmann) → Lehenswesen

VOGT: 1. Rechtsvertreter einer kirchlichen Institution. Der Vogt eines Klosters vertrat dieses nach außen vor Gericht. Die Vögte der Klöster kamen i.d.R. aus dem benachbarten Adel, der sich oft die mit dem Amt verbundenen Vorteile (Einnahmen aus Gerichtsbußen, Belehnung mit Kirchengut) bei der Gründung des Klosters für seine Erben vorbehielt; 2. Amtstitel eines Dienstmannes als Verwalter von Reichsgütern später auch im Rahmen von Landesherrschaften (Landvogt).

VOLKSRECHTE: (Leges barbarorum) Rechtsaufzeichnungen der auf dem Gebiet des römischen Reichs siedelnden Stämme oder von Stämmen, die auf andere Weise mit dem römischen Rechtsschrifttum in Berührung kamen (z.B. Lex Burgundionum, Edictum Rothari, Pactus Alamannorum, Lex Salica). Die Leges verbinden überliefertes Gewohnheitsrecht mit königlichem Satzungsrecht. Eine wichtige Gruppe dieser Rechtsaufzeichnungen bilden die sog. Bußweistümer, in denen neben dem Prozeßverlauf und der Definition einzelner Vergehen auch Bußkataloge zusammengestellt wurden, die Ablösesummen (Wergeld) für einzelne Vergehen festsetzten, um so das Fehdewesen einzuschränken.

WEISTÜMER: (Offnung, Taiding) Rechtsquelle in der bäuerliche und grundherrliche Rechte und Pflichten festgehalten sind. Seit dem 13. Jahrhundert finden sich volkssprachliche Aufzeichnungen dieser Rechte. Sie werden durch Befragung rechtskundiger Männer gefunden.

WIK: Siedlung, Marktsiedlung. Wike stellen gerade im Frühmittelalter Vorformen städtischer Siedlungsformen dar. Später können sie auch relativ selbständige Ortsteile bezeichnen.

WILLEBRIEFE: Königliche Verfügung, die unter Zustimmung vor allem der Kurfürsten verkündet wurde.

ZEHNT: Regelmäßige Naturalabgabe, ein Zehntel des landwirtschaftlichen Ertrages, der eingeführten Ware usw. Der Zehnt ist eine der ältesten und verbreitetesten Abgabeformen. Die mittelalterliche Kirche z.B. forderte unter Berufung auf Gen. 3, 27,30 seit der Synode von Mâcon (585) von ihren Gläubigen den Zehnt.

REGISTER

ABBILDUNGSNACHWEIS

Abb. auf S. 11, 58, 71, 77, 113, 128, 131, 136, 197 aus: Schramm, Percy Ernst: Die deutschen Kaiser und Könige in Bildern ihrer Zeit 751-1190. Neuauflage unter Mitarbeit von Peter Berghaus, Nikolaus Gossone, Florentine Mütherich, hrsg. von Florentine Mütherich, München 1983, Taf. 107, 43, 7(f), 16, 91, 123, 184, 138 (a) und (b), 215; **Abb. auf S. 48 aus:** Angenendt, Arnold: Das Frühmittelalter. Die abendländische Christenheit von 400 bis 900, Stuttgart/Berlin/Köln 1990, S. 172; **Schema auf S. 59 aus:** Goetz, Hans-Werner: Leben im Mittelalter vom 7. - 13. Jahrhundert, 5. Auflage, München 1994, S. 118; **Abb. auf S. 97 aus:** Althoff, Gerd / Keller, Hagen: Heinrich I. und Otto der Große. Neubeginn auf karolingischem Erbe, Göttingen/Zürich 1985 (Persönlichkeit und Geschichte, Bd. 122), Taf. 2; **Schema auf S. 127:** Entwurf Jörg Bremer; **Abb. auf S. 167 aus:** Otto von Freising: Chronik oder die Geschichte der zwei Staaten, hrsg. von Walther Lammer, 5. Auflage, Darmstadt 1990 (FSGA 16), Taf. 13; **Abb. auf S. 191 aus:** Christian Väterlein (Hrsg.): Die Zeit der Staufer. Geschichte – Kunst – Kultur. Bd. 2: Abbildungen zum Katalog der Ausstellung des Württembergischen Landesmuseums Stuttgart, Stuttgart 1977, Bd. 2, Kat. Nr. 752; **Abb. auf S. 209 aus:** Stoob, Heinz: Kartographische Möglichkeiten zur Darstellung der Stadtentstehung in Mitteleuropa, besonders zwischen 1450 und 1800, in: ders.: Forschungen zum Städtewesen in Europa, Bd. I: Räume, Formen und Schichten der mitteleuropäischen Städte. Eine Aufsatzfolge, Köln/Wien 1970, S. 21; **Abb. auf S. 219 aus:** Liber ad honorem Augusti sive de rebus Siculis (Codex 120 II der Burgerbibliothek Bern). Eine Bilderchronik der Stauferzeit, hrsg. von Theo Kölzer und Marlis Stähl, Sigmaringen 1994, Taf. 146; **Abb. auf S. 231 aus:** Schaller, Hans Martin: Kaiser Friedrich II. - Verwandler der Welt, 3. Aufl. Göttingen/Zürich 1991 (Persönlichkeit und Geschichte 34), Taf. 4; **Abb. auf S. 259 aus:** Koschorreck, Walter: Der Sachsenspiegel in Bildern, 6. Aufl. Frankfurt am Main 1990, Bildglossen zu Lnr. 4 § 2, Ldr. 3 § 2 und Ldr. III 60 § 1; **Abb. auf S. 334 u. 340 aus:** Hoensch, Jörg K.: Kaiser Sigismund. Herrscher an der Schwelle zur Neuzeit 1368-1437, München 1996, S. 209 und 194; **Abb. auf S. 345 aus:** Die Schedelsche Weltchronik von 1493. Kommentiert von Rudolf Pörtner, 4. Auflage, Dortmund 1988, Bl. CCLXVIII verso; **Abb. auf S. 359 aus:** Kohler, Alfred (Hrsg.): Maximilian I., Edizione Charta, S. 27.